工程合同
法律、规则与实践

林立 / 著

THE LAW OF CONSTRUCTION CONTRACT
principle and practice

图书在版编目(CIP)数据

工程合同:法律、规则与实践/林立著. —北京:北京大学出版社,2016.6
ISBN 978-7-301-27065-3

Ⅰ. ①工… Ⅱ. ①林… Ⅲ. ①建筑工程—经济合同—合同法—研究—中国 Ⅳ. ①D923.64

中国版本图书馆 CIP 数据核字(2016)第 079132 号

书　　　名	工程合同:法律、规则与实践
	Gongcheng Hetong:Falü、Guize yu Shijian
著作责任者	林　立　著
策 划 编 辑	陆建华
责 任 编 辑	陈晓洁
标 准 书 号	ISBN 978-7-301-27065-3
出 版 发 行	北京大学出版社
地　　　址	北京市海淀区成府路 205 号　100871
网　　　址	http://www.pup.cn　http://www.yandayuanzhao.com
电 子 信 箱	yandayuanzhao@163.com
新 浪 微 博	@北京大学出版社　@北大出版社燕大元照法律图书
电　　　话	邮购部 62752015　发行部 62750672　编辑部 62117788
印 　刷 　者	北京中科印刷有限公司
经 　销 　者	新华书店
	730 毫米×1020 毫米　16 开本　38.75 印张　593 千字
	2016 年 6 月第 1 版　2016 年 6 月第 1 次印刷
定　　　价	128.00 元

未经许可,不得以任何方式复制或抄袭本书之部分或全部内容。
版权所有,侵权必究
举报电话: 010-62752024　电子信箱: fd@pup.pku.edu.cn
图书如有印装质量问题,请与出版部联系,电话: 010-62756370

序　　言

过去的十多年时间里，随着经济的发展，中国的建筑业获得了前所未有的蓬勃发展。而放眼未来，中国国内以 PPP 模式引领的基础设施、城镇化建设热潮，以及"一带一路"和"走出去"的战略也同样将给工程领域带来巨大的机遇和挑战，并可能对整个产业的法治化和规范化产生深远的影响。

众所周知，工程建设项目具有复杂性和周期较长的特点，尤其是在建造阶段更能体现承发包双方管理和履约能力。同时，这一过程历来也是承发包双方兵家必争之地和参与工程建设相关的各方主体斗智斗勇的舞台。按照以往的经验来看，在工程建设的实务领域中，关于工程施工合同的争议和纠纷向来占据着很大的比重，尤其是质量和价款争议。政府、司法机构等也一直在努力地从各方面预防、减少和解决工程领域的争议。

经过多年的执业实践，笔者发现工程领域的法律事务纷繁复杂，法律关系纵横交错，国际工程也好，国内工程也好，不仅承发包双方会基于不同的利益诉求而对工程合同的含义和履行产生不同的理解，即使是工程师、测量师和律师等专业人士同样也会对同一问题引申出不同的看法和观点，进而导致争议的发生。

分析这些争议不难看出，在工程领域，引发争议的大多数根源主要集中在三个方面：首先，在于履约管理不到位；其次，工程合同中的权利义务和风险分配的不公平；再次，承发包双方的对抗性明显要强于双方的合作关系。这三个影响因素实际上也在一定程度上制约工程建设行业的公平、正常、有序和可持续的发展。因此，笔者认为，从根本上来讲，签订一份好的工程合同，公平合理地在承发包双方之间建立风险分配机制，并在项目实施过程中时时遵循合同的约定，做好履约管理，有助于防止和减少工程合同履行过程中的争议。

另外，实践也证明了，工程法和工程合同最重要、最大的特点就在于必须将法律和工程管理、工程经济等专业知识结合起来，综合地加以理解和运用，在某些特殊情况下，还可能需要结合工程技术的内容，这也是工程法最有难度、最有挑战性的地方，同时也是工程法的魅力所在。本书在内容上既是以工程法律为基础，同时也考虑了工程管理、工程经济和工程技术等相关内容和实践做法，并试图将法律和工程两者有机融合在一起，以便读者更深入地理解工程法和工程合同的特殊性以及应用的特点、难点，用于指导工程法律实务。

工程法和工程合同的另一个特点就是其签署、执行和实施都要受到行政主管机关的监督和管理，融合了行政法和民事法的内容，除了法律和行政法规的规定外，各部门、各地方的法规、规章，甚至是一些规范性文件也会对工程合同产生或多或少的影响。因此，本书在进行理论分析的同时，也以实务操作为导向，就相关的规范性文件对工程合同的影响也做了必要的阐述和分析。

本书一方面立足于中国工程法的实践，对中国现行工程合同的内容进行了比较和分析，并根据最高人民法院司法解释及各地方法院关于工程合同的司法指导意见，对相关的法律问题进行分析，提示使用各工程合同条件应注意的事项，同时也引用了相关的司法案例对涉及的法律问题进行补充和说明，这其中主要是最高人民法院和各高级人民法院公布的案例，少数案例则选自中级人民法院，以保证所选案例对相关法律问题阐述的权威性，提高司法指导的意义；另一方面，考虑到英国法对国际、国内工程界的影响，因而对英国法中相关的工程法律问题也进行了阐述和对比，援引了英国法院相应的判例，希冀借此帮助理解国际工程合同中包含的法律原则。这些原则和原理对于国内项目、涉外项目以及海外工程建设项目都有借鉴意义，更为重要的是，笔者相信英国法中所蕴含的"公平""合理"的理念对于中国工程法的实践和发展也有着极为重要的价值。

在体例安排上，本书参考了国外有关工程法、工程合同的权威和经典著作的编排方式，针对工程法律实务中的十六大主题内容以及数百个议题和争议进行分类和归纳后撰写,既有理论分析,又有很强的实务操作指导意义。当然,限于篇幅,本书也仅选取了工程法律实务中的常见问题以供读者探讨,并不能涵盖工程法律的全部问题。

此外,由于工程法律的体系和内容纷繁复杂,限于时间和写作水平,以及法律的发展和实践的多变性,笔者以一人之力完成此书,难免会有观点的错误,以及结构上的疏漏等问题,也请广大读者朋友批评指正(联系方式:linpancg@163.com)。

最后需要特别说明的是,本书中的所有观点仅代表作者个人观点和理解,并不代表任何机构(本人所在律师事务所或本人所属的专业机构等)对相关问题的看法和意见。本书中的观点和建议也不构成法律意见的全部或部分。鉴于工程法律实务的复杂性和专业性,读者如需要法律支持,请咨询所聘请的律师事务所和律师的建议和意见。

林 立

目　录

第一章　工程合同概述　001
　　一、导语　001
　　二、工程合同的法律属性　002
　　三、工程合同的类型和适用　006
　　四、工程法律实务中常用的工程合同条件　017
　　五、当事人意思自治　027
　　六、工程合同的规制　029

第二章　工程合同的成立和效力　044
　　一、概述　044
　　二、工程合同的成立和生效　044
　　三、工程合同条款和解释　066
　　四、工程带垫资承包与合同效力　080
　　五、无效的工程合同　085

第三章　工程合同与招标投标　100
　　一、概述　100
　　二、工程施工招标投标的规定　100
　　三、施工招标的条件和程序　114
　　四、工程设计招标投标的相关规定　118
　　五、招标投标过程中的注意事项　120
　　六、开标、评标和定标　135
　　七、招标投标活动对工程合同的影响　143

第四章　工程合同的参与主体　150
　　一、概述　150
　　二、发包人　151
　　三、工程监理　159
　　四、承包人　167
　　五、工程项目的其他主体　188
　　六、工程各参与主体的合作　192

第五章　工程分包　194
　　一、概述　194
　　二、工程分包的类型　195
　　三、指定分包合同中的法律关系　201
　　四、工程分包和支付方式　207
　　五、与工程分包相关的违法行为　213
　　六、其他与工程分包有关的法律问题　230
　　七、有关工程分包的特殊事项　236

第六章　工程价款和支付　238
　　一、概述　238
　　二、工程价款的基本原理　238
　　三、工程计量和计价　242
　　四、工程价款的调整　251
　　五、工程价款的支付　262
　　六、工程价款优先受偿权　276
　　七、其他与工程价款和支付相关的法律问题　282

第七章　工期　289
　　一、概述　289
　　二、工程开工　289
　　三、工程竣工　299
　　四、工期原理和相关法律问题　304

五、工程进度计划　　311
　　六、工期延误和顺延　　318
　　七、工程暂停施工　　329

第八章　工程变更与索赔　　339
　　一、概述　　339
　　二、工程变更　　339
　　三、工程索赔　　360
　　四、工程索赔的起因　　375
　　五、索赔项目和估算　　386
　　六、变更和索赔管理　　391

第九章　工程质量、安全与环保　　393
　　一、概述　　393
　　二、工程质量　　393
　　三、安全生产　　420
　　四、环境保护　　435

第十章　工程风险、担保和保险　　439
　　一、概述　　439
　　二、工程风险　　439
　　三、工程风险费用的法律问题　　446
　　四、工程特殊风险及处理　　449
　　五、工程担保　　461
　　六、工程保险　　486

第十一章　违约和解除合同　　497
　　一、概述　　497
　　二、工程合同违约的构成　　497
　　三、工程合同的违约情形　　503
　　四、合同违约的抗辩和免责　　519
　　五、合同违约的法律救济　　523

六、工程合同的解除　　537
　　七、与违约和解除相关的法律问题　　549

第十二章　争议解决方式　　553
　　一、概述　　553
　　二、和解/调解　　553
　　三、工程争议评审　　556
　　四、工程仲裁　　565
　　五、工程诉讼　　596
　　六、证据规则　　602

后记　　609

第一章 工程合同概述

一、导语

　　工程项目的建设以一系列的法律文件为纽带,在这些法律文件中,工程合同是建设期内非常重要和关键的一份法律文件。工程合同不仅关系到合同双方当事人的权利和义务、争议的处理、项目建设期的管理,并且还涉及监理工程师的职责、设计师的工作、行政机构的监督和管理等,它实际上融合了法律、工程管理、工程经济、工程技术等各方面的综合知识。由此,工程合同的难度和重要性可见一斑。因此,不论是从法律的角度,还是从工程管理的角度出发,正确理解、运用工程合同,加强工程合同的签署、履约管理都是项目建设的重中之重。同样,这也是保护承发包双方各项法定和约定权益的关键因素。

　　由于现行法律对不同的合同类型都有明确的关于权利、义务、风险责任、权利纠纷等相关内容的规定,因此,处理工程合同争议首先需要明确的一点就是分清争议所涉及的合同是否属于工程合同,这在司法实践中尤为重要。其次,需要明确的是作为合同的一种具体类型,工程合同同样应当遵循当事人意思自治的基本原则。但是,同时考虑到工程合同的特殊性,国家和政府层面对工程领域又实行不同角度和层级的监督和管理,这就需要当事人在自行约定权利义务、履行合同的相关内容的同时,又要接受相关法律法规乃至规章等规范性文件的限制,避免合同约定和法律规范之间的冲突。

二、工程合同的法律属性

1. 什么是工程合同

搞清楚什么是工程合同的问题，涉及工程合同的性质和范围这一基本问题，也是处理后续问题需要解决的前提条件。关于工程合同的性质和范围，现行的中国法律体系下还没有非常具体和明确的规定。在某些类型的司法实践中，不同的机构存在不同的理解和处理方式。

1.1 工程合同的性质

英国著名的大法官 Lord Diplock 在 Gilbert-Ash v. Modern Engineering[①] 一案中，对工程合同做了比较清楚的描述和界定，他认为：

"[a] building contract is an entire contract for the sale of goods and work and labour for a lump sum price payable installments as the goods are delivered and the work is done. Decisions have to be made from time to time about such essential matters as the making of variation orders, the expenditure of provisional and prime cost sums and extension of time for the carrying out of the work under the contract."

这一定义对工程合同的本质进行了明确和合理的界定，虽然这是英国高等法院针对 JCT 合同项下的工程争议所做的个案处理，但是，按照普通法的原则，这个表述也同样可以适用于其他涉及工程合同界定的案件中，对于理解工程合同的内涵和外延都有很强的指导意义。

与此相比较，中国 1999 年颁布实施的《合同法》第 269 条规定："建设工程合同是承包人进行工程建设，发包人支付价款的合同。建设工程合同包括工程勘察、设计、施工合同。"[②] 不过《合同法》的这一条规定较为原则，

[①] Gilbert-Ash (Northern) Ltd. v. Modern Engineering (Bristol) Ltd. [1974] AC 689 HL.
[②] 为行文便利，除有特别说明外，本书使用"工程合同"一词指代建设工程施工合同，包括土木工程、建筑工程、设备管线安装工程、装修工程，以及工程设计施工一体化合同。另外，本书也会涉及工程设计的相关内容，但限于篇幅，除非另有说明，不包括工程勘察合同和监理服务合同。

并没有具体界定工程合同的本质特征,以及工程合同的内涵和外延的内容。《合同法》第 287 条还进一步规定,本章(建设工程合同)没有规定的,适用承揽合同的有关规定。由此可见,从法律属性上看,工程合同兼有承揽合同的一般特性。

1.2 建设工程和建筑工程的范围

在工程项目监督管理和法律规范中,经常会看到建筑工程、建设工程、施工行为、建筑行为、建筑活动等表述,对于这些术语的表述,在实践中需要稍加注意。

依据原建设部颁布的《建筑法》第 2 条规定,建筑活动是指各类房屋建筑及其附属设施的建造和与其配套的线路、管道、设备的安装活动。而根据国务院制定的《建设工程质量管理条例》第 2 条的规定,建设工程是指土木工程,以及房屋和市政建筑工程、线路管道和设备安装工程、装修工程。上述两个法律法规所规定和调整的范围、外延并不完全相同。从内容上看,建设工程包括了建筑工程,其中,土木工程包括了高速公路、民航、铁路、水利水电、港口(码头、疏浚)等工程,建筑工程主要是房屋建筑和设备、水电安装工程,市政工程则包括市政道路、城市轨道交通、热力、电力、园林绿化、污水和垃圾处理等工程。而对于线路管道等工程,如地下光缆、输油管道、输气管道、供水管道,如果是在市政规划区内,可能需要归入市政建筑的范畴,而如果是在市政规划区之外,则被视为土木工程的范畴,两者的区别在于对口的政府监督管理部门的不同。因而,在工程项目立项和规划的前期,发包人就需要了解项目所在地政府相关职能部门的权限和分工,以便有针对性地做好相应的准备工作。

不过,可以确定的是,《建筑法》和《建设工程质量管理条例》基本上界定和涵盖了中国境内工程施工活动的范围。当然,《建筑法》和《建设工程质量管理条例》所规定的建设工程和建筑工程也不仅仅是指新建工程项目,也包括了工程改建和扩建活动。另外,在一些省市地区,如北京,建筑施工行为还可能包括建筑物的拆除行为,因而同样需要遵守相关的法律法规的规定。

目前,中国大部分的规范性法律文件、包括司法解释和地方法院的司法指导文件所调整的也大多是工程施工行为，实践中也需要引起一定的注意。

1.3 工程合同的范围

在英国，自2011年起已经开始实施的《地方民主、经济发展和建设法》对工程合同的定义和分类做了界定，具体包括如下：

"(a) the carrying out of construction operations; (b) arranging for the carrying out of construction operations by others, whether under sub-contract to him or otherwise; (c) providing his own labour, or the labour of others, for the carrying out of construction operations."

上述规定描述的工程合同的范围还包括了当事人之间签署的关于外观设计、结构设计、测量以及其他为内外装修、土地规划提供专业意见的协议。

为了界定什么是"the carrying out of construction operations"，《地方民主、经济发展和建设法》还进一步明确了属于工程合同的几种类型，比如劳务分包、工料测量、工程设计等，以及不属于法定的工程合同的几种类型，比如纯粹的货物供应合同。特别是，考虑到以PPP/PFI融资模式签署的合同在工程项目建设中也较为常用，但是其内容更侧重于融资，而非工程建设，因此，《地方民主、经济发展和建设法》特别指出，该法所称的工程合同并不包括PPP/PFI合同。这些具体和详尽的规定为指导工程法律实务和司法审判提供了有力的法律依据和支持。

如前所述，与英国法相比，中国的《合同法》等法律规范对工程合同的规定显得较为笼统和单薄，《合同法》的粗放规定可能会导致工程合同的双方主体从各自的利益角度出发，对争议的合同类型是否属于工程合同进行不同的解读，进而造成理解和执行层面的混淆，不利于工程争议的解决，具体的关于合同的定性，则更多地取决于仲裁庭和法院的自由裁量。不过，根据《合同法》第269条的规定，可以肯定的一点是，中国法下的工程合同主要包括了工程施工、工程勘察和工程设计三大类型的合同内容，但不包括工程监理、造价咨询、项目管理等咨询、服务类的合同，也不包括设备、材料等货物买卖合同。

2. 工程合同的特征

工程合同除了周期长、复杂、涉及的金额庞大等一般性特点之外，还有一个特点就是程序化。而工程合同的这些特征也源于工程项目建设的唯一性和不可复制性。工程合同中的很多条款都涉及工程合同或者说是工程管理中的流程和程序的内容，比如工程变更和价款调整、检验和验收、索赔和争议解决等，而遵循这些流程和程序的规定，则是确保双方切实履行义务、维护各自权利、保障工程建设顺利进行的必要条件。除此之外，工程合同还有以下几个特点：

首先，工程合同的参与主体众多。除了发包人和承包人这两个主要的合同主体外，工程合同还涉及很多参与人，合同中也有很多涉及承发包双方主体之外的内容，比如关于监理工程师的职责和行为的约束、对专业工程分包人和劳务分包人的约定等，这些涉他性的条款通过与之相应的监理服务合同、分包合同等内容的衔接，反过来又约束承发包双方主体的行为，环环相扣。

其次，工程合同的价款具有不确定性。通常情形下，工程合同在签署时有一个合同价款，用来作为核算和支付进度款的依据，而在工程竣工后，由于设计修改、工程变更、工作内容和范围的调整变化、工期的延长，甚至是工程过程中发生的索赔等事件，都可能使合同最终结算价款与签约时的价格发生较大的差异。

再次，工程合同的法律适用并不完全是单一的。工程合同的大部分内容还会涉及工程管理、工程技术、工程经济等方面的内容。因此，合同的参与主体除了应当遵守法律、行政法规外，还需要遵循大量的部门规章、地方性法规、地方政府规章和规范性文件，比如，国家部委的各项规定、工程所在地政府和行政主管部门的规章、政策性文件，甚至是工程所在地的造价管理机构发布的文件，这些规范文件的规定涉及了工程合同签署、履行的方方面面。

最后，从法律上看，不同的合同类型对合同当事人各方的权利义务的分配、风险责任的分担、权利的救济等都有不同的规定，比如《合同法》对买卖合同和租赁合同的规定就存在很大的差异。同样道理，界定一份合同是否属于工程合同可以说是确定合同各方当事人权益的先决条件。但是，就现行的《合同法》而言，其有关建设工程合同的规定也没有完全包括现实生活中所有的工程合同类型。比方说，设计—施工—采购（EPC）合同、设计—建造—运营（DBO）合同、工程设备定制—供应—安装等，就是典型的非有名合同。对于此类合同的处理，在没有相关合同约定的情况下，是否能够直接适用合同法中关于建设工程施工合同的相关规定，仍值得商榷。也正是因为如此，在立法和司法实践中还有必要对工程合同的内涵和外延作进一步的规定，避免出现合同类型之争，影响合同双方的权益和工程争议解决。

比如，在孙某诉某公司建设工程设计合同纠纷案[①]中，原告孙某（乙方）与被告某公司（甲方）签订《商业装饰设计合同》，合同约定，甲方作为委托方委托乙方对会所进行设计；设计内容为商业模式策划定位、设计方案、装修指导，甲方支付劳务费用。合同成立后，原告向被告提供了《某殿（改装修工程施工图）》，其中首部为设计理念，其次为平面、立面施工图等。后双方发生争议并诉至法院。原告在起诉中认为双方合同性质为设计合同，而被告答辩认为系承揽合同。法院经审理后认为，设计合同属于承揽合同，《合同法》第287条明确规定本章（指建设工程合同）没有规定的，适用承揽合同的有关规定。而合同法对设计合同已有明确规定，故本案合同之性质应为设计合同。

三、工程合同的类型和适用

根据不同的分类标准，工程合同可以有不同的类型。在工程合同实务中，最主要和最常见的分类标准主要有以下两种：一种是根据发包人的采购目标为依据，另一种是根据工程合同的价格形式。尽管工程合同参与各方的态度和能力对保证工程项目的顺利进展有着举足轻重的作用和地位，但不可否认的是，采用合适的工程合同形式，以及有效地履行合同也是确保工程项目顺利建设的重要保障。

---

① 孙某诉某公司建设工程设计合同纠纷案，上海市黄浦区人民法院（2013）黄浦民四（民）初字第66号民事判决书。

1. 以合同采购目标分类

以合同采购目标分类,主要是指业主希望通过采购能够获得的承包人的工作内容和成果。这种分类方式也可以说是依据承包人承担的工程管理和设计责任对合同模式进行的一种划分。

1.1 传统的工程合同

传统的工程采购方式的显著特点是设计和施工的两分法(DBB模式),即第一阶段是发包人委托设计师完成工程设计、提供图纸、确定工程技术标准,第二阶段是由发包人依照这些设计、图纸和技术标准选定合适的工程施工承包人,并由承包人按照工程图纸、说明和全部有关工作的描述负责工程的具体施工。在这种传统的采购模式下,涉及的工程合同主要包括设计合同和施工合同两类,并且,两者之间是相互独立的。

传统的工程施工合同的优点是专业分工明确,在施工采购前就已经完成了工程的全部设计,有助于后续工程施工合同的定价、工程标准的确定、施工工作的连贯性,以及工程的质量保障。

同样,这种工程采购模式的缺点也很明显,主要在于设计和施工分别由不同的承包人完成,两者的界面有可能存在衔接不清的情况,可能会影响施工工作的连续性,尤其是在出现工程质量问题时,较难区分是设计的原因还是施工的原因。

在传统的工程合同法律关系中,业主还需要同时处理和协调好工程设计和工程施工两个方面的工作,而由于设计不到位引起的变更、工期争议在工程法律实务中非常普遍,为此,业主方有必要加以高度重视,避免出现边设计、边施工,或者大幅度修改设计的情况,避免对工程的造价和工期造成不利影响。

1.2 设计—施工/建造合同

设计—施工/建造(DB/EP)合同模式与传统的工程施工合同的区别在于承包人需要进行工程设计,而不是由设计师完成工程设计。换言之,设计—施工合同的主要特点在于由承包人完成设计,尤其是施工图设计,并承担施工,包括设备安装、管线铺设等在内的全部工作。

在这种合同模式下,设计和施工工作均由同一个承包人承担和完成,减少了设计和施工之间的界面纠纷,能够使得设计和施工更加贴切,同时,也使得承包人可以一边做细部设计、一边施工,而不必等到全部完成工程设计之后再进行施工,以及工程建设过程中因设计变更引起的图纸等审核的延误,从而能够达到缩短工期的目的,并能保证工程项目建设过程的持续性和连贯性。

同样道理,上述特点也意味着承包人责任的加重。与传统的由项目业主承担设计,承包商负责施工的模式不同,在设计—建造合同模式中,承包商的设计工作尤为重要。法律规定中的设计师的责任和风险都会适用到承包人的身上,因此,除了工程施工外,承包商面临的设计挑战和风险也更大。

而对业主来说,设计—施工/建造合同相对可以将设计招标和施工招标合二为一,从而节省招投标过程中的费用和时间,并且将设计的风险和责任转由承包人承担。但是,业主采用这种合同形式,承包人的投标报价将会大大高于传统的工程合同,同时,也意味着业主减少了对设计标准和质量的管控和改进,因此,对于工程建设过程中可能会涉及较多变更的项目,则不宜采用此合同形式。

1.3 设计—施工—采购合同

设计—施工—采购(EPC)合同是对传统工程施工和工程设计的延伸,也是在设计—施工合同基础上对承包人工作范围和内容的进一步扩充和拓展。

这种合同模式的特点在于由承包人完成自设计至工程竣工的全部内容,其中也包括了工程项目所涉及的设备的设计、供应及安装,因此,与项目建设有关的全部工作均由一家承包商办理,对业主方而言,减少了不同的工作界面和工作内容的划分造成的责任界定、工作界面的衔接等一系列问题。对承包人而言,可以将设计和施工有效结合起来,整体统筹和安排工序、工种等内容,比如土建和大型设备的设计、安装之间的协调,从而达到缩短工期,降低施工成本的目的。

当然,由于设计—施工—采购合同需要承包人承担一揽子的工作内容,因此,相对于传统的工程施工合同,承包人享有的合同权利是最大的,业主的干预也较少。相应的,由于其通常采用固定总价形式,承包人面临的工作内容也更广，承担的责任和风险也更大。

在中国境内，承担设计—施工—采购工作也是有法可依的。根据中国《建筑法》第24条的规定，建筑工程的发包单位可以将建筑工程的勘察、设计、施工、设备采购一并发包给一个工程总承包单位，也可以将建筑工程勘察、设计、施工、设备采购的一项或者多项发包给一个工程总承包单位。但是，需要注意的是，由于中国的设计、施工实行的市场准入和分级制度，使得业主在决定采用设计—建造或者设计—施工—采购的合同形式时，需要提前对能够采用的管理架构和合同模式，以及可能的政策风险进行预估，提前做好相应的对策。

2. 按合同价格形式划分的合同类型

以合同价格形式为基础，最常见的工程合同的类型主要可以包括固定总价合同、重测量合同、成本加酬金合同、最大保证金合同、目标成本合同等。前两种合同类型在工程实务中最为常见和使用，也最容易被误解和混淆。而最大保证金合同、目标成本合同多运用于特殊项目或情形，限于篇幅，本书不在此处阐述。当然，也不排除根据项目特点和业主的需求同时使用这几种价格形式中的一种或几种。

2.1 总价合同

总价（Lump Sum）合同，或称固定总价合同，是指承包人完成全部工程内容，并由业主支付双方约定的、固定的费用和报酬的合同计价模式。

采用总价合同的优点在于使得合同双方能够事先对工程总造价取得一致，避免过程中和结算时对最终的工程价款的确定和支付发生争议。这一点在政府、国企投资的建设项目中尤为重要。在这些项目中，工程投资造价的预先确定对于项目立项和资金的拨付具有重要的影响，一旦确定投资概算，要想在过程中再行突破概算，申请追加投资，不论是在实体条件还是程序要求上，都具有很大的难度。采用总价合同形式，则能够在一定程度上，但非必然，避免上述不利情况，这也使得总价合同获得了更大范围的推广和使用。相应的，也正是为了迎合上述需求，在对固定总价合同的本质的理解和适用上也带来了很多误解和争议，比如，最常见的错误就是认为一旦签署总价合同，工程结算价款就不再予以调整，项目的投资金额就可以得到有效的控制。

2.2 重测量合同

重测量（Re-measurement）合同的特点是事先约定承包商完成各分部分项（子分部分项）工作内容所需的价格以及计工日、暂列金额/暂估价等，然后根据工程竣工之后承包商实际完成的工作量来确定最终价款。

在中国工程领域，自2003年起国家便大力推广实行工程量清单计价规范，取代之前的定额计价模式，目前，实践中大部分的工程项目都采用了工程量清单结合固定单价的形式。按照目前中国的工程造价实务，固定单价具体可以分为工料单价法和综合单价法两种不同的形式。前者又称直接成本单价，即按照相应的人工、材料、机械的消耗量及其价格确定；后者又称全费用单价，其单价组成包括了直接成本、利润、税金等一切费用。

采用重测量合同的优点在于，工程量清单中使用的各项工作与费率、价格都是一一对应的，清单中确定的费率和价格，以及使用的计价规则能够被用于工程项目中对应的不同工作内容中，但是，也应当注意到的是对于清单之外的项目和合同之外的项目，固定单价则未必适用。由此可见，在采用重测量合同价格形式时，工程量清单和相应的计价规则对最终的工程价款的确定具有重要但非必要的作用。

对于重测量合同形式中的工程量，签署工程合同的时候通常都属于预估，实际的工程量需要在竣工时才能确切得知。因此，对于未完成设计即进行招标和签署合同的项目，或者设计会有较大变更，如三边工程，则可以采用这一合同价格形式。

2.3 成本加酬金合同

成本加酬金（Prime Cost Plus）合同是业主以工程或服务实际发生的成本（施工费、材料费及人工费等）为基础，再加上合同双方约定的管理费和利润等费用向承包人支付合同价款的一种合同形式。

由于承包人在工程项目上花费的成本直接关系到业主的造价，因此，相比较固定价款和重测量的合同形式，在成本加酬金合同类型中，业主需要对承包人以及分包人、供应商的成本构成要素和费率等内容进行详尽的审核，并将核算后的文件作为工程合同的组成部分。相应的，业主承担的风险也较大。而且，采用成本加酬金的方式在造价控制方面未必能取得理想的效果，从实际情况来看，工程的最终成本往往会超过预期值。

当然，使用成本加酬金合同也有其优点，比如：（1）能够将准备招投标、确定承包人的时间限定在尽可能短的时间；（2）不需要在完成全部深化设计的情况就可以进场实施工作；（3）业主不需要向承包人提前支付有关的风险费用，而是代之以实际发生风险时支付对应的成本和费用，能够减少和缓解工程合同的双方在风险分配和责任分担上的争议。

3. 其他类型的工程合同

不可否认的是，除了前述常见的传统型施工合同、设计—建造合同以及设计—建设—采购一体化的工程合同类型之外，在实务中还会经常运用到一些非典型的工程合同模式。而这些合同模式的采用或多或少的结合了项目融资和工程管理的需要和实践。

3.1 建设管理合同

采用建设管理（Construction Management）合同形式，通常由业主和参与项目的所有专业机构，如设计师、工程师、测量师等，以及工程施工承包人签署合同，建立直接的合同法律关系。并且，业主通常还会再聘请一家项目管理公司担任项目管理人（Construction Manager）和咨询顾问的角色，用来协调设计和建设两项基本工作，并且还可能由项目管理人就工程管理涉及的工料测量、招投标、采购等内容与其他机构一起提供专业的服务。

依据中国法的相关规定，一方面，业主与项目管理人之间是一种委托法律关系，项目管理人作为受委托人，它的管理和意见、建议等发生的后果均由委托人——业主承担，在业主没有专业的管理团队或者没有丰富的项目管理经验的情况下，项目管理人的专业能力对项目的进展至关重要。另一方面，项目管理人与设计师、工程师、测量师以及施工承包人之间都没有直接的合同关系，而是一种平等的、协调合作的关系。因此，除非另有书面的约定，对于工程建设中涉及的设计、施工等问题，最终均由业主做出决定才能对工程合同的各方主体产生法律约束力。当然，从风险分配角度来看，这一合同模式的最大特点就是业主将承担由于错误决定而产生的风险和责任。

3.2 管理承包合同

在管理承包（Management Contracting）合同框架下，业主在聘请设计师、工程师、测量师等专业机构的同时还会再聘请一个管理承包人（Management Contractor），并由管理承包人与承担工程具体实施的施工承包人建立合同关系。与建设管理合同一样，业主选择管理承包合同的承包人看重的是承包人的管理能力，而不指望其对分包人的履约行为承担全部责任。

管理承包在国际工程中是被允许且较为常用的方式，但是，由于资质等级等市场准入的限制，依据中国现行的法律法规的规定，管理承包合同模式会有非法转包之嫌，因此，这种模式较难在中国法律环境下直接实现。而且，这种模式对项目管理公司本身的能力和实力都有极高的要求，因此，在国内的工程实践中较为少见。

3.3 设计—建造—运营合同

设计—建造—运营（Design-Building-Operation）合同是相对较为新型和非典型的工程合同类型。在这种合同模式下，承包人除了承担设计和建造两项重要的工作内容之外，还需要承担项目建成之后的运营阶段的服务，即将工程项目的设计—建造和运营阶段（Operation & Maintenance）融合在一个合同框架之下。此类合同更多的用于 BOT、TOT 模式的基础设施建设和运营服务，并突出了运营阶段的工作。

但是，在一个传统和成熟的 BOT 项目中，通常由特殊项目公司（SPV）与承包商和运营商分别签署建设合同与运营合同。即使在承包商和运营商为同一主体的情况下，由于建设阶段和运营阶段的各方权利、义务、工作内容等存在很大的差别，也大多是由 SPV 分别签署建设合同和运营合同。而在设计—建造—运营合同模式下，要将设计、建造、运营三个相互独立的合同融合在一起，对合同文件本身的整体框架布局和权利义务的分配、衔接的要求也较高。因此，在工程实践中，很少采用设计—建造—运营模式的合同架构。FIDIC 在 2008 年编制出版了 DBO 金皮书，即是采用这一合同类型，除此之外，国际和国内工程项目中较少使用类似的将设计、建造和运营合为一体的单一合同类型。

3.4 合作型的工程合同

在传统的工程合同中,突出和强调的是合同各方在权利、义务、风险和责任的安排与分配,基于这种合同理念和架构,当事人之间的关系很容易陷入非此即彼的境地。也就是说,一方主体权利的享有则意味着另一方对应义务和责任的承担。由此,在前期的合同条件谈判以及后续合同执行中引发的争议也会变得越来越多、越来越激烈。

相对而言,合作型的工程合同(Partnership 或者 Collaborate working)更强调合同各参与方对完成项目本身的协同工作上。它的目的在于促使项目业主、设计师、工程师、总承包人、分包人构成一个合作团队,朝着共同的目标和谐、协作地实施和完成项目,并通过早期预警机制(Early warning)在争议和风险发生之前即进行合作解决。英国的 John Egan 爵士早在 1998 年的报告"Rethinking the construction"中就倡导建立友好合作型的关系,树立共同工作的理念,而 NEC 合同和 PCC 合同系列则可以说是体现这一理念的合作型工程合同的典型代表。

当然,从工程项目管理的角度来看,合作型的工程合同对于缓解工程争议、促进项目建设起到非常重要的作用。但是,需要注意的是,在中国的现行法律体制下,采用这种合同模式,尤其是在涉及承包人的早期介入(Early involvement of the contractor)时,必须对合法性问题予以足够的重视,尤其是在必须依法招投标的工程项目中,承包人的参与可能会出现实质性谈判的结果,从而最终导致合同无效的法律后果。

3.5 PPP/PFI 合同模式

PPP 模式也称公私合营模式,全称为"Public Private Partnerships"。PPP 并没有完全统一的定义[①],通常理解为政府与私人机构合作,由私人机构获得

---

① 国家发展改革委在《关于开展政府和社会资本合作的指导意见》(发改投资〔2014〕2724号)中提出,政府和社会资本合作(PPP)模式是指政府为增强公共产品和服务供给能力、提高供给效率,通过特许经营、购买服务、股权合作等方式,与社会资本建立的利益共享、风险分担及长期合作关系。

财政部在《关于推广运用政府和社会资本合作模式有关问题的通知》(财金〔2014〕76号)中指出,政府和社会资本合作模式是在基础设施及公共服务领域建立的一种长期合作关系。通常模式是由社会资本承担设计、建设、运营、维护基础设施的大部分工作,并通过"使用者付费"及必要的"政府付费"获得合理投资回报;政府部门负责基础设施及公共服务价格和质量监管,以保证公共利益最大化。

政府的许可从而为公共事务，主要是大型的铁路、水利、公路、电力等基础设施项目建设，以及水务、医院、学校、监狱等社会公益项目，提供融资、设计、建设、运营、维护等服务，并最终由政府付费或者由使用者付费的方式偿还私人机构的融资成本和投资回报。

虽然PPP项目在国际、国内项目中的实施已经有几十年的历史，但是，中国境内的项目正式开始使用PPP这一特定术语还是要从2014年开始说起。2013年，国务院发布《关于政府向社会力量购买服务的指导意见》，从政策层面对公私合营的模式进行鼓励和支持。随后，财政部和国家发展和改革委员会（以下简称发改委）以及各地方政府都相继发布了相应的规范性文件对PPP项目作出规范和指引。2014年，国务院、财政部和发改委等机构开始着力推广政府和社会资本合作，以此为契机，出台了一系列的规范性文件，为PPP项目的采购提供了指导意见。由此可见，2014年和2015年对中国PPP项目的发展注定具有开创性的意义。

3.5.1 PPP的主要特点

从PPP模式的初衷来讲，主要是通过引进私人资本，以缓解政府在公共事务上的投入，但更重要的还是为了实现财政支出的透明化，以及促进基础设施的建设和发展，保障社会公共利益的最大化。就英国实施和推广PPP模式的经验来看，物有所值（Value for Money）和风险共担（Risk Sharing）是PPP合同模式的两个基本要素，也是决定能否做好PPP的关键因素。物有所值考虑的是政府通过PPP模式可以从中获得的收益，包括经济成本和风险两个方面。

当然，从私人和政府的合作角度来讲，利益分享和风险共担也成为必然的需要。现实中，有些观点将PPP模式误解为将风险全部转移给私人资本承受，实际上这就违背了商业活动盈利的本性以及偏离了PPP合同关于风险分配的原则。如果一味地将风险转移给私人资本，将会影响政府的信用，并对PPP的推广实施造成不利的影响。

3.5.2 PPP的具体运作形式

如前所述，PPP是一种利用私人资本进行公共设施融资和建设的统称，其具体的运作方式则视项目的不同特点而不同，但是最基本的还是众所周知的 BOT 形式。而英国财政则早在 1992 年就推出了私人主动融资计划（PFI）来落实有关公私合作的具体模式。目前，英国实施的已经是属于改进后的第四代 PFI 合同模式。

在传统的项目融资中，绝大多数情况是由政府机构负责融资，如预算资金，或者以银团贷款的方式向特殊目的公司（SPV）提供建设资金，贷款人则以融资建成之后的基础设施收入作为投资的回报，并对融资项目享有有限追索权。而在采用 PPP 模式时，承担融资的义务和工作则主要转由私人投资者完成。

而在新型的项目融资和 PPP 模式中，资金的来源也呈现多样化的趋势。除了政府自有的预算资金和银团贷款之外，资产证券化、信托资金、私募基金、股权投资等多种融资方式也会变得越来越普遍，并对具体的 PPP 等项目融资结构产生不同的影响。

3.5.3 PPP 的采购方式

众所周知，PPP 模式针对的都是关乎社会公共利益的项目，不仅涉及财政资金的使用，也涉及项目建成之后的使用质量、安全和性能等要求。因此，PPP 项目的采购是否需要进行招标投标也是值得关注和探讨的议题之一。

PPP 采购涉及的项目主要分为两类，一类是基础设施的建设，主要是涉及工程项目的施工以及与施工有关的服务和设备、材料的采购；一类则是公共服务，具体包括基本公共服务、社会管理性服务、行业管理与协调性服务、技术性服务、政府履职所需辅助性事项等[1]，涉及教育、医疗卫生、住房保障等服务。

因此，考虑到采用 PPP 模式采购的具体项目的特点和差异性，可能会同时涉及《招标投标法》和《政府采购法》两个法律规定的适用。然而，按照《政府采购法》以及配套的相关规定，PPP 项目采购方式包括公开招标、邀请招标、竞争性谈判、竞争性磋商和单一来源采购。[2] 而按照《招标投标法》等法律法规的规定，工程项目的建设采用公开招标、邀请招标等采购方式。可以预见，如果没有对 PPP 采购方式作出进一步的立法规定，相关的法律适

---

[1] 参见《政府购买服务管理办法（暂行）》第 14 条。
[2] 参见《政府和社会资本合作项目政府采购管理办法》第 4 条。

用的冲突也将不可避免。

3.5.4　PPP 模式①与工程合同

PPP 模式与工程合同既有密切联系，又有显著区别。针对一项工程的建设，PPP 合同模式本身主要是从资金来源的方面和融资方式的角度对项目建设进行的界定，而对于项目建设本身，则可以有不同的模式，较为常见和典型的方式就是 BOT，以及基于 BOT 变形而来的诸如 BOOT、TOT，以及在中国颇受争议的 BT 方式。而工程合同则主要是解决工程的设计、施工以及与这两者相关的法律、管理和经济问题。在某些采用特许权经营的项目中，获得政府对 PPP 模式的认可，是后续签署工程合同的前提，工程合同则是实现和实施 PPP 中有关工程建设的具体方法和手段。

当然，PPP 模式的适用范围要比工程合同广泛。PPP 模式不仅侧重于工程项目的建设，更注重项目建设之后的运营，以便通过项目的运营收入归还融资金额并获得投资回报。此外，在某些类型的 PPP 项目中，主要的是提供服务而非工程建设本身。

4. 选择合适的工程合同类型

工程合同是一个系统的工作。工程设计和工程施工一直以来都是项目建设的两大支柱和关键内容。对于如何协调、衔接设计和施工之间的关系一向是项目管理的难点所在，因而也就有了本章前述几种基于不同的工程采购方式构建的合同模式。

同时，在考虑和安排工程合同的价格形式以及具体内容时，还需要综合考虑工程合同与融资方式、项目管理、价格体系等方面的影响因素。

比如，在大型的工程项目建设中，尤其是收费公路、发电厂、轨道交通等基础设施项目融资中，项目建设的前期资金多数是以第三方融资的方式获得，包括传统的银团贷款、基金，新型的信托、资产证券化、房地产投资信托（REITs）等。这就需要综合考虑融资方式与工程合同的安排和设计。

此外，工程合同的总体架构规划和设计决定着工程项目发包人与总承包

---

① 目前已经分别由财政部和发改委制定颁布了相应的 PPP 合同指南。

人之间、总承包人与专业承包人之间、发包人和专业承包人之间权利义务的整体分配与协调。因此，在重大项目中，有经验的招标人通常在总承包合同的招标文件正式发出之前，花费数月的时间，与其相关顾问单位（如律师、项目管理公司、工料测量师等）一起研讨整个项目的管理模式和合同架构问题。

四、工程法律实务中常用的工程合同条件

工程合同条件的适用既有其普遍适用的一面，也有各种独特的一面。不论是国际工程还是国内工程，包括境内的涉外工程项目和香港特别行政区内的工程项目，都有能够找到适用的标准化的特定工程合同条件。纵观国内的工程建设项目，既有使用国内行政管理机关颁布的工程合同条件的情况，也有使用国外和香港特别行政区通行的工程合同条件的情况，实践中并无统一的做法。

但是，在实践中尤其需要注意的是项目所在地的行政主管机构对工程项目所用合同条件的特殊要求，比如对于涉外工程项目，如果采用 FIDIC 合同条件时，就需要提前咨询当地行政主管机关是否允许，对工程合同的语言是否有特别限制，以避免给将来的备案等造成不利的影响。有些地方政府主管机关有自行制定的合同文件，也会要求在当地的工程项目中强制使用，否则，招标投标、合同备案等工作都会受到影响。

1. 常用工程合同条件

1.1 国内现行的工程合同[①]

目前，中国国内较为广泛的工程施工合同主要有发改委制定的工程合同序列以及住房和城乡建设部（以下简称住建部）制定的工程合同序列两大类。

1.1.1 发改委序列的工程合同

发改委制定的工程合同序列，主要适用于国有资金投资或者主要是国有

---

① 因法律体系的不同，中国大陆和中国香港特别行政区分别制定有各自相应的工程合同条件，为免歧义和混淆，本书所述"国内现行的工程合同"暂不涉及在香港特别行政区内通行的工程合同。

资金投资的工程建设项目，具体包括：

（1）标准设计施工总承包招标文件合同条件（本书中简称12版设计施工合同），主要用于依法必须进行招标的设计施工一体化的总承包项目。

（2）标准施工招标文件合同条件（本书中简称07版标准合同），主要用于业主提供设计，承包人按照工程设计完成施工内容的项目。

（3）简明标准施工招标文件合同条件。按照发改委的相关文件规定，该合同条件主要适用于依法必须进行招标，工期不超过12个月，技术相对简单，设计和施工也不是由同一承包人承担的小型项目。

1.1.2 住建部的工程合同

住建部是工程建设项目的主要行政主管机关。早在1991年，原建设部就已经在建筑工程中使用和推广标准化的工程合同文本。1999年，原建设部又结合国外的工程合同的发展，特别是FIDIC合同条件，编制和颁布了使用了近15年的GF-1999-0201版《建设工程施工合同（示范文本）》，2000年则颁布《建设工程设计合同（示范文本）》（GF-2000-0209，GF-2000-0210）。2013年，住建部又编制颁布了2013版建设工程施工合同范本，不论是从合同结构还是合同条款上，都对1999版施工合同范本做了重大的改进。

目前，住建部制定使用的工程合同序列，具体包括：

（1）建设工程项目总承包合同示范文本（试行）（GF-2011-0216，本书中简称11版总承包合同）。该合同适用于建设项目工程设计—施工总承包的承发包方式。

（2）建设工程施工合同（示范文本）（GF-2013-0201，本书中简称13版施工合同）。该合同为非强制性使用，可以适用于房屋建筑工程、土木工程、线路管道和设备安装工程、装修工程等建设工程的施工承发包活动。

（3）建设工程施工专业分包合同（示范文本）（GF-2003-0213），该分包合同最早和GF-99版的施工合同配套使用，主要用于专业工程的分包活动，目前正在进行讨论修订新的合同条件。

（4）建设工程施工劳务分包合同（示范文本）（GF-2003-0214），这是建设行政主管部门在承认劳务分包合法性的基础上编制的第一份合同条件，与建设工程施工专业分包合同（示范文本）（GF-2003-0213）同期论证和颁布，具有一定的适用性。目前也正在修订中。

（5）建设工程设计合同（示范文本），其包括的合同条件分别应用于房屋建筑工程设计和专业建设工程设计。2015年，住建部和工商总局又联合推出了新版的设计合同，即《建设工程设计合同示范文本（房屋建筑工程）》（GF-2015-0209）和《建设工程设计合同示范文本（专业建设工程）》（GF-2015-0210）两个示范合同文件。前者适用于房屋和工业建筑的规划设计及单体设计及其包含的管网管线、景观、室内外环境及建筑装饰、道路、消防、智能、安保、通信、防雷、人防、供配电、照明、废水治理、空调设施、抗震加固等工程设计活动；后者则适用于煤炭、化工石化医药、石油天然气（海洋石油）、电力、冶金、军工、机械、商物粮、核工业、电子通信广电、轻纺、建材、铁道、公路、水运、民航、市政、农林、水利、海洋等各专业工程的设计。

1.1.3 发改委序列和住建部序列工程合同的区别

由于发改委序列和住建部序列的工程合同并没有特别限定和区分其适用的工程项目类型和特征。一般来说，不论是土木工程还是房建市政类工程都可以根据实际情况和需要选择使用上述两个序列的工程合同。在考虑选择拟采用的合同模式时，首先需要了解这两个序列的工程合同在性质上有哪些主要区别；其次是研读两个序列中的工程合同对风险和各方权利义务的安排、分配；最后还要结合双方的需求和客观现状，最终确定选择采用某一序列项下的某一合同形式。

在具体操作实践中，业主和承包人仍然有必要对下列问题加以注意，以便选择合适的合同条件：

（1）各个合同适用的项目性质不同。发改委序列主要适用于政府投资项目。在中国境内的大型基础设施，如铁路、公路等项目的建设，都由发改委负责立项、审批，因此，发改委作为主管单位对合同条件的选择适用具有天然的优势。显然，政府部门作为投资主体，即使是采用PPP模式，政府也仍然可能是项目业主，采用发改委序列的合同更符合其需求。而住建部序列既可以适用于政府投资项目，也可以适用于非政府投资项目。因此，在政府投资项目中，可能会同时出现两个合同条件的适用情况。因此，实践中需要结合项目性质、采购方式以及项目所在地的政府主管部门的要求来确定。

（2）是否强制使用不同。发改委序列属于强制使用的合同文件，其法律依据是《招标投标法实施条例》第15条的规定，即编制依法必须进行招标的项目的资格预审文件和招标文件，应当使用国务院发展改革部门会同有关行政监督部门制定的标准文本，而上述资格预审文件和招标文件则包括了工程合同条件及相关内容。住建部序列的工程合同属于非强制性使用的文本。比如，在13版施工合同的使用说明中，就明确指出该合同文件"为非强制性使用文本"。目前，也尚无明文的法律规定必须使用住建部的合同文本。但是在实践中，对于应当招标投标的工程建设项目，则可能会通过备案审查等方式从侧面强调该合同文件的强制适用性。

（3）各个具体合同适用的工程建设项目的类型不同。住建部的工程合同一般情况下多用于大型土木工程、房屋建筑、市政工程、设备安装、装修等工程类型；相比较而言，从政府主管职能的分工角度来看，发改委序列的工程合同更多的是适用于公路、铁路、港口航道、水利等土木工程建设项目。其原因主要在于一些大型的基础设施项目的建设，都需要通过发改委的立项和审批，与之配套的招标投标等也需要进行备案等监管。

（4）风险责任分配不同。从合同的整体安排上来看，两个序列的工程合同中，风险责任和分配存在较大的不同。而且，住建部的合同序列可以允许合同双方当事人在专用条款中对通用条款中的某些风险责任和分配进行修改和自行约定；而发改委序列的合同，按照其现有的合同框架形式，没有专用条款的设置，这也似乎意味着其合同条款都是不能修改的，工程合同的承包人处于要么接受已有的全部合同条款，要么放弃项目的境地。

1.1.4　其他通用的工程合同条件

除了上述全国范围内比较常见和通用的工程合同外，国内各个地方建设行政主管部门如北京、上海、广东、山东、重庆、陕西等地，也结合各地的实际需要颁布了各自工程施工合同文件，这些工程施工合同文件大多沿袭了签署住建部序列和发改委序列的合同条件。此外，住建部序列的工程合同大多适用于房屋建筑、市政公用道路和设施等项目的建设，但对其他行业项目的适用性相对有差异，因而，交通部、水利部等行业主管部门也会结合各自行业的特殊性，制定相应的工程合同，如江苏省的 2015 年版《公路工程劳务合作合同（示范文本）》。

综上，笔者建议，发包人在决定采用何种工程合同条件前，需要结合项目所在地的行政主管单位的要求和工程项目的性质，综合考虑可采用的合同条件，以便使得合同条件更加符合项目的实际情况和需要。

1.2 国际工程通行的合同文件

1.2.1 英国工程合同

（1）JCT 序列，由英国工程合同联合会制定，主要用于房屋建筑，包括由业主提供设计的带工程量清单和不带工程量清单的施工合同；由承包商提供设计的设计施工合同等。JCT 是英国使用最广的合同方式之一，英国高等法院的大部分案例法和工程惯例、规则都引申自 JCT 合同纠纷。

（2）原 ICE 合同，即英国土木工程师学会制定的标准化合同，颁布到第 7 版，主要用于土木工程，包括重新核量的施工合同，设计 + 施工的合同模式。目前 ICE 合同条件已经停止使用，被 ICC 合同序列取代。ICE 合同的使用率也较高，在 1999 年编制新的合同体例前，ICE 合同可以说是 FIDIC 合同的模板，尽管 FIDIC 有了新的合同架构，但是基本的原理仍然来源于 ICE 合同。

（3）RIBA，即英国建筑师协会的合同，主要分为设计合同和咨询服务合同。

（4）NEC3 合同，强调合作伙伴关系（Partnership）的合同模式，伦敦奥运会体育馆即采用此合同条件。

（5）专业机构编制的其他标准化合同，如 PPC2000（分国内版和国际版），用于政府工程的 GC/Work 合同条件，用于化学工程的 IChemE 合同条件等。

1.2.2 FIDIC 合同序列

目前常用的 FIDIC 合同序列主要是 1999 年彩虹（Rainbow）系列，2008 年的 DBO 金皮书，2006 年的疏浚工程蓝皮书，2009 年分包工程粉皮书以及 2010 年 MD 和谐版红皮书等。在上述合同中，又以红皮书，即 1999 年版的施工合同条件的使用最为广泛。

FIDIC 合同条件以英国的 ICE 土木工程合同为蓝本编制，1985 年第 4 版之前的合同条件在内容和体系上与ICE合同条件一脉相承。但从1999版开始，新版合同开始采用全新的体系。目前，FIDIC组织正在进行新一轮的合同条件修改和更新的讨论。

1.2.3 美国工程合同

主要是AIA系列，即由美国建筑师协会编制的合同条件，包括施工合同、设计合同。目前最新的是于2014年修订的版本。

1.3 香港特区工程合同

在过去的十多年时间里，香港的四大测量师行和工料测量师们深入的参与了全国各地的工程建设项目，同时也带来了香港经验以及在香港通行的工程合同，尤其是在港资的工程建设项目或者聘请香港测量师行的建设项目中，使用香港版工程合同的频率相对较高。这也是除FIDIC合同条件之外，在境内工程项目中使用较为广泛的合同条件之一。

在选择国际上通用或者香港地区通用的工程合同条件时，应当注意，由于中国大陆法律制度、法律体系、法律观念具有其特殊性，因而上述一些通用的工程合同条件和结构、管理模式等并非完全适合于中国环境。因此，如果要在境内的工程上使用这些工程合同，则需要对其中的内容进行较大幅度的调整和修改，但是，这种大幅修改合同条款的方式一方面可能会破坏合同原有的体系和框架，另一方面，在出现纠纷时，也会因修改原合同架构导致对合同理解的较大偏差，进而增加争议解决的难度。这就需要在确定工程建设项目的管理模式、价格方式、拟采用的工程合同条件时，招标人和投标人双方都应当谨慎抉择。

2. 标准化工程合同的使用

前文所述常用的工程合同条件一般也被称为标准工程合同。考虑到工程建设项目的复杂性，上述标准化的工程合同条件已经在工程实践中被普遍应用，并获得了工程合同的各方参与主体的接受和认可。

2.1 标准化工程合同的法律属性

关于标准化工程合同的属性，在实务中有不同的理解和认识，有人认为这些合同属于格式合同或者格式条款，也有人认为这些是对工程交易惯例的整合。

笔者认为，标准化工程合同本身并不属于格式合同的范畴。主要的理由在于，根据《合同法》的规定，格式条款是当事人为了重复使用而预先拟定，并在订立合同时未与对方协商的条款。[1] 而目前使用的标准化工程合同并不是由当事人自行制定的，而是由政府行政机关颁布制定的，这一特点使其显著区别于格式合同和格式条款。

2.1.1 法律规范在标准化工程合同中的体现

从现行的工程合同的表述来看，其内容主要分为以下几类：

（1）宣示性条款。这些条款通常是对法律规定的重述，起到提示作用，但其本身并不影响相关法律规定的效力。换言之，即使不在工程合同中做此类表述，法律、法规的规定也同样对合同双方当事人具有约束力。比如，工程合同中约定的"未经业主同意，承包人不得对工程进行分包，不得进行转包"等内容。

（2）授权性条款。此类条款的重点在于对法律、法规中的授权性或者任意性条款的修改或者补充。对于此类条款，双方有约定的按照约定，没有约定的，则依据法律已有的规定执行。典型的比如，承包人依据《合同法》第264条可以享有的留置权。

（3）约定性条款。这部分条款在标准工程合同中占据绝对多数的内容，凡是除前述宣示性条款和授权性条款之外的内容，都可以归入此类。约定性条款绝大多数是属于法律没有具体规定或者没有涉及的内容，允许合同双方当事人自行约定相关的内容，比如工程价款、工期等条款。

2.1.2 工程惯例在工程合同中的体现

在法律实务中，使用交易惯例的现象也不足为奇。比如《合同法》第61条就规定，合同生效后，当事人就质量、价款或者报酬、履行地点等内容没有约定或者约定不明确的，可以协议补充；不能达成补充协议的，按照合同有关条款或者交易习惯确定。[2] 最高人民法院在关于合同法的司法解释中也规定，在不违反法律、行政法规强制性规定的情况下，人民法院可以认定为合

---

[1] 参见《合同法》第39条。
[2] 参见《合同法》第61条。

同法所称"交易习惯"：（1）在交易行为当地或者某一领域、某一行业通常采用并为交易对方订立合同时所知道或者应当知道的做法；（2）当事人双方经常使用的习惯做法。[①]

在工程领域，交易惯例、行业惯例的使用也并不鲜见。事实上，很多有关工程管理、工程经济等方面的惯例内容都会反映到合同条款中，而另外一些行业惯例则直接体现在实际操作中。但是，司法实践中的难点在于，按照法律规定，对于交易习惯，由提出主张的一方当事人承担举证责任。否则，就有可能承担不利的法律后果。这也无形中增加了当事人的负担和交易的成本。基于上述考虑，笔者认为标准化合同工程很大程度上是将工程实践中的行业惯例以合同约定的形式予以整合和梳理，使之具有约束合同双方的法律效力，避免了争议发生后再举证的困难。

在兰站胜与职志强农村建房施工合同纠纷上诉案[②]中，职志强与兰站胜签订建筑工程施工合同，约定职志强为兰站胜建楼房。施工完成后，双方对第三层的面积和计价发生争议。兰站胜提出该第三层不是职志强所建，且即使是其所建，双方约定的工程项目是二层楼房，按照交易习惯，另外半层不计价。职志强辩称讼争楼房的第三层已施工完毕，双方约定超过1米高就按建筑面积的一半计算工程款。二审法院在审理后认为，针对兰站胜提出第三层是半层，路面是用多余的建筑材料铺设的，依照农村建房习惯，均不计工价的主张，根据最高人民法院《关于适用〈中华人民共和国合同法〉若干问题的解释（二）》第7条第2款的规定，兰站胜应承担该交易习惯的举证责任，在其不能提供相应证据加以证明的情况下，法院对其主张不予采纳。

2.2 使用标准化工程合同的利弊

使用标准化工程合同是工程领域规范化发展的必然趋势。标准化工程合同最直观的优点就是能够减少双方的交易成本，避免双方再对工程合同中的每个具体条款都经历起草、协商和讨论的过程；标准化工程合同对双方的权利义务的安排更加贴近工程实务，并且对合同风险的分配相对较为公平和公

---

① 参见最高人民法院《关于适用〈中华人民共和国合同法〉若干问题的解释（二）》第7条。
② 兰站胜与职志强农村建房施工合同纠纷上诉案，河南省新乡市中级人民法院（2011）新中民一终字第684号民事判决书。

正。同时，由于中国现行的标准化工程合同都是在政府主管机构的主导下颁布和推广施行，这也在一定程度上使得工程合同双方的权利义务的安排保持一定的平衡，使双方能够处在相对公平的谈判地位上。

在国际工程领域，标准化工程合同的使用有着悠久的历史，如前所述，各类型的工程合同不仅对合同双方的权益平衡起到了重要的作用，而且对于工程领域本身的建设和发展的作用也不可小觑。国际工程法律界也普遍认为"Standard forms should play a dynamic role in the continuous improvement vital to the domestic and international health of the construction industry. There should be mature recognition that consensus-based industry standard forms are congenitally unable to do this and thus they should not be regarded as a positive factor in construction industry reform."[1] 而且，纵观英国的司法实践也不难发现法院对工程争议作出的经典判例多数也是针对标准化工程合同运用中产生的问题，并通过案例法推动和促进了工程法以及工程合同的发展。

但是，不可避免地，使用标准化工程合同的缺点也是显而易见的，比如标准化合同的条款和内容具有普遍适用性，与此对应的就是合同内容缺少特性和个性。对于某些特殊的基建项目，比如化工、电力、石油冶炼、LNG等项目，如果单纯地适用标准化合同则可能会因为缺少特性而并不能完全体现双方的权利、义务，从而影响其实际的使用效果。

2.3 确保标准化工程合同的原则和精神不被擅自修改

每一份工程合同都有其内在的理念和逻辑，因此，对于标准化工程合同的选择和使用应顺势而为。不论是业主还是承包人确定拟使用的工程合同，都有必要先行考虑各自的需求和项目的特征、各自的管理能力和权利义务的分配，然后再选择合适的工程合同模式与之对应和配套。比如，如果一个项目，业主需要的是承包人提供设计和施工一体化的服务，那么就应当选择设计—施工一体的工程合同，而不是简单地在工程施工合同的基础上加上一些有关工程设计的条款和内容。

---

[1] Simon Tolson, Tendering liability in the UK construction industry, cited from Douglas Jones, King's College Lecture, 2011.

如果仅仅是出于工程合同签署的紧迫性而选择不适当的合同模式，或者简单地认为可以在施工总承包合同的基础上加上设计内容就能成为 D-B 或者 EPC 合同模式的做法，或者删除 EPC 或 D-B 合同模式中的设计内容就可以用于纯施工项目建设的做法都是不可取的，必将给后期的工程合同履行带来不可避免的硬伤和潜在的风险。

其次，如前所述，每一类或每一份标准化的工程合同都有其内在的体系、架构、逻辑和理念，选择使用某一类型的工程合同，除了对合同条款中可以结合各方的需求和项目特征通过专用条款进行适当的调整和修改之外，应当尽可能保持其结构的稳定性，不轻易变动。退而求其次，即使确有必要进行修改和调整，也是基于每个工程项目的特点，同时需要考虑合同各方的风险分配和权利义务平衡，避免违背该合同模式本身的内在逻辑和安排，乃至工程实践普遍认可的原则。当然，这样做的目的不仅在于确保标准化工程合同的原则和精神不被擅自修改，而且也能避免由于修改、变动导致合同约定的不明确和冲突，并由此发生争议。

此外，在现行的招标投标等行政监督体制下，使用标准化工程合同可能还会遇到主管部门对标准化工程合同的审查，以及限制对合同条款的修改、补充等弊端。但这在某种意义上可以说有助于标准化工程合同中的既定原则和精神不被擅自修改，当然，其弊端也久为诟病，即行政行为对民事活动的过度干预。

2.4　工程招标投标与标准化合同

在实践中，需要注意的是按照目前的法律制度，绝大多数工程项目都需要通过招标投标活动来选择合适的承包人，招标人（包括业主、总承包人）将标准化的工程合同或者经过修改的标准化工程合同作为招标文件的重要组成部分也早已经成为常态。

在实务中，对于招标文件中的工程合同条件，承包人都要进行实质性响应，通常不能做任何修改，否则就可能被作为废标处理或者投标被否决。如前所述，标准化的工程合同本身不属于格式合同，但是，如果招标人对这些标准化的工程合同条件进行修改并反复地用于其所有相关的工程项目的招标投标，并利用其在招标投标活动中的主导地位和优势禁止投标人对合同条件进行任何修改,则与格式合同无异。

笔者认为,招标投标的目的在于充分的、公平的竞争,这种关系不应仅限于投标人之间,同样也约束招标人和投标人之间的关系,也就是说,招标人和投标人也应当建立公平的关系。如果借招标投标活动和招标人的优势地位在合同文件中设置不合理的条件或者限制承包人的权利的条款,行政机关或者司法机关有必要予以矫正,否则,标准化工程合同和条款将可能变成新的霸王条款、不公平条款,不利于建设行业的规范和发展,导致乱象重生的后果。

尤其是在目前大力推广PPP模式进行基础设施建设的趋势下,可以预见绝大多数的公共建设项目都要采用招标投标方式和标准工程合同选择投资人和承包人。在某种意义上,工程领域僧多粥少的局面并没有改变,如果招标人借用法律规定的强制招标投标程序而将某些本不属于合同一方的义务和责任错误地强加在该方主体之上,则显然违背了法律的原则和精神,而且也不利于后续的项目建设的顺利进展以及争议的解决。

五、当事人意思自治

当事人意思自治(Party autonomy)是私法领域,包括合同法的最基本的原则和精神,一向被奉为圭臬。意思自治意味着除了法律、行政法规明确禁止或者强制规定的内容外,当事人都可以在合同中自行约定和处置各自的权利、义务。

1. 意思自治在合同中的具体体现

合同自由是意思自治原则的表现,具体来说合同自由包括合同当事人依法享有缔结合同、选择相对人、选择合同内容、变更和解除合同、确定合同方式等方面的自由。[①]

[①] 参见王利明、崔建远:《合同法新论·总则》(修订版),中国政法大学出版社2000年版,第107页。

中国的《民法通则》①和《合同法》②赋予了当事人依法自愿订立合同的权利。纵观《合同法》全文，除了总则的原则规定外，其中还有很多条款都同样体现了当事人意思自治的原则，通常以"当事人另有约定的除外"的方式表述，这些规定下的条款实际上都允许当事人自由约定相应的内容，分配各自的权利、义务和责任，甚至可以做出与《合同法》的规定相反的约定。

这一原则要求司法机关在审判实践中也必须明确，凡是没有违反法律法规强制性规定的，人民法院就无权去改变或者变更当事人符合合同自由原则的约定，避免轻率地宣告合同无效，随意改变当事人签订的合同内容，甚至在没有法定理由的情况下，擅自解除正在履行的合同等做法。③

2. 意思自治的限制

尽管意思自治被公认为私法领域最根本的原则，也是私法主体平等原则的逻辑结论。④ 但是，不可否认的是，当事人需要注意到意思自治并非意味着当事人可以随意约定双方的权利义务以及对合同后果的处理，而不受任何限制。恰恰相反，在中国目前现有的工程法律制度框架下，工程合同以及与之相关的各项活动，都或多或少的带有行政监管的色彩。因此，可以说，工程法领域的意思自治是有限的自治。

此外，《合同法》还规定，当事人订立、履行合同，应当遵守法律、行政法规，尊重社会公德，不得扰乱社会经济秩序，损害社会公共利益。⑤ 比如，在工程施工合同争议解决的管辖选择上，虽然当事人可以自由选择仲裁或者诉讼，但是，如果没有约定仲裁或者约定诉讼方式，那么按照现行的法律规定，当事人并不能自由选择管辖法院，一则受专属管辖的约束，二则受级别管辖的约束。再比如，合同的相对性从另一个侧面来讲也是对意思自治的限制，即合同的双方当事人不能给第三人设定义务。由此可见，当事人的意思

---

① 参见《民法通则》第 6 条。
② 参见《合同法》第 4 条。
③ 引自最高人民法院副院长唐德华在国家法官学院中级法院院长培训班上的讲话。
④ 参见陈小君：《合同法学》，高等教育出版社 2003 年版，第 28 页。
⑤ 参见《合同法》第 7 条。

自治应当是在法律框架下的自治。

六、工程合同的规制

除了遵循意思自治的原则之外，与一般的民事行为一样，工程合同也要受到一定的规制。毕竟，意思自治应当是在法律许可范围内的自治。

1. 公平、平等和诚实信用原则的适用

公平、平等和诚实信用原则又被称为民事活动的帝王条款。《民法通则》规定，民事活动应当遵循自愿、公平、等价有偿、诚实信用的原则。[①] 这也是公平和诚实信用原则的法律依据。工程合同的双方当事人也同样需要遵守公平、平等和诚实信用的原则。并且，这些原则相互补充，而非孤立的存在。

在现行的工程合同中，也体现了类似的原则。比如13版施工合同和11版总承包合同都开宗明义地写明双方在"遵循平等、自愿、公平和诚实信用的原则"[②] 的基础上对合同条款进行协议并达成一致意见。虽然，12版设计施工合同和07版标准合同没有类似的表述，但也不影响其应当遵循公平、平等和诚实信用的原则订立和履行合同的基本要求。

1.1 公平原则

公平原则是指在民事活动中以利益均衡作为价值判断标准，在民事主体之间发生利益关系摩擦时，以权利和义务是否均衡来平衡双方的利益。[③] 依据《合同法》的规定，当事人应当遵循公平原则确定各方的权利义务。[④] 由此可见，公平原则在当事人协商、订立合同关系、设定合同权利义务等内容时，都具有重要的指导意义。

此外，公平原则也是一项法律适用的原则。也就是说，司法机关在裁决时，如果现有的法律规范缺乏明文规定时，为了判决的公平合理，可以根据

[①] 参见《民法通则》第4条。
[②] 13版施工合同协议书。
[③] 参见国家司法考试辅导用书编辑委员会：《国家司法考试辅导用书（第三卷）》，法律出版社2012年版，第3页。
[④] 参见《合同法》第5条。

公平原则来变动当事人之间的权利义务。

在工程领域，合同法律关系的成立、生效、内容、履行、终止和争议解决等各项事务的处理，实际上都体现了公平的原则。虽然说公平也不是绝对的公平，但是标准化的工程合同或者是作为个例的工程合同所能够做到的也可以是尽量地保持和维护各方主体之间的公平关系，维护公平交易的市场规律。

同样的，除了工程合同的双方当事人之外，参与工程项目的律师、工料测量师、工程师等专业人士，也有必要秉承公平处理的原则，即"不仅要尽最大能力确保客户利益被恰当的关注，同时，也要做到维护更为广泛的公众利益"[①] 的标准，力求在解决工程领域中涉及的各类争议和非争议事务时，公平决断，维护公平和诚信的原则和精神。

1.2 显失公平及其处理

显失公平规则不是一项独立的法律原则，但却是公平原则的具体体现，也是规范民事行为的一项重要制度，它具体是指"一方当事人利用优势或者利用对方没有经验，致使双方的权利义务明显违反公平、等价有偿原则的情况"。[②] 显失公平的民事行为往往是当事人双方的权利和义务极不对等，造成经济利益上的不平衡。

1.2.1 显失公平的法理依据

公平是市场交易行为的基本准则。"设置显失公平制度，其主要目的在于保证合同双方能够在完全自愿、平等的基础上进行交易，督促人们遵循诚实信用原则订立和履行合同，同时也赋予交易中因合同条件显失公平而遭受损害的一方以变更或撤销合同的请求权，以维护交易的公正性。显失公平制度的构建并不是对合同自由的否定，而是对不能体现当事人真实意思的情形加以限制，以最大限度地体现真正的实质意义上的合同自由和意思自治。而如何在确保契约自由与维护合同正义之间寻求一种平衡，即保证合同正义，又

---

① 英国皇家特许测量师学会（RICS）执业道德规范："giving of one's best to ensure that clients' interests are properly cared for, but in doing so the wider public interest is also recognized and respected."

② 最高人民法院《关于贯彻执行〈中华人民共和国民法通则〉若干问题的意见（试行）》第72条。

维护合同自由，在契约自由体制下维护契约正义，则正是契约自由原则正确适用的关键。"①

1.2.2 显失公平的构成要件

现行的法律法规并没有规定显失公平的具体构成要件，理论上讲，显失公平的构成要件主要包含以下几个要点：

（1）显失公平一般适用于具有对价关系的有偿合同。有偿合同存在各方的权利义务的分配，才会出现由于显失公平行为而导致利益失衡的情形。

（2）显失公平行为导致的后果是双方当事人之间的权利义务关系严重背离公平原则，双方的利益严重失衡，而非一般的利益不均。

（3）造成显失公平的原因是一方当事人主观上故意利用自己的优势或利用对方没有经验，这是显示公平的主观构成要件。

（4）显失公平的利益受损方屈服了对方的优势地位，或者是缺乏经验，或者是过于轻率而被人利用从而接受了对方的条件。

（5）受损方当事人接受显失公平的合同条件并非出于其真实的意愿。这是行为相对方的主观要件。

在司法实践中则认为适用显示公平规则一是要"考察合同对一方当事人是否明显不公平。判定行为是否显失公平应以民事行为成立时的市场行情为标准来判断，而不能以民事行为实现时的市场行情为标准；二是要考察合同订立中一方是否故意利用其优势或者对方轻率、没有经验。所谓利用优势，是指一方利用其在经济上或其他方面的优势地位，使对方难以拒绝对其明显不利的合同条件；所谓没有经验，是指欠缺一般生活经验或者交易经验。显失公平的合同中，利益受损的一方往往因为无经验，或对合同的相关内容缺乏正确认识的能力，或者因为某种急迫的情况，并非出于真正的自愿而接受了对方提出的合同条件"。②

1.2.3 显失公平的处理

显失公平的合同，当事人一方有权请求人民法院或者仲裁机关予以变更

---

① 引自 http：//baike.baidu.com/link? url=62qEpvvo6AP2YyVtj6WgDnRdCbA85DGL5S7fm10oNsdphUKHVkBkQdaqaHwz5qnckWfC-BKftLJlWiB94fSHQ_ #8。

② 李杰：天津开发区家园房地产营销有限公司与天津森得瑞房地产经营有限公司特许经营合同纠纷上诉案评析。

或者撤销①，至于是请求变更还是请求撤销合同，当事人享有选择权。如果当事人申请变更的，法院或者仲裁机构不应予以撤销。② 法律规定显失公平的民事行为应予变更或撤销，不仅是公平原则的体现，而且也切实保障了公平原则的实现。同时，对于当事人享有的选择权也是合同意思自治原则的体现，裁决机构应当予以尊重。

按照现有的工程法律制度，实践中行政监管机关对工程合同的干预相对较多，相反，司法机关或者仲裁机构对于工程合同的矫正则相对较薄弱。笔者认为，过多的行政干预不利于市场的正常发展，而缺少司法矫正也将导致工程合同对合同各方权利义务的走向失去衡平的尺度。因此，一方面需要减少行政监督机关过度介入民事活动，另一方面，司法机关应当起到平衡利益，维护公平的基本作用。

1.3 平等原则

平等原则是民事活动的基本原则。依据《民法通则》的规定，当事人在民事活动中的地位平等。③《合同法》也规定，合同当事人的法律地位平等，一方不得将自己的意志强加给另一方。④ 平等原则也从侧面体现和反映了民事活动的公平原则，避免显失公平。

平等原则包括三方面内容⑤：

（1）合同当事人的法律地位一律平等。需要注意的是，平等原则所要求的平等，不是指经济地位的平等或经济实力的平等，而是指"法律地位"的平等。⑥ 也就是说，在法律上，合同双方当事人都是平等的主体，没有高低、从属之分，不存在命令者与被命令者、管理者与被管理者的关系。

（2）合同中的权利义务对等。所谓"对等"，是指享有权利的同时就应承担义务，没有无权利的义务，也没有无义务的权利。而且，双方彼此的权

---

① 参见《合同法》第 54 条。
② 参见《合同法》第 54 条。
③ 参见《民法通则》第 3 条。
④ 参见《合同法》第 3 条。
⑤ 参见全国人民代表大会常务委员会法制工作委员会编：《中华人民共和国合同法释义（第 3 版）》，法律出版社 2013 年版，第 4 页。
⑥ 引自时任最高人民法院副院长唐德华在国家法官学院中级法院院长培训班上的讲话（2013 年）。

利、义务是相对应的，一方的权利对应着对方的义务，反之亦然。这就要求当事人取得财产、劳务或工作成果与其履行的义务大体相当；一方不得无偿占有另一方的财产，侵犯他人权益。

（3）合同当事人必须就合同条款充分协商，取得一致，合同才能成立。合同是双方当事人意思表示一致的结果，是在互利互惠基础上充分表达各自意见，并就合同条款取得一致后达成的协议。因此，任何一方都不得凌驾于另一方之上，不得把自己的意志强加给另一方，更不得以强迫命令、胁迫等手段签订合同。同时还意味着凡协商一致的过程、结果，任何单位和个人不得非法干涉。法律地位平等是自愿原则的前提，如果当事人的法律地位不平等，就谈不上协商一致，谈不上自愿。

当前，在以政府为主导的PPP等基础设施项目投资建设中，必然涉及大量的一方主体为政府机构的工程合同，因此，遵循和适用平等原则对于工程合同的订立和履行尤为关键和重要，不仅影响到工程项目建设本身的顺利进行，也是依法治国精神能否落实和实现的标志。

1.4 诚实信用原则

诚实信用原则是民法确定的民事行为和民事活动的最高准则。确立诚实信用原则对于指导交易主体的行为，确立合同双方"以善意方式行使权利、履行义务，在进行民事活动时遵循基本的交易道德，以及禁止当事人滥用权利，行使权利不得超出正当界限"[1] 方面具有重要的作用。而且，在司法实践中，运用诚信原则可以"弥补法律漏洞，维持当事人之间的利益以及当事人利益与社会利益之间的平衡"。[2]

《合同法》规定，当事人行使权利、履行义务应当遵循诚实信用原则。[3]诚实信用原则贯穿民事活动的全过程，如缔约过失责任即是诚实信用原则的表现形式。缔约过失责任制度是指一方当事人在订立合同过程中，因自己的过失而给对方当事人造成损失时所应承担的责任。

现行《合同法》规定了两类情形的缔约过失责任：一类是当事人在订立

---

[1] 杨立新：《民法总则》，法律出版社2013年版，第65页。
[2] 同上书，第65页。
[3] 参见《合同法》第6条。

合同过程中，假借订立合同，恶意进行磋商；故意隐瞒与订立合同有关的重要事实或者提供虚假情况；或者具有其他违背诚实信用原则的行为，而给对方造成损失的，要承担损害赔偿责任。① 另一类是当事人泄露或者不正当使用在签订合同过程中所知悉的商业秘密而给对方造成损失的，要承担损害赔偿责任。②

对于上述两种缺乏诚信的行为，尤其是在订立合同过程中的恶意磋商或者隐瞒事实或影响对方做出决策的不利信息，在实践中也经常遇到，比如在工程合同的招标投标过程中，利用一方掌握的信息和情况，不组织现场踏勘、将招标文件中可能的风险和错误全部转嫁到另一方等。对于此类行为，作为合同相对方，一方面需要认真核实相关信息和资料；另一方面，对于此类行为的后果和责任承担，笔者认为，在发生争议时，司法机关和仲裁机构有必要倾向于不利于提供信息的一方，以维护民事行为的诚实信用原则。

1.5 英国合同法中的交易规制

关于公平和诚信的交易准则不分国别和地域的差异，应当是商业社会的普遍的价值观。按照英国法，合同的订立基础是双方当事人的自愿协商和一致同意。如果出现非当事人真实意思、违背公平交易的情形，如胁迫、不正当影响、不平等交易地位等，法院可以判决合同无效、撤销合同并给予受损害一方相应的救济。这些规则或可在中国的工程司法实践中借鉴。

1.5.1 经济胁迫

按照英国普通法的规定，因胁迫而签订的合同无效。英国法中的胁迫方式包括三类，第一类是针对人，第二类是针对物，第三类是经济胁迫（Economic duress），这也是司法实践中较难界定和有争议的类型。

经济胁迫具体是指在合同一方当事人利用其优越的经济实力、以不合法的方式迫使另一方违背真实意愿而接受其提出的特殊的合同条件。③ 在 Pao on v. Lau Yiu Long④ 一案中，大法官 Scarman 首次承认了交易行为的确存在

---

① 参见《合同法》第42条。
② 参见《合同法》第43条。
③ Ewan Mckendrick, Contract Law 9th, Palgrave Macmillan, 2010, p.284.
④ Pao on v. Lau Yiu Long [1980] AC 614.

"economic duress"的情形。在 Carillion construction limited v. Felix (UK) Ltd.[①]一案中,主审法官 Dyson 指出:

"The ingredients of actionable duress are that there must be pressure, (a) whose practical effect is that there is a compulsion on, or lack of practical choice for the victim (b) which is illegitimate and (c) which is a significant cause, inducing the claimant to enter into a contract... In determining whether there has been illegitimate pressure, the court takes into account a range of factors. These include whether there has been an actual or threatened breach of contract; whether the person alleging the pressure has acted in good faith or bad faith; whether the victim has any realistic practical alternative but to submit to the pressure. Whether the victim protected at the time, and whether he sought to affirm or sought to rely on the contract. Illegitimate pressure must be distinguished from the rough and bumble of the pressure of commercial bargaining."

1.5.2 不正当影响或压力

不正当影响或压力(Undue influence)是从普通法的胁迫中衍生出的衡平法救济方式,它是指一方当事人利用另一方的不利地位,不正当地对另一方施加影响或压力,使其在违背真实意思的情况下签订合同。

在 R v. Attorney-General for England and Wales[②],大法官 Hoffmann 在其判决书中写道:

"Like duress at common law undue influence is based upon the principle that a transaction to which consent has been obtained by unacceptable means should not be allowed to stand. Undue influence has concentrated in particular upon the unfair exploitation by one party of a relationship which gives him ascendancy or influence over the other."

通常情况下,一方当事人的不利地位多数是因为合同双方之间存在某种特殊的信赖关系,这种关系一般不是出自商业合同。但是在某一些特殊情况

---

① Carillion construction limited v. Felix (UK) Ltd. [2001] BLR 1.
② R v. Attorney-General for England and Wales [2003] UKPC 22.

下，比如涉及建造合同，如果能够证明一方对另一方施加不当影响，则受害方也可以获得法院的救济。[①]

1.5.3 不平等的交易地位

不平等的交易地位（Unequal bargaining power）是一种新型的矫正不公平交易的衡平法救济方式。丹宁勋爵在 Lloyds Bank v. Bundy[②] 一案中指出：

> "English law gives relief to one who, without independent advice, enters into a contract upon terms which are very unfair or transfers property for a consideration which is grossly inadequate, when his bargaining power is grossly inadequate, when his bargaining power is grievously impaired by reason of his own needs or desires, or by his own ignorance or infirmity, coupled with undue influence or pressures brought to bear on him by or for the benefit of the other."

尽管目前尚未在立法和司法实践中确定 unequal bargaining power 作为一项法律原则，但是，也可以将其视为英国合同法中的"隐含政策"[③]，这也意味着法院对于合同交易中的一方"恃强凌弱"的行为仍然会进行司法干预，这在上诉审法院 Alec Lobb Ltd. v. Total Oil Ltd.[④] 一案中的判决就得到了很好的印证。也就是说英国普通法虽然很少判决不平等交易情形，但是并不排除特殊情况下给予另一方适当的司法救济。

2. 遵守法律、行政法规等规范

2.1 基本原则

《民法通则》规定了民事活动必须遵守法律，法律没有规定的，应当遵守国家政策[⑤]。《合同法》也规定，当事人订立、履行合同，应当遵守法律、行政法规，尊重社会公德，不得扰乱社会经济秩序，损害社会公共利益。[⑥]

---

① Cf. Royal Bank of Scotland Plc v. Chandra [2011] EWAC Civ. 192.
② Lloyds Bank v. Bundy [1975] QB 326.
③ John Barber, Law of contract: vitiating factors and extra-contractual remedies, King's college lecture, 2010.
④ Alec Lobb (Garages) Ltd. v. Total Oil (Great Britain) Ltd. [1985] 1 WLR 173.
⑤ 参见《民法通则》第6条。
⑥ 参见《合同法》第7条。

而具体到工程领域，更是如此。比如，《建筑法》规定，从事建筑活动应当遵守法律、法规[①]；建筑活动应当确保建筑工程质量和安全，符合国家的建筑工程安全标准。[②]《建设工程质量管理条例》还规定，凡在中华人民共和国境内从事建设工程的新建、扩建、改建等有关活动及对实施建设工程质量监督管理的，都应当遵守该条例。[③] 可见，整个工程的主体和活动都需要遵守法律、法规的规定。

就工程合同而言，其复杂性不仅是指其本身的结构、关系、权利义务的安排的复杂性，涉及主体的多样性，同时，还因为工程建设行为和工程合同还要接受很多政府行政部门的监督和管理，在法律、法规等规范性文件的规范下，工程合同的签署、效力、履行等或多或少的受到这些法律规范的影响。

2.2 法律、规范对工程合同的影响

2.2.1 中国法的法律框架

中国法的法律规范对法律、法规、规章的制定主体和权限具有明确的规定。依据《立法法》的规定：

（1）全国人民代表大会及其常务委员会行使国家立法权，制定法律。[④]

（2）国务院根据宪法和法律，制定行政法规。[⑤]

（3）省、自治区、直辖市、较大的市[⑥]的人民代表大会及其常务委员会根据本行政区域的具体情况和实际需要，在不同宪法、法律、行政法规抵触的前提下，可以制定地方性法规。[⑦]

（4）经济特区所在地的省、市的人民代表大会及其常务委员会根据全国人民代表大会的授权决定，制定法规，在经济特区范围内实施。[⑧]

（5）民族自治地方的人民代表大会有权依照当地民族的政治、经济和文

---

① 参见《建筑法》第5条。
② 参见《建筑法》第3条。
③ 参见《建设工程质量管理条例》第2条。
④ 参见《立法法》第7条。
⑤ 参见《立法法》第65条。
⑥ 参见《立法法》第72条，较大的市是指省、自治区的人民政府所在地的市，经济特区所在地的市和经国务院批准的较大的市。
⑦ 参见《立法法》第72条。
⑧ 参见《立法法》第74条。

化的特点，制定自治条例和单行条例。[1]

（6）国务院各部、委员会、中国人民银行、审计署和具有行政管理职能的直属机构，可以根据法律和国务院的行政法规、决定、命令，在本部门的权限范围内，制定规章[2]；部门规章规定的事项应当属于执行法律或者国务院的行政法规、决定、命令的事项。[3]

（7）省、自治区、直辖市和较大的市的人民政府，可以根据法律、行政法规和本省、自治区、直辖市的地方性法规，制定规章。[4]

为了正确适用上述法律规范，避免出现法律规范适用的冲突，《立法法》更是进一步明确规定：

（1）法律的效力高于行政法规、地方性法规、规章。[5]

（2）行政法规的效力高于地方性法规、规章。[6]

（3）地方性法规的效力高于本级和下级地方政府规章。[7]

（4）省、自治区的人民政府制定的规章的效力高于本行政区域内的较大的市的人民政府制定的规章。[8]

（5）部门规章之间、部门规章与地方政府规章之间具有同等效力，在各自的权限范围内施行。[9]

（6）地方性法规、规章之间不一致时，由有关机关依照下列规定的权限作出裁决[10]：

① 同一机关制定的新的一般规定与旧的特别规定不一致时，由制定机关裁决。

② 地方性法规与部门规章之间对同一事项的规定不一致，不能确定如何

---

[1] 参见《立法法》第75条。
[2] 《立法法》第81条规定：涉及两个以上国务院部门职权范围的事项，应当提请国务院制定行政法规或者由国务院有关部门联合制定规章。
[3] 参见《立法法》第80条。
[4] 参见《立法法》第82条。
[5] 参见《立法法》第88条。
[6] 参见《立法法》第88条。
[7] 参见《立法法》第89条。
[8] 参见《立法法》第89条。
[9] 参见《立法法》第91条。
[10] 参见《立法法》第95条。

适用时，由国务院提出意见，国务院认为应当适用地方性法规的，应当决定在该地方适用地方性法规的规定；认为应当适用部门规章的，应当提请全国人民代表大会常务委员会裁决。

③ 部门规章之间、部门规章与地方政府规章之间对同一事项的规定不一致时，由国务院裁决。

④ 根据授权制定的法规与法律规定不一致，不能确定如何适用时，由全国人民代表大会常务委员会裁决。

但是，除了上述正式的《立法法》意义上的法律、法规和规章之外，还有更多的涉及工程建设的规范性文件。如某些部委或地方行政主管部门发布的规定、办法、通知、意见等各类文件。对于此类文件，工程合同的各方主体在签署、履行合同的过程中也应当加以注意，避免因为违反类似的文件规定导致行政法上的不利后果，并进而影响到双方的实体民事权利义务。

2.2.2　法律规范中的任意性规定

如前所述，意思自治是合同自由的具体体现。在法律法规中也有诸多允许合同当事人自行约定的规定，这些规定即属于法律规范中的任意性或称授权性条款。任意性规定是指在一定范围内，允许人们自行选择或协商确定为与不为、为的方式以及法律关系中的权利义务内容的法律规则。

任意性规定具有示范性的作用，是法律规范对当事人的民事活动提供一个示范，指导当事人的民事行为，如果双方没有约定，那么原则上就默认为双方当事人应当按照任意性的规定行事。但是，同时又允许当事人在合同中作出另外的规定，对其补充、修改甚至是相反的约定。因此，对于法律规范中的任意性规定，工程合同的当事人也可以进行协商，做出相应的或者相反的约定。比如，按照《合同法》的规定，发包人逾期不支付的，除按照建设工程的性质不宜折价、拍卖的以外，承包人可以与发包人协议将该工程折价，也可以申请人民法院将该工程依法拍卖。[①] 这一条款就是赋予当事人自行约定和选择的权利。

2.2.3　法律规范中的强制性规定

法律规范中的强制性规定，是指工程项目的当事人必须遵守而不得约定

---

① 参见《合同法》第286条。

排除或做相反约定的内容，包括禁止性规定（即必须不为）和义务性规定（即必须为）。在实际的法律法规规定中，多数以"禁止""必须""不得""应当"等措辞来表述。在工程领域，除了《合同法》之外，《建筑法》《招标投标法》等大多数的法律规范所规定的都是强制性的规定，体现了国家立法、行政机关对工程建设的监督管理职能。

同时，尤其需要予以注意的是，在工程项目建设领域，相关的行政规范性文件中有着诸多的强制性规定，这些规定会对工程合同当事人的行为造成不同程度的影响。强制性的规定除了可以分为禁止性规定和义务性规定外，根据其功能还可以分为效力性的强制性规定和管理性的强制性规定。因此，在处理相关的工程合同的相关法律事务时，一方面需要区分当事人违反的是法律、行政法规的强制性规定，还是违反了行政规章、地方性法规的强制性规定；另一方面也需要区分违反的是法律、行政法规的效力性的强制性规定，还是违反了管理性的强制性规定。对于不同的强制性规定的安排和处理，将对工程合同各方主体的权利义务以及工程合同本身的履行造成不同的法律后果。前者如违反《招标投标法》等法律规定，必须招投标而没有招投标的，双方当事人签署的工程合同即为无效合同[1]；后者如违反《港口工程竣工验收办法》的规定，在港口工程试运行前，项目法人没有办理试运行备案手续的，港口所在地行政管理部门有权责令停止试运行。[2]

实务中需要注意的是，对于法律规范中的强制性规定，即使合同中做了与之相关的排除约定或者与之相反的约定，也可能属于无效的约定，一旦发生争议，则仍然需要以法律法规的规定为依据，这也是对合同意思自治的规制。

3. 工程合同中的法律适用

3.1 现行的工程法律规范体系

目前，国家层级现行有效的规范工程合同、工程行为的法律法规主要是"三法、四条例、一解释"。"三法"即《合同法》《建筑法》和《招标投标

---

[1] 参见最高人民法院《关于审理建设工程施工合同纠纷案件适用法律问题的解释》第1条。
[2] 参见《港口工程竣工验收办法》第20条。

法》,"四条例"则是指《建设工程质量管理条例》《建设工程安全生产管理条例》《建设工程勘察设计管理条例》《招标投标法实施条例》,"一解释"是指最高人民法院的《关于审理建设工程施工合同纠纷案件适用法律问题的解释》。

除了上述法律、行政法规和司法解释之外,包括住建部在内的部委颁布的行政规章、各省级人大和人大常委会制定的地方性法规也都是规范工程合同法律关系的依据。实务中,需要特别注意的是,由于中国的工程建设项目针对不同的性质和类型分别由不同的主管部门监管,并且,有些法规和规定系由住建部制定颁布,仅适用于房屋和市政基础设施工程;而有些规章、规定由交通部、水利部等部委制定,仅适用公路、铁路、水利等工程项目,因此,实务中对此类区别也需要引起注意和重视。

3.2 工程争议法律规范的适用

人民法院在审理案件过程中,应当依据工程合同以及法律法规等法律规范的规定进行审理。一般来说,在实践中的民事裁判依据主要包括下列三类:

第一类是司法解释,包括最高人民法院颁布实施的司法解释。

第二类是司法文件,主要是最高人民法院针对审判实务工作中发布的"法释"文号以外的其他文件。当然,在工程领域,各地高级人民法院和中级人民法院制定的审理工程合同的指导性意见,以及相关的仲裁机构制定的关于工程合同纠纷的规则也构成解决工程合同纠纷的重要参考。因此,作为工程合同的主体双方,发包人和承包人都有必要事先了解项目所在地针对工程合同的特别规则。

第三类是法律法规,这是最为核心的裁判依据。法律法规的体系和内容纷繁复杂,法院在审理时如何适用法律至关重要。

最高人民法院在《关于云南省昆明官房建筑经营公司与昆明柏联房地产开发有限公司建筑工程承包合同纠纷一案的复函(〔2000〕经他字第5号)》中指出,人民法院在审理民事、经济纠纷案件时,应当以法律和行政法规为依据。本案所涉的建设部、国家计委、财政部《关于严格禁止在工程建设中带资承包的通知》①，不属于行政法规，也不是部门规章。从该通知内容看，主要以行政管理手段对建筑工程合同当事人带资承包进行限制，并给予行政处罚，而对于当事人之间的债权债务关系，仍应按照合同承担责任。因此，不应以当事人约定了带资承包条款，违反法律和行政法规的规定为由，而认定合同无效。该批复实际上明确了法院审理和裁判工程合同纠纷案件的依据只能是法律和行政法规。

另外，最高人民法院在《全国民事案件审判质量工作座谈会纪要（1999年）》中指出：人民法院在处理各类民事案件时，对于国家法律、行政法规有规定，而地方性法规规定的内容，属于结合当地实际情况而对有关立法精神和原则具体化、条文化，加以明确范围和标准的，应当适用或者参照；对于国家法律、行政法规尚无明确规定，地方性法规的规定不违反国家法律的基本原则的，可以适用或者参照；与法律、行政法规规定的基本原则和精神相抵触的，不能适用或者参照。根据该纪要的精神，人民法院在适用地方性法规之前，要对地方性法规的合法性进行间接、附带的审查，只有在确认其符合法律、行政法规的情况下，才能承认其效力并予以适用。

3.3 行政监管对工程项目的影响

如前文所述，与一般的民事行为和民事活动不同，在工程建设领域，行政监督起着举足轻重的作用，工程合同的主体资质、工程合同的成立和效力、工程工期、工程质量和安全甚至是工程价款的结算等无一不受行政管理的影响。行政监督的表现形式即是由各部委、各地方立法机关和政府部门制定施行的行政规章、地方性法规、地方政府规章以及其他规范性法律文件。

而根据《合同法》的规定，当事人订立、履行合同，应当遵守法律、行政法规。② 但是《合同法》的此条规定并没有提及当事人是否同样需要遵守行政规章、地方性法规和地方政府规章。按照一般的逻辑和通常的理解，似乎意味着合同双方当事人可以不用尊重除了法律和行政法规之外的法律规范。但是，笔者认为，虽然说决定工程合同的效力的依据只能是法律和行政法规，

---

① 2006年1月，建设部、发改委、财政部、中国人民银行联合颁发了《关于严禁政府投资项目使用带资承包方式进行建设的通知》，明确政府项目不得进行带垫资施工。

② 参见《合同法》第7条。

但是，由于工程建设的特殊性以及工程合同的特点，业主、承包人、分包人、监理工程师、设计师、供应商等参与工程的主体都同样应当遵守除法律、行政法规之外的法规、规章的约定。至于是否还需要遵循和依据除此之外的规范性法律文件的规定，则取决于项目建设的特殊性和合同主体的约定。

13 版施工合同、07 版标准合同、12 版设计施工合同以及 11 版总承包合同都规定了适用于合同的法律的范围是指中华人民共和国法律、行政法规、部门规章，以及工程所在地的地方性法规、自治条例、单行条例和地方政府规章。[①] 根据这些明示的规定，如果合同对工程各方参与主体的权利、义务、责任没有具体约定，相关的规章的规定也同样对当事人之间的民事行为具有约束力。

[①] 参见 13 版施工合同第 1.3 条、07 版标准合同第 1.3 条、12 版设计施工合同第 1.3 条以及 11 版总承包合同第 1.4 条。

第二章 工程合同的成立和效力

一、概述

一般情况下，工程合同的成立应当遵循要约和承诺的过程。要约是希望和他人订立合同的意思表示，该意思表示的内容必须具体确定，并且表明经受要约人承诺，要约人即受该意思表示约束。而承诺则是受要约人同意要约的意思表示，并不得对要约的实质性内容进行变更。承诺生效之时工程合同即告成立。按照合同法的原则，工程合同成立时即生效，但是，合同双方也可以约定合同生效的条件或期限。如果法律、行政法规规定合同应当经过批准、登记时，合同生效还应办理批准、登记手续。

工程合同由于其特殊性，其组成文件纷繁复杂，糅合了法律、管理、技术、经济等要素，因此理解和处理各类文件之间的关系，有助于工程合同的各方参与人理解合同的约定和要求，正确地行使自己的权利，履行各自的义务。

工程合同的成立、生效、条款和效力都是合同履行和工程管理的前提，关系到各方权利义务的安排和实现，同时也是确保工程建设项目顺利有序进行的保障。

二、工程合同的成立和生效

按照我国《合同法》的基本原则和规定，合同的合法性和有效性必须满足主体合法、内容合法和标的合法三个要件。如前所述，工程合同的成立和生效也应遵守三个合法要件，以及邀约和承诺的基本原则。此外，由于工程合同的特殊性，在实践中，还有一些问题值得合同当事人关注。

1. 要约和承诺

1.1 合同成立的一般理论

依据合同法理论以及合同法的规定，当事人之间订立合同，采取要约、承诺的方式，也就是说合同成立的必经程序是要约和承诺。

1.1.1 要约

P. S. 阿蒂亚在其《合同法导论》中指出：要约，实际上是要约人做什么事或不做什么事的一种许诺，而这种许诺有效的条件是承诺人应接受这个要约，并对这个要约支付或答应支付它的对价。[①] 要约的构成主要包括两个基点：（1）愿意受拘束的明白表示；（2）必要价款的描述。[②]

按照我国《合同法》的规定，要约是希望和他人订立合同的意思表示，该意思表示应当符合下列规定：（1）内容具体确定；（2）表明经受要约人承诺，要约人即收受该意思表示约束。要约在到达受要约人时开始生效。[③]

1.1.2 承诺

如前所述，合同成立的必经程序是要约和承诺。在要约到达受要约人之后，还需要由受要约人对要约做出相应的反馈，即承诺。承诺是与要约相对应的民事法律行为，它是指受要约人同意接受要约的全部条件以缔结合同的意思表示。按照《合同法》的规定，承诺是受要约人同意要约的意思表示。[④]

从法律构成要件上来看，承诺的一个关键要件是其内容应当与要约的内容一致，"承诺是受要约人愿意按照要约的全部内容与要约人订立合同的意思表示，他应当是无保留的，不应当对要约加入任何新的因素"。[⑤] 因此，按照上述合同法理论，承诺不应附条件，承诺通知到达要约人时生效，承诺生效即宣告合同的成立。

---

① 参见〔英〕P. S. 阿蒂亚著：《合同法导论》，赵旭东译，法律出版社2002年版，第55页。
② 同上注。
③ 参见《合同法》第14条。
④ 参见《合同法》第21条。
⑤ 韩世远：《合同法总论》（第三版），法律出版社2011年版，第98页。

1.1.3 单方承诺

与合同成立中的要约——承诺不同的是，在商业活动，包括工程合同的履行过程中，经常会涉及单方承诺的情形，比如投标函，有关让利、工期的承诺等，这些单方承诺的法律性质的界定以及如何理解，将可能直接关系合同主体的权利、义务以及相应的责任。

按照《民法通则》的规定，民事法律行为是公民或者法人设立、变更、终止民事权利和民事义务的合法行为。[①] 民事法律行为有单方行为和双方行为之分，因此，严格来说，单方承诺属于单方民事法律行为，对于承诺人具有法律约束力。

在张卓诉沈阳市晋级装饰工程有限公司装饰装修合同纠纷案[②]中，原、被告双方签署一份《家居装饰装修合同》，约定由被告为原告进行装修，施工期限为2010年5月26日至2010年7月31日，工期67天。施工过程中，双方达成协议，同意工期顺延至2010年8月11日。2010年8月20日，双方同意工程变更，原告向被告交纳了增项费用5 994元，被告向原告出具了承诺书一份，保证于2010年8月31日完工，否则向原告支付违约金。2010年8月31日，工程竣工并验收。其后，原告起诉至法院，要求判令被告给付逾期完工违约金30 474.60元。

法院经审理后认为，判断本案被告施工是否违约的关键是被告方于2010年8月20日出具的承诺书的效力问题。原告称此单方承诺系被告单方做出，没有原告的书面认可，但从双方实际履行来看，被告在承诺时间即2010年8月31日完成工程，并将承诺赠送的保洁及绿植送给了原告，原告对已完工程于2010年9月10日支付了全部工程款，并接受了被告赠送的保洁及绿植，故据此认定原告对被告的单方承诺予以认可，并已实际履行完毕，该承诺对原告具有约束力。双方实际上对工程工期重新达成了一致意见，被告按此时间如约完成了工程，故不存在违约。

---

① 参见《民法通则》第54条。
② 张卓诉沈阳市晋级装饰工程有限公司装饰装修合同纠纷案，沈阳市皇姑区人民法院（2011）皇民三初字第264号民事判决书。

1.2 英国法的相关内容

1.2.1 合同成立要件

众所周知，除了主体的资格和能力外，英国法中合同的成立必须满足四个条件，即要约、承诺、建立法律关系的目的和对价（Consideration），上述构成要素缺一不可。

关于要约和承诺，英国普通法有个基本原则，即"Mirror Principle"。依据该原则，承诺的内容应当是对要约做出的最终的完全的响应[1]，否则就构成一个新要约，而不是承诺。

按照普通法的规定，对价是构成一个有效合同的基本的和关键的因素。承诺如果没有相应的对价，或者说是"零对价"，那么就无法在当事人之间构建具有法律约束力的合同关系。不过，对于对价的形式，法律上并没有特别的约束。Lush法官在Currie v. Misa[2]一案中，为对价做了普遍性的界定：

"A valuable consideration, in the sense of the law, may consist either of some right, interest, profit or benefit accruing to the one party, or some forbearance, detriment, loss or responsibility, given, suffered or undertaken by the other."

1.2.2 合同的书面形式

在英国法下，一般也要求工程合同采用书面形式，主要是因为，第一，从证据角度考虑，避免就工程合同是否成立生效这一前提条件产生争议；第二，书面合同的形式对工程合同各方的权利义务描述和安排更为具体，一旦发生争议，可以作为直接的依据；第三，由于工程项目的建设周期长，采用书面合同形式，一旦发生纠纷，其适用的诉讼时效也相对较长，从解决纠纷、保护各方权利的角度来看，也相对较为适宜。

1.2.3 "允诺禁止反言"

"允诺禁止反言"是英国法的基本法律原则。按照Ricketts v. Scothorn[3]

---

[1] Treitel, G. H., The Law of Contract 12th, Sweet & Maxwell, 2009, p. 16.
[2] Currie v. Misa (1875) LR 10 EX 153.
[3] Ricketts v. Scothorn 57 Neb 51 (1898).

一案确立的先例,没有对价,承诺人可以不受其承诺的约束,但是,在"允诺禁止反言"原则下则是例外。Birkenhead 大法官在 Maclaine v. Gatty 一案中表示:

"where A has by his words or conduct justified B in believing that a certain state of facts exists, and B has acted upon such belief to his prejudice, A is not permitted to affirm against B that a different state of facts at the same time."

英国法下的"允诺禁止反言"对于理解英国工程法中的诸如单方承诺、工程内容变更、工程进度计划等问题具有非常重要的指导作用。同样,该原则对于处理中国工程合同履行和争议解决也有一定的借鉴意义。

2. 意向书

意向书(Letter of intent)是指双方当事人在签署正式的合同文件之前,在经过协商和讨论后,就某一个交易或者对一系列交易的原则性问题所达成的一致意见。其内容的主要特点在于对合作意愿的肯定和确认。在理论上和实践中,对于意向书的法律属性以及法律救济存在不同的理解,并由此对各方的实体权利产生不同的影响,因此,有必要对其进行梳理和分析。

2.1 意向书的内容和构成

在实践当中,意向书的形式是多样的,其具体可以表现为:(1)意向书,即直接写明是双方就合作事项达成的意愿,即意向性文件;(2)谅解备忘录,记录双方取得一致性的原则意见的内容,通常情况下是对一系列事实,包括未来双方需要协商的方向等事项达成的一致[1];(3)以会议纪要的形式,记录双方经过协商达成一致的内容、双方的意见分歧,以及后续进一步细化和讨论的内容;(4)条款清单或协议要点,记载双方经过协商已经达成一致的内容,是对将来拟签署的合同条款具体而清晰地达成一致意见,并作为将来正式合同签署或进一步细化的基础。甚至在某些情况下,框架协议也可以作为意向书的表现形式,对合作的事项进行概括性和原则性的约定。

---

[1] 参见徐德风:《意向书的法律效力问题》,载《法学》2007年第10期(总第311期)。

根据上述意向书的表现形式，结合实践可以看出，意向书的内容视其表现形式的不同而有所不同。意向书可以是原则性的内容，也可以是非常具体的包括未来签署的正式合同的主要条款和细节。通常来讲，意向书可以涉及实体性内容和程序性内容两个方面，与此相对应，根据意向书的内容及其与未来拟签署的正式合同的关系，其条款可以分为两类，即实体性条款和程序性条款。前者是指构成未来拟签署的正式合同条款的内容；后者则是关乎缔约过程，用于调整和规范谈判程序，或是规定当事人在缔约中的通知、协助等相关义务的条款。①

2.2 意向书的法律性质

通常来讲，意向书只是双方就将来签署某一具体合同所达成的一致意思表示，其针对的是双方将来要签署的合同，但是并不意味着必须要签署相应的合同文件。

关于意向书的法律性质，法律并无统一和明确的规定，虽然最高人民法院在《关于审理买卖合同纠纷案件适用法律问题的解释》第 2 条中规定，当事人签订意向书、备忘录等预约合同，约定在将来一定期限内订立买卖合同，一方不履行订立买卖合同的义务，对方请求其承担预约合同违约责任或者要求解除预约合同并主张损害赔偿的，人民法院应予支持。上述规定对指导实践具有一定的借鉴价值，但是不可否认的是，最高人民法院的上述司法解释针对的是买卖合同纠纷的法律适用，并没有推广至其他合同形式，因此，对于工程领域中遇到的意向书的法律属性，仍需要结合《合同法》的规定进行分析和界定。

2.2.1 理论上的分析

在理论上，一般的理解是意向书不具有强制约束力。但也有观点认为意向书的法律效力需要结合和进一步细化意向书的含义来确定，并且根据表意人的主观意愿、意向书的客观内容，将意向书的类型划分为不具任何法律约束力的仅表达初步设想的意向文书、具有部分约束力的预约，以及具有完全

---

① 参见徐德风：《意向书的法律效力问题》，载《法学》2007 年第 10 期（总第 311 期）。

约束力的正式合同。①

2.2.2 法律规定和司法实践

按照《合同法》的规定,当事人对合同是否成立存在争议,人民法院能够确定当事人名称或者姓名、标的和数量的,一般应当认定合同成立。② 对于无法确定的条款内容,则可以根据《合同法》第61条和第62条进行推定。另外,如果双方决定采用合同书形式订立合同,在签字或者盖章之前,当事人一方已经履行主要义务,对方接受的,该合同也属于已经成立。③ 因此,工程实务当中,如果涉及的意向书已具备合同的基本条款,能够确定合同的主要内容,当事人也没有明确排除其法律约束力,并且一方已经履行了该意向书项下的部分义务,另一方也接受该履行的,此时的意向书就应当具有法律效力。

司法实践中,对意向书的法律效力也并没有统一的观点和做法,尤其是双方仅有意向书而无正式合同时,更多的是需要结合案件的具体事实和条件做出个案分析和裁判。按照一般的原则,意向书完全有约束力的条件是内容具体确定和当事人有受约束的意思。④ 如在香港维达科技有限公司诉青岛前湾集团公司中外合资经营合同财产返还纠纷案⑤中,原被告双方签署《谅解备忘录》,约定对案外人青岛维达公司清盘后的遗留问题进行处理。2000年11月9日,原、被告又在被告接待室对谅解备忘录的执行情况进行了会谈协商,并形成书面会谈记录。法院经审理后认为,原告据以起诉的直接证据是双方签订的谅解备忘录,该谅解备忘录有具体、可执行的内容,因此在双方当事人之间产生有效合同的法律效力。

2.2.3 英国法中的规定

如前文所述,英国法中关于合同的成立除了要约、承诺、对价、主体能力外,还有一个必备的要素,即在双方间建立法律关系的意愿(intention to

---

① 参见王颖洁:《论意向书的法律效力及其法律责任》,载《法制与社会》2013年第20期。
② 参见最高人民法院《关于适用〈中华人民共和国合同法〉若干问题的解释(二)》第1条。
③ 参见《合同法》第37条。
④ 参见陈进:《意向书的法律效力探析》,载《法学论坛》2013年第1期。
⑤ 香港维达科技有限公司诉青岛前湾集团公司中外合资经营合同财产返还纠纷案,山东省青岛市中级人民法院(2003)青民四初字第117号民事判决书。

create legal relation）。对于意向书，一般来讲不具有法律约束力，但是法院在处理个案时，就意向书的具体含义和法律效力更多地考虑其中的用词和表述。

比如，在 British Steel Corporation v. Cleveland Bridge & Engineering Co. Ltd.[1] 一案中，原告根据被告的一份意向书开始工作，意向书中表达了签署合同的意愿并附随一封 ICE 的合同条件，价格则按照先前的一份传真件的记载，但在后续的协商过程中，双方未能达成正式的合同，由此引发争议。法院经审理后认为双方之间并没有达成协议，但是原告方有权获得相应的报酬。而在另一个 Turriff Construction & Turriff Ltd. v. Regalin Kniting Mills[2] 案中，法院给出了一个相反的判决。法院认为一份意向书构成了一份附属合同，即使相关的工作最终被放弃，该附属合同也可以视为承包人完成相应的准备工作并获得支付的保证，因此，承包人有权依据该意向书主张相应的款项。

对于工程项目，前 TCC 法庭的法官 Humphrey Lloyd 在 ERDC Group Ltd. v. Brunel University[3] 一案中提出，对于一份工程施工合同，当事人双方至少要对工作的范围、价格、价款的支付方式、支付时间、履行期限等关键条款进行约定。笔者认为，区分一份文件属于意向书还是工程合同，也可以参考其是否具备了上述主要基本内容。

2.3 法律救济

如前文所述，意向书的内容可分为实体性条款和程序性条款。在违反程序性条款时，对如何确定损害赔偿却有着不同的理解。司法实践中，通常认为违反程序性条款会构成信赖利益的损害赔偿，即一方当事人应赔偿他方因信赖意向书效力而支出的成本和费用。[4] 而对于违反实体性条款的情况，笔者认为可以根据当事人的主观意愿以及具体的事实，确定意向书的不同属性及其法律效力，进而给予相应的法律救济。

比如，在长沙通程控股股份有限公司与机械工业部第八设计研究院房屋

---

[1] British Steel Corporation v. Cleveland Bridge & Engineering Co. Ltd. (1981) 24 BLR 94.
[2] Turriff Construction & Turriff Ltd. v. Regalin Kniting Mills (1971) 9 BLR 20.
[3] ERDC Group Ltd. v. Brunel University [2006] EWHC 687 (TCC).
[4] 参见徐德风：《意向书的法律效力问题》，载《法学》2007 年第 10 期（总第 311 期）。

租赁缔约责任纠纷案①中,原被告双方签订《房屋租赁意向书》一份,原告通程公司在筹备超市开业过程中,委托了第三人进行了超市广告形象CI设计和土建工程勘察设计,支付了设计费。同时,通程公司为履行合同进行了人员招聘培训、外出考察、商品设备采购等准备工作。法院经审理后认为《房屋租赁意向书》是双方的真实意思表示,双方此后的缔约均不得违反意向书中的约定。通程公司按约履行了给付50万元预付金的义务,并开始为履约做准备;被告机械八院在收到预付金后,已实际占用该款,但未在约定的时间内归还,双方仍继续协商,通程公司有理由认为租赁事宜不可撤销;在双方协商过程中,通程公司提出增设电梯的新要约,机械八院对此基本同意,但又提出变更租金的要求,违背了《房屋租赁意向书》中的约定,致使通程公司不能接受,机械八院就单方面终止与通程公司协商,违背了意向书的承诺,且又与第三方就同一租赁事宜签订租赁合同,没有履行诚实守信、协助保护、遵守允诺的义务,致使双方正式合同不能签订,故判决被告机械八院应承担缔约过失责任。

3. 招标投标与工程合同成立的特殊规定

3.1 工程合同的成立

"契约即承诺",一份合同的成立始于受要约人的承诺,只要受要约人承诺,那么合同就告成立。对于需要进行招标投标(公开招标、邀请招标)的工程建设项目,其工程合同的成立,也应当遵循要约、承诺的一般程序。

按照通常的理解,招标人发出的招标文件属于要约邀请,投标人的投标文件属于要约,招标人发出的中标通知书是承诺。如此,从合同法的角度来看,招标人发出中标通知书的行为就是对投标人要约的承诺。该中标通知书到达投标人时,承诺生效,工程合同即成立。

但是,《招标投标法》第46条又规定:"招标人和投标人应当自中标通知书发出之日起三十日内,按照招标文件和中标人的投标文件订立书面合同……"

---

① 长沙通程控股股份有限公司与机械工业部第八设计研究院房屋租赁缔约责任纠纷案,湖南省长沙市雨花区人民法院(2000)雨民初字第1号民事判决书。

工程实务中，招标人有可能在招标文件中明确合同成立的条件，比如"合同协议书经招标人、中标人双方法定代表人或其委托代理人签署及加盖单位公章后，合同成立"。但是，对于此类约定是否必然具有法律约束力，仍有待商榷。理由在于，合同的成立与合同的生效不同，除了要约和承诺外，不应当还有其他条件的限制和约束。

3.2 书面合同和合同的书面形式

3.2.1 关于"书面"的理解

我国《民法通则》第 56 条规定："民事法律行为可以采取书面形式、口头形式或者其他形式。法律规定用特定形式的，应当依照法律规定。"《合同法》第 10 条规定：当事人订立合同，有书面形式、口头形式和其他形式。法律、行政法规规定采用书面形式的，应当采用书面形式，比如建设工程合同。当事人约定采用书面形式的，应当采用书面形式。书面形式的特点是以文字等有形方式体现双方的意思表示。书面形式的合同是相对于以口头或行为方式订立的合同。口头形式的合同是由当事人通过面对面地谈话，或者以通讯设备如电话交谈达成协议。现实生活中还有一种默示合同，此类合同的当事人并没有用语言明确表示成立，但是依据当事人的行为，或者特定情形可以推定合同成立。

之所以强调采用书面形式，乃是源自于实际生活中普遍存在的问题：合同双方当事人达成一致的意见，但是因为没有及时落实到书面文字，以至于在发生争议时双方各持己见，特别是在诉讼中，针对争议事件，对合同各方的举证能力提出了更高的要求，若没有书面文件，则难以还原客观事实，增加了法院处理案件的难度，不利于争议的解决。因此，《合同法》特别强调以"书面形式"订立合同。如果从这个角度来看制定法律的本意，那么《招标投标法》第 46 条的"书面合同"和《合同法》第 10 条的"书面形式"实际上应当属于一个概念，两者都是相对于口头合同，以及默示合同而言订立合同时可以采用的一种形式。

在实践中，有一种误解，认为书面合同是由合同双方当事人签署的纸质的合同书。但是，事实上，如前所述，法律规定的书面形式并不仅限于合同书。《合同法》第 11 条将书面形式界定为："书面形式是指合同书、信件和数据电文（包括电报、电传、传真、电子数据交换和电子邮件）等可以有形地表现所载内容的形式。"

据此，笔者认为，《合同法》规定建设工程合同应当采用书面形式，主要考虑到工程合同的复杂性，采用书面形式能够避免出现因合同形式的瑕疵导致争议的发生和扩大，另外，《合同法》也没有将建设工程合同限定为纸质的合同书形式。

3.2.2 对《招标投标法》第46条的理解

《招标投标法》第46条规定："招标人和投标人应当自中标通知书发出之日起三十日内，按照招标文件和中标人的投标文件订立书面合同……"从汉语的语言结构，以及《招标投标法》第46条的上下文语境上来分析该条的规定或许有助于对此条文的理解。

结合《招标投标法》对招标投标程序的一系列描述，以及按照该法第46条的意思，招标人和投标人订立合同的基础仍然是招标文件和投标文件。

该条强调两个内容：

（1）它强调了招标人和投标人订立合同的时间限制，即在招标人发出中标通知书之日起30天内签订合同。其规定的目的是为了避免中标之后，双方迟迟不签署合同。

（2）它重申了应当按照招标文件和投标文件的内容签署合同。这是为了避免在中标后，招标人和投标人双方又对合同的实质性条款进行协商，损害其他投标人的利益。

《招标投标法》第1条就提到其立法目的是为了规范招标投标活动，保护国家利益、社会公共利益和招标投标活动当事人的合法权益，提高经济效益，保证项目质量。《招标投标法》带有很强的行政色彩，它所关注的是国家对招标投标行为的监管，是为了规范招标投标行为。由此，结合《招标投标法》的立法本意，第46条的规定显然是为了防止虚假招投标的行为，而不是为了规定合同何时成立。因此，如果将第46条所规定的订立"书面合同"作为工程合同成立的标志，于法于理不通。

而《合同法》则不同，合同法调整平等主体的自然人、法人、其他组织之间设立、变更、终止民事权利义务关系的行为。在招标投标活动中，招标人和投标人是在法律上平等的民事行为主体，排除行政管理和监督方面的因素，当事人签订合同的程序仍然应当遵循要约和承诺的过程。

据此，笔者认为，《招标投标法》第46条的规定实际上并没有改变合同成立的程序，也没有对要约、承诺重新进行定义。对于工程合同的成立，仍然应当按照合同法所规定的自承诺（中标通知书）达到投标人之时为标志。双方另行签署书面的合同书只是对合同内容的进一步整理、确认和补充，最终是否签署书面合同，不应成为影响工程合同成立和效力的判定标准。

3.2.3　对《合同法》第32条的理解

另外，我国《合同法》第32条规定："当事人采用合同书形式订立合同的，自双方当事人签字或者盖章时合同成立。"但是，需要注意的是，该条规定并不是说法律强制规定当事人必须采用"合同书"的方式来订立合同，该条实际上属于授权条款，即授权当事人可以约定采用"合同书"方式。

一般来说，除非法律、行政法规要求必须签订"合同书"的，当事人都可以采用"合同书"以外的书面合同形式。如果当事人要求签订合同书的，则应当在合同成立之前（即承诺生效之前）提出，签订合同的方式也属于要约的一个内容，由受要约人在承诺时考虑；若在承诺生效之后提出签订合同书的，对方当事人可以拒绝，但并不影响合同的成立。

就如同前文所述，只要当事人的意思表示以书面形式体现，能够满足合同所具备的内容，是否采用"合同书"方式并不能成为合同成立与否的标准，合同书只是作为合同成立的一个证明，方便当事人的查阅而已，合同书属于"书面合同"，或者是"书面形式"的一个具体表现方式，合同并非从签字盖章时成立。

3.3　投标文件的撤回和撤销

如前所述，投标文件在法律上属于要约，因此，投标人若要想在招标投标过程中撤回和撤销投标文件，则同样需要遵循合同成立中有关要约的相关规定。

3.3.1　投标文件的撤回

从合同成立的角度来看，要约可以撤回；但是，撤回要约的通知应当在要约到达受要约人之前或者与要约同时到达受要约人。①

在工程招标投标实务中,投标文件也可以撤回。一般情况下,招标文件中通常也会写明"投标人在递交投标文件后,可以修改或撤回其投标文件,但修改或撤回的书面通知必须在规定的投标截止日期之前送达招标人或招标代理机构"。而投标文件一旦撤回,则视为要约的撤回,招标人和投标人即不再受招标文件和投标文件约束。《招标投标法实施条例》② 也规定,投标人撤回已提交的投标文件,应当在投标截止时间前书面通知招标人。

3.3.2 投标文件的撤销

同样道理,按照法律的规定,要约也可以撤销;撤销要约的通知应当在受要约人发出承诺通知之前到达受要约人。③ 同样,在工程项目的招标投标过程中,投标文件送达作为受要约人的招标人后还有一段等待开标的时间,因此,在投标截止日后,投标人仍然可以撤销投标文件,但是,投标人撤销投标文件后,其保证金将被没收。④

根据《合同法》《招标投标法》的相关规定,以及《招标投标法实施条例》的上述内容不难看出,投标文件的撤回和撤销,其关键的区别在于行为的时间节点,即如果在投标截止到日前实施的是要约的撤回,而在投标截止日后实施的则是要约的撤销行为。

3.3.3 不得撤销投标文件的情形

撤销投标文件的行为即为撤销要约,因此,《合同法》中有关不得撤销要约的规定同样适用于招标投标行为。按照《合同法》关于不得撤销要约的相关规定⑤,投标人在下列情况下,不得撤销其投标文件:

(1) 投标人明确了承诺期限或者以其他形式明确表述其投标不可撤销;

(2) 招标人有理由认为投标人的投标文件是不可撤销的,并且已经为履行合同进行准备工作。

实践中,明示不得撤销投标文件的情形并不常见,但是,也不排除投标

---

① 参见《合同法》第 17 条。
② 参见《招标投标法实施条例》第 35 条。
③ 参见《合同法》第 18 条。
④ 参见《招标投标法实施条例》第 35 条。
⑤ 参见《合同法》第 19 条。

人在投标文件中加以明示，尤其是在招标项目存在不确定、处于价格敏感期时，设定一个承诺期，可以有助于双方尽快推进招标投标过程的进展，同时也是给予双方合理、谨慎考虑合同价格的重要参考因素。

3.4 中标通知书

3.4.1 中标通知书的法律性质

从内容上来看，招标文件应当包括招标项目的技术要求、投标报价要求和评标标准等所有实质性要求和条件，以及拟签订合同的主要条款；投标文件应当对招标文件提出的实质性要求和条件做出响应，包括对合同条款的实质响应；而中标通知书是由招标人在投标有效期内，按照投标文件的实质性内容的要求，向投标人发出的同意受投标人的要约约束的意思表示，是招标人对投标文件的承诺。因此，结合上述法律构成要件和招投标过程可以看出，中标通知书完全符合合同成立的承诺条件。

所以，笔者的观点是，在中标通知书送达中标人后，合同即告成立，至于其后双方签订的合同书只是对双方要约、承诺的再一次重申。但是，这种行为本身并不具有法律上阻止合同成立的特性。换一句话说，中标通知书就是承诺的载体，是合同成立的标志。[①] 笔者认为，对于经过招标投标的建设工程合同，其成立的标志是中标通知书发送给中标人之时。中标通知书发出后，若中标人放弃中标，或者招标人改变中标结果的，行为人应当承担违约责任。而且，强调中标通知书的发出即合同成立，可以增加违约行为人的违约成本，加强各方遵守合同约定的约束力，也能够产生平衡招投标双方利益的社会效应。

如果中标通知书的发出并不意味着合同的成立，那么招标人或中标人毁标仅需承担缔约过失责任，承担信赖利益的损失，难以取得"违约必究"的

---

① 在最高人民法院《关于审理建设工程施工合同纠纷案件适用法律问题的解释（二）》草案中就中标通知书签发的法律效果中提到一种观点，即"招标人向中标人发出中标通知书后，建设工程预约施工合同成立。招标人无正当理由不签订书面合同，中标人请求招标人承担建设工程预约施工合同违约赔偿责任的，应予支持"。对此，笔者认为，工程合同的招标投标与成立与一般的商业合同不一样，按照现有的法律规范的规定，工程合同的成立、生效具有很明确的法律基础，再设立预约施工合同并没有必要，反而有可能进一步增加双方发生争议的可能性，不利于处理和协调招标投标与工程合同成立的关系。

法律效果。

由此推及招标投标活动的实践，笔者建议招标人和投标人在招标投标阶段尽可能详细地编制招标文件和投标文件，对于招投标文件中的工程合同条款也应当加以认真研读，该响应就响应，该提偏差就提偏差，以维护各方的合法利益。

3.4.2 中标通知书的签发

根据现行的《招标投标法》的规定，中标人确定后，招标人应当向中标人发出中标通知书。[①] 对于工程施工类的招标投标项目中，发放中标通知书的具体时间并无统一的规定，一般都由招标人掌握进度，而在工程设计招标中，招标人发放中标通知书的时间应当在中标方案确定之日起 7 日内。[②]

如前所述，中标通知书在法律上属于承诺，因此能够向投标人签发中标通知书的主体只能是招标人本身。作为代理人的招标代理机构尽管可以代招标人向中标人递交、送达、发放中标通知书，代行签收等活动，但是由于招标代理机构不是招标投标法律关系的一方主体，也不是将来签署工程合同的主体，因而其无权向中标人签发中标通知书。但在实践中，会出现招标代理机构直接以自己的名义向投标人发出中标通知书的情况。此种行为有可能会导致中标结果的效力争议，为此招标人、投标人都有必要加以重视和注意。

3.4.3 中标通知书的撤回

如前所述，中标通知书属于承诺，根据《合同法》第 27 条的规定，承诺可以撤回。如前所述，理论上和实践中，中标通知书都被视作承诺，现有的法律法规对中标通知书的撤回并没有特别的限制性规定，因此，按照《合同法》的一般规定，中标通知书也可以予以撤回。

就中标通知书的撤回时间来看，一般来说，其撤回的通知应当在承诺通知到达要约人之前或者与承诺通知同时到达要约人。[③] 因此，在具体的招标投标活动中，在中标通知书送达中标人之前，招标人依法可以撤回其中标决定。但是，如果中标通知书已经送达中标人，严格来说，工程合同已经成立，法

---

① 参见《招标投标法》第 45 条。
② 参见《建筑工程设计招标投标管理办法》第 20 条。
③ 参见《合同法》第 27 条。

律虽未禁止招标人撤回通知,但是,招标人应当对其撤回行为承担法律责任。

3.4.4 撤回中标通知书的法律后果

根据现行的《招标投标法》规定,中标通知书对招标人和中标人具有法律效力。中标通知书发出后,招标人改变中标结果的,或者中标人放弃中标项目的,应当依法承担法律责任。[①] 至于是何种法律责任,《招标投标法》并没有明确,按照《合同法》的相关规定,工程合同成立前和成立后,招标人悔标而应当承担的责任存在明显的区别,前者是缔约过失责任,而后者是违约责任。

笔者认为,按照前文所述,招标人和投标人在中标之后另外签署书面形式的合同并不是工程合同成立生效的必要前提或条件,而是为了符合行政监管的需要。因此,工程合同的成立应当以中标通知书的送达为临界点,而一旦合同成立,任何一方违约都构成违约责任。据此,如果招标人在中标通知书已送达中标人后反悔的,应当承担相应的违约责任。

4. 工程合同的生效

如前所述,工程合同的成立是不附条件的,否则就构成新的要约和承诺,是另一份工程合同。通常情况下,工程合同成立即告生效。当然,遵循意思自治的合同原则,工程合同的生效除了遵循合同法关于成立、生效的一般原则之外,双方当事人还可以就合同的生效条件进行特别的约定,或者遵照特别的规则。

根据《民法通则》第62条、最高人民法院《关于贯彻执行〈中华人民共和国民法通则〉若干问题的意见(试行)》第76条和《合同法》第45条、第46条的规定,工程合同可以根据需要设定生效条件或生效期限。对于附生效条件或附生效期限的合同,在条件成就或期限到达时合同生效。

4.1 附生效条件

附生效条件的工程合同,其前提是合同已经依法成立,满足合同成立的条件,比如完成招标投标程序,中标通知书已经送达中标人。由于条件的成

[①] 参见《招标投标法》第45条。

就与否具有偶然性和不确定性,因此,在实务中有些当事人会利用该条件阻止或促成条件,进而影响和左右合同的生效。对此,根据《合同法》的规定,对于附生效条件的工程合同,如果一方当事人为自己的利益不正当地阻止条件成就的,则视为生效条件已成就;如果一方不正当地促成条件成就的,则视为条件不成就。①

在中技公司诉马街居委会建设工程施工合同纠纷案②中,被告辩称工程不符合《补充协议》第5条约定的"工程验收后,支付至工程款的80%。剩余工程款的20%至工程审计结束后一个月内付清"的条件。法院经审理认为:(1)根据原告提交的《马街社区居委会村民集资房桩基工程决算单》,可以表明该项工程已经全部结束,根据原告提交的《竣工资料移交书》,可以表明原告在2007年9月28日,已经将竣工资料移交给了被告,作为建设方的被告享有验收的权利和义务,但诉讼中被告并未提交其组织验收或经验收不合格的相关证据材料,也未提交其认为原告提交的竣工资料不符合规定而要求完善的相关证据材料。从原告提交资料及被告出具结算单至今,长达一年,被告未组织验收,根据《合同法》第45条第2款"当事人为自己的利益不正当地阻止条件成就的,视为条件已成就"的规定,三方合同约定的"工程验收后……"的"验收"条件应已成就。(2)在诉讼中,被告认为工程结束后,由其对工程款进行审计后再支付剩余的20%,审计的目的是财务公开。原告则认为,合同约定的"剩余工程款的20%至工程审计结束后一个月内付清"中的审计就是结算。法院认为,双方在合同中约定的此内容,并不符合相关审计法规定的"审计"的情形,根据约定的内容,审计应属被告的权利和义务,在工程结束后至今,被告在诉讼中未提交自己已经审计的相关证据材料,或要求原告配合审计而未配合的相关证据材料。在长达一年的合理时间内,被告均未审计,且被告已经出具了结算单,可以表明双方进行了工程结算。根据《合同法》第45条第2款"当事人为自己的利益不正当地阻止条件成就的,视为条件已成就"的规定,合同约定的"剩余工程款的20%至工程审计

---

① 参见《合同法》第45条。
② 云南中技管桩有限公司诉昆明市西山区马街社区居民委员会建设工程施工合同纠纷案,云南省昆明市中级人民法院(2008)昆民一初字第113号民事判决书。

结束后一个月内付清"的"审计"条件应已成就。综上，被告认为不符合合同约定的付款条件的理由不能成立，被告理应支付欠付的工程款。

4.2 附生效期限

附生效期限的工程合同与附生效条件的工程合同的最大区别在于，前者的生效是必然的，合同所附的期限必然会到来，因此，合同也必然在期限到来时生效；而后者所附的条件是否能够实现是不确定的，具有或然性。

附生效期限的合同和附条件的合同的相同之处在于，条件成就前或期限届满之日前，合同处于已成立而未生效的状态。但是，按照《民法通则》《合同法》诚实信用的原则，合同双方应当遵守已经成立的合同的约定，并为合同生效和履行做好准备，而不应有所违背，否则，应当承担违约责任。

4.3 工程合同的附生效条件和附期限

在工程合同的生效问题中，发包人和承包人双方也同样可以设置条件和期限。比如，发包人的资金到位情况，合同的审批、登记、备案，或者是约定某个具体的生效期限。但是，如果确定了需要设置生效条件和期限，那么设置的生效条件或者生效期限对于合同签约双方都将具有重要的现实意义。

在一些政府投资建设的工程项目中，或者是目前大力推广的PPP项目实践中，由于大部分资金来源于项目所在地政府的财政预算，为了确保工程合同的支付条款的实际落实，一般都会要求政府部门出具相关的承诺函、担保，或者是项目所在地的人民代表大会出具的相关决议，因此，如果能够将上述法律文件作为工程合同的生效条件也能够为工程合同的顺利履行提供一定的保障。

5. 工程合同的登记和备案

中国政府对工程合同的监督和管理，除了各种许可之外，其最主要的两个特色之一是一元制的招标投标程序，另外一个就是工程合同的备案制度。

5.1 备案合同的效力

最高人民法院在《关于适用〈中华人民共和国合同法〉若干问题的解释（一）》中指出，法律、行政法规规定合同应当办理批准手续，或者办理批准、登记等手续才生效，在一审法庭辩论终结前当事人仍未办理批准手续的，或者仍未办理批准、登记等手续的，人民法院应当认定该合同未生效；法律、行政法规规定合同应当办理登记手续，但未规定登记后生效的，当事人未办理登记手续不影响合同的效力，合同标的物所有权及其他物权不能转移。[①] 对于上述司法解释的理解，笔者认为有两点需要注意：第一，该解释只提到合同生效与否的处理，但并没有涉及没有经过批准、登记、备案是否导致合同无效；第二，从前述规定来看，能够影响合同效力的只能是法律和行政法规的规定，而不是除此之外的规定。

值得借鉴的是最高人民法院在《关于审理商品房买卖合同纠纷适用法律若干问题的解释》第6条中提到，当事人以商品房预售合同未按照法律、行政法规规定办理登记备案手续为由，请求确认合同无效的，不予支持。尽管最高人民法院的合同法解释和施工合同解释中都没有提到未经登记备案的施工合同是否有效，但是，笔者认为，最高人民法院对法律适用的原则性和指导方向应当是一致的，既然商品房买卖合同不以未经登记备案为效力要件，那么，据此可以类推出施工合同也不应以未经登记备案而认定为无效。

当然，不可否认的是，工程合同的双方当事人可以约定将备案、签署书面合同书作为合同生效的条件，但是，这些约定不应成为合同成立的法定条件；同时，也不应构成法定的合同无效的依据。

5.2　备案合同与"黑白合同"

关于备案合同与"黑白合同""阴阳合同"，在工程法律实践中存在一种误解，有时候会将备案合同与"黑白合同"混为一谈。事实上，备案合同与"黑白合同"具有一定的联系，但是并非所有涉及备案的工程合同都会导致"黑白合同"的情形。严格来说，工程合同备案与否多数是为了顺应行政机构监督管理的需要，不是工程合同的生效要件，一般也并不涉及合同效力问题。但是，对于"黑白合同"的情况则不同，"黑白合同"中的"黑合同"通常是合同双方为了规避和违反招标投标等法律、法规的禁止性规定而签署的合同，多数涉及工程合同的效力问题。实务中，也需要理解和区别对待工程项

[①] 参见最高人民法院《关于适用〈中华人民共和国合同法〉若干问题的解释（一）》第9条。

目是否属于必须招标投标的范围。

由于两者的法律属性不同，因此引发的法律后果也不一样。司法机关在处理备案合同与"黑白合同"的问题时，存在不同的态度。比如，江苏省高级人民法院提出，非属强制招投标范围的工程，备案与否不影响合同效力，不存在"黑白合同"的问题。当事人签订的合同尽管与备案的合同有实质性内容的不同，但并非不能作为结算的依据。[①] 而对于"黑白合同"，大多数法院都规定应当以备案的"白合同"作为确定权利义务的依据。

6. 工程合同成立与权利救济

之所以要对经过招标投标的工程合同的成立时间进行界定，关键在于明确中标人在收到中标通知书后放弃中标时，对招标人的权利救济，或者招标人擅自改变中标结果时，对中标人的权利救济。

在这里，主要涉及合同法上的违约责任和缔约过失责任的认定和适用。如果发出中标通知书标志着合同成立，那么，中标人放弃中标，或者招标人擅自改变中标结果就是违约行为，应当承担违约责任；反之，则应当承担缔约过失责任。

6.1 缔约过失的构成要件

缔约过失是指当事人因自己过失致使契约不成立者，对信其契约为有效成立的相对人，应赔偿基于此项信赖而产生的损害。[②] 我国《合同法》第42条也确立了缔约过失责任，即当事人在订立合同过程中，因违背诚实信用原则导致合同不成立、被撤销、无效等后果，由此给对方造成损失时应当承担损害赔偿责任。从法律上看，缔约过失责任与违约责任不同，缔约过失责任以先合同义务作为成立前提，违约责任则是以合同债务为成立前提。[③] 关于违约责任本书将在后面章节中加以阐述。

6.1.1 缔约过失的构成要件

从缔约过失责任的构成上来看，其应当具备如下几个要件：

---

① 参见江苏省高级人民法院《建设工程施工合同案件审理指南》第3条。
② 参见王泽鉴：《民法学说与判例研究》（第1册），北京大学出版社2009年版，第80—81页。
③ 参见魏振瀛：《民法（第四版）》，高等教育出版社2010年版，第455—456页。

（1）缔约过失发生在合同订立过程中，即合同尚未成立，或者虽然合同成立，但是由于其不符合法定的合同生效要件而被确认为无效或者被撤销①；

（2）必须有缔约过失行为的存在，有违反法定附随义务和先合同义务的行为；

（3）缔约过失的行为人在主观上存在故意或过失等过错；

（4）违反先合同义务的行为给对方造成了信赖利益的损失。②

6.1.2 先合同义务

先合同义务不是合同项下的义务，它主要是为了合同的成立、履行而附随的义务。这些义务源自于诚实信用原则，产生的基础是为了订立合同，一方实施了某种行为，而另一方对此有合理的信赖。③

在合同订立之前，当事人为订立合同必然需要进行接触、协商，本着签订合同的初衷和目的，双方之间即由普通关系进入到一种特殊的合理信赖关系，双方均应当依据诚实信用原则互负一定的协助、合作、保护、告知、保密等义务，这些义务一般称为附随义务或者先合同义务。若当事人违背了其承担的上述先合同义务，则会破坏缔约关系，就构成了缔约过失，进而应当承担相应的责任。

6.1.3 信赖利益

缔约过失人承担损害赔偿责任，一般也要以损害发生为条件，其责任方式也仅有一种，即赔偿损失，而这种赔偿的对象主要是信赖利益的损失。信赖利益损失，是指相对人因信赖合同会有效成立却由于合同最终不成立或无效而受到的利益损失，这种信赖利益必须是基于合理的信赖而产生的利益，即在缔约阶段因为一方的行为已使另一方足以相信合同能成立和生效。这里的信赖是一种心理状态，即缔约关系的当事人有理由相信合同能够成立和有效，或者说对合同不成立和无效的原因不知情即善意，信赖利益是在信赖基

---

① 参见陈小君：《合同法学》，高等教育出版社2003年版，第109页。理论上，也有不同的观点，依据缔约过失责任承担时合同是否成立或者生效，可分为以下三种情形：包括合同未成立、合同有效、合同无效。参见赵光明：《浅议缔约过失责任》，载《山西省政法管理干部学院学报》2015年第2期。

② 也有观点认为，缔约过失所造成的损失除了信赖利益外，还包括固有利益。参见吴一平：《论缔约过失责任之构成要件》，载《中南大学学报》2012年第18卷第2期。

③ 参见王利明、崔建远：《合同法》，中国政法大学出版社2000年版，第172页。

础上产生的。[1] 给予信赖利益保护的目的则是为了使受害一方恢复到与承诺做出之前相同的状态和境地。[2]

信赖利益的特点在于：（1）信赖利益是一种消极的避免财产不当减少的利益，其基础在于对予信行为人的信任；（2）对信赖利益进行保护的目的在于对产生该信赖的予信行为人的约束和对信赖人的保护；（3）基于信赖利益遭受的损失是因为信赖人自己因为信赖而使自己的利益状态发生变化。[3]

6.2 缔约过失的适用情形

现行《合同法》第42条原则上规定了适用缔约过失责任的三种情形，即（1）假借订立合同，恶意进行磋商；（2）故意隐瞒与订立合同有关的重要事实或者提供虚假情况；（3）其他情形。

结合法律实践，缔约过失还可以包括下列几种具体表现形式：

（1）未尽说明义务导致对方受到损害；

（2）以意向书的方式使对方产生合理的信赖导致的损害；

（3）无权代理致使对方造成损害；

（4）缔约之际未尽保护义务而致使他人遭受损害；

（5）合同被认定无效和被撤销[4]；

（6）违反有效的要约邀请或者要约人违反有效要约[5]。

本质上，引发缔约过失责任的都属于违背诚实信用原则的行为，其表现形式并不拘泥于上述列举的行为。比如，在工程合同的订立过程中，如果招标人在招标信息中故意隐瞒工程现场的不利地质条件、故意隐瞒利用工程量清单的不完整性或错误等都属于违反先合同义务的行为。另外，招标人泄露

---

[1] 参见杨琴：《论合同中的信赖利益与期待利益》，载《杭州商学院学报》2003年第3期（总第60期）。

[2] 参见〔美〕L. L. 富勒：《合同损害赔偿中的信赖利益》，载梁慧星主编：《民商法论丛》第6卷，法律出版社1997年版，第410—461页。

[3] 参见陈小君：《合同法学》，高等教育出版社，2004年版，第112页。

[4] 笔者认为，严格来讲，缔约过失应该限于合同成立之前，如果是合同成立之后生效之前，或者是生效之后，则应该归入违约责任，而非缔约过失责任。因此，对于合同成立之后被认定无效或者被撤销的，过错方应当承担违约责任。

[5] 参见钟奇江：《论缔约过失责任的构成要件与适用范围》，载《湘潭师范学院学报》2005年第27卷第2期。

了其知悉的投标人的信息，按照《合同法》的规定，也会因违反保密等义务而构成缔约过失责任。①

6.3 缔约过失的法律救济

6.3.1 缔约过失责任认定原则

缔约过失是一种法定的责任，因此，工程合同的双方当事人不能约定排除适用。对于缔约过失责任的损失认定，则需遵循下述两个原则：（1）须有实际信赖利益的损失，实际损失是构成缔约过失的责任的重要条件，如果没有给对方造成实际信赖利益的损失，缔约过失人就无需承担赔偿责任；（2）实行完全赔偿原则，即受损害人遭受的全部损失都应由缔约过失人予以赔偿。

但是由于现行的法律并没有规定信赖利益的具体范围，因而在实践操作中，如何认定信赖利益的损失变成了一个比较棘手的问题，一方面需要当事人举证，另一方面又有赖于法庭或仲裁庭的裁量。

6.3.2 缔约过失的赔偿范围

就一方信赖利益损失需承担的赔偿范围，通常包括直接损失和间接损失。其中直接损失主要包括：（1）为了缔结合同而发生的费用，如现场勘察、投标费用等；（2）准备履约和实际履约所支付的费用，如提前购买设备材料的费用，雇用员工的费用；（3）因合同无效、被变更或被撤销所造成的实际损失；（4）因支出上述费用而发生的利息等。因缔约过失而遭受的间接损失则可以包括：（1）因信赖合同有效成立而丧失其他商业机会而遭受的损失；（2）利润损失，即无过错方在现有条件下从事正常经营活动所获得的利润损失。具体到司法实务中，就缔约过失涉及的损失则需要由主张权利一方承担举证责任。

三、工程合同条款和解释

工程合同的条款是确定工程合同当事人，以及各方参与人的工作、权利

---

① 参见《合同法》第43条。

和义务的依据和载体，也是工程项目具体实施和管理的依据。合同条款的明确、清晰与否也直接影响到合同的履行，以及双方争议的解决。因此，在双方对合同条款出现不同的理解时，就需要借助一定的解释原则和方法来解决和处理异议。

1. 明示条款和默示条款

工程合同条款包括明示条款和默示条款两种类型，前者是合同双方明确无误地达成一致的条款内容；后者则是相对明示条款而言，即未在合同中明确记载的内容。实务中，不论是明示条款还是默示条款都有可能存在争议，因此，需要立法和司法机关对合同条款进行规定和调整。

1.1 明示条款

在工程合同中，明示条款通常由专用条款和通用条款两部分内容组成。通用条款的内容通常会考虑现行的法律法规对工程建设的相关要求，以及建设工程施工管理的特殊需要。[①] 以13版施工合同为例，在共计20条的通用条款中分别对一般约定、发包人、承包人、监理人、工程质量、安全文明施工与环境保护、工期和进度、材料与设备、试验与检验、变更、价格调整、合同价格、计量与支付、验收和工程试车、竣工结算、缺陷责任与保修、违约、不可抗力、保险、索赔和争议解决等内容进行了规定。12版设计施工合同的通用条款共24条，除了与13版施工合同类似的规定之外，还特别规定了设计、施工设备和临时设施、交通运输、测量放线、开始工作和竣工、暂停工作等内容。上述两份工程合同的这些内容对于参与工程建设项目的各方主体之间的权利、义务、风险、责任等内容都做了相应的安排和分配。而专用条款可以对通用条款中的相应内容进行修改和完善，以更符合项目的实际情况和各方的需求。

1.2 默示条款

默示条款（implied term）的内容主要来源于法律法规的规定、从明示条款合理推断出的内容和交易惯例。默示条款的功能主要体现在两个方面：一

---

① 参见13版施工合同说明。

是对合同约定的规制,即双方约定的内容不得突破法律法规的限制性和禁止性规定;二是对合同约定的补遗,即在双方的约定出现漏洞时,可用于补正双方的意思表示。

英国法中对于默示条款的适用规制,Simon 法官在 BP Refinery(Westernport)Ltd. v. Shire of Hastings 一案中进行了总结:

"for a term to be implied, the following conditions (which may overlap) must be satisfied: (1) it must be reasonable and equitable; (2) it must necessary to give business efficacy to the contract, so that no term will be implied if the contract is effective without it; (3) it must be so obvious that 'it goes without saying'; (4) it must be capable of close expression; (5) it must not contradict any express term of the contract."

按照目前中国合同法的相关理论和立法、司法实践,并没有明确的关于默示条款的适用规制,但是,在实践中具体运用默示条款时,通常会结合合同的解释方法进行处理。工程实务中,比如承包人按照业主或者工程监理的要求完成某项变更工作后,但是双方又没有对合同价款和计价方式进行约定,处理此类争议时,即可根据合同中已有的约定,并参考相关的法律规范的规定和行业惯例,按照下列原则进行:(1)合同中已有适用于变更工程的价格,按合同已有的价格变更合同价款;(2)合同中只有类似于变更工程的价格,可以参照类似价格变更合同价款;(3)合同中没有适用或类似于变更工程的价格,则由双方协商确定。[①]

2. 合同条款的特殊问题

2.1 法律规定在工程合同中的体现

按照目前合同法相关理论中常见的分类法,法律的规定可以分为任意性规定和强制性规定,其中任意性规定又分为补充性规定和解释性规定,强制性规定则包括禁止性规定(即必须不为)和义务性规定(即必须为)两种。

---

① 参见《建设工程价款结算暂行办法》第10条。

而禁止性规定又可以分为效力性规定和管理性规定。① 上述法律规定的不同属性，对于区分其适用对工程合同双方当事人的权利义务的安排，以及合同的效力都具有实际的影响。

2.1.1 任意性规定

如本书第一章所述，意思自治是合同法的基本准则，对于法律、行政法规的禁止性、限制性规定，工程合同的主体必须遵守，不得以合同约定的形式做出改变。而对于法律规范中的任意性规定或者法律法规没有明文禁止的内容，则允许合同的双方主体自行协商确定，对其进行补充修改，甚至是做出相反的约定。

任意性规定的功能在于补充合同双方当事人的意思表示中不完全的地方，或者意思表示中不明确的地方，但不论如何"其目的都在于使意思表示的内容得以完全和明了"②。

2.1.2 禁止性和强制性规定

禁止性和强制性规定是法律法规规定的禁止或者限制合同当事人从事的行为，一方面，这些规定是对合同双方意思自治的限制；另一方面，这些规定具有天然的适用性，也就是说，合同当事人可以在合同中重申法律法规的禁止性规定和强制性规定，但是，是否在合同中加以表述并不必然影响其适用性。比如，07版标准合同第22.1.1条和12版设计施工合同第22.1.1条的约定，承包人私自将合同的全部或部分权利转让给其他人，或私自将合同的全部或部分义务转移给其他人，此约定内容实际上就是《合同法》和《建筑法》关于禁止违法分包和非法转包的规定在具体合同条款中的体现。

2.2 合同约定不明时的处理

按照现行的《合同法》的规定，如果合同约定不明确，并且双方不能达成一致，也无法按照合同明示条款和交易习惯确定相关内容的，对有关的质

---

① 参见王轶：《民法原理与民法学方法》，法律出版社2009年版，第208—222、245—252页。
② 〔日〕我妻荣：《新订民法总则》，于敏译，中国法制出版社2008年版，第239页。

量、价款、合同的履行等内容都可以根据《合同法》第62条①的指导性规定做出确定。

而在工程实务中，由于主客观因素的影响，合同中对某些事项的约定不明确或者没有约定的情况也并非不常见，在这种情况下，则需要由双方当事人进行协商，或者按照工程合同中既有条款的约定进行处理，或者由监理人进行协调和确定，或者依据争议解决程序处理。比如，12版设计施工合同规定，总监理工程师应对合同项下的任何事项，包括约定不明或争议的事项进行商定或确定，并与合同当事人协商，尽量达成一致；如不能达成一致的，总监理工程师应认真研究后审慎确定。②

2.3 格式条款

格式条款是一方当事人为了重复使用而预先拟定，并在订立合同时未与对方协商的条款，其特点在于不可协商性。也就是说，对于一方提供的格式条款，合同相对方只有选择接受而没有不接受或者进行修改的权利，除此之外没有折中的方式。

《合同法》规定，格式条款违反《合同法》第52条关于合同无效的规定和违反第53条关于免责规定情形的，或者提供格式条款一方免除其责任、加重对方责任、排除对方主要权利的，该条款无效。③ 最高人民法院《关于适用〈中华人民共和国合同法〉若干问题的解释（二）》进一步规定，提供格式条款的一方当事人违反合同法关于提示和说明义务的规定④，导致对方没有注意免除或者限制其责任的条款，对方当事人申请撤销该格式条款的，人民法院

---

① 《合同法》第62条："当事人就有关合同内容约定不明确，依照本法第六十一条的规定仍不能确定的，适用下列规定：（1）质量要求不明确的，按照国家标准、行业标准履行；没有国家标准、行业标准的，按照通常标准或者符合合同目的的特定标准履行。（2）价款或者报酬不明确的，按照订立合同时履行地的市场价格履行；依法应当执行政府定价或者政府指导价的，按照规定履行。（3）履行地点不明确，给付货币的，在接受货币一方所在地履行；交付不动产的，在不动产所在地履行；其他标的，在履行义务一方所在地履行。（4）履行期限不明确的，债务人可以随时履行，债权人也可以随时要求履行，但应当给对方必要的准备时间。（5）履行方式不明确的，按照有利于实现合同目的的方式履行。（6）履行费用的负担不明确的，由履行义务一方负担。"

② 参见12版设计施工合同第3.5.1条。

③ 参见《合同法》第40条。

④ 参见《合同法》第39条。

应当支持①；如果提供格式条款的一方当事人未尽提示和说明义务，并具有免除自身责任、加重对方责任、排除对方主要权利的情形之一的，人民法院应当认定该格式条款无效。②

结合上述《合同法》的规定以及最高人民法院的司法解释，对于格式条款的法律效力应当区分不同的情况，并做不同的处理：

（1）提供格式合同的一方必须对其中的免责条款等进行合理的提示和说明；

（2）如果该方当事人没有履行提示和说明义务，导致对方没有注意免除或者限制其责任的条款，则对方可以申请撤销该条款；

（3）如果该方当事人没有履行提示和说明义务，并且又免除自己的责任或者加重对方的责任或者排除对方的责任，那么该格式条款依法无效。

2.4 排除性条款

排除性条款或称限制性条款的特点在于其内容主要是限制或者排除合同相对方的权利。比如，在某些工程合同中，双方约定一方放弃或者限制向另一方索赔的主张和权利。对于如何认定此类排除性条款的法律效力也是实务中经常遇到的争议。

与前述格式条款的法律效力和救济方式不同，一般情况下，工程合同的诸多条款并非严格意义上的格式条款，因此，《合同法》以及最高人民法院关于合同法的司法解释中关于格式条款的规定是否适用于工程合同，理论上和实践中都有不同的观点。一般来讲，按照契约自由这一合同法的基本原则，当事人可以自行约定合同条款；但同时，合同的约定也应当遵循诚实信用和公平的原则。所以，对于工程合同中此类排除或者限制对方权利的条款的处理，可能更多的还需要取决于具体的客观事实以及仲裁员和法官的裁量权。

2.5 免责条款

原则上，任何一方当事人都有履行合同的义务，如果违反了合同约定就应当承担相应的违约责任，违约一方无权免除或者限制自己因违约所承担的

---

① 参见最高人民法院《关于适用〈中华人民共和国合同法〉若干问题的解释（二）》第9条。
② 参见最高人民法院《关于适用〈中华人民共和国合同法〉若干问题的解释（二）》第10条。

不利法律后果，否则对守约方即为不公。而免责条款则是对该原则的例外，它多用于排除和限制己方因不履行或者不当履行合同而可能给合同相对方造成损失时所承担的责任。免责条款与排除性条款类似，两者在使用时也没有特别明确的界限，有时候也同时在合同条款中进行表述。

根据《合同法》的规定，如果双方在合同中约定免除一方因故意或者重大过失造成对方财产损失的责任或者免除一方在造成对方人身伤害时的损害责任，那么此类免责条款依法无效。① 与中国法律类似，英国 1997 年颁布的《不公平合同条款法》对于合同中的免责条款也有类似的规定，并严格限制其适用。按照该法案的规定，对于合同中约定的因一方的过失而导致另一方的人身伤害或死亡的免责条款，以及不合理的限制或限制因过失造成对方其他损失或损害的条款，都属于无效约定。②

结合中英两国的法律规定也可以发现，对于免责条款的适用并没有限定在格式条款或者纯消费合同的情形下。因此，可以理解法律关于严格限制适用免责条款的规定同样适用于非格式条款和非格式合同，包括工程合同。

3. 工程合同文件的组成

3.1 工程合同文件的组成

通常情况下，工程合同的文件由工程合同条款、商务文件和技术文件等组成。一份完整的工程合同，除了协议书外，还包括合同专用条款、合同通用条款、已标价工程量清单、技术标准和要求、图纸和说明等相关文件，对于经过招标投标程序的工程项目，其合同文件的组成还包括招标文件及澄清、答疑，投标文件及澄清等。

合同文件的组成也会因为具体的合同模式的不同而有所不同。比如，13

---

① 参见《合同法》第 53 条。
② Section 2 of The Unfair Contract Terms Act 1997：

(1) A person cannot by reference to any contract term or to a notice given to persons generally or to particular persons exclude or restrict his liability for death or personal injury resulting from negligence.

(2) In the case of other loss or damage, a person cannot so exclude or restrict his liability for negligence except in so far as the term or notice satisfies the requirement of reasonableness.

(3) Where a contract term or notice purports to exclude or restrict liability for negligence a person's agreement to or awareness of it is not of itself to be taken as indicating his voluntary acceptance of any risk.

版施工合同规定合同文件由合同协议书、中标通知书、投标函及其附录、专用合同条款及其附件、通用合同条款、技术标准和要求、图纸、已标价工程量清单或预算书等组成。① 如果是设计—施工型的合同模式，如12版设计施工合同和11版总承包合同，则还会有关于设计的文件。比如，12版设计施工合同规定的合同文件包括协议书、中标通知书、投标函及投标函附录、专用合同条款、通用合同条款、发包人要求、价格清单、承包人建议书，以及其他构成合同组成部分的文件。②

3.2 合同文件的效力顺序

对于前述工程合同的组成文件，由于涉及的种类和内容繁多，首先需要确定哪些文件可以作为工程合同的组成部分，其次还需要明确这些合同文件的先后顺序。在国际工程中，这一做法源自于英国普通法中的合同解释规制之一③，事实上，这也是解决实践当中因合同文件之间发生歧义和冲突时非常必要和比较有效的方法。

通常情况下，协议书、中标通知书、投标函及附录、专用条款、通用条款的顺序要优先于技术标准、图纸、工程量清单。而在各文件之间，实践当中对其效力顺序的安排则存在不同的理解和操作方法。比如，11版总承包合同将招投标文件及其附件放到了通用条款之前。但是，应当指出，上述合同文件之间是相互补充和说明的，只是在文件之间发生冲突和矛盾时，才需要适用先后顺序来解释文件内容的不一致之处。同样，对于合同文件的效力顺序，除了工程合同通用条款中做明确的约定之外，事实上，当事人双方也可以通过协商，在专用条款中对合同文件的组成及其效力顺序予以修正和调整。

此外，应当注意的是，在工程合同的履行过程中，还会涉及补充协议、会议纪要、备忘录、变更洽商等形式的文件。这些文件能否构成合同的组成部分，首先还得取决于合同双方的一致意思。按照《合同法》的基本原则，如果双方达成一致意见并视其为合同的组成部分，那么，除非是违反了法律

---

① 参见13版施工合同第1.5条。
② 参见12版设计施工合同第1.1.1.1条。
③ 众所周知，现行的四份工程合同都以FIDIC合同为蓝本，而FIDIC合同中的表述方式则是源自于英国的ICE合同条件以及普通法的规制。对于文件的解释顺序，详见Glynn v. Margetson [1893] A. C. 351 HL。

和行政法规的强制性规定，后生成的文件的内容显然要优先于原合同中的约定。

3.3 关于补充条款、补充协议的效力

工程建设项目的特点之一是周期长，变更多。因此，在合同履行过程，签署补充协议、修改原合同条款的情况比较普遍。合同当事人对合同文件进行补充和修改后，补充条款和补充协议优先于原合同文件；属于同一类内容的文件，则应以签署在后的文件为准。

在东润房地产公司与佳垒房地公司、第三人大商股份合资、合作开发房地产合同纠纷案[①]中，东润公司与佳垒公司就合作开发事宜签订《联合开发协议》，联合开发过程中，双方以共同名义办理了立项审批手续，取得了《建设用地规划许可证》《建设工程规划许可证》《建设用地批准书》，组织施工并开展相应的销售等工作。2007年6月，涉案工程进度到主体基本封顶时，双方经协商签订6·28协议，终止了《联合开发协议》的履行，并对终止后各自的权利义务做了约定。由于履行6·28协议过程中发生问题，原被告双方又达成9·20协议。9·20协议签订后，佳垒公司没有按约定在2008年2月28日前返还东润公司投资款及应得的房屋销售款共计31 344 873元，也没有按照6·28协议履行应给付东润公司的房屋。为此，东润公司诉至法院。

最高人民法院经审理后指出，双方当事人在签订合同后、履行合同过程中，因情况变化，又签订多份补充协议修改原合同约定的，只要补充协议是当事人的真实意思表示，协议内容符合法律规定，均应认定为有效。当事人对多份补充协议的履行内容存在争议的，应根据协议之间的内在联系，以及协议中约定的权利义务分配的完整性，并结合补充协议签订和成立的时间顺序，根据民法的公平和诚实信用原则，确定协议的最终履行内容。

4. 施工组织设计

施工组织设计是承包人制订的与工程建设周期密切相关的人员、机械、

---

① 吉林省东润房地产开发有限公司与吉林佳垒房地集团有限公司、第三人大商股份有限公司合资、合作开发房地产合同纠纷案，最高人民法院（2010）民一终字第109号民事判决书。

材料等需求和调配的总体安排，它涉及施工现场的组织，劳动力、机械、材料、设备、成品、半成品的需求量和调配，以及各类施工活动在时间和空间上的布局。制定施工组织设计的目的在于确保发包人和承包人双方对工程项目的建设过程实行有效的监控，并随时根据计划和实际施工状况的差异和变化调整、修改计划。

4.1 施工组织的法律属性

施工组织是最能体现承包人的施工组织和管理能力的技术文件。虽然施工组织的内容更多的是关于技术层面的问题，但是，这并不影响其构成工程合同文件的组成的事实和需要。工程实务中，施工组织设计是投标文件中技术标的重要组成部分，也是招标评分中的重要考察项目，其分值也不低。事实上，根据工程合同的规定，投标文件也属于合同文件的组成。因此，除非双方特别说明和排除，施工组织设计自然就成为合同文件的组成部分，对工程合同的双方主体都具有法律约束力。

根据项目的实际需要，施工过程中，施工组织设计还会不断地进行修改。结合合同法中有关合同变更的内容以及招标投标法的相关规定可知，施工组织设计和进度计划的变更从法律性质上来讲应当属于工程合同履行过程中，双方对合同内容的变更。经协商一致后的变更内容成为承包人据以施工的依据。

因此，由于施工组织的法律属性，承包人在编制施工组织设计时，需要考虑自身的人工、机械、材料的投入情况，综合各类工作界面的划分和施工队伍作业的搭接时间，以及其他各种影响因素（如砼浇捣后的合理养护时间），充分利用计算机系统等手段（如利用项目管理软件），力求科学合理地编写施工组织；发包人及其工程师在审查进度计划和施工组织设计时，也应当结合项目建设中自身资源条件和其他各方参与主体，如设计单位、招标代理机构、供应商、指定分包商等的相关工作是否能满足承包人计划所述的各时间节点的要求，如认为承包人的计划有不合理之处，则应当严格按照合同的约定及时提出。

4.2 施工组织的编制、修订和审批

4.2.1 施工组织的编制

施工组织不仅是投标文件的组成，更为重要的是，施工组织也是项目具体实施和管理的重要文件。中标之后，承包人还需要向监理人报送施工组织，并根据工程的进度和实际情况及时地修订、调整施工组织。比如11版总承包合同规定，承包人应在现场施工开工15日前向发包人提交一份总体施工组织设计。[1] 12版设计施工合同也规定承包人应当按照约定将设计和施工组织方案说明等报送监理人。[2] 07版标准合同则规定，承包人应按合同约定的工作内容和施工进度要求，编制施工组织设计和施工措施计划，并对所有施工作业和施工方法的完备性和安全可靠性负责。[3] 同样，13版施工合同也规定承包人应在合同签订后14天内，但至迟不得晚于开工通知载明的开工日期前7天，向监理人提交详细的施工组织设计[4]，并对所有施工作业和施工方法的完备性和安全可靠性负责。[5]

4.2.2 施工组织的审批和修订

承包人的施工组织应当报经监理审核批准，监理和发包人也应当对施工组织进行审批和回复。13版施工合同规定，发包人和监理人应在监理人收到施工组织设计后7天内确认或提出修改意见。对发包人和监理人提出的合理意见和要求，承包人应自费修改完善。根据工程实际情况需要修改施工组织设计的，承包人应向发包人和监理人提交修改后的施工组织设计。[6] 11版总承包合同则规定，发包人有权对承包人提交的总体施工组织设计进行审查，并在接到总体施工组织设计后20日内提出建议和要求；发包人未能在20日内提出任何建议和要求的，承包人有权按提交的总体施工组织设计实施。[7]

---

[1] 参见11版总承包合同第4.4.1条。
[2] 参见12版设计施工合同第4.12.1条。
[3] 参见07版标准合同第4.1.4条。
[4] 参见13版施工合同第7.1.2条。
[5] 参见13版施工合同第3.1条。
[6] 参见13版施工合同第7.1.2条。
[7] 参见11版总承包合同第7.1.2条。

5. 工程合同的解释

合同的约定应当明确、具体和无歧义，这是确保双方权益和减少争议的基本要求，但是，实践中，工程合同的条款之间存在冲突、歧义和表述不清的现象也很正常。根据相关的研究报告，无论是在国际工程还是国内工程争议中，由于合同条款的不清晰，以及双方对合同条款的理解不一致造成的工程争议，占据了绝对多数的比例。[①] 因此，对于合同的解释原则的理解就显得尤为重要。

5.1 工程合同解释的一般规则

工程合同解释的本质是仲裁机构和法院在处理争议时，对争议所涉及的合同条款和内容的再解读。因此，合同解释的过程就是对约定不清或有矛盾、冲突的条款进行确定，对不完整的条款进行补正的过程。

按照合同法理论，合同的解释有其特定的规则。具体来看，主要涉及解释的原则和具体方法。

5.1.1 合同解释的原则

合同解释的原则可以有多种，但主要有主观解释、客观解释、整体解释、目的解释、公平解释、交易习惯解释和诚信解释等。[②] 具体来说，主观解释主要是通过合同条款的表述，追寻当事人的真实意思表示。而客观解释则相反，其不在于追究当事人的内心意思，而是采用合理第三人的规则，即按照一个理性的、客观的第三人的标准来理解合同条款的意思。目的解释则是以最适合合同目的为出发点进行的解释。尽管适用的规则不同，但合同解释的初衷仍然是为了平衡利益，解决纠纷。

5.1.2 合同解释的方法

合同解释的原则需要具体的方法来实施。以客观解释为例，它也有一系列的标准用于指导合同解释，比如（1）列举事项对非列举事项的排除；（2）特别条款或具体条款优于一般条款，但合同文件中先用概括性语言表述，

[①] 参见英国克力思公司的《2013 年全球建设工程争议报告》。
[②] 参见江平：《民法学》，中国政法大学出版社 2000 年版，第 654 页。

然后再以列举方式说明的,则以概括性的条款为准;(3)协商条款优于定式条款;(4)手写条款优于打印条款,打印条款优于印刷条款。

此外,还有诸如按照有利于债务人的方式、不利于合同起草者的解释,对合同可以做出有效或者无效两种解释时优先选择有效解释等方法。

5.2 合同解释的实践

我国《合同法》对上述合同解释的原则也有具体的体现和规定。比如,当事人对合同条款的理解有争议的,应当按照合同所使用的词句、合同的有关条款、合同的目的、交易习惯以及诚实信用原则,确定该条款的真实意思。① 合同文本采用两种以上文字订立并约定具有同等效力的,对各文本使用的词句推定具有相同含义。各文本使用的词句不一致的,应当根据合同的目的予以解释。

司法实践中也有类似的案例可循。比如,在枣庄矿业柴里煤矿与华夏银行、华东公司联营合同纠纷案②中,2004年3月16日,华东公司、柴里煤矿与华夏银行三方签订了一份《合作经营印尼木材协议》,约定:柴里煤矿负责提供资金人民币1 000万元,于2004年3月18日前按华东公司的要求将该笔资金汇往华夏银行,由华东公司办理国际贸易信用证开证申请。其后,华东公司于2004年3月22日开始从该一般结算账户支取该笔资金。为此,双方就华东公司以申请开证以外的其他用途支取该笔资金时,华夏银行是否具有监管义务发生争议而诉至法院。

最高人民法院经提审审理后认为,对合同约定不明而当事人有争议的合同条款,可以根据订立合同的目的等多种解释方法,综合探究当事人的缔约真意。但就目的解释而言,并非只按一方当事人期待实现的合同目的进行解释,而应按照与合同无利害关系的理性第三人通常理解的当事人共同的合同目的进行解释,且目的解释不应导致对他人合法权益的侵犯或与法律法规相冲突。在三方对柴里煤矿出资何时监管、如何监管已有明确约定和安排的情况下,仅根据柴里煤矿一方的效果意思和缔约目的,即推定合同相对人华夏

---

① 参见《合同法》第125条。
② 枣庄矿业(集团)有限公司柴里煤矿与华夏银行股份有限公司青岛分行、青岛保税区华东国际贸易有限公司联营合同纠纷案,最高人民法院(2009)民提字第137号民事判决书。

银行和华东公司须另行承担约定义务之外的义务,则难谓符合当事人共同的合同目的。

另外,在东北金城建设股份有限公司与尹红国等建设工程施工合同纠纷上诉案①中,还涉及适用交易惯例解释的原则。东北金城公司与尹红国签订了《工程劳务施工合同》一份,约定由尹红国以大清包方式承揽东北金城公司的施工项目。合同签订后,尹红国组织人员进行了施工。在施工过程中,因东北金城公司原因误工、电梯设计变更、一至三层大理石变更真漆,导致尹红国工程款增加,东北金城公司为尹红国出具了经济签证单及说明,共增加工程款183 366元。后诉至法院。在案件二审过程中,双方对合同约定"按一层的建筑面积1.5倍计算面积"中所称"一层"的解释发生争议。东北金城公司主张,双方合同约定的"一层"系指阁楼层非原审认定的从下往上数第一层,即使是指第一层面积也应当仅计算工程主体部分第一层的面积,不应包括裙房部分第一层的面积。

法院经审理后认为,本案系建设工程施工合同纠纷,双方当事人对合同条款的含义有争议,应当首先将合同文本作为合同解释的基础和主要依据。本案双方先后签订两份协议,对阁楼层面积的比照对象的表述均为"按一层的1.5倍计算面积",其中用语均为"一层","一层"一词前均无"阁楼"的限定性用语,亦无法做出"阁楼这一层"的解读。而"阁楼这一层"在合同第一条工程概况第2项中明确表述为"阁楼层",而两份协议中的该项约定均未做"按阁楼层的1.5倍计算面积"这样的表述。如将"一层"解读为"主体一层",做限缩解释,应有双方在合同中的特别约定,文字上应明确地表述为"主体部分第一层",或双方达成新的合意,否则按照通常理解应为该栋楼第一层的全部面积,不能擅自做限缩解释。东北金城公司主张按照"阁楼面积的1.5倍"为建筑行业惯例,依据民事案件的法律适用规则,民事主体之间的权利、义务应以当事人的意思自治为前提,审查双方当事人是否有约定,有约定依约定,无约定依法定,在无法律明确规定情况下才能适用行业惯例。本案双方当事人对阁楼面积的计算有明确约定,因此无适用建筑行

---

① 东北金城建设股份有限公司与尹红国等建设工程施工合同纠纷上诉案,黑龙江省高级人民法院(2015)黑民终字第41号民事判决书。

业惯例的前提条件，东北金城公司该上诉理由不能成立。同理，该公司主张适用黑龙江省建设工程定额计价标准计算阁楼面积，亦因双方未有此约定而无适用的基础和条件。

四、工程带垫资承包与合同效力

工程带垫资承包是工程建设领域较为突出的现象之一，也是产生诸多矛盾和冲突的焦点和难点问题之一。涉及国家固定资产投资的宏观调控、金融体制的监管、工程款的拖欠、民工工资的保障和社会的稳定等诸多方面，因此，工程带垫资一直以来都是政府管理和关注的重点问题之一。

工程承包带垫资是指发包人未全额支付工程预付款或未按工程进度按月支付工程款，而是全部或部分由工程承包人垫付，直至约定的时间或者节点完成，甚至是到工程竣工，再由发包人支付工程价款的承包方式。在工程实践中，所垫资的工程款大多按照工程形象进度进行支付，比如在基础工程、结构出±00、转换层、结构封顶、装饰装修工程完成等。承包人带垫资的额度要求和具体表现方式也各不相同，比较常见的就是不支付预付款、不支付或少支付进度款，比如只支付当月已完工程量40%~80%的价款等。在有些项目中，发包人甚至会要求承包人提供相当于合同价款10%的现金作为履行担保、提供现金支付反担保、提供借款等方式变相带资、垫资承包工程，这些行为都不利于市场规范，引发了大量的工程争议。因此，对于工程带垫资行为进行规范化管理也成为净化建设市场、倡导有序竞争的措施。

1. 带垫资条款的法律效力

从法律法规和政策规范的角度来看，工程带垫资承包也经历了从禁止到限制再到认可，从行为无效到有效的过程。

在2004年之前，对于工程带垫资承包方式，一直被视为是企业之间的借贷款行为，因此都予以禁止。1996年原建设部、原国家计划委员会和财政部联合下发了《关于严格禁止在工程建设中带资承包的通知》，从发包人和承包人两个方面明确禁止带垫资施工现象，但是，同时又规定了外商投资建筑企业在中国境内带资承包工程,可不受该通知限制。司法系统在审理工程带垫资承包纠纷案件时,则多将带垫资定义为企业间借贷,并依据中国人民银行1996年颁布的《贷款通则》第61条关于企业之间不得违反国家规定办理借贷或者变相借贷融资业务的规定[①],以及最高人民法院《关于对企业借贷合同借款方逾期不归还借款的应如何处理问题的批复》中关于企业借贷合同违反有关金融法规属于无效合同的规定从而认定工程合同中的带垫资条款无效。

1999年颁布实施的《合同法》以及其后的司法解释一和二,再次重申了确认合同无效,包括合同条款的无效,只能依据法律和行政法规,而不得依据地方性法规、行政规章。因此,作为部门规章的《贷款通则》不再成为确定合同效力的依据。根据上述《合同法》等规定,国务院办公厅在《转发建设部等部门关于进一步解决建设领域拖欠工程款问题意见的通知》(国办发〔2004〕78号)文件中,针对带资施工行为也明确规定,建设单位发包时,确需施工总承包企业带资施工的,必须在招标文件及合同中明确列出需带资的数额、偿还方式、利息和期限等,遵循了民事行为当事人意思自治的原则。但是,在司法实践中,各地法院和当事人对于工程合同中的带垫资条款的效力仍然有不同的理解和操作。

2005年1月1日,最高人民法院《关于审理建设工程施工合同纠纷案件适用法律问题的解释》正式开始生效实施。根据该司法解释第6条的规定,当事人对垫资和垫资利息有约定,承包人请求按照约定返还垫资及其利息的,应予以支持。司法解释的该条规定将带资垫资施工和拖欠工程款区别开来,对于带资垫资施工的款项,可以由双方在合同中明确约定带垫资事宜,并可以约定相应的利息;如果工程合同中没有约定带垫资的内容,那么相关的工程款则作为拖欠工程款处理。上述内容在原则上认可了带垫资条款的效力问题,从而解决工程实践中为了规避带垫资条款的效力和监管问题而签署"黑白合同"或"阴阳合同"而引发的争议。

[①] 贷款人必须经中国人民银行批准经营贷款业务,持有中国人民银行颁发的《金融机构法人许可证》或《金融机构营业许可证》,并经工商行政管理部门核准登记。发包人和承包人一般都不具有相应的金融许可,不具备经营贷款业务的资格,因此,带资垫资施工被列为不合法的行为,不受法律的保护。

在武当山建设局与湖北省三建施工合同纠纷上诉案①中，武当山建设局提出，因双方当事人在《建设工程施工合同补充协议》中约定由省建三公司垫付资金200万元整……如不按期履约，工程费率下浮5%。而省建三公司实际仅交付垫资款100万元，剩余垫资款未按约交付，故讼争工程总价款应下浮5%。法院经审理后认为，上述强制垫资条款的约定违反了国家关于制止或禁止企业间资金拆借行为的相关规定……讼争工程竣工交付后，武当山建设局仅返还省建三公司垫资款60万元，尚余40万元垫资款未予返还。根据最高人民法院《关于审理建设工程施工合同纠纷案件适用法律问题的解释》第6条的规定，省建三公司要求武当山建设局返还剩余垫资款的诉讼请求符合上述规定，一审判决对此予以支持并无不当。

2. 带垫资施工的特殊限制

由于中国工程项目的建设需要接受行政机构的监督，因此，不同的投资主体还需要关注各级各地政府部门对工程建设项目带垫资的不同规范规定和规则要求。

如前所述，国务院办公厅的《转发建设部等部门关于进一步解决建设领域拖欠工程款问题意见的通知》在允许工程合同的双方主体可以约定带垫资施工的同时，也特别强调规定，政府投资工程一律不得要求施工企业带资建设。

另外，原建设部、国家发展和改革委员会、财政部、中国人民银行四个部委于2006年发布《关于严禁政府投资项目使用带资承包方式进行建设的通知》（建市〔2006〕6号）中再次强调政府预算内资金、各类专项建设基金、国际金融组织和外国政府贷款的国家主权外债资金建设的项目，一律不得以建筑业企业带资承包的方式进行建设，不得将建筑业企业带资承包作为招投标条件，严禁将此类内容写入工程承包合同及补充条款。

尽管从工程合同条款的法律效力上看，带垫资条款并不影响条款和合同本身的效力，司法实践也认可了带垫资条款的合法性。但是，考虑到上述规

---

① 武当山旅游经济特区规划建设局与湖北省工业建筑总承包集团第三建筑工程公司建设工程施工合同纠纷上诉案，湖北省高级人民法院（2012）鄂民一终字第112号民事判决书。

范性和政策性文件的限制，发包人，尤其是政府机关、国有企事业单位等机构，承包人都需要引起足够的注意，避免因行政监管的要求造成行政审批（如施工许可证）的障碍、工程的暂停、处罚等不利影响和后果。同时，银行等金融机构在提供相关的贷款支持时，是否垫资也是其重要的考量因素之一，需要引起关注。除此之外，对承包人而言，更为重要的是，在以政府财政预算支付工程款的建设项目中，还应当对因发包人违反上述相关规定可能影响工程款支付的后果以及相应的保障进行充分的论证和采取有效的风险防范措施。

3. 带垫资条款处理的实践

如前所述，从民事法律行为的合法性角度出发，工程合同中约定的带垫资条款已经获得了法院的认可，因此，在实践中，就工程合同带垫资条款的纠纷也从其合法性转向如何约定和解决利息问题上。

最高人民法院在《关于审理建设工程施工合同纠纷案件适用法律问题的解释》第6条中明确规定，当事人对垫资和垫资利息有约定，承包人请求按照约定返还垫资及其利息的，应予以支持，但是约定的利息计算标准高于中国人民银行发布的同期同类贷款利率的部分除外；当事人对垫资利息没有约定，承包人请求支付利息的，不予支持。对于该条司法解释，可以从三个方面来理解：

（1）当事人可以在工程合同中明确约定带垫资施工；

（2）如果合同没有约定带垫资款的利息，视为无息，承包人仅有权要求返还带垫资款本金，但不得主张利息；

（3）双方约定的带垫资款利息以央行同期贷款利率为限，超出部分不予以支持。

工程实践中需要注意的是如何界定工程合同是否已对带垫资进行了约定，并应当注意约定的利息标准不得超过银行同期贷款利率。

在美兰机场公司与中铁十二局建设工程合同纠纷上诉案[①]中，原告中铁十

---

① 海口美兰国际机场有限责任公司与中铁十二局集团有限公司建设工程合同纠纷案，海南省高级人民法院（2006）琼民一终字第4号民事判决书。

二局与被告美兰机场总公司先后签署《带资施工美兰机场土石方工程协议书》约定：原告对承包的美兰机场土石方工程进行部分垫资施工，垫资比例为60%；美兰机场总公司按国家公布的同期固定资产贷款利率上浮两个百分点给原告计付垫资利息；垫资期限自审核确认的按工程进度计算的垫资额时起至原告施工的项目竣工后一年内由美兰机场总公司还本付息，以及《带资施工美兰机场场道道面工程合同》，约定原告对美兰机场场道道面工程也垫资施工，垫资比例为40%；垫资利息、垫资期限以及质保金的约定与《带资施工美兰机场土石方工程协议书》的约定相同。工程经竣工验收，工程质量均为优良。一、二审法院均认为，双方签订的《带资施工美兰机场土石方工程协议书》《带资施工美兰机场场道道面工程合同》均属双方当事人真实意思表示，内容除两份带资施工协议中所约定的垫资利率中上浮两个百分点的约定不符合法律规定外，其他内容不违反法律和行政法规的禁止性规定，当属有效约定，应受法律保护。

虽然按照意思自治原则，尊重当事人的意思表示是合同法的基本原则。但是，值得关注的是，目前建设工程领域中发包方占主导地位，多数情况下，承包人不收利息并非都出于自愿，尤其是在一些招标投标项目中，承包人作为投标人无法对合同条款提出异议。因此，如果工程合同中没有约定垫资利息的，是否就必然视为无息仍然有待商榷。从另一个角度，虽然最高人民法院的司法解释认定为带垫资条款有效，但是本质上带垫资仍然属于企业间的借贷关系，从保护当事人合法权益的角度出发，业主使用承包人的资金，解决自身的资金问题，从法律上看，给予同期的贷款利息也并无不当之处。当然，双方在工程合同中明确约定了无息垫资的除外。这样，或许能够起到促进建设市场稳定发展和平衡各方权益的效果。

4. 带垫资施工和 BT 承包模式

在讨论禁止政府项目带资垫资承包时，不得不提到以地方政府为主的 BT 模式。四部委《关于严禁政府投资项目使用带资承包方式进行建设的通知》一方面禁止政府投资项目进行带垫资施工承包，另一方面又允许政府投资项目采用 BOT、BOOT、BOO 方式进行建设。届时，BT 模式尚未风靡，因而并没提及 BT 模式。到了后期，各地政府大量地采用 BT 模式举债进行项目建设，引发了新的问题。

为此，财政部随后又颁发了《关于制止地方政府违法违规融资行为的通知》，即 463 号文，特别强调不得以 BT 方式举借政府性债务。但是，同时又指出，对于符合法律或国务院规定可以举借政府性债务的公共租赁住房、公路等项目，确需采取代建制建设进行回购的，也可以落实分年资金偿还计划。因此，从上述规定可以看出来，财政部 463 号文并没有完全禁止 BT 模式，只是对 BT 模式进行了规范，其论证和审批的前置程序比以前更为严格。

众所周知，在一个典型的项目融资中，投资人的收益有赖于项目运营所带来的现金流，而投资人的风险和责任也是基于该特定项目的有限追索。而 BT 则不同，在 BT 模式中没有 BOT 等模式中的运营阶段，回购款的取得也并非基于项目运营产生的现金流而是项目所在地政府财政预算，因此很难将其归入严格意义上的项目融资的范畴。BT 承包模式和带垫资施工承包更为接近。

从表现形式和效果来看，BT 承包模式和带垫资施工承包基本相同，都属于业主不支付工程预付款、进度款，由承包人垫付款项施工，因此实务中也很难区分，这也导致了认识和实务操作上的一系列问题。笔者认为，如果一定要解决 BT 模式和带垫资施工承包的本质区别，就需要从物权的角度考虑和解决该项目的所有权问题。如果将建设期的项目所有权界定为 BT 投资者，就不难区分 BT 模式和带垫资方式。但是，在中国目前现有的法律框架下，基于项目所有权的特殊性，事实上很难区分 BT 模式和带垫资施工，从而导致理论和实践中对 BT 的不同理解。而在工程法律实务中，一旦 BT 模式被认定为实际上的带垫资施工，那么 BT 交易模式中的投资回报就很难得到保障。

五、无效的工程合同

众所周知，当事人意思自治是合同法的基本原则，合同当事人之间一旦达成一致意见，那么就在当事人之间形成如法律般的约束力。同样，法律也应尽可能地尊重当事人在私法领域的意思自治表示。从这个角度来看，合同法的目的也在于鼓励和保障交易而非中断或取消交易，因而，从整体上来看，法院和仲裁机构在处理涉及合同效力的案件时，应以支持合同有效为主，认定合同无效为辅。

当然，合同意思自治并非是无限制的，当事人的合意首先必须符合国家法律法规的规定，也就是说是在法律框架下的意思自治。同时，在中国的工程建设领域，合同的签署、履行还要受政府的行政监督和管理。而政府主管部门的某些行政管理，如审批、备案、核准程序则有可能在实际上直接或间接地影响合同的效力和执行。

1. 合同无效的基本规定

按照中国民法的基本原则和规定，合同的合法性和有效性必须满足主体合法、内容合法和标的合法三个要件。合同无效除了不符合上述三个要件之外，按照中国合同法的规定，工程合同还可能因以下四种法定的基本情形而导致无效，即：

（1）一方以欺诈、胁迫的手段订立合同，损害国家利益；

（2）恶意串通，损害国家、集体、或者第三人利益；

（3）以合法形式掩盖非法目的；

（4）违反法律、行政法规的强制性规定。

在前述四种无效情形中，如何理解和应用"违反法律、行政法规的强制性规定"，是实践中需要注意也是争议较多的问题。在这里需要理解两层含义：

（1）必须是违反法律和行政法规的规定。按照中国《立法法》的规定，法律由全国人大及其常委会制定，行政法规由国务院制定。最高人民法院《关于适用〈中华人民共和国合同法〉若干问题的解释（一）》也进一步指出，合同法实施以后，人民法院在确认合同无效时，应当依据法律和行政法规，而不得依据地方性法规、部门规章或者地方政府规章。换句话说，地方性法规、部门规章和地方政府规章多数是为了行政管理的目的，当事人签署的工程合同违反了地方性法规、部门规章或者地方政府规章的规定，有可能导致行政处罚等不利后果，但是并不会影响合同的效力。

（2）必须是违反了强制性的规定，而非任意性的规定。关于这一点的运用，在实践中经常被误解。众所周知，按照立法的精神，任意性规定是允许当事人自行约定改变的，因而不存在因违反了任意性规定而导致无效的情形。

如前文所述从理论上来看，法律和行政法规的强制性规定又可分为管理性的强制性规定和效力性的强制性规定。按照最高人民法院《关于适用〈中华人民共和国合同法〉若干问题的解释（二）》第 14 条的规定，《合同法》第 52 条第（五）项规定的"强制性规定"，是指效力性强制性规定，即当事人违反的是涉及合同效力的强制性规定，其最直接的判定标准就是法律和行政法规是否明确载明违反该强制性规定将导致合同无效的后果。

换句话说，只有违反效力性的强制规定才会导致合同的无效，对于那些违反管理性的强制性规定的合同，可能会引起行政处罚等后果，给合同履行带来障碍，但是不会影响合同的效力。

2. 工程合同无效的特殊情形

工程合同的效力除了遵循合同法的基本原理之外，还因其自身的特点具有其特殊性的一面。比如，在中国的工程建设领域，工程合同除了体现当事人的意思之外，政府的监督和管理也屡见不鲜，这些监管制度也可能直接影响到工程施工合同的效力。

依据最高人民法院《关于审理建设工程施工合同纠纷适用法律问题的解释》的规定，导致施工合同无效的常见的情形主要有以下几种：

2.1 没有取得相应的工程建设许可

三证齐全是工程项目合法建设的前提条件。在司法实践中，最高人民法院颁布实施的《关于审理建设工程施工合同纠纷案件适用法律问题的解释》中，并没有涉及不具备上述三证（《建设工程规划许可证》《建设用地规划许可证》和《建设工程施工许可证》）是否构成合同无效的依据，因此在工程实践中争议较大，尤其是关于施工许可证的取得是否成为影响合同无效的因素。

2.1.1 规划许可证与工程合同的效力

根据《中华人民共和国城乡规划法》的规定，建设单位，即业主，应当申请办理《建设工程规划许可证》和《建设用地规划许可证》。但是，城乡规划法仅规定了工程建设项目不具备《建设工程规划许可证》和《建设用地规划许可证》时，业主将被处以罚款和限期改正等行政处罚，却未提及是否构成合同无效。按照最高人民法院《关于适用〈中华人民共和国合同法〉若干问题的解释（二）》第4条的规定，此类合同将不构成无效合同。但是，笔者认为按照合同法的基本原理以及合同有效构成要件来看，如果一项工程项目没有取得上述两证，那么该工程就应该属于非法的建设项目，据此，双方签署的工程合同由于合同标的物存在违法性而无效。

值得注意的是，有些地方高级人民法院部分规定涉及这些事宜的处理。比如，根据北京市高级人民法院《关于审理建设工程施工合同纠纷案件若干疑难问题的解答》的规定，如果在一审辩论终结之前，建设项目取得《建设工程规划许可证》和《建设用地规划许可证》的，则工程合同可以被认定为有效合同。该条意见可以说是将无效的工程合同补正为有效合同，而决定能否补正的影响因素则是一审辩论终结之前能否取得《建设工程规划许可证》和《建设用地规划许可证》，这一规定实际上在一定程度上体现了法院在处理类似争议时确认合同效力、促进交易的原则。浙江、安徽等地的法院也有类似规定，但是仍有大部分的地方人民法院并未作出明确的规定。

2.1.2 施工许可证与工程合同的效力

另外一个存有争议的是《建设工程施工许可证》是否成为合同效力的影响因素。《建筑法》规定，工程开工前，建设单位应当依法申请领取《建设工程施工许可证》。按照原建设部的相关规定，申领施工许可证的条件之一是已经确定施工企业。笔者认为，判断确定施工企业的基本标准应当是签署施工合同。在逻辑上，没有施工合同就无法申请施工许可证。而且在工程实践中，建设单位或者委托施工单位申请施工许可证时，通常也需要向政府部门交验施工合同。因此，如果将没有取得施工许可证作为合同无效的条件，就会出现一方面申请施工许可证需要有效的施工合同为前提，另一方面施工合同的有效又要以施工许可证的取得为前提，这样会在申请施工许可和合同效力之间陷入逻辑混乱的境地，必然给合同的履行带来一定的法律障碍。所以，笔者认为未取得施工许可证不应当成为合同无效的理由。

司法实践中，关于没有取得施工许可证的情形，北京市高级人民法院则不视其为合同无效的依据，类似的规定也在浙江省高级人民法院的相关指导意见中。但是，也有些地方法院对此持不同的观点，比如山东省高级人民法院在《关于审理建筑工程承包合同纠纷案件若干问题的意见》中认为，按照《建筑法》的规定，签订合同时发包方必须具有施工许可证或开工报告，承包方必须具备法人资格或资质证书，凡当事人双方或一方不具备上述条件而签订的建筑工程承包合同，应当认定无效。由于最高人民法院的司法解释并未涉及上述三证的内容，故在实践中，关于不具备三证是否会延及合同无效，其具体的处理结果则可能会因项目所在地的不同而有所不同。

此外，值得注意的是，在北京建工一建工程建设有限公司与天津金发新材料有限公司建设工程施工合同纠纷再审案[①]中，最高人民法院经审理后认为，根据《关于适用〈中华人民共和国合同法〉若干问题的解释（二）》第14条的规定，《合同法》第52条第（五）项规定的合同因"违反法律、行政法规的强制性规定"而无效中的"法律、行政法规的强制性规定"，系指效力性的强制性规定。而《建筑法》第7条及建设部《建筑工程施工许可证管理办法》中，关于建设单位应当于建筑工程开工前申领施工许可证的规定，属于建筑业管理规定，从法律效力层级上看系部门规章。因此，北京一建以双方《建设工程施工合同》第3条对开工时间的约定违反法律、行政法规的强制性规定为由，认为该约定无效，缺乏事实和法律依据。由此案可以看出，最高人民法院也认为施工许可证取得与否并不影响工程合同的效力。

2.2　必须招投标而没有招投标或者中标无效

关于这一点，在本书工程合同与招标投标一章中有详细的表述，本章不再累述。

但是，就招标投标对工程合同的效力影响，笔者认为关于招投标的规定存在如下问题：

（1）招标金额标准过低。这个规定的标准是在2000年制定的，根据目前

[①] 北京建工一建工程建设有限公司与天津金发新材料有限公司建设工程施工合同纠纷再审案，最高人民法院（2013）民申字第1632号民事裁定书。

的工程现状，其金额标准显然过低了，完全有必要进行修改以提高标准。

（2）另外，标准的制定是否只能以金额为依据是需要探究和讨论的问题之一，因为单纯的以金额为依据在不同的经济发展周期将面临更多的挑战。

（3）对需要招标的项目类型的界定过于宽泛，其初衷是为了规范市场和提高质量的目的，但是事实上，对招标项目事无巨细的规定，并不能完全达到预期的目的，相反，会造成不必要的资源浪费。

（4）按照现行法定的招投标程序，一般都在 2 个月左右，漫长的招投标时间实际上也不利于项目管理和工期的正常推进，尤其是在二次招标项目中，不论是业主招标还是承包人自行招标，都会或多或少地影响工程的实际进度。比如，对总承包合同项下的材料、设备、专业分包的二次招标，是否有必要也值得商榷。

另外，应当引起注意的是，没有招标或者中标无效导致施工合同无效的情形只针对必须招标的项目。而对那些非必须招标的项目，则并不导致合同无效。不过在实践中，政府出于行政管理的需要，强制招标投标的项目已经被扩大化。也正因为如此，承发包双方为了尽可能地避免政府部门的干预或处罚，对于那些即使不属于必须招标的项目，也尽可能选择招投标的方式选定承包人。由于法律规范的不统一，造成理解和具体执行上的混乱，导致企业管理和经营成本的增加，也给工程的正常施工如工期安排、质量责任的分担和衔接，带来不利影响。

另一方面，也需注意，对于那些非必须招投标的项目，招标与否本身虽然不涉及合同效力的争议，但是却在一定程度上影响了合同价款的结算。比如，北京市高级人民法院在《关于审理建设工程施工合同纠纷案件若干疑难问题的解答》中规定，非必须招标的项目合同主体依法经过招标投标程序并进行了招标程序和合同的备案，则应当以备案的工程合同作为工程价款的结算依据。[1]

2.3 承包人没有资质或者超越资质

中国的建设工程领域，实行严格的市场准入制度，承包人如果要承包一

---

[1] 参见北京市高级人民法院《关于审理建设工程施工合同纠纷案件若干疑难问题的解答》第 15 条。

个建设项目，必须具备相应的资格和资质等级，否则，按照最高人民法院的司法解释"承包人未取得建筑施工企业资质或者超越资质等级"，或者"没有资质的实际施工人借用有资质的建筑施工企业名义"签署的承包合同或专业分包合同都属于无效合同。《建设工程质量管理条例》第25条第2款也同样规定："禁止施工单位超越本单位资质等级许可的业务范围或者以其他施工单位的名义承揽工程。禁止施工单位允许其他单位或者个人以本单位的名义承揽工程。"这是民事权利能力在工程领域的体现，如果承包人没有相应的权利能力（资质），自然就不能签署相应的工程合同，即使签署了，也应当是无效的合同。之所以会有如此多的没有资质或超越资质的案件，其根源在于中国的建筑市场实行准入机制，以及个人不得承包工程建设。

但是，为了促进交易，遵循尽量避免或减少将当事人的合同认定为无效的原则，最高人民法院在施工合同司法解释中又规定承包人超越资质等级许可的业务范围签订建设工程施工合同，在建设工程竣工前取得相应资质等级，视为合同有效。实际上，此规定是将原先超越资质的无效合同补正为有效合同，而决定合同效力的因素在于承包人能否在工程竣工之前取得相应的施工资质等级。

实践中，承包人没有资质的情形主要表现为：

（1）个体施工队伍在没有资质的情况下违法承揽建设工程的；

（2）施工单位冒用、盗用营业执照、资质证书承揽工程的；

（3）建筑施工企业的分支机构以自己的名义对外承揽工程的；

（4）非建筑施工企业超越经营范围对外承揽建设工程的。

2.4 非法转包和违法分包导致合同无效

非法转包的规定来自于《建筑法》第28条的规定，即禁止承包单位将其承包的全部建筑工程转包给他人，禁止承包单位将其承包的全部建筑工程肢解以后以分包的名义分别转包给他人。依照民法的基本原理，对于此类法律明文禁止的行为，属于无效行为，当事人据无效行为签署的工程合同也应当自然无效。

关于非法转包和违法分包导致合同无效，本书将另辟一个章节"工程分包"专门叙述，在此不再赘述。

2.5 低于成本价的工程合同

盈利是商业交易的基本要求和目标,工程项目也一样。但是在工程领域,工程招投标绝大多数都采用最低价中标的方式,由于竞争激烈,承包人为了获得工程项目,也不得不一再降低投标报价,甚至是以低于成本价的方式投标。而根据《招标投标法》的规定,中标人的投标价格不得低于成本。① 不过,该条规定本身的法律后果也并不明确,由此引发了对低于成本价的工程合同的效力的不同理解。

就目前而言,司法实践中对低于成本价的合同效力并无统一的规定,各地方法院有着不同的做法。比如,江苏省高级人民法院指出,中标合同约定的工程价款低于成本价的,当事人要求确认建设工程施工合同无效的,人民法院应予支持。② 而山东省高级人民法院则认为,如果双方约定的工程款价格明显低于建设工程的成本价格,则违反了有关规章的强制性规定,可以根据当事人的请求变更或者撤销。③ 深圳市中级人民法院则对低于成本价的合同效力区分了不同的情形,规定如果属于必须进行招标的工程,经过招投标而签订的施工合同,承包人有证据证明工程价款低于成本价的,合同无效;如果不属于必须进行招标的工程,建设工程合同履行中承包人有证据证明工程价款低于成本价或承包人对总价包干合同中工程量有重大误解的,承包人在法定期限内要求撤销或变更合同的,应予支持。④

另外,在处理低于成本价的工程合同时,其中的一个难点就是在实践中如何认定低于成本价这一事实。虽然十年之前,建设行业就已经在考虑建立企业定额制度作为内部成本控制的措施,但是,一方面,有多少承包人已经或者能够建立企业定额并应用之尚无法统计和确定;另一方面,企业成本毕竟是企业的商业秘密,因此,将工程合同的效力与企业成本相挂钩,其可操作性和合理性也尚待商榷。

---

① 参见《招标投标法》第 41 条。
② 参见江苏省高级人民法院《关于审理建设工程施工合同纠纷案件若干问题的意见》第 3 条。
③ 参见山东省高级人民法院《关于建设工程施工合同纠纷会谈纪要》。
④ 参见深圳市中级人民法院《关于建设工程合同若干问题的指导意见》第 6 条。

2.6 其他导致合同无效的情形

此外，实践中还存在大量的企业挂靠行为。通常情况下，基于挂靠签署的施工合同无效。关于如何认定"挂靠"，在北京市高级人民法院《关于审理建设工程施工合同纠纷案件若干疑难问题的解答》中列举了若干情形可以作为参考：

（1）不具有从事建筑活动主体资格的个人、合伙组织或企业以具备从事建筑活动资格的建筑施工企业的名义承揽工程；

（2）资质等级低的建筑施工企业以资质等级高的建筑施工企业的名义承揽工程；

（3）不具有施工总承包资质的建筑施工企业以具有施工总承包资质的建筑施工企业的名义承揽工程；

（4）有资质的建筑施工企业通过名义上的联营、合作、内部承包等其他方式变相允许他人以本企业的名义承揽工程。

但是，还有一些以挂靠形式签署的施工合同，有可能被认定为有效。比如北京市高级人民法院在其《审理民商事案件若干问题的解答之五（试行）》中指出，如果挂靠者本身具备建筑等级资质，且实际承揽的工程与其自身资质证书等级相符；或者由被挂靠者提供工程技术图纸、进行现场施工管理，并由开发单位直接向被挂靠者结算，在上述两种情况下，相关的施工合同仍可以认定为有效合同。承发包双方还需要特别注意工程项目所在地的法院对类似问题是否有特别的规定。

3. 工程合同无效的处理

3.1 关于无效工程合同的追认

在上述关于无效工程合同的情形中，针对项目许可证和承包人的资质方面，最高人民法院在处理合同效力的司法实践中，还给予当事人予以补正的机会。当然，两者在具体处理方式上存在差异。

超越资质的合同效力追认与前述关于在一审辩论终结之前取得工程许可而使得无效合同追认为有效合同的规定存在差异性。是否有资质以竣工为界限的理由在于，竣工是承包人履行完合同的主要义务的标志，其关注的是承包人的施工技术和履行合同能力问题,若承包人在竣工前取得相应的资质,一方面说明承包人的施工技术能力得到了建设行政主管部门的认可,不应再以资质非难;另一方面也是能够尽快地将合同的不确定状态变成确定状态,以便采取相对应的救济方式,更好地保护合同双方的权利。若将效力补正的时间推迟到一审调查或者辩论终结,则可能给合同双方带来更多的不确定因素,从促进和保护交易的角度来看,也并不适宜。

而在项目许可证方面,更着重强调的是项目本身的合法性,申请"三证"的义务在于发包人,而与承包人的关系不大,并且由于合同无效的后果主要是返还财产和恢复原状①,这对已经建设完毕的工程项目,无效后果不仅给合同双方带来巨大的财产损失,对社会资源和财富而言也是极大的浪费,因此,尽可能给予无效合同较长的补正期限,也是情理之中的理由。

与超越资质的工程合同可以被追认为有效合同的情形不同,对于那些没有资质的承包人签署的施工合同,最高人民法院没有规定可以通过后期资质的取得而给予合同效力的补正,因此可以推知,最高人民法院对合同效力的补正仍然持较严格的标准。

3.2 无效工程合同的处理原则

依据《合同法》的规定,无效的工程合同自始至终都没有法律约束力。② 合同无效后,因该合同取得的财产,应当予以返还;不能返还或者没有必要返还的,应当折价补偿;有过错的一方应当赔偿对方因此受到的损失,双方都有过错的,应当各自承担相应的责任。③ 因此,双方当事人在合同中约定的诸如质量标准、工期奖罚、违约责任等条款也因缺少合同依据而归于无效。当然,合同无效并不意味着不会产生任何法律后果,或者说合同主体就得不到任何法律上的保护、救济或惩处。相反,合同主体仍然可以从程序和实体权利方面得到适当的保护,违法者也要承担相应的责任。

---

① 《民法通则》第134条规定:"承担民事责任的方式主要有:(一)停止侵害;(二)排除妨碍;(三)消除危险;(四)返还财产;(五)恢复原状;(六)修理、重作、更换;(七)赔偿损失;(八)支付违约金;(九)消除影响、恢复名誉;(十)赔礼道歉。以上承担民事责任的方式,可以单独适用,也可以合并适用。"

② 参见《合同法》第56条。

③ 参见《合同法》第58条。

工程合同虽然无效但是合同中约定的有关争议解决方式的条款却仍然有效①，如有关仲裁或者协议诉讼管辖的约定。但是，需要注意的是，对于诉讼和仲裁之外的替代争议解决方式，比如调解、工程争议评审是否也仍然有效，现行的法律并没有明确的规定。

3.3 工程合同无效的特别规定

3.3.1 发包人的合同解除权

按照最高人民法院的施工合同司法解释，如果承包人非法转包、违法分包工程的，发包人有权请求解除合同。② 关于此条表述，笔者认为存在以下几个问题：

首先，混淆了合同解除和合同无效的本质区别。按照合同法理论，合同无效是自签署之时即由于缺少合同的合法生效要件导致没有法律效力，合同解除则主要针对有效合同，基于法定或约定的事由而终止效力。合同无效溯及既往，对当事人自始至终没有效力，适用的是返还财产和恢复原状；合同解除后，解除之前的行为仍然对合同双方具有法律约束力，只是不再继续履行，已经履行的无需返还或恢复。可见，两者的法律后果不同。并且，合同的无效以法院和仲裁机构依职权确定为准，合同主体主张合同无效的目的也在于引出法院/仲裁机构的确定，发包人享有的应当是主张合同无效的权利，而非解除合同权。

本条中既将非法转包和违法分包界定为无效合同，又只给予发包人合同解除权，容易引起冲突和分歧。因此，笔者认为在此强调发包人的合同解除权并无实质上的意义。与其如此，不如强化承包人在非法转包和违法分包中的法律责任，如对发包人和分包人的赔偿或违约责任（如允许更高的违约金③），更为实际和具有引导意义。

其次，忽略合同无效和合同解除的区别，仅规定了发包人的解除权，但未明确承包人和分包人是否也有此类权利。在承包人违法的情形下，只给予发包人解除总包合同的权利，不给予分包人解除分包合同的权利，则是厚此

---

① 参见《合同法》第57条。
② 参见最高人民法院《关于审理建设工程施工合同纠纷案件适用法律问题的解释》第4条。
③ 参见《合同法》第114条。

薄彼，似乎难以体现法律的公平性。因此，更有待在立法和司法实践中加以解决。

3.3.2　承包人的价款支付请求权

按照《合同法》的规定，合同权利义务的终止并不影响合同中结算和清理条款的效力①，而合同无效时，除了争议解决条款之外的条款，包括结算和支付条款，都归于无效。原则上，合同约定的结算和支付条款也不再具有法律效力。但是最高人民法院对价款的支付却有不同的意见，按照最高人民法院的解释，在工程质量合格的情况下，尽管合同无效，承包人仍然可以有权请求发包人按照合同的约定支付工程款。具体来说包括如下不同情形：

（1）建设工程经竣工验收合格，承包人请求参照合同约定支付工程价款的，应予支持。② 这里并非是法院突破法律的规定将无效合同中的结算和支付条款作为有效条款处理，而是说可以参照合同约定的支付条款，类似于英国法下的"Quantum Meruit"。

（2）建设工程经竣工验收不合格的，但修复后并经竣工验收合格的，承包人可以请求按照合同约定支付工程价款；如果修复后的建设工程经竣工验收不合格，承包人请求支付工程价款的，则不予支持。③

尽管该条对于合同无效时的价款支付争议的解决提供了依据，但是，该条规定仍然存在欠缺。比如，关于合同无效且工程经修理质量仍不合格的处理情形，没有进一步区分导致施工合同无效的主体因素，而是单一地认定不支持承包人支付价款的请求。在由于承包人的过错导致合同无效的情况下，此条的规定或许可行，但如果是因为发包人的过错导致合同无效，即使是工程质量不合格，是否也有必要给予承包人一定的权利救济或者保护，并没有给予进一步的方案。

而且，上述救济方式都是建立在工程经竣工验收的基础上。以竣工验收合格与否作为判定的标准，但是，如果在工程施工过程中，当事人因争议提起诉讼或仲裁导致合同被认定为无效时，如何对合同双方的权利义务进行保

---

① 参见《合同法》第90条。
② 参见最高人民法院《关于审理建设工程施工合同纠纷案件适用法律问题的解释》第3条。
③ 同上注。

护和制约存在空白。

另外,最高人民法院也只规定了具有合法资质的承包人可以按照合同约定的方式支付,但是对实际施工人如何结算,却没有规定。笔者认为:在实际施工人提起的诉讼中,如果直接起诉承包人,则按照实际施工人与承包人之间约定的价格方式结算,如果合同没有约定计价方式,可参照当地政府定额及市场价格确定;而在实际施工人直接起诉发包人的情况下,则可以直接参照当地定额和政府发布的信息价,但是发包人只在欠付工程价款范围内对实际施工人承担责任。

3.3.3 质量和工期纠纷的解决

在合同无效的情况下,关于误期违约金的条款因缺少合同依据而无法执行,而当事人对于停工索赔也不是以合同为依据,实践中是以实际造成的损失计算窝工费的,当事人需要提供实际造成损失的证据。[①]

合同无效,约定的质量标准和奖罚等内容也归于无效,但是,如前所述,承包人若要取得工程价款,则必须保证建设工程达到合格标准。如果工程经竣工验收不合格的,发包人则有权要求承包人承担修复费用。[②]

4. 工程设计合同无效的注意事项

在工程法律实务中需要引起高度重视的是,涉及工程设计合同的法律纠纷,尤其是有关合同效力问题时,其处理的方法与工程施工合同并非完全一致。

4.1 工程设计合同效力的认定

总体上来看,最高人民法院以及各级人民法院并没有专门出台关于工程设计合同纠纷的司法解释或司法指导意见。因此,原则上,其处理的标准和规范仍然是《合同法》《建筑法》《招标投标法》《建设工程勘察设计管理条例》《建设工程质量管理条例》等法律法规的规定,以及相关的行政主管部门颁布的部门规章、地方政府规章和规范性文件。

---

① 参见肥西县南岗镇机械工程处与安徽省交通建设有限责任公司建设工程施工合同纠纷上诉案,安徽省高级人民法院(2010)皖民四终字第00049号民事判决书。
② 参见最高人民法院《关于审理建设工程施工合同纠纷案件适用法律问题的解释》第11条。

如同工程施工合同,确定工程设计合同效力的原则也仍然是《合同法》第 52 条以及最高人民法院关于《合同法》的司法解释中关于无效合同认定的基本原则和规定。比如,设计资质、设计招标投标等仍然是衡量合同效力的标准。

4.2 工程设计合同无效的处理

如前所述,依据《合同法》的规定,设计合同依法被认定为无效后,其处理的原则也是依法返还财产、折价补偿等。但是,在诉讼和仲裁实践中,也会有不同的做法,即使是工程设计合同被认定为无效,对于设计方已经付出的设计工作和服务,发包人仍应当支付相应的费用。尤其是在仲裁案件中,仲裁庭裁决的依据也仅是符合法律规定而并非必须根据法律,所以不排除其处理结果的差异性。

在华电公司诉开泰公司建设工程设计合同纠纷案[①]中,原告华电公司与被告开泰公司于 2005 年 6 月签订了一份建设工程设计合同,合同约定开泰公司委托华电公司承担苏源花园的工程设计。2006 年 1 月底,华电公司将苏源花园施工图以及桩位图交于开泰公司。后开泰公司在建造苏源花园时实际未采用华电公司设计的图纸进行施工,而是另行委托南京大学建筑规划设计研究院承担苏源花园的工程设计,并按该研究院的图纸进行施工建造。双方因设计费发生纠纷而诉至法院。经法院查明,华电公司在签订合同及设计图纸时其公司工程设计等级为乙级,其公司于 2006 年 3 月才取得甲级工程设计证书。而涉案工程的面积超出了华电公司的资质等级。

法院经审理后认为,华电公司承担的设计工作超越了其资质等级许可的范围,该合同不满足有效条件。但最高人民法院《关于审理建设工程施工合同纠纷案件适用法律问题的解释》第 5 条规定:"承包人超越资质等级许可的业务范围签订建设工程施工合同,在建设工程竣工前取得相应资质等级,当事人请求按照无效合同处理的,不予支持。"因此,对于签订建设工程施工合同时承揽人不符合相应资质等级要求,但在一定时期内取得相应资质等级的,

---

① 江苏华电工程设计院有限公司诉泰州开泰房地产开发有限公司建设工程设计合同纠纷案,江苏省无锡市中级人民法院 (2010) 锡商再终字第 0003 号民事判决书。

司法解释认定此种合同效力可以补正。我国法律对建设工程施工企业和工程设计单位的从业资格作出规定，目的是一致的，都是为确保建设工程质量，在审理建设工程施工合同和建设工程设计合同纠纷案件中，有关资质问题对合同效力的影响，其判断方法和标准应是相同的。因此，最高人民法院《关于审理建设工程施工合同纠纷案件适用法律问题的解释》第5条所采取的法律适用规则，可以在本案中类推适用。本案华电公司在合同履行过程中，在主要工作成果交付之前取得相应资质等级，故其前所签订的设计合同应当认定有效。

另外，笔者也注意到，目前正在讨论的最高人民法院《关于审理建设工程施工合同纠纷案件适用法律问题的解释（二）》草案中也没有涉及工程设计合同无效的认定和处理，因此，就实践当中存在的不同做法。笔者认为可以参考最高人民法院《关于审理建设工程施工合同纠纷案件适用法律问题的解释》的相关内容，增加类似"人民法院在审理工程设计合同纠纷时，可以参考本司法解释"的内容，以便统一司法口径，为设计合同纠纷的处理提供法律依据。

第三章　工程合同与招标投标

一、概述

招标投标与工程合同密切相关，尤其是涉及依法必须招标投标的建设项目，如何理解和适用其中的相关规定，更是关乎工程合同的效力和合同双方的实体权利义务。

在工程法律实务当中，因招标投标法律规定引起的争议，经常涉及《招标投标法》第3条关于必须招投标的工程项目范围的规定、第32条关于串通招投标的规定、第43条不得在中标前进行实质性谈判的规定、第46条有关"阴阳合同"或"黑白合同"的规定及第48条关于非法转包和违法分包的规定。

对于属于法律法规规定的必须招标投标的项目，如果没有采用招标投标的方式，那么合同双方签署的工程合同将被认定为无效；对于除此之外的项目，则可以由项目业主自行决定是否采用招投标方式，但是否采用招投标的方式并不成为影响合同效力的因素。

另外，在目前政府大力推广的PPP项目中，如何解决适用《招标投标法》和《政府采购法》可能产生的冲突和衔接，也将是合同各方主体乃至政府部门后续处理相关争议需要面对和解决的议题。

二、工程施工招标投标的规定

1. 工程招投标采购平台的选择

在中国的工程建设领域，《招标投标法》和《政府采购法》是项目招投标经常和主要适用的法律。尽管两者都可以适用于新建、改建、扩建工程、工程货物和工程服务，但是实际上，在中国目前的法律环境下，这两部法律所规范和调整的采购行为主要涉及工程招标采购平台的选择和政府监管职能的区分问题。前者适用政府采购系统平台，后者适用建委标办系统平台。简单来说，两者的区别主要有以下几点：

（1）适用的项目标准不同：《招标投标法》属于规模标准范围[①]内工程、货物和服务；而《政府采购法》适用于PPP等特许经营项目、非规模标准范围内的工程、货物和服务。

（2）项目资金来源和性质不同：《招标投标法》可以适用于财政和非财政资金投资建设的项目；而《政府采购法》一般仅适用于财政性资金投资的建设项目。

（3）法定的采购方式不同：《招标投标法》规定的采购方式为招标，并以公开招标为主、邀请招标为辅；《政府采购法》规定的采购方式则包括公开招标、邀请招标、竞争性谈判、单一来源采购、询价以及其他可行的方式。

实务中，有人认为政府采购的工程项目应当依据《政府采购法》规定的招标投标程序进行，而不是《招标投标法》规定的招标投标程序。笔者认为，对于规模范围内的建设工程项目的施工招标投标，应当遵守《招标投标法》及其配套规范的规定，在建委标办平台进行。主要理由在于：

《政府采购法》第2条规定其适用于在中国境内进行的，使用财政性资金采购依法制定的集中采购目录以内的或者采购限额标准以上的工程，包括建筑物和构筑物的新建、改建、扩建、装修、拆除、修缮等。第4条规定政府采购工程进行招标投标的，适用《招标投标法》。此外，财政部颁布的《政府采购非招标采购方式管理办法》第3条也规定"按照招标投标法及其实施条例必须进行招标的工程建设项目以外的政府采购工程"可以采用非招标方式进行采购。另外，《招标投标法》第3条也规定，凡是在中华人民共和国境内进行的工程建设项目的施工，如果满足必须招标投标的条件的，则应当依法进行招投标。

---

① 原国家计划委员会于2000年颁布的《工程建设项目招标范围和规模标准规定》，或称计委3号令。目前该规定正在修改和讨论中。

在 2015 年 3 月 1 日开始实施的《政府采购法实施条例》中也规定了政府采购工程以及与工程建设有关的货物、服务,采用招标方式采购的,适用《招标投标法》及其实施条例。[①]

因此,从上述规定中可以得知,对于财政性资金采购的符合规模标准范围的建设工程施工项目,应当依据《招标投标法》中有关施工招标投标的规定进行采购。

2. 必须招标投标的项目范围

目前,在中国的招投标体制下,不论是政府投资还是私人投资,都严格地受到招投标法律法规的制约。因此,对于那些依法必须进行招标投标的项目,包括工程、货物和专业服务,如果未进行招标投标,或者被确定为中标无效,则据此签署的工程合同也将被依法认定为无效合同。

2.1 强制招投标项目的认定标准

依据现行的《招标投标法》第 3 条的规定,必须进行招标投标的施工建设项目应当同时满足以下两个条件:

(1) 工程项目范围标准:

① 关系社会公共利益、公众安全的基础设施项目;

② 关系社会公共利益、公众安全的公用事业项目;

③ 使用国有资金投资项目和国家融资项目;

④ 使用国际组织或者外国政府资金的项目。

在浙江元生实业投资有限公司与龙元建设集团股份有限公司建设工程施工合同纠纷上诉案[②]中,原被告双方于 2007 年 6 月 27 日签订《建设工程施工合同》,约定由龙元公司承建衢州市西区五星级大酒店及精品商场工程土建、安装及室外附属工程,并签订《建设工程施工合同》一份,合同价款为 2.5 亿元;2007 年 8 月,元生公司作为招标单位将衢州市五星级酒店及精品商场

---

① 参见《政府采购法实施条例》第 7 条。2014 年 12 月 31 日国务院第 75 次常务会议通过,自 2015 年 3 月 1 日起施行。

② 浙江元生实业投资有限公司与龙元建设集团股份有限公司建设工程施工合同纠纷上诉案,浙江省高级人民法院(2009)浙民终字第 27 号民事判决书。

工程进行招标，该工程于 2007 年 8 月 27 日开标，龙元公司中标，但双方未按中标通知书签订书面合同。此后双方发生争议诉至法院。经二审法院审理认为，本案工程项目是由余明方个人控股的民营企业投资建设的酒店及商场，不是公用事业项目，不属于《招标投标法》以及《工程建设项目招标范围和规模标准规定》所规定的必须进行招标的工程建设项目，因此双方未经招标投标签署的《建设工程施工合同》不违反法律、行政法规的强制性规定，应认定有效。

（2）工程项目规模标准：

① 施工单项合同估算价在 200 万元人民币以上的[①]；

② 单项合同估算价低于第①项规定的标准，但项目总投资额在 3 000 万元人民币以上的。

在南宁发电设备总厂等与广西建工集团第一建筑工程有限责任公司建设工程施工合同纠纷上诉案[②]中，二审法院经审理后认为：《招标投标法》第 3 条规定了建设工程必须进行招标的范围，该款所列项目的具体范围和规模标准还应参照《工程建设项目招标范围和规模标准规定》来确定。根据该规定第 7 条，达到下列标准之一的，必须进行招标：（一）施工单项合同估算价在 200 万元人民币以上的……（四）单项合同估算价低于第（一）项规定的标准，但项目总投资额在 3 000 万元人民币以上的。虽然南宁发电设备总厂与建工集团一建公司签订的《挡土墙补充协议》是对《建设工程施工合同》的补充和延伸，但本案诉争的建设项目租用地块总坪工程以及挡土墙工程的开工、竣工起止时间和工期长短不相同，上述两工程实际上属于可分的两个单项项目工程，经确认的工程造价咨询定案单以及合同双方约定，前者的工程价款为 146 万元，后者的工程价款为 151 万元，项目总投资额为 297 万元，不符合

---

① 在发改委 2014 年公布的《工程建设项目招标范围和规模标准规定》送审稿中，施工合同单项估算价被提高到了 400 万元人民币。根据送审稿的说明，目前的各单项合同的金额标准参考了 2012 年的 CPI 系数、固定资产投资价格指数等，核算出工程建设成本约为 2000 年的 2 倍。但从立法的前瞻性角度考虑，笔者认为可以考虑未来的经济发展趋势，适当提高采购限额，比如施工类为 500～600 万元，设备类为 300 万元，材料为 200 万元，服务类为 150 万元，当然，也可以考虑一个原则性的规定，避免送审稿通过后，又发生规模标准提高的情形。

② 南宁发电设备总厂等与广西建工集团第一建筑工程有限责任公司建设工程施工合同纠纷上诉案，南宁市中级人民法院（2012）南市民二终字第 320 号民事判决书。

《工程建设项目招标范围和规模标准规定》第 7 条规定的必须招标的项目，系不属于《招标投标法》第 3 条规定的必须进行招标的工程建设项目。并且，我国设立建设工程招投标制度的目的是规范招标投标活动，保护国家利益、社会公共利益和招标投标活动当事人的合法权益，提高经济效益，保证项目质量，本案建设工程项目未经招投标并不违背《招标投标法》的立法宗旨，故本案的《建设工程施工合同》《挡土墙补充协议》不违反法律、行政法规的禁止性规定，应为有效合同。

在实务当中，绝大多数的招标投标项目都以单项合同估算价作为衡量招标与否的标准，鲜有以投资总额为判断标准的。但是，投资总额的标准仍然有必要引起重视，由于法律规范的滞后，以及监管部门对规定的不同理解，尤其是一些政府投资项目和项目所在城市的要求，应当从单项合同估算和投资总额两个角度同时考虑，以避免影响合同的效力，以及后期的审计风险或者行政追责。

在清江公司与三峡师范建设工程施工合同纠纷上诉案[①]中，原告清江公司与被告三峡师范先后签订了 5 份《建设工程施工合同》，其中 2002 年 11 月 8 日的三峡师范学校办公楼后挡土墙 A 段工程，合同价款 233 500 元；2002 年 12 月 18 日的三峡师范学校食堂后挡土墙 C 段工程，合同价款为 68 500 元；2003 年 4 月 25 日的三峡师范学校围墙、堡坎工程，竣工结算价格共计 1 016 872.78 元；2003 年 6 月 1 日的三峡师范学校门面工程（含基础、主体、内外装饰、水电安装），合同价款为 1 822 880 元；2004 年 6 月 28 日的三峡师范学校地下通道工程，合同价款为 198 000 元。案件经审理后，法庭认为：虽然原被告双方签订的 5 个单项工程合同价款均不超过 200 万元，但三峡师范学校迁建工程项目总投资 7 487.61 万元，根据《招标投标法》第 3 条第 1 款第（一）项、第 2 款和《工程建设项目招标范围和规模标准规定》第 7 条第（四）项的规定，仍然属于必须进行招投标的工程项目。依照最高人民法院《关于审理建设工程施工合同纠纷案件适用法律问题的解释》第 1 条的规定"建设工程施工合同具有下列情形之一的，应当根据合同法第五十二条第

---

① 重庆市万州区清江建筑工程有限公司与重庆市三峡师范学校建设工程施工合同纠纷上诉案，重庆市第二中级人民法院（2010）渝二中法民终字第 339 号民事判决书。

（五）项的规定，认定无效：……（三）建设工程必须进行招标而未招标或者中标无效的"，因此，本案中，应当认定清江公司与三峡师范签订的5份《建设工程施工合同》无效。

综上可以看出，在新的招标投标规模标准出台之前，判断一个工程项目是否必须进行招标，应当看其是否同时符合前述项目范围标准和规模标准，缺一不可，否则，就属于不需强制招标投标的工程项目。

另外，还需要注意的是，尽管有国家层面制定和颁布的法律、行政法规，各地权力机关和政府部门也可能会根据上述法律、行政法规制定更为详细、具体或严格的标准，比如，陕西省人民代表大会常务委员会于2004年8月3日通过的《陕西省实施〈中华人民共和国招标投标法〉办法》就规定施工单项合同估算价在100万元以上的，或者单项合同估算价低于100万元，但项目总投资额在500万元以上的房屋建筑和市政基础设施等项目必须进行招标（第13条）；以及施工单项合同估算价在30万元以上，或者单项合同估算价低于30万元，但项目总投资在100万元以上的室内装饰装修项目也应当进行招标（第14条）。原铁道部《铁路建设工程招标投标实施办法》也规定，工程总投资200万元（含）以上或施工单项合同估算价在100万元人民币以上的施工项目必须进行招标。

对于此类特殊的项目招投标标准，发包人和承包人都应当引起注意，虽然，按照《合同法》第52条和最高人民法院《关于适用〈中华人民共和国合同法〉若干问题的解释》第4条的规定，违反地方性法规、政府规章的规定不会导致合同无效，并且《工程建设项目招标范围和规模标准规定》也明确规定，省、自治区、直辖市人民政府根据实际情况，可以规定本地区必须进行招标的具体范围和规模标准，但不得缩小本规定确定的必须进行招标的范围。不过，在实务操作当中，需要关注违反这些地方性法规可能在申办行政许可、合同履行等方面带来的影响和障碍。

2.2 强制招标投标项目范围的具体标准

就《招标投标法》第3条规定的必须招标的工程项目性质，《工程建设项目招标范围和规模标准规定》（原国家计委3号令）又分别进行了详细的描述和规定，具体包括：

（1）关系社会公共利益、公众安全的基础设施项目的范围包括：

① 煤炭、石油、天然气、电力、新能源等能源项目；

② 铁路、公路、管道、水运、航空以及其他交通运输业等交通运输项目；

③ 邮政、电信枢纽、通信、信息网络等邮电通讯项目；

④ 防洪、灌溉、排涝、引（供）水、滩涂治理、水土保持、水利枢纽等水利项目；

⑤ 道路、桥梁、地铁和轻轨交通、污水排放及处理、垃圾处理、地下管道、公共停车场等城市设施项目；

⑥ 生态环境保护项目；

⑦ 其他基础设施项目。

（2）关系社会公共利益、公众安全的公用事业项目的范围包括：

① 供水、供电、供气、供热等市政工程项目；

② 科技、教育、文化等项目；

③ 体育、旅游等项目；

④ 卫生、社会福利等项目；

⑤ 商品住宅，包括经济适用住房等项目；

⑥ 其他公用事业项目。

值得关注的是，实务中对于"关系社会公共利益、公众安全的公用事业项目的范围"存在不同的理解，尤其是最后的兜底条款中的"其他公用事业项目"，具体哪些项目属于必须进行招标投标的范围存在很大的解读和操作空间，导致实践中的规定和执行并不一致，各地的具体标准也各不相同，比如，江西省将保障性安居工程项目和写字楼等公共建筑工程项目列入必须招标的项目范围（《江西省实施〈中华人民共和国招标投标法〉办法》），而在其他一些地方可能将工业厂房的建设也归入强制招投标的范围。

在河南城建建设集团有限公司与雷盟（天津）实业有限公司建设工程施工合同纠纷申请再审案[①]中，最高人民法院指出，河南城建公司承建的是雷盟公司产业园1、6号楼工程，虽然诉争工程造价达到4388万元，但并不属于

---

① 河南城建建设集团有限公司与雷盟（天津）实业有限公司建设工程施工合同纠纷申请案，最高人民法院（2013）民申字第1425号民事裁定书。

依法必须履行招投标程序的工程。因为根据《招标投标法》第 3 条第 1 款的规定，只有大型基础设施、公用事业等关系社会公共利益、公众安全的项目，全部或者部分使用国有资金投资或者国家融资的项目，使用国际组织或者外国政府贷款、援助资金的项目等重大项目类型才属于必须履行招投标程序的项目，同时这些项目还应当符合《工程建设项目招标范围和规模标准规定》第 2 条至第 6 条列明的项目范围。本案工程只是普通的企业产业园工程，既不属于《招标投标法》第 3 条第 1 款规定的项目类型，也没有在《工程建设项目招标范围和规模标准规定》第 2 条至第 6 条列明的项目范围之内。原审判决仅根据《工程建设项目招标范围和规模标准规定》第 7 条的规定，认为本案合同造价金额达到了该条规定的招投标的金额标准，就认定诉争工程必须进行招投标，双方的建设工程施工合同因没有进行招投标而无效，不符合《招标投标法》第 3 条第 1 款、《工程建设项目招标范围和规模标准规定》第 2 条至第 6 条的规定，属于适用法律不当，应当予以纠正。

（3）使用国有资金投资项目：

① 使用各级财政预算资金的项目；

② 使用纳入财政管理的各种政府性专项建设基金的项目；

③ 使用国有企业事业单位自有资金，并且国有资产投资者实际拥有控制权的项目。

上述项目主要包括使用各级财政预算内资金的项目，使用政府土地收益、政府减免税费抵用、城市基础设施"四源"建设费、市政公用设施建设费、社会事业建设费、水利建设基金、养路费、污水处理费以及其他纳入财政管理的各种政府性专项建设基金的项目。

（4）国家融资项目的范围包括：

① 使用国家发行债券所筹资金的项目；

② 使用国家对外借款或者担保所筹资金的项目；

③ 使用国家政策性贷款的项目；

④ 国家授权投资主体融资的项目；

⑤ 国家特许的融资项目。

(5) 使用国际组织或者外国政府资金的项目的范围包括：

① 使用世界银行、亚洲开发银行等国际组织贷款资金的项目；

② 使用外国政府及其机构贷款资金的项目；

③ 使用国际组织或者外国政府援助资金的项目。

关于使用国际组织或者外国政府贷款、援助资金的项目进行招标，一般应当遵守《招标投标法》及其相关的法规、规定，但是，贷款方、资金提供方对招标投标的具体条件和程序有不同规定的，可以适用其规定，但违背中华人民共和国的社会公共利益的除外。

3. 招标投标的例外情形

必须招标投标的项目又可分为公开招标投标和邀请招标投标，其中以公开招标投标为主，特殊情况下可以邀请招标投标。比如，《工程建设项目招标范围和规模标准规定》第 9 条规定，依法必须进行招标的项目，全部使用国有资金投资或者国有资金投资占控股或者主导地位的，应当公开招标。而对于非国有投资或资金，则可以采用公开招标或者邀请招标的方式。此外，对于一些特殊项目，还可以不进行招标投标。除此之外的项目，则可以由项目业主自行决定是否以招标投标方式进行施工采购。

在吉斯达商务港（南通）有限公司诉中国第二十冶金建设公司建设工程施工合同案[①]中，原告于 2004 年 1 月 14 日向中国第二十二冶金建设公司等四家公司发出了"吉斯达（南通）国际服饰港（一期）工程施工招标文件"。同年 1 月 26 日至 28 日，上述四公司向原告发出了投标书。南通市招投标办公室接受原告的委托，委派了专家评委三人参与议标。三位专家会同原告于 1 月 29 日议标得出结论：六建公司为评标第一名。但原告未当场定标，嗣后也未在其中确定中标者。2004 年 2 月 9 日，原告向被告发出了"中标通知书"。2 月 15 日，原、被告签订了吉斯达（南通）跨国服饰采购中心（一期）施工承包合同，合同暂定金额为人民币 3 000 万元。后双方发生争议遂诉至法院。江苏省南通市中级人民法院经一审审理认为：根据《招标投标法》第 3 条及

---

① 吉斯达商务港（南通）有限公司诉中国第二十冶金建设公司建设工程施工合同案，江苏省高级人民法院（2006）苏民终字第 015 号民事判决书。

2000年4月4日国务院批准、2000年5月1日国家发展计划委员会发布的《工程建设项目招标范围和规模标准规定》第2条、第3条、第4条、第5条、第6条、第7条的规定，原告所建设的工程建设项目不属于国家法律和法规规定的必须进行招标的范围。虽然，江苏省人民政府2003年4月22日发布的《关于修改〈江苏省建设工程招标投标管理办法〉的决定》规定工程项目在50万元以上的必须招标，建设部于2001年5月31日发布的《房屋建筑和市政基础设施工程施工招投标管理办法》规定施工新单项合同结算价在200万元人民币以上或项目总投资在3000万元人民币以上，必须进行招标等，但此类规定应属地方政府和有关部门在国家有关规定的基础上对招标市场进行行业管理的规范，并不能否定或抵触上位法的规定，故本案工程项目要否招标，招投标是否有效，应以法律法规来衡量和判断，部门规章和地方政府规章不能作为判定中标有效与否及合同效力的依据。

江苏省高级人民法院经二审审理认为：讼争工程是否属于国家强制规定的招投标调整范围只能以招投标法律、行政法规为依据。按照《招标投标法》和《工程建设项目招标范围和规模标准规定》的规定，吉斯达公司所建的国际服饰港一期工程并非属于"公用事业项目"，故其称该项目为涉及"公共安全的公用事业"而属于国家强制规定的招投标调整范围的上诉理由缺乏法律依据。吉斯达公司虽然采用邀请投标的方式对工程进行自主招标，但其在二审庭审中陈述系因公司自身管理原因最终未与评标委员会所确定的中标人签订合同，而是径行向冶金公司发出中标通知书并签订合同，吉斯达公司如因对投标单位所存在的违反诚实信用原则的行为而承担相应的民事责任并不能导致其与冶金公司的合同无效，因该合同没有违反招投标法律、行政法规所规定的合同无效的禁止性规定，故应认定有效。

3.1 邀请招标投标的项目

邀请招标也是招标的一种法定形式，与公开招标相对应，其招标投标的程序与公开招标一致。

3.1.1 实体条件

按照《招标投标法实施条例》和《工程建设项目施工招标投标办法》的规定，对于依法必须招标的项目，如果具有下列情形之一的，可以采用邀请招标方式确定工程合同的承包人：

（1）国有资金占控股或者主导地位的依法必须进行招标的项目：

① 技术复杂、有特殊要求或者受自然环境限制，只有少量潜在投标人可供选择；

② 采用公开招标方式的费用占项目合同金额的比例过大。

（2）其他可以邀请招标投标的项目：

① 涉及国家安全、国家秘密或者抢险救灾，适宜招标但不宜公开招标的；

② 属于利用扶贫资金实行以工代赈、需要使用农民工等特殊情况的；

③ 受资源和环境条件限制，只有少数潜在投标人可供选择的[①]；

④ 法律、法规规定不宜公开招标的。

当然，需要注意的是，邀请招标的使用有其严格的限制性，按照国家有关规定需要履行项目审批、核准手续的依法必须进行施工招标的工程建设项目，其招标范围、招标方式、招标组织形式应当报经项目审批部门审批、核准。因此，对于此类项目，如果采用邀请招标或者不进行招标投标的，则应当依法办理相应的审批、核准手续。

3.1.2 程序条件

按照《招标投标法》第17条的规定，招标人采用邀请招标方式的，应当向三个以上具备承担招标项目的能力、资信良好的特定的法人或者其他组织发出投标邀请书。

3.2 可以不进行招标投标的项目

除了前述必须进行招标的项目，包括公开招标或者要求招标的项目，依据《招标投标法》及其实施条例、《工程建设项目施工招标投标办法》的规定，具有下列特殊情形时，则可以不进行招标：

（1）涉及国家安全、国家秘密、抢险救灾，不适宜进行招标的项目；

（2）属于利用扶贫资金实行以工代赈需要使用农民工等特殊情况，不适宜进行招标的项目；

（3）需要采用不可替代的专利或者专有技术；

---

① 参见《北京市招标投标条例》第11条。

（4）采购人依法能够自行建设；

（5）已通过招标方式选定的特许经营项目投资人依法能够自行建设、生产或者提供；

（6）在建工程追加的附属小型工程或者主体加层工程，原中标人仍具备承包能力，并且其他人承担将影响施工或者功能配套要求；

（7）停建或者缓建后恢复建设的单位工程，且承包人未发生变更的；

（8）施工企业自建自用的工程，且该施工企业资质等级符合工程要求的；

（9）需要向原中标人采购工程、货物或者服务，否则将影响施工或者功能配套要求；

（10）国家规定的其他特殊情形。

另外，对于依法必须进行施工招标的项目，如果投标人少于三个的，招标人在分析招标失败的原因并采取相应措施以及重新招标后，投标人仍少于三个的，属于必须审批、核准的工程建设项目，报经原审批部门审批、核准后可以不再进行招标；其他工程建设项目，招标人可自行决定不再进行招标。

还需要引起特别注意的是，在实务中，招标人应当避免任意划分标段，《工程建设项目施工招标投标办法》第27条规定，依法必须进行施工招标的项目的招标人不得利用划分标段规避招标，否则招标无效。施工招标项目需要划分标段、确定工期的，招标人应当合理划分标段、确定工期，并在招标文件中载明。对工程技术上紧密相连、不可分割的单位工程不得分割标段。

4. 工程项目二次招标投标

二次招投标是工程建设项目中经常遇到的问题。主要涉及下列几种情况，一是总承包合同项下的暂列金额的专业工程的分包、设计工作的发包；二是在特许经营项目中的工程施工总承包和专业工程。

（1）对于第一种情况涉及的专业工程和设计工作，依据《招标投标法》和《工程建设项目招标范围和规模标准规定》的规定，如果属于规模标准和范围内的项目，则仍然需要进行招标投标；如果在标准和范围之外的，则可以不进行招标投标。

（2）对于第二种特许经营项目中的工程情况，依据《招标投标法实施条例》的规定[1]，又需要根据中标人自身的资质和条件区分几种不同的情形进行处理。在PPP项目中，招标人和投资人尤其需要提前策划和定位。

5. 电子招标投标

电子招标投标活动是指以数据电文形式，依托电子招标投标系统完成的全部或者部分招标投标交易、公共服务和行政监督活动。自2013年5月1日起，发改委、住建部、原铁道部、交通部等8个部门颁布的《电子招标投标办法》开始正式施行，该办法用于规范和调整电子招标投标行为。

5.1 电子招标投标的法律性质

在电子招标投标过程中的数据电文形式与纸质形式的招标投标活动具有同等法律效力。

从形式上看，对于投标文件的提交，投标人应当在投标截止时间前完成传输递交，并可以补充、修改或者撤回投标文件。如未在投标截止时间前完成投标文件传输的，视为撤回投标文件；在投标截止时间后送达的投标文件，电子招标投标交易平台应当拒收。

电子招标投标交易平台对于收到的投标文件，应当即时向投标人发出确认回执通知，并妥善保存投标文件。在投标截止时间前，除投标人补充、修改或者撤回投标文件外，任何单位和个人不得解密、提取投标文件。

采用电子招标投标的，实行在线开标。如因投标人原因造成投标文件未解密的，视为撤销其投标文件；因投标人之外的原因造成投标文件未解密的，视为撤回其投标文件，投标人有权要求责任方赔偿其因此遭受的直接损失。部分投标文件未解密的，其他投标文件的开标可以继续进行。

5.2 实践中的问题

对于电子招标投标方式，招标人和投标人除了需要解决技术问题外，可能还会面临与纸质招标投标相同的问题。比如，电子招标投标方式采用的是以数据电文形式签署合同，因而对工程合同的审查更趋于实质性审查。笔者曾处理过一个工程施工项目的电子招标投标，电子招标投标交易平台对合同

---

[1] 参见《招标投标实施条例》第9条。

条款的审查相当严格。此外，尽管《电子招标投标办法》规定交易平台不得要求潜在投标人购买指定的工具软件，但是实际上还是会存在工具软件，如工程量清单不兼容导致投标人不得不购买与之配套的软件工具的现象。在这点上，政府或者招标投标交易平台中心有必要尽可能地采用通用的软件，避免由此造成不公平竞争和行业垄断现象，确保公平交易。

6. 欧盟和英国公共采购法的借鉴

2004年，欧盟颁布法令对公共采购作了规定，其中包括由中央政府，地方授权机构以及其他诸如学校、医院等机构作为采购主体[①]的17号法令和专门针对公用事业采购的18号法令。英国作为欧盟的重要成员，其工程采购法在很大程度上沿袭和遵循了欧盟公共采购法令的规定、要求和标准。这在2009年英国修订实施的新公共合同采购法和公用事业合同法中有着明显的体现。

与中国的一元制的招标投标制度不同，英国法下，私人投资项目和政府投资项目遵循不同的规定。对于政府投资项目的公共工程，实行强制招标制度。招标投标行为不仅要遵守英国法的规定，同时也要受欧盟法的约束。比如对于招标投标过程中违反公平对待，反对歧视，相互承认，机会均等和透明化等基本原则的行为，除了可以在高等法院提起诉讼外，甚至还可以到欧盟法院去申诉。

6.1 适用范围

按照欧盟和英国的公共采购法，其适用也有一定的限度，具体来说，它主要用于规范和调整规模标准之上的提供货物、工程、服务的合同，以及以动态采购和框架协议方式进行采购的行为。其中，列入名单的机构采购货物和服务的金额标准是101 323英镑，工程项目是3 927 260英镑；而没有列入名单的其他公共机构采购货物和服务的最低限额则是156 442英镑，工程项目是3 927 260英镑。

对于实践中经常遇到的对原合同的延长、更新或者变更，如果构成实质

---

① 这里的采购主体基本上是以财政拨款提供资金的机构。

变更（material change）也可能视同一份新的合同而需要重新进行招标程序。

而且，不同于前述的变更，如果在招标过程中发生合同条件或技术说明等也可能构成实质性的变化并被认为合同没有经过正常的招标程序，如果要确保招标程序的合法性，则仍需要重新进行招标程序。

6.2 采购方式和程序

根据相关的法令，公共采购的整个程序主要包括公告、资格预审、发出邀请、提交投标文件、评标、授予决定、强制停顿期以及签署合同。而对于采购的方式，根据相关的法令主要包括公开招标、限制性招标、竞争性磋商（Competitive dialogue）和谈判（Negotiated）等四种方式。

不过，对于公用事业的采购则不受上述采购方式的限制，通常来说，可以选择采用公开招标、限制性招标或谈判的方式选择合适的投标人，并且在特定情况下可以申请豁免公共采购法的规范和约束。

6.3 授予合同

招标人必须在资格预审调查阶段明示选择适格的中标人和授予合同的标准和方法。合同的授予，必须是建立在一种显而易见、公平和无歧视的方式对待所有的投标人的基础之上，以确保招标程序的公正和完整。具体来说，其执行的标准就是：

（1）最低价格（公开招标和限制性招标）；

（2）最有经济优势的报价（综合考虑价格、质量、技术等因素）。

最后，在确定中标人并经过法定的强制停顿期后，授权机构即可授予中标人合同，同时也必须告知未中标人其没有中标的理由，以及中标人的名称。

三、施工招标的条件和程序

1. 工程施工招标投标的条件

2013年5月，发改委颁布《关于废止和修改部分招标投标规章和规范性文件的决定》①，对《工程建设项目施工招标投标办法》的部分条款进行了修改。按照修改后的新《工程建设项目施工招标投标办法》第 8 条的规定，属于必须招标范围的施工项目，进行施工招标投标时应当具备如下条件：

（1）招标人已经依法成立，尤其是在一些特许经营项目中需要成立项目公司进行运作时，招标人是否成立涉及项目的立项，施工总承包合同的签署主体等法律问题；

（2）初步设计及概算应当履行审批手续的，已经批准；

（3）招标范围、招标方式和招标组织形式等应当履行核准手续的，已经核准，这部分的工作通常要求在可行性研究报告中即做好准备；

（4）有相应资金或资金来源已经落实。从承包人的角度来看，资金的到位和落实情况对于后续的预付款、进度的支付力度有着密切和实际的影响；

（5）有招标所需的设计图纸及技术资料。设计图纸的深度和技术资料的详实与否在一定程度上影响工程量清单的准确程度，招标投标可采用的合同价格形式，以及对整体施工阶段的造价的预计。

2. 选择合适的招标投标形式

关于招标投标的选择，应当在工程项目的前期进行整体的规划，尤其是针对专业分包工程，需要结合项目管理的需要并兼顾相关法律法规的规定。

2.1 招标主体的选择

在工程实务当中，经常采用的招标形式可以分为如下三种：

（1）发包人招标。大多数主体工程的施工承包采购多采用此方式，也就是说发包人通过招标投标方式直接选定中标人作为工程施工的承包人。

（2）承包人招标。这种方式主要针对的是暂列金额或暂估价的工程。

（3）承发包双方联合招标。这种方式也是暂列金额工程项目最常见的采购招标方式之一。在以此方式进行的施工招标中，发包人对采购的介入程度

---

① 发改委的上述《关于废止和修改部分招标投标规章和规范性文件的决定》删除了原来关于"招标范围、招标方式和招标组织形式等应当履行核准手续的，已经核准"的内容，其本意是为了政府行政管理改革的需要，减少行政审批程序。但笔者认为，招标人仍有必要在进行招标工作之前，对招标范围、招标方式和招标组织形式进行总体规划，明确总承包招标的范围、专业分包工程的招标范围、总分包工程之间的衔接和合同安排等，以便将合法性和项目管理有效地结合起来。

要比前者更为深入。

在暂列金额或者需要专业分包的工程项目中，发包人是否介入分包人的选择，在法律上会产生不同的后果。最高人民法院在《关于审理建设工程施工合同纠纷案件适用法律问题的解释》第12条中规定，发包人直接指定分包人分包专业工程，造成建设工程质量缺陷的，应当承担过错责任。据此，如果发包人指定分包人承担暂列金额的专业工程或者其他分包工程项目，承包人可以以此作为质量缺陷的抗辩，以免除或减少责任。另外，若是由于指定分包人的原因造成了工期的延误，承包人还可以主张工期顺延和费用补偿。

2.2 自行招标或委托招标

在确定采用招标投标方式的情况下，发包人可采用自行招标或者委托招标的方式进行招标投标活动。

2.2.1 自行招标

2.2.1.1 自行招标的条件

《工程建设项目自行招标试行办法》第4条规定，招标人自行办理招标事宜的，应当具有编制招标文件和组织评标的能力，这里主要是指招标人具有与招标项目规模和复杂程度相适应的技术、经济等方面的专业人员（《招标投标法实施条例》第10条），具体来说，又包括：

（1）具有项目法人资格（或者法人资格）；

（2）具有与招标项目规模和复杂程度相适应的工程技术、概预算、财务和工程管理等方面的专业技术力量；

（3）有从事同类工程建设项目招标的经验；

（4）设有专门的招标机构或者拥有3名以上专职招标业务人员，如招标师；

（5）熟悉和掌握《招标投标法》及有关法规规章。

2.2.1.2 自行招标的审核

关于自行招标的审核问题，应当注意不同的规定对具体操作的影响。《招标投标法》第12条规定，对于依法必须进行招标的项目，如果招标人自行办理招标事宜的，应当向有关行政监督部门办理备案手续。而《工程建设项目自行招标试行办法》第6条、第7条则规定，国家计委（现为发改委）将审查招标人报送的书面材料，对于招标人符合自行招标条件的，予以核准，招标人可以自行办理招标事宜。反之，则认定招标人不符合自行招标条件，在批复可行性研究报告时，要求招标人委托招标代理机构办理委托招标。

2.2.2 委托招标

委托招标，即委托具有招标代理资质的机构从事招标投标的组织等活动。实践中，大多数强制招标投标的项目都采用委托招标的方式。其主要考虑因素在于招标人不具备自行招标所需的编制招标文件和组织评标的能力，或者虽具备自行招标的能力，但委托招标更有助于招标投标活动的组织和进行，如评标专家的选择和评标委员会的组成。委托第三方进行招标，一定程度上更能够体现招标投标活动的公正性和独立性。

2.3 招标代理

委托招标，主要是委托招标代理机构进行招标。对于招标人，首先，应当注意的是代理机构必须具有相应的资质条件；其次，应当注意的是招标人与代理机构的法律关系的处理。

2.3.1 招标代理资质

《工程建设项目招标代理机构资格认定办法》第5条详细规定了工程招标代理机构的资格及其所能承担的业务范围：

（1）甲级工程招标代理机构，可以承担各类工程的招标代理业务；

（2）乙级工程招标代理机构，只能承担工程总投资1亿元人民币以下的工程招标代理业务；

（3）暂定级工程招标代理机构，只能承担工程总投资6000万元人民币以下的工程招标代理业务。

2.3.2 招标代理法律关系

依据《民法通则》和《合同法》的规定，招标人与代理机构之间是代理人和被代理人的关系。

具体从实务的角度来看，招标代理实际上包括了三个方面的法律关系，除了招标人和投标人之间、招标人和招标代理机构之间的关系外，还涉及招标代理机构与投标人之间的关系。

这些法律关系决定了：

（1）通过招标投标活动，最终确定的中标人应当与招标人签署合同，而不是与招标代理机构签订合同；

（2）招标人要对代理机构的行为负责，如果因为招标代理的过程造成投标人的损失，招标人也要承担连带责任；

（3）招标代理机构在从事代理过程中获得的收益应当归招标人所有，比如投标保证金的利息收入。

四、工程设计招标投标的相关规定

建设工程设计，是指具有资质的设计单位根据建设工程的要求，对建设工程所需的技术、经济、资源、环境等条件进行综合分析、论证，编制建设工程设计文件的活动。作为工程合同的一种，设计招标也是项目建设不容忽视的重要组成部分，工程设计的精准对后期的施工招投标和实施具有举足轻重的作用。根据中国现行的法律法规的规定，工程设计也需要严格进行招标投标。

1. 工程设计的分类和招标标准

根据《建筑工程设计文件编制深度规定》（2008 年版）的规定，工程设计可分为方案设计、初步设计和施工图设计三类。

与工程施工招标投标一样，工程设计的招标投标也要同时遵守项目范围和规模标准，其中的项目范围也包括《招标投标法》第 3 条规定的标准，至于可以邀请招标、不进行招标的项目标准也与工程施工招标的要求基本一致。

不同的是规模标准的差异，根据《招标投标法》《招标投标法实施条例》以及《工程建设项目勘察设计招标投标办法》《公路工程勘察设计招标投标管理办法》等规定，设计服务采购的单项合同估算价在 50 万元人民币以上的，或者单项合同估算价低于 50 万元标准，但项目总投资额在 3 000 万元人民币以上的，也属于应当招标的项目范围。

在华森设计与北海馨平公司建设工程设计合同纠纷再审案①中，再审法院认为，根据《招标投标法》第3条第2款的规定和《工程建设项目招标范围和规模标准规定》第8条"建设项目的勘察、设计，采用特定专利或者专有技术的，或者其建筑艺术造型有特殊要求的，经过主管部门批准，可以不进行招标"的规定，以及从北海市城市规划局2006年12月29日发布的《关于北海市建设工程设计方案报建有关事项的通告》来看，上述规定和通告并未要求设计工程必须招标，且最高人民法院《关于审理建设工程施工合同纠纷案件适用法律问题的解释》第1条关于"建设工程施工合同具有下列情形之一的，应当根据合同法第五十二条第（五）项的规定，认为无效：……（三）建设工程必须进行招标而未招标或者中标无效的"规定的是建设施工合同而不是设计合同，本案不适用该司法解释。因此，北海馨平公司根据上述规定，结合本案开发建设金海湾·南珠嘉园项目所处地理位置重要，规模较大，方案设计要求有艺术创造性，要与当地海景大道工程建设相配套的实际情况，其与深圳设计公司签订《建设工程设计合同（一）》时没有进行招标，是不违反法律、法规强制性规定的。

2. 工程设计招标的条件

如本书前文所述，工程设计分为概念设计、方案设计和施工图设计，与此对应，针对上述不同的工程设计招标投标，相关部门也分别制定了相应的规范。

2.1 方案设计招标

方案设计分为概念性方案设计招标和实施性方案设计招标，原建设部颁布的《建筑工程方案设计招标投标管理办法》规定，建筑工程方案设计招标应当具备下列条件：

（1）按照国家有关规定需要履行项目审批手续的，已履行审批手续，取得批准；

---

① 深圳华森建筑与工程设计顾问有限公司与北海馨平广洋房地产开发有限公司建设工程设计合同纠纷再审案，广西壮族自治区高级人民法院（2013）桂民提字第8号民事判决书。

(2) 设计所需要资金已经落实；

(3) 设计基础资料已经收集完成，主要是现场状况、地下管线图、项目总体规划图、地质勘查报告等；

(4) 符合相关法律、法规规定的其他条件。

上述规定并没有细分方案设计的招标投标，因此，可以认为，房屋建筑工程项目的概念性方案设计和实施性方案设计的招标都应当具备上述条件。

2.2 施工图设计招标

施工图对应更多的是涉及结构质量和安全的内容，因此施工图设计招标是工程设计招标投标监督管理的重点。

《工程建设项目勘察设计招标投标办法》第9条对依法必须进行设计招标的工程建设项目的招标规定与前述方案设计完全相同的条件。

至于工程设计的招标投标程序，按照现行的法律规范的规定，与工程施工招标投标活动相同，并无特别的例外规定。

五、招标投标过程中的注意事项[①]

招标投标是衔接后期工程合同的签署和履行的关键环节，不论是对招标人还是对投标人都应当予以足够的重视，提高招标投标活动的合法、效率以及保证工程合同的签署。

1. 招标人应注意的事项

在招标投标过程中，招标人有必要从实体和程序上确保招标活动以及招标文件的合法性，避免由于招标活动的瑕疵影响整个招标流程的进行。

1.1 澄清、答疑

招标人的澄清和答疑包括两个方面的内容，一是对招标文件的澄清，另一个是对投标文件的澄清。

---

① 本部分引自笔者在合著的《中国建设工程招标投标法律指南》中撰写的内容，本书对相关内容进行了修改和调整。

1.1.1 对招标文件的澄清

在招标文件发出后,如果招标人需要对招标文件进行必要的澄清或者修改的,则应当在招标文件中规定的提交投标文件截止时间至少15日前,以便投标人准备、调整投标文件和相关的工作。如果澄清发出的时间距投标截止时间不足15日,则需要相应延长投标截止时间。同时,为体现公正性,招标人需要将澄清、答疑的事项通知全体投标人。从法律效果上来看,此类澄清或者修改的内容即称为招标文件的组成部分。

但是,如果对招标文件的澄清或修改是在投标截止日期之后,则应当视为一份新的招标文件,对原投标人不具有相应的法律约束力。

在杭州红山热电有限公司与浙江蓝天求是环保集团有限公司招标投标合同纠纷上诉案[①]中,红山公司就其公司的脱硫除尘、改造及风机改造工程进行公开招标,招标工程内容为 $3 \times 75 t/h + 6 \times 35 t/h$ 中温中压链条锅炉烟气除尘、脱硫系统的功能设计、结构、性能、制造、供货、安装、调试、试运行、验收等,并注明投标保证金为50万元,投标书报送日期为2009年4月24日。蓝天公司是投标人之一,并按要求提供了投标保证金人民币50万元。2009年4月29日,红山公司对招标内容和工程范围进行了修改,并向包括蓝天公司在内的已经参加投标的投标人发送了新的投标报价书,对修改后的工程范围、具体内容作了重新规定,并对本次投标报价提出要求为:投标单位就完成本投标报价书所列工程范围中除施工(指工程土建、安装、设备材料采购等)外的其他一切费用进行报价(即对工程设计、调试、技术管理等项目);交付报价书的截止期为2009年5月1日12时;本工程第一次投标保证金转为本次投标保证金,投标人在投标报价书最后一页签字、盖章确认。蓝天公司其后编制了投标报价,但未签章也未在规定日期前提交。红山公司为此没收了蓝天公司的投标保证金。

二审法院经审理认为,首先从内容上来看,两次招标文件对承包工程总体范围的表述不但不同,而且第二次招标文件对承包具体内容又作了特别约定,施工和采购主体已转为红山公司,投标人只负责施工技术指导和监督、

---

① 杭州红山热电有限公司与浙江蓝天求是环保集团有限公司招标投标合同纠纷上诉案,浙江省高级人民法院(2010)浙商外终字第10号民事判决书。

提供采购清单等，仅对工程设计、调试、技术管理等项目进行费用报价。根据《合同法》第 31 条，有关合同标的、数量、质量、价款或者报酬、履行期限、履行地点和方式、违约责任和解决争议方法等的变更，是对要约内容的实质性变更。故红山公司第二次招标文件修改了承包内容，属要约实质性的变更，第二次招标行为不是第一次招标行为的延续。其次，从招标行为分析，2009 年 4 月 20 日红山公司向蓝天公司发出招标文件，属要约邀请；蓝天公司接到红山公司第一次招标文件后，按照招标文件的要求打入 50 万元保证金，并递交了标书，该投标行为属于要约；红山公司未对包括蓝天公司在内的投标人的标书进行评标，而在截标后第二次发出招标文件，对招标的内容做了实质性的变更，应视为红山公司对蓝天公司的要约未做出承诺，并提出了新的要约，原要约即告失效。新要约虽写明第一次保证金转为第二次投标保证金，但并无对其进行没收的规定，亦未经投标人承诺，现红山公司认为蓝天公司未进行第二次投标，则应视为蓝天公司对新的要约未做出承诺。因此，红山公司没收蓝天公司的投标保证金没有法律依据。

1.1.2 对投标文件的澄清

《招标投标法》第 39 条规定，评标委员会可以要求投标人对投标文件中含义不明确的内容作必要的澄清或者说明，但是澄清或者说明不得超出投标文件的范围或者改变投标文件的实质性内容。

对于投标文件中含义不明确的内容、明显文字或者计算错误，评标委员会认为需要投标人做出必要澄清、说明的，也可以要求进行澄清，但是应当书面通知该投标人。

同时，在实务中需要特别注意的是应当对澄清的问题进行限定，避免将澄清和答疑变成新的要约或者双方的实质性谈判。

1.2 招标标底和招标限价

需要注意的是，以前凡是进行招标投标的工程建设项目都要编制标底，并以标底为基准来决定中标人。但是，由于标底对保密的要求很高，实践中不容易控制。目前编制标底已经不是强制性的要求，招标人可以自行决定是否需要编制标底。例如《北京市招标投标条例》就明确规定政府投资和政府融资的项目一般不设置标底。同时，对于设置标底的项目，《招标投标法实施条例》第 50 条也规定，标底只能作为评标的参考，不得以投标报价是否接近标底作为中标条件，也不得以投标报价超过标底上下浮动范围作为否决投标的条件。

但是在国有资金投资的建筑工程招标中，依据 2013 年 12 月 11 日发布的《建筑工程施工发包与承包计价管理办法》的规定，应当设有最高投标限价；对于非国有资金投资的建筑工程招标的，可以设定最高投标限价或者招标标底。并且还规定，投标报价若高于最高投标限价的，评标委员会应当否决投标人的投标。

此外，最高人民法院也曾在《全国民事审判工作会议纪要（2011 年）》中指出，对于以低于工程建设成本的工程项目标底订立的施工合同，应当认定为无效。

1.3 投标保证金

1.3.1 投标保证金的性质

投标保证金是投标人向招标人提供的确保其在中标后依据招投标文件确定的条件和中标通知书的要求签署工程合同的担保方式。依据法律法规的规定，投标保证金的有效期应当与投标有效期一致。通常情况下，投标有效期由招标人在招标文件中确定，但是按照相关的规定，投标有效期最低不应少于投标截止日后的 120 天，这其中已经包括了发出中标通知书后为签署工程合同所准备的 30 天，从这些规定和实际措施来看，投标保证金在法律上具有立约保证的功能。

1.3.2 投标保证金的提交

关于投标保证金的比例，《招标投标法实施条例》颁布之前，一般以投标人报价的 2% 计取。《招标投标法实施条例》实施之后和《工程建设项目施工招标投标办法》修改之后，投标保证金则以项目估算价的 2% 为上限，且最高不得超过 80 万元人民币。笔者认为，这一变化避免了投标人各自提交的保证金金额的差异，在一定程度上可预防串标行为，但是，也容易使得招标项目的标底或者合同价款事先被透露。

形式上，最常用的投标保证方式是现金形式或支票形式，也有一些采用投标保证金保函的情形，对此，法律法规没有明文的禁止或限制性规定，采用何种形式，则由招标人自行决定。另外，现行法律法规还要求依法必须进行施工招标的项目的境内投标单位，如果以现金或者支票形式提交投标保证金，则应当从其基本账户转出。

1.3.3 投标保证金的退还

如前所述，投标保证金的目的在于确保工程合同的签署，一旦招标人和中标人签署了工程合同，投标保证金即达到了效果。因此，招标人就应当在与中标人签订工程合同后，向中标人和未中标的投标人退还投标保证金本金及银行同期存款利息。此处的"银行同期存款利息"从投标人递交投标保证金之日起至招标人实际退还保证金之日，最晚不得超过双方签署合同后5日。

此外，还需要注意的一点是投标人在投标截止时间前撤回已提交的投标文件，招标人应当自收到投标人书面撤回通知之日起5日内退还已收取的投标保证金。[①] 笔者认为，这是招标人的法定义务，也是投标人的法定权利，招标人不得以投标人撤回投标为由没收投标保证金，如果招标文件有此等约定的，也不具有法律约束力。

在实务中，投标人的投标保证金一般都提交给招标代理机构，由其统一管理。在《招标投标法实施条例》颁布之前，法律、法规并没有明确规定投标保证金的利息的归属，因此，多数情况下，这些利息都由招标代理机构处理。《招标投标法实施条例》的颁布和实施则为投标保证金的处理提供了法律依据。

1.3.4 投标保证金的没收

《招标投标法实施条例》和《工程建设项目施工招标投标办法》分别对没收投标保证金的事项进行了规定，具体情形包括：

（1）在投标有效期终止之后，投标人撤销投标文件的；

（2）中标人无正当理由不与招标人订立合同；

（3）在签订合同时向招标人提出附加条件；

（4）中标人不按照招标文件要求提交履约保证金的。

此外，根据《工程建设项目施工招标投标办法》规定，在原投标有效期

[①] 参见《招标投标法实施条例》第35条。

结束前，出现特殊情况的，招标人可以书面形式要求所有投标人延长投标有效期；投标人可以接受也可以拒绝延长，如果投标人拒绝延长的，则招标人不得没收投标保证金。[①]

1.4 不得限制、排斥和歧视投标人

招标投标的目的在于公平、公开的正当竞争，因此，《招标投标法》严格禁止招标人以不合理的条件限制或者排斥潜在投标人，对潜在投标人实行歧视待遇的行为[②]，包括任何单位和个人不得违法限制或者排斥本地区、本系统以外的法人或者其他组织参加投标，不得以任何方式非法干涉招标投标活动。[③]

根据《招标投标法》及其实施条例等法律法规的规定并结合实践，限制和歧视投标人的行为主要包括下列几种：

（1）在招标文件中要求或者标明特定的生产供应者以及含有倾向或者排斥潜在投标人的其他内容[④]；

（2）就同一招标项目向潜在投标人或者投标人提供有差别的项目信息；

（3）设定的资格、技术、商务条件与招标项目的具体特点和实际需要不相适应或者与合同履行无关；

（4）依法必须进行招标的项目以特定行政区域或者特定行业的业绩、奖项作为加分条件或者中标条件；

（5）对潜在投标人或者投标人采取不同的资格审查或者评标标准；

（6）限定或者指定特定的专利、商标、品牌、原产地或者供应商；

（7）依法必须进行招标的项目非法限定潜在投标人或者投标人的所有制形式或者组织形式；

（8）依法应当公开招标的项目不按照规定在指定媒介发布资格预审公告或者招标公告；

（9）在不同媒介发布的同一招标项目的资格预审公告或者招标公告的内

---

① 参见《工程建设项目施工招标投标办法》第29条。
② 参见《招标投标法》第18条。
③ 参见《招标投标法》第6条。
④ 参见《招标投标法》第20条。

容不一致，影响潜在投标人申请资格预审或者投标。[1]

此外，强制要求投标人组成联合体共同投标，限制投标人之间的竞争也都属于限制、排斥和歧视投标人的行为。

基于上述规定，招标人及其招标代理机构在编制招标文件或者进行招标活动的过程中，应当对此引起重视，避免因此带来的招标投诉和行政处理，甚至是影响到最终的合同的效力。

1.5 清标和议标

对招标文件的澄清，与实务中的清标、议标等不同，简单地从法律后果来看，前者是合法的招标投标活动，而后两者则根据具体的情形，有可能属于违法行为。

1.5.1 清标

实践中，按照清标的时间区分，清标分为中标之前的清标和中标之后的清标。对于清标，法律上并无明确的界定，实践中，清标涉及的范围和内容也是千差万别，有些清标行为实际上属于对招投标文件的澄清、答疑，有些则涉及具体合同条件，比如报价等内容的说明和调改，因此，对于清标所涉及的内容是否合法则还需要结合实际情况加以区分。

1.5.2 议标

关于议标，较多是在非强制招标投标的项目中，简言之，就是由招标人邀请若干投标人，就项目承发包事宜包括合同条件、价格等进行协商。议标介于直接发包和招标投标之间，可以说是非正式的招标投标活动。

但是，议标的工程建设项目必须是依法强制招标投标范围之外的工程，否则，就有可能属于规避招标投标的行为，影响工程合同的效力。

1.6 招标文件的组成及注意事项

招标文件是招标人向特定或不特定的潜在投标人发出的书面文件，其主要有三个目的：一是邀请投标人参加投标，即法律上的要约邀请；二是为投标人正确理解和编制投标文件提供指导和基础；三是招标文件也有可能构成工程合同的组成部分，成为双方行使合同权利、履行合同义务的依据之一。

---

[1] 参见《招标投标法实施条例》第32条。

尤其是招标文件中的合同条件，它是投标人中标后以及招标人和中标人签署合同的基础，也是今后双方履行合同的依据；编制严谨、合格的合同条款，可以为今后顺利签约提供便利；对投标人而言，可以为投标报价提供依据。

合同正文和附件具有同等的法律效力，但是，为了避免合同正文和附件之间的内容发生冲突，或者招标人有特殊考虑，也可以约定两者的效力先后顺序。一般情况下，合同正文应当优先于合同附件。当然，避免正文和附件的冲突和不一致应是工作的重点之一。

1.7 招标无效

招标无效的情形可能源于实体或者程序上的瑕疵。招标人违反《招标投标法》及其实施条例、《工程建设项目施工招标投标办法》《工程建设项目勘察设计招标投标办法》等法律规范中有关禁止或限制招标人进行的活动或行为的，都可能招致招标无效。比方说，对于需要划分标段、确定工期的施工招标项目，招标人应当合理划分标段、确定工期，并在招标文件中载明。对工程技术上紧密相连、不可分割的单位工程不得分割标段。[1]

除此之外，在实践中经常会被认定为招标无效的行为具体还包括以下几种[2]：

（1）未在指定的媒介发布招标公告的；

（2）邀请招标不依法发出投标邀请书的；

（3）自招标文件或资格预审文件出售之日起至停止出售之日止，少于5个工作日的；

（4）依法必须招标的项目，自招标文件开始发出之日起至提交投标文件截止之日止，少于20日的；

（5）应当公开招标而不公开招标的；

（6）不具备招标条件而进行招标的；

（7）应当履行核准手续而未履行的；

（8）不按项目审批部门核准内容进行招标的；

---

[1] 参见《工程建设项目施工招标投标办法》第27条。
[2] 参见《工程建设项目施工招标投标办法》第73条。

（9）在提交投标文件截止时间后接收投标文件的；

（10）投标人数量不符合法定要求不重新招标的。

由于上述原因被认定为无效的招标行为后，招标人应当依法再重新招标。

1.8 依法重新招标的情形

上述因招标无效而应当依法重新招标的情形之外，依据《招标投标法实施条例》和《工程建设项目施工招标投标办法》的规定，如果在招标投标过程中出现如下法定情形时，也需要进行重新招标，这些情形主要包括：

（1）投标截止期满后，投标人少于3个的，由于不能保证必要的竞争程度，招标人应当依法重新招标；

（2）在所有的投标均被评标委员会否决后，招标人应当依法重新招标；

（3）具有上述招标无效的情形之一的，招标人应当重新招标；

（4）依法必须进行施工招标的项目违反法律规定，中标无效的；

（5）国有资金占控股或者主导地位的依法必须进行招标的项目，排名第一的中标候选人放弃中标、因不可抗力不能履行合同、不按照招标文件要求提交履约保证金，或者被查实存在影响中标结果的违法行为等情形的，可以重新招标；

（6）招标人编制的资格预审文件、招标文件的内容违反法律、行政法规的强制性规定，违反公开、公平、公正和诚实信用原则，影响资格预审结果或者潜在投标人投标的，依法必须进行招标的项目的招标人应当在修改资格预审文件或者招标文件后重新招标。

以上是法定的应当依法重新招标的情形，当然，法律法规也并不排除招标人在招标文件中另外规定予以重新招标的情形。

2. 投标人应注意的事项

2.1 现场踏勘

标前现场踏勘是指招标人发布招标公告后，组织投标人对建设项目工程现场的地理、地质、气候等客观条件和环境进行的现场调查。对于建设工程项目，招标人一般会根据招标项目的实际需要，通知并组织潜在投标人到建设项目现场进行实地勘查。但是，根据《招标投标法实施条例》的规定，招标人不得组织单个或者部分潜在投标人踏勘项目现场。①

潜在投标人可根据是否决定投标或者编制投标文件的需求，到现场调查，进一步了解招标者的意图和现场周围环境情况，以获取有用信息并据此做出是否投标、投标策略以及投标价格的决定。笔者曾为客户处理过一件案子，其中就涉及工程现场状况的变更导致合同的履行成为不可能。但是由于缺少前期投标阶段的现场踏勘的具体信息和记录，导致当事人在后续合同履行和争议解决过程中，原本较为有利的形势在索赔时反而将己方处于非常被动的境地。因此，投标人不仅需要进行现场踏勘，更应当做好相关的证据收集和整理。

2.2 核实图纸资料和工程量

投标人在购买招标文件后，需要对招标文件中的图纸、说明以及工程量进行复核，复核的依据包括：

（1）招标文件对项目的描述；

（2）施工图纸及说明；

（3）工程量清单；

（4）工程规范和标准；

（5）现场踏勘和澄清答疑的结果。

复核工程量的目的在于查漏补缺，为投标报价提供依据。并且，从维护投标人利益的角度，投标人可通过复核工程量研究招标人提供的工程量清单的不足，针对不同的计价模式，采用不同的报价策略。

当然，由于工程量清单有时候仅仅是作为核实工程量的参考，并不排除其中出现错项、漏项的情况，甚至是在工程量清单中还会有陷阱。对于工程量的核实一方面需要按照图纸和规范进行，另一方面基于实践，也更需要借助于投标人的经验。

2.3 研究工程合同条件

与其他项目招标投标一样，投标人有必要认真研读招标文件中的商务条件、工程合同条款，分析其中的各种风险，才能有效地进行投标。

---

① 参见《招标投标法实施条例》第28条。

根据现行《招标投标法》《建筑法》等相关法律的规定，对于必须招标投标的施工项目，投标人中标后，招标人和中标人应当按照招标文件和中标人的投标文件订立书面合同，双方不得再行订立背离合同实质性内容的其他协议：

（1）如果投标人对招标文件中的合同条款提出实质性修改或偏离的，则有可能被评标委员会否决或导致废标；

（2）如果在中标后又另行签订背离招标文件合同条款实质内容的协议的，按照目前的司法实践，此类协议一般都会被认定为无效，很难得到支持。

由此可知，招标文件中的工程合同条件的内容就是投标人中标后签署和具体实施的合同条件，在发出中标通知书后签署时，它的实质性内容都不得变更。所以，投标人在拿到招标文件后，需要对工程合同条件进行经济和法律分析，作为投标决策的依据，同时也为工程合同签署之后的履行打下基础。

2.4 要求答疑和澄清

根据《工程建设项目施工招标投标办法》的规定：对于投标人在阅读招标文件和现场踏勘中提出的疑问，招标人可以书面形式或召开投标预备会的方式解答，但需同时将解答以书面方式通知所有购买招标文件的投标人，该解答的内容为招标文件的组成部分。[①] 但是，根据《招标投标法》的规定，在确定中标人前，招标人不得与投标人就投标价格、投标方案等实质性内容进行谈判。[②] 该规定同样也适用于禁止投标人主动与招标人进行实质性的谈判。

不过，对于招标文件中表述或说明不清楚的地方，以及根据现场踏勘的结果需要招标人进一步解释和说明的问题，即使是招标人没有或不愿回复的意见和内容，投标人也应当及时提出并记录在案。

此外，投标人对于自己提交的投标文件，也可以进行澄清或提交补充文件和说明，比如存有漏项、技术信息和数据不完整、某些内容含义不明确等情况。但是，如前文所述，在工程实务中也需要注意，投标人对于投标文件的

---

① 参见《工程建设项目施工招标投标办法》第33条。
② 参见《招标投标法》第43条。

澄清不得超过投标文件的范围或者改变投标文件的实质性内容,否则将构成新要约,招标人有权予以拒绝。

2.5 准备投标文件

通常,招标人会在招标文件中明确表示投标人应当分别编制商务投标书和技术投标书,并要求分别封装后递交。

2.5.1 商务文件

商务投标书部分,除了投标报价外,主要提供与投标人的主体资格相符的文件,包括:

(1) 投标人的资格文件,如企业法人营业执照、工程资质证件,以及法定代表人身份证明、授权代表的授权证明;

(2) 投标函;

(3) 投标保证金说明;

(4) 对工程合同条件的商务偏离分析;

(5) 投标人的项目管理团队架构(包括主要项目负责人和主要技术人员的资质、经历);

(6) 投标人须提供的其他商务文件(如近三年的类似工程经验、有无诉讼仲裁案件)。

在上述商务文件中,尤其需要注意投标函和投标保证金的说明。根据实践,除商务报价之外,招标人比较看重的商务标中关于投标人的项目管理团队架构、近三年的类似工程业绩证明以及已完和在建工程情况说明等内容,也是影响投标人能否中标的重要衡量标准。

2.5.2 技术文件

技术投标书更多的是关注工程技术层面的问题,其中主要的是详细的施工组织设计,包括:

(1) 项目管理及施工的具体实施方案;

(2) 运行维护与技术支持服务方案;

(3) 拟投入的施工机械设备;

(4) 劳动力安排计划;

(5) 施工进度计划图表等。

作为投标人，除考虑工程施工的共性外，还有必要针对所投标项目的特殊性来编制施工组织设计，对于特殊工艺的技术方案和特殊技术难题的解决方案，都可考虑放在投标文件中，以求在技术标的评分中赢得更多的胜率。

2.6 投标文件的递交

工程建设项目投标文件的递交是招标投标活动中十分关键的环节，依据《合同法》的规定，投标人递交投标文件从法律上看属于发出要约。一旦发出要约，投标人就要受其投标文件的约束，不得随意变更和撤回。

投标人递交投标文件的行为本身，除应当遵守招投标法律规范的规定外，还需要遵守和符合招标文件中有关投标文件递交的时间、地点、形式、文件内容等各方面的规定。必须保证投标文件的形式和内容符合要求，才能达到有效投标的法律效果。

2.7 投标无效

引起投标无效的原因包括实质性的瑕疵和形式上的瑕疵。比如，按照《招标投标法实施条例》第34、37、38条的相关规定，投标无效具体可以包括如下几种情形：

（1）资格预审后联合体增减、更换成员的，其投标无效；

（2）联合体各方在同一招标项目中以自己名义单独投标或者参加其他联合体投标的，相关投标均无效；

（3）投标人发生合并、分立、破产等重大变化的，投标人不再具备资格预审文件、招标文件规定的资格条件或者其投标影响招标公正性的，其投标无效；

（4）与招标人存在利害关系可能影响招标公正性的法人、其他组织或者个人，不得参加投标，否则投标无效；

（5）单位负责人为同一人或者存在控股、管理关系的不同单位，参加同一标段投标或者未划分标段的同一招标项目投标的，其投标无效。

当然，需要特别注意的是，对于投标无效的情形，有可能会进入到后续的评标甚至是中标，但是一旦被认定是无效的投标，则可能会被溯及既往，并导致最终签署的工程合同的无效。

2.8 投标被否决

投标被否决和投标无效一样,都是针对投标人的投标瑕疵行为。但是,两者也有区别,如果是前者,则不能进入到后续的评标阶段;而后者如前所述,可能不会影响到评标和定标,但是其无效的行为后果则具有溯及力。

按照《招标投标法》《招标投标法实施条例》的规定,投标被否决的情形包括如下几种:

(1) 评标委员会经评审,认为所有投标都不符合招标文件要求的,可以否决所有投标;

(2) 投标报价低于工程成本或者高于最高投标限价总价的;

(3) 投标文件未经投标单位盖章和单位负责人签字;

(4) 投标联合体没有提交共同投标协议;

(5) 投标人不符合国家或者招标文件规定的资格条件;

(6) 同一投标人提交两个以上不同的投标文件或者投标报价,但招标文件要求提交备选投标的除外;

(7) 投标文件没有对招标文件的实质性要求和条件作出响应;

(8) 投标人有串通投标、弄虚作假、行贿等违法行为。

此外,投标文件在形式上的瑕疵也可能导致被否决,比如投标文件未按要求密封。[1]

3. 资格审查制度

资格审查制度即资格预审和资格后审。资格预审是招标人在发布招标公告后,发出投标邀请书前对潜在投标人的资质、信誉、业绩和能力的审查。资格后审则是招标人针对已经提交投标文件的投标人的资质、信誉、业绩和能力进行的审查。

在程序上,资格后审与资格预审具有相似性,招标人都可以参照适用。两者的区别主要在于法律后果不同,即只有通过资格预审合格的潜在投标人才有可能获得招标人的投标邀请书并购买招标文件,未通过资格预审的将无

---

[1] 参见《工程建设项目勘察设计招标投标办法》第 36 条。

法进入后续的招标投标程序；而未通过资格后审的投标则会被当做废标处理。

3.1 适用规则

资格预审和后审不是招标的必经程序，但是根据前期市场调研，如果项目情况特殊，则可以采用资格预审和后审的方式淘汰一部分不合格的竞标者，为后续的招标活动做好基础工作。对于一些复杂的或高价值的工程项目，或者是虽然价值较低但技术复杂、专业化较高的项目，使用资格预审和后审会有较大的帮助。

一般来说，是否采用资格预审和后审通常会考虑下列因素：

（1）潜在的符合资格条件的投标人为数众多；

（2）大型、技术复杂的项目；

（3）需要公开选择潜在投标人的邀请招标项目。

但是，对于特殊的工程项目还应遵守特别的规定，比如在公路工程项目中，勘察设计的招标实行资格审查制度。其中，公开招标的项目，实行资格预审；邀请招标的项目，实行资格后审。[①]

3.2 资格审查制度的作用

根据实践，实行资格预审或资格后审在一定程度上可以发挥如下作用：

（1）有助于降低招标活动的成本，提高招标效率和投标质量。对于大型工程基础设施项目，资格审查制度可以增加对投标人资信的了解、减少不合格投标人的数量从而达到节约成本的效果。

（2）可以通过资格审查删除不符合资格、资质条件的潜在投标人或投标人，从而缩减招标人评审和比较投标文件的数量，帮助招标人找到真正有能力承担项目建设和合同履行能力的中标人。

3.3 资格审查的办法

在实务中，可采用的资格审查办法主要有合格制和有限数量制[②]两种。上述两种资格审查办法可由招标人和招标代理机构选择适用。在大多数情况下都会优先选择合格制。

[①] 参见《公路工程勘察设计招标投标管理办法》第13条。

[②] 参见2007年版的《标准施工招标资格预审文件》。

3.3.1 合格制

合格制的资格审查办法主要是指通过初步审查和详细审查，凡是两步审查标准的申请人都可通过资格预审，作为合格的投标人。

其中，初步审查的内容主要包括：（1）申请人的名称；（2）申请函的签字盖章是否符合要求；（3）申请文件的格式和内容填写；（4）文件提交的时间；（5）其他一些必备的信息。

而详细审查则包括下列内容：（1）申请人的经营资格；（2）资质；（3）业绩；（4）项目团队人员（如项目经理、技术负责人）的资格和业绩；（5）财务状况；（6）诉讼和仲裁等基本情况。

另外，招标人和招标代理机构也可以列明全部的详细审查因素和审查标准，并标明投标申请人如果不能满足其要求的，则不能通过资格预审。但是，这些审查通常是形式审查。

3.3.2 有限数量制

评审委员会依据资格预审文件规定的审查标准和程序，依据资格预审文件预先规定的申请人数量，对通过初步审查和详细审查的资格预审申请文件进行量化打分，按照得分的高低顺序确定通过资格预审的申请人。

六、开标、评标和定标

开标、评标和定标是招标投标程序中非常关键的环节，也是决定投标人能否中标的最后一个环节。同样，这一阶段活动也关系到最终定标是否合法、合规。

1. 开标

开标虽然属于招标投标程序性的事务，但也是比较容易引起投诉的环节，从而给后续的定标、确定中标人造成麻烦。比如，《招标投标法实施条例》就规定了投标人少于3个的，不得开标。[1]

---

[1] 参见《招标投标法实施条例》第44条。

此外，开标的时间、地点和人员，包括投标人的人员和开标人的人员，以及程序都应当严格按照招标公告、招标文件的规定进行。

2. 评标委员会

2.1 评标委员会的组成

根据《招标投标法》的规定，评标由招标人依法组建的评标委员会负责。依法必须进行招标的项目，其评标委员会由招标人的代表和有关技术、经济等方面的专家组成，成员人数为5人以上单数，其中技术、经济等方面的专家不得少于成员总数的2/3。[①]

目前在工程实践中，评标委员会多是从专家库中随机选取，并且在评标之前处于保密状态，招标人和投标人都不知道具体的组成人员。但是，由于抽取专家的随机性，最终选择的专家不一定都能够胜任某一专业的评选，因此，对于这一制度的实际操作仍值得进一步的研究和探讨。

2.2 评标委员会的回避和更换

对于必须进行招标投标的工程建设项目，评标委员会一经确定，即不得随意更换，但如果出现以下情形则除外：

（1）评标委员会成员与投标人存在利害关系。这里的利害关系包括：

① 与投标人有经济利益关系，可能影响对投标公正评审的；

② 是投标人或者投标人主要负责人的近亲属；

③ 是招标项目的主管部门或者行政监督部门的人员。

（2）评标委员会成员在评标过程中擅离职守。

（3）评标委员会成员在评标过程中因为健康原因，无法继续评标的。

此外，部分地方政府行政主管部门也颁布了相关的规定，对评标委员会的回避情形作了进一步的规定，如《北京市工程建设项目施工评标办法》规定，评标委员会的成员应当在出现下列情形时主动回避[②]：

（1）投标人或者投标人主要负责人的近亲属。

---

① 参见《招标投标法》第37条。
② 参见《北京市工程建设项目施工评标办法》第13条。

（2）评标项目主管部门或者行政监督部门的人员。

（3）与投标人有利害关系或者经济利益关系的，包括本人所在单位与投标人有隶属关系；从投标人单位调离、辞职或者离职不足 3 年；从投标人单位退休不足 5 年；投标人单位的股东等。

（4）曾因招标、评标以及其他与招标投标有关活动中从事违法行为受过行政处罚或者刑事处罚的。

考虑到工程项目所处的城市、区域的不同，对于评标委员会组成人员的组成还需要结合具体的情况进行分析。当然，这些工作在由招标人进行委托招标的情况下，都可以由招标代理公司完成。

2.3 评标委员会的职责

评标委员会最主要的职责是公平、公正地评选合适的中标人。因此，评标委员会的成员应当遵守如下执业纪律和规范：

（1）不得与投标人私下接触；

（2）不得收受招标人及招标代理机构、投标人的财物或者其他好处；

（3）不得向招标人征询确定中标人的意向；

（4）不得接受任何单位或者个人明示或者暗示提出的倾向或者排斥特定投标人的要求；

（5）不得暗示或者诱导投标人做出澄清、说明，不得接受投标人主动提出的澄清、说明；

（6）不得有其他不客观、不公正履行职务的行为；

（7）不得透露对投标文件的评审和比较、中标候选人的推荐情况以及与评标有关的其他情况。

2.4 评标委员会的职权

独立、公正地进行评选是评标委员会的核心工作，因此，评标委员会及其成员有权在评标过程中，针对投标人的投标文件和投标行为行使下列职权：

（1）负责评标活动的权利；

（2）要求投标人对投标文件作必要的澄清或说明的权利；

（3）依据招标文件确定的评标办法，对投标文件进行评审和比较并推荐中标候选人的权利；

（4）否决所有投标的权利；

（5）确保评标客观、公正，独立表达评审意见的权利。

3. 评标和定标

3.1 中标条件

根据《招标投标法》的规定，能够被确定为中标人的投标应当符合下列条件之一：

（1）能够最大限度地满足招标文件中规定的各项综合评价标准。

（2）能够满足招标文件的实质性要求，并且经评审的投标价格最低；但是投标价格低于成本的除外。[①] 对于此条件的理解和操作，应当注意的是经评审的投标价格是一个换算后的价格，仅在评标时使用，招标人与中标人仍应按照投标报价签署合同。

评标委员会在进行评选时，应当按照招标文件确定的评标标准和方法，对投标文件进行评审和比较；设有标底的，应当参考标底。[②]

在国内工程项目招标中，通常采用的评标方法包括：经评审的最低投标价法、综合评估法，以及法律、行政法规允许的其他评标方法，例如：两阶段低价评标法、综合指标合理低价法、商务报价合理低价法、性价比法、综合定量评价法等。

另外，《招标投标法实施条例》也规定，国有资金占控股或者主导地位的依法必须进行招标的项目，招标人应当确定排名第一的中标候选人为中标人。排名第一的中标候选人放弃中标、因不可抗力不能履行合同、不按照招标文件要求提交履约保证金，或者被查实存在影响中标结果的违法行为等情形，不符合中标条件的，招标人可以按照评标委员会提出的中标候选人名单排序依次确定其他中标候选人为中标人，也可以重新招标。[③]

---

① 参见《招标投标法》第41条。
② 参见《招标投标法》第40条。
③ 参见《招标投标法实施条例》第55条。

3.2 评标办法

3.2.1 最低价中标

最低价中标是最常用的评标办法之一，多用于技术成熟、对投标人的经验和专业能力没有特别需求的工程项目。相对而言，客观分值占比较大。当然，这里的最低价未必就是价格最低的，而是说合理的最低价。但是，不论是最低价还是合理最低价，都存在操作上的漏洞和难度，尤其是在价格和满足需求两者之间不能达到有效的结合之时，就往往会倾向于让价低者中标。但是，在实践中，最低价中标往往会引发后续工程合同履行的困难。

当然，承包人也经常会采用"低价中标、勤签证、高索赔"等策略。对承包人而言，就当前的发展趋势来看，由于专业的不断深化，这一策略本身也带有巨大的风险，很可能使承包人自己陷于困难。对招标人而言，一旦在招标文件中确定最低价中标的评标办法，则有可能会失去更适合和更有能力承担项目，但是价格相对较高的合格投标人。

3.2.2 综合评分法

综合评分法是对投标人的报价、方案、其他关键因素等进行综合考虑与评分，以确定最合适的中标人。一般来说，综合评分法可适用于在招标时无法提出详尽的技术方案、技术资料、图纸及工程量，而只能提出功能要求或需求目标，需要投标人以投标书的形式提出更符合业主需求的设计方案、技术标准和估算的工程量的项目。

因此，除了对报价进行比较外，采用综合评分法评标还需要考虑下面两个因素：

（1）对投标人针对不易量化的设计方案和技术标准的响应进行评估；

（2）对投标人的技术能力、质量、安全、工期、人员构成等保障措施进行评估。

相比较最低价中标而言，综合评分法更为科学和合理，但是，其主观的因素和影响也较大，对评标委员会专家的专业能力等要求也更高。

3.3 对不平衡报价的处理

不平衡报价是工程投标报价中投标人常用的策略之一。所谓的不平衡报价是指承包人在保持投标总报价不变的前提下，通过调整某些项目的单价或数量，以实现合同价款和支付条件的最大利益化的报价方式。不平衡报价本身并不存在合法性问题，其实际上是有经验的承包人根据技术和经验在投标报价中的利用和体现。

但是，不可否认的是，对于招标投标双方而言，由于对不平衡报价的修改涉及投标中最为核心和敏感的价格问题，因此，如果在招标阶段对不平衡报价进行修正，也有可能构成实质性的磋商，对于此类行为的合法性，以及修正后的价格是否一定约束双方当事人，实务中也仍有不同的理解和做法。

3.4 低于成本价的审核

低于成本价的投标实际上是一种不正当竞争，破坏了招标投标公平竞争的原则，并可能导致恶意降低工程质量，造成工程安全隐患。同时，也给投标人自身埋下了巨大的商业和法律风险。

根据《房屋建筑和市政基础设施工程施工招标投标管理办法》规定，投标人不得以低于其企业成本的报价竞标，不得以他人名义投标或者以其他方式弄虚作假，骗取中标。[①] 如果在评标过程中，评标委员会发现投标人的报价明显低于其他投标报价或者在设有标底时明显低于标底，使得其投标报价可能低于其个别成本的，应当要求该投标人做出书面说明并提供相关证明材料。投标人不能合理说明或者不能提供相关证明材料的，由评标委员会认定该投标人以低于成本报价竞标，应当否决其投标。[②] 并且，最高人民法院也在《全国民事审判工作会议纪要（2011年）》中指出，对于按照最低价中标等形式招标，以低于工程建设成本的工程项目标底订立的施工合同，应当认定为无效。

但是，实践中要审查、核实投标人的报价是否属于低于成本价存在很大的难度。一方面，企业的成本实际上是企业的商业机密，是否要求公开存在疑问；另一方面，要在很短时间的评标过程中确定投标人的报价是否低于成本价对评标委员会来说也是难上加难。

---

① 参见《房屋建筑和市政基础设施工程施工招标投标管理办法》第32条。
② 参见《评标委员会和评标方法暂行规定》第21条。

4. 中标和签署合同

在工程实务中，中标和签署合同是招标投标活动的最后两个环节。招标人一旦宣布中标人并向中标人送达中标通知书，即意味着招标投标活动的完成和工程合同的成立。而签署合同则是对政府监督和管理的响应，并在一定程度上影响到工程合同双方的实际权益。

4.1 中标

4.1.1 中标原则

中标和定标的原则和标准首先应该是招标文件中规定的评定标准和规则。而中标人的投标文件应当是对招标文件提出的所有实质性要求和条件做出响应，否则，应当否决投标文件。[①]

同时，投标文件也一定要能够满足招标人需求和项目的特性。如前所述，这就要求招标人在招标文件的评标标准和方法中进行规定，同时也需要给予评标委员会进行独立、专业判断的条件。

4.1.2 中标候选人的推荐

评标委员会的一项重要职责就是在完成评标后推荐合格的中标候选人。同样，招标人也只能在评标委员会提出的书面评标报告和推荐的中标候选人当中确定中标人。[②] 如果招标人在评标委员会依法推荐的中标候选人以外确定中标人的，则中标无效。[③]

招标人也可以授权评标委员会直接确定中标人，对此招标人应当在招标文件中或者相应的招标规制中予以明示，以便评标委员会做出决定。

4.2 签署合同

签约是招标投标的最后一个环节，虽然中标通知书送达中标人，工程合同即告成立，但是基于行政监督的需要，招标人和投标人仍需要签署书面的工程合同文件。当然，签署书面的工程合同还有助于约束双方的实体权利和

[①] 参见《评标委员会和评标方法暂行规定》第23条。
[②] 参见《招标投标法》第40条。
[③] 参见《招标投标法》第55条。

义务。在实务中，参与投标的授权代表和签署合同的授权代表多数都不是同一人，因此，需要注意签约代表的授权情况。

4.2.1 签约期限

评标委员会确定中标人之后，招标人应当向中标人发出中标通知书，同时通知未中标人，并与中标人在30个工作日之内签订合同。①

招标人定标之后，如果中标人不履行与招标人订立的合同，履约保证金不予退还，给招标人造成的损失超过履约保证金数额的，还应当对超过部分予以赔偿；没有提交履约保证金的，应当对招标人的损失承担赔偿责任。

而对于招标人延误确定中标人或者在定标之后不与中标人签署合同的情况下，法律法规对如何约束招标人的规定显得相对模糊，并且更多的是从行政管理的角度出发，比如列入违反诚信记录之中。当然，对于因此造成中标人损失的，投标人可以依据《招标投标法》和《合同法》的规定，要求招标人进行赔偿损失。

4.2.2 签约内容

一旦确定了中标人，招标人应当与中标人按照招标文件和中标人的投标文件中的内容订立书面合同。招标人和中标人不得再行订立背离合同实质性内容的其他协议。② 通常来讲，合同的标的、价款、质量、履行期限等主要条款属于实质性的内容，在签署合同之时，书面合同中的上述实质性内容应当与招标文件和中标人的投标文件的内容一致，不得变更，否则，变更后的内容不具有法律的约束力。

北京市高级人民法院2012年的《关于审理建设工程施工合同纠纷案件若干疑难问题的解答》也对此作了明确的规定，即招投标双方在同一工程范围下另行签订的变更工程价款、计价方式、施工工期、质量标准等中标结果的协议，应当认定为实质性内容的变更。

---

① 参见《招标投标法》第45、46条。
② 参见《招标投标法》第46条。

七、招标投标活动对工程合同的影响

目前,绝大部分的不论是招标人还是投标人,都需要留心招标投标过程中出现的被法律、法规禁止的行为,以避免因此类行为影响最终签署的工程合同的效力和履行。

1. 中标无效的情形

除了应当招标而没有招标导致工程合同无效的情形外,依据《招标投标法》和《招标投标法实施条例》的规定,还有可能因为招标人、投标人以及招标代理机构的违法行为导致中标无效,并最终导致工程合同无效的情形。

1.1 招标人的违法行为

(1)泄露应当保密的与招标投标活动有关的情况和资料(如标底、潜在投标人)的,影响中标结果的行为;

(2)招标人在评标委员会依法推荐的中标候选人以外确定中标人的,或者依法必须进行招标的项目在所有投标被评标委员会否决后自行确定中标人的,中标无效;

(3)依法必须进行招标的项目,招标人违反本法规定,与投标人就投标价格、投标方案等实质性内容进行谈判,并影响中标结果的,中标无效。

1.2 投标人的违法行为

(1)投标人相互串通投标或者与招标人串通投标的;

(2)投标人以向招标人或者评标委员会成员行贿的手段谋取中标的,中标无效;

(3)投标人以他人名义投标或者以其他方式弄虚作假,骗取中标的,中标无效。

1.3 招标代理的违法行为

招标代理机构泄露应当保密的与招标投标活动有关的情况和资料的,或者与招标人、投标人串通损害国家利益、社会公共利益或者他人合法权益。

具体而言，主要包括：

（1）在所代理的招标项目中投标、代理投标的；

（2）向该项目投标人提供咨询的；

（3）接受委托编制标底的中介机构参加受托编制标底项目的投标的；

（4）为该项目的投标人编制投标文件、提供咨询的。

1.4 串通招标投标的认定

关于如何认定串通招投标，在实践中存在不同的表现形式和认定结果，《招标投标法实施条例》实施后，统一了标准，并非常详细地列举了实践中常见的串标行为，具体包括投标人之间相互串标以及招标人和投标人之间相互串标。

1.4.1 投标人相互串通投标

投标人之间串通投标，即通常所说的串标、围标的行为，具体包括：

（1）投标人之间协商投标报价等投标文件的实质性内容；

（2）投标人之间约定中标人；

（3）投标人之间约定部分投标人放弃投标或者中标；

（4）属于同一集团、协会、商会等组织成员的投标人按照该组织要求协同投标；

（5）投标人之间为谋取中标或者排斥特定投标人而采取的其他联合行动；

（6）不同投标人的投标文件由同一单位或者个人编制；

（7）不同投标人委托同一单位或者个人办理投标事宜；

（8）不同投标人的投标文件载明的项目管理成员为同一人；

（9）不同投标人的投标文件异常一致或者投标报价呈规律性差异；

（10）不同投标人的投标文件相互混装；

（11）不同投标人的投标保证金从同一单位或者个人的账户转出。

1.4.2 招标人与投标人串通投标

在工程实务中，招标人与投标串通的行为也比较常见，比如：

（1）招标人在开标前开启投标文件并将有关信息泄露给其他投标人；

（2）招标人直接或者间接向投标人泄露标底、评标委员会成员等信息；

（3）招标人明示或者暗示投标人压低或者抬高投标报价；

（4）招标人授意投标人撤换、修改投标文件；

（5）招标人明示或者暗示投标人为特定投标人中标提供方便；

（6）招标人与投标人为谋求特定投标人中标而采取的其他串通行为。

综合上述各种情形，由于上述行为违反了招标的公开、公平、公正的原则，基于此类违法行为的中标无效，进而按照民法与合同法的基本原则和规定[1]，与之相伴随的基于无效中标行为而签署的工程合同也自然归于无效。

2. 实质性谈判

工程建设项目采用招标形式，包括公开招标和邀请招标，其目的即在于通过公平、公开的竞争方式，选定合适的投标人。《招标投标法》规定，依法必须进行招标的项目，招标人违反本法规定，与投标人就投标价格、投标方案等实质性内容进行谈判，并影响中标结果的，中标无效。[2] 进而，双方签署的工程合同也归于无效。

在衢州某开发公司与浙江某工程公司建设工程施工合同纠纷上诉案[3]中，所涉工程衢州市远大·欧景某某苑1—58#楼及服务用房于2008年12月份履行招投标程序，并于2008年12月12日下发了中标通知书。但是，衢州开发公司、浙江工程公司在招投标之前，就案涉工程于2007年12月26日已经签订《补充协议》一份，协议对工程甲、合同工期、工程款的支付、质量保修金等均作了约定，双方于2007年12月28日又签订《建设工程施工合同》一份，对合同工期、合同价款等内容均作了约定，浙江工程公司在2008年1月17日就向衢州开发公司交纳了工程甲保证金40万元，且本案工程的《建筑工程施工许可证》办理时间虽然为2009年3月31日，但工程在2008年12月份就已经实际开工建设。

因此，法院经审理认为，涉案工程系属于强制招投标的工程项目，根据《招标投标法》的规定，在确定中标人之前，招标人不得与投标人就投标价

---

[1] 参见《合同法》第52条规定："有下列情形之一的，合同无效：……（二）恶意串通，损害国家、集体或者第三人利益……"

[2] 参见《招标投标法》第55条。

[3] 衢州某开发有限公司与浙江某工程有限公司建设工程施工合同纠纷上诉案，浙江省高级人民法院（2013）浙民终字第14号民事判决书。

格、投标方案等实质性内容进行谈判。依法必须进行招标的项目，招标人违反规定，与投标人就投标价格、投标方案等实质性内容进行谈判，影响中标结果的，中标无效。根据上述查明的事实，实际上本案工程在招投标之前就已经确定了工程承包人，因此，双方于 2007 年 12 月 26 日签订的《补充协议》、于 2007 年 12 月 28 日签订的《建设工程施工合同》因违反法律强制性规定而无效。因中标无效，双方于 2009 年 3 月 1 日签订的《补充协议》亦无效。

3. "黑白合同"或"阴阳合同"的认定

根据《招标投标法》第 46 条和第 59 条规定，招标人和中标人应当自中标通知书发出之日起 30 日内，按照招标文件和中标人的投标文件订立书面合同。招标人和中标人不得再行订立背离合同实质性内容的其他协议。否则，应责令予以改正。

实践中有人认为，既然《招标投标法》规定招标人和中标人除了按照招标投标文件的要求签署中标合同外，不得再签署与中标合同不一致的合同或条款，那么合同履行过程中也不应当对中标合同的内容进行修改和调整。笔者认为，这种观点是对招标投标法律制度的误解，也是对工程法律实务的误解。

首先，需要理解的是什么是实质性内容。《招标投标法》以及实施条例并没有针对招标投标的"实质性内容"给出非常明确的界定。因此，在一定程度上造成了司法实践中的困境。为此，最高人民法院在《全国民事审判工作会议纪要（2011年）》对此做了解释并指出，招标人和中标人另行签订的改变工期、工程价款、工程项目性质等中标结果的约定，应当认定为变更中标合同实质性内容；中标人做出的以明显高于市场价格购买承建房产、无偿建设住房配套设施、让利、向建设方捐款等承诺，亦应认定为变更中标合同的实质性内容。

其次，需要理解的是该条法律禁止性规定的适用对象是什么。合同法的基本原则是"当事人意思自治"。按照《合同法》的规定，双方当事人经协商一致，可以变更合同。① 因此，在工程合同的履行过程中，双方当事人协商变更合同内容并不违反法律的规定。

这样一来，就出现了如何正确界定和把握司法解释所说的"阴阳合同"和合同法的"合法变更"之间关系的情况，而这也是较难处理的争议问题之一。

对此，实务中存在着不同的观点，第一种观点认为：对于已签订并备案的施工合同，由于项目建设或业主需求等发生变化，承发包双方经协商一致后可以变更合同内容。其中，如果此项变更属于非实质性内容的改变的，不需要进行备案；如果属于实质性内容的变更，则根据当事人双方的意思表示判定：（1）如果双方同意将变更后的合同作为结算依据，应予以准许；（2）如果双方对此发生争议，也要看该项变更是否有正当理由，如果变更是基于正当理由（如因工程量变更造成的价款增减、工期延长等）做出的，应当准许，即不以变更是否备案来限制变更合同作为结算的依据，变更是否合法仅以法律、行政法规为判断依据。如果变更的内容违反了法律和行政法规的强制性规定，则依《合同法》的规定认定无效，即缩小"阴合同"的适用范围。

第二种观点认为：按照《招标投标法》第46条的规定，任何性质的背离原合同实质性内容的变更协议都违背了该条的禁止性规定，均构成"阴阳合同"。从目前建设业的行政管理规定看，只规定了施工合同签订的备案，并没有规定合同变更的备案。因此，不能仅以合同发生变更作为判断合同或部分合同条款效力的标准，否则将对实践中以签证、洽商形式调整工期和价款的做法产生颠覆性的影响。当然，如果变更调整的内容突破了原合同的约定，且是实质性的内容，或是规避法律法规的形式，变相变更合同内容，则应当以"阴合同"论，以维护《招标投标法》的严肃性。事实上，从行政管理角度来看，经过建设工程行政管理部门的备案程序，实质性内容不一致的变更协议一般都无法进行登记备案。而实质性内容的变更是解决问题的核心和关键，影响双方经济支出的界定双方责任权利的条款均构成实质性内容，不仅

---

① 参见《合同法》第77条。

限于承包范围、合同价款、工程期限、质量标准。

笔者认为上述第二种观点比较可行,同时,在具体应用时还应结合该项变更是否足以影响招投标秩序来评定。第一种观点特别强调当事人的意思,这种观点也值得商榷。正是因为考虑到建筑市场的不规范,以及施工合同的特殊性,国家才制定了一系列法律、行政法规来限制当事人的意思自治,以实现有效管理的目的,如果此时再强调完全以当事人的意思来确定"合同变更"的合法性,显然与法律精神不符,违背了当事人应当依法从事民事行为的原则,实际上反而不能真正有效地遏制"阴阳合同"的做法。

当然,第二种观点也有一定的欠缺性,如在前文所说的,对于究竟什么是施工合同的"实质性内容"的界定本身就存在众多观点,在未对"实质性变更"的内涵和外延做出明确界定的情况下,会陷入循环定义的怪圈,发包人和承包人之间的纠纷很大程度上也只能取决于法官或仲裁员的自由裁量权。幸运的是,同样是在《全国民事审判工作会议纪要(2011年)》,最高人民法院也进一步指出,建设工程开工后,发包方与承包方因设计变更、建设工程规划指标调整等原因,通过补充协议、会谈纪要、往来函件、签证等形式变更工期、工程价款、工程项目性质的,不应认定为变更中标合同的实质性内容。

另外,按照现行法律法规的规定,只要求对中标的工程合同进行备案。在施工过程中如果确实需要变更合同的,该变更是否需要经过备案,未备案的变更是否能够作为合同依据目前尚没有明文的依据,实践中,有些备案机构可能都不受理此类变更备案申请。从最高人民法院司法解释的立意和表述来看,也是从如果履行过程中发生了重大变化如何处理的角度,而不是从备案这个角度出发来考虑问题并提出解决方案的。

综上,正确界定合同的"实质性变更",区分"阳合同"签订后对合同的变更协议是"阴合同"还是合法变更,以及"工程变更"程度的量化,关系到承发包双方的利益。尤其是在涉及必须招标投标的建筑工程中,理解上述内容直接关系到是否需要对相关的变更内容办理登记、备案等手续,而这些登记、变更手续又与工程最终的竣工验收和结算有着密切关系。所以,发包人和承包人双方需要特别注意,正确把握"阴阳合同"与履行过程中的合同变更的区别，同时也有待于相关的立法部门对此进行明确、统一的规定。

4. 招标投标对工程合同的影响

在目前中国的建筑市场管理体系中，招标投标对工程合同的影响是巨大的，这不仅体现在工程合同的成立和生效、工程合同的法律效力等问题上，而且还涉及工程合同具体履行的层面。

从制定《招标投标法》以及相应的配套法规、规章的初衷来说，招标投标在规范工程建设项目的公平、公开竞争，保障工程质量和安全等方面发挥了巨大的作用。

但是，经过十多年的法律适用的实践，不得不承认的是，过多的招标投标的强制性规定，在某种程度上限制了正常的市场竞争体制，尤其是在招标人与投标人之间，造成工程建设市场一边倒的趋向。依照目前的招标投标规定，承包人是不能对招标文件，包括工程合同提出异议的，一旦有异议，即有可能被认为是废标，或者不能中标。而有些招标人会在编制的工程合同条件中，加入诸多不合理甚至是苛刻的条件，使得承包人面临着要么不中标，要么接受苛刻条件的尴尬境地。

虽然，建委和标办等行政监管机构会对招标文件和合同文件进行事前事后的备案管理，但是，这种管理一方面有行政干预民事行为之嫌，与行政管理职能转变的趋势相悖；另一方面，这种行政管理也并不能从根本上解决承发包双方在民事合同法律关系的自由意志的体现，包括合同双方对工程合同条件的协商谈判。另外，事实证明，工程建设领域的虚假招投标现象有目共睹，如果仅是从质量把控的角度或是防治腐败的角度出发加强招标投标，未必是最好的方法。笔者认为，结合工程实践来看，事前的各种禁止性和限制性措施并没有从根本上解决质量、虚假招投标、"阴阳合同"等问题，因此，换一种思路，加强事中的监督和事后的惩处，或者实行二元化的工程建设项目招标投标，即区分具有财政投资性质的项目的强制招标投标监管，而对非财政的私人投资的建设工程项目则由当事人选择是否进行招标投标，或许能对工程建设市场和行业的维护和发展起到一定的作用。

第四章 工程合同的参与主体

一、概述

在工程承发包法律关系中,发包人与承包人是最主要的合同主体,双方的主体资格、在工程合同中的权利义务的分配和安排,以及各自对权利的行使和义务的履行,直接关系到工程项目建设的成败。

此外,由于工程建设项目的特殊性,除了发包人[①]和承包人之外,还会涉及监理工程师、设计师、分包人、承包人的项目经理,甚至是实际施工人。这些参与人对工程项目的管理和合同的履行同样产生不可忽略的影响,甚至关系到工程合同发包人和承包人双方权益。

在工程领域过去20年的发展历程中,不论是从纯法律的角度,还是从工程管理的角度来看,现行的合同体系相对较多的还是更关注各参与主体之间的权利义务的分割管理,各方权益的对抗性较强,而忽视了建设项目的顺利建设更多的是需要依赖于工程合同各参与主体的协作。工程合同的各方参与主体之间缺少相互的合作、协调,也一度被认为是产生更多的工程争议的重要因素。[②] 而在新的环境下,尤其是在中国政府大力推广PPP模式下,工程合同的各相关主体之间更需要相互协同合作,并且有可能成为项目成败的关键因素。

[①] 虽然业主与发包人的外延并不完全相同,在分包合同关系下,承包人也可以成为发包人,但为行文方便,如无特别说明,本书中的业主与发包人具有相同的含义。

[②] Sir Lamtham, Construction the Team, 1994.

二、发包人

1. 发包人的资格

在工程建设项目中，除了房地产开发项目，一般来说对于发包人的资格并无特殊的规定和限制。众所周知，在为数众多的工程款纠纷中，除了承包人克扣工人工资外，由于发包人延误支付工程款、克扣工程款也是引发争议的重要因素之一。因此，如果说需要对发包人的资格有所限定的话，那么最主要的应是对其支付能力和支付信誉的规范。

1.1 发包人的工作

在工程项目建设中，发包人的工作主要集中在前期的规划、立项、办理和支付土地出让金、筹集建设资金等。在具体的工程施工阶段，业主的工作相对较少，甚至很多工作都依托工程师来实施。尽管如此，不可忽视的是，业主的支付义务和协助义务仍然是工程建设不可或缺和非常关键的内容。

1.2 发包人的现场代表

发包人的现场代表是为了项目管理的需要，由发包人指定的履行本合同的代表。如果发包人代表不能按照合同约定履行其职责及义务，并导致合同无法继续正常履行的，承包人可以要求发包人撤换发包人代表。[1]

相对于承包人的现场代表，即项目经理而言，现行的法律法规对发包人代表并没有强制性的资质和准入的限制。但是，在实践中需要注意的是发包人代表的职权与监理职权之间的划分和界定，并且应当以书面形式提前告知承包人有关两者之间的权限，以免因各方权限不清造成争议。

2. 发包人的权利义务

发包人的权利和义务源于法律规范的规定和工程合同的约定。合同当事人的权利和义务密不可分，有时候又可以相互转化，这在工程法律实务中也

---

[1] 参见13版施工合同第2.2条。

同样适用。按照工程合同的规定，发包人的权利和义务在某些情况下是重合的，也就是说某一项工作既是权利又是义务。因此，在这种情况下，发包人有必要予以足够的重视。

2.1 发包人的主要权利

2.1.1 发布开工指令

工程项目的正式开始需要业主的开工指令。实务中，开工指令多数都是通过监理发出，极少情况下会是由业主直接向承包人发出。由监理工程师签发开工指令，不论是从工程管理还是法律的角度，都算是一种较为有效的隔离制度。

但是，与其他监理职权不同的是，从本质上来看，监理工程师签发开工指令是一种典型的代理行为，如12版设计施工合同规定发包人委托监理人向承包人发出开始工作的通知。[①] 因此，在有些工程合同条款中还可以看到类似于"监理签发开工通知需事先取得业主的同意"的约定。

2.1.2 变更的权利

业主享有工程的变更权。比如，13版施工合同和12版设计施工合同都明确规定业主的此项权利。[②] 但同时，业主的变更也有相应的限制，比如，根据《合同法》的规定，如果由于业主提出的变更造成承包人、设计人损失的，承包人和设计人有权获得相应的补偿。[③] 并且，业主的这种变更也不得违反有关工程强制性的质量和安全标准。[④]

2.1.3 检查权

在工程建设过程中，虽然有监理工程师，业主对于工程项目的检查也必不可少。《合同法》明确了业主有权在不影响工程正常进行的情况下，随时对工程项目进行检查[⑤]；隐蔽工程在进行隐蔽之前，也有权进行检查。[⑥] 同样，业主对于工程物料的检查也是一项重要的工作。比如，11版总承包合同规定，

[①] 参见12版设计施工合同第2.2条。
[②] 参见13版施工合同第10.2条、12版设计施工合同第15.1条。
[③] 参见《合同法》第258条、第285条。
[④] 参见《建设工程质量管理条例》第10条。
[⑤] 参见《合同法》第277条。
[⑥] 参见《合同法》第278条。

发包人应依据设计文件规定的技术参数、技术条件、性能要求、使用要求和数量,负责组织工程物资的采购,负责运抵现场,并对其需用量、质量检查结果和性能负责。①

另一方面,检查权同时也意味着业主的检查义务,如果业主不及时进行检查,则承包人有权顺延工期,并要求赔偿停工、窝工损失。② 对此,工程合同也有类似的规定,如11版总承包合同中规定,发包人未按约定时间参检,承包人自行检查、检验、检测和试验后的结果视为真实的;如果发包人在此后重新检查、检验、检测和试验,或增加试验细节或改变试验地点,而工程物资经质检合格的,所发生的费用由发包人承担,造成工程关键路径延误的,竣工日期相应顺延。③

2.1.4 审核、回复、同意的权利

工程项目建设过程中,对于承包人、设计人提出的申请,如工程款支付申请、工程进度计划等,业主有权进行审核并决定是否同意。并且,大多数工程合同中也都会规定,业主的同意、审核不免除承包人、设计人的责任。不过,司法实务中对于业主的此类审核和同意的法律后果有着不同的理解。

因此,实践中会出现发包人拒绝签收承包人的申请、报告,以及逾期不予回复承包人的申请、报告的情况。对此,笔者认为,在工程建设过程中,业主和承包人双方需要通力合作,才能以最快、最经济的方式完成工作,确保双方预期的经济利益的实现,这也是双方最根本的目的,而不应相互推诿。事实上,发包人拒绝签收和逾期不予回复承包人的申请的行为并不能达到诸如拒绝支付工程款、拒绝顺延工期的目的。《合同法》明确规定了,承包人发现发包人提供的图纸或者技术要求不合理的,应当及时通知发包人;因发包人怠于答复等原因造成承包人损失的,应当赔偿损失。④ 与此相反,及时签收、回复有关文件不仅是发包人的义务,更多的也是发包人实现自己权益的手段,有鉴于此,发包人有必要对承包人的报告做出积极的反应。如果双方

---

① 参见11版总承包合同第6.1.2条。
② 参见《合同法》第278条。
③ 参见11版总承包合同第6.2.3条。
④ 参见《合同法》第257条。

存在争议,则有必要运用工程合同中约定的争议解决机制处理。

2.1.5 对工程的总体协调和管理

在工程项目建设过程中,一般情况下,业主负有总体的协调和管理职责,尤其是在处理和解决与政府主管部门的关系、各承包人之间以及承包人与设计人之间的关系、工程监理和承包人之间的关系方面,业主的协调和管理对工程进展有着重要的影响。对此,13版施工合同中规定,发包人应与承包人,包括直接发包的专业工程承包人签订施工现场统一管理协议,明确各方的权利义务。①

2.2 发包人的主要义务

2.2.1 支付工程价款

业主的义务中,最基本、最核心、最首要的义务就是依照工程合同的约定及时、充分地向承包人支付工程款,包括预付款、进度款和结算款,以及其他应由发包人承担的费用等。比如,13版施工合同就明确规定,发包人应在收到承包人提交的最终结清申请单后14天内完成审批并向承包人颁发最终结清证书;发包人逾期未完成审批,又未提出修改意见的,视为发包人同意承包人提交的最终结清申请单,且自发包人收到承包人提交的最终结清申请单后15天起视为已颁发最终结清证书。② 并且,发包人还应当在颁发最终结清证书后7天内完成支付。③

如果发包人违约未支付或者逾期支付,则应当承担相应的违约责任。如13版施工合同中规定,发包人逾期支付的,按照中国人民银行发布的同期同类贷款基准利率支付违约金;逾期支付超过56天的,按照中国人民银行发布的同期同类贷款基准利率的两倍支付违约金。④

2.2.2 提供施工现场和条件

为承包人提供施工条件是发包人的一项重要的合同义务和法定义务。而且,这些条件构成了承包人开工的条件,如果发包人未能履行上述各项义务,

---

① 参见13版施工合同第2.8条。
② 参见13版施工合同第14.4.2条。
③ 同上注。
④ 同上注。

导致工程延期开工，或给承包人造成损失的，发包人理应赔偿承包人的有关损失，顺延延误的工期。当然，各地政府主管部门出于行政管理的考虑，也会对施工的条件等做一些干预。

同样，在工程合同中也具体规定了发包人应当履行的相应义务，比如 07 版标准合同规定，发包人应按合同约定向承包人提供施工场地，以及施工场地内地下管线和地下设施等有关数据，并保证数据的真实、准确、完整。[①] 此外，业主作为发包人还负有义务将施工用水、电力、通讯线路等施工所必需的条件接至施工现场内；向承包人提供正常施工所需要的进入施工现场的交通条件；协调处理施工现场周围地下管线和邻近建筑物、构筑物、古树名木的保护工作，并承担相关费用等[②]；对工程现场临近发包人正在使用、运行、或由发包人用于生产的建筑物、构筑物、生产装置、设施、设备等，设置隔离设施，竖立禁止入内、禁止动火的明显标志。[③]

2.2.3 提供图纸和标准

在由业主提供设计的项目中，提供图纸和工程技术标准是发包人的基本义务，同时也更是承包人得以具体施工的基准和依据，以及监理工程师进行监理的规尺。在一些大型基础设施项目中，包括采用 EPC 模式的项目，为了满足工期进度的迫切要求，图纸等资料也会有分期分批提供的情况。

关于发包人分期提供图纸及有关数据的时间不同于"边设计、边出图、边施工"的"三边工程"。笔者认为，"三边工程"应是针对单位工程而言，它是指因发包人投资不到位、设计不完善等原因，使得本属于同一单位工程的各分部分项工作人为地加以分割，由于这种做法违反了工程基本建设的程序规定，难以确保工程的质量，故属于国家严厉禁止的建设行为。而发包人分期提供图纸及有关设计数据等则是针对单项工程而言，它是在确保单位工程能够正常施工的前提下，结合发包人对工程建设项目分期、分标段开工、竣工的需求而将单项工程分成若干独立的单位工程，制定相对独立的建设工期安排，并交由承包人据此具体实施的行为。这种做法能够满足发包人对项

---

① 参见 07 版标准合同第 2.3 条。
② 参见 13 版施工合同第 2.4.2 条。
③ 参见 11 版总承包合同第 2.4.2 条。

目建设投资、周期等方面的要求和布局，故不应为法律所禁止，承包人应按照合同的约定分期提交施工进度报表。

2.2.4 提供施工基准数据

发包人提供的基准数据是承包人进行报价、施工的重要基础，因此，发包人应当对其负责。根据《建设工程安全生产管理条例》的规定，建设单位应当向施工单位提供施工现场及毗邻区域内供水、排水、供电、供气、供热、通信、广播电视等地下管线数据，气象和水文观测资料，相邻建筑物和构筑物、地下工程的有关数据，并保证数据的真实、准确、完整。①

07版标准合同规定，发包人应对其提供的测量基准点、基线和水平点及其书面数据的真实性、准确性和完整性负责。发包人提供上述基准数据错误导致承包人测量放线工作的返工或造成工程损失的，发包人应当承担由此增加的费用和（或）工期延误，并向承包人支付合理利润。承包人发现发包人提供的上述基准数据存在明显错误或疏忽的，应及时通知监理人。② 对于此项内容，13版施工合同也有类似的规定。③

2.2.5 办理审批和许可手续

众所周知，工程项目的建设需要办理一系列的政府行政审批和许可手续，涉及土地、规划、财政、环保、气象、水文等各部门。发包人作为工程项目业主，应当负责或者协助承包人办理工程建设项目必须履行的各类审批、核准或备案手续。

如13版施工合同规定，发包人应遵守法律，并办理法律规定由其办理的许可、批准或备案，包括但不限于建设用地规划许可证，建设工程规划许可证，建设工程施工许可证，施工所需临时用水、临时用电、中断道路交通、临时占用土地等许可和批准。发包人应协助承包人办理法律规定的有关施工证件和批件。④ 11版总承包合同也规定，发包人应在施工开工日期前，取得开工批准文件或施工许可证等许可、证件或批文，完成工程质量监督、安全监

---

① 参见《建设工程安全生产管理条例》第6条。
② 参见07版标准合同第8.3条。
③ 参见13版施工合同第2.4.3条。
④ 参见13版施工合同第2.1条。

督等手续的办理。①

2.2.6 不得随意消项、减项

有约必守是现代商业社会的基本原则。在工程合同中，合同双方也应当严格遵守合同的约定。按照工程合同的约定完成全部工作是承包人的权利和义务，与此相对应的，发包人不得任意对工程范围和内容进行消项、减项，否则，就应当给予承包人合理的补偿。

一般情况下，工程合同中会有暂定金额的专业工程的约定，这些工程项目是否具体实施具有不确定性。而且，按照目前国内招标投标的规定，很可能又会涉及二次招标的问题，因此，最终是否由承包人实施也存在一定的不确定性。而除此之外的在工程合同范围之内的项目则都属于承包人的工作内容。对于前者，承包人在投标和订立合同之时就知道该暂列项目的不确定性因素，其在投标报价时会对此风险进行预估；而对于后者，合同的约定是明确无误的，即交由承包人实施和完成，因此，发包人无权随意取消和变更，更是禁止将取消的工程项目交给第三方实施。

2.2.7 组织验收

验收工作是工程项目的关键环节，尤其是竣工验收，如果工程竣工却不做验收，工程将处于不稳定的状态，双方的权利义务将无法得到切实的保障。而验收工作也是业主的重要权利和义务。

依照《合同法》的规定，建设工程竣工后，发包人应当根据施工图纸及说明书、国家颁发的施工验收规范和质量验收标准及时进行验收。验收合格的，发包人应当按照约定支付价款，并接收该建设工程。② 而《建设工程质量管理条例》也规定，建设单位收到建设工程竣工报告后，应当组织设计、施工、工程监理等有关单位进行竣工验收。③ 可见，对承包人的已完工作进行验收，也是发包人的法定义务。

在鲸园公司与威海福利公司、威海市盛发公司拖欠建筑工程款纠纷案④

---

① 参见 11 版总承包合同第 7.1.5 条。
② 参见《合同法》第 279 条。
③ 参见《建设工程质量管理条例》第 16 条。
④ 威海市鲸园建筑有限公司与威海市福利企业服务公司、威海市盛发贸易有限公司拖欠建筑工程款纠纷案，最高人民法院（2010）民提字第 210 号民事判决书。

中，旅游基地与泉盛公司于 1998 年 2 月 18 日签订《开发泉盛公寓楼房地产协议》，约定旅游基地出资，泉盛公司出地，联合开发泉盛公寓楼。10 月 15 日，旅游基地与鲸园公司补签了《建设工程施工合同》，约定工程具备竣工验收条件，鲸园公司按照国家工程竣工有关规定，向旅游公司基地代表提供完整的竣工资料和竣工验收报告，旅游基地代表组织有关部门验收；竣工报告批准后，鲸园公司应向旅游基地代表提出结算报告，办理竣工结算。合同签订后，鲸园公司继续施工。至 2000 年 4 月 3 日，旅游基地实际拨付鲸园公司工程款及材料折款共计 1 870 986.7 元。此后，旅游基地未再拨付工程款及材料。依据鲸园公司的申请，威海市建设工程质量造价监督管理站（以下简称质监站）于 2000 年 4 月 30 日对该工程出具了竣工验收报告。2000 年 6 月 8 日出具了工程质量优良等级评定证书，其中注明该工程的建筑面积为 5 500 平方米。2000 年 6 月 18 日，盛发公司委托山东汇德会计师事务所有限公司威海分公司与鲸园公司对该工程进行了审核决算。2001 年 11 月 9 日，该事务所出具《工程结算审核报告》，确定涉案工程结算值为 7 638 124.3 元。

最高人民法院经审理后认为，建设工程竣工后，发包人应当按照相关施工验收规定对工程及时组织验收，该验收既是发包人的义务，亦是发包人的权利。承包人未经发包人同意对工程组织验收，单方向质量监督部门办理竣工验收手续的，侵害了发包人工程验收的权利。在此情况下，质检部门对该工程出具的验收报告及工程优良证书因不符合法定验收程序，不能产生相应的法律效力。

2.2.8 接收工程

接收工程是项目建设的关键一步。一旦接收，则意味着工程的照管义务、安保、灭失风险等转移给发包人，工程也进入保修期。鉴于此，发包人对于工程接收一般都会慎之又慎。实务中，有些发包人则会以工程存在缺陷、瑕疵、扫尾工作未完等理由拒绝接收工程。

需要注意的是，工程项目的建设与一般的产品生产有着根本的区别，至少在目前阶段，工程的建设更多的是依靠工人的劳动来实施，这就不可避免地存在误差、瑕疵等情况，诚如英国大法官 Newey 指出的：

"…building construction is not like the manufacture of goods in a factory.

The size of the project, site conditions, the use of many materials and the employment of various kinds of operatives make it virtually impossible to achieve the same degree of perfection that a manufacturer can. It must be a rare new building in which every screw and every brush of paint is absolutely correct."[1]

如果业主基于这些不可避免的、且不影响工程性能的问题而拒绝接收已完工程，将使得承包人处于非常不幸的地步。[2] 这显然也不符合诚实信用的原则。为此，11版总承包合同明确规定，对工程、单项工程的操作、使用没有实质影响的扫尾工程和缺陷修复，不能作为发包人不接收工程的理由。[3]

此外，对于竣工验收合格的工程，按照13版施工合同的规定，发包人应当在验收合格后14天内向承包人签发工程接收证书；发包人无正当理由逾期不颁发工程接收证书的，自验收合格后第15天起视为已颁发工程接收证书；如果发包人不按照本项约定组织竣工验收、颁发工程接收证书的，每逾期一天，应以签约合同价为基数，按照中国人民银行发布的同期同类贷款基准利率支付违约金。[4]

三、工程监理

在工程领域，监理工程师是联系业主和承包人的主要桥梁和纽带。监理工程师是受建设单位的委托和监理单位的指派，在施工阶段对建设工程的质量、进度、资金使用进行控制以及对建设工程的安全生产实施监督的专业人员。

依据现行的法律规范的规定，监理单位和监理工程师均实行法定的资质管理。[5] 不过，对于仅提供造价咨询的机构（也称造价监理）的项目，更多

---

[1] Emson Eastern v. EME Developments (1991) 55 BLR 114.
[2] Ramsey Vivian, Keating on construction contract, 9th, 2010, Sweet & Maxwell, pp. 142-143.
[3] 参见11版总承包合同第9.2.2条。
[4] 参见13版施工合同第13.2.2条。
[5] 参见《建设工程质量管理条例》第34条规定："工程监理单位应当依法取得相应等级的资质证书，并在其资质等级许可的范围内承担工程监理业务。禁止工程监理单位超越本单位资质等级许可的范围或者以其他工程监理单位的名义承担工程监理业务。禁止工程监理单位允许其他单位或者个人以本单位的名义承担工程监理业务。工程监理单位不得转让工程监理业务。"

的是由当事人自行确定是否聘用,而不是依据法律的强制性规定。

1. 监理的范围

国家推行建筑工程监理制度。① 按照现行的《建设工程质量管理条例》和《建设工程监理范围和规模标准规定》的规定,工程监理实行强制监理和自愿监理相结合的制度,对于下列规定范围内的建设工程必须实行监理:

(1) 国家重点建设工程,即指依据《国家重点建设项目管理办法》所确定的对国民经济和社会发展有重大影响的骨干项目。

(2) 大中型公用事业工程,具体包括如下项目:① 供水、供电、供气、供热等市政工程项目;② 科技、教育、文化等项目;③ 体育、旅游、商业等项目;④ 卫生、社会福利等项目;⑤ 其他公用事业项目。

(3) 成片开发建设的住宅小区工程,具体又分三种情况:① 建筑面积在 5 万平方米以上的住宅建设工程必须实行监理;② 建筑面积在 5 万平方米以下的住宅建设工程,可以实行监理;③ 高层住宅及地基、结构复杂的多层住宅应当实行监理。

(4) 利用外国政府或者国际组织贷款、援助资金的工程,具体范围包括:① 使用世界银行、亚洲开发银行等国际组织贷款资金的项目;② 使用国外政府及其机构贷款资金的项目;③ 使用国际组织或者国外政府援助资金的项目。

(5) 国家规定必须实行监理的其他工程,其范围主要有:① 项目总投资额在 3 000 万元以上关系社会公共利益、公众安全的下列基础设施项目:A. 煤炭、石油、化工、天然气、电力、新能源等项目;B. 铁路、公路、管道、水运、民航以及其他交通运输业等项目;C. 邮政、电信枢纽、通信、信息网络等项目;D. 防洪、灌溉、排涝、发电、引(供)水、滩涂治理、水资源保护、水土保持等水利建设项目;E. 道路、桥梁、地铁和轻轨交通、污水排放及处理、垃圾处理、地下管道、公共停车场等城市基础设施项目;F. 生态环境保护项目;G. 其他基础设施项目。② 学校、影剧院、体育场馆项目。

而对于上述范围之外的工程建设项目,则可以由业主自行确定是否需要

---

① 参见《建筑法》第 30 条。

聘请监理工程师进行过程监管。

另外，在实践中，项目所在地的政府主管部门对于强制监理的工程范围和标准的相关规定，也是发包人在确定是否需要聘用监理工程师时的一个考虑因素。

2. 监理工程师的权责

除了法律规范确定的职责之外，监理工程师的权责可以由业主和监理单位之间进行约定，并告知承包人。当然，对于监理工程的职权，其底线是不得更改业主和承包人之间的合同权利和义务。这也是国际和国内工程界公认的一项基本原则。如07版标准合同规定，监理工程师发出的任何指示应视为已得到发包人的批准，但监理工程师无权免除或变更合同约定的发包人和承包人的权利、义务和责任。[①]

现行的工程合同没有区分发包人派驻工地现场的工程师和监理工程师，在工程实务中，工程师一般是指监理工程师，至于发包人派驻工地现场的工程师和监理工程师之间的权限分工，实践中有不同的做法。有些工程合同会在专用条款部分对发包人派驻工程师和监理工程师的职权分别进行描述；有些工程合同却没有约定，只写明"监理工程师的职权以监理合同约定为准"。这个时候，承包人就应当注意，为确定监理工程师和发包人派驻工程师的职权，应当要求发包人提供监理合同副本，或者发函要求发包人明确监理工程师的权限范围。而发包人也有必要书面通知承包人有关监理工程师的职责。

由于监理合同对监理工程师权限的约定与施工合同的履行有密切关系，并且会直接关系发包人的权益，所以，发包人在签署监理合同时，需要根据项目建设实际情况，或者赋予监理工程师发布停工令的权利，或者只是赋予其停工建议权，而保留决定停工与否的权利。

2.1 监理工程师的权力和权利

在工程项目建设过程中，特别是在实行强制监理的工程项目中，监理工程师有着特殊的地位和角色，其既有工程合同约定的职权，还享有法律规定

---

① 参见07版标准合同第3.1.2条。

的特殊权力,可以说监理工程师兼有国家权力和民事权利。

依据《建设工程质量管理条例》规定,未经监理工程师签字,建筑材料、建筑构配件和设备不得在工程上使用或者安装,施工单位不得进行下一道工序的施工。未经总监理工程师签字,建设单位不拨付工程款,不进行竣工验收。① 《建筑法》也明确规定,监理工程师认为工程施工不符合工程设计要求、施工技术标准和合同约定的,有权要求施工承包人进行改正。②

2.1.1 对争议事项的决定权

监理人的决定权主要是指对工程合同双方主体发生的工期、价款等争议进行核查并做出决定的权利。

现行的工程合同都赋予监理工程师相应的决定权。比如,07版标准合同和12版设计施工合同都规定,合同约定总监理工程师应按照本款对任何事项进行商定或确定时,总监理工程师应与合同当事人协商,尽量达成一致;不能达成一致的,总监理工程师应认真研究后审慎确定。③ 对总监理工程师的确定有异议的,构成争议,按照合同约定的争议解决方式处理;在争议解决前,双方应暂按总监理工程师的确定执行。④ 13版施工合同和11版总承包合同也有相同的规定。⑤

2.1.2 对价款的核查权

工程价款始终是工程建设项目的核心要素,也是业主和承包人的重要权利关切点。而在最近的十年时间里,造价咨询工程师,或称造价监理,已经深度参与到项目建设的全过程。因此,监理工程师对价款的核查权也成为工程合同的重要内容之一。

12版设计施工合同规定,监理工程师在收到承包人的竣工付款申请单后的14天内完成核查,并向发包人提出应付价款的报告;监理工程师未在约定时间内核查,又未提出具体意见的,视为承包人提交的竣工付款申请单已经

---

① 参见《建设工程质量管理条例》第37条。
② 参见《建筑法》第32条。
③ 参见07版标准合同第3.5.1条、12版设计施工合同第3.5.1条。
④ 参见07版标准合同第3.5.2条、12版设计施工合同第3.5.2条。
⑤ 参见13版施工合同第4.4条。

监理工程师核查同意。① 因变更导致原定合同中的调价权重不合理的，由监理人与承包人和发包人协商后进行调整。② 13版施工合同也同样赋予监理工程师在支付方面的审核权利，如监理人应当对承包人提交的工程量报告进行审核并报送发包人，以确定当月实际完成的工程量③；监理人应在收到承包人进度付款申请单以及相关资料后7天内完成审查并报送发包人。④

在实践中，由于工料测量、造价咨询在国内项目中的推广和广泛应用，目前，监理工程师对价款的核查权实际上大多由造价咨询机构实施。因此，如果发包人既委托监理工程师实施核价，又委托造价咨询机构对项目进度款、变更价款等进行审核服务，那么就应该对两者的权责进行明确的划分，并应当书面通知承包人，以避免因委托不清导致不利的法律后果。

2.2 监理工程师的职责

如前所述，在中国的法律环境下，监理工程师兼有国家权力和民事权利的双重属性，一方面应当履行国家有关监理规程和规范的要求，履行监理义务；另一方面需要行使合同约定的权利，履行合同约定的义务。

2.2.1 法定的监理职责

在实行法定监理的项目中，严格按照现行的规范和标准实施监理活动是监理工程师最基本的职责。其中，最主要的就是监理工程师对施工质量和安全的监理活动。

按照法律规定，监理工程师应当依据法律、法规以及有关技术标准、设计文件和建设工程承包合同，代表建设单位对施工质量实施监理，并对施工质量承担监理责任。⑤ 对影响工程质量和使用功能以及不合理的设计图纸，监理工程师有权要求有关单位修改；对不符合质量要求的材料、设备和构配件，监理工程师有权要求生产或者供应单位退换。⑥ 项目监理机构应审查施工单位报送的用于工程的材料、构配件、设备的质量证明文件，并应按有关规定、

---

① 参见12版设计施工合同第17.5.2条。
② 参见12版设计施工合同第16.1.1.3条。
③ 参见13版施工合同第12.3.4条。
④ 参见13版施工合同第12.4.4条。
⑤ 参见《建设工程质量管理条例》第36条。
⑥ 参见《北京市工程建设监理管理办法》第17条。

建设工程监理合同约定,对用于工程的材料进行见证取样,平行检验。项目监理机构对已进场经检验不合格的工程材料、构配件、设备,应要求施工单位限期将其撤出施工现场。[①] 如果项目监理机构发现施工存在质量问题的,或施工单位采用不适当的施工工艺,或施工不当,造成工程质量不合格的,应及时签发监理通知单,要求施工单位整改。整改完毕后,项目监理机构应根据施工单位报送的监理通知回复对整改情况进行复查,提出复查意见。[②]

2.2.2 工程合同的约定职责

除了上述法定职责外,工程合同约定的监理工程师的职责也并不鲜见。如07版标准合同和12版设计施工合同都规定,监理工程师受发包人委托,享有合同约定的权力。[③]

2.2.2.1 监理工程师的质量检查和检验

从监理工程师的各项职责来看,首先需要关注的是其监督工程质量的权力。比如,监理工程师在必要时可以使用承包人提供的试验场所、试验设备以及其他试验条件,进行以工程质量检查为目的的材料复核试验,承包人应予以协助。[④] 监理工程师按照法律规定和发包人授权对工程的所有部位及其施工工艺、材料和工程设备进行检查和检验,承包人应为监理工程师的检查和检验提供方便。[⑤]

2.2.2.2 监理工程师签发指令和证书的权力

工程实务中,监理工程师还有诸多涉及签发各类证书的权利和义务,至于具体的证书类型和内容,各类型工程合同有着不同的规定。常见的工程证书包括:(1)开工令、停工令、复工令。发包人应委托监理人向承包人发出开工通知[⑥],当工程具备复工条件时,监理人应立即向承包人发出复工通知。[⑦](2)与支付相关的证书。如承包人进度付款申请单以及相应的支持性证明文件经发包人审批同意后,由监理人向承包人出具经发包人签认的进度

---

① 参见《建设工程监理规范(GB/T50319-2013)》第5.2.15条。
② 参见《建设工程监理规范(GB/T50319-2013)》第5.2.15条。
③ 参见07版标准合同第3.1.1条、12版设计施工合同第3.2条。
④ 参见13版施工合同第9.1.1条。
⑤ 参见13版施工合同第5.2.3条。
⑥ 参见07标准合同第2.2条。
⑦ 参见07标准合同第12.4条。

付款证书①，发包人对竣工结算申请单审批后，由监理人向承包人签发经发包人签认的竣工付款证书。②（3）工程接收证书。竣工验收合格的，发包人应在验收合格后14天内向承包人签发工程接收证书。③（4）缺陷责任期终止证书。发包人应在收到缺陷责任期届满通知后14天内，向承包人颁发缺陷责任期终止证书。④（5）试运行考核的全部试验完成并通过验收后，由发包人签发考核验收证书。⑤

对于上述有关的证书，是由业主保留还是授权监理工程师行使也是在实践中需要注意的事项，业主在工程合同的前期规划中，就应考虑此类因素。不过，由于国内现行的工程证书制度系借鉴了FIDIDC或者其他工程合同的内容，对于这些证书的法律效力以及对应的法律后果并没有具体的法律规定，司法实践中也尚无定论，因此，笔者认为，工程实践中仍然需要慎重选择适用证书制度。

2.3 监理工程师行使职责的特殊规定

2.3.1 总监理工程师

按照法律、法规的规定，对于进行监理的工程建设项目，实行总监理工程师负责制；总监理工程师代表监理单位行使监理合同和工程合同赋予监理单位的权限，对工程的投资、工期和质量、安全等进行全面的监督和管理。⑥

就总监理工程师的工作，则以自行实施为原则，特殊情况下则可以授权其他监理人员负责执行其指派的一项或多项监理工作，并将授权情况通知承包人；被授权的监理人员在授权范围内发出的指示视为已得到总监理工程师的同意，与总监理工程师发出的指示具有同等效力。⑦

但是，按照现行的监理执业规范，总监理工程师不得将下列工作委托给其他人执行⑧：（1）组织编制监理规划，审批监理实施细则；（2）根据工程

---

① 参见12版设计施工合同第17.3.4条。
② 参见13版施工合同第14.2条。
③ 参见13版施工合同第13.2.2条。
④ 参见13版施工合同第15.2.4条。
⑤ 参见11版总承包合同第1.1.29条。
⑥ 参见《北京市工程建设监理管理办法》第14条。
⑦ 参见12版设计施工合同第3.3.1条。
⑧ 参见《建设工程监理规范》（GB/T5019-2013）第3.2.2条。

进展及监理工作情况调配监理人员；（3）组织审查施工组织设计、（专项）施工方案；（4）签发工程开工令、暂停令和复工令；（5）签发工程款支付证书，组织审核竣工结算；（6）调解建设单位与施工单位的合同争议，处理工程索赔；（7）审查施工单位的竣工申请，组织工程竣工预验收，组织编写工程质量评估报告，参与工程竣工验收；（8）参与或配合工程质量安全事故的调查和处理。

2.3.2 监理工程师的竞业限制

为了确保监理工作的公正性，监理单位与被监理工程的施工单位以及建设工程材料和设备供应单位有隶属关系或者其他利害关系的，不得承担该项工程的监理业务。[①] 同时，监理单位还必须按照规定的营业范围和资质等级承接监理业务，并不得有下列行为：（1）将本单位监理的建设工程转给其他单位监理；（2）承包施工或进行材料及设备的销售；（3）本单位从业人员不得在施工、设备制造和材料销售单位兼职。[②]

此外，项目所在地对监理工程师有特殊规定的，也应当遵守。比如《上海市建设工程监理管理办法》规定总监理工程师不得在下列情形中兼任监理工作[③]：（1）单体面积超过2万平方米的建设工程；（2）工程建安造价超过2亿元的建设工程；（3）保障性住宅工程；（4）国家或者本市重大工程。

3. 监理工程师的法律地位

纵观现行法律规范以及工程合同对监理工作和职能的定位，需要考虑的主要问题在于监理工程师的双重法律地位。

3.1 被委托人

《建筑法》规定建筑工程监理应当依照法律、行政法规及有关的技术标准、设计文件和建筑工程承包合同，对承包单位在施工质量、建设工期和建设资金使用等方面，代表建设单位实施监督[④]；建设单位与其委托的工程监理

---

① 参见《上海市建设工程监理管理办法》第14条。
② 参见《北京市工程建设监理管理办法》第12条。
③ 参见《上海市建设工程监理管理办法》第13条。
④ 参见《建筑法》第32条。

单位应当订立书面委托监理合同。① 工程合同中也规定了监理人是接受发包人委托的具有相应资质的工程监理单位。② 就委托法律关系而言，根据《民法通则》和《合同法》的规定，委托人即业主应当对监理工程师的行为承担相应的法律后果。

3.2 公正和独立的第三人

除了作为业主的授权代表外，监理工程师履行职责还有公正性和独立性的要求。比如，按照工程合同的约定，履行有关工程量和价款的审核、签发证书、解决业主和承包人之间的争议等职权。在 Sutcliffe v. Thackrah③ 一案中，英国上议院指出，通常情况下，建筑师等专业人士作为业主的代理人，但是，在履行对工程合同的监督职责时，则应当按照公平和专业的方式行事。在 Beaufort Developments v. Gilbert-Ash④ 一案中，Hoffmann 大法官更是进一步指出，专业人士应当遵循诚信和独立的工作准则。

监理工程师本身在履行职责时需要同时兼顾公正性和维护业主利益两种职能，相比较委托法律关系而言，这一双重身份对监理工程师提出了更高、更严格的专业和道德要求。但就目前中国的法律而言，暂无明确的相应规定，这也是理论界和实务界中对监理工程师职能颇有争议的原因之一。

四、承包人

1. 承包人的主体资格和资质

承包人的主体资格和资质是民事权利能力和民事行为能力的体现。除了合法成立和存续外，承包人还必须具备相应的资质等级。

1.1 资质标准

《建筑法》第 13 条、第 14 条规定，从事建筑活动的建筑施工企业、勘察

---

① 参见《建筑法》第 31 条。
② 11 版总承包合同第 1.1.10 条。
③ Sutcliffe v. Thackrah [1974] AC 727 HL.
④ Beaufort Developments (NI) Ltd. v. Gilbert-Ash (NI) Ltd. [1999] 1 AC 266.

单位、设计单位和工程监理单位，按照其拥有的注册资本、专业技术人员、技术装备和已完成的建筑工程业绩等资质条件，划分为不同的资质等级，经资质审查合格，取得相应等级的资质证书后，方可在其资质等级许可的范围内从事建筑活动。

2014年11月6日，住房和城乡建设部印发了新版的《建筑业企业资质标准》，对企业从事施工总承包、专业承包和施工劳务承包的资质作了新的规定，该标准自2015年1月1日起施行。

根据新版《建筑业企业资质标准》的规定，施工总承包被分为12个类别，每一类别又具体分为四个等级，即特级、一级、二级、三级，具体包括建筑工程、公路工程、铁路工程、港口与航道工程、水利水电工程、电力工程、矿山工程、冶金工程、石油化工工程、市政公用工程、通信工程和机电工程。而专业承包序列资质共分为36种，具体包括地基基础工程、起重设备安装工程、电子与智能化工程、消防设施工程、防水防腐保温工程、桥梁工程、隧道工程、建筑装饰装修工程、建筑幕墙工程、模板脚手架、钢结构工程、建筑机电安装工程、古建筑工程、城市及道路照明工程、公路路面工程、公路路基工程、铁路电务工程、铁路铺轨架梁工程、电力电气化工程、机场场道工程、民航空管工程及机场弱电系统工程、机场目视助航工程、港口和海岸工程、航道工程、通航建筑物、港航设备安装及水上交管工程、水工金属结构制作与安装工程、水利水电机电安装工程、河湖整治工程、输变电工程、核工程、海洋石油工程、环保工程、特种工程（如建筑物纠偏和平移、结构补强、特种设备起重吊装、特种防雷等）。

由于最近两年政府管理体制的改革，国务院大力改进行政审批，因此，业主和承包人还需要特别关注此类审批的新动向和影响。比如，全国人大常委会颁布的《关于授权国务院在广东省暂时调整部分法律规定的行政审批的决定》，就宣布自2012年12月28日起，3年内在广东省暂时停止实施建筑业企业的资质行政审批，改为交由具备条件的行业协会实行自律管理。

1.2 资质与工程合同效力

承包人的资质条件和工程合同的效力密不可分，最高人民法院《关于审理建设工程施工合同纠纷案件适用法律问题的解释》在第1条就开宗明义地规定，承包人没有资质或者超越资质，都将直接导致所签署的工程合同归于无效。

但是，也应当注意到，上述司法解释同时也规定了，承包人超越资质等级许可的业务范围签订建设工程施工合同，在建设工程竣工前取得相应资质等级，当事人请求按照无效合同处理的，不予支持。①

2. 承包人的权利和义务

从原则上来看，承包人主要义务是按照法律规定及合同约定组织完成工程施工，确保工程质量和安全，不进行转包及违法分包，并在缺陷责任期及保修期内承担相应的工程维修责任。②

2.1 完成合同项下的工作

按时保质完成工程合同内容是承包人最基本的义务，这一原则同时也意味着承包人有权自行完成工作和自行选择施工方法两方面的内容。

2.1.1 自行完成全部工作的权利

根据《合同法》的规定，承包人应当以自己的设备、技术和劳力，完成主要工作。③ 退而言之，承包人可以自行完成全部工作内容，也可以将非主要工作交由第三人完成，并对第三人完成的工作向发包人承担连带责任。④

对此，工程合同中也有详细的规定，承包人应按合同约定以及监理人做出的指示，完成合同约定的全部工作，并对工作中的任何缺陷进行整改、完善和修补，使其满足合同约定的目的。⑤

2.1.2 施工工艺和方法的选择权

施工工艺和方法是承包人工程技术实力和管理能力的体现，也是承包人的竞争力所在。因此，在确保质量的前提下，承包人有权自主选择施工工艺，并对所有施工作业和施工方法的完备性和安全可靠性负责⑥，发包人和监理工

---

① 参见最高人民法院《关于审理建设工程施工合同纠纷案件适用法律问题的解释》第5条。
② 参见13版施工合同协议书第7条。
③ 参见《合同法》第253条。
④ 参见《合同法》第272条。
⑤ 参见12版设计施工合同第4.1.3条。
⑥ 参见07版标准合同第4.1.4条。

程师不应加以干涉。

有关施工工艺和方法方面的工程争议在国内工程中较为少见，英国法的实践和相关司法先例可以作为借鉴。

按照一般的原则和通常的情况，承包人有权按照其认为合适的方法施工。在某些情形下，比如业主的明确要求，则承包人还需遵循"proceed regularity and diligence with the work"的准则。这里的"regularly and diligently"具体是指"proceed continuously, industriously and efficiently with appropriate physical resources so as to progress the works steadily towards completion substantially in accordance with the contractual requirements as to time, sequence and quality of work"。①

但是，在 GLC v. Cleveland Bridge Engineering② 一案中，上诉院认为：

"If the contractor includes an express obligation for the contractor to complete by a specified date or within a specified period, then a term will not be implied that the contractor is to proceed regularity and diligently with the works. In absence of a contrary intention, the contractor has the right to plan, execute and progress the works as it considers, provided the contractor completes in accordance with the contract."

2.2 分包权

承包人为了工程实施，经过发包人的同意，可以依据《合同法》的规定，将自己承包的部分工作交由第三人完成，但是第三人应当就其完成的工作成果与承包人向发包人承担连带责任。③

与之对应，工程合同也对此作了详尽的规定。比如，11版总承包合同规定，承包人只能对专用条款约定列出的工作事项（含设计、采购、施工、劳务服务、竣工试验等）进行分包；专用条款未列出的分包事项，承包人可在工程实施阶段分批分期就分包事项向发包人提交申请，发包人在接到分包事

---

① West Faulkner Associate v. The London Borough of Newham [1992] 71 BLR 6.
② GLC v. Cleveland Bridge Engineering Company Limited [1984] 34 BLR 50.
③ 参见《合同法》第272条。

项申请后的15日内，予以批准或提出意见。发包人未能在15日内批准亦未提出意见的，承包人有权在提交该分包事项后的第16日开始，将提出的拟分包事项对外分包。① 12版设计施工合同也规定，承包人不得将设计和施工的主体、关键性工作分包给第三人；除另有约定外，未经发包人同意，承包人也不得将非主体、非关键性工作分包给第三人。②

关于工程分包的详细内容，本书将专章讲述，在此不再重复。

2.3 协助验收

虽然，按照现行法律法规的规定，业主负有组织和实施验收的法定义务，但是，从工程实践来看，工程竣工验收必然需要承包人的参与和协助，除了自检自验外，还要会同业主、工程监理、设计师一起进行验收，否则将影响工程验收和交付的顺利进行。

在海南众神药业与广东华厦钢构建设工程施工合同纠纷上诉案③中，海南省中级人民法院在终审判决中指出，根据2004年最高人民法院《关于审理建设工程施工合同纠纷案件适用法律问题的解释》第13条的规定：建设工程未经竣工验收，发包人擅自使用后，又以使用部分质量不符合约定为由主张权利的，不予支持；但是承包人应当在建设工程的合理使用寿命内对地基基础工程和主体结构质量承担民事责任。该条规定是指使用后又以使用部分质量不符合约定主张权利的，不予支持，并不是使用了就等同于验收，即可免除验收，提供竣工验收数据以及竣工验收报告是合同中规定的钢结构公司的义务，对工程进行验收，施工方始终具有协助的义务，而钢结构公司至今都没有履行合同中约定的提供竣工验收数据以及竣工验收报告的义务，因而，造成药业公司至今不能组织验收以及组织生产。

2.4 对工程现场的管理

工程现场对于工程项目的建设占据着举足轻重的地位。工程现场的占有、使用、条件、布局等直接关系到工程合同各参与方的权利、义务和费用等事

---

① 参见11版总承包合同第3.8.1条。
② 参见12版设计施工合同第4.3.2条。
③ 海南众神药业有限公司与广东华厦钢结构工程有限公司建设工程施工合同纠纷上诉案，海南省中级人民法院（2008）海南民三终字第95号。

项。作为工程现场的第一责任人,承包人对工程现场的权利则更为重要。

2.4.1 进入现场的权利

最首要的,业主应当赋予承包人进入现场的权利。13版施工合同中就规定,发包人应根据施工需要,负责取得出入施工现场所需的批准手续和全部权利。[①]

在国际工程合同中,都会明确约定给予承包人进入现场的权利,这是因为工程现场所属的土地等都归业主所有,如果没有事先获得土地权利人的许可,任何人都不得擅自进入现场,否则就属于侵权行为,重者则可以构成刑事犯罪。而在中国法律环境下,项目立项和所有权一般也都在业主名下,虽然潜意识里合同双方都认为承包人施工必然要进入工程现场,但是那也仅是法律的规定,从物权保护和合同履行的角度出发,仍需要将法律的规定在工程合同中明确地做出约定,以保障承包人的权益。为此,参考国际工程合同的做法和工程惯例,明确规定承包人出入现场的权利也有其必要性。

与此相同,由于工程竣工验收后,承包人仍然承担质量保修义务,因此,与工程开工和施工一样,承包人也应当获得进出现场的权利。比如,12版设计施工合同规定,缺陷责任期内承包人为缺陷修复工作需要,有权进入工程现场,但同时也应遵守发包人的保安和保密规定。[②]

2.4.2 对现场的占有和使用

承包人为了实施工程作业,必然需要占有和使用工程现场以便搭设临建、对现场的土地进行平整、铺设道路等,而土建、设备安装等工程也是在现场实施,很难想象没有获得业主的相应授权会是一个怎么样的后果。

实务中需要注意的是承包人对于现场是否享有独占使用的权利,以及由于非独占使用可能造成的施工困难的处理。一般来说,在单体结构的工程建设项目中只有一个总承包人,若干个分包人,在这种结构下,总承包人一般会独占使用工程现场,以便统筹考虑和安排临建、用水用电、交通运输、各工种的工作等,而各分包人则不具有独占使用工程现场的权利,并且还要考虑与其他分包人之间的协调。

---

① 参见13版施工合同第1.10.1条。
② 参见12版设计施工合同第19.5条。

2.4.3 对分包人的管理、配合

在工程项目建设中，对参与建设的承包人的内部分包人、业主的指定分包人，以及业主直接发包的专业承包人的配合、管理是承包人的一项非常重要的工作和义务，这在大型的、综合性的、多工种交叉作业的工程项目和环境下尤为突出。这就需要承包人事先考虑对整体工程的组织安排和规划等管理层面的事务，也要关注其承担的管理和配合职责的范围、程度、权利义务界限等法律方面的事宜，以及结合诸如总承包服务和管理费用等经济方面的问题。

2.4.3.1 分包管理工作的内容

承包人的管理、配合工作因针对的对象的不同而不同，相应的对其管理配合行为的法律后果也有所不同。通常情况下，承包人对其内部分包人的管理职责较大，需要对分包人的工作承担连带责任。如 11 版总承包合同中即规定了承包人对分包人的行为向发包人负责，承包人和分包人就分包工作向发包人承担连带责任。① 13 版施工合同也规定，承包人应当对分包人的施工人员进行实名制管理，包括但不限于进出场管理、登记造册以及各种证照的办理。②

而对于其他分包人或者独立承包人，由于没有合同关系，则多为配合义务，比如提供施工用水、用电、垂直运输、交通便利等，而不对其具体的行为负责。按照 07 版标准合同的规定，承包人应当为他人提供方便，也就是说承包人应按监理人的指示为他人在施工场地或附近实施与工程有关的其他各项工作提供可能的条件。③ 12 版设计施工合同也规定，承包人应按监理人的指示为他人在施工场地或附近实施与工程有关的其他各项工作提供可能的条件。④

2.4.3.2 总包服务费的属性

总包服务费是指总承包人为配合和协调发包人直接发包或者指定分包的

---

① 参见 11 版总承包合同第 3.8.6 条。
② 参见 13 版施工合同第 3.5.3 条。
③ 参见 07 版标准合同第 4.1.8 条。
④ 参见 12 版设计施工合同第 4.1.8 条。

专业工程，发包人自行采购的设备、材料等进行保管，以及对施工现场进行管理、对竣工资料提供汇总整理等服务所需的费用。① 在工程项目中，对于承包人按照合同约定提供总包服务的，发包人应当在工程开工后的 28 天内向承包人预付总承包服务费的 20%，分包进场后，其余部分与进度款同期支付②；如果发包人没有按照合同的约定向承包人支付总承包服务费，则承包人可以不履行总包服务义务，由此造成的损失则由发包人承担。③

在工程实务当中，经常会遇到总包服务费、总包配合费和总包管理费等概念，但是，按照 13 年工程量清单计价规范的规定，其中并没有总包管理费和总包配合费的规定，其他的一些工程类的规范性文件也没有对总包管理费、总包配合费、总包服务费这三者进行区分。实际上，对于这三者的理解更多的是对工程惯例的认识。

严格来说，总包服务费可以包括总包管理费和总包配合费两类。从字面上来看，前者侧重总承包人的管理职能，后者偏重总承包人的配合义务。有人认为，既然承包人收取总包管理费，就应当对分包人，不论是其内部承包人还是指定分包人，以及业主直接发包的独立承包人承担相应的责任。对此，笔者认为总承包人承担的责任需要区别不同的情形对待，不论是总承包人收取总包管理费还是总包配合费，都需要结合其具体的工作职责来划分和界定其应承担的法律责任。对于总承包人的内部承包人，总承包人自然需要对其承担连带责任，这是法律规定的责任。而对于业主指定分包、业主直接发包的独立承包人，如果是收取总包配合费，则总承包人的义务一般限于现场的协调、配合，以及提供水电、交通运输等方面的便利，而不对其具体的施工行为承担责任。而对于收取总包管理费的情形，更应当进行区分，因为即使是收取总包管理费，也不一定意味着总承包人需要对各分包的施工行为负责，其关键还在于结合其承担的工作和相应的取费标准等多种因素分析，工程实践中的情况是丰富多彩的，并不能简单地认为凡是收取总包管理费的情况下，总承包人就一定要承担指定分包人、独立承包人所造成的后果。

---

① 参见 2013 年版的《工程量清单计价规范》第 2.0.9 条。
② 参见 2013 年版的《工程量清单计价规范》第 10.3.1 条。
③ 参见 2013 年版的《工程量清单计价规范》第 10.3.2 条。

另外，总包管理费与总部管理费和现场管理费也容易在实践中混淆，后两者在工程索赔时尤其需要关注。

2.4.4 对工程和材料的照管

承包人对已完工程、成品以及自行采购的和业主采购的工程材料、设备的保管是其重要的工作内容和义务之一。法律和工程合同对此具有相应的规定。

2.4.4.1 照管义务的法律基础

《合同法》第265条规定，承包人应当妥善保管发包人提供的材料以及完成的工作成果，因保管不善造成毁损、灭失的，应当承担损害赔偿责任。同时，《合同法》也规定，保管合同是保管人保管寄存人交付的保管物，并返还该物的合同[①]，保管人应当妥善保管保管物。[②] 保管期间，因保管人保管不善造成保管物毁损、灭失的，保管人应当承担损害赔偿责任，但保管是无偿的，保管人证明自己没有重大过失的，不承担损害赔偿责任。[③] 根据上述法律规定可以看出，在工程实践中总承包人对工程本身、相关成品以及存放在工程现场的材料、设备的照管，从法律关系上讲兼有保管合同的属性和特征。

工程合同中的照管工作和义务实际上包含了保管合同的有关内容。实践中需要注意的则是有偿保管和无偿保管的区别对于工程合同的双方当事人的权利义务的安排以及风险的分配。

2.4.4.2 对工程和成品的照管

承包人的照管义务在实务中分为两块，一个是对工程以及成品的保护，另一个就是对运至工程现场的材料设备等的保管。按照法律规定，两者的法律属性是相同的，对承包人而言，只是针对的对象不同，但是按照工程合同的规定，两者仍然存在不同的地方。而且，更需要关注的是照管的范围和深度。

按照12版设计施工合同的规定，工程接收证书颁发前，承包人应负责照管和维护工程。工程接收证书颁发时尚有部分未竣工工程的，承包人还应负

---

① 参见《合同法》第365条。
② 参见《合同法》第369条。
③ 参见《合同法》第374条。

责该未竣工工程的照管和维护工作,直至竣工后移交给发包人。① 而 11 版总承包合同也规定,承包人应从开工之日起至发包人接收工程或单项工程之日止,负责工程或单项工程的照管、保护、维护和保安责任,保证工程或单项工程除不可抗力外,不受到任何损失、损害。②

2.4.4.3 对材料、设备的保管

工程通过验收并不意味着工程交付和转移占有,事实上,有很多的项目通过竣工验收之后仍然在承包人的照管之下。从法律性质上来看,竣工验收后的照管类似于民事法律上的保管合同的关系,如果在照管期间发生工程的毁损,依据保管有偿与否,发包人和承包人将承担不同的法律后果。

现行的 4 份工程合同都规定承包人对工程的照管责任。13 版施工合同明确了自发包人向承包人移交施工现场之日起,承包人应负责照管工程及工程相关的材料、工程设备,直到颁发工程接收证书之日止。③ 07 版标准合同第 4.1.9 条,12 版设计施工合同第 4.1.9 条都对此作出了相同的规定。

2.4.4.4 工程暂停时的照管

工程由于特殊情况,如业主或承包人的原因,或者不可抗力导致工程暂停时,为了后续工作的顺利开展,就需要对已完工程和材料、设备进行照管,对于工程暂停时的照管,尤其是因业主原因造成的停工,照管义务的承担和落实往往成为争议的焦点。对此,需要根据双方签署的工程合同的具体约定来确定分工和义务。

11 版总承包合同即对暂停时承包人的工作进行了规定,要求承包人应立即停止现场的实施工作,并根据合同约定负责在暂停期间,对工程、工程物资及承包人文件等进行照管和保护。因承包人未能尽到照管、保护的责任,造成损坏、丢失等,使发包人的费用增加,和(或)竣工日期延误的,由承包人负责。④ 12 版设计施工合同也规定,无论由于何种原因引起暂停工作的,暂停工作期间,承包人应负责妥善保护工程并提供安全保障,由此增加的费

---

① 参见 12 版设计施工合同第 4.1.9 条。
② 参见 11 版总承包合同第 7.2.11 条。
③ 参见 13 版施工合同第 3.6 条。
④ 参见 11 版总承包合同第 4.6.3 条。

用由责任方承担。① 13版施工合同也规定暂停施工期间，发包人和承包人均应采取必要的措施确保工程质量及安全，防止因暂停施工扩大损失②；暂停施工期间，承包人应负责妥善照管工程并提供安全保障，由此增加的费用由责任方承担。③

从上述工程合同的内容可以看出，不论是因为何种原因导致工程暂停，作为项目现场总负责人的承包人都对工程的照管负有首要的义务。因此，在工程项目的实际实施过程中，即使是因为业主的原因造成停工，承包人也负有义务保护好已完工程及材料、设备，避免由于疏于管理导致工程损害而承担赔偿责任。

2.5 停工权

停工权是承包人的重要权利之一，对于工程实施过程中出现的特殊情形，尤其是发包人没有按照约定支付工程价款时，暂停施工对于维护承包人的合法权益具有重要的意义。

现行《合同法》赋予了承包人停工的权利，按照规定，发包人未按照约定的时间和要求提供原材料、设备、场地、资金、技术资料的，承包人可以顺延工程日期，并有权要求赔偿停工、窝工等损失。④ 这是法定的停工权，除此之外，工程合同中也可以由双方具体约定其他构成停工条件的事项。关于停工的具体内容，详见本书其他章节的阐述。

2.6 交付工程和资料

承包人完成工程项目并通过竣工验收后，应当向发包人交付工程和相关的资料，这也是承包人的基本义务。

2.6.1 交付的标志

工程交付的完成意味着相关的风险责任的转移，所以，何时交付对于发包人和承包人都有非常重要的意义。与一般的买卖合同中关于交付的标准不同，工程项目的交付有时候并不一定是发包人对工程的实际占有，在多数情

---

① 参见12版设计施工合同第12.3条。
② 参见13版施工合同第7.8.8条。
③ 参见13版施工合同第7.8.7条。
④ 参见《合同法》第283条。

况下，工程可能还在承包人的占有下，但实际上已经完成了交付行为，比如发包人和承包人签署相关的文件。

需要注意的是，如果是发包人未经同意而擅自使用工程，则可以认定为工程已经实际交付给发包人，与此相关的风险也应当由发包人承担。

2.6.2 竣工资料

除了工程本身的交付之外，承包人还有义务一并移交工程竣工资料。按照《建设工程文件归档整理规范》第16.3.4条的归档，工程竣工数据的整理以及移交归档的文件应符合该规范的要求，竣工资料的分类组卷应符合工程实际形成的规律，并按国家有关约定，应将所有竣工档案资料装订成册，并要达到归档范围的要求。

13版施工合同承包人应在工程竣工验收合格后28天内向发包人和监理人提交竣工结算申请单，并提交完整的结算资料，有关竣工结算申请单的数据清单和份数等要求由合同当事人在专用合同条款中约定。①

2.6.3 留置权

工程实践中，经常出现因发包人未支付工程款，承包人以占有工程、拒绝交付有关工程资料的方式进行对抗的现象。

对于承包人是否有权利这么做，实践中有诸多不同的观点。按照《合同法》关于承揽合同的规定，如果发包人没有向承包人支付报酬或者材料费等价款的，承包人有权留置完成的工作成果。据此，承包人的留置权具有相应的法律依据。但是，该项权利的行使应本着诚实信用的原则，而不得滥用，否则造成发包人损失时，则可能要承担赔偿责任。而且，工程合同也会有不同的例外规定，比如，11版总承包合同规定，工程竣工验收报告经发包人认可后的30日内，承包人未能向发包人提交竣工结算报告及完整的结算数据，造成工程竣工结算不能正常进行或工程竣工结算不能按时结清，发包人要求承包人交付工程时，承包人应进行交付；发包人未要求交付工程时，承包人须承担保管、维护和保养的费用和责任。②

---

① 参见13版施工合同第14.1条。
② 参见11版总承包合同第14.12.6条。

2.7 清场和撤离

清场和撤离的工作一般是在竣工移交阶段进行,其目的是为了业主能够更好地占有和使用已完工程,避免不必要的干扰。

根据12版设计施工合同关于竣工清场的规定,其要求除合同另有约定外,工程接收证书颁发后,承包人应按要求对施工场地进行清理,直至监理人检验合格为止,竣工清场费用由承包人承担,其主要涉及的工作包括:(1)施工场地内残留的垃圾已全部清除出场;(2)临时工程已拆除,场地已按合同要求进行清理、平整或复原;(3)按合同约定应撤离的承包人设备和剩余的材料,包括废弃的施工设备和材料,已按计划撤离施工场地;(4)工程建筑物周边及其附近道路、河道的施工堆积物,已按监理人指示全部清理;(5)监理人指示的其他场地清理工作已全部完成。[1] 如果承包人未按监理人的要求恢复临时占地,或者场地清理未达到合同约定的,发包人有权委托其他人恢复或清理,所发生的金额从拟支付给承包人的款项中扣除。[2] 13版施工合同也对此项工作作了类似的规定。[3]

除了清场之外,承包人也要安排施工队伍的撤离,比如12版设计施工合同规定,工程接收证书颁发后的56天内,除了经监理人同意需在缺陷责任期内继续工作和使用的人员、施工设备和临时工程外,其余的人员、施工设备和临时工程均应撤离施工场地或拆除。除合同另有约定外,缺陷责任期满时,承包人的人员和施工设备应全部撤离施工场地。[4] 特殊的项目中,承包人还需要负责还原地表等状态,比如13版施工合同规定,承包人应按发包人要求恢复临时占地及清理场地,承包人未按发包人的要求恢复临时占地,或者场地清理未达到合同约定要求的,发包人有权委托其他人恢复或清理,所发生的费用由承包人承担。[5]

对于施工现场的竣工退场费用,一般来说都由承包人承担。也就是说,承包人应在工程合同约定的期限内完成竣工退场,逾期未完成的,发包人有

---

[1] 参见12版设计施工合同第18.7条。
[2] 参见12版设计施工合同第18.7.2条。
[3] 参见13版施工合同第13.6.1条。
[4] 参见12版设计施工合同第18.8条。
[5] 参见13版施工合同第13.6.2条。

权出售或另行处理承包人遗留的物品，由此支出的费用由承包人承担，发包人出售承包人遗留物品所得款项在扣除必要费用后应返还承包人。[①] 基于上述各项有关清理现场和撤场的规定，承包人需要关注自身的义务和工作范围，并结合各自的项目情况和管理制度做出相应的约定。

2.8 承包人的特殊义务

在传统的工程合同模式下，工程设计和施工图纸通常由发包人委托的设计单位完成，并由发包人提供给承包人，并且发包人应当在合理的期限内按照合同约定的数量向承包人提供图纸，依据《合同法》的规定，在这种情况下，发包人应当承担设计错误引起的后果。

但是，承包人也仍然有提醒设计错误的义务。一般情况下，承包人可能会认为，既然所有的设计都要由发包人做出，那么承包人就按照施工图纸施工就行了，就算发现了设计文件的错误也不用去搭理。在这里，有必要正确理解和把握施工单位按图施工的真实含义。根据《建设工程质量管理条例》的规定：施工单位如果在施工过程中发现设计文件和图纸有差错的，应当及时提出意见和建议。[②] 由此可见，尽管没有合同约定承包人应当就设计文件的错误提出意见，但是承包人对设计文件的错误仍应当承担法定的通知义务。如果承包人履行了通知义务，而发包人未对错误的设计文件进行修改，承包人则可以免除法律责任。当然，笔者认为，根据该条规定承包人只需要履行通知等协助义务，不应当对设计本身的错误承担任何责任。

有所区别的是在总承包合同模式下，包括设计—建造合同、设计—采购—施工合同等，承包人除了承担施工工作外，还需要承担设计工作，实际上此时的承包人还担当设计师的角色。因此还需要与工程设计师一样承担有关设计工作的质量、瑕疵、缺陷、成本和工期等方面的义务和责任。

3. 承包人项目经理

3.1 担任项目经理的资格条件

目前，在中国境内从事工程项目的施工建设，承包人的驻场项目经理必

[①] 参见13版施工合同第13.6条。
[②] 参见《建设工程质量管理条例》第28条。

须具备注册建造师资格。注册建造师是指通过考核认定或考试合格取得中华人民共和国建造师资格证书，并按照规定注册，取得中华人民共和国建造师注册证书和执业印章，担任施工单位项目负责人及从事相关活动的专业技术人员。中国的注册建造师制度从原来的项目经理制度演变而来。

如前所述，承包人的项目经理需要具备国家注册建造师的资格。相比较而言，对于承担设计和施工一体化的工程总承包建设的项目经理，目前还没有相关的特别规定，其重要原因之一即在于工程领域的设计和施工的管理体制的分离，由此产生了设计项目经理和施工项目经理资格不一致的现象，进而出现了诸如 EPC 项目中的现场经理到底是需要具备设计类的资格还是施工类的资格，还是同时需要具备的争议和实践操作上的难题。

3.2 承包人项目经理的权责

项目经理的权责可分为对内和对外两部分。项目经理的对外权责也是承包人的权责的具体体现。在工程实务当中，承包人项目经理的主要职能是代表承包人履行合同义务。对此，13 版施工合同就有明确的规定，即承包人项目经理是指承包人指定代表承包人履行义务的负责人，并将此作为合同协议书的内容之一，突出了承包人项目经理的重要性。项目经理的对内职责就是组织承包人内部的人、财、物的协调和管理，以确保工程按时保质的竣工。

按照工程合同的规定，项目经理的权责范围主要包括：

（1）负责组织工程合同的实施；

（2）承包人为履行合同发出的一切函件均应盖有承包人单位章或由承包人项目经理签字；

（3）承包人项目经理可以授权其下属人员履行其某项职责，但事先应将这些人员的姓名和授权范围书面通知发包人和监理工程师。[①]

当然，在工程实践中，项目经理的具体权责还不仅限于此。不过需要注意的是，对于关系到承包人合同权利义务的处分的权责应当在工程合同中明确写明，以免由于权责不清引发争议。

---

① 参见 12 版设计施工合同第 4.5 条。

3.3 项目经理的法律地位

3.3.1 项目经理与表见代理

如前所述，项目经理经承包人授权后代表承包人负责履行合同，项目经理和项目部构成了承包人实际执行工程合同内容的主要负责人。就工程实践来看，最容易发生争议的问题之一就是项目经理的表见代理问题。

《合同法》规定，行为人没有代理权、超越代理权或者代理权终止后以被代理人名义订立合同，相对人有理由相信行为人有代理权的，该代理行为有效。[1] 最高人民法院曾在《关于当前形势下审理民商事合同纠纷案件若干问题的指导意见》中就涉及项目经理的表见代理时进一步指出，表见代理制度不仅要求代理人的无权代理行为在客观上形成具有代理权的表象，而且要求相对人在主观上善意且无过失地相信行为人有代理权。合同相对人主张构成表见代理的，应当承担举证责任，不仅应当举证证明代理行为存在诸如合同书、公章、印鉴等有权代理的客观表象形式要素，而且应当证明其善意且无过失地相信行为人具有代理权。而法院在判断合同相对人主观上是否属于善意且无过失时，则应当结合合同缔结与履行过程中的各种因素综合判断合同相对人是否尽到合理注意义务，此外还要考虑合同的缔结时间、以谁的名义签字、是否盖有相关印章及印章真伪、目标物的交付方式与地点、购买的材料、租赁的器材、所借款项的用途、建筑单位是否知道项目经理的行为、是否参与合同履行等各种因素，做出综合分析判断。

另外，杭州市中级人民法院在《关于审理建设工程及房屋相关纠纷案件若干实务问题的解答》对于实践中加盖有项目部专用章或者由项目经理签字的单据、票证的行为效力也作了具体的规定，指出项目部是施工承包企业具体实施施工行为的组织体，项目经理是指受企业委托对工程项目施工过程全面负责的项目管理者，是企业在工程项目上的代表人。从当前的建筑工程承包现状来看，承包人的项目部或项目经理以承包人名义订立合同，债权人要求承包人承担民事责任的，一般应予支持，但承包人有证据证明债权人知道或应当知道项目部或者项目经理没有代理权限的除外。但应当注意的是，对

---

[1] 参见《合同法》第49条。

于除项目经理以外的所谓现场负责人或材料员、采购员等，因其自身并无法律、法规或行业规范所赋予的项目部管理权力，故对此类人员的签证是否具有表见代理的效力，则应当由主张该表见代理行为成立的一方当事人举证。同理，对于项目部技术专用章的效力，也同样如此。

在浙江泰舜建设有限公司与肖维法建设工程分包合同纠纷上诉案①中，2007年7月16日，泰舜公司与杭州杭氧钢结构设备安装有限公司签订了建设工程施工合同一份，约定由泰舜公司承建杭州杭氧钢结构设备安装有限公司迁建项目建安工程。后泰舜公司于2007年10月17日与徐成建签订工程项目内部承包管理合同一份，约定将上述工程以内部责任承包的形式发包给徐成建。2008年6月8日，肖维法与案涉工程项目部签订班组责任承包合同一份，约定由肖维法承包案涉工程有关的油漆施工内容，合同写明甲方为泰舜公司杭氧钢结构公司迁建工程项目部，徐成建在甲方一栏签了字，并加盖泰舜公司杭氧钢结构设备安装迁建项目建安技术专用章，并由张林华签字同意。后肖维法完成施工，并陆续收到了部分工程款，2009年6月，经结算肖维法尚可得工程款72 200元，肖维法催讨该款未果后向法院提起诉讼。

杭州市中级人民法院经审理后认为：本案争议的焦点问题是肖维法作为乙方与泰舜公司杭氧钢结构公司迁建工程项目部作为甲方签订的《班组责任承包合同》对泰舜公司是否具有约束力。泰舜公司上诉认为其已将案涉工程转包给徐成建，案涉《班组责任承包合同》系徐成建与肖维法签订，肖维法在签订合同时主观上有过失，徐成建签订《班组责任承包合同》的行为并不具备表见代理的构成要件，故泰舜公司不是签约主体，无需承担付款责任。对此，杭州市中级人民法院认为，表见代理不仅要求代理人的无权代理行为在客观上形成具有代理权的表象，而且要求相对人在主观上善意且无过失地相信行为人有代理权。综观本案现有证据可见，案涉工程系由泰舜公司承包，案涉《班组责任承包合同》系以案涉工程项目部的名义签订，合同第7条明确甲方委派徐成建为驻工地代表，且徐成建代表甲方签名并加盖项目部技术专用章，故该合同签订时在客观上形成了具有代理权的表象。且泰舜公司并

---

① 浙江泰舜建设有限公司与肖维法建设工程分包合同纠纷上诉案，浙江省杭州市中级人民法院（2014）浙杭民终字第2401号民事判决书。

无证据证明肖维法在签订合同时主观上存在恶意或过失，再结合肖维法提交的施工联系单及案涉工程项目部对外签订的其他合同也同样采取加盖项目部技术专用章的惯例，原审法院关于肖维法在签订合同时有充足的理由相信其系与泰舜公司签订合同的认定并无不当。故案涉《班组责任承包合同》对泰舜公司具有约束力，泰舜公司理应承担相应的工程款。综上，泰舜公司的上诉请求缺乏事实和法律依据，杭州市中级人民法院不予支持。

3.3.2 表见代理与发包人

实践当中，多数情况下，关于表见代理的争议都发生在承包人的项目经理和项目部上。但是不可忽略的是，工程实践中的表见代理不仅限于承包人，项目发包人和工程监理（包括造价监理）、设计师等都有可能涉及表见代理的问题。

尤其是涉及工程合同双方的权利义务的安排、执行的内容，承包人也应当提前了解有关业主方现场代表、工程师授权代表等人员的权限。虽然，按照工程惯例，监理工程师无权改变工程合同中有关承包人和发包人双方的权利义务，但是具体到实践中，承包人也仍然需要注意监理工程师的指令的法律效力及其对自身权益的影响。

3.4 项目经理的驻场和撤换

3.4.1 驻场要求

纵观现行的几份工程合同的规定，都对承包人的项目经理以及主要人员的驻场和更换做了严格的限定，比如有的工程合同规定双方可以根据项目的实际情况自行约定需要项目经理驻场的时间[1]；有的合同则规定承包人的主要施工管理人员离开施工现场连续超过3天的，应事先征得监理人同意；承包人擅自更换项目经理或主要施工管理人员，或前述人员未经监理人许可擅自离开施工现场连续超过3天的[2]，实践中更有甚者，要求承包人项目经理每天都要在工地现场，或者是24小时待命，任何外出都要申请打报告，并约定了高额的违约金。这些规定的初衷当然是为了确保工程的正常推进，避免出现

---

[1] 参见13版施工合同第3.2.1条。
[2] 参见12版设计施工合同第4.6.5条。

意外事件时现场的混乱。

但是,笔者认为,首先,这些硬性的要求全天候驻场的规定对于项目经理的劳动权和休息权是极大的限制,似乎也限制了人的自由,其合法性本来就存在疑问。其次,这些规定过犹不及,也缺少了理性的考虑,忽略了项目经理作为人所需要的劳动和休息的本能需求。最后,从有效管理和激励机制的角度考虑,对这些规定是否能够真正达到效果是存疑的,从实际情况来看,也并不能有效解决实践中可能存在的个别项目经理擅离岗位的现象。

3.4.2 项目经理的撤换

项目经理的撤换包括承包人的主动撤换以及应发包人、工程监理的要求而撤换。对于前者,工程合同中都有严格的限定,比如,承包人应当提前 14 天书面通知发包人和监理人,并征得发包人书面同意,未经发包人书面同意,承包人不得擅自更换项目经理;承包人擅自更换项目经理的,应当承担违约责任。[①] 对于后者,工程合同中也有相应的规定,比如,发包人有权书面通知承包人更换其认为不称职的项目经理,通知中应当载明要求更换的理由;承包人应在接到更换通知后 14 天内向发包人提出书面的改进报告;发包人收到改进报告后仍要求更换的,承包人应在接到第二次更换通知的 28 天内进行更换;承包人无正当理由拒绝更换项目经理的,应按照专用合同条款的约定承担违约责任。[②] 承包人应对其项目经理和其他人员进行有效管理。监理人要求撤换不能胜任本职工作、行为不端或玩忽职守的承包人项目经理和其他人员的,承包人应予以撤换。[③]

然而,作为工程合同的相对方,发包人、工程监理直接要求承包人撤换项目经理似乎也没有相关的法律规定的支持,也有干涉到承包人自身的管理制度和权益之嫌。虽然有人会说这是合同约定的,自然都应当遵守,但是这样的规定是否合法以及是否应该在工程合同中出现,则需要用不同的视角来分析和对待。

---

① 参见 13 版施工合同第 3.2.3 条。
② 参见 13 版施工合同第 3.2.4 条。
③ 参见 07 版标准合同第 4.7 条。

4. 实际施工人

4.1 实际施工人的成因

由于中国现有的管理体制只承认公司等实体组织和机构具有申请施工资质（如公司、联营机构等），而不承认自然人个人。自然人不具有承担工程项目施工、设计（主要是施工图设计）等工作的资格，这些实际承担了相应的工作的自然人通常会被称为实际施工人。另外，实际施工人也不仅限于自然人，没有资质或者超越资质等级或借用他人资质的组织、企业、公司等机构也都可能成为实际施工人。而从实际施工人的形成原因来看，也主要是因为存在违法分包、非法转包、借用资质等不被法律许可或不被发包人认可的情况。

4.2 实际施工人的范围

最高人民法院的施工合同司法解释赋予了实际施工人诉讼主体的地位，这是对合同相对性原则的重大突破。但是在实践中，实际施工人的范围有被误读和扩大化的趋势，突破了当初最高人民法院制定司法解释的初衷，因此，笔者认为有必要对实际施工人的范围做进一步的限定。

目前有些地方法院对实际施工人的范围做了明确的界定，比如北京市高级人民法院规定，实际施工人是指无效建设工程施工合同的承包人，即违法的专业工程分包和劳务作业分包合同的承包人、转承包人、借用资质的施工人（挂靠施工人）；建设工程经数次转包的，实际施工人应当是最终实际投入资金、材料和劳力进行工程施工的法人、非法人企业、个人合伙、包工头等民事主体。法院应当严格实际施工人的认定标准，不得随意扩大最高人民法院《关于审理建设工程施工合同纠纷案件适用法律问题的解释》第 26 条第 2 款的适用范围。对于不属于前述范围的当事人依据该规定以发包人为被告主张欠付工程款的，应当不予受理，已经受理的，应当裁定驳回起诉。[①]

但是，更多的地方法院并没有对此作出明确的规定。为了避免出现更多

[①] 参见北京市高级人民法院《关于审理建设工程施工合同纠纷案件若干疑难问题的解答》第 18 条。

的争议，影响最高人民法院司法解释的适用，笔者认为应当将实际施工人限定在承包人、专业和劳务分包人的范围之内，其余的材料、设备供货商等则不属于实际施工人的范畴。

4.3 实际施工人的处理

对于实际施工人签署的工程合同，按照最高人民法院在其《关于审理建设工程施工合同纠纷案件适用法律问题的解释》中的规定，没有资质的实际施工人借用有资质的建筑施工企业名义签订的施工合同也属于无效。[①] 对于因非法转包、违法分包建设工程导致签署的合同被认定为无效之后，首先应当遵循《合同法》中有关合同无效的处理原则。

但是，工程项目建设有其特殊性，因此需要变通的处理方式。比如，安徽省高级人民法院规定，实际施工人与承包人约定以承包人与发包人之间的结算价款作为双方结算依据的，应按该约定确定实际施工人应得的工程价款；实际施工人举证证明承包人与发包人之间的结算结果损害其合法权益的，人民法院可根据实际施工人的申请，依据承包人与发包人之间的合同及相关签证确定实际施工人应得的工程价款。[②]

5. 承包人投标的特别限制

针对承包人参加投标的主体资格，除了应当具备相应的资质条件外，《招标投标法实施条例》第34条还作了两项特别的限制性规定，违反这两项规定，相关的投标将归于无效：

（1）与招标人存在利害关系并可能影响招标公正性的法人、其他组织或者个人，不得参加投标。

但是，除了上述该项原则规定外，《招标投标法实施条例》并没有进一步界定何为"利害关系"。截至目前，也还没有相关的规定对"可能影响招标公正性"的情形做出明确的界定，更多的是一种主观的判断。因此，这就造成了理解上的困境和实践操作的难度。

---

① 参见最高人民法院《关于审理建设工程施工合同纠纷案件适用法律问题的解释》第1条。
② 参见安徽省高级人民法院《关于审理建设工程施工合同纠纷案件适用法律问题的指导意见》。

比如，实践中常见的是参加前期可行性研究的设计院，就有可能因为《招标投标法实施条例》的该条规定，而无法参加后续的方案设计、施工图设计的投标。

（2）单位负责人为同一人或者存在控股、管理关系的不同单位，不得参加同一标段投标或者未划分标段的同一招标项目投标。

在一些采用投资＋建设模式（如PPP）的大型基础设施项目中，母公司设立全资的子公司作为项目公司，再由母公司或其他子公司参加项目中的设计、施工投标，或者是集团公司投资建设的项目，各子公司准备投标参建的情况非常普遍，但是，如果严格按照现行《招标投标法实施条例》的规定，此类行为会被依法认定为无效。

显然，如何处理上述工程实际需求和法律规范的矛盾，也将是立法和司法机构面临和亟需解决的重要议题之一。

五、工程项目的其他主体

除了上述几个主要的合同主体外，工程合同的其他主体还有工程师、设计师、材料设备的供货商等，而这些主体并非完全独立于业主和承包人的合同关系之外。工程设计合同本身就属于工程合同的一类，供货商由于其法律关系构建的不同而与业主、承包人甚至是工程设计者有着密切的联系。

1. 工程设计师

1.1 资质规定[①]

工程设计是项目建设必不可少的前提工作之一。对于从事建设工程设计活动的单位，依据中国现行的法律法规的规定，应当具备资质等级，并遵守相应的管理规定。《建设工程勘察设计管理条例》规定，承包方必须在建设工程勘察、设计资质证书规定的资质等级和业务范围内承揽建设工程的勘察、

[①] 由于注册建筑师资质认定已于2015年被国务院废止，故可以理解为相关的设计工作已经不受资质的限制；而相应的外观设计甚至是方案设计并无特殊的资格或市场准入的限制，故在本书中的工程设计师更多的是指结构工程的设计师。

设计业务①；发包方可以将整个建设工程的勘察、设计发包给一个勘察、设计单位；也可以将建设工程的勘察、设计分别发包给几个勘察、设计单位。②

在工程实践中，由于工程设计和工程施工的紧密联系，尤其是在 DB 合同模式和 EPC 合同模式下，由于中国现行的建设市场管理体制，对于工程设计工作的分包和转让的情形十分常见。一般来说，也都是以设计分包或者设计—施工联合体的方式进行，尤其是涉及结构的施工设计，必须要有具备资质的工程设计单位实施。与此相关的法律问题，在本书的前文以及其他章节都有述及，此处不再重复。

需要注意的是，对于设计单位超越其资质等级许可的范围或者以其他设计单位的名义承揽建设工程设计业务，以及设计单位允许其他单位或者个人以本单位的名义承揽建设工程设计业务的行为，也都属于法律明令禁止的行为。③

1.2 设计要求

就目前而言，有关工程设计的具体深度要求，就房屋建筑和市政工程来看，主要的依据是《建筑工程设计文件编制深度规定》（2008 年版）和《市政公用工程设计文件编制深度规定》（2013 年版），其更多的是硬性的指标，比如编制方案设计文件，应当满足编制初步设计文件和控制概算的需要；编制初步设计文件，应当满足编制施工招标文件、主要设备材料订货和编制施工图设计文件的需要；编制施工图设计文件，应当满足设备材料采购、非标准设备制作和施工的需要，并注明建设工程合理使用年限。④而对于设计中涉及的建筑材料、建筑构配件和设备等，设计单位也应当在设计文件中注明技术指标，其质量要求必须符合国家规定的标准，并且不得指定生产厂、供应商。⑤

而对于英国法以及国际工程中常见的设计工作需要满足业主的要求，在中国法情况下，并无专门的规定，而且实务中会认为其判断的主观性太强，

---

① 参见《建设工程勘察设计管理条例》第 21 条。
② 参见《建设工程勘察设计管理条例》第 18 条。
③ 参见《建设工程勘察设计管理条例》第 8 条。
④ 参见《建设工程勘察设计管理条例》第 26 条。
⑤ 参见《建设工程质量管理条例》第 22 条。

不易掌握。但是，作为国际工程惯例，设计工作符合业主需求是绕不开的议题和难题，同时也是设计师必须面对的课题。因此，如果设计实务中涉及满足业主需求之类的要求，设计师有必要探求业主的需求，对业主的要求进行明确的界定，并做出相应的约定。

1.3 设计师的义务

设计师的首要义务自然是设计工作，按照规定，工程设计单位应当根据勘察成果文件进行设计[1]，其设计必须按照工程建设强制性标准进行，并对其设计质量负责。[2]其次，设计单位的另一项工作内容则是就审查合格的施工图设计文件向施工单位作出详细说明。[3] 上述两项属于工程设计单位的基本设计工作。

实践中，设计师的工作还可能涉及定期或不定期、驻场或者不驻场的辅助业主进行设计指导，以及进行设计变更工作。有某些特殊情况下，设计单位应当参与建设工程质量事故分析，并对因设计造成的质量事故，提出相应的技术处理方案。[4]对此，各项实际需要的具体工作，还需要业主与设计单位另行约定。

2. 工程材料、设备供货商

依据《招标投标法实施条例》的规定，《招标投标法》第 3 条所称工程建设项目，是指工程以及与工程建设有关的货物、服务。这里的工程是指包括建筑物和构筑物在内的新建、改建、扩建及其相关的装修、拆除、修缮等建设工程；与工程建设有关的货物，是指构成工程不可分割的组成部分，且为实现工程基本功能所必需的设备、材料等；所称与工程建设有关的服务，是指为完成工程所需的勘察、设计、监理等服务。[5]

作为工程项目建设的重要组成，材料、设备供货商的地位也不容忽视。不论是业主指定材料、设备供货商，还是总承包人、分包人的材料、设备供

---

[1] 参见《建设工程质量管理条例》第 21 条。
[2] 参见《建设工程质量管理条例》第 19 条。
[3] 参见《建设工程质量管理条例》第 23 条。
[4] 参见《建设工程质量管理条例》第 24 条。
[5] 参见《招标投标法实施条例》第 2 条。

货商都或多或少的要对工程项目的质量、进度、造价和安全等产生方方面面的影响。

在工程实务中，比较容易混淆的是涉及专业工程分包和与该专业工程相关的物资设备采购方面的问题。比如金属门窗工程，既可以作为一个专业的工程分包，又可以是单纯的金属门窗的采购。另外，实务中的材料设备采购方式也会对各方的权利义务产生不同的影响。常见的几种采购方式包括业主的指定供货商，也称甲供料，以及甲指乙供、甲控等材料采购方式，除此之外则属于乙供材料设备的情形。关于甲供料的采购，其前提必须是不属于承包人范围的材料、设备，否则，发包人有可能会构成违约。《建筑法》也特别规定，按照合同约定，建筑材料、建筑构配件和设备由工程承包单位采购的，发包单位不得指定承包单位购入用于工程的建筑材料、建筑构配件和设备或者指定生产厂、供货商。① 因此，在做前期的项目规划、管理模式和合同架构时，发包人就要考虑好如何安排和分配专业工程、各类材料的采购。

3. 关于涉外工程合同主体的特殊规定

在涉外工程法律实务中，作为承包人、设计人的外国公司或者外资公司，如果要在中国境内从事施工、设计等服务和业务，也需要同中国企业一样关注两个基本的问题，一是资格和资质问题，二是招标投标问题。

3.1 涉外工程主体的类型

就涉外工程的主体类型而言，目前主要有两种形式，一类是外国公司直接参与，一类则是以外商投资企业的形式参与。

就前者来看，根据《工程建设项目勘察设计招标投标办法》的规定，在其本国注册登记，从事建筑、工程服务的国外设计企业参加投标的，必须符合中华人民共和国缔结或者参加的国际条约、协议中所作的市场准入承诺以及有关勘察设计市场准入的管理规定。② 因此，在实践中多数情况下会与中国的企业一起以联合体的名义参与项目，特别是在工程设计领域，联合体形式

---

① 参见《建筑法》第25条。
② 参见《工程建设项目勘察设计招标投标办法》第21条。

尤为普遍。就后者来看，主要包括：（1）外商投资建筑业企业；（2）外商投资建设工程设计企业；（3）外商投资建设工程服务企业。如果外资公司没有相应的设计、施工资质，与中国企业组成联合体也是较为常见的方式。但是实务中，仍然需要注意联合体的组成是否符合有关资质的最低要求。

现有的法律规定，对外商投资企业从事建筑类、设计类和咨询服务类的工作都有明确的规定。就实践来看，设计和咨询服务类的工作在中国境内独立或者与中国企业的合作都较为深入，而在施工领域的比重上相对参与较少，大多也是以工程项目管理咨询的方式单独或者联合中国的相关施工企业承担施工项目的建设。

3.2 参与招标投标

外资企业若参与工程建设项目，包括设计、施工，也需要遵循一定的招标投标程序。具体的招标投标的规模和范围可见本书第三章中的相关规定。但是，如果是境内或境外的私人资本投资建设的项目，则法律上并无强制招标投标的规定。当然，由于各地的行政管理部门对《招标投标法》的理解的不同，以及从建设项目的管理角度出发，要求业主进行招标也并不鲜见。从业主的角度来看，为了规范和公平、公开地选择承包人，也可以参照或者依据《招标投标法》规定的程序进行招标。

六、工程各参与主体的合作

虽然说，工程合同是对抗性很强的合同类型，在工程项目建设过程中，各方的参与和权利义务的安排、风险的分配都直接涉及各方的利益，因此，工程合同中的约定，以及合同履行过程中各方针锋相对的情况不可避免。但是，从另一个角度来讲，毕竟工程项目的建设离不开合同双方的全力配合和友好协作，《合同法》也规定，当事人应当遵循诚实信用原则，根据合同的性质、目的和交易习惯履行通知、协助、保密等义务。[①]由此可见，工程合同的各参与主体相互合作有着相应的法律依据和现实的基础。

---

① 参见《合同法》第20条。

英国 John Egan 爵士早在 1998 的一份报告中就提出,建立友好合作关系、共同工作的理念,能够创造一个现代化的工程业,从容面对新世纪的挑战。[1] 他在报告中强调:

"[p]arties should act in the interests of the project, and of each other, avoiding selfish behaviour and achieving a better overall result than would be achieved by treating the contract as a zero sum game in which the gains of one party are matched by corresponding losses for the other."

笔者相信这一理念对于中国工程法律环境下,解决合同双方之间工程款争议久拖不决、各方推诿责任等问题也有借鉴意义。而且,实践中也可以通过诸多方式实现合作共赢的局面和目标,比如合同中对各方权利义务的合理安排,对风险的合理分配,在合同中设立有效的激励机制和奖惩制度,承包人的早期介入制度,团队合作,利益分享和双赢机制,有效而公正的争议解决机制等。在英国,在目前通用的 NEC、PPC、JCT、ICE 等系列工程合同中都有专门针对双方主体合作关系的内容,这一点,目前国内的合同似乎稍有欠缺。

但是,笔者同样也认为,有效的合作并不是仅在于合同约定本身,而是需要在履行过程中贯彻和实现它,如果没有好的合同管理制度,再好的合同恐怕也只能是纸上谈兵,而无实际效果。并且,当前的工程法律和建设市场环境,也已经与十几二十年前完全不一样了,规范化的体现和专业化的要求更为突出,利益的冲突更为明显。因此,树立友好合作的理念有助于缓和矛盾,促进项目建设的顺利进行,平衡各方的利益,确保工程行业的正常发展。

---

[1] Sir John Egan, Rethinking the construction, 1998.

第五章 工程分包

一、概述

不论是在国内工程还是在国际工程的实践中,建设项目的日益复杂化以及专业化发展的趋势,使得工程分包变得非常有必要和盛行。同时,一方面,基于承包人自身的技术、成本、人员、资源等方面的综合考虑,工程分包有其存在和发展的必要;另一方面,也正因为专业分包人的介入,使得原先传统单向性的承发包法律关系变得更为复杂和多样。

另外,从项目管理和法律关系的角度出发,使用分包管理模式可以使得工程合同主体之间的关系相对独立和简单,有利于理顺各自的权利义务关系。正如在 Hampton v. Glamorgan County Council[①]一案中,英国上诉法院所称:"the purpose of using subcontracting arrangement is usually to distance parties from each other rather than to bring them into a direct legal relationship… In the field of building contracts, the reason for the extensive use of subcontracting is in large measure to ensure that the employer is not faced with a series of different contracts with each of the specialist contractors involved in the project."

但是,就目前中国国内的工程建设承发包市场而言,现行的法律法规对工程分包有诸多限制,在一定程度上不利于甚至是阻碍了工程专业分包的规范化和发展。当然,在实践中,发包人和承包人对分包的误解也容易造成实务中的困惑。

---

① Hampton v. Glamorgan County Council [1917] AC 13.

二、工程分包的类型

工程分包根据其不同的表现形式，实务中有不同的分类方式。区分不同的工程分包类型不仅有助于理解和区分不同类型下各相关法律主体的权利、义务和责任，同样，也有助于做好合同管理的实务工作。

1. 依据合同法律关系划分

从合同法律关系的角度出发，在工程项目建设的实务中，经常采用和普遍认可的工程分包方式主要是承包人的内部分包和发包人的指定分包。

1.1 承包人的内部分包

承包人的内部分包（Domestic Sub-contract），顾名思义就是承包人将其承包的工程内容转由第三人即分包人完成。对于这种分包行为，其法律关系相对简单和明确，发包人、总承包人和分包人三者之间存在两份相对独立的合同，即发包人与总承包人之间的总承包合同，以及总承包人与其分包人之间的分包合同。在这类合同法律关系中，依据合同相对性原则，可以分别理清发包人和总承包人之间的权利义务关系，以及总承包人与分包人之间的权利义务关系。

具体来说，承包人的内部分包主要是承包人与分包人签署合同，根据《合同法》的规定，承包人将其承包的主要工作交由第三人完成的，应当就该第三人完成的工作成果向定作人负责。同样，《建筑法》和《建设工程质量管理条例》也规定承包人与其分包人承担连带责任。

在工程实务中，承包人对分包人的工作进行管理并承担全部责任，对发包人而言，其针对的只有一个合同主体，即总承包人，除非总承包合同中有特殊约定，发包人不能超越总承包合同和总承包人，直接向分包人发出工作指令，增加分包人的义务，同时，也意味着发包人不能干涉总承包人的分包权利；反之亦然，分包人也不能直接要求发包人支付价款，或者越过总承包人直接与发包人发生联系等。

1.2 发包人的指定分包

第二种分包是发包人的指定分包（Nominated Sub-contractor），这也包括实践中通过工程师/建筑师的指定分包。指定分包是指在招标文件、合同文件中明确约定该部分工程将由其他的承包人完成的情形。指定分包的功能之一在于发包人可以有效选择合适的专业工程的分包人和合适的价格，同时又可以通过合同安排避免发包人直接介入具体的合同事务的处理中，而是交由总承包人协调管理各指定分包工程的实施。但是，在这种关系中，发包人对指定分包人仍然承担一定的义务和责任。从实践中来看，关于指定分包的主要法律争议焦点在于指定分包的权利、指定程序及其后果等方面。详见下文分析。

指定分包在国际工程建设中非常普遍，也得到了法律的认可。但在中国目前现有的法律框架下，发包人进行指定分包存在一定的障碍。根据住房和城乡建设部《房屋建筑和市政基础设施工程施工分包管理办法》第7条的规定，建设单位不得直接指定分包工程承包人。但是，关于这一规定的适用范围仍有待商榷，笔者认为：第一，此处"不得直接指定分包工程承包人"仅用于依法必须招标投标的项目还是仅限于直接发包的项目并不明确；第二，若是在可以直接发包的项目中，行政主管部门对指定分包行为"一刀切"并不能解决工程实务中的根本问题。更何况，不论是工程实践还是司法实践，建设行政主管部门的禁止性规定实际上并没有从根本上解决指定分包的问题。

首先，依据《合同法》及最高人民法院的司法解释，建设行政主管部门制定的行政规章并不会对合同的效力产生影响，因此，对民事合同主体之间的影响有限。

其次，尽管有住房和城乡建设部的上述禁止性规定，实务中，对于一些特殊的专业工程，比如市政垄断的供电工程、通信工程等，不仅发包人希望指定分包，分包人希望被指定，承包人也未必不希望由发包人进行指定。

从时间上来看，发包人的指定分包又分为两种情况：一种是在签署总承包合同之前，特别是在招标阶段，最迟是在签署总承包合同之时就明确了需要指定的专业工程的种类；另一种是在总承包合同的履行过程中做出的指定分包。相比较而言，前者比较常见，而后者可能涉及合同变更等问题，相对复杂和少见。

1.3 发包人独立分包

发包人独立分包（Independent Contract）也可称为发包人平行发包、发包人直接发包、独立承包。从法律和管理架构上看，独立分包人与总承包人之间都是由发包人直接聘请，并且分别与发包人签署工程合同，两者之间既没有直接的合同关系，也不存在管理和被管理的关系，因此是相互独立存在和运作。采用这种合同法律关系的原因，大多数情况下是由于独立分包工程的特殊性质，其不愿或不便于作为总承包人的分包人进行分包和管理，比如一些市政公用性质的水、电力、燃气、通讯、道路等专业工程。

但是，也需要注意的是，在工程实践中，为了项目建设的需要，总承包人通常也会按照发包人的要求对独立分包人负有协助和配合义务，最常见的是提供水电便利、垂直运输等义务和工作，作为提供服务的报酬，承包人则可以获得相应的照管费、配合费等。在一些特殊情况下，为了便于项目管理，也有可能由发包人、总承包人和独立分包人签署三方合同，并由总承包人对该专业工程进行统一协调和管理。

此外，从广义的角度来看，由发包人聘请的设计方、监理工程师也可以归入独立分包人的范畴，其与总承包人的关系则相对独立。

2. 依据分包工程的性质划分

工程分包按照其性质可以分为专业工程分包和劳务分包。依据《建筑法》等法律规定分包工程不得再分包，但是，对专业工程的再分包是否也属于禁止之列，法律并无明文规定。按照字面的理解，专业工程如果属于分包工程的，也不得再行分包。

但是，事实上，按照目前工程技术的发展水平来看，对专业工程的再分包符合行业发展的需要和趋势，因此，若纯粹地对此加以限制和禁止并不能阻止事实上的专业再分包行为，也无助于解决建设领域转包、违法分包等行为。劳务分包也是同样的道理。从实务的角度来看，笔者认为，避免因分包、再分包造成质量、安全和支付困境，关键在于理顺总包、分包、再分包之间的合同关系，由工程合同的各参与主体共同对工程的质量和安全承担法律责任，这样才能有助于解决分包弊端，促进行业发展。

2.1 专业工程分包

2.1.1 专业工程分包的界定

专业工程分包是指总承包人将其所承包工程中的专业工程发包给具有相应资质的其他建筑业企业完成的活动。这里的总承包人包括了传统承发包项目中的施工总承包人，也包括了设计—施工一体化总承包项目中的总承包人。同时，发包人也可以对专业工程进行平行发包，签署相应的工程合同。

2.1.2 专业工程分包的资质和类别

依据原建设部颁布的《专业承包企业资质等级标准（2010年）》的规定，专业分包工程共分为60种，具体包括地基和基础工程、土石方工程、建筑装饰装修工程、消防设施工程、建筑幕墙工程、钢结构工程、电梯安装工程、建筑防水工程、防腐保温工程、机电设备安装工程、建筑智能化工程等。此外，预拌商品混凝土、混凝土预制构件、金属门窗工程、预应力工程、附着升降脚手架、高耸构筑物工程等也属于可以分包的专业工程序列。

从早年的砖混结构到框支剪力墙结构再到现在的轻钢结构，以及各分部分项工作的精细化和专业化的发展进程不难看出，建筑物结构的载体和表现形式都已经发生了翻天覆地的变化，专业工程的细分和发展促使分包合作成为项目建设不可或缺的元素。相应的，专业工程的分包、专业分包工程的再分包也变得越来越有必要。因此，对分包的限制性规定也有必要适度放宽。

2.2 劳务分包

2.2.1 劳务分包的界定

按照住房和城乡建设部《房屋建筑和市政基础设施工程施工分包管理办法》的规定，劳务分包是指总承包企业或者专业承包企业将其承包工程中的劳务作业发包给劳务分包企业完成的活动。这里允许进行劳务分包的主体是总承包人和专业承包人。从该规定来看，住房和城乡建设部对专业工程的分包人进行劳务工作的分包采取了允许和鼓励的态度。

2.2.2 劳务分包的资质和类别

按照原建设部颁布的《建筑业劳务分包企业资质标准》的规定，允许进行劳务分包的专业包括木工作业、砌筑作业、抹灰作业、石制作、油漆作业、钢筋作业、混凝土作业、脚手架作业、模板作业、焊接作业、水暖电作业、钣金作业和架线作业，共计13种。

在现行法律框架下，劳务分包和单纯的劳务作业具有不同的法律属性，适用不同的法律规范。劳务分包已经获得了法律和行业主管部门的许可，而对于劳务作业的界定和规范并无统一的规定，仍然需要结合具体的情形进行分析。福建省高级人民法院在《关于审理建设工程施工合同纠纷案件疑难问题的解答》中指出，劳务分包是指建设工程的总承包人或者专业承包人将所承包的建设工程中的劳务作业（包括木工、砌筑、抹灰、石制作、油漆、钢筋、混凝土、脚手架、模板、焊接、水暖、钣金、架线等）发包给劳务作业承包人完成的活动。北京市高级人民法院也在《关于审理建设工程施工合同纠纷案件若干疑难问题的解答》中对劳务分包合同的界定作了原则的规定：(1) 劳务作业承包人取得相应的劳务分包企业资质等级标准；(2) 分包作业的范围是建设工程中的劳务作业（包括木工、砌筑、抹灰、石制作、油漆、钢筋、混凝土、脚手架、模板、焊接、水暖、钣金、架线）；(3) 承包方式为提供劳务及小型机具和辅料。如果合同约定劳务作业承包人负责与工程有关的大型机械、周转性材料租赁和主要材料、设备采购等内容的，则不属于劳务分包。

但是，并不是所有的法院都有类似的明确规定。因此，在工程法律实务中，尤其需要注意的是以劳务分包的名义进行违法分包、挂靠等行为，以及劳务作业分包人不具备资质引起的争议，避免出现违法分包、转包的行为。

在张掖市某建筑安装工程有限公司与张某劳务合同纠纷再审案[①]中，法院经审理认为，从涉案双方当事人签订和履行《建筑安装工程劳务分包合同》的名称及权利义务来看，涉案建设工程承包人某公司将承包工程劳务作业发包给没有相应建筑业劳务作业资质的个人并拖欠工程劳务费而引起纠纷。根据并参照《建筑法》第29条，《房屋建筑和市政基础设施工程施工分包管理办法》第4条、第5条第3款、第8条的规定，建设工程劳务分包是指劳务作业发包人，将其承包工程中的劳务作业发包给具有相应资质的劳务承包企

[①] 张掖市某建筑安装工程有限公司与张某劳务合同纠纷再审案，甘肃省高级人民法院（2012）甘民申字第231号民事裁定书。

业,即劳务作业承包人完成的活动,建设工程劳务分包属于建设工程分包范畴,是工程分包的一种特别情形,其本质属性应是分包主体即从事劳务作业的承包人必须具有相应资质,分包合同的对象是施工劳务,计取的是劳务费用,故审理涉及建设工程劳务作业分包案件时应适用有关建设工程的法律法规及司法解释。劳务分包人因不具有相应的资质,因此双方签署的合同无效。同时,依据最高人民法院《关于审理建设工程施工合同纠纷案件适用法律问题的解释》第1条、第2条的规定精神,虽然双方当事人签订的劳务分包合同无效,但劳务作业发包人应支付实际组织实施劳务作业人相应劳务费用。

2.3 对专业工程和劳务分包的区分

《建筑法》第29条规定"禁止分包单位将其承包的工程再分包",而《房屋建筑和市政基础设施工程施工分包管理办法》则允许对专业工程进行劳务分包,这两者似乎存在冲突之处。

笔者认为,实际上,《建筑法》和《房屋建筑和市政基础设施工程施工分包管理办法》两者针对和解决的问题并不完全相同。前者解决的是工程实践中的层层分包的违法行为,主要是指某些分部分项工程的所谓分包和再分包行为,对此加以禁止的目的在于避免质量和安全隐患。从立法的精神和原则上来看,对于总承包项下的专业工程分包行为法律是允许的,上述禁止性规定不应理解为针对专业工程的分包。而后者则是针对工程建设中的劳务问题,工程建设的特点之一是需要依靠人力完成,考虑的是人的因素,也是工程专业化分工的必然需求,因此不能加以禁止而只能对分包行为进行规范。

为了区分劳务分包,北京市高级人民法院在《关于审理建设工程施工合同纠纷案件若干疑难问题的解答》中指出,同时符合下列情形的,所签订的劳务分包合同有效:

(1) 劳务作业承包人取得相应的劳务分包企业资质等级标准;

(2) 分包作业的范围是建设工程中的劳务作业(包括木工、砌筑、抹灰、石制作、油漆、钢筋、混凝土、脚手架、模板、焊接、水暖、钣金、架线);

(3) 承包方式为提供劳务及小型机具和辅料。

同时,明确了合同约定劳务作业承包人负责与工程有关的大型机械、周转性材料租赁和主要材料、设备采购等内容的,不属于劳务分包。

3. 选择各类分包模式的考虑因素

在工程建设项目中，不论是以合同法律关系的角度还是以工程专业属性的角度，采用何种分包模式取决于多种因素，比如发包人对整个项目建设的管理架构、发包人希望对项目建设过程的管控力度、发包人自身的项目管理水平和经验、项目本身的设计深度和难度、承包人的施工和管理实力等。同样道理，选取不同的分包模式，各方合同主体之间的权利义务的安排、工作的衔接等也有不同的处理方式，相应的也会产生不同的法律效果。比如，在纯粹的承包人内部分包情况下，承包人与分包人需要对发包人承担连带的质量责任；而在指定分包和指名分包的情况下，如果出现质量问题，承包人则有权免除相应的责任。

另外，遵守相关法律法规的规定，避免合同无效或者违法是项目建设的基本要求。而现行法律法规对分包行为的限制性和禁止性规定，在某种程度上制约了发包人和承包人对分包模式的可选择性，给工程合同各方的权利义务安排带来一定的影响。因此，对分包模式的选择应当作为项目前期规划需要综合考虑的重要环节之一，发包人有必要在项目前期就明确准备进行分包的项目范围以及采用的分包方式，避免在工程建设阶段提出变更而引发争议；承包人对于内部分包和业主发包的专业工程、包括需要劳务分包的项目，也有必要提前做好准备和规划，考虑进行二次招标等影响工程建设的因素。

三、指定分包合同中的法律关系

在指定分包情况下，业主、监理人、总包、分包之间形成了相互交错和影响的关系，或为管理与被管理，或是协调和配合，各种关系的差异，一方面取决于合同架构的设计和选择，另一方面也会对各方的权利义务关系以及项目实施产生不同的影响。

1. 指定分包下的各方法律关系

在指定分包的情况下，主要关注的是业主与总承包人的关系、总承包人与指定分包人的关系以及业主与指定分包商的关系。

1.1 业主与总承包人的关系

在采用指定分包的工程项目中，业主和总承包人之间的法律关系与通常情况下的业主和总承包人之间的法律关系基本上保持一致，其中业主、总承包人应当履行的各项合同义务、应当享有的权利并无本质上的区别。

但是，也需要注意到，在涉及指定分包人的权利、义务等方面有其特殊的要求。实务当中，比较关注的一点是是否应当限制业主指定分包的权限以及总承包人是否享有拒绝指定分包的权利等内容。

1.2 总承包人与指定分包人的关系

总承包人与指定分包人的关系取决于如何设计合同架构和交易模式。在指定分包中，对于分包工程的质量、安全、工期等义务，总承包人本身并不负责具体实施，但是按照目前的行业惯例，总承包人仍然负有一定的总包管理职责。

在工程实践中，通常有几种较为普遍的合同架构，一种是总承包人与指定分包人没有合同关系，而是由业主与指定分包人建立合同关系，但指定分包人在总承包人的协调、管理之下；一种是总承包人与指定分包人签署双方合同，指定分包人纳入总包合同范围；再一种则是由业主、总承包人和指定分包人签署三方合同，在合同中分别明确各方的权利义务和关系。

1.3 业主与指定分包人的关系

与前述类似，业主与指定分包的关系也分为有合同关系和无合同关系两种。而有没有建立合同关系，事实上并不一定影响业主指定分包人这一事实，而在需要业主对指定分包人加强管理的需求下，有合同关系则显然要比没有合同关系更具约束力。

1.4 英国法关于发包人的指定分包权和指令

按照英国法的规定，严格来讲，在承包合同履行过程中发包人做出的指定分包，实际上是对承包人工作范围和内容的变更，因而除非得到承包人的同意，发包人无权单方予以变更，而一旦变更，作为对价，发包人则需要给予承包人相应的补偿。

发包人的指定分包在 ICE、NEC 以及 FIDIC 合同条件中都有相应的内容。但从合同的新发展来看，由于指定分包使得承包人无法选择其认为有利于工作的分包人，对发包人而言，也需要承担一定的风险，比如在 John Jarvis Ltd. v. Rockdale Housing Association Ltd. 一案中，法庭就认为如果仅仅是指定分包人的违约则并不一定直接构成承包人的违约。[1] 基于各种因素，目前在英国本土的合同条件中逐渐停止采用指定分包。以英国的 JCT 合同为例，2005 年的新版合同则取消了指定分包的内容，其潜在的目的即在于限制发包人的随意指定分包的权利，避免因指定分包引起更多的争议，影响合同的实际执行效果。取而代之，JCT 在合同条款中又允许在总承包合同中明示分包人，以满足建筑工程领域日益增加的专业分包工作。2011 版的 JCT 合同则延续了该做法。

需要注意的一点是，尽管存在指定分包关系，发包人的工作指令一般也只能通过承包人下达，而不是直接向分包人做出，否则就破坏了总承包管理模式和指定分包，而非平行发包的初衷。而且，在直接指令的情况下，发包人将对指定分包人承担明示或者默示的支付义务。当然，在承包人存在违约情形时，发包人往往会保留向分包人直接付款的权利，不过，这种权利也必须在合同中明确且清楚地表述出来才具有法律效力[2]，否则，发包人就没有直接付款的权利。[3]

2. 承包人针对业主指定的权利和义务

如本书前文所述，既然发包人有指定分包的权利，那么反过来就要考虑承包人对于业主的指定分包行为有哪些权利和义务。

2.1 拒绝指定的权利和情形

现行的法律法规仅是对业主指定分包的限制，如住房和城乡建设部的规定[4]，并且很难规范和限制业主指定分包的行为。而对于承包人是否有权拒绝业主的指定分包并没有明确的规定，国内相应工程合同的规定也较为少见，

---

[1] John Jarvis Ltd. v. Rockdale Housing Association Ltd. (29) November 1985.
[2] Milestone v. Yates [1938] 2 All ER 439.
[3] Re Holt Ex p. Gray (1888) 58 LJQB 5.
[4] 参见《房屋建筑和市政基础设施工程施工分包管理办法》第 7 条。

在实务中，承包人也较难拒绝业主的指定。

但是，不可否认，尽管有上述不明确的地方，如果总承包人发现业主指定的分包商不具有分包工程的专业资质或者指定分包的工作属于总承包人合同范围内的项目，则其自然享有反对和拒绝的权利。

2.2 英国法中有关承包人的否定权、更换权和获偿权

在英国高等法院受理的 Rhuddlan B. C. v. Fairclough Building Ltd.[①]一案中，法官对承包人拒绝指定分包的相关权利予以肯定。该案中，发包人以 JCT 合同条件与承包人签署建筑合同，由于其中涉及一项专业工程，发包人指定一家公司作为分包人，并与承包人签署了合同。后来承包人基于分包人放弃工程而终止了分包合同，并要求发包人重新指定一个分包人。但是由于新指定的分包人只涉及遗留的未完工程，并且预计工期超过总承包合同约定的工期。此外，发包人还要求承包人承担原指定分包人的缺陷工程的责任。由此，承包人拒绝了发包人的指定。

法庭经审理后认为，合同条款中赋予了承包人拒绝发包人指定的权利，新指定分包由于没有涵盖原有的缺陷工程而无效。另外，由于发包人延误指定，承包人因而可以获得工期的顺延，承包人还可以就该指定分包获得相应的报酬，但是承包人并不因此承担已超过指定分包人的成本和工期的义务完成该分包工程。

在 ICE 第七版合同条件中有类似规定，即如果发包人的指定分包人不能同意某些合同条件，比如在指定分包人违约时给予承包人的补偿，那么承包人有权拒绝签署指定分包合同。Ian Duncan Wallace 也主张，如果有合理的理由质疑指定分包人的偿付能力或履约能力，承包人可以拒绝发包人的指定。

3. 承包人对于指定分包的免责

从公平和诚实信用的角度出发，承包人应当对其自身或者委托他人实施的工程的安全、质量、工期等负责。同样，如果是业主委托其他第三人完成工程，则也应当由业主及其委托的第三人承担相应的责任，而不应当由承包

[①] Rhuddlan Borough Council v. Fairclough Building Ltd. (1985) 30 BLR 26.

人来承担责任。鉴于工程实践中大量的指定分包的现象,最高人民法院在《关于审理建设工程施工合同纠纷案件适用法律问题的解释》第12条中明确规定,发包人具有下列情形之一,造成建设工程质量缺陷,应当承担过错责任:

(1) 提供的设计有缺陷;

(2) 提供或者指定购买的建筑材料、建筑构配件、设备不符合强制性标准;

(3) 直接指定分包人分包专业工程。

上述几项均属于法定的承包人的可免责事由。因此,在工程实务当中,业主如果要指定分包商或者指定供应商,就应当注意和考虑此类指定行为的不利后果的风险和承受能力,而不应简单地在合同中约定由承包人对指定分包的工程质量、安全等负责,否则,就责任的具体承担仍然可能产生新的争议。

另外,还需要注意的是,对于发包人指定分包的情况下造成的质量缺陷,如果承包人有过错的,也要承担部分责任。

在海南省建筑工程总公司与海南宝胜置业有限公司建设工程施工合同纠纷上诉案[①]中,宝胜公司与海建公司南亚广场项目签订一份《施工合同》。之后,双方又签署了一份《施工合同》,其中约定主材经双方商定由宝胜公司供应。工程于2005年11月14日开工建设,2006年12月20日竣工验收合格。2008年7月3日,宝胜公司致函称,本案工程都有不同程度的墙体裂缝和漏水现象,特别是商场的屋面伸缩缝漏水较严重,已直接影响到商场正常经营。海建公司也多次派人员修理,但漏水现象还未能修复,希望其再派人解决。海建公司复函称,墙体裂缝属基础沉降不均和加气混凝土块普遍存在的质量通病造成。虽多次派人修补,但基础施工不是其所为;屋面防水工程在宝胜公司工程部的土建工程师和监理单位监督下,进行闭水验收试验检验而无渗漏;宝胜公司在没有任何施工方案和采取任何措施的情况下,随意允许第三方在屋面上开孔多达100多个造成渗漏,希望宝胜公司自修。后双方就相关

---

① 海南省建筑工程总公司与海南宝胜置业有限公司建设工程施工合同纠纷上诉案,海南省高级人民法院(2011)琼民一终字第26号民事判决书。

争议诉至法院，一审期间，法院依法委托司法鉴定机构对南亚广场（主楼、裙楼、公寓楼、停车楼）存在的墙体楼板裂缝和屋面漏水质量问题出具《建筑工程司法鉴定报告》，双方对鉴定报告予以认可。

二审法院经审理认为，在关于工程裂缝和漏水等质量问题的过错及责任承担问题上，双方当事人对《建筑工程司法鉴定报告》均予以认可，二审中双方亦都承认对工程质量负有责任，只是对各自应承担的责任比例无法达成共识。从该鉴定报告对造成工程局部出现裂缝和漏水的原因认定来看，对裂缝问题主要原因是海建公司施工不当，次要原因是宝胜公司二次施工和其选定的第三方施工不当；对漏水问题原因一是海建公司施工不当，二是施工选用防水材料不当，三是二次施工对防水层局部有损伤。对局部工程质量问题，作为施工方的海建公司应承担主要责任，根据《合同法》第107条之规定，酌情判定其承担修复工程造价费用的60%。在竣工验收时，宝胜公司及其监理方对包括后来出现裂缝和漏水等问题局部工程在内的整个工程质量是认可的，对海建公司选用的防水和墙体等材料在施工前亦予认可，宝胜公司直接指定的案外第三方不当施工是造成局部工程裂缝和漏水的原因之一，根据最高人民法院《关于审理建设工程施工合同纠纷案件适用法律问题的解释》第12条第（三）项之规定，宝胜公司应对局部工程质量问题承担次要责任，酌情判定其承担修复工程造价费用的40%。

4. 监理工程师与指定分包人

除了上述业主、总承包人、指定分包人之外，监理工程师在指定分包法律关系的地位和作用，以及监理工程师与指定分包人的关系也是不能忽略的重要议题。

按照工程合同法的规定，监理工程师是作为业主的委托人对工程项目进行监理，因此，一般情况下，业主与指定分包人之间的关系也同样适用于监理与指定分包人的关系。在实务中，监理工程师都不直接向指定分包人发出工作指令，而是向总承包人发出工作指令，通过总承包人对指定分包人的行为进行监督。

之所以不直接越过总承包人向指定分包人下达工作指令，原因在于指定分包关系下，总承包人对指定分包人负有管理和协调的义务，同时，也是总承包人的权利内容。因此，监理工程师不应当限制或者干预总承包人享有的权利。

四、工程分包和支付方式

在工程实务中，分包工程的价款支付有不同的方式，合同安排多数和主要的方式是通过总承包人支付，即由发包人支付给总承包人，再由总承包人按照分包合同支付给分包人。当然，在指定分包工程甚至是某些特殊的内部分包框架下，存在其价款支付方式由业主直接向分包人支付的例外情形。具体采用何种支付方式则需要综合考虑管理需求、总分包关系、税务处理[①]等因素。

1. 基于不同合同模式的支付

在工程实务中，工程分包人与业主、总承包人的合同关系可以有多种表现形式，与此对应，分包合同项下的支付也会有不同的形式。

1.1 总承包人与分包人双方合同

总承包人与分包人的双方合同模式，实践中既可用于业主指定分包的情形，也可用于总承包人内部分包的情形。

但是，无论如何，对于此类双方合同模式，分包人的价款通常只能是由业主支付总承包人后，再由总承包人向分包人支付，而不会是业主直接向分包人，包括指定分包人支付。因为，从法律上来看，业主直接向分包人支付缺少合同依据。而从工程管理的角度来看，直接支付则会在一定程度上使总承包人失去对分包人的管理权利。

1.2 发包人与指定分包双方合同

业主与分包人的双方合同，通常仅涉及指定分包的工程项目。如果是业

[①] 2015 年，财政部门表示营改增方案将推广到建筑业，方案实施后，建筑业承担的税负将由原 3% 的营业税变为 11% 的增值税，此项变化将对承包人产生重大的影响。

主作为发包人直接与指定分包人签署合同，则一般可视为直接发包或平行发包的情形，并不会对总承包人设定权利和义务。

但是在实践中，也有形式上有总承包人的冠名和签署，但实际并不涉及总承包人的权利和义务的情形。对于此类合同形式，分包合同项下的款项一般也是直接由业主向分包人支付，而不是通过总承包人支付。

总体来说，发包人与指定分包人直接签署双方合同并安排付款的形式较为少见，一般也多是出于经济考虑而没有考虑法律关系的影响。

1.3 发包人、总承包人与分包三方合同

发包人、总承包人与分包三方就指定分包工程签署三方合同是工程实务中较为常见的合同模式。在三方合同模式中将各自的权利义务关系界定清楚，可以避免《合同法》中关于涉他合同的争议。

2. 劳务分包的价款支付

劳务分包作为分包的一种形式，与分包工程具有类似的法律属性。在工程实践中，劳务分包人的选定一般都是由总承包人进行，并签署劳务分包合同，极少由业主指定劳务分包人并与之签署合同的情形。

因此，一般来讲，劳务分包人与总承包人之间构成总分包合同关系，合同项下的款项也是业主支付总承包人，才会涉及总承包人与劳务分包人之间的结算。

3. 业主的直接付款权

按照原则和工程惯例，在工程总分包合同关系中，由于合同相对性的限制，以及合同管理的需要，分包人不能直接向业主申请付款，业主也不能直接向分包人付款。因而，在分包工程的合同价款支付体系中，总承包人通常起到很重要的纽带作用。

在一个典型的总分包合同关系中，分包人按照约定先向总承包人提交付款申请，由总承包人汇总自身的已完工程价款以及各分包人的工程价款之后，再向工程监理和业主统一提出价款支付申请。业主的支付也遵循同样的程序和规则，即先由业主向总承包人支付工程价款，然后再由总承包人向各分包人支付相应的分包工程价款。通常情况下，业主没有权利也没有义务越过总承包人直接向分包人支付价款。比如，11 版总承包合同规定，承包人应按分包合同约定，按时向分包人支付合同价款；除非另有约定，未经承包人同意，发包人不得以任何形式向分包人支付任何款项。① 13 版施工合同也规定分包合同价款由承包人与分包人结算，未经承包人同意，发包人不得向分包人支付分包工程价款。②

但是，在工程实务中，由于合同安排和管理模式的不同，分包合同项下的价款也可直接由业主支付给分包人。比如生效法律文书要求发包人向分包人支付分包合同价款的，发包人有权从应付承包人工程款中扣除该部分款项。③

4. 分包人的代位权

基于合同相对性的限制，通常情况下，分包人与业主之间没有合同联系，分包人和业主的联系需要借助和依赖于总承包人，因此，如果出现总承包人怠于行使债权而影响到分包人的合法权益时，就有必要赋予分包人相应的权利救济。

4.1 代位权及构成要件

根据《合同法》的规定，因债务人怠于行使其到期债权，对债权人造成损害的，债权人可以向人民法院请求以自己的名义代位行使债务人的债权。④

从代位权的构成要件来看，其必须符合下述四个条件⑤：

（1）债权人对债务人的债权合法；
（2）债务人怠于行使其到期债权，对债权人造成损害；
（3）债务人的债权已到期；
（4）债务人的债权不是专属于债务人自身的债权。

根据上述规定，如果由于发包人无正当理由延误或未足额向承包人支付

---

① 参见 11 版总承包合同第 3.8.5 条。
② 参见 13 版施工合同第 3.5.4 条。
③ 参见 13 版施工合同第 3.5.4 条。
④ 参见《合同法》第 73 条。
⑤ 参见最高人民法院《关于适用〈中华人民共和国合同法〉若干问题的解释（一）》第 11 条。

分包合同项下的款项，如已经满足支付条件的进度款和结算款，但承包人应当而且能够主张却又不行使主张支付款项的权利①，分包人除了可以向承包人主张权利外，还可以依法行使代位权以主张相应的款项。北京市高级人民法院规定，分包合同中约定待总包人与发包人进行结算且发包人支付工程款后，总包人再向分包人支付工程款的，该约定有效。因总包人拖延结算或怠于行使其到期债权致使分包人不能及时取得工程款，分包人要求总包人支付欠付工程款的，应予支持。②

至于何为"债务人怠于行使其到期债权"，则是指债务人不履行其对债权人的到期债务，又不以诉讼方式或者仲裁方式向其债务人主张其享有的具有金钱给付内容的到期债权，致使债权人的到期债权未能实现。③

在中国银行汕头分行与广东发展银行韶关分行、第三人珠海经济特区安然实业（集团）公司代位权纠纷案④中，1992 年期间，广发行曲江支行（后被注销，其债权债务由广发行韶关分行承担）曾与海南北岛国际实业有限公司联合开发珠海市横琴岛一块荒地，因后者资金短缺，曲江支行先后领取了该荒地的红线图和建设用地规划许可证。1994 年 2 月 28 日，曲江支行与安然公司签订了一份《合作权转让协议》，约定曲江支行将珠海市横琴岛围垦土地的开发权转给安然公司，安然公司向曲江支行支付转让费等共 3 300 万元，并约定如安然公司违约，即视为自愿放弃开发权，曲江支行有权收回开发权，并没收定金。1995 年 8 月 17 日，曲江支行按照与中国银行南澳支行《拆借合同》的约定以及付款指示，将 3 500 万元转入南澳支行所指定金柱公司的账户。金柱公司当天转款 2 764.4 万元到安然公司。安然公司又于当天转款 1 500 万元给曲江支行房地产部，信汇凭证上记载该款用途是"购横琴岛地款"。另据广东省珠海市中级人民法院（2005）珠中法民二初字第 35 号民事判决认定，安然公司返还中行汕头分行借款人民币 2 764.4 万元及利息。该判决已发

---

① 参见王利明、崔建远：《合同法新论——总则》（修订版），中国政法大学出版社 2000 年版，第 382 页。
② 参见北京市高级人民法院《关于审理建设工程施工合同纠纷案件若干疑难问题的解答》第 22 条。
③ 参见最高人民法院《关于适用〈中华人民共和国合同法〉若干问题的解释（一）》第 13 条。
④ 中国银行股份有限公司汕头分行与广东发展银行股份有限公司韶关分行、第三人珠海经济特区安然实业（集团）公司代位权纠纷案，最高人民法院（2011）民提字第 7 号民事判决书。

生法律效力，安然公司至今未履行判决义务，且下落不明。为此，中行汕头分行起诉主张确认曲江支行与安然公司订立的《合作权转让协议》无效，并请求代位安然公司主张韶关分行返还购地款人民币1500万元及其利息。

广东省高级人民法院二审认为，因《合作权转让协议》的效力问题关系到安然公司是否对广发行韶关分行享有合法的债权，本案可确定为代位权纠纷。债权人行使代位权，应当符合《合同法》第73条及最高人民法院《关于适用〈中华人民共和国合同法〉若干问题的解释（一）》第11条、第18条规定的条件。本案中，中行汕头分行对安然公司享有合法、确定的债权的事实已为广东省珠海市中级人民法院（2005）珠中法民二初字第35号生效民事判决所确认，因此，本案争议的焦点是安然公司是否对韶关分行享有到期的、非专属安然公司自身的债权；安然公司是否怠于行使其到期债权并对中行汕头分行造成了损害；韶关分行对中行汕头分行的抗辩是否成立等问题。

关于安然公司是否对韶关分行享有到期的、非专属安然公司自身的债权的问题：曲江支行与安然公司于1994年2月28日签署《合作权转让协议》时，曲江支行并未取得珠海市横琴岛围垦2万平方米土地的使用权，此后直至本案诉讼时也未取得该土地的使用权或征得有批准权的人民政府的同意。根据《土地管理法》第55条"以出让等有偿使用方式取得国有土地使用权的建设单位，按照国务院规定的标准和办法，缴纳土地使用权出让金等土地有偿使用费和其他费用后，方可使用土地"及最高人民法院《关于审理涉及国有土地使用权合同纠纷案件适用法律问题的解释》第9条"转让方未取得出让土地使用权证书与受让方订立合同转让土地使用权，起诉前转让方已经取得出让土地使用权证书或者有批准权的人民政府同意转让的，应当认定合同有效"的规定，《合作权转让协议》应认定无效。中行汕头分行作为利害关系人，有权以提起诉讼的方式请求人民法院确认曲江支行与安然公司签订的上述《合作权转让协议》无效。

关于安然公司是否怠于行使其到期债权并对中行汕头分行造成损害的问题：根据最高人民法院《关于适用〈中华人民共和国合同法〉若干问题的解释（一）》第13条的规定，债务人怠于行使其到期债权，对债权人造成损害，是指债务人不履行其对债权人的到期债务，又不以诉讼方式或者仲裁方式向其债务人主张其享有具有金钱给付内容的到期债权,致使债权人到期债权未能实现。本案中,安然公司在与曲江支行签订《合作权转让协议》并向其支付1500万元"购横琴岛地款"后,未以诉讼方式或者仲裁方式向韶关分行主张过1500万元的债权,且下落不明。而根据广东省珠海市中级人民法院(2005)珠中法民二初字第35号生效民事判决的认定,安然公司应返还中行汕头分行借款人民币2764.4万元并支付相应的利息。安然公司至今未履行判决义务。因此,安然公司怠于行使对韶关分行的到期债权,损害了中行汕头分行的利益的事实足以认定。

最高人民法院经提审认为,债权人提起代位权诉讼,应以主债权和次债权的成立为条件。债权成立不仅指债权的内容不违反法律、法规的规定,而且要求债权的数额应当确定。债权数额的确定既可以表现为债务人、次债务人对债权的认可,也可以经人民法院判决或者仲裁机构裁决加以确认。本案代位权诉讼所涉及的主债权和次债权均未超过法定的诉讼时效期间,且债权债务关系清楚、债权数额确定。因安然公司已无法主张到期债权,中行汕头分行关于"韶关分行应代安然公司向中行汕头分行履行1500万元债务给付义务"的申请再审理由成立,法院予以支持。

4.2 代位权的限制

权利的行使都有一定的限度和范围,代位权也不例外。依据《合同法》及其司法解释的规定,可以行使代位权的债权应当是不属于债务人专属的债权[①],同时,代位权的行使范围也以债权人的金钱给付为债权为限。[②] 换言之,代位权的行使有以下三个限制条件:

(1) 债务人对次债务人享有的债权不专属于债务人;
(2) 债权的性质是金钱给付义务;
(3) 代位权的行使范围以债权人的债权为限。

在工程分包合同纠纷中,受法定代位权的影响,分包人行使代位权的范围也应当是分包人对总承包人享有的到期债权。北京市高级人民法院规定,

---

[①] 参见《合同法》第73条和最高人民法院《关于适用〈中华人民共和国合同法〉若干问题的解释(一)》第11条和第13条。

[②] 参见《合同法》第73条。

不具有资质的实际施工人（挂靠施工人）挂靠有资质的建筑施工企业（被挂靠人），并以该企业的名义签订建设工程施工合同，被挂靠人怠于主张工程款债权的，挂靠施工人可以以自己名义起诉要求发包人支付工程款，法院原则上应当追加被挂靠人为诉讼当事人，发包人在欠付工程款范围内承担给付责任。因履行施工合同产生的债务，被挂靠人与挂靠施工人应当承担连带责任。[1] 当然，对于违反分包、转包或者内部承包等引起的代位权纠纷在实务和理论中也存在不同的理解和观点，值得商榷。

五、与工程分包相关的违法行为

由于工程分包具有表现形式多样性和复杂性的特点，实践中，违法、规避法律的行为较为普遍，因此，现行法律、行政法规和规章等对工程分包行为做了严格的限制，甚至是禁止。

1. 违法发包行为

违法发包的行为主要是针对发包人的违法行为，具体的表现形式包括肢解发包、发包人违法将工程建设项目发包给不具备相应资质条件的单位和个人、发包人虚假招标等行为。

1.1 禁止肢解发包

1.1.1 肢解发包的定义

肢解发包，是指发包人将应当由一个承包单位完成的建设工程分解成若干部分发包给不同的承包单位的行为。《建设工程质量管理条例》第7条明确规定建设单位不得将建设工程肢解发包。与之相关的还有肢解分包。《建筑法》第28条同样明确禁止承包单位将其承包的全部建筑工程肢解以后以分包的名义分别转包给他人。另外，《合同法》也有与《建筑法》相同的规定。[2]

---

[1] 参见北京市高级人民法院《关于审理建设工程施工合同纠纷案件若干疑难问题的解答》第20条。

[2] 参见《合同法》第272条规定："承包人不得将其承包的全部建设工程转包给第三人或者将其承包的全部建设工程肢解以后以分包的名义分别转包给第三人。"

由此可见，实施工程项目肢解行为的主体可以是业主，即肢解发包；在总分包关系下，肢解行为主体还可以是总承包人，即肢解分包，两者具有一定的联系和区别。

上述法律法规关于禁止肢解工程项目的规定也直接反映在工程合同的相关条款中，如13版施工合同的第3.5.1条、07版标准施工合同第4.3.1条、12版设计施工合同第4.3.1条、11版总承包合同第3.8.3条都规定了承包人不得将其承包的全部工程肢解后以分包的名义转包给第三人。

尽管有上述法律法规和合同条款的明文规定，但是在工程法律和管理实务中，如何理解肢解发包和肢解分包仍存在误区和不同的理解。由于肢解发包和肢解分包将直接导致工程合同无效，关乎各方的实体权利和义务，因此，为了区分业主的发包行为或者总承包人的分包行为是否属于法律和行政法规明文禁止的肢解工程项目行为，笔者认为，首先有必要分清楚和厘清建设工程项目的组成单位和具体划分，尤其是在处理肢解分包的问题上。

1.1.2 建设工程的组成和划分

按照现行的工程规范和标准，建设工程可分为单项工程、单位工程、分部（子分部）工程和分项工程。单项工程也称工程项目，它是指具有独立的设计文件，在竣工后能够独立发挥设计规定的功能的工程。比如，一座完整的办公楼、写字楼，这个也是建立工程发包承包合同关系的主要对象和标的物。

单位工程是指具备独立施工条件但不能形成独立使用功能的建筑物或构筑物。比如，地铁项目中的轨道工程、站台工程，公路工程中的桥梁工程、隧道工程，房屋建筑中的土建工程、安装工程等。以公路工程为例，每个合同段范围内的路基工程、路面工程、交通安全设施分别作为一个单位工程；特大桥、大桥、中桥、隧道以每座作为一个单位工程（特大桥、大桥、特长隧道、长隧道分为多个合同段施工时，以每个合同段作为一个单位工程）；互通式立体交叉的路基、路面、交通安全设施按合同段纳入相应单位工程，桥梁工程按特大桥、大桥、中桥分别作为一个单位工程。

单项工程和单位工程的区别在于竣工后能否独立地发挥整体效益或生产能力，单位工程是单项工程的组成部分。

分部工程是单位工程的组成部分，分部工程一般是按单位工程的结构形式、工程部位、构件性质、使用材料、设备种类等不同而划分的工程项目。比如房屋建筑中的地基与基础、主体结构、建筑装饰装修、智能建筑、通风与空调、电梯、建筑节能等分部工程。在公路工程中，每个合同段的路基土石方、排水、小桥、涵洞、支挡、路面面层、标志、防护栏等分别作为一个分部工程；桥梁上部、下部各作为一个分部工程；隧道衬砌、总体各作为一个分部工程。

分项工程是施工的最小单位，也是构成分部工程的基本单位。如结构部分的混凝土施工的模板制作、钢筋绑扎工作等。

但在实务理解和应用上，上述划分仍然存在差异和不一致的地方。如按照 11 版总承包合同的规定，单项工程是具有某项独立功能的工程单元，是永久性工程的组成部分。① 13 版施工合同认为单位工程是在合同协议书中指明的，具备独立施工条件并能形成独立使用功能的永久工程。②

1.1.3 界定肢解行为的标准

在工程法律实践中，肢解发包和肢解分包所涉及的专业评定标准较为一致，肢解发包所涉及的专业划分与总承包合同关系下的专业划分也基本相通。其中，可能涉及肢解行为的环节主要集中在单位工程、分部工程方面。③ 一般来说，在分部工程方面会涉及较多的专业工程，依据现行法律规范的规定，分部工程项目的专业分包属于许可的范围。

当然，实践中对此也有不同的理解。比如，按照《建设工程安全生产管理条例》规定，总承包单位应当自行完成建设工程主体结构的施工④，但是，有人对主体结构是否应当包括地基和基础工程部分就有不同理解。另外，也有观点认为即使主体结构不包括地基工程，但是主体结构和地基基础工程密不可分，所以地基基础工程不能分包，否则就属于违法对主体结构进行分包。

---

① 参见 11 版总承包合同第 1.1.15 条。
② 参见 13 版施工合同第 1.1.3.4 条。
③ 根据《上海市建设工程承发包管理办法》第 17 条规定，不得肢解发包的建设工程业务包括：(1) 单项工程的设计业务；(2) 单位工程的施工业务；(3) 限额以下的建设工程的勘察、设计、施工业务；(4) 丙级资质的勘察、设计单位承包的勘察、设计业务；(5) 四级、专业级或者非等级资质的施工单位承包的施工业务。
④ 参见《建设工程安全生产管理条例》第 24 条。

对此，笔者认为，结合上述工程项目的划分和组成单位，从专业技术角度看，地基基础，如桩基工程虽然与主体结构有一定的联系，但是也并非完全不可分离，而且原建设部的《专业承包企业资质等级标准》（2010年）也专门规定了地基和基础工程的专业承包资质。而在住房和城乡建设部最新颁布的《建筑业企业资质标准》（2014年）专业承包序列资质标准中也有地基基础工程。因此，基础工程应当属于可以进行专业分包的范围。以此类推，笔者认为，凡是列入《建筑业企业资质标准》（2014年）的专业都可以进行分包。

另外，在工程实务中，有较多争议的可能是没有在《建筑业企业资质标准》（2014年）列明的分部工程以及分项工程能否进行分包的问题上。对前者，需要结合项目建设的实际情况和所属专业的特性加以区分；对于后者，则可以考虑参考《建筑业劳务分包企业资质标准》（2001年）以及《建筑业企业资质标准》（2014年）中有关劳务承包的规定，结合劳务分包问题加以解决。

1.2 发包人的其他违法发包行为

除了上述肢解发包的行为，住建部还在2014年颁布了《建筑工程施工转包违法分包等违法行为认定查处管理办法（试行）》，专门规定了几种属于发包人违法发包的情形，具体包括：

1.2.1 将工程施工项目发包给不具有相应资质的单位或个人

工程建设项目实行市场准入和资质等级制度，依据《建筑法》的规定，承包建筑工程的单位应当持有依法取得的资质证书，并在其资质等级许可的业务范围内承揽工程。《建筑法》《建设工程质量管理条例》等法律法规也明文禁止发包人将工程发包给不具有相应资质的单位。同样，专业分包工程、劳务分包也必须遵守这样的规定。

而且，依据中国现行法律规范的规定，由于个人不具有获取工程施工资质的前提条件，因此也被禁止承揽工程项目，包括工程设计、施工承包、专业工程分包和劳务分包。[①]

如果发包人将工程施工项目发包给不具有相应资质的单位或个人，那么

[①] 参见《房屋建筑和市政基础设施工程施工分包管理办法》第7条。

依据《合同法》第 52 条以及最高人民法院《关于审理建设工程施工合同纠纷案件适用法律问题的解释》的规定，各方签署的工程合同依法将被认定为无效合同。①

1.2.2 设置不合理的招投标条件，限制、排斥潜在投标人或者投标人

住建部规定的该项违法行为体现了《招标投标法》的原则规定，即招标人不得限制或者排斥本地区、本系统以外的法人或者其他组织参加投标②，招标文件不得含有倾向或者排斥潜在投标人的内容。③ 招标投标的目的在于公平、公开竞争，如果招标文件有上述歧视性的内容，则违背了招投标的初衷和立法目的，势必影响招投标的实际效果，因此，对于此类行为应当予以禁止。

在实践中，这类行为包括设定的资格、技术、商务条件与招标项目的具体特点和实际需要不相适应或者与合同履行无关；以特定行政区域或者特定行业的业绩、奖项作为加分条件或者中标条件；限定或者指定特定的专利、商标、品牌、原产地或者供应商等。

但是，如果由于业主或者招标代理机构的上述违法行为，乃至相互串通，导致合格的承包人失去了投标或中标的机会，如何予以救济，则仍然是法律难题之一。

在湖南创元空调有限公司与湖南省招标有限责任公司等不正当竞争纠纷上诉案④中，招标公司受常德市地税局的委托，就该局新建综合大楼所需的地温螺杆式热泵机组的采购及安装服务向国内公开招标，创元公司、富尔达公司等七家单位投标。最终确定富尔达公司中标。招标文件要求投标人提交十种资格证明文件，但不含建筑业企业资质证书，且对投标人的安装资质未提出要求。创元公司具有建筑业企业资质，富尔达公司不具有建筑业企业资质。

招标工作完成后，创元公司投诉称招标公司违法制作《地温螺杆式热泵机组投标书部分技术参数比较》，将上诉人机组的标准工况与富尔达公司机组

---

① 参见最高人民法院《关于审理建设工程施工合同纠纷案件适用法律问题的解释》第 2 条。
② 参见《招标投标法》第 6 条。
③ 参见《招标投标法》第 20 条。
④ 湖南创元空调有限公司与湖南省招标有限责任公司等不正当竞争纠纷上诉案，湖南省高级人民法院（2003）湘高法民三终字第 85 号民事判决书。

的井水工况相比较，从而抬高富尔达公司的机组性能，贬低上诉人的机组性能。同时，常德市招标办的常招办（2003）1号文件《关于常德市地税局直属分局综合楼空调招标有关问题会议纪要》中认为："富尔达公司将安装业务分包给富源安装公司，并在投标文件中明确。"但经二审法院认定，招标公司与富尔达公司存在串通伪造富尔达公司投标文件中的《指定安装单位说明》、富源安装公司《建筑业企业资质证书》《企业法人营业执照》的行为，造成常德市招标办针对创元公司的投诉做出了错误的判断，使得富尔达公司最终成为中标人。据此，法院判决，招标公司与富尔达公司相互串通伪造投标文件的行为构成不正当竞争行为，应由招标公司与富尔达公司共同承担赔偿创元公司损失15万元的民事责任。

1.2.3 未履行法定程序，应当招标未招标，应当申请直接发包未申请或申请未核准

如前所述，在中国法律环境下，原则上工程项目都要经过招标投标程序，并且以公开招标为主，邀请招标为辅，直接发包则是作为例外情形处理。如果要采用变通的招标投标方式，则应当报经审核批准，未经核准则属于违法分包行为。

另外，由于政府行政机构对工程承发包的监管过于严苛，实际上在一定程度上影响了正常的交易。因此，各地方也制定了地方性法规对招标投标行为进行规范和变通。比如，《上海市建筑市场管理条例》规定，全部或者部分使用国有资金投资或者国家融资，以及使用国际组织或者外国政府贷款、援助资金之外的建设工程，可以不进行招标发包，但国家另有规定的除外。① 但是，应当注意，根据《合同法》及其司法解释的规定，合同效力的认定应当依据法律和行政法规的规定。《工程建设项目招标范围和规模标准规定》源自《招标投标法》的授权和国务院的委托，与一般的政府规章不同，该规定的效力明显高于政府规章和地方性法规。因此，实践中就有可能出现虽然符合地方或者行政审批的规定，但不符合法定的招标投标程序，从而导致合同无效的后果。

---

① 参见《上海市建筑市场管理条例》第18条。

1.2.4 违反施工合同，通过各种形式要求承包单位选择其指定分包单位

前述关于违反资质规定发包、限制和排斥投标人以及未遵守招标投标程序的发包行为不仅属于违法行为，应当承担行政责任，更重要的是，这些行为都可能影响到合同的效力。但是，与前述几种情形不同，发包人违法指定分包的行为并不直接导致工程合同无效，而是属于违约行为。

当然，禁止发包人通过各种方式指定分包一向是行政监管的对象，对于此类行为，发包人仍然应当承担相应的行政责任。[①] 行政违法和违约毕竟不同，单纯地强调指定分包的行政违法性并不能避免实践中的指定分包行为。笔者认为，对于指定分包的违约性可以通过司法途径，如法院、仲裁机构等加以规制，对于违法、违约指定分包的行为，应由发包人承担违约责任并承担相应的损失，一则可以彰显司法对有约必守原则的保障，促使工程合同的双方当事人遵守合同的约定，二则可以避免出现行政干预民事行为的嫌疑。

1.2.5 将施工合同范围内的单位工程或分部分项工程又另行发包

工程合同一旦签署就在当事人之间产生法律约束力，未经双方协商一致，任何一方不得擅自变更合同内容。与发包人违法指定分包行为一样，发包人违约另行发包行为也是一种违约行为，但不涉及合同的效力问题。而业主或者总承包人将已经协商确定的合同范围内的工作另行交给第三方实施，实际上构成了违约。这种行为与工程实践中的工程消项类似，但又有区别。消项的工程由于设计或者业主的需求最终是从工程合同范围内取消，承包人不做，业主或者任何第三人也不做，对此，业主不需要承担违约责任。这两者的区别不论是在国内还是在国际工程中，都是普遍遵循的原则和惯例。

如13版施工合同第10.1条即规定业主可以通过变更取消合同中任何工作，但不得转由他人实施；如果发包人违反第10.1条约定，自行实施被取消的工作或转由他人实施的，则视为发包人违约。[②]

[①] 如《上海市建筑市场管理条例》第53条规定，对于发包人指定分包的行为，如违反总包规定发包建设工程的，由市建管办或者区、县建设行政管理部门责令停止建筑活动、予以警告或者没收违法所得，并可处以承发包合同价1%至3%的罚款，但最低不低于5 000元，最高不超过20万元。

[②] 参见13版施工合同第16.1.1条。

2. 禁止转包行为

转包，是指承包单位承包建设工程后，不履行合同约定的责任和义务，将其承包的全部建设工程转给他人或者将其承包的全部建设工程肢解以后以分包的名义分别转给其他单位或个人承包的行为。① 《建筑法》也明令禁止承包单位将其承包的全部建筑工程转包给他人。

2.1 转包行为的表现形式

由于《建设工程质量管理条例》对转包行为仅作了原则性的禁止性规定②，但对哪些属于转包并无明确的界定。

工程实务中，对此类行为的定性较难把握，因此在理解和适用上造成了一定的困难。为了统一标准，规范各地的行政监管和执法尺度，2014 年，住建部颁布了《建筑工程施工转包违法分包等违法行为认定查处管理办法（试行）》，详细列举了属于非法转包的行为，具体包括：

（1）施工单位将其承包的全部工程转给其他单位或个人施工的；

（2）施工总承包单位或专业承包单位将其承包的全部工程肢解以后，以分包的名义分别转给其他单位或个人施工的；

（3）施工总承包单位或专业承包单位未在施工现场设立项目管理机构或未派驻项目负责人、技术负责人、质量管理负责人、安全管理负责人等主要管理人员，不履行管理义务，未对该工程的施工活动进行组织管理的；

（4）施工总承包单位或专业承包单位不履行管理义务，只向实际施工单位收取费用，主要建筑材料、构配件及工程设备的采购由其他单位或个人实施的；

（5）劳务分包单位承包的范围是施工总承包单位或专业承包单位承包的全部工程，劳务分包单位计取的是除上缴给施工总承包单位或专业承包单位"管理费"之外的全部工程价款的；

（6）施工总承包单位或专业承包单位通过采取合作、联营、个人承包等

---

① 参见《建设工程质量管理条例》第 78 条。
② 参见《建设工程质量管理条例》第 25 条。

形式或名义,直接或变相地将其承包的全部工程转给其他单位或个人施工的。

此外,《招标投标法》第48条也明确规定非法转包的主要形式包括中标人将中标项目全部转让给他人的,或者将中标项目肢解后全部或分别转让给他人的。这两种表现形式实际上都是将合同的全部权利义务转让给第三人,转让人自己并不承担合同的履行义务,两者的区别在于前者的受让方是单一主体,而后者的受让方则既可以是单一主体,也可以是多个主体。

在13版施工合同第3.5.1条、07版标准施工合同第4.3.1条、12版设计施工合同第4.3.1条、11版总承包合同第3.8.3条中也都明确规定,承包人不得将其承包的全部工程转包给第三人。当然,需要注意的一点是,即使在上述工程合同条款中没有明确规定"承包人不得将其承包的全部工程转包给第三人",也不意味着就是默认承包人可以转包。在这里,工程合同的条款只是重述了法律的相关禁止性规定,起到警示承包人的作用。

但是,仅有上述规定,并不能解决实务中专业如何界定转包行为的纷争。在工程实践中,转包的表现形式是多样的,比如,住房和城乡建设部的《房屋建筑和市政基础设施工程施工分包管理办法》从现场管理的角度对转包行为作了规定,即"分包工程分包人将工程分包后,未在施工现场设立项目管理机构和派驻相关人员,并未对该工程的施工活动进行组织管理的,视同转包行为"。①

此外,在现实中,为规避原建设部的上述规定,实践中会有承包人在现场设立项目管理部,并视具体情况派驻或不派驻相应的管理人员,但具体的施工活动仍然由第三人实施,因此,这种形式上的承包人管理仍然属于转包行为。为此,《房屋建筑和市政基础设施工程施工分包管理办法》进一步规定了判定转包的标准,即:(1)项目管理机构应当具有与承包工程的规模、技术复杂程度相适应的技术、经济管理人员;(2)现场项目管理机构的项目经理、技术负责人、项目核算负责人、质量管理人员、安全管理人员必须是本单位的人员。而判定的具体依据则是劳动合同、工资、社保等凭证。②

---

① 《房屋建筑和市政基础设施工程施工分包管理办法》第13条。
② 参见《房屋建筑和市政基础设施工程施工分包管理办法》第11条。

2.2 区分转包和分包

区分转包和分包的一个重要判断标准是两者在工作内容上的划分，如果承包人将工程主体结构、关键性工作转交由第三人实施，就应当属于明令禁止的转包行为。具体来说，转包与分包的根本区别在于，转包行为中原承包单位将其工作全部倒手转给他人，自己并不履行合同约定的责任和义务；而在分包行为中，承包单位只是将承包工程的某一部分或几部分再分包给其他承包单位，原承包仍要就承包合同约定的全部义务的履行向发包方负责。但是，从技术层面上，哪些属于主体结构和关键性工作，则可能会需要结合具体项目的实际情况、技术标准，甚至是技术发展的客观情况来进行划分和界定，在必要的时候也可由合同当事人按照法律规定在专用合同条款中予以明确。

此外，根据相关的规定，分包工程发包人将工程分包后，未在施工现场设立相关管理机构和派驻相应人员，并未对该工程的施工活动进行组织管理的，也视同转包行为。[①] 这种就属于典型的名为分包实为转包的行为。

2.3 区分转包与项目管理合同

如本书前文所述，在中国目前的法律环境下，并不允许管理承包人的存在[②]，因此，一旦采用管理承包人的方式，就有被认定为非法转包的风险。相反，项目管理则是一直以来鼓励和加以推广的方式。

而按照原建设部的规定，工程项目管理企业不直接与该工程项目的总承包企业或勘察、设计、供货、施工等企业签订合同，但可以按合同约定，协助业主与工程项目的总承包企业或勘察、设计、供货、施工等企业签订合同，并受业主委托监督合同的履行。[③]

由此可见，在现有的规定下，区分转包和项目管理合同的标准之一是项目管理企业是否与总承包企业或者设计、施工企业签署合同。作为项目管理

[①] 参见《房屋建筑和市政基础设施工程施工分包管理办法》第13条。

[②] 原建设部规定的项目管理承包，也是限于工程项目管理企业按照合同约定，完成项目管理服务（PM）的全部工作内容，并负责完成合同约定的工程初步设计（基础工程设计）等工作。对于需要完成工程初步设计（基础工程设计）工作的工程项目管理企业，应当具有相应的工程设计资质。这点与国外的管理承包人的范畴不同。

[③] 参见《建设部关于培育发展工程总承包和工程项目管理企业的指导意见》第3条。

企业，其职责是协助业主进行项目管理，但如果其在与业主签署的协议中并非是协助而是具体实施工程的设计、施工，同时又与设计、施工的承包人签署工程合同，由设计、施工的承包人完成工作，则完全就是转包的行为。

3. 禁止违法分包行为

承包人对工程进行分包的权利来源和依据根植于法律的规定和合同的约定，否则，就有违法分包的嫌疑。《合同法》第253条规定，承揽人应当以自己的设备、技术和劳力，完成主要工作，但当事人另有约定的除外。《建设工程质量管理条例》第25条规定，施工单位不得转包或者违法分包工程。《建筑法》第29条也规定"禁止总承包单位将工程分包给不具有相应资质条件的单位"。当然，如前所述，《合同法》和《建筑法》等法律法规也鼓励和倡导进行专业工程的分包。

3.1 违法分包的表现形式

如前文所述，分包行为是允许的，法律所禁止的是违法分包行为。从现有的《建筑法》《建设工程质量管理条例》等法律规范来看，违法分包主要是指未征得发包人的同意的分包以及分包人不具备法定资质的情形。当然，也需要注意的是，在工程实务中，违法分包的表现行为错综复杂，下述分类并不能涵盖全部的违法分包行为。

3.1.1 总承包单位将建设工程分包给不具备相应资质条件的单位或个人

这是《合同法》规定的"禁止承包人将工程分包给不具备相应资质条件的单位"[1]的体现。分包人没有资质，意味着分包人不具有法律规定的民事权利能力，因此，将工程分包给不具有民事权利能力的分包人的行为无效。个人严禁承揽工程项目是目前中国法律的最低限的规定，法律法规多有明确的规定。[2]

工程施工的市场准入规定也是目前工程领域的基本要求，不论是承包人还是分包人都应当具备施工资质。此处关于资质条件的规定与前文发包人违

---

[1] 《合同法》第272条。
[2] 参见《房屋建筑和市政基础设施工程分包管理办法》第8条。

法将工程施工项目发包给不具有相应资质的单位或个人一样,都会导致所签署的合同无效。

3.1.2 将中标项目的部分主体、关键性工作分包给他人的行为

主体结构关系到建筑物的整体安全,因此必须要由总承包人亲自完成,也就是说应当由总承包人亲自组织、安排主体结构的施工生产活动,但就具体的劳务操作、混凝土供应、模板的制作安装等专业项目则仍可以分包出去。

这种行为与肢解发包、分包的行为非常相似,只不过,后者的中标人并不承担任何工作的实施,而前者仍然实施部分工作内容。《合同法》明确规定除非合同双方另有约定,承包人应当以自己的设备、技术和劳力完成主要工作。同时还规定,合同一方只有经对方同意,才可以将合同权利和义务转让给第三人,并且这种转让也并非没有限制,也就是说,承包人能够转让的只能是工程合同中的非主要工作内容。此外,在一些特殊的建筑结构中,比如钢结构工程,钢结构本身因其具有专业性强的特点,进行分包的行为并不被认定为违法分包行为。

3.1.3 未经发包人同意进行分包

依据《建设工程质量管理条例》的规定,建设工程总承包合同中未有约定,又未经建设单位认可,承包单位将其承包的部分建设工程交由其他单位完成的,属于违法分包行为。[①] 同样,这种行为也可能属于违约行为。

但是,承包人没有取得发包人的同意擅自分包部分工程,其签署的分包合同是否应当一概被认为是无效合同呢?笔者认为,对于此种分包行为,不应当由法律统一规定其无效,而应当再区别不同情形处理:(1)承包人在分包前已经发包人明确表示不同意的;(2)事先未通知发包人需要分包的。前者合同可以认定为无效,后一情况的合同效力则又有两种可能性,具体在于发包人是否事后追认。依据法律规定,未经许可的分包行为可以通过当事人的合意变为有效。合同主体仍然可以依据合同法的原则和精神,需要注意的是,与前面的将工程分包给没有资质的分包人不同,这里针对的是承包人和分包人都具有相应的资格和资质,只不过是因为违反了合同的约定而导致无

---

① 参见《建设工程质量管理条例》第78条。

效。在这种情况下，将合同的效力交由当事人去决策，由发包人通过事后追认的方式，将原来的无效合同补正为有效合同，毕竟，对于此类合同的效力及后续处理，用当事人之间的合意来解决要比用国家权力的干预更有效果、更合理。

笔者认为，对于上述违法分包应当从严把握，对于违法将工程主体、关键性工作分包给第三人的行为应作为无效法律行为处理，而对于未经发包人同意的分包行为可视具体情况允许其有效性。

3.1.4 其他注意事项

除了上述违法分包行为之外，在实践过程中，不排除新型的属于违法分包的行为，因此，承包人有必要加以重视，避免可能发生的违法分包行为，从而影响合同的效力以及自身的合法权益。同样，承包人对于法律法规的有关违法分包的规定也应加以注意，合理利用法律规范的变更，维护合法的权益。比如，钢结构工程的分包，可能会被认定为违法分包行为，但是，随着技术的发展，钢结构工程已经成为一个重要的专业工程类别，因此按照规定已经属于合法的分包行为。[①]

3.2 违法进行劳务分包的情形

如前文所述，依据中国法律规范的规定，劳务分包属于工程分包的特殊表现形式，一般来说，劳务分包属于合法行为，但前提是劳务分包的承包人应当具备相应的资质条件，否则合同无效。

相对专业工程分包的复杂性而言，劳务分包的违反形态较为简单。在工程实践中，除了资质条件外，还需要注意区分"重包"和"清包"行为。在前一种形式下，劳务分包单位除计取劳务作业费用外，还计取主要建筑材料款、周转材料款和大中型施工机械设备费用的行为。严格来说，"重包"更类似于或接近于工程分包，会被归入违法分包的范畴而作无效处理。住房和城乡建设部就将此类行为定性为违法分包行为。[②] 相比较而言，后一种"清包"形式与劳务分包，以及单纯的承包人内部的劳务作业分工更为接近，大多数

---

① 参见《建筑工程施工转包违法分包等违法行为认定查处管理办法（试行）》第9条。
② 参见《建筑工程施工转包违法分包等违法行为认定查处管理办法（试行）》第9条。

情况下不会被认定为无效行为。

在北京渝京诚劳务分包有限公司诉朱维勤等装饰装修合同纠纷案[①]中，重庆建工第二建设有限公司承建了三一重工宿舍装修工程，后重庆建工第二建设有限公司将该装修工程分包给邹顺虎，邹顺虎系挂靠在渝京诚公司名下的个人。2012年4月28日，渝京诚公司与朱维勤签订班组协议，约定如下：甲方：渝京诚公司，乙方：水电工班组。一、经甲乙双方达成协议如下：北京昌平南口三一重工宿舍楼2某楼一、二层，3某楼一、二层，全部水电制作和安装全部工程交与乙方完成……三、甲乙双方达成协议以上工程人工费总计56万元。四、付款方式：随三一每月进度款支付乙方每月工程量的80%……六、甲乙双方认同：活完甲方支付乙方工程款80%，余20%等大甲方三一重工验收合格后待尾款到账一次性支付乙方，无维修款。协议尾部甲方盖有渝京诚公司公章，甲方签字处有"邹顺虎、王中清"的签名，乙方签字处有"朱维勤"的签字。协议签订后，朱维勤如约进入三一重工宿舍楼进行水电施工。2012年6月27日，重庆建工第二建设有限公司下发了《关于南口宿舍精装修工程中途停工的确认报告》，要求"从2012年6月20日起开始停工，至建设单位出具复工通知为止"。后朱维勤停止对南口三一重工宿舍楼2某、3某楼的水电制作和安装施工，并撤出场地。后双方对工程量和价款发生争议而诉至法院。

经法院审理认为，依法成立的合同受法律保护。朱维勤与渝京诚公司所签"协议"系双方真实意思表示，且不违反法律、法规的强制性规定，应为有效，双方当事人应依协议约定履行各自义务。本案所涉工程因发包方原因导致停工，双方应对已完成的工程量进行结算。现朱维勤依据上述"班组协议"约定履行了相应义务，且其工作量已经鉴定确定，故作为本案所涉工程的承包人邹顺虎应支付朱维勤相应工程款。鉴于邹顺虎系挂靠在渝京诚公司名下，故渝京诚公司应对邹顺虎上述支付款项承担连带给付责任。

---

① 北京渝京诚劳务分包有限公司诉朱维勤等装饰装修合同纠纷案，北京市第一中级人民法院（2015）一中民终字第01259号民事判决书。

4. 禁止再分包

从现有的中国法律来看，倡导的是施工总承包和专业分包，但是禁止分包单位将其承包的工程再分包。①《建筑法》第29条也明文规定："禁止分包单位将其承包的工程再分包。"禁止再分包的主要目的是为了保证工程的质量，避免层层分包，导致豆腐渣工程。

通常来讲，实务中常见的属于违法进行再分包的行为包括：

（1）专业分包单位将其承包的专业工程中非劳务作业部分再分包的；

（2）劳务分包单位将其承包的劳务再分包的。

然而不可否认的是，现代工程科学技术的纵向发展使得专业化的程度越来越高，必要的再分包已经成为工程建设不可或缺的一部分，纯粹的禁止再分包未必符合客观的技术发展和市场需求。而对再分包的禁止性规定反映到合同法律关系和工程管理上，也造成了一定的混乱，增加了交易成本和管理难度。因此，笔者认为，有必要减少对再分包合同的无效性认定。

5. 禁止挂靠行为

挂靠是工程业界的常见现象，它是指单位或个人以其他有资质的施工单位的名义，参与投标、订立合同、办理有关施工手续、从事施工等活动。在实务中，挂靠分为有资质的挂靠和无资质的挂靠两种情形。

5.1 挂靠行为的表现形式

严格来讲，挂靠属于法律、法规规定的禁止性行为，按照《建筑工程施工转包违法分包等违法行为认定查处管理办法（试行）》的规定，挂靠行为主要有以下几种情形：

（1）没有资质的单位或个人借用其他施工单位的资质承揽工程的（借用资质包括转让、出借企业资质证书或者以其他方式允许他人以本企业名义承揽工程，分包工程发包人没有将其承包的工程进行分包，在施工现场所设项目管理机构的项目负责人、技术负责人、项目核算负责人、质量管理人员、

---

① 参见《合同法》第272条。

安全管理人员不是工程承包人本单位人员的，视同允许他人以本企业名义承揽工程）；

（2）有资质的施工单位相互借用资质承揽工程的，包括资质等级低的借用资质等级高的，资质等级高的借用资质等级低的，相同资质等级相互借用的；

（3）专业分包的发包单位不是该工程的施工总承包或专业承包单位的，但建设单位依约作为发包单位的除外；

（4）劳务分包的发包单位不是该工程的施工总承包、专业承包单位或专业分包单位的；

（5）施工单位在施工现场派驻的项目负责人、技术负责人、质量管理负责人、安全管理负责人中一人以上与施工单位没有订立劳动合同，或没有建立劳动工资或社会养老保险关系的；

（6）实际施工总承包单位或专业承包单位与建设单位之间没有工程款收付关系，或者工程款支付凭证上载明的单位与施工合同中载明的承包单位不一致，又不能进行合理解释并提供材料证明的；

（7）合同约定由施工总承包单位或专业承包单位负责采购或租赁的主要建筑材料、构配件及工程设备或租赁的施工机械设备，由其他单位或个人采购、租赁，或者施工单位不能提供有关采购、租赁合同及发票等证明，又不能进行合理解释并提供材料证明的。

5.2 司法实践对挂靠的认定

司法实践中，法院对挂靠的认定也有不同的规定。北京市高级人民法院《关于审理建设工程施工合同纠纷案件若干疑难问题的解答》规定的"挂靠"行为主要有以下几种情形：

（1）不具有从事建筑活动主体资格的个人、合伙组织或企业以具备从事建筑活动资格的建筑施工企业的名义承揽工程；

（2）资质等级低的建筑施工企业以资质等级高的建筑施工企业的名义承揽工程；

（3）不具有施工总承包资质的建筑施工企业以具有施工总承包资质的建筑施工企业的名义承揽工程；

（4）有资质的建筑施工企业通过名义上的联营、合作、内部承包等其他方式变相允许他人以本企业的名义承揽工程。

5.3 挂靠的法律后果

最高人民法院在《关于审理建设工程合同纠纷案件的暂行意见》中规定，以被挂靠建筑企业名义签订的建筑工程合同无效。①

对于以挂靠形式承包工程项目的，其主要是没有资质的主体借用他人资质进行工程承包活动，按照现行的法律法规和最高人民法院司法解释的相关规定，对于此类行为，应当属于《合同法》第52条规定的违反法律、行政法规强制性规定的行为，依法属于无效；从程序法上来看，不具有资质的挂靠人和有资质的被挂靠人应作为共同诉讼人，共同承担相应的民事责任。②

对于挂靠人本身也具有工程相应资质的挂靠行为，北京市高级人民法院对挂靠行为做了分类，明确规定可以认定为有效的挂靠经营行为包括：

（1）挂靠者虽然以被挂靠者的名义签订建设工程施工合同，如果挂靠人本身具备建筑等级资质，且实际承揽的工程与其自身资质证书等级相符。

（2）被挂靠者提供工程技术图纸、进行现场施工管理，并由开发单位直接向被挂靠者结算。

6. 违反禁止性行为的法律后果

依据《合同法》和最高人民法院《关于适用〈中华人民共和国合同法〉若干问题的解释（一）》的相关规定，违反法律、行政法规的强制性、禁止性规定的合同依法应当认定为无效。最高人民法院《关于审理建设工程施工合同纠纷案件适用法律问题的解释》也规定，承包人非法转包、违法分包建设工程与他人签订建设工程施工合同的行为无效。③

与之相对应，如果各方签署的工程合同，包括专业分包、劳务分包，仅仅违反了法律、行政法规的管理性规定，或者违反了部门规章、地方性法规和地方政府规章，合同的效力并不因此受到影响。但是，需要注意和考虑的

---

① 参见最高人民法院《关于审理建设工程合同纠纷案件的暂行意见》第9条。
② 参见最高人民法院《关于适用〈中华人民共和国民事诉讼法〉的解释》第54条。
③ 参见最高人民法院《关于审理建设工程施工合同纠纷案件适用法律问题的解释》第4条。

是，此类行为或许要受到行政处罚，如罚款、责令停工等，进而对工程合同的履行和工程的顺利建设造成不利的影响。

六、其他与工程分包有关的法律问题

1. 企业内部承包

如前所述，工程转包和违法分包是法律法规和工程合同明确禁止的行为。但是，由于工程转包、违法分包的表现形式是多样的，即使有了住房和城乡建设部对违法发包、违法分包等行为的认定标准，也无法完全覆盖工程实践中以各种名目和形式规避法律法规，行违法转包、违法分包之实的行为。而作为提高企业运营效率的一种有效机制，企业内部承包经营则是法律所允许，甚至是提倡和鼓励的行为。

在表现形式、法律属性和法律后果方面，内部承包很容易与转包、分包、挂靠等行为混淆在一起。加上法律规范本身的模糊，使得在工程法律实务中有必要对内部承包和挂靠、违法转包、分包等行为进行明确的界定和区别，避免错误定性从而影响合同的效力和工程合同当事人的合法权益。

企业内部承包责任制是增强企业经营管理的一种表现形式。笔者也认为，对于企业内部承包行为，应当予以保护和支持。事实上，就过去20年的发展历史来看，内部承包经营对于企业的深化发展和转型、城市发展、扩大就业等都起到了举足轻重的积极作用。虽然当中存在一定的质量、安全、拖欠农民工工资等问题，但是，如果深入地研究即可发现，真正产生这些问题的本质原因并不在于内部承包本身。因此，如果一味地将内部承包归入转包、违法分包或者挂靠的范畴，或者认定内部承包无效，对建设行业发展的打击也是沉重的。

目前来看，对于建设领域的内部承包行为，法律上并没有统一的规定，但是在司法实践中，部分法院对此作了相应的规范。比如，福建省高级人民法院指出，建设工程施工合同的承包人与其下属分支机构或职工就所承包的全部或部分工程施工所签订的承包合同为企业内部承包合同，属建筑施工企业的一种内部经营方式，法律和行政法规对此并不禁止，承包人仍应对工程施工过程及质量等进行管理，对外承担施工合同的权利义务。北京市高级人民法院规定，建设工程施工合同的承包人将其承包的全部或部分工程交由其下属的分支机构或在册的项目经理等企业职工个人承包施工，承包人对工程施工过程及质量进行管理，对外承担施工合同权利义务的，属于企业内部承包行为；发包人以内部承包人缺乏施工资质为由主张施工合同无效的，不予支持。浙江省高级人民法院也规定，建设工程施工合同的承包人与其下属分支机构或在册职工签订合同，将其承包的全部或部分工程承包给其下属分支机构或职工施工，并在资金、技术、设备、人力等方面给予支持的，可认定为企业内部承包合同；当事人以内部承包合同的承包方无施工资质为由，主张该内部承包合同无效的，不予支持。

尽管在表述上略有差别，上述三地的法院均已经认可内部承包的合法性以及据此签署的工程合同的有效性。相对而言，在工程项目所在地法院暂时没有作出类似规定的情况下，是否被认定为内部承包行为存在不确定性，其签署的工程合同也有被认定为无效的风险。

2. 暂列金额/暂估价的工程分包

在工程实务中，出于项目建设的进度要求考虑，还会出现签署工程合同时，工程设计尚未全部完成，或设计深度尚未到位，或者业主需求还没有最后确定的情形。在这些情况下，对于某些专业工程项目是否需要实施还存在不确定性，也不确定具体实施该项专业工程项目的实际金额，为了避免引发争议，发包人一般都会在工程合同中做出暂列金额、暂估价的安排，待后续条件成熟时再决定是否实施以及由谁来实施。

关于暂列金额和暂估价的定义并无统一的规定。工程实务中则是借鉴了国际工程的惯例和国内工程建设的实践做法。现行的《招标投标法实施条例》没有区分暂列金额和暂估价，仅是规定了暂估价而未规定暂列金额，现行的工程合同文件的相关规定也不尽相同。因此，实践中需要注意其适用性。

2.1 暂列金额/暂估价项目的采购

根据《招标投标法实施条例》的规定，以暂估价形式包括在总承包范围内的工程、货物、服务属于依法必须进行招标的项目范围且达到国家规定规模标准的,应当依法进行招标。① 虽然,该条例仅涉及暂估价的工作,但是从工程实践来看,暂列金额的项目也同样适用该条关于招标投标的规定。

暂列金额/暂估价项的采购,如果属于必须招标投标的范围,如本书前文所述,则可以选择由承包人进行招标,也可以由承发包双方联合招标。

实务中,还需要特别注意的是,发包人有必要提前了解项目所在地的行政主管部门相关的特别规定,比如,上海市主管部门就明确规定施工暂估价招标应当由建设单位、施工总包单位或者建设单位和施工总包单位联合体作为招标人。

2.2 暂列金额的取消

严格来讲暂列金额项目属于承包人的工程范围和工作内容的组成部分,因此,按照《合同法》的原则和一般规定,在这种情况下,如果取消暂列金额项下的工作,则属于违约行为。但是,就工程惯例和工程实际来看,工程合同中对暂列金额的约定本身就是针对其不确定性,为了解决可能存在的项目取消,因此,对于单纯的取消项目的做法,国内工程惯例也予以认可。国际工程中,在英国法院审理的 Hampton v. Glamorgan County Council② 一案中,Eearl Loreburn 法官就给出了明确的意见。

另外,如果是将暂列金额的项目取消后,转由业主自行实施或者委托第三人完成的行为,则又另当别论。按照国际工程惯例,此类取消暂列金额的行为不被允许。因为,作为承包人其有权自行完成合同项下的全部工作内容,包括暂列金额项目的工作,如果业主要取消暂列项目而自行实施或者交给第三人实施,则是超出了变更的权限,对此行为就应承担违约和赔偿责任,这也是国际工程的准则之一。英国法院在 Amec Building Ltd. v. Cadmus Investment 一案的判决中认为,取消暂定金额的项目,其目的在于使得工程范围能够因业主需求的变更而做相应的变更和替代,而不是为了让业主满足其获取比承包人更为便宜的价格的需求③,这一判决或可作为中国法院处理类似案件的借鉴。

---

① 参见《招标投标法实施条例》第29条。
② Hampton v. Glamorgan County Council [1917] AC 13.
③ Amec Building Ltd. v. Cadmus Investment (1996) 51 Con LR 105.

3. 背靠背条款

背靠背条款（Back-to-back）是分包工程合同中常用的条款设置和安排，它主要是总承包人通过合同条款的安排将工程合同中的风险、义务和责任等相关内容转移到对应的分包合同中，由分包人承担部分或全部义务和责任，借此减少己方的相关风险、义务和责任。因此，换个角度来看，背靠背条款也可以说是工程合同风险处置的一种方法。

但是，背靠背条款的法律约束力也并不是自然而然就生成的。一般认为，分包人对总承包合同条款的了解并不必然构成其同意接受总承包合同条款的制约，这在仲裁条款的适用上尤其需要注意。

4. 工程分包和第三方权益

工程分包涉及总承包合同项下的工作内容和权利义务的转移，因此，按照法律的规定，应当征得业主的同意。[①] 与此同时，工程分包所涉及的工作内容由转移后的分包人执行，享有相应的权利并承担相应的义务，并且承包人还可能对分包工程承担连带责任。而工程合同涉及的第三方权益则不同。正如本书前文所述，工程合同的特点之一就是参与主体众多，关系复杂，工程合同中除了对业主和承包人的权利义务进行约定外，还会涉及合同当事人之外的其他主体的权利义务。

工程合同，包括分包合同可以说是典型的涉他合同。这里的涉他合同的内容主要是在工程合同中约定的由工程（分包）合同的签约主体，即发包人和总承包人、总承包人和分包人之外的参与人完成相关工作对发包人和承包人双方的影响。

4.1 工程分包中的第三方权益

合同的相对性是合同法的基本原则之一，工程合同也是如此。按照一般的工程合同架构设计，业主和工程分包人之间没有直接的合同关系，工程合同的承包人、分包人与其他参与主体之间也没有直接的合同关系。但是，工

[①] 参见《合同法》第84条。

程合同除了业主和主承包人之外，还涉及设计师、工程师、分包人、供应商等主体。为了便于项目建设的总体管理和协调，在工程合同中规定除业主和总承包人之外的参与人的权利和义务的条款在实践中并不鲜见。因此，有必要对相关内容的法律效力和后果进行梳理和分析。

4.1.1 由第三人履行合同义务

涉他合同在实践中可以分为为第三人设定权利或义务两种形式。按照合同法理论，"无论任何人未得他人承诺不得以合同使其蒙受不利"。① 因此，如果是在工程合同中约定由合同双方主体之外的第三人承担义务，则该条款对第三人没有法律约束力。对此，《合同法》也明确规定了当事人约定由第三人向债权人履行债务的，第三人不履行债务或者履行债务不符合约定，债务人应当向债权人承担违约责任。②

4.1.2 向第三人履行义务

根据《合同法》的约定，当事人约定由债务人向第三人履行债务的，债务人未向第三人履行债务或者履行债务不符合约定，应当向债权人承担违约责任。③ 因此，一般情况下，对于涉及第三方的义务，如果该第三人未履行或者履行不到位，则仍然由工程合同的双方主体来承受相应的法律后果。

4.1.3 为第三人设定权利

在工程合同和分包合同中，为第三人设定权利的内容也不少见。但是，值得注意的是，为第三人设定权利和为第三人设定义务有时候并没有完全的界限。权利和义务存在相互依存和转换的可能。虽然在合同中约定监理工程师的各项权利的初衷和目的在于给予其管理合同履行的权利，如签发证书、解决争议，但是这些权利同时也会成为监理工程师的义务。

4.1.4 合同转让中的第三人

根据最高人民法院《关于适用〈中华人民共和国合同法〉若干问题的解释（一）》的规定，债权人转让合同权利后，债务人与受让人之间因履行合同发生纠纷诉至人民法院，债务人对债权人的权利提出抗辩的，可以将债权人

---

① 陈小君：《合同法学》，高等教育出版社2003年版，第133页。
② 参见《合同法》第65条。
③ 参见《合同法》第64条。

列为第三人；经债权人同意，债务人转移合同义务后，受让人与债权人之间因履行合同发生纠纷诉至人民法院，受让人就债务人对债权人的权利提出抗辩的，可以将债务人列为第三人；合同当事人一方经对方同意将其在合同中的权利义务一并转让给受让人，对方与受让人因履行合同发生纠纷诉至人民法院，对方就合同权利义务提出抗辩的，可以将出让方列为第三人。①

根据《合同法》的上述规定，工程分包可以视为债权债务的部分转移，同时，在经业主同意工程分包的情况下，如果业主和分包人发生争议，总承包人将可能作为第三人参加诉讼。但是，实践中，由于《建筑法》《工程质量管理条例》等法律法规的规定，总承包人在类似的争议案件中并非是以第三人的身份参加诉讼，更多的是作为分包人的连带责任人参加到诉讼中，甚至可能是单独作为被告。

4.2 英国法中的第三方权利

对于海外工程项目，尤其是英联邦法系国家中，对于工程合同中涉及第三方权利的内容，中国的承包商有必要了解英国法中关于第三方权利的相关内容。

假设在指定分包履行过程中，发包人延误或拒绝向承包人支付合同价款，导致分包人的分包合同价款无法获得或者无法及时获得，那么在这种情况下，分包人一般是不能越过承包人直接向发包人主张支付的。② 这也是合同相对性的一个重要体现。但是指定分包人则不同，通常在指定分包合同中可以约定发包人有权直接向指定分包人支付价款，但是反过来很少约定指定分包人能够越过承包人直接向发包人主张付款。

由于英国普通法认为合同相对性会导致不合理的后果，因而饱受批判，并在后续的一系列案件中试图突破合同的相对性原则，比如 Beswick v. Beswick，Woodar Investment Development Ltd. v. Wimpey Construction (UK) Ltd. 等。为进一步明确合同相对性原则以及例外情形，英国议会于 1999 年通过实施了《合同法——第三方权利法案》，对涉及第三方权益的合同进行了较为详

---

① 参见最高人民法院《关于适用〈中华人民共和国合同法〉若干问题的解释（一）》第 27 条、第 28 条、第 29 条。

② Tweddle v. Atkinson [1861] EWHC QB J57.

细的规定。

上述法案和条款突破了合同的相对性，赋予了第三人行使合同项下权利的权利。但是，该法案本身关于"purports to confer a benefit"的规定也并不明确，在司法实践和实际操作中也仍然存在不同的理解。

七、有关工程分包的特殊事项

正如前文所述，鉴于行政监管的现实要求，现行的法律体系对工程分包的限制和约束并不鲜见。除了专业分包和劳务分包之外，实践中涉及的工程分包还包括设计分包、总承包的分包、联合体的分包等也同样面临诸多问题，需要探讨和解决。

1. 设计分包

工程设计是工程建设的前奏和不可缺少的灵魂部分，设计的好坏将直接影响到工程具体施工的质量、安全、成本和进度。因此，按照现行的法律制度，工程设计特别是施工图设计实行严格的资质管理等市场监管，工程设计的分包也与专业工程分包、劳务分包一样，都属于政府部门行政监管的范畴。

此外，按照《建设工程勘察设计管理条例》的规定，除建设工程主体部分的设计外，经发包方书面同意，承包方可以将建设工程其他部分的设计再分包给其他具有相应资质等级的建设工程设计单位；建设工程勘察、设计单位不得将所承揽的建设工程勘察、设计转包。[①] 可见，工程设计的分包也必须满足资质条件且不得转包，否则，此类分包和转包行为无效，据此签署的工程设计分包合同也将归于无效。

2. 工程总承包项下的分包

工程总承包合同是包括了设计和施工两方面工作内容的合同模式。对于总承包项下的分包，实践中的操作和各地制定实施的地方性法规也有不同的

[①] 参见《建设工程勘察设计管理条例》第19条、第20条。

规定，比如《上海市建筑市场管理条例》规定了承包人的转包行为即包括：

（1）工程总承包单位将其资质范围内的全部设计或者施工业务交由其他单位或者个人完成；

（2）勘察、设计承包单位将全部的勘察或者设计业务交由其他单位或者个人完成；

（3）施工总承包单位将全部的施工业务交由其他单位或者个人完成。[1]

当然，除了不得有上述行为之外，总承包人对设计或者施工的分包也还需要遵循《招标投标法》等相关法律法规的规定。如果是符合法定标准的分包工程，不论是设计还是施工，即使该总承包工程项目已经按照《招标投标法》的规定进行招标投标的，若想进行分包，则仍然需要进行二次招标投标。

3. 联合体与工程分包

采用联合体承包是企业间强强联合，增加市场竞争力的重要方式。工程领域的联合体承包主要可分为施工人之间的联合、设计人之间的联合以及设计人和施工人之间的联合。按照联合体的协议，联合体各成员按照约定承担各自的工作内容，因此，各成员之间对工作内容的划分实际上还是针对整个工程项目中的整体施工、设计所作的划分，并不是对工程项目的分包。只有联合体成员在中标后将其应承担的工作范围内的工作交由分包人实施时才涉及分包。

另外，目前在全国推广的 PPP 模式以及具体的诸如 BOT 等运行方式下，投资人与施工人、设计人之间的联合也必然是发展的趋势。不过，可以明确的是，对于经过招标投标的特许经营项目，如果项目投资人依法能够自行建设或设计，则可以无需招标。[2] 至于由投资人之外的人实施的施工、设计，则应当理解为分包行为，需接受相关的招标投标等法律规范的约束。

---

[1] 参见《上海市建筑市场管理条例》第 27 条。
[2] 参见《招标投标法实施条例》第 9 条。

第六章 工程价款和支付

一、概述

工程价款及其支付是工程合同中非常关键的条款之一。工程价款及其支付也同样与管理模式和合同架构的选择息息相关。在工程合同法律实务中，绝大多数的争议都是围绕工程价款进行。不论是从法律角度来看，还是从工程管理的角度来看，几乎所有的争议焦点、难点问题最终都会集中体现、反映和延伸到工程价款中，比如合同效力、招标投标、带资垫资、优先受偿权、计价方式、工程质量、工期等。因此，在工程实践中，不论是法律界还是工程界都十分重视工程价款的相关约定和履行。

但是，不可否认的是，工程合同的双方主体，以及各方参与人之间利益的冲突以及各自对工程价款的理解的不同，对工程价款争议的发生和解决的影响也尤为深远。因此，做好工程价款的支付和结算也一直是工程管理和争议解决的重中之重。

二、工程价款的基本原理

不论是总价合同、单价合同还是成本加酬金等合同价格模式，工程价款一般都包含了成本（直接成本和间接成本）、利润和税收等基本要素，而成本通常又包括人工费、材料费、施工机具使用费、企业管理费等。

当然，工程合同采用何种具体的价格模式则取决于业主的需求、工程项目的采购模式、项目管理框架、工程项目设计的精度和状况等众多因素。不过，笔者建议，在项目前期和设定招标投标架构和起草工程合同的框架时，发包人和承包人都有必要事先考虑整个项目的架构,而不是单就工程合同的条款本身来讨论合同,实践证明,一份与项目管理架构和业主需要不符的合同将给合同履行带来极大的不便,可能引发更多的争议。

1. 工程价款构成

从工程造价控制和核算的角度出发,实务中,工程价款的构成具体可以包括工程费、措施项目费、其他项目费、规费和税金等。

其中,工程费又可以分为专业工程费和分部分项工程费,前者如房屋建筑与装饰工程、仿古建筑工程、通用安装工程、市政工程、园林绿化工程、矿山工程、构筑物工程、城市轨道交通工程、爆破工程等;后者如房建项目中的土石方工程、地基处理与桩基工程、砌筑工程、钢筋及钢筋混凝土工程。而措施项目费则又包括安全文明施工费、夜间施工增加费、二次搬运费、冬雨季施工增加费、已完工程及设备保护费、工程定位复测费、特殊地区施工增加费、大型机械设备进出场及安拆费、脚手架工程。其他项目费包括暂列金额、计工日和总承包服务费等费用。

至于规费和税金,则是政府主管部门收取的费用,这些费用在投标报价时都不能作为竞争性费用。

2. 工程价款相关概念

2.1 与工程价款相关的基本概念

在工程基本建设中,经常会遇到以下容易混淆的术语,从项目前期的可行性研究、立项、审批到后期的建造、结算以及项目的决算都有专用的术语,并且这些术语的使用实际上也会对双方的权益产生或多或少的影响。

工程实务中,经常会遇到估算、概算、预算、结算、决算等概念和术语,因此,有必要对此做一梳理。

(1)投资估算,主要是在编制项目建议书可行性研究报告和编制设计任务书阶段,对项目从筹建、施工直至建成投产的全部建设费用进行的预估,其目的在于为项目评估、立项提供决策依据。

(2)设计概算,是根据初步设计或者扩大初步设计的图纸及说明书、设备清单、概算定额或概算指标、各项费用取费标准等资料、类似工程预（决）算文件等资料计算和确定的建筑安装工程全部建设费用。在实务中，设计人在承担方案设计工作的同时，也会承担设计概算的编制工作。

（3）施工预算，是施工企业以建安工程为对象，依据施工图纸、工程量清单、施工和验收规范、标准等，结合企业成本核算标准、施工组织设计计算出的工程施工所需要的人工、材料、机械台班的费用。

（4）工程结算，是承包人依据工程合同的约定，对已完全部工程量所发生的费用进行的核算。工程结算是承包人完成工程项目后实际能够获得的工程价款。

（5）项目决算，是业主编制对建设项目实际造价和投资效果进行的汇总和评估。项目决算的费用包括投入实体建设的费用以及非实体建设的各项费用。

2.2 合同价格和工程价款

实务中，经常会混淆工程价款和合同价格（款）的概念。笔者认为，合同价格是工程合同签署时确定的价款，在招标投标项目中，也就是中标价。13版施工合同和12版设计施工合同将其定义为签约合同价，即发包人和承包人在合同协议书中确定的总金额。

而工程价款则是在合同价格的基础上，结合工程合同履行过程中发生的变更、索赔等增减的费用后最终应当由发包人向承包人支付的价款，用公式表示即为："工程价款 = 合同价款 + 变更增减项对应的价款 + 额外或附加工程的价款 + 索赔费用 + 其他费用"，因此，通常情况下，经过最终结算确定的工程价款金额往往大于合同价格。

3. 工程合同的价款形式

3.1 固定价格

固定价格即在工程施工期间合同价格不会因客观因素的影响而进行调整的价格形式，采用固定价格形式需要综合考虑风险因素并在合同中约定风险费的金额。固定价格又可分为固定总价和固定单价两种。

（1）固定总价即在合同履行过程中，除业主和承包商有特别约定外，合同的总价格固定不变，即通常所说的包干价、统包价。

（2）固定单价是事先约定承包商完成各分部分项（子分部分项）工作内容所需的费用，然后根据承包商实际完成的工作量或提交的产品来确定最终价款的一种合同形式。实务中通常使用综合单价法进行核算，而工程的最终结算总价则根据合同确定的单价结合实际的工程量来确定，这是一种典型的定价不定量的价格形式。在国内的工程投标报价实务中，固定单价具体可以分为工料单价法和综合单价法两种不同的形式。

3.2 重测量价格

重测量价格是指在工程竣工之后对工程量按实进行计量，并结合承包人的报价核算最终工程造价结算的合同方式。对于一些招标投标阶段尚无法确定工作内容和范围的工程项目，其在工程合同履行期间，由于存在诸多不确定因素，合同价格和工程量都可能发生变化和调整，在这种情况下，采用重估价格方式，对合同双方主体的风险承担和权益安排则更为合理和公平。

按照重测量价格方式，不论工作是否已经在签署工程合同确定，承包人能够获得其履行合同所完成的全部工作相对应的报酬。当然，在工程实务中，法律也并不排除合同的主体双方对允许调整的范围和调整的方式做出例外的安排和约定。

3.3 成本加酬金

成本加酬金是指工程成本或服务成本依据现行计价，结合业主和承包商在合同中约定的方法计算，酬金按成本乘以费率计算，二者相加，得出最终合同价格。在工程实践中，成本加酬金的方式也有很多种细分的类别，比如成本加固定报酬、成本加浮动报酬、目标成本。

在国内，按照《建筑工程施工发包与承包计价管理办法》的规定，紧急抢险、救灾以及施工技术特别复杂的建筑工程，可以采用成本加酬金的方式确定合同价款。[①] 但是，笔者认为，成本加酬金的计价模式不仅限于此，对于成熟技术项目的工程建设同样可以适用这种计价模式。

---

① 参见《建筑工程施工发包与承包计价管理办法》第13条。

3.4 混合型的价格模式

工程合同的特点在于其个性和非标化，并且发包人的需求也是多样的，因此，对于上述几种价格方式，可以单独或综合使用其中的一种或者数种价格形式。比如，部分项目采用固定价格，部分采用可调价格，或者即使在固定价格方式下，部分采用固定单价，部分采用固定总价，比如，在现行国家、行业以及地方的计量规则中无工程量计算规则的，可以在已标价工程量清单或预算书中以总价或以费率形式计算。[1] 总之，价格形式的选用需要结合发包人对造价控制和管理的需求以及具体实施不同价格形式的必要性和难易程度。

4. 现行工程合同采用的合同价款形式

目前现行使用的四份工程合同对其适用的价格形式也有相对明确的表述，其中，11版施工总承包合同为总价合同，规定除变更和价格调整，以及合同中有关增减金额的约定进行调整外，合同价格不做调整。[2] 13版施工合同列举了单价合同、总价合同供合同当事人选择，并允许当事人采用其他可行的合同价格形式。

12版设计施工合同和07版标准合同并没有明确规定该合同系单价合同或是总价合同或其他价格形式。这也给了合同当事人更多的可选择余地。一般来说，采用设计施工一体化的合同形式会采用总价合同形式，但是，笔者认为不能"一刀切"。有些连需求和工程范围都不能非常明确地加以界定的项目，尽管使用设计施工模式，但是，不论是从公平合理角度还是从造价角度，都不适合采用总价合同。

三、工程计量和计价[3]

中国传统的工程价款是以定额消耗为计量的基础，结合当地建设行政主管部门下属的造价管理机构公布的造价信息计算得出的。定额的优势在于量

---

[1] 参见13版施工合同第1.1.5.8条。
[2] 参见11版总承包合同第14.1.1条。
[3] 引自笔者合著的《中国建设工程招标投标法律实务指南》中笔者撰写的部分，此处有修改。

价合一,以统一确定的标准来衡量劳动生产率,并以此为依据计算工程量和工程价款。尽管定额是计划经济的产物,但是在绝大多数建筑企业未能建立企业自身的生产定额的前提下,不失为一种有效的计量、计价方式。为了顺应经济发展和体制改革的需要,2003 年,政府主管部门开始在工程建设领域推广使用工程量清单计价规范,但同时也保留了定额的使用。其后,在 2008 年,又颁布了新的工程量清单计价规范。至此之后,在绝大多数的工程项目建设中,都使用了工程量清单计价方式。

2012 年 12 月 25 日,住房和城乡建设部与国家质量监督检验检疫总局联合下发了《建设工程工程量清单计价规范》(GB50500-2013)以及《房屋建筑与装饰工程计量规范》(GB50854-2013)、《城市轨道交通工程工程量计算规范》(GB50861-2013)等 9 本工程量计算规范,并于 2013 年 4 月 1 日起施行,2008 版计价规范同时予以废止。

1. 工程量清单计价

工程量清单计价的特点是量价分离,工程量清单提供了各个分部分项工程所需要消耗的工程量,由承包人综合考量后自行填报价格,这能在一定程度上体现各个承包人之间的劳动差异。同时,采用工程量清单计价也是推广工程造价全过程跟踪的需要[①],有助于减少结算阶段的纷争。工程量清单又可分为招标工程量清单和投标报价工程量清单。招标工程量清单是招标文件的重要组成部分,招标工程量清单的作用主要体现在以下方面:

(1)它是招标人确定招标控制价的依据;

(2)它是投标人核算工程量和据以投标报价的重要参考;

(3)它是工程后续施工过程中计量和价款结算的基础,清单中所列的工程量和单价是确定和调整工程量、工程价款,进行签证和索赔的基础。

而投标报价工程量清单则是投标人用于计量报价的法律文件,也是投标

---

① 按照全过程跟踪审价制度的初衷,工程建设过程中的阶段结算即作为工程结算的依据,是过程审结。但是,就目前的工程实践来看,可以说几乎绝大多数的工程项目,尽管进行全过程跟踪审价,但是也仅仅是作为过程的造价控制手段,在工程竣工结算阶段,仍然可能要重新对工程的量、价进行审核,实际上是重复工作。

文件的重要组成部分。另外,按照现行的工程合同条件的规定,已标价的工程量清单也都是工程合同的主要条件之一。[①]

1.1 工程量清单计价规范的法律属性

从本质上讲,工程量清单计价规范并不属于法律法规的范畴。其是否必然构成合同文件的组成部分需要结合工程合同的价格形式以及合同的具体约定而定。但是,根据《标准化法》及其实施条例的规定,建设工程的设计、施工方法和安全要求以及有关工程建设和环境保护的技术术语、符号、代号和制图方法等应当制定标准,对需要在全国范围内统一的技术要求,应当制定国家标准。据此,在中国法律环境下,由住房和城乡建设部与国家质量监督检验检疫总局联合制定的 2013 年工程量清单计价规范属于国家标准的范畴,具有规范性法律文件的属性。

在没有相反的法律规定或者合同约定的情况下,工程量清单计价规范对工程合同的双方当事人具有一定的参考和指导意义。根据《合同法》的规定,合同生效后,当事人就质量、价款或者报酬、履行地点等内容没有约定或者约定不明确的,可以协议补充;不能达成补充协议的,按照合同有关条款或者交易习惯确定。[②] 因此,在工程诉讼和仲裁中,尤其是双方在工程合同中有明确约定的情况下,工程量清单计价规范的内容实际上已经构成了工程合同的重要组成部分。

1.2 工程量清单计价规范的适用范围

根据规定,全部使用国有资金投资或国有资金投资为主的建设工程施工发承包,必须采用工程量清单计价;对于非国有资产投资的工程建设项目,则由发包人决定是否采用工程量清单计价方式,并且国家也鼓励采用工程量清单计价规范。对此,住房和城乡建设部《建筑工程施工发包与承包计价管理办法》也有相同的规定。[③]

另外,对于不采用工程量清单计价的工程项目,除不执行工程量清单计

---

① 参见 13 版施工合同第 1.5 条。
② 参见《合同法》第 61 条。
③ 参见《建筑工程施工发包与承包计价管理办法》第 6 条。

价的专门性规定外，也应当执行规范中关于工程价款调整、工程计量和价款支付、索赔与现场签证、竣工结算以及工程造价争议处理等内容。

1.3 工程量清单的错漏

如前所述，在工程招标投标中，招标工程量清单是编制招标控制价以及投标人据以投标报价的依据之一。并且，工程量清单的填报也是招标人进行评标、定标不可缺少的依据之一。同时，已标价的工程量清单还是确定中标价和合同价款的基准。在这种情况下，工程量清单就显得尤为关键。实务中，经常出现的争议在于，如果招标工程量清单出现偏差、漏项、错误，是否应该按照实际工程量进行调整，还是应该由中标人来承担风险？

根据英国SMM7通用规则的规定，工程量清单应当正确和全面地反映需要实施的工作的质量和数量；为了更为准确地界定所实施的工作的特征和范围，（业主）应当提供更详细的信息。按照英国法和合同惯例，工程量清单中的错项、漏项也都按实际进行调整，即最后应当以实际完成的工程量来计算结算价款。

对此，2013版工程量清单中也有明确的规定，招标工程量清单必须作为招标文件的组成部分，其准确性和完整性由招标人负责。[①] 同样，这一原则也体现在工程合同的规定中。比如按照13版施工合同的规定[②]，发包人提供的工程量清单，应被认为是准确的和完整的，出现下列情形之一时，发包人应予以修正，并相应调整合同价格：

（1）工程量清单存在缺项、漏项的；

（2）工程量清单偏差超出专用合同条款约定的工程量偏差范围的；

（3）未按照国家现行计量规范强制性规定计量的。

实务中，招标人和发包人会要求投标人、承包人对工程量清单的错漏等负责，作为承包人的风险，不予调整价款和费用。西方有一句法律格言说："任何人不得因为自己的错误而获得利益"。这句话用在处理工程量清单的错漏等问题上非常合适。笔者认为，招标工程量清单由发包人提供，因此，发

---

① 参见《建设工程工程量清单计价规范》（GB50500—2013）第4.1.2条。
② 参见13版施工合同第1.13条。

包人应当对此负责，而不宜将此风险转移给承包人承受。按照风险合理分担的原则，由招标人承担工程量清单错误、偏差、漏项的风险，由投标人承担针对工程量的价格风险也更加接近采用工程量清单计价规范的初衷和本质。并且，由于招标工程量清单并非是具体明确的约束招标人，由招标人对其准确性负责并不会损害其权益。

2. 工程计量

2.1 工程计量原则

原则上，工程量的计量应当按照国家计量规范规定的工程量计算规则计算。工程实务中，为了与工程进度款的核算和支付相匹配，计量大多采用按月或者按形象进度进行。

按照2013年《建设工程工程量清单计价规范》的规定，单价合同计量时，如果发现招标工程量中出现缺项、工程量偏差，或者因工程变更引起工程量的增减，应按照承包人在履行合同过程中实际完成的工程量计算。对于总价合同，计量和支付应以总价为基础，合同双方应当在合同中约定工程计量的形象目标或时间节点，承包人实际完成的工程量，则作为进度支付的依据。①

同样的，07版标准合同也分别针对总计子目和单价子目的计量确定了相应的标准和规则，比如规定总价子目的计量和支付应以总价为基础，不因第16.1条（物价波动）中的因素而进行调整。13版施工合同也规定了工程量计量按照合同约定的工程量计算规则、图纸及变更指示等进行计量，工程量计算规则应以相关的国家标准、行业标准等为依据，由合同当事人在专用合同条款中约定。②

2.2 工程计量的程序

关于工程计量的程序，《建设工程价款结算暂行办法》规定，工程量计算一般按照下列程序进行：（1）承包人按照合同约定的方法和时间，向发包人

---

① 参见《建设工程工程量清单计价规范》（GB50500—2013）第8.2条、第8.3条。
② 参见13版施工合同第12.3.1条。

提交已完工程量的报告。发包人在接到报告后14天内核实已完成工程量,并在核实前1天通知承包人,承包人应提供条件并派人参加核实,承包人收到通知后不参加核实,以发包人核实的工程量作为工程价款支付的依据。发包人不按约定时间通知承包人,致使承包人未能参加核实,核实结果无效。(2)发包人收到承包人报告后14天内未核实完工程量,从第15天起,承包人报告的工程量即视为被确认,作为工程价款支付的依据。(3)对承包人超出设计图纸(含设计变更)范围和因承包人原因造成返工的工程量,发包人不予计量。[①]

当然,上述内容只是通用和指导性的程序规定,具体的流程则需要结合项目特点和项目管理的不同由双方自行约定。

比如,按照07版标准合同规定,针对单价子目的计量,具体的程序包括:(1)承包人对已完成的工程进行计量,向监理人提交进度付款申请单、已完成工程量报表和有关计量资料。(2)监理人对承包人提交的工程量报表进行复核,如对数量有异议的,可要求承包人进行共同复核和抽样复测。承包人负有协助义务并提供补充计量资料。如果承包人未参加复核,监理人复核或修正的工程量视为承包人实际完成的工程量。(3)承包人完成工程量清单中每个子目的工程量后,监理人应要求承包人派员共同对每个子目的历次计量报表进行汇总,以核实最终结算工程量。监理人可要求承包人提供补充计量资料,承包人未按监理人要求派员参加的,监理人最终核实的工程量视为承包人完成该子目的准确工程量。但是,上述条款似乎仍然是原则性的规定,对其中的各种申报、复核的时间没有具体的描述,因此,需要合同双方当事人在专用条款中另外约定。

相比较而言,13版施工合同关于工程计量的程序规定更为务实,其具体程序主要如下:(1)承包人应于每月25日向监理人报送上月20日至当月19日已完成的工程量报告,并附具进度付款申请单、已完成工程量报表和有关资料。(2)监理人应在收到承包人提交的工程量报告后7天内完成对承包人提交的工程量报表的审核并报送发包人,以确定当月实际完成的工程量。其

[①] 参见《建设工程价款结算暂行办法》第13条。

中，监理人对工程量有异议的，有权要求承包人进行共同复核或抽样复测。承包人应协助监理人进行复核或抽样复测，并按监理人要求提供补充计量资料。

2.3 工程计量的法律效果

工程计量的结果是发包人向承包人支付工程进度款和确定最终工程价款的依据之一。由于工程计量直接关乎价款的确定，因此，双方应当按照工程合同的约定履行相应的义务，包括及时提交文件、参加工程量复核以及相关的协助义务。

按照07版标准合同和13版施工合同的规定，监理人应在收到承包人提交的工程量报表后的7天内进行复核，监理人未在约定时间内复核的，承包人提交的工程量报表中的工程量视为承包人实际完成的工程量，据此计算工程价款。[1] 与此相对应，上述两份工程合同也规定了承包人未按监理人要求参加复核或抽样复测的，监理人复核或修正的工程量视为承包人实际完成的工程量。

2.4 工程计量的司法实践

最高人民法院《关于审理建设工程施工合同纠纷案件适用法律问题的解释》第19条规定，当事人对工程量有争议的，按照施工过程中形成的签证等书面文件确认。承包人能够证明发包人同意其施工，但未能提供签证文件证明工程量发生的，可以按照当事人提供的其他证据确认实际发生的工程量。

以上海港城公司与上海远方公司建设工程施工合同纠纷上诉案[2]为例，港城公司与远方公司于2001年9月签订了横浜桥工程施工合同及关于安装工程的补充协议。签约后，远方公司按约进行了施工，涉案工程均已竣工验收合格。在关于横浜桥工程签证部分的工程量是否予以认可的问题上，原审法院认为，除了审计鉴定报告认可的签证1、签证2、签证3、签证14外，其中：（1）对签证4费用审计鉴定报告认为存在争议，但认为工程内容是横浜桥工

---

[1] 参见07版标准合同第17.1.4条和13版施工合同第12.3条。
[2] 上海港城建筑安装工程有限公司与上海远方基础工程有限公司建设工程施工合同纠纷上诉案，上海市第一中级人民法院（2005）沪一中民二（民）终字第1211号民事判决书。

程交通便道的施工。在没有确凿的事实依据情况下,根据港城公司提供的沪明审字(2003)第732号审价报告,横浜桥工程的签证金额是227 763元,与明细签证工程汇总所列的审定金额相符,而签证工程汇总则列明了签证4费用174 442元,尽管该项作了删除,但审定总价227 763元却没有相应扣除,而港城公司不能提供证据证明签证4非系远方公司施工,故签证4属远方公司施工为合理认定。(2)对签证8、签证9、签证10、签证12、签证20,审计鉴定报告认为既无建设单位签认也无施工监理盖章,故未予以计算。但将上述签证与审计部门认同的签证1、签证2、签证3、签证14相比较,在签认形式上并无不同,且根据签证8、签证9、签证10、签证12、签证20,能证明系远方公司在施工过程中形成的实际工程量,参照最高人民法院《关于审理建设工程施工合同纠纷案件适用法律问题的解释》第19条的精神,上述签证应认定为远方公司施工形成的实际工程量。至于合同约定的对签证的结算依据,原审法院注意到在实际操作的结算中,并非严格按该约定进行结算,有相当的随意性,标准并不一致,故以实际工程量为标准进行结算属合法合理。(3)签证7在签认形式上有监理公司的盖章和总监理工程师的签字确认,且不同的监理人员明确审核价为105 222元,故可以认定为远方公司在施工过程中形成的实际工程量。

二审法院经审理认为,关于签证8、签证9、签证10、签证12、签证20的认定问题,尽管这些签证未按合同约定经各方共同签字盖章确认,但这些签证上有业主方工程监理的签字确认,因此可以认定存在这些工程量,故对上诉人(港城公司)提出的不予认定这些签证工程量的主张,不予支持。关于签证4的工程认定问题,被上诉人(远方公司)未提供足够证据证明其确实完成了该签证单上的工程,被上诉人在一审起诉时亦未包括该签证单上的工程,而且从该签证单上的工程内容来看,系跨线桥工程中的交通便道工程,并非本案系争的横浜桥工程,因此该签证单上的工程不能认定为被上诉人的工程量。关于签证7的工程认定问题,尽管该工程量确实存在,但审价报告已经根据常规的打桩施工方法,按照定额规定计取了水上和陆上打桩平台的费用,因此不应当再另行计算该签证单上的工程价款。故上诉人提出的"签证7的工程系重复计价"的主张,尚属合理,本院予以支持。

由上述案件可以看出，按照最高人民法院的司法解释，在没有其他相反证据的情况下，工程签证将成为认定和解决工程量争议的直接证据资料。当然，在实务中还需要注意签证人的授权情况以及现场签证的形式等问题，避免出现签而无效的情形。

3. 工程造价信息的作用

在工程法律实务中，很多工程合同条款中都会约定采用当地造价信息部门提供的价格作为依据或参考。11版总承包合同也规定，合同执行中，工程造价管理部门公布的价格调整，涉及承包人投入成本增减的，应当调整工程价款。①

关于造价指导文件的法律属性，笔者认为其不属于法律规范，也不属于法律规定的应当强制适用的标准、规范或条文，而仅属于行政管理性规范文件的范畴。造价指导文件，不能直接设定民事法律关系，对工程合同的双方当事人不具有直接强制适用的效力。但是，在工程实践中，运用造价信息、造价指数等都是非常普遍的。比如，工程合同中采用价格指数调整价格差额时，就会使用到工程项目所在地工程造价管理机构发布的价格指数或者信息价。②

在环盾公司与永君公司建设工程施工合同纠纷案③中，就双方争议的工程价款的确定依据问题，一审法院委托进行司法鉴定时，先后要求通过定额价和市场价两种方式鉴定。最高人民法院经审理认为：首先，建设工程定额标准是各地建设主管部门根据本地建筑市场建筑成本的平均值确定的，是完成一定计量单位产品的人工、材料、机械和资金消费的规定额度，是政府指导价范畴，属于任意性规范而非强制性规范。在当事人之间没有做出以定额价为工程价款的约定时，一般不宜以定额价确定工程价款。其次，以定额为基础确定工程造价没有考虑企业的技术专长、劳动生产力水平、材料采购渠道

---

① 参见11版总承包合同第13.7条。
② 参见12版设计施工合同第16.1条。
③ 齐河环盾钢结构有限公司与济南永君物资有限责任公司建设工程施工合同纠纷案，最高人民法院（2011）民提字第104号民事判决书。

和管理能力，这种计价模式不能反映企业的施工、技术和管理水平。本案中，环盾公司假冒中国第九冶金建设公司第五工程公司的企业名称和施工资质承包涉案工程，如果采用定额取价，亦不符合公平原则。再次，定额标准往往跟不上市场价格的变化，而建设行政主管部门发布的市场价格信息，更贴近市场价格，更接近建筑工程的实际造价成本。此外，本案所涉钢结构工程与传统建筑工程相比属于较新型建设工程，工程定额与传统建筑工程定额相比还不够完备，按照钢结构工程造价鉴定的惯例，以市场价鉴定的结论更接近造价成本，更有利于保护当事人的利益。最后，根据《合同法》第62条第（二）项规定，当事人就合同价款或者报酬约定不明确，依照合同法第61条的规定仍不能确定的，按照订立合同时履行地的市场价格履行；依法应当执行政府定价或者政府指导价的，按照规定履行。本案所涉工程不属于政府定价，因此，以市场价作为合同履行的依据不仅更符合法律规定，而且对双方当事人更公平。

四、工程价款的调整

工程合同履行过程中，价款的调整是不可避免的，常见的几种涉及工程价款调整的原因主要是设计变更，其中多数是发包人需求变化、设计不完善、现场不利条件导致施工组织设计的变更、法律法规和国家政策的变化等原因。

工程实践中有一种观点，即认为在总价合同形式下，工程价款不能发生变化和调整，工程合同一旦约定总价合同形式，承包人就应当承担由于任何变更、法律变化、现场不利条件、物价变动等因素引起的全部费用。对此，笔者认为是对总价合同形式的严重误解，违背了总价合同规则的初衷，总价合同有其适用的前提条件，并且也仅针对已经明确的工作范围和内容的项目。即使工程合同采用总价形式，也并不排除承包人获得追加工程价款。

1. 价款调整的事由

工程价款的调整事由既有法定的，也有约定的，也可以是事实行为。具体来看，实务中常见的调价因素包括工程变更引起的价款调整、法律法规和政策性规定变化引起的价款调整、物价波动或者通货膨胀引起的调整价差、不可预见风险引起的价款调整、项目特征描述不符引起的价款调整等。

关于工程变更或者其他因素引起的工程价款的调整，在本书另外章节中讲述，本章仅涉及法律变化和物价变动引起的工程价款调整。

1.1 法律变化引起的价款调整

1.1.1 法律的界定和范围

法律一词有广义和狭义之分。狭义的法律，按照中国《宪法》《立法法》等规定，主要是全国人大及其常委会颁布的以"法律""决定""决议"等形式表现的文件。而广义的法律则还包括国务院的行政法规、地方性法规、部门和地方政府规章等文件。而在工程实务中常用的"法律法规"或者"法律规范"的范围则更为广泛，这些用词的不同，也会对合同双方的权利义务、合同的履行产生不同程度的影响。比如，项目所在地的省、市级政府文件，以及项目所在地的监管机关发布的诸如价格信息，对工程安全、质量等相关的文件是否视为"法律"的范畴或许就对工程的价款产生直接的影响。

基于此，合同当事人有必要在工程合同中明确合同所指称的"法律"或者"法律规范"等用语的内涵和范围。07版标准合同①、12版设计施工合同②和11版总承包合同③也都规定，适用于合同的法律包括中华人民共和国法律、行政法规、部门规章，以及工程所在地的地方性法规、自治条例、单行条例和地方政府规章。

13版施工合同规定，合同所称法律是指中华人民共和国法律、行政法规、部门规章，以及工程所在地的地方性法规、自治条例、单行条例和地方政府规章等。④ 同时，需注意的是，与前三者相比较，13版施工合同还规定合同当事人也可以在专用合同条款中约定合同适用的其他规范性文件。

1.1.2 因法律变化调整价款的现实依据

根据相关规定，招标工程以投标截止日前28天，非招标工程以合同签订

---

① 参见07版标准合同第1.3条。
② 参见12版设计施工合同第1.3条。
③ 参见11版总承包合同第1.4条。
④ 参见13版施工合同第1.3条。

前 28 天为基准日，其后国家的法律、法规、规章和政策发生变化引起工程造价增减变化的，发承包双方应当按照省级或行业建设主管部门或其授权的工程造价管理机构据此发布的规定调整合同价款。① 同时，还明确规定，由于国家法律、法规、规章和政策变化，以及省级或行业建设行政主管部门发布的人工费调整引起的合同价款的调整，应由发包人承担。②

与此类似，《建设工程价款结算暂行办法》则规定了由于法律、行政法规和国家有关政策变化影响合同价款的，可以调整综合单价和措施费。③这在实际上也确认了因法律、法规等发生变化时，对因此引起的工程价款的调整的合理性。

此外，以现行的工程合同为例，12 版设计施工合同和 07 版标准合同也都规定，在基准日后，因法律变化导致承包人在合同履行中所需要的工程费用发生增减时，由监理人根据法律、国家或省、自治区、直辖市有关部门的规定确定需调整的合同价款。④因此，最终该调整价款应如何处理仍然是个未知数，实际取决于监理人的判定。相比较而言，11 版总承包合同和 13 版施工合同的规定相对比较明确。如 11 版总承包合同第 1.4 条规定，在基准日期之后，因法律变化导致承包人的费用增加的，发包人应合理增加合同价格。同样，13 版施工合同第 11.2 条规定，基准日期后，法律变化导致承包人在合同履行过程中所需要的费用发生除第 11.1 条（市场价格波动引起的调整）约定以外的增加时，由发包人承担由此增加的费用；减少时，应从合同价格中予以扣减。

1.2 物价变动引起的价款调整

工程项目的建设周期普遍较长，短的两三年，长的可能延续十年，施工过程中所需的人工、设备、材料等物价的变动也会影响到工程价款的调整，最近几年，因物价变动引起的工程争议尤为突出，引起了法律界、工程界对相关问题的深层次的研究和讨论，并对实践产生了重大影响。

---

① 参见《建设工程工程量清单计价规范》（GB50500—2013）第 9.2.1 条。
② 参见《建设工程工程量清单计价规范》（GB50500—2013）第 3.2.2 条。
③ 参见《建设工程价款结算暂行办法》第 8 条。
④ 参见 12 版设计施工合同第 16.2 条、07 版标准合同第 16.2 条。

1.2.1 物价变动调价的依据

物价变动予以调价是国际工程界普遍接受的调价因素之一。但是，在中国法律环境下，这涉及情势变更原则的适用，因此，在实践中存在较多争议。

司法实践中，法院在某些情况下会适当考虑物价变动引起的价款调整的合理性。比如，北京市高级人民法院就规定，建设工程施工合同约定工程价款实行固定价结算，在实际履行过程中，钢材、木材、水泥、混凝土等对工程造价影响较大的主要建筑材料价格发生重大变化，超出了正常市场风险的范围，合同对建材价格变动风险负担有约定的，原则上依照其约定处理；没有约定或约定不明，该当事人要求调整工程价款的，可在市场风险范围和幅度之外酌情予以支持；具体数额可以委托鉴定机构参照施工地建设行政主管部门关于处理建材差价问题的意见予以确定。①

1.2.2 物价变动调价的方式

按照《工程建设项目施工招标投标办法》规定，施工招标项目工期较长的，招标文件中可以规定工程造价指数体系、价格调整因素和调整方法。②《建筑工程施工发包与承包计价管理办法》同样也规定了工程合同的双方当事人约定工程造价管理机构发布价款调整信息时可以相应的调整合同的价款。③

12版设计施工合同规定了当事人可以自行约定调价的方式④，一种是采用造价信息调整价格差额，另一种则是采用价格指数调整价格差额。如果是约定采用造价信息调整价格差额的，在合同工期内出现人工、材料、设备和机械台班价格波动影响合同价格时，人工、机械使用费按照国家或省、自治区、直辖市建设行政管理部门、行业建设管理部门或其授权的工程造价管理机构发布的人工成本信息、机械台班单价或机械使用费系数进行调整；需要进行价格调整的材料，其单价和采购数应由监理人复核，监理人确认需调整的材料单价及数量，作为调整合同价格差额的依据。⑤

---

① 参见北京市高级人民法院《关于审理建设工程施工合同纠纷案件若干疑难问题的解答》第12条。
② 参见《工程建设项目施工招标投标办法》第30条。
③ 参见《建筑工程施工发包与承包计价管理办法》第14条。
④ 参见12版设计施工合同第16.1条。
⑤ 参见12版设计施工合同第16.1条。

与12版设计施工合同类似，07版标准合同[①]、13版施工合同[②]也都规定了同样的调价方式，并赋予当事人自行选择和约定的权利。

1.2.3 物价变动调价的风险范围

一般来讲，由于市场物价波动影响合同价款，应由发承包双方合理分摊并在合同中约定。合同中没有约定，发、承包双方发生争议时，按下列规定实施：（1）材料、工程设备的涨幅超过招标时的基准价格5%以上由发包人承担；（2）施工机械使用费的涨幅超过招标时的基准价格10%以上由发包人承担。[③]

至于具体的可予以调整的物价变动的风险范围，则由工程合同的当事人双方自行约定。按照现有的13版施工合同的规定[④]，材料、工程设备价格变化的价款调整按照发包人提供的基准价格，按以下风险范围规定执行：

（1）承包人在已标价工程量清单或预算书中载明材料单价低于基准价格的：除专用合同条款另有约定外，合同履行期间材料单价涨幅以基准价格为基础超过5%时，或材料单价跌幅以在已标价工程量清单或预算书中载明材料单价为基础超过5%时，其超过部分据实调整。

（2）承包人在已标价工程量清单或预算书中载明材料单价高于基准价格的：除专用合同条款另有约定外，合同履行期间材料单价跌幅以基准价格为基础超过5%时，材料单价涨幅以在已标价工程量清单或预算书中载明材料单价为基础超过5%时，其超过部分据实调整。

（3）承包人在已标价工程量清单或预算书中载明材料单价等于基准价格的：除专用合同条款另有约定外，合同履行期间材料单价涨跌幅以基准价格为基础超过±5%时，其超过部分据实调整。

（4）承包人应在采购材料前将采购数量和新的材料单价报发包人核对，发包人确认用于工程时，发包人应确认采购材料的数量和单价。发包人在收到承包人报送的确认资料后5天内不予答复的视为认可，作为调整合同价格

[①] 参见07版标准合同第16.1条。
[②] 参见13版施工合同第11.1条。
[③] 参见《建设工程工程量清单计价规范》（GB50500—2013）第3.2.3条。
[④] 参见13版施工合同第11.1条。

的依据。未经发包人事先核对,承包人自行采购材料的,发包人有权不予调整合同价格。发包人同意的,可以调整合同价格。

1.2.4 物价波动价格指数计算公式

12 版设计施工合同[①]、13 版施工合同[②]、07 版标准合同[③]都沿用了 FIDIC 合同条件的相关内容,规定了采用物价波动价格指数调整合同价款的计算公式,即:

$$\Delta P = P_0 \left[A + \left(B_1 \times \frac{F_{t1}}{F_{01}} + B_2 \times \frac{F_{t2}}{F_{02}} + B_3 \times \frac{F_{t3}}{F_{03}} + \cdots + B_n \times \frac{F_{tn}}{F_{0n}} + \right) - 1 \right]$$

上述计算公式中,B 序列代表的是可调部分因子在签约合同价中所占的比例;F_t 序列代表约定的付款证书相关周期最后一天的前 42 天的各可调因子的价格指数;F_0 序列代表基准日期的各可调因子的价格指数。

实践中运用上述计算公式时,承发包双方都要注意及时收集有关价格指数的数据,以便为适用上述调价公式做好准备。

1.3 其他调价因素

除了上述因法律变化和物价波动引起的工程价格调整外,实务中还有其他引起合同价款调整的因素。比如《建筑工程施工发包与承包计价管理办法》就规定,发承包双方应当在合同中约定,发生下列情形时合同价款的调整方法:

(1) 工程造价管理机构发布价格调整信息的;

(2) 经批准变更设计的;

(3) 发包方更改经审定批准的施工组织设计造成费用增加的;

(4) 双方约定的其他因素。[④]

11 版总承包合同[⑤]也规定了可以对合同价格进行调整的因素包括以下情况:

(1) 合同执行过程中,工程造价管理部门公布的价格调整,涉及承包人

---

① 参见 12 版设计施工合同第 16.1 条。
② 参见 13 版施工合同第 11.1 条。
③ 参见 07 版标准合同第 16.1 条。
④ 参见《建筑工程施工发包与承包计价管理办法》第 14 条。
⑤ 参见 11 版总承包合同第 13.7 条。

投入成本增减的；

（2）一周内非承包人原因的停水、停电、停气、道路中断等，造成工程现场停工累计超过8小时的（承包人须提交报告并提供可证实的证明和估算）；

（3）发包人根据第13.3条至第13.5条变更程序中批准的变更估算的增减；

（4）本合同约定的其他增减的款项调整。

对于合同中未约定的增减款项，发包人不承担调整合同价格的责任，适用法律另有规定时除外。

对于上述可调价因素，笔者认为工程造价管理机构发布价格调整信息进行的调价与实际的物价波动引起的调价存在一定的区别，不过能够确定的是，造价管理机构的调价信息可以作为物价波动的重要依据。

1.4 价款调整的程序

通常，承包人应当在合同规定的价款调整情况发生后按照约定的时间，将调整原因、金额以书面形式通知发包人，发包人确认调整金额后将其作为追加合同价款，合同双方当事人无法达成一致的，则由总监理工程师进行确定。[①]

与前几份工程合同的规定不同，11版总承包合同则规定，在下述情况发生后30日内，合同双方均有权将调整合同价格的原因及调整金额，以书面形式通知对方或监理人。经发包人确认的合理金额，作为合同价格的调整金额，并在支付当期工程进度款时支付或扣减调整的金额。一方收到另一方通知后15日内不予确认，也未能提出修改意见的，视为已经同意该项价格的调整。[②]

2. 情势变更原则

情势变更是合同法上的一个重要原则，它是指合同成立后，作为合同基础的客观情况发生了非当事人所能预见的根本性变化，继续履行原合同将有违公平[③]，因此，允许对合同内容予以变更或者解除合同。

---

① 参见12版设计施工合同第3.5条。
② 参见11版总承包合同第13.7条。
③ 参见《全国经济审判工作座谈会纪要》（法发［1993］8号文）。

最高人民法院在其颁布实施的《关于适用〈中华人民共和国合同法〉若干问题的解释（二）》中明确规定，合同成立以后客观情况发生了当事人在订立合同时无法预见的、非不可抗力造成的、不属于商业风险的重大变化，继续履行合同对于一方当事人明显不公平或者不能实现合同目的时，当事人请求人民法院变更或者解除合同的，人民法院应当根据公平原则，并结合案件的实际情况确定是否变更或者解除。[①]

2.1 情势变更的适用条件

情势变更作为契约履行的例外情形，与有约必守的契约精神存在一定的不一致之处，因此，其有着严格的构成要件和适用条件：

（1）须有情势变更。这里的"情势"是指缔约当时作为合同基础或环境的客观情况。这里的"变更"是指客观情况发生了异常的变化，致使当事人的权利义务发生非正常的变动，为社会的公平理念所难以理解接受。

（2）情势变更的发生不可归责于双方当事人，或者说客观情况的变化不在合同任何一方的控制之下，也不是由于任何一方当事人的原因所造成。

（3）情势变更的出现导致的不利后果超出了因客观事件的发生而处于不利地位的当事人的合理预见。笔者认为，这种预见应当采用普通的第三人的标准。

（4）情势变更的时间发生在合同订立之后，履行完毕之前。如果在合同订立之前或订立之时发生变更，则受情势变更不利影响的一方如果仍然予以接受合同条件，那么即可视为其已经对此风险的承担。具体到工程合同，这个时间就应当提前到投标的准备阶段，即投标前的28日。同时，如果是因为债务人迟延履行，而在迟延履行期间发生情势变更的，则无权主张情势变更。

（5）情势变更后继续履行合同将明显违背公平原则，使得一方获得的利益和另一方遭受的损害超过法律允许的限度和利益平衡的尺度，或者说将使得合同的目的不能实现。

当然，情势变更的上述要件的适用标准仍然没有具体划一的标准，更多的仍然取决于法官的自由裁量权。

[①] 参见最高人民法院《关于适用〈中华人民共和国合同法〉若干问题的解释（二）》第26条。

2.2 情势变更的法律适用

2.2.1 立法和司法实践沿革

在法律实务中需要注意的是，情势变更原则并没有在现行《合同法》中加以规定。事实上，在《合同法》颁布之前，最高人民法院就有相关的司法指导文件[①]，以及相关的案例支持情势变更的适用。[②] 在《合同法》立法过程中，也曾经专门针对情势变更提出过讨论，在最开始的合同法草案中就有关于情势变更的内容，但在最后通过的正式法案中却删除了该项规定。由此可见，立法上，对情势变更仍然持谨慎态度。

因此，在最高人民法院《关于适用〈中华人民共和国合同法〉若干问题的解释（二）》出台之后不久，最高人民法院先后推出一系列文件和规定[③]，严格限制适用情势变更原则，并要求区分情势变更与显失公平、商业风险之间的区别，并指出对于上述解释条文，各级人民法院务必正确理解、慎重适用。如果根据案件的特殊情况，确需在个案中适用的，应当由高级人民法院审核；必要时应提请最高人民法院审核。但是，在当前的司法实践中，法院对情势变更的适用的基本精神是在维护合同效力的大原则下，审慎适用，并需要报高级人民法院、甚至是最高人民法院审核。

2.2.2 情势变更与商业风险

司法实践中，最难把握的是情势变更与正常的商业风险之间的界限，这也是情势变更原则较难实施的重要原因之一。

最高人民法院曾在《关于审理建设工程合同纠纷案件的暂行意见》中规定，建设工程合同约定对工程总价或材料价格实行包干的，如合同有效，工程款应按该约定结算。因情势变更导致建材价格大幅上涨而明显不利于承包人的，承包人可请求增加工程款。但建材涨价属正常的市场风险范畴，涨价

---

① 参见最高人民法院1986年4月14日《关于审理农村承包合同纠纷案件若干问题的意见》第4条、第7条。
② 参见武汉市煤气公司诉重庆检测仪表厂案及相应的最高人民法院法函（1992）27号文，1992年长春对外贸易公司诉长春市朝阳房地产开发公司案。
③ 参见最高人民法院《关于正确适用〈中华人民共和国合同法〉若干问题的解释（二）服务党和国家的工作大局的通知》（法[2009]165号）。

部分应由承包人承担。①这里实际上就是区别了情势变更与商业风险两种不同的情形。对于因材料价格上涨能否适用情势变更，一般需要综合考虑材料价格上涨的幅度、对价格上涨的可预见性、价格变化对双方权利义务的影响等几个方面的因素。②

另外一方面，合同的约定对于情势变更的具体适用也很重要。在广东省电白公司与东莞市长安公司建设工程施工合同纠纷申请再审案③中，争议双方当事人在合同中约定，承包方式为按定标价包人工、包材料、包工期、包质量、包安全，还包括按国家规定由乙方缴纳的各种税收，除设计变更外，总价、单价以定标价为准，结算时不作调整。最高人民法院经审理后认为，合同中的上述约定系针对合同约定的施工期间内包括主要建材价格产生变化的市场风险承担条款，说明双方当事人已预见到建材价格变化的市场风险，故二审判决认定开工日期至合同约定的竣工日期建筑材料上涨属于正常的商业风险，不属于情势变更，适用法律并无不当。

2.2.3 适用情势变更原则的可行性

情势变更本质上是对不能合理分配给当事人的风险，依据诚实信用所作的重新分配，体现了民法和合同法公平和诚实信用的精神和基本原则。尽管现有的《合同法》没有明确地规定情势变更原则，现有的司法指导文件对情势变更的适用也持审慎的态度。不过，上述这些客观情况并不意味着情势变更被立法和司法所完全否决，而是说在现有的法律环境下明确规定该原则的条件还不够成熟④，但是在某些特殊情形下并不排除其适用的可能性。人民法院应当依法"把握情势变更原则的适用条件，严格审查当事人提出的'无法预见'的主张"。⑤

工程项目中的情势变更经常用于处理与人工、材料、设备的物价上涨相关的争议，尤其是采用固定价形式的工程合同争议。实践中，工程合同对于

---

① 参见最高人民法院《关于审理建设工程合同纠纷案件的暂行意见》第27条。
② 参见王永起、李玉明：《建设工程施工合同纠纷法律适用指南》，法律出版社2013年版，第389页。
③ 广东省电白建筑工程总公司与东莞市长安镇房地产开发公司建设工程施工合同纠纷再审案，最高人民法院（2013）民申字第1099号民事裁定书。
④ 参见孙礼海：《〈中华人民共和国合同法〉立法资料选》，法律出版社1999年版，第26页。
⑤ 最高人民法院《关于当前形势下审理民商事合同纠纷案件若干问题的指导意见》。

物价波动的调价约定常用的有三种形式：（1）全风险条款，即不论物价如何波动，都不予调整。（2）对于物价波动，约定一个幅度，但是这里又可细分为两种情形，一种是约定的幅度是由发包人在招标时就确定的，承包人没有可以协商的余地；另一种是非招标项目，由双方协商确定调价的幅度。就现有法律制度，这种情形的出现概率很低。（3）不论出现何种物价波动，都可以进行调整价款，这在实践中也是微乎其微。

笔者认为，在工程建设项目中，材料、人工等都是构成工程实体必不可少的组成部分，并且占据项目总造价和成本的绝大部分，而价格波动直接影响到承包人的成本，以及伴随而来的劳动工人和材料供应商的价款支付，因此，如果由于材料、人工的大幅波动造成承包人的成本变动，不应简单地将之理解为商业风险，法院和仲裁机构在具体的案件中有必要结合市场的具体情况，结合相关的司法解释和司法指导文件，在个案中识别情势变更和商业风险，针对上述不同情形分别进行处理。

2.2.4 情势变更的适用对象

工程实践中的情势变更，一般多用作承包人主张调价的理由。但是，对于发包人能否适用情势变更则存在不同的理解。有观点认为情势变更的一个重要结果是合同目的落空，但是在材料价格下跌时，承包人仍然按照合同约定完成工程的施工并交付工程，并不影响发包人签订合同的目的和基础，合同目的也不会落空，所以不适用情势变更原则。因此，当材料、人工下降的时候，发包人不能调差扣回价款。[①]

笔者认为，对于发包人能否适用情势变更，其主要的法律后果和争议的焦点在于发包人是否有权在材料价格下跌时扣减相应的合同价款。按照情势变更原则，其适用的条件除了合同目的落空外，还有一个后果就是虽然合同目的没有落空，但继续履行有违背公平之嫌。理论上这一评定标准应该同样适用于业主和承包人。但是，不可否认，在实践中，工程合同与一般的商业合同不同，工程合同中承包人的盈利成本更大，其成本构成也与人工、材料价格密切相关，因而当材料、人工费用下降的时候，从社会和经济效益的角

[①] 参见林镕海：《建设工程法律服务操作实务》，北京大学出版社2012年版，第279页。

度考虑，适度地倾向于承包人，发包人不能调减和扣回价款或许更为合适。另外，就实践来看，因人工和材料价格下降的情况也较为少见。

五、工程价款的支付

工程价款的支付是工程合同的必备条款。[①]在工程法律实践中，工程价款的支付方式呈现多样性的特点，并没有统一的做法。但是，无论如何，为了避免发生争议，承发包双方都应当对支付条款充分论证，进而做出清楚而明确的约定。

1. 工程价款的支付前提和条件

在工程合同法律实务中，工程价款的支付往往需要满足一定的前提和条件，当然其首要的就是已经完成相应的工程量并验收合格，承包人按照合同约定的程序进行申报和经过监理和业主的核量。与此同时，付款证书也是工程价款支付中必不可少的环节和条件。

1.1 工程计量

作为启动工程进度款支付程序的第一步，工程计量直接关系到后续进度款支付的比例和时间。原则上，工程计量应当按照工程合同约定的计算规则、图纸及变更指示等进行计量。对于发包人及其聘请的监理工程师（造价咨询师）来讲也需要按照合同约定的方法进行复核。目前工程界常用的工程计量方法主要还是以工程量清单为重要的参考指标，但是也并不排除发包人和承包人另行约定其他的计量方法。

工程计量和计价密切相关，也是工程合同的核心条款，对于招标投标的工程项目，计量和计价的方法一旦确定，在合同履行期间都不允许变更。笔者认为，从承包人的角度来讲，及时准确地完成计量，包括变更涉及的工程量、额外工程量等，按时申报并提供切实可靠的工程量证明资料、数据是有效获得对应价款的基础，对保护自身的权益也尤为重要。

---

① 参见《合同法》第12条。

1.2 付款证书

在国际工程合同和实务中，经常会遇到付款证书（Certificate of payment），由第三方签发付款证书是英国工程领域以及国际工程领域设立的付款机制的重要部分，通常也是作为业主付款的主要依据和条件之一。目前，国内的工程合同也开始接受和借鉴国际工程合同的通行做法，对相关的付款证书制度进行了规定，比如，国内现行的07版标准合同、11版总承包合同、12版设计施工合同以及13版施工合同也都在合同条款中规定了相应的付款证书制度。

但是，需要注意的是，付款证书在中国的工程法律框架下并没有相关的规定，作为工程惯例的存在和适用仍有待探讨，并且对于付款证书以及履约证书等一系列证书的法律效力、法律后果并没有形成统一的理解和做法，在中国法律环境下的证书法律效果与英国法下的证书法律效果并不完全一致，可以说还存在一定的差距，因此，在国内的工程实践中，如果工程合同中涉及付款证书，则有必要根据实际情况考虑，选择适用。

1.2.1 付款证书的类型

工程实务中，涉及的付款证书主要是期中（或称进度）付款证书和最终付款证书两种类型。13版施工合同对此就作了相应的规定，即明确了工程款项的支付需要由监理签发进度款支付证书和竣工付款证书。另外13版施工合同也规定了最终结清证书。

在英国法中，对于付款证书有着基本的要求，比如合格的签发主体、合同的约定、确定的付款金额和付款日期、具备正式的书面形式等，法院的一系列先例中对此也有较为明确的规定。就中期付款证书而言，其目的也并不是为了确定承包人有权获得的最终价款，而是提供一种按时向承包人支付工程进度价款的公平机制[1]，同样，由于中期付款证书确定的价格是估算的价款，因此，另一方面也为发包人提供一种保障，即有助于其及时地确定提前支付给承包人的款项不会超过合同的总价款。[2]

---

[1] Secretary of State for Transport v. Birse-farr Joint Venture (1993) 62 B. L. R 36.
[2] Tharsis Ssulphur and Copper Co. v. M's Elroy (1878) 3 App. Cas. 1040.

1.2.2 付款证书的基本原则

付款证书的签发主要依据第三方,如工料测量师、建筑师、工程师等专业人士的客观、公正的判断,因此,公正、独立、专业并且诚实行事是付款证书制度的根本保证。而要做到这一点,在中国目前的法律环境和工程实践中,对专业人士而言将是一个不小的挑战。

1.2.2.1 付款证书签发的专业性

付款证书具有很强的专业性,因此签发人必须具备较强的专业技能和资历,在合同中事先对有权签发证书的人员做出相关的约定,另一方面,从专业的角度来看,签发人应当遵循"Bolam 准则"所规定的基本执业能力和要求。

1.2.2.2 付款证书签发的公正性

签发付款证书的公正性的要求源自于签发人的地位和角色。一方面,工料测量师、建筑师、工程师等受雇于业主,需要根据业主的指示开展工作;另一方面,这些专业人士必须依靠自身的专业知识进行判断,也正是因为这种身份,使得付款证书能否独立和公正的签发成为包括司法实践关注的对象。比如,在 Sutcliffe v. Thackrah[①] 一案中,Reid 法官指出:

> "The building owner and the contractor make their contract on the understanding that in all such matters the architect will act in a fair and unbiased manner and it must therefore be implicit in the owner's contract with the architect that he shall not only exercise due care and skill but also reach decisions fairly, holding the balance between his client and the contractor."

1.2.2.3 付款证书签发的独立性

付款证书的另一原则就是独立性,证书签发人虽然是由发包人聘请,但是,不可否认的是,他们是专业人士,应当具备独立判断的专业能力,需要依靠自身的专业知识做出决定。

同时,换一个角度来看,付款证书的独立签发的原则也意味着发包人不得直接或者间接地干扰或阻止测量师、建筑师、工程师等专业人士签发付款

---

① Sutcliffe v. Thackrah [1974] A. C. 727, HL.

证书的行为。如果发包人这么做，那么，如同枢密院的大法官在 Panamena①一案中所述，"no person can take advantage of the nonfulfillment of a condition the performance of which has been hindered by himself"，由于发包人的过错导致承包人没有获得对应的付款证书，因此，发包人不得因为承包人缺少付款证书而拒绝支付工程款。

1.2.3 付款证书的发放程序

在工程合同中是否设置付款证书制度取决于合同的约定，以及项目管理的制度。因此，付款证书的程序也大多由工程合同具体规定。

以 13 版施工合同为例：第一，关于进度款的付款证书，监理人应在收到承包人进度付款申请单以及相关资料后 7 天内完成审查并报送发包人，发包人应在收到后 7 天内完成审批并签发进度款支付证书；如果发包人逾期未完成审批且未提出异议的，则视为已签发进度款支付证书。② 第二，对于最终付款证书，监理人应在收到竣工结算申请单后 14 天内完成核查并报送发包人。发包人应在收到监理人提交的经审核的竣工结算申请单后 14 天内完成审批，并由监理人向承包人签发经发包人签认的竣工付款证书。③发包人应在收到承包人提交的最终结清申请单后 14 天内完成审批并向承包人颁发最终结清证书。④

2. 工程合同中的价款支付条款

在工程实践中，工程合同价款通常采用阶段性付款方式，具体涉及的支付款项包括预付款、进度款以及工程结算价款。

2.1 工程预付款

2.1.1 预付款支付

预付款用于承包人为合同工程设计、施工购置材料、工程设备，购置或租赁施工设备、修建临时设施以及组织施工队伍进场、发放管理人员和工人

---

① Panamena Europea Navigation v. Frederick Leyland [1074] A. C. 428 HL.
② 参见 13 版施工合同第 12.4.4 条。
③ 参见 13 版施工合同第 14.2.1 条。
④ 参见 13 版施工合同第 14.4.2 条。

等所需的款项。

财政部和原建设部发布的《建设工程价款结算暂行办法》明确了工程预付款结算应符合下列规定[①]：

（1）包工包料工程的预付款按合同约定拨付，原则上预付比例不低于合同金额的10%，不高于合同金额的30%，对重大工程项目，按年度工程计划逐年预付。

（2）在具备施工条件的前提下，发包人应在双方签订合同后的一个月内或不迟于约定的开工日期前的7天内预付工程款，发包人不按约定预付，承包人应在预付时间到期后10天内向发包人发出要求预付的通知，发包人收到通知后仍不按要求预付，承包人可在发出通知14天后停止施工，发包人应从约定应付之日起向承包人支付应付款的利息（利率按同期银行贷款利率计），并承担违约责任。

（3）预付的工程款必须在合同中约定抵扣方式，并在工程进度款中进行抵扣。

（4）凡是没有签订合同或不具备施工条件的工程，发包人不得预付工程款，不得以预付款为名转移资金。

具体到各施工合同，13版施工合同第12.2.1条规定：预付款至迟应在开工通知载明的开工日期7天前支付。预付款在进度付款中同比例扣回。在颁发工程接收证书前，提前解除合同的，尚未扣完的预付款应与合同价款一并结算。如果发包人逾期支付预付款超过7天的，承包人有权向发包人发出要求预付的催告通知，发包人收到通知后7天内仍未支付的，承包人有权暂停施工。类似的条款在12版设计施工合同和07版标准合同的第17.2条中也有体现。

与上述合同条款不同，11版总承包合同第14.3条对预付款的支付和扣回的规定则更为明确和具体。该条规定：合同约定了预付款保函时，发包人应在合同生效及收到承包人提交的预付款保函后10日内，根据约定的预付款金额，一次支付给承包人；未约定预付款保函时，发包人应在合同生效后10日

[①] 参见《建设工程价款结算暂行办法》第12条。

内,根据约定的预付款金额,一次支付给承包人。

2.1.2 工程预付款的扣回

关于预付款的扣回,首先允许双方自行协商。在发包人签发工程接收证书或合同解除时,预付款尚未抵扣完的,发包人有权要求承包人支付尚未抵扣完的预付款。承包人未能支付的,发包人有权按下述程序扣回预付款的余额:

(1) 从应付给承包人的款项中或属于承包人的款项中一次或多次扣除;

(2) 应付给承包人的款项或属于承包人的款项不足以抵扣时,发包人有权从预付款保函(如约定提交)中扣除尚未抵扣完的预付款;

(3) 应付给承包人或属于承包人的款项不足以抵扣且合同未约定承包人提交预付款保函时,承包人应与发包人签订支付尚未抵扣完的预付款支付时间安排协议书;

(4) 承包人未能按上述协议书执行,发包人有权从履约保函(如有)中抵扣尚未扣完的预付款。

在07版标准合同中规定,预付款在进度付款中扣回,扣回的具体办法则由双方当事人在专用合同条款中约定。而13版施工合同规定,预付款在进度付款中同比例扣回,在颁发工程接收证书前,提前解除合同的,尚未扣完的预付款应与合同价款一并结算。[①]

2.2 工程进度款

由于大多数工程合同的履行期限都比较长,如果等合同履行完毕后再行支付,对于注重现金流的承包人来说,其面临的资金压力将非常之大,其成本也必将不断上升。因此,按照工程进度支付对应的合同款项是较为合适的解决方式。实务中,除了全垫资施工的项目,通常有按照形象进度和按月进度两种方式。两者相比较,前者对承包人的资金需求较高,当然,这也意味着承包人的资金压力较高。

2.2.1 工程进度款的申请

对于纯粹施工的项目,工程进度款一般仅为已完成工程量所包含的施工

[①] 参见13版施工合同第12.2.1条。

费用和材料费用。而在设计—施工或者 EPC 合同中，每月的工程进度款则一般包括了设计费、材料设备费、技术服务费、工程费等费用。如果按照工程合同的约定，当月进度款包括增减项的费用、变更费用、索赔费用，那么承包人在申请工程进度款时也应当注意一并申请。

进度款申请时，承包人需要注意合同中约定的时间、内容、形式等方面的规定，为了减少审核时间，也需要尽可能准确、详细地提供有关进度款的证明文件。

2.2.2 工程进度款的核算

在工程实践中，工程进度款的核算方式可以采用不同的方式，比如 13 版施工合同规定：（1）按月结算与支付，即实行按月支付进度款，竣工后清算的办法；如果是合同工期在两个年度以上的工程，在年终进行工程盘点，办理年度结算。（2）分段结算与支付，即当年开工、当年不能竣工的工程按照工程形象进度，划分不同阶段支付工程进度款，具体划分在合同中明确。[①]

另一个尤其需要注意的是对进度款的审核期限，比如，13 版施工合同就规定，监理人应在收到承包人进度付款申请后 7 天内完成审查并报送发包人，发包人应在收到后 7 天内完成审批；发包人逾期未完成审批且未提出异议的，视为已签发进度款支付证书。[②] 而 12 版设计施工合同规定的期限则分别是 14 天和 28 天。[③]

2.2.3 工程进度款的修正

在核算工程进度款时，发生错算、漏算、多算等情况也是可以理解的，虽然其产生的原因是复杂多样的，但是，发包人应当进行修正。对此，12 版设计施工合同就明确规定，在对以往历次已签发的进度付款证书进行汇总和复核中发现错、漏或重复的，监理人有权予以修正，承包人也有权提出修正申请。经监理人、承包人复核同意的修正，应在本次进度付款中支付或扣

---

① 参见《建设工程价款结算暂行办法》第 13 条。
② 参见 13 版施工合同第 12.4.4 条。
③ 参见 12 版设计施工合同第 17.3.4 条。就进度款付款证书的签发人，需要注意的是 13 版施工合同规定的是发包人，而 12 版设计施工合同规定的则是监理人。

除。①而其他的工程合同条件也间接地对此作了规定。②

2.3 工程价款竣工结算

2.3.1 竣工结算的申请

工程价款的竣工结算与预付款、进度款的核算和支付有着显著的区别。更为重要的是竣工结算决定着工程项目的最终价款，对发包人和承包人都具有非常的意义。

就竣工结算的启动，其前提是工程项目已经通过竣工验收合格。13版施工合同即规定，承包人应在工程竣工验收合格后28天内向发包人和监理人提交竣工结算申请单，并提交完整的结算资料。③ 11版总承包合同规定承包人应当在竣工验收报告和完整的竣工资料被发包人确认后的30日内，向发包人递交竣工结算报告和完整的竣工结算资料。至于12版设计施工合同和07版标准合同，则将申请时间交由当事人自行约定。

关于竣工结算申请单的内容，12版设计施工合同和13版施工合同都规定应当包括竣工结算合同总价、发包人已支付承包人的工程价款、应扣留的质量保证金、应支付的竣工付款金额。

2.3.2 发包人的结算审核期限

发包人和监理人收到承包人提交的竣工结算资料后，应当严格按照规定及时进行复核，并提出需要补正的资料、证明，而不应拖延结算。

就目前现行的四份工程合同的内容来看，已经考虑和综合了司法和实践中的做法，对以送审价为准的适用进行了较为明确的规定。特别是13版施工合同，在其通用条款第14.2条规定：发包人在收到承包人提交竣工结算申请书后28天内未完成审批且未提出异议的，视为发包人认可承包人提交的竣工结算申请单，并自发包人收到承包人提交的竣工结算申请单后第29天起视为已签发竣工付款证书。11版总承包合同第14.12.4条规定，发包人在接到承包人提交的竣工结算报告和完整的竣工结算资料的30日内，未能提出修改意见，也未予答复的，视为发包人认可了该竣工结算资料作为最终竣工结算

---

① 参见12版设计施工合同第17.3.5条。
② 参见13版施工合同第12.4.2条。
③ 参见13版施工合同第14.1条。

资料。

07版标准合同第17.5.2条和12版设计施工合同第17.5.2条也规定发包人应在收到监理人对竣工付款价款的核查资料后14天内审核完毕；发包人未在约定时间内审核又未提出具体意见的，监理人提出发包人到期应支付给承包人的价款视为已经发包人同意。

上述合同的区别在于07版标准合同和12版设计施工合同中，监理人对承包人提交的竣工结算价款负有限期核查的义务，实行双重审核的制度。

此外，12版设计施工合同中还规定了最终结清证书制度，发包人应在收到监理人的价款结清审核后14天内审核完毕，并由监理人向承包人出具经发包人签认的最终结清证书；发包人未在约定时间内审核又未提出具体意见的，监理人提出应支付给承包人的价款视为已经发包人同意。

2.3.3 逾期回复结算文件的法律后果

及时对承包人的结算资料进行审核是工程合同履行不可缺少的环节，是合同双方协助义务的体现，也是维护合同双方权利的重要保障，违反此类义务则应承担相应的法律后果。

最高人民法院在《关于审理建设工程施工合同纠纷案件适用法律问题的解释》中规定，当事人约定，发包人收到竣工结算文件后，在约定期限内不予答复，视为认可竣工结算文件的，按照约定处理。承包人请求按照竣工结算文件结算工程价款的，应予以支持。[1]由于当时工程领域大多使用建设部制定的《建设工程施工合同示范文本》（GF-1999-0201），其通用条款第33条第3款规定："发包人收到竣工结算报告及结算资料后28天内无正当理由不支付工程竣工结算价款，从第29天起按承包人同期向银行贷款利率支付拖欠工程价款的利息，并承担违约责任。"因此，该司法解释颁布实施之后，实践中出现了很多争议。

为此，最高人民法院随后在《关于如何理解和适用〈最高人民法院关于审理建设工程施工合同纠纷案件适用法律问题的解释〉第二十条的复函》中特别强调，GF99合同文本通用条款第33条的内容不能简单地推论出，双方

---

[1] 参见最高人民法院《关于审理建设工程施工合同纠纷案件适用法律问题的解释》第20条。

当事人已经就发包人逾期回复承包人的竣工结算文件即视为认可该竣工结算文件达成了一致的意思表示,承包人提交的竣工结算文件不能作为工程款结算的依据。

在江西圳业房地产开发有限公司与江西省国利建筑工程有限公司建设工程施工合同纠纷案[①]中,进贤县政府大院开发行政中心建设项目总指挥部(由圳业公司申请设立并经工商登记)分别于2002年9月1日、2003年2月25日、2003年3月10日与国利公司签订了三份《建设工程施工合同》及其《补充协议书》。合同中约定:"发包人收到承包人递交的竣工结算报告及结算资料后28天内进行核实,给予确认或者提出修改意见,发包人收到竣工结算报告及结算资料后28天内无正当理由不支付工程竣工结算价款,从第29天起按承包人同期向银行贷款利率支付拖欠工程价款的利息,并承担违约责任。"在工程结算中,国利公司向圳业公司分别递交了县政府大楼、档案馆、食堂及宾馆的工程决算书。最高人民法院经审理认为,本案当事人只是选择适用了建设部制定的建设工程施工合同格式文本,并没有对发生上述情况下是否以承包人报送的竣工结算文件作为工程款结算依据一事做出特别约定。因此,不能以该格式合同文本中的通用条款第33条第3款之规定为据,简单地推定出发包人认可以承包人报送的竣工结算文件为确定工程款数额的依据,故不予支持国利公司的请求。

但是,最高人民法院同时也指出,适用以送审价为准的前提条件是当事人之间约定了发包人收到竣工结算文件后,在约定期限内不予答复,则视为认可竣工结算文件;承包人提交的竣工结算文件可以作为工程款结算的依据。在地方法院系统,北京市高级人民法院对此类争议也采用了同样的处理原则。因此,可以说,最高人民法院的司法解释并没有完全否定适用关于送审价的规定,而只是对其适用条件进行了明确。而具体到目前现行的四份工程合同,则都对此作了类似的规定,实践中也需要引起合同当事人重视。

2.3.4 固定价款的结算

固定价款是工程合同中常用的价格模式,也是比较容易引起误解和混淆

---

① 江西圳业房地产开发有限公司与江西省国利建筑工程有限公司建设工程施工合同纠纷案,最高人民法院(2006)民一终字第52号民事判决书。

的模式,在工程实务中因此引起的争议也较多。按照最高人民法院《关于审理建设工程施工合同纠纷案件适用法律问题的解释》中的规定,当事人约定按照固定价结算工程价款,一方当事人请求对建设工程造价进行鉴定的,不予支持。①

但是,应当注意的是固定价款并不意味着合同价格不能变更。工程的最终价款能否变更取决于合同履行过程中的不同情况,比如北京市高级人民法院规定,合同双方约定采用固定总价方式结算,如果:(1)在实际履行过程中,因工程发生设计变更等原因导致实际工程量增减,当事人要求对工程价款予以调整的,应当严格掌握,合同对工程价款调整有约定的,依照其约定;没有约定或约定不明的,可以参照合同约定标准对工程量增减部分予以单独结算,无法参照约定标准结算的,可以参照施工地建设行政主管部门发布的计价方法或者计价标准结算。②(2)承包人未完成工程施工,其要求发包人支付工程款,经审查承包人已施工的工程质量合格的,可以采用"按比例折算"的方式,即由鉴定机构在相应同一取费标准下分别计算出已完工程部分的价款和整个合同约定工程的总价款,两者对比计算出相应系数,再用合同约定的固定价乘以该系数确定发包人应付的工程款;当事人就已完工程的工程量存在争议的,应当根据双方在撤场交接时签订的会议纪要、交接记录以及监理材料、后续施工资料等文件予以确定;不能确定的,应根据工程撤场时未能办理交接及工程未能完工的原因等因素合理分配举证责任。③

2.4 以送审价为准的适用

以送审价为准,即在工程结算阶段,承包人按照合同约定向发包人提交工程结算资料后,如果发包人没有按照约定的期限完成审核,则应当以承包人提交的结算报告为准支付工程结算价款。送审价的执行与本章前文中阐述的发包人和监理人应按月审核结算资料密切联系。

---

① 参见最高人民法院《关于审理建设工程施工合同纠纷案件适用法律问题的解释》第22条。
② 参见北京市高级人民法院《关于审理建设工程施工合同纠纷案件若干疑难问题的解答》第11条。
③ 参见北京市高级人民法院《关于审理建设工程施工合同纠纷案件若干疑难问题的解答》第13条。

2.4.1 造价审核的时限

关于工程结算价款的审核期限，原建设部和财政部发布的《建设工程价款结算暂行办法》有较为详细的规定，即：

（1）500万元以下的，从接到竣工结算报告和完整的竣工结算资料之日起20天；

（2）500万元～2000万元，从接到竣工结算报告和完整的竣工结算资料之日起30天；

（3）2000万元～5000万元，从接到竣工结算报告和完整的竣工结算资料之日起45天；

（4）5000万元以上，从接到竣工结算报告和完整的竣工结算资料之日起60天。

当然，在实务中，合同双方既可以援引上述规定，也可以另行约定造价审核的期限，但是，承发包双方都应当注意明确具体的时限，避免出现无审核期限的内容，从而影响工程价款的结算。

2.4.2 承包人对发包人审核的异议

对于工程价款的审核，承发包双方当事人均有权利提出异议，也同样负有按照约定的期限提出异议和答复的义务。比如，13版施工合同规定，承包人对发包人签认的竣工付款证书有异议的，对于有异议部分应在收到发包人签认的竣工付款证书后7天内提出异议，承包人逾期未提出异议的，视为认可发包人的审批结果。[①] 而12版设计施工合同[②]和07版标准合同[③]均规定，承包人对发包人签认的竣工付款证书有异议的，发包人可出具竣工付款申请单中承包人已同意部分的临时付款证书。对于存在争议的部分，则按约定的争议解决条款执行。

2.5 审计决定对工程结算价款的影响

实践中，尽管有造价咨询机构及内部机构的审核，包括传统的结算阶段的造价审核和当前十分普遍的跟踪造价审核，在项目的中期或者结算阶段，

---

① 参见13版施工合同第14.2条。
② 参见12版设计施工合同第17.5.2条。
③ 参见07版标准合同第17.5.2条。

仍然还会遇到国家审计机关、财政评审机构对工程结算价款的行政审计，特别是一些国有资金投资的工程建设项目。审计机关对工程价款做出的行政审计决定与工程当事人之间就工程价款达成的意见之间的不一致实际上凸显了公权力与私权利的冲突。

从法律上来看，国家审计机关和财政评审机构的审计决定是一种行政管理行为，所做出的审计决定是一种具体行政行为，对其不服的，可以提出行政复议。但是，在工程合同这种纯粹的民事合同中，不应当对工程合同当事人之间诸如工程价款等纯民事法律行为进行干预。并且，尤其需要注意的是，即使合同主体一方是政府机关设立的投融资平台，在工程合同中也是与承包人一样的平等主体，对于此类民事合同应区别于行政合同或者公共合同，将权利义务的设定由工程合同的当事人自行约定也将有助于政府职能的转变。

因此，最高人民法院在《关于建设工程承包合同案件中双方当事人已确定的工程决算价款与审计部门审计的工程决算价款不一致时如何运用法律问题的电话答复意见》明确指出："审计是国家对建设单位的一种行政监督，不影响建设单位与承建单位的合同效力。建设工程承包合同案件应以当事人的约定作为法院判决的依据。只有在合同明确约定以审计结论作为结算依据或者合同约定不明确、合同约定无效的情况下，才能将审计结论作为判决的依据。"笔者认为，在工程合同明确约定以审计结论为结算依据的情况下，应当尊重当事人的意思表示。但是，在合同约定不明确或者合同约定无效的情况下，是否应当将审计结论作为判决的依据，也不能一概而论。单纯地将审计结论作为确定最终工程价款的做法也有可能导致更为广泛的行政干预的不利后果。

此外，最高人民法院在《全国民事审判工作会议纪要（2011年）》第25条中也指出，当事人以审计机关做出的审计报告、财政评审机构做出的评审结论，主张变更有效的建设工程施工合同约定的工程价款数额的，不予支持。由此可见，审计机关或者财政机关所做的评审决定或结论并不当然地约束工程合同当事人之间有关结算的约定。

3. 合同无效时的价款结算

按照合同法的一般原理，合同无效或者被撤销后，因该合同取得的财产，应当予以返还；不能返还或者没有必要返还的，应当折价补偿。有过错的一方应当赔偿对方因此所受到的损失，双方都有过错的，应当各自承担相应的责任。据此，如果工程合同被认定为无效或者撤销，那么承包人应当依法返还已经获得的工程价款，但是，由于工程项目的特点，如果要求承包人返还工程价款，显然不符合客观实际，造成资源浪费，也不利于公平的原则。

在这种情况下，予以折价补偿应当是更为合适的解决方案。为此，最高人民法院《关于审理建设工程施工合同纠纷案件适用法律问题的解释》规定，建设工程施工合同无效，但建设工程经竣工验收合格，承包人请求参照合同约定支付工程价款的，应予支持。[①] 如果建设工程施工合同无效，且建设工程经竣工验收不合格的，可由承包人进行修改，如果修复后的工程经竣工验收合格，承包人应当承担修复费用；如果修复后的建设工程经竣工验收不合格，则承包人无权请求支付工程价款。[②]

在杭州建工集团诉郑州布瑞克公司建设工程施工合同纠纷案[③]中，自2003年8月27日至2005年5月26日期间，双方当事人先后就帝湖花园的多层住宅、多层商业用房、别墅工程等项目签署了多份工程施工合同。合同签署后，上述工程均经过验收并通过当地建管部门备案。后双方因工程款争议诉至法院。庭审中，双方对本案建设工程施工合同的签订是否经过招标程序存在争议。杭建公司主张施工合同的签订没有经过招标程序，违反了法律的强制性规定，应被依法确认无效。而布瑞克公司主张本案施工合同签订比较早，社会各界在2003年均未将合同招标作为建设工程施工合同的生效要件，同时有关建设管理部门已对本案的合同进行过备案，且合同也已实际履行完毕，法院现在对合同的效力进行审查不妥。在法院限定的举证期间内，布瑞克公司未提交涉案建设工程施工合同的相关招标证据。

法院经审理后认为：布瑞克公司开发的帝湖花园工程属于商品住宅，系关系社会公众利益、公众安全的公用事业项目。根据《招标投标法》和《工

---

① 参见最高人民法院《关于审理建设工程施工合同纠纷案件适用法律问题的解释》第2条。
② 参见最高人民法院《关于审理建设工程施工合同纠纷案件适用法律问题的解释》第3条。
③ 杭州建工集团有限责任公司诉郑州布瑞克房地产开发有限公司建设工程施工合同纠纷案，河南省郑州市中级人民法院（2009）郑民三初字第858号民事判决书。

程建设项目招标范围和规模标准规定》的相关规定，该类建设工程的施工必须进行招标。诉讼中，杭建公司主张涉案建设工程施工合同的签订没有公开招标，而布瑞克公司亦未能提供有效证据证明施工合同的签订进行过招标程序，故法院确认双方当事人之间签订的多份《建设工程施工合同》及《建筑工程施工合同补充协议书》没有公开招标，违反了法律的强制性规定，应认定合同无效。根据双方当事人提交的竣工验收备案表显示，由杭建公司承建的布瑞克公司帝湖花园工程已全部施工完毕，且工程质量经验收合格，并已交付使用至今。最高人民法院《关于审理建设工程施工合同纠纷案件适用法律问题的解释》第2条规定，建设工程施工合同无效，但建设工程经竣工验收合格，承包人请求参照合同约定支付工程价款的，应予支持。故杭建公司起诉要求布瑞克公司支付工程价款的诉讼请求，依法有据，法院予以支持。

六、工程价款优先受偿权

工程价款优先受偿权是工程合同纠纷中的焦点和难点之一，涉及的法律问题也较多。优先受偿权也是承包人在工程最后阶段能够用来维护自身权益的有效手段。但是，由于理论界和实务界对优先受偿权的法律性质本身亦未达成一致的意见，因此，其在实践中的理解和运用更显得复杂多变。

1. 工程价款优先受偿权的法律性质

根据《合同法》的规定，发包人未按照约定支付价款的，承包人可以催告发包人在合理期限内支付价款。发包人逾期不支付的，除按照建设工程的性质不宜折价、拍卖的以外，承包人可以与发包人协议将该工程折价，也可以申请人民法院将该工程依法拍卖；建设工程的价款就该工程折价或者拍卖的价款优先受偿。[①] 该条规定被认为是工程优先受偿权的依据。尽管《合同法》规定了优先受偿权，但是对其法律性质等问题仍有很多不明确的地方，因而在实践中引起了诸多不同的理解，造成了实践操作的难度。

---

① 参见《合同法》第286条。

首先是对优先受偿权的法律属性存在不同的理解。我国学者对工程价款优先受偿权的法律性质主要有三种观点：第一种观点认为工程价款优先受偿权属于留置权，发包人不按约定支付工程价款，承包人可以留置该工程，并以此折价款优先受偿[①]；第二种观点认为工程价款优先受偿权属于法定抵押权，因为它不以转移标的物的占有为必要，并具有从属性、不可分性、追及性、物上代位性和优先受偿性，符合抵押权的一般特点[②]；第三种观点则认为建设工程优先受偿权属于优先权，具有法定担保物权的性质。[③] 但具体来看，对优先受偿权的定性并未统一，而法律属性的不同，势必造成相关的权利救济方式和途径、法律后果的差异。

最高人民法院也规定法院在审理房地产纠纷案件和办理执行案件中，应当依照《合同法》第286条的规定，认定建筑工程的承包人的优先受偿权优于抵押权和其他债权。[④]该司法解释为优先受偿权在实践中的行使提供了司法指引，但也并没有从本质上解决工程价款优先受偿权的法律属性这一难题。

2. 行使优先受偿权的条件

工程价款优先受偿权的行使应当具备相应的实体和程序条件，《合同法》第286条对此作了相应的规定。但是，不可否认，如同优先权的法律属性一样，关于优先权的行使条件也仍然存在许多有待商榷和探讨的问题。

2.1 权利主体

在工程项目中，工程款的支付不仅涉及施工承包人，还涉及工程设计承包人，以及分包人和供应商等主体。仅就《合同法》第286条的规定而言，优先受偿权的权利主体是否包括了上述全部主体并无具体的规定。比如，即使是对装修工程的承包人的优先受偿权问题，实践中也有不同的观点。为此，最高人民法院不得不专门就此做了批复，明确了装修工程的承包人享有优先

---

① 参见江平主编：《中华人民共和国合同法精解》，中国政法大学出版社1999年版，第233页。
② 参见梁慧星：《合同法第286条的权利性质与适用》，载梁慧星主编：《民商法论丛》（第19卷），金桥文化出版（香港）有限公司2001年版，第375页。
③ 参见王全弟、丁洁：《物权法应确立优先权制度——围绕合同法第286条之争议》，载《法学》2001年第4期。
④ 参见最高人民法院《关于建设工程价款优先受偿权问题的批复》。

受偿权。①这也从另一个方面反映了实践中对于优先权的主体范围存在着较大的分歧。

换个角度来看,《合同法》第 286 条也并没有特别限定优先权的权利主体。工程实务中,设计人也属于承包人的范畴。而在一些指定分包的情况下,实际上是发包人和指定分包人之间的关系,分包人也可以归入承包人的范畴。在总分包合同关系下,如果承包人怠于行使债权,分包人甚至还享有代位权,但分包人是否可以代位行使优先受偿权则又是一个需要进一步探讨的法律问题。

按照目前司法实践,对于上述问题虽无统一规定,但是,一般认为,工程勘察人或设计人就工程勘察或设计费主张优先受偿权的,不予支持。这也意味着,工程设计的承包人被排除在优先受偿权的主体范围之外②;合法分包人、转包和违法分包人、借用资质的实际施工人等也不应享有优先受偿权③。

2.2 权利主张和行使方式

《合同法》规定了承包人行使优先受偿权的方式是可以与发包人协议将该工程折价或将该工程依法拍卖,并就该折价或者拍卖的价款优先受偿。实践中,常见的方式是在诉讼或者仲裁过程中,在起诉和提起仲裁申请时一并提出优先受偿权,并通过司法机构进行拍卖的方式实现。

此外,根据司法实践,承包人也可以通过发函方式主张工程价款优先受偿权。比如,在天成润华公司与中核华兴公司建设工程施工合同纠纷一案④中,双方通过招投标方式就天成国贸中心项目签署一份施工合同,并于 2008 年 2 月 4 日通过验收。2008 年 2 月 2 日,华兴公司与天成公司签订了《工程

---

① 参见最高人民法院《关于装修装饰工程价款是否享有合同法第二百八十六条规定的优先受偿权的函复》。

② 参见广东省高级人民法院《关于在审判工作中如何使用〈合同法〉第 286 条的指导意见》、安徽省高级人民法院《关于审理建设工程施工合同纠纷案件适用法律问题的指导意见》、浙江省高级人民法院执行局《执行中处理建设工程价款优先受偿权有关问题的解答》。

③ 参见深圳市中级人民法院《关于审理建设工程施工合同纠纷案件的指导意见》、安徽省高级人民法院《关于审理建设工程施工合同纠纷案件适用法律问题的指导意见》、广东省高级人民法院《关于在审判工作中如何使用〈合同法〉第 286 条的指导意见》。

④ 天成润华集团有限公司与中国核工业华兴建设有限公司建设工程施工合同纠纷一案,最高人民法院(2012)民一终字第 41 号民事判决书。

款支付计划》，但天成公司未按照此计划付款。5月12日，华兴公司向天成公司、监理单位发出主张优先受偿权的"施工单位工作联系单"，该联系单载明："2008年2月4日对本工程进行了验收，华兴公司现向天成公司提出保留本工程优先受偿权"，天成公司工作人员王丹签收了该联系单。

一、二审法院均认为：华兴公司在施工中采取垫资承建，垫资部分包括工人工资、材料款等其他施工中必要的实际支出费用，符合最高人民法院《关于建设工程价款优先受偿权问题的批复》规定的优先受偿权范围。双方在《1.47亿元施工合同》违约条款中约定，天成公司尚欠工程余款价值的房屋抵押给华兴公司，并按同期银行贷款利率支付拖欠该款利息。且华兴公司于2008年2月4日竣工验收之后，于同年5月12日以"工作联系单"形式主张优先受偿权，该主张在法定期间之内。因此，华兴公司主张天成国贸中心工程的优先受偿权，无论是约定，还是法定，以及实际履行的相关证据，华兴公司主张天成国贸中心工程优先受偿权均应当得到支持。

3. 行使优先权的期限

《关于建设工程价款优先受偿权问题的批复》规定，建设工程承包人行使优先权的期限为6个月，自建设工程竣工之日或者建设工程合同约定的竣工之日起计算。

关于该期限的法律性质，司法解释并没有进一步的说明，但是，结合目前的司法实践，一般的理解都是将期限视为除斥期间，而除斥期间的特点是不适用中止、中断等规则，工程合同的双方当事人也不得另行约定该期限的适用与否，或者改变该期限的长短。但是，不同的地方法院在处理该问题时也有例外和不同的观点。故合同双方需要提前关注。

4. 优先受偿权的范围

关于工程价款优先受偿权，首先需要解决的是承包人是否享有权利的争议。在认定承包人有权行使优先受偿权的前提下，则需要进一步探讨该项权利的范围和外延。《合同法》和《关于审理建设工程施工合同纠纷案件适用法律问题的解释》均没有对此加以界定。为了解决实践中存在的不一致的做法，最高人民法院在《关于建设工程价款优先受偿权问题的批复》中明确规定，建筑工程价款包括承包人为建设工程应当支付的工作人员报酬、材料款等实际支出的费用，不包括承包人因发包人违约所造成的损失。

在纳百川公司与中建土木公司建设工程施工合同纠纷上诉案①中，2006年9月8日，纳百川公司（发包人、甲方）与土木工程公司（承包人、乙方）签订一份《施工承包合同书》，由土木工程公司承建纳百川酒店工程。合同签订后，土木工程公司依约进场施工，在施工过程中，双方因施工管理、工程进度款支付、工程变更、工期延误等问题纠纷不断，矛盾不断升级。2007年11月23日，在肇庆市相关政府机关的协调和见证下，双方签订《补充协议书》，约定"工程结算在退场后一个月内完成；甲方安排施工队伍进场前，应先经由乙方认可的市质监站、定额站等专业机构对已完成的工程量和工程质量进行评估、鉴定；乙方要确保乙方所完成工程的工程质量，并确保该部分工程验收合格，验收过程中发现质量问题而造成返工、修补等情况，由乙方负全责"。12月9日，土木工程公司退场完毕。纳百川公司随即安排新的工程队进场施工，但未依约定对土木工程公司已完成工程的工程量和质量进行评估、鉴定。12月22日，土木工程公司将自行编制的工程结算书送交纳百川公司，纳百川公司签收后未予回复。2008年1月22日，土木工程公司再次发函催促纳百川公司回复。纳百川公司未予回复并于1月25日诉至原审法院。就双方争议的工程价款优先受偿权，原审法院认为，土木工程公司在双方协议退场并移交工程后6个月内向法院提起诉讼，向纳百川公司追讨工程欠款并主张工程价款优先受偿权。依据双方施工承包合同的约定和《合同法》第286条的规定，以及最高人民法院《关于建设工程价款优先受偿权问题的批复》第4条的规定，土木工程公司应当享有工程价款优先受偿权，其该请求有事实和法律依据，应予以支持。关于本案建设工程价款优先受偿权的范围问题，纳百川公司上诉提出，优先受偿权的范围不应包括利息。经广东省高级人民法院二审审理认为，根据最高人民法院《关于建设工程价款优先受偿权问题的批复》第3条的规定，享有优先受偿权不包括承包人因发包人违约

---

① 肇庆纳百川娱乐发展有限公司与中国建筑第六工程局土木工程公司建设工程施工合同纠纷上诉案，广东省高级人民法院（2011）粤高法民一终字第34号民事判决书。

所造成的损失。因此,利息作为本案违约损失不应纳入优先受偿权范围。

另外在实务中,也有地方法院对优先受偿权的行使范围做扩大适用的情形,比如,安徽省高级人民法院就认为,在工程建设过程中,由于发包人的原因导致承包人施工期间停窝工产生的工人工资、设备租赁等费用,承包人将该费用与工程价款一并主张优先受偿权的,应当予以支持。[1]

5. 工程价款优先受偿权的特殊问题

5.1 优先受偿权可否由当事人约定排除适用[2]

在工程实务中,有些发包人会在工程合同中,或者在其他文件中要求承包人承诺放弃工程价款优先受偿权。对于此类合同条款和承诺文件的法律效力,有必要进行分析和探讨。

笔者认为,首先,优先受偿权属于法定的权利,而非可由合同双方自行确定的约定权利,《合同法》也没有关于"双方另有约定除外"或者类似的规定,因此,严格来讲,优先权不应由合同双方当事人自行约定是否适用,就如同法律规定的除斥期间一样。

其次,有观点认为,当事人约定排除优先权,并不影响承包人享有债权,笔者对此表示认同。但是,工程实践中,工程合同双方当事人的地位和角色不同,发包人的首要义务就是支付工程款。发包人未支付工程款,就对承包人负有债务,而优先受偿权则给予承包人债权之外的额外保障。如果双方可以通过合同约定排除适用,而承包人仍然对发包人享有工程款债权,那么是否还有必要专门设立优先受偿权?

最后,在发包人未支付工程款之前,承包人为工程建设投入和承受了大量的资金压力,形成了承包人对分包人、供应商、民工工资等一系列债务,事实上这是承包人在替发包人承担这部分债务。如果允许发包人在合同中约定排除适用优先受偿权,不论是从法律的角度还是从经济的角度,对承包人

---

[1] 参见安徽省高级人民法院《关于审理建设工程施工合同纠纷案件适用法律问题的指导意见(二)》第23条。
[2] 在最高人民法院公布的《关于审理建设工程施工合同纠纷案件适用法律问题的解释(二)(征求意见稿)》中,也对可否由双方当事人约定放弃优先受偿权分别做了不同的描述。

而言都极不公平。更何况，在实践中，如果允许合同双方约定排除适用，那么笔者相信绝对多数的工程合同都会做此安排，那么设立优先受偿权就不会有实质的意义。

5.2 优先受偿权的限制

工程价款优先受偿权虽然优先于抵押权和其他债权，但是，依据《关于建设工程价款优先受偿权问题的批复》的规定，消费者交付购买商品房的全部或者大部分款项后，承包人就该商品房享有的工程价款优先受偿权不得对抗买受人。

另外，各地方法院对限制行使工程价款优先受偿权也有不同的规定。比如，广东省高级人民法院在其《关于在审判工作中如何适用〈合同法〉第286条的指导意见》中就提出：（1）承包人对于其参与建设的学校、幼儿园、医院等以公益为目的的事业单位、社会团体的教育设施、医疗设施和其他社会公益设施，不享有建设工程价款优先受偿权；（2）承包人对因发包人违约所造成的损失主张优先受偿权的，人民法院不予支持；（3）承包人对于因建设工程的使用、出租所产生的收益不得行使优先权。

此外，实务中也有直接针对土地使用权申请优先受偿权的，笔者认为，工程价款优先授权的权利基础是债权，而土地使用权则是物权，两者法律属性完全不一样，因此，以追偿所欠的工程款为由主张土地使用权没有依据。

七、其他与工程价款和支付相关的法律问题

1. 黑白合同的价款支付

最高人民法院规定，当事人就同一建设工程另行订立的建设工程施工合同与经过备案的中标合同实质性内容不一致的，应当以备案的中标合同作为结算工程价款的根据。[①] 该条规定的目的在于解决工程实践中的"黑白合同"或者"阴阳合同"之争。理解上述司法解释的规定，应当注意两个问题：

---

① 参见最高人民法院《关于审理建设工程施工合同纠纷案件适用法律问题的解释》第21条。

（1）该司法解释只是明确了在出现备案合同与非备案合同不一致时的工程价款的处理原则，而并没有对未经备案的合同的效力进行界定；

（2）在处理"黑白合同"的价款问题时，还需要结合工程项目是否经过招投标来考虑。

就"黑白合同"的认定上，有的法院提出，"黑白合同"之间必须存在实质性违背，即中标合同之外的合同必须在工程价款、工程质量和工程期限等方面与中标合同具有实质性背离，而不是一般的合同内容变更；在具体量化"黑白合同"与依法变更合同的界限上，在一定程度上存在着法官的自由裁量权，需要法官正确把握裁量的标准；"白合同"是依据招标投标这一法定形式确认，即使当事人双方请求按照"黑合同"结算工程款，"黑合同"也可能是当事人的真实意思表示，但由于"黑合同"内容规避法律规定、合同形式不合法，不能代替"白合同"的效力。[①]北京市高级人民法院也规定，招投标双方在同一工程范围下另行签订的变更工程价款、计价方式、施工工期、质量标准等中标结果的协议，应当认定为实质性内容变更；中标人做出的以明显高于市场价格购买承建房产、无偿建设住房配套设施、让利、向建设方捐款等承诺，亦应认定为变更中标合同的实质性内容；备案的中标合同实际履行过程中，工程因设计变更、规划调整等客观原因导致工程量增减、质量标准或施工工期发生变化，当事人签订补充协议、会谈纪要等书面文件对中标合同的实质性内容进行变更和补充的，属于正常的合同变更，应以上述文件作为确定当事人权利义务的依据。[②]

此外，最高人民法院《关于审理建设工程施工合同纠纷案件适用法律问题的解释》虽然规定了工程款的结算以备案合同为准，但是对合同履行过程中双方签署的补充协议、备忘录等涉及原合同实质性条款的过程性文件是否属于合法的变更，是否必须备案，以及如果不备案，这些文件能否成为结算的依据也并没有作出具体规定，实践中存在不同的理解和争议。

[①] 参见山东省高级人民法院《关于建设工程施工合同纠纷会谈纪要》。
[②] 参见北京市高级人民法院《关于审理建设工程施工合同纠纷案件若干疑难问题的解答》第16条。

2. 备案合同的价款结算和支付

在前文中阐述的"黑白合同"或"阴阳合同"的问题,仅适用于那些必须进行招标投标的工程合同。而对于那些不是必须进行招标投标项目的工程是否也必须以备案的合同作为结算的依据,实务和司法中有不同的理解和做法。

笔者认为,虽然工程合同未经批准、登记和备案并不影响工程合同的效力,但还是会在一定程度上影响到合同价款的结算。一方面,对于工程合同的备案更多的是基于行政管理的需要,并非所有的合同都需要进行备案,也并非所有的备案合同必然具有优先适用性,对于那些不属于强制招标投标范围和规模标准的工程合同,是否备案应当属于当事人自由意志的范畴;即使进行了备案,如果实际履行的合同与备案合同不一样,也仍然按照当事人实际履行的工程合同为准。另一方面,在当事人就同一工程项目签订了两份合同的情况下,如果实际履行的工程施工合同与经过备案的中标合同实质性内容不一致,需要视该项目是否必须招标投标而有所区别,如果是必须招标的项目,应当以备案的合同作为结算工程价款的根据;如果是某些非必须进行招标的建设工程项目,则不宜直接以备案合同作为合同价款的结算依据。

北京市高级人民法院规定,必须进行招标的建设工程,或者未规定必须进行招标的建设工程,但依法经过招标投标程序并进行了备案,当事人实际履行的施工合同与备案的中标合同实质性内容不一致的,应当以备案的中标合同作为结算工程价款的依据;法律、行政法规规定不是必须进行招标的建设工程,实际也未依法进行招投标,当事人将签订的建设工程施工合同在当地建设行政管理部门进行了备案,备案的合同与实际履行的合同实质性内容不一致的,应当以当事人实际履行的合同作为结算工程价款的依据。[①] 而安徽省高级人民法院则认为,如果该工程不属于必须招标投标的项目,当事人举证证明备案合同系双方真实意思表示或者实际履行的合同的,可以备案合同的约定确定工程价款;不属于依法必须招标的建设工程,发包人与承包人又另行签订并实际履行了与备案中标合同不一致的合同,当事人请求按照实际

---

① 参见北京市高级人民法院《关于审理建设工程施工合同纠纷案件若干疑难问题的解答》第15条。

履行的合同确定双方权利义务的,应当予以支持。①

在临潼建工与恒升地产建设工程施工合同纠纷案②中,2003年3月10日,临潼建工依约进场施工。9月10日,双方签订《建设工程施工合同》。2004年4月5日,工程因未经招标而遭受行政处罚,恒升公司即委托临潼公司张安明补办了工程报建手续,双方所签合同已经备案。备案合同第29-3条约定"本工程为乙方垫资工程,以实结算,实做实收,按工程总价优惠8个点,工程结算以本合同为准"。而双方当事人持有的合同无此条款。

最高人民法院经审理后认为,《关于审理建设工程施工合同纠纷案件适用法律问题的解释》第21条关于"当事人就同一建设工程另行订立的建设工程施工合同与经过备案的中标合同实质性内容不一致的,应当以备案的中标合同作为结算工程价款的根据"的规定,是指当事人就同一建设工程签订两份不同版本的合同,发生争议时应当以备案的中标合同作为结算工程价款的根据,而不是指以存档合同文本作为结算工程价款的依据。恒升公司提交的备案合同文本上的第29-3条款是恒升公司何西京书写的,没有证据证明该条款系经双方当事人协商一致,故应当以一审举证期限届满前双方提交的同样内容的《建设工程施工合同》文本作为本案结算工程款的依据。

3. 工程价款支付的抗辩

作为发包人,在对抗承包人的工程支付款请求时,最常见的抗辩理由就是质量问题和工期延误,相对来讲,这也是承包人履行工程合同中最容易出现问题的地方。

3.1 以质量缺陷和保修责任抗辩工程款支付

在目前的法律环境下,工程项目的质量是确定双方权利的基础,不论是合同无效后的价款支付,还是合同有效时的价款支付,还是优先受偿权,都以质量合格作为前提条件。如果工程质量不合格,承包人的工程款请求权将

---

① 参见安徽省高级人民法院《关于审理建设工程施工合同纠纷意见案件适用法律问题的指导意见》(一)和(二)。
② 西安市临潼区建筑工程公司与陕西恒升房地产开发有限公司建设工程施工合同纠纷案,最高人民法院(2007)民一终字第74号民事判决书。

很难得到支持。根据所处的工程阶段的不同，竣工质量责任和保修责任将分别对应竣工结算款和质量保证金的支付。

在小田公司与深圳建安公司建设工程施工合同纠纷上诉案①中，小田公司与深圳建安公司于2004年3月8日签订《建设工程施工合同》，深圳建安公司于2004年3月27日正式开工。2005年3月29日，深圳建安公司向小田公司送交竣工验收报告。2005年4月4日，小田公司组织深圳建安公司、勘察单位、设计单位、监理单位以及监督单位中山市质检站小榄分所等单位进行竣工验收，验收结论为合格。同日，相关各方召开竣工验收会议，确认工程质量为合格，但提出承包商尚需完成有关工程质量缺陷的整修工作。参加验收人员确认本工程自2005年4月5日起进入工程质量保修期。当日下午，深圳建安公司与小田公司办理正式移交手续。2005年8月17日、25日，深圳建安公司先后两次书面致函小田公司，要求结算和支付工程款。小田公司未予答复并于9月14日向原审法院提起诉讼。11月28日，深圳建安公司提起反诉，要求支付工程款。

案件经二审法院审理认为：《合同法》第279条规定："建设工程竣工后，发包人应当根据施工图纸及说明书、国家颁发的施工验收规范和质量检验标准及时进行验收。验收合格的，发包人应当按照约定支付价款，并接收该建设工程。建设工程竣工经验收合格后，方可交付使用；未经验收或者验收不合格的，不得交付使用。"涉案工程经验收合格并交付小田公司使用，深圳建安公司已履行了施工及交付合同工程的主要义务，小田公司建筑和使用合同工程的合同目的已经实现。至于深圳建安公司应承担的保修义务，与小田公司依照合同支付工程款没有关系。《中华人民共和国合同法》第6条规定："当事人行使权利、履行义务应当遵循诚实信用原则。"小田公司在深圳建安公司已经履行主要义务且其合同目的已经实现的情况下，以深圳建安公司尚未履行工程保修及协助提供验收资料等附随义务为由，拒绝履行其支付工程款的主要义务，有违诚实信用原则。原审判决小田公司先向深圳建安公司付清尚欠工程，深圳建安公司再对存在质量瑕疵的工程项目予以维修或者返修，

---

① 小田（中山）实业有限公司与深圳市建安（集团）股份有限公司建设工程施工合同纠纷上诉案，广东省高级人民法院（2009）粤高法民一终字第223号民事判决书。

并无不当。小田公司上诉主张其在深圳建安公司实际消除涉案工程尚存的质量瑕疵之前有权拒绝支付工程款，于法无据，法院不予支持。

3.2 以工期延误抗辩工程款支付

工期延误是工程款支付的另一常见抗辩理由。工程合同中一般都会规定工期延误的损害赔偿金，因此，在出现工期延误时，发包人可以运用误期损害赔偿条款作为支付工程款项的相应抗辩。就工期延误及其赔偿涉及法律、经济和技术等综合因素的考虑，本书将专章阐述。但作为工程款支付请求的抗辩，发包人应当注意的是工期延误必须客观存在，而非预期的、可能会产生工期延误的事实。

3.3 工程款支付请求权抗辩的限制

如本书前文所述，双务性以及相互协助是工程合同的显著特征。根据合同有关同时履行抗辩、先履行抗辩、后履行抗辩的规定在工程合同的履行中都会有不同程度的反映和体现。但是，这些权利的行使也需要受到一定的限制，通常来讲，如果不是实质性的影响，或者是发包人自身的过错，一般不能作为抗辩的理由，尤其是作为工程款支付抗辩理由的情况下。比如，北京市高级人民法院就规定，建设工程施工合同约定工程竣工验收合格后再支付工程款，发包人收到承包人提交的工程竣工验收资料后，无正当理由在合同约定期限或合理期限内未组织竣工验收，其又以工程未验收为由拒绝支付工程款的，不予支持；除另有约定外，发包人以承包人未移交工程竣工资料为由拒绝支付工程款的，不予支持。[①] 因此，发包人在行使工程款支付请求抗辩权时，应当注意具体权利的行使条件。

3.4 债务抵销

工程款支付请求的抗辩还包括债务抵销。工程合同中，如果承包人对发包人负有赔偿金、违约金等给付义务，而发包人对承包人负有到期的未付工程款时，则发包人有权，承包人也有权主张进行债务抵销，从而以各自的债权充当债务的清偿。

---

① 参见北京市高级人民法院《关于审理建设工程施工合同纠纷案件若干疑难问题的解答》第23条。

对于债务抵销，在工程实践中需要注意的是，首先，抵销权属于形成权，不需要对方的同意，因此，在行使抵销权时需要具备可以抵销的债务。其次，鉴于工程合同履行的特殊性，债务抵销一般应限定在金钱给付义务上，对于发包人和承包人应当按照合同各自履行的作为或者不作为的义务，不适用于债务抵销，否则，将会影响合同的履行，不利于工程建设的顺利进展。

第七章 工 期

一、概述

工期对于工程建设项目的重要性不言而喻。"时间就是金钱"（time is money）的说法用在工程项目的建设中一点都不为过。工期管理也是国际工程界极其关注的内容之一，与造价、质量构成工程管理的铁三角。工期目标的顺利实现对于后期的租售、运营至关重要，也是关系到资金回笼的关键因素之一。

在工期管理中，进度计划及其实施既是重中之重，同时也是焦点和难点之一，对进度计划的法律属性、分析方法等技术操作等都存在有待探讨和有待改进的方面。由此，使得因工期的控制和进度计划的实施引发的争议也变得更为纷繁复杂。实务中常见的纠纷就是承包人和发包人在计划进度和实际进度不符合时如何兼顾双方的权利和义务的问题。从这个角度来看，合理编制、实际履行进度计划是保证按期竣工和工程进度具体执行的关键条件。

从字面上来看，工期是指承包人完成合同项下全部工作内容的合理期限；从法律的角度来看，工期也就是承包人履行合同义务的期限。细心的读者可能会发现，在实务中，前者往往只计算到竣工之日，而后者则截止到缺陷责任期或者质量保修期满之日。

此外，基于开工日期、工期延误、顺延、竣工日期界定、赶工、停工、施工降效、同期延误、时差及归属等诸多因素引起的一系列问题都是解决工期法律争议的焦点，实际上也是工程项目建设中工期管理的重点和难点。

二、工程开工

关于工程开工，有一系列的法律和管理问题需要处理。比如开工的条件、施工的许可、开工日期的确定、开工日期的延迟都会涉及业主和承包人的权利和义务，管理和解决好工程开工的相关事宜有助于工程后续的顺利进行。

1. 开工日期

开工日期即合同工程开始工作的日期，也是计算工程工期的起算日。尽管工程合同中写明了工程的开工日期，但是实践中，合同约定的开工日期多数都是预计的开工日期，与实际开工日期存在一定的差距。实践中工程开工通常以开工通知记载的日期为准。以现行的 07 版标准合同[①]、11 版总承包合同[②]、12 版设计施工合同[③]、13 版施工合同[④]，开工日期也多是约定以监理人发出的开工通知中写明的日期为准。

此外，在司法实践中，部分法院也为开工日期的确定提供了认定的规则，比如北京市高级人民法院认为工程施工合同实际开工日期的确定：（1）一般以开工通知载明的开工时间为依据；（2）因发包人原因导致开工通知发出时开工条件尚不具备的，以开工条件具备的时间确定开工日期；（3）因承包方原因导致实际开工时间推迟的，以开工通知载明的时间为开工日期；（4）承包人在开工通知发出前已经实际进场施工的，以实际开工时间为开工日期；（5）既无开工通知也无其他相关证据能证明实际开工日期的，以施工合同约定的开工时间为开工日期。[⑤]

2. 开工条件

2.1 开工条件的界定

按照现行法律、法规、规章的规定，对于满足哪些条件属于符合开工条件并没有统一明确的规定，具体应视工程性质和项目特征加以区别。但是，从工程实践来看，通常情况下，房建和市政工程的开工应当满足一些基本的条件，比如项目征地、拆迁和施工场地三通一平已完成、基础资料等已提供，

---

① 参见 07 标准合同第 1.1.4.2 条。
② 参见 11 版总承包合同第 1.1.34 条。
③ 参见 12 版设计施工合同第 1.1.4.2 条。
④ 参见 13 版施工合同第 7.3.2 条。
⑤ 参见北京市高级人民法院《关于审理建设工程施工合同纠纷案件若干疑难问题的解答》。

工程合同已签署，施工许可证已办理，项目主体工程具备连续施工条件。而按照相关规定，水利工程开工条件则包括项目法人已设立，初步设计已批准，施工详图设计满足主体工程施工需要，建设资金已落实，主体工程施工、监理单位已按规定选定并依法签订了合同，工程阶段验收、竣工验收主持单位已明确，质量安全监督手续已办理，主要设备和材料已落实来源，施工准备和征地移民工作满足主体工程开工需要等。

再者，13版施工合同中也明确规定，发包人应当在开工前向承包人移交施工现场，并给予承包人准备时间[①]，提供施工现场及工程施工区域毗邻区的地下管线、气象水文资料、地质勘测资料和地下工程等基础资料[②]，如果缺少这些条件，工程施工将面临不确定因素，即使承包人勉强同意开工，发包人也会在后续面临索赔的风险。对于此类风险，不论是发包人还是承包人都需要重视，作为发包人尽可能在项目前期做好准备，提前提供施工现场和条件，对于承包人而言，在发包人不能提供施工条件的情况下，也应该书面告知发包人，并做好内部的履约管理和风险防控。

2.2 施工许可证制度和开工

施工许可证制度是政府主管机关对房屋和市政等工程建设项目的施工进行监管的重要手段之一和特有的许可制度。依据《建筑法》的规定，工程建设项目在开工之前应当依法申办施工许可证。[③]《建筑工程施工许可管理办法》进一步明确规定，对于应当申请领取施工许可证的建筑工程未取得施工许可证的，一律不得开工。[④]

2.2.1 施工许可证的适用范围

目前实施的《建筑工程施工许可管理办法》系由住房和城乡建设部制定颁布，而在中国，各类型的工程项目分别由不同的行政主管机关监管，因此，上述管理法规是否适用于所有的工程建设项目暂无统一的规定。

---

① 参见13版施工合同第2.4.1条。
② 参见13版施工合同第2.4.3条。
③ 参见《建筑法》第7条。
④ 参见《建筑工程施工许可管理办法》第4条。

2.2.1.1 房建和市政工程项目

应当注意的是，《建筑法》的调整范围仅涉及各类房屋建筑及其附属设施的建造和与其配套的线路、管道、设备的安装活动。[①]《建筑工程施工许可管理办法》也明确了，在中华人民共和国境内从事各类房屋建筑及其附属设施的建造、装修装饰和与其配套的线路、管道、设备的安装，以及城镇市政基础设施工程的施工，建设单位应当在开工前申领施工许可证。

2.2.1.2 其他工程建设项目

按照《建筑法》第2条关于其适用范围的规定和《建筑工程施工许可管理办法》第3条的上述规定，除了房建及其配套的设施的建造活动外，对于其他工程项目的建设，并没有办理施工许可证的强制要求，由此推知，与施工许可证有关的规定、制度未必都适用于非房建项目。同理，对于同样需要施工许可证的工程，其颁发许可的行政主管机关也未必都是住建部门。

但是，《建筑法》第81条同时也规定："本法关于施工许可……的规定，适用于其他专业建筑工程的建筑活动，具体办法由国务院规定。"据此，其他专业建筑工程，如铁路、公路、机场、港口、通信线路等工程项目的建筑活动，也需要遵守《建筑法》关于工程施工许可证制度的规定，比如，《公路法》规定，公路建设项目的施工，须按国务院交通主管部门的规定报请县级以上地方人民政府交通主管部门批准。[②] 在工程实务中，公路项目的施工也会办理施工许可证，但是各地的做法存在差异性。

至于其他诸如铁路工程项目建设、水利工程项目建设是否必须办理施工许可证，各主管部门和各地政府也有不一样的做法。如2013年5月15日，国务院印发《关于取消和下放一批行政审批项目等事项的决定》（国发〔2013〕19号），取消了水利部实施的水利工程开工审批，水利工程具备开工条件后，由项目法人自主确定工程开工。因此，笔者认为，发包人有必要事前进行调研，以便确定申办施工许可证是否工程施工的前提条件之一。

2.2.2 申领施工许可的例外

《建筑法》规定，国家规定限额以下的小型工程外，可以不需要办理施工

---

① 参见《建筑法》第2条。
② 参见《公路法》第25条。

许可证。① 依据《建筑工程施工许可管理办法》确定的标准，小型工程是指工程投资额在 30 万元以下或者建筑面积在 300 平方米以下的建筑工程。② 另外，抢险救灾工程、临时性建筑工程、农民自建两层以下（含两层）住宅工程，属于按国务院规定批准开工报告的建筑工程，也不需另行办理施工许可手续。③ 除此之外，发包人不得将应该申请领取施工许可证的工程项目分解为若干限额以下的工程项目，规避申请领取施工许可证。

尽管办理施工许可证不影响工程合同的效力，但是，对于不符合开工条件的项目，如果发包人没有取得施工许可证，或者为规避办理施工许可证将工程项目分解后擅自施工的，则将会被有管辖权的行政主管机关责令停工④，而一旦停工，不论对发包人还是承包人，都会造成不同程度的不利影响。

2.2.3　申领施工许可证的条件

《建筑法》第 8 条规定了申请领取施工许可证的条件，结合《建筑工程施工许可管理办法》的相关规定，具体包括：（1）已经办理该建筑工程用地批准手续，也即《建设用地规划许可证》；（2）在城市规划区的建筑工程，已经取得规划许可证，即《建设工程规划许可证》；（3）需要拆迁的，其拆迁进度符合施工要求；（4）已经确定建筑施工企业，具体来说，这是指按照规定应当招标的工程没有招标，应当公开招标的工程没有公开招标，或者肢解发包工程，以及将工程发包给不具备相应资质条件的企业的，所确定的施工企业无效；（5）有满足施工需要的施工图纸及技术资料；（6）有保证工程质量和安全的具体措施，也就是说施工企业编制的施工组织设计中有根据建筑工程特点制定的相应质量、安全技术措施。建立工程质量安全责任制并落实到人。专业性较强的工程项目编制了专项质量、安全施工组织设计，并按照规定办理了工程质量、安全监督手续；（7）建设资金已经落实，即建设工期不足一年的，到位资金原则上不得少于工程合同价的 50%，建设工期超过一年的，到位资金原则上不得少于工程合同价的 30%。建设单位应当提供本单

---

① 参见《建筑法》第 7 条。
② 参见《建筑工程施工许可管理办法》第 2 条。
③ 参见《建筑法》第 83 条。
④ 参见《建筑工程施工许可管理办法》第 12 条。

位截至申请之日无拖欠工程款情形的承诺书或者能够表明其无拖欠工程款情形的其他材料,以及银行出具的到位资金证明,有条件的可以实行银行付款保函或者其他第三方担保。

如本书在前面章节中提到,是否取得《建设工程规划许可证》和《建设用地规划许可证》对工程合同的效力会有不同的影响,除此之外,作为申请办理施工许可证的前提条件,上述两类许可证也不可或缺。

2.2.4 施工许可证的申领主体

依据《建筑法》的规定,建设单位,通常情况下即发包人,应当在开工前向项目所在地的建设行政主管机关申请办理施工许可证。[①] 如果没有施工许可证,发包人有可能被处以罚款、责令停工等,进而会因此影响工期,而工期延误的责任则由发包人承担。

2.2.5 施工许可证与开工日期

施工许可证与开工日期具有一定的关系,但是,施工许可证记载的日期是否就是开工日期,也存在不同的看法。笔者认为应该区别不同的情形确定,在没有开工令或开工通知的情况下,如果签发施工许可证时,已经具备了开工条件,那么施工许可证记载的时间应当作为开工日期。反之,如果不具备开工条件,那么施工许可证记载的时间与开工日期并无实质关系。可以说,施工许可证是作为证明开工日期的一个有效证据,但却未必是唯一和正确的证据。

在中成公司等与红富士公司建设工程施工合同纠纷上诉案[②]中,德威公司与中成公司于2006年10月16日签订《建设工程施工合同》一份,明确由中成公司承接德威公司位于闵行区梅陇镇永联村景联路景洪路口的新建厂房及辅助用房工程,工程内容为1某、2某厂房,3某、4某、5某、6某辅助用房共六幢单体和室外总体工程,总建筑面积为70 833平方米。在合同工期条款中,双方约定开工日期2006年10月17日、竣工日期2007年11月1日。合同工期总历天数375天。总工期包含专业分包单位的工期,如专业分包单位

---

① 参见《建筑法》第7条。
② 浙江中成建工集团有限公司等与上海红富士家纺有限公司建设工程施工合同纠纷上诉案,上海市高级人民法院(2012)沪高民一(民)终字第16号民事判决书。

不能按期完工，计入总承包工期，由总承包人承担责任。其中1某、3某、4某三幢单体要求195天完成（包括相应的室外配套工程）。全部项目在375天内完成。工程竣工一次验收达到合格，其中2某楼达到市优质结构工程。

施工期间，德威公司与中成公司于2006年12月9日签订补充协议一份，对总包合同作以下调整：原合同约定的先造1某、3某、4某房，现调整为先造1某、6某房，工期和竣工交付日均按原合同约定的时间。中成公司还申请对1某、2某、6某施工工期延长，在2007年4月10日的会议纪要中，德威公司确定1某楼因水磨石施工周期较长，同意1某楼延长合同工期30天。德威公司出具给中成公司的书面函中，同意2某楼市优质结构改为4某楼。4某楼已获得2007年度上海市建设工程优质结构奖。

中成公司施工完成后，德威公司于2007年12月6日向闵行区质监站报批竣工验收，在通知书中定于12月10日组织竣工验收。中成公司在2007年12月10日竣工验收后将厂房交付德威公司，德威公司自己使用部分厂房，其余厂房用于出租，还对厂房进行了装潢。

根据双方签署盖章的建设工程开工报告记载，1—6某的开工时间为2006年12月18日。1某生产厂房竣工日期为2007年7月30日；2某生产厂房竣工日期为2007年10月15日；3某、4某、5某辅助用房竣工日期为2007年12月7日；6某辅助用房竣工日期为2007年7月30日。在中成公司的工程进度款申请表中，监理单位审核确认：1某、6某于2007年8月6日通过竣工验收；其余楼号于2007年12月10日通过验收。该施工项目还于2008年5月16日通过竣工验收备案。后双方因争议而诉至法院。

上海市高级人民法院经审理后认为，双方合同虽然约定开工日期为2006年10月17日，但合同同时也约定了德威公司须于开工前办理完毕规划许可证、施工许可证和中标通知书等相关文件，故原审法院认定以德威公司全部办出施工许可文件的2006年12月18日为本案系争工程开工时间，并无不当。系争厂房项目于2007年12月10日竣工验收后交付德威公司使用，德威公司自己使用部分厂房，其余厂房用于出租，还对厂房进行了装潢。虽然系争工程后来还于2008年5月16日进行了竣工验收备案，但原审法院认定实际竣工时间为2007年12月10日正确，德威公司要求以竣工备案日期为竣工时间，与事实不符，本院不予采信。

2.3 进场和开工日期

通常情况下，只有具备了开工条件，承包人才能进场施工，但是在实践中，由于工期紧张、工程形象需要等各种原因，承包人往往会在不具备开工条件的情况下就提前进场，并在进场后进行一些前期的施工准备工作。有观点认为，在这种情况下，工程就属于开工状态，工程的开工日期也应从承包人进场之日，或者实施施工准备之日起算。

对此，笔者认为，单纯的进场并不意味着工程开工，而且，即使是进行施工前的准备工作，也不应直接认定为工程已开工。因为从逻辑上讲，即使是具备开工条件的项目，在发包人发出正式开工通知前，也需要承包人提前进场进行施工准备，如果将承包人进场的时间，或者进场后的施工准备等活动作为确定开工日期的标准，那么有关开工令和开工通知的约定就完全没有存在的必要。因此，即使是提前进场，也仍然应当在具备开工条件的情况下，以开工令或开工通知为准。

当然，对于承包人提前进场施工的行为，并不是说没有风险，如果没有相反证据，在不具备开工条件而进场施工的行为，有可能成为认定开工日期的证据之一。

2.4 开工通知和开工日期

尽管工程合同都会约定开工日期，但是，在工程实践中，实际的开工日期大多会与合同约定的开工日期有所出入。在这种情况下，一般来讲，正式的开工日期会以开工通知或开工令等确定的日期为准。因此，实践中，承发包双方就有必要注意和处理开工通知和开工日期的关系。

实务中还有一种情况，有些建设项目为了需要，会提前举行一些开工仪式，以表示工程"实际开工"。对于此类涉及工程开工日的活动，承包人也应当加以注意和重视，避免出现实际没有开工、不具备开工条件的情况，仅仅因为形式上的开工，而承担工期风险和不利的后果。

浙江省高级人民法院明确规定，建设工程施工合同的开工时间以开工通知或开工报告为依据。如果开工通知或开工报告发出后，仍不具备开工条件的，则应当以开工条件成就时间确定开工日期。如果没有开工通知或开工报告的，应以实际开工时间确定。

此外，就工程合同约定来看，13版施工合同规定，发包人应按照法律规定获得工程施工所需的许可。经发包人同意后，监理人发出的开工通知应符合法律规定。监理人应在计划开工日期7天前向承包人发出开工通知，工期自开工通知中载明的开工日期起算。[①] 07版标准合同也规定，监理人应在开工日期7天前向承包人发出开工通知。监理人在发出开工通知前应获得发包人同意。工期自监理人发出的开工通知中载明的开工日期起计算。[②]

2.5 开工日期的推迟

如前所述，工程合同确定的开工日期通常只是一个暂定的时间，称为计划开工日期。具体能否按照合同既定的时间开工，则取决于多种因素，这其中既有来自于承包人的原因，也有来自于作为发包人的业主的原因。如果因为主观或者客观的原因导致工程不能按照预定的日期开工，那么相应的就需要顺延开工工期。

比如，13版施工合同规定，因发包人原因造成监理人未能在计划开工日期之日起90天内发出开工通知的，承包人有权提出价格调整要求，或者解除合同。发包人应当承担由此增加的费用和（或）延误的工期，并向承包人支付合理利润。[③] 11版总承包合同对设计工作和施工工作的开工日期延误分别作了规定，对于因发包人原因造成设计开工日期延误的，设计开工日期和工程竣工日期相应顺延，给承包人造成经济损失的，应支付相应费用；如果因承包人的原因造成设计开工日期延误的，则承包人应当自费赶上。[④] 由此可见，对于开工日期的推迟造成的责任和损失，仍然应当秉承过错责任，即"谁的过错谁承担"的原则。

3. 现场条件对工期的影响

工程现场对于工程项目的设计、施工的重要性和影响不言而喻，因此，

---

① 参见13版施工合同第7.3.2条。
② 参见07版标准合同第11.1.1条。
③ 参见13版施工合同第7.3.2条。
④ 参见11版总承包合同第4.2.3条。

一般情况下，承包人在投标报价前，都会进行现场踏勘，以便合理地预计现场对施工的影响、可能遇到的不利地下条件等，以便合理地评估风险及其费用。现场条件对工期的影响主要包括两个方面，一是投标和签署合同前根据工程现场踏勘的情况确定的工程工期和风险费，二是工程合同实施过程中由于现场条件及其变化可能造成的施工困难和工期延长。

而除此之外，现场条件对于开工日期也有或多或少的影响。在现场开工条件不具备的情况下，比如拆迁未完成、"三通一平"等前期工作未完成等都会影响承包人的如期进场施工，在这种情况下，即使有监理人的开工令，工程的开工日期也应当顺延至后。

4. 开始工作和开始施工

与单一的施工合同、设计合同不同，在采用设计—施工一体化模式的工程中，开工不仅仅是指工程施工，可能还意味着设计工作的开始。因此，11版总承包合同和12版设计施工合同条件都分别规定了开始工作日期和开始施工日期两个概念，用于区分工程设计和工程施工这两项承包人都应完成的工作内容。

4.1 设计工作的开始

设计工作的开始日期由合同双方约定或确定。比如《建设工程设计合同示范文本（专业建设工程）》（GF.2015.0210）（以下简称15版专业工程设计合同）规定，发包人一般应在计划开始设计日期7天前向设计人发出开始工作通知，工程设计周期自通知中载明的开始日期起算；设计人应当在收到发包人提供的工程设计资料及定金或预付款后，开始工程设计工作。[1] 而按照11版总承包合同的规定，则直接以承包人收到发包人提供的项目基础资料、现场障碍资料，以及预付款收到后的第5日作为设计开工日期。[2] 由此可见，相比较施工工作而言，设计工作的开始以发包人支付定金或预付款为前提，这为设计人开展工作提供了较为有利的条件。

---

[1] 参见15版专业工程设计合同第6.2条。
[2] 参见11版总承包合同第4.2.2条。

4.2 设计工作开始的推迟

正如前所述，如同施工工作的开始一样，设计工作也需要一定的前提条件，如果发包人未能依约提供设计基础资料、现场障碍资料等相关资料，或未按照约定时间支付预付款金额，造成设计开工日期延误的，那么设计的开工日期和工程竣工日期则相应顺延，并应当赔偿由此给承包人造成的经济损失；如果因承包人原因造成设计开工日期延误的，则需自费赶上。在15版专业工程设计合同中也同样规定，因发包人原因未按计划开始设计日期开始设计的，发包人应按实际开始设计日期顺延完成设计日期。[①] 从上述规定和实践来看，就设计工作开始日的推迟，多数是因为发包人未能依约提供设计条件造成，因此，发包人需要注意因提供基础资料不全或不及时带来的风险。

三、工程竣工

从工程流程上看，工程竣工合格意味着承包人、设计人完成了工程合同约定的工作内容，而业主则可以接收工程项目，工程的风险也转由承包人承担，伴随着竣工，工程也开始进入缺陷责任期和质量保修期。因此，确定竣工日期事关发包人和承包人双方的重大权利义务，需要特别关注。

1. 竣工日期的法律问题

竣工日期是承包人完成全部合同工作的时间，一般来说，工程合同，甚至是在工程招标文件中都有涉及竣工日期的内容，但是，可以肯定的是，绝大多数的工程项目都不是在合同约定的竣工日期完成竣工的。由此产生了竣工日期的确定、竣工日期延后的责任认定等问题和争议，因此，如何确定竣工日期就成为摆在业主和承包人之前的前提和难题之一。

1.1 实际竣工日

工程项目的特点之一在于其过程中的变更，虽然工程合同中约定竣工日期，但是实践中，约定的竣工日期绝大多数都会往后推迟，因此，确定实际

[①] 参见15版专业工程设计合同第6.3.1条。

竣工日则是进一步确定承包人是否延误工期、计算误期违约金的重要基准日期。

最高人民法院在《关于审理建设工程施工合同纠纷案件适用法律问题的解释》中规定，当事人对建设工程实际竣工日期有争议的，按照以下情形分别处理：（1）建设工程经竣工验收合格的，以竣工验收合格之日为竣工日期；（2）承包人已经提交竣工验收报告，发包人拖延验收的，以承包人提交验收报告之日为竣工日期；（3）建设工程未经竣工验收，发包人擅自使用的，以转移占有建设工程之日为竣工日期。①

尽管有上述规定，但由于司法解释并没有对何为"擅自使用"做出解释，因此，实践中会对此产生不同的理解。此外，对于如何认定"竣工验收合格之日"司法解释并无规定，实践中一般多是以业主、设计、监理和承包人四方在竣工验收单上签字确认的时间为准。② 但是，由于竣工备案制度在工程项目中的普遍适用性，因此不排除有些项目以备案作为竣工日期。

1.2 实质性竣工

笔者注意到，在上述关于质量保修期的起算时间上，提到了实际竣工日的概念。关于实际竣工日，国内现行的法律法规并无明确的概念性的规定，最高人民法院在其司法解释中通过列举的方式对可以认定为实际竣工日的情形作了规定。对于这一点，可以关注其与国际工程项目中的实质性竣工的联系和区别。理解英国法中的"竣工""实质性竣工"也有助于理解国内工程项目实践中对于确定竣工日期的规则和意义。

在英国法中，关于何谓"竣工"主要取决于在合同中的描述，并且竣工与否也经常与承包人的义务和责任密切相关。比如，工程一旦竣工，业主和工程师就不能再发布变更指令。③ 按照一般的规则，虽然工程项目竣工但是没有符合合同的约定，承包人将无权获得支付。④ 因此，有些标准化的工程合同会对竣工的标准进行明确的界定，比如以达到约定的技术要求、通过测试等

---

① 参见最高人民法院《关于审理建设工程施工合同纠纷案件适用法律问题的解释》第4条。
② 参见北京市高级人民法院《关于审理建设工程施工合同纠纷案件若干疑难问题的解答》第25条。
③ TFW Printers Ltd v. Interserve Project Services Ltd. [2006] EWCA Civ. 875.
④ Bolton v. Mahadeva [1972] 1 W. L. R 1009.

为依据,而有一些工程合同,比如 ICE 合同,则是约定以"实质性竣工"作为衡量的标准。

尽管目前法律还没有明确地对实质性竣工的含义作出规定,但在一些工程合同争议案例中,高等法院和上诉法院还是对竣工、实质性竣工等也做了相应的描述。也就是说,如果工程合同没有具体约定何谓竣工、何谓实质性竣工时,则可以依据普通法的规则作出裁判。比如,大法官 Dilhorne 曾特别指出,工程实质性竣工意味着工程的绝大部分工作已经完成,但是并不意味着承包人需要完成全部的工作。① 上诉院也认为:"… practical completion means the completion of all the construction work that has to be done. Practical completion does not mean that the works are free from latent (hidden) defects."② 我国香港特别行政区高等法院在 Mariner International Hotels Ltd. v. Atlas Ltd. 一案中也指出:

"…practical completion is a legal term of art well understood to mean a state of affairs in which the works have been completed free from patent defects other than ones to be ignored as trifling."③

结合上述论述来看,在英国法中,决定一项工作是否符合实质性竣工的条件,需要综合考虑"both the nature of the defects and the proportion between the cost of rectifying them and the contract price"④,同时也是法官的自由裁量权。通常情况下,法院认为如果按照通常的理解(ordinary sense)一项工作已经完成或结束了,那么,即使工程还留有部分缺陷,也应当属于实质性的竣工。⑤ 当然,作为实质性竣工的一个重要衡量标准,笔者认为,这种缺陷应当以不影响到工程使用的目的和功能为前提。

1.3 工程完工和交工

在工程实践中,除了常用的工程竣工这一表述之外,有时候还会用到

---

① J. Jarvis and Sons v. Westminster Corporation (1978) 7 BLR 64 HL.
② Westminster Corp. v. Jarvis [1970] 1 WLR 637.
③ Mariner International Hotels Ltd. v. Atlas Ltd [2007] HKCU 209 at 103.
④ Bolton v. Mahadeva [1972] 1 W.L.R 1009.
⑤ Hoening v. Isaacs [1952] 2 All E.R. 176.

"工程完工"这一概念,但如何界定"完工"则无统一的标准。从字面上来理解,应当是指承包人完成工程合同约定的工作内容。但是,工程项目由单位工程、单项工程构成,承包人完成整体工程项目是完工,完成分部分项和专业工程项目也是完工,而且各分项工程、分部工程的完工标准和状态也不一样且较难具体描述。因此,"完工"这一表述又有不准确性和逻辑上的漏洞,若使用"完工"一词而无明确的界定则可能引起各方的不同理解,进而引发争议。

与其他工程项目不同,公路工程建设项目则按照合同段为准,以"交工"作为衡量承包人是否按照合同约定完成各项内容。[①]按照规定,公路工程的交工验收主要是针对施工合同的执行情况,工程质量是否符合技术标准及设计要求,是否可以移交下一阶段施工或是否满足通车要求。[②]而竣工则是在试运营 2 年之后进行。[③] 这一点与其他工程存在较大的区别。由此可见,如果在工程合同中不能正确地使用"竣工""完工""交工"等术语则可能影响发包人和承包人的权利和义务。

2. 现行工程合同关于竣工日期的规定

目前中国工程领域现行通用的四份工程合同也都对工程竣工作了相应的规定。比如 11 版总承包合同比较详细地规定了有关竣工日期的内容,并分别对包括和不包括竣工试验的工程竣工日期作了不同的规定,具体来看[④]:

(1) 对于含竣工试验阶段的工程项目,其竣工日期,按如下规则确定:① 根据专用条款(第 9.1 条工程接收)约定的单项工程竣工日期,为单项工程的计划竣工日期;工程中最后一个单项工程的计划竣工日期,为工程的计划竣工日期。② 单项工程中最后一项竣工试验通过的日期,为该单项工程的实际竣工日期。③ 工程中最后一个单项工程通过竣工试验的日期,为工程的实际竣工日期。

---

① 参见《公路工程竣(交)工验收办法实施细则》第 4 条。
② 参见《公路工程竣(交)工验收办法》第 4 条。
③ 参见《公路工程竣(交)工验收办法》第 16 条。
④ 参见 11 版总承包合同第 4.4.3 条。

（2）对于不含竣工试验阶段的工程项目，则按以下方式确定竣工日期：① 根据专用条款（第9.1条工程接收）中所约定的单项工程竣工日期，为单项工程的计划竣工日期；工程中最后一个单项工程的计划竣工日期，为工程的计划竣工日期。② 承包人按合同约定，完成施工图纸规定的单项工程中的全部施工作业，且符合合同约定的质量标准的日期，为单项工程的实际竣工日期。③ 承包人按合同约定，完成施工图纸规定的工程中最后一个单项工程的全部施工作业，且符合合同约定的质量标准的日期，为工程的实际竣工日期。

为了避免争议，11版总承包合同还进一步规定了承包人为竣工试验、或竣工后试验预留的施工部位、或发包人要求预留的施工部位、不影响发包人实质操作使用的未完扫尾工程和缺陷修复，不影响竣工日期的确定。[①] 这一点与英国法下有关实质性竣工的内容有着相同的内涵。

3. 竣工备案与竣工日期

在原建设部2000年颁布实施的《房屋建筑工程和市政基础设施工程竣工验收暂行规定》和住房和城乡建设部2009年《房屋建筑工程和市政基础设施工程竣工验收备案管理暂行办法》中，都规定了房屋建筑工程实行竣工验收备案制度。

按照2009年竣工验收备案办法的规定，发包人应当自工程竣工验收合格之日起15日内，向工程所在地的县级以上地方人民政府建设行政主管部门备案。竣工备案主要由发包人负责实施，但也需要承包人的协助，比如由承包人提供其负责编制的竣工图和其他竣工资料。作为政府行政监管的措施，备案进度和所需的时间并不是发包人和承包人能控制的，故在招标投标阶段以及签署施工合同过程中，承发包双方可以友好协商，注意工程竣工日期与备案日期的时间差，承包人可考虑将竣工验收通过之日而非通过备案之日作为工程的竣工日期。

具体到工程项目竣工验收的操作，按照现行法规的规定，项目业主应当

---

① 参见11版总承包合同第4.4.3条。

办理工程竣工验收备案[1]，并提交下列文件：（1）工程竣工验收备案表；（2）工程竣工验收报告。竣工验收报告应当包括工程报建日期，施工许可证号，施工图设计文件审查意见，勘察、设计、施工、工程监理等单位分别签署的质量合格文件及验收人员签署的竣工验收原始文件，市政基础设施的有关质量检测和功能性试验资料以及备案机关认为需要提供的有关资料；（3）法律、行政法规规定应当由规划、环保等部门出具的认可文件或者准许使用文件；（4）公安消防部门出具的证明文件；（5）施工单位签署的工程质量保修书；（6）法规、规章规定必须提供的其他文件。

此外，《建设工程质量管理条例》第49条规定，建设单位应当自建设工程竣工验收合格之日起15日内，将建设工程竣工验收报告和规划、公安消防、环保等部门出具的认可文件或者准许使用文件报建设行政主管部门或者其他有关部门备案。

由此可见，办理竣工备案是业主的法定的工作和义务。如果在工程合同中约定以通过竣工备案作为竣工日期，对承包人来说，在业主的协助和配合方面，以及与当地行政主管部门的协调沟通方面都存在诸多的不确定因素，将会增加相应的风险。因此，在工程合同中约定以通过竣工验收作为竣工日期是相对比较合理的方式。

四、工期原理和相关法律问题

1. 合理工期

根据《建设工程质量管理条例》的规定，发包人不得任意压缩合理工期。[2] 之所以规定合理工期，主要目的在于确保工程质量。简单来说，比如在房建项目中，标准层建设中的底板从混凝土浇捣到养护期届满，通常为6~7天，那么这个时间就是合理的工期，少于这个期限，混凝土的凝固等技术条

---

[1] 参见《房屋建筑和市政基础设施工程竣工验收备案管理办法》第9条规定："建设单位在工程竣工验收合格之日起15日内未办理工程竣工验收备案的，备案机关责令限期改正，处20万元以上50万元以下罚款。"

[2] 参见《建设工程质量管理条例》第10条。

件都无法满足，进而将直接影响到工程的质量和安全，所以属于压缩工期的行为。

1.1 定额工期

定额工期是指在社会平均生产条件下，依据国家建筑工程质量检验评定标准施工及验收规范有关规定，建筑工程从开工到竣工验收所需消耗的时间标准。定额工期是编制施工组织设计、安排施工计划和考核施工工期的依据，是编制招标标底、投标标书和签订建筑工程合同的重要依据。

最高人民法院在《关于建筑工程承包合同纠纷中工期问题的电话答复》中明确指出，工程合同经招标投标之后签订的，不应以违反《建筑安装工程工期定额》规定为理由，确认合同约定的工期无效，对双方当事人在承包合同中约定的工期，应认定为有效。因此，对于工程合同中约定的工期条款，并不以是否违反定额工期为评判的标准，合同双方仍可以协商确定具体的工程工期。

1.2 合同工期

工期是工程合同的关键条款，《合同法》明确规定了工程合同的内容应当包括工期。[1] 对于合同工期，一般均视为承包人认可了发包人对工期的要求，因此在报价时应当考虑相关的成本和费用等。但是，如果是经过招标投标的工程项目，对工期要求进行不合理的压缩时，对此应当如何处理，事实上仍然存在不同的理解，并有待进一步的研究和讨论。

1.3 禁止压缩工期

压缩工期是法律所严格禁止的行为，《建设工程质量管理条例》[2] 和《建设工程安全生产管理条例》[3] 都明确规定建设单位不得压缩合同约定的工期。最高人民法院在《全国民事审判工作会议纪要（2011年）》中也明确指出，对于在建设工程施工合同中有关违反工程建设强制性标准，任意压缩合理工期、降低工程质量标准的约定内容，应认定为无效。但在如何认定是否属于

---

[1] 参见《合同法》第275条。
[2] 参见《建设工程质量管理条例》第56条。
[3] 参见《建设工程安全生产管理条例》第7条。

压缩工期的问题，以及合同被认定无效后，工程工期如何确定方面，目前尚无明确的法律规定。

在泰州市碧桂园公司与泰州市海洋公司建设工程施工合同纠纷案①中，2007年7月28日，海洋公司与碧桂园公司签订一份工程施工合同（43号合同），承建14幢别墅的土建、水电工程。8月1日，海洋公司根据碧桂园公司的招标文件发出投标函。8月3日，碧桂园公司向海洋公司发出中标通知书，其内容与43号合同一致。2008年1月4日，双方签订59号合同，1月9日，双方签订43号补充合同，对43号合同予以变更和补充。上述合同均对工期做了约定。后双方因结算发生争议而诉至法院。

就争议中的误期违约责任方面，法院经审理后认为：43号合同由于违反《招标投标法》的强制性规定而无效，碧桂园公司依据该合同向海洋公司主张误期违约责任缺乏依据。至于43号补充合同、59号合同，单凭双方合同约定的工期来看，海洋公司至撤场时未按约定完工似存在工期延误，但对照建设部《全国统一建筑安装工程工期定额》，上述合同严重压缩国家定额工期，故以合同约定工期来判断海洋公司是否延误明显不合理，况且涉案工程是未完工程，海洋公司撤场时是否超过合理工期也难以确定。加之综合本案工作联系单等证据分析，造成工期延误的原因是多方面的，除合同约定工期不合理外，还存在双方合作衔接配合不充分、天气等原因，并不能归责于海洋公司一方。因此，碧桂园公司上诉主张海洋公司承担工期迟延的违约责任依据不足。

2. 自由工期

自由工期是英国工程法和国际工程中比较特殊的规则。现实中，引发自由工期状态的原因很多，具体来讲，根据"prevent principle"，结合英国普通法的相关案例，实践中确定自由工期主要是因为业主或者工程师的行为，比如在施工过程中对承包人的工作进行不当的干预导致对工期产生不利的影响。

确立自由工期原则的法律意义在于，一方面，由于合同中原定的工期不

---

① 泰州市碧桂园房地产开发有限公司与泰州市海洋建筑安装工程有限公司建设工程施工合同纠纷案，江苏省高级人民法院（2011）苏民终字第0129号民事判决书。

再适用，而双方又未确定新的工期，因此，承包人有权在合理时间内完成工作内容，并免于承担误期损害赔偿责任。另一方面，该原则有助于约束业主、工程师的行为，避免其随意做出或者不做出有可能影响工期的决定，并在做出类似决定时，给予承包人合理的工期补偿，以便公平合理地处理和平衡双方的权利义务。

目前这一制度在中国法律环境下尚无规定，而现有的工程合同中也没有类似的内容，因而在中国的工程实践中的理解和运用尚有待研究和探讨。

3. 时差

时差也是工程法律和工程管理的重要内容之一。时差的确定和运用与工程网络进度计划的使用、关键工作和关键路线的确定密切相关。一般来讲，工程进度计划中都会有时差的存在。

在工程计划和施工组织中，关键工作和关键路线的确定有其前提条件和适用环境，而工程活动则是动态变化的，如前文所述，如果在合同实施过程中，工程条件发生变化，比如设计变更、场地变化、不利地质条件的出现，都可能导致关键工作和非关键工作，关键路线和非关键路线之间的变化和更迭。由此，时差也会发生变化。同样的，时差的归属也一直是国际工程法律和管理中的常见争议之一。

4. 提前竣工[①]

提前竣工是工程实务中常见的议题，尤其需要关注的是，业主在要求承包人提前竣工时，不应当向其提出不合理的工期要求，也不应当任意压缩合理工期，以避免因此导致工程质量的下降乃至安全事故的发生。同时，对于提前竣工的事项也需要事先在工程合同中明确并给予承包人合理的经济补偿，避免由此引起索赔，扩大争议。

4.1 提前竣工的类型

实践中，根据提前竣工的起因不同，可以将其分为两种情形，一种是应

---

① 本节选自笔者合著的《建设工程施工合同（GF-1999 示范文本）法律详解及案例》，内容有所修改和调整。

发包人要求的提前竣工，一种是承包人采取有效措施、提高施工效率而提前竣工。严格来讲，如果工程合同中约定了工期，那么发包人和承包人都应当依约履行，否则可能构成违约行为而承担相应的责任。

笔者认为，承包人要求提前竣工，属于债务的提前履行。对此，《合同法》也明文规定，债权人可以拒绝债务人提前履行债务；债务人提前履行债务给债权人增加的费用，由债务人负担。[①] 所以，承包人若想提前竣工，也应当事先征得发包人的同意，否则发包人有权拒绝接收工程，并可以要求承包人承担因提前竣工给发包人造成的损失。不过，《合同法》也规定了除提前履行损害债权人利益以外，债权人一般不应予以拒绝。[②] 另一方面，由于《合同法》并没有对发包人要求提前竣工时的后果作出类似的规定，这也使得处理类似问题时缺少了法律依据，因此，双方当事人有必要在工程合同中加以明确。

另外，在处理提前竣工事项时，不论是发包人要求的提前竣工，还是承包人自己要求的提前竣工，双方都有必要收集、保存好与提前竣工所做的努力和准备工作相关的往来函件，留有各方签章的验收记录等，这样，即使最终没有就甩项竣工达成一致协议，或者取消提前竣工决定时，也可以将此作为解决日后有关已发生的赶工费用等争议的证据材料。

4.2 提前竣工协议

由于提前竣工属于合同比较大的变更，而且涉及业主和承包人一系列的权利义务的处理，还可能引发争议，因此，针对提前竣工事项需要遵循严格的程序。比如，13版施工合同就特别规定，发包人要求承包人提前竣工的，发包人应通过监理人向承包人下达提前竣工指示，承包人应提交提前竣工建议书，其内容应包括实施的方案、缩短的时间、增加的合同价格等内容；如发包人接受该提前竣工建议书的，监理人应与发包人和承包人协商采取加快工程进度的措施，并修订施工进度计划，由此增加的费用由发包人承担；承包人认为提前竣工指示无法执行的，应向监理人和发包人提出书面异议，发

---

① 参见《合同法》第71条。
② 同上注。

包人和监理人应在收到异议后7天内予以答复。① 07版标准合同②和12版设计施工合同③也都规定,发包人要求承包人提前竣工,或承包人提出提前竣工的建议能够给发包人带来效益的,应由监理人与承包人共同协商采取加快工程进度的措施和修订合同进度计划。

如果最终达成提前竣工的一致意见,为了避免后续可能引发的争议,双方还应签署书面的协议,就提前竣工涉及的时间、条件、费用承担等方面进行约定。

4.3 提前竣工奖励

通常情况下,工程合同中都有关于误期损害赔偿的条款,而提前竣工,除了涉及相应的成本、费用的承担之外,还可能涉及提前竣工奖的问题。从公平和奖罚有序的角度出发,以及工程领域激励机制的运用,笔者认为,工程合同中在设定误期违约金的同时,也有必要考虑提前竣工时给予承包人合理的奖励和补偿。对此,07版标准合同④和12版设计施工合同⑤就作了相应的规定,即发包人要求承包人提前竣工,或承包人提出提前竣工的建议能够给发包人带来效益的,发包人应承担承包人由此增加的费用,并向承包人支付约定的相应奖金。退一步讲,正如在前述讨论提前竣工协议条款的内容中,笔者也建议增加有关提前竣工奖的内容。

但是,也不能否认,在实务操作中,工程合同约定并真正执行提前竣工奖励的情形较为少见。事实上,就笔者接触到的大量的施工合同来看,明确约定承包人逾期竣工违约责任的占100%,而约定提前竣工奖励金的却屈指可数。固然,一方面这是建筑市场僧多肉少的现状所致,承包人的话语权已经变得很少,即使是在纸面上所谓的公平和平等,也变得越来越稀缺;另一方面也是因为大多数建筑施工企业自身的维权意识和管理水平存在欠缺,即使约定了提前奖励,最终也因为各种因素而难以实现提前完工,甚至连按时完工都成了问题。但是,笔者仍然认为,在合同中安排提前竣工奖励金在增强

---

① 参见13版施工合同第7.9.1条。
② 参见07版标准合同第11.6条。
③ 参见12版设计施工合同第11.6条。
④ 参见07版标准合同第11.6条。
⑤ 参见12版设计施工合同第11.6条。

建筑企业的施工积极性，促使建筑企业提高管理能力方面有着不容忽视的作用。而且，建设项目的高效率、高质量的完成，也有助于发包人的投资回报得以尽快实现，显然，若有了此种约定，并且运用得当，对发包人和承包人而言，将会是一个双赢的结局。

5. 甩项竣工

一般来讲，承包人完成合同项下全部工程内容才会涉及工程竣工的问题，但是在工程实践中，除正常的整体工程的竣工验收外，还经常会出现甩项竣工，或者部分竣工，或者发包人提前使用部分已完工程等非常态的"竣工"情形。此类情形对于工程竣工日期的确定或多或少会产生一些影响。

甩项竣工是指在某些特殊情况下，基于发包方的要求，或者经承包人申请并征得发包人的同意，尽管承包人交付的工程项目不完全符合原施工合同约定的承包范围和工程内容，比如遗留了某些未完工程细项，或需要对某些子分部、分项工程进一步整改等，但在该遗留或需整改项目对整个单项工程的使用不会产生实质性的妨碍的情况下，由发包人组织的对该工程除甩项工程以外的项目所作的竣工验收。甩项竣工尽管征得发包人的同意，但实质上由于承包人还没有按照施工合同的约定完成全部工作内容，此时间还不能作为认定整体竣工的日期。然而，毕竟甩项的目的在于推进竣工验收，因此，双方也可以考虑将甩项的工作内容列入缺陷责任期内完成的工程，与缺陷修补工作一并进行。

比如，13版施工合同对此有明确的规定，即发包人要求甩项竣工的，合同当事人应签订甩项竣工协议，并应当在甩项竣工协议中明确，合同当事人按照竣工结算申请，以及竣工结算审核的约定，对已完合格工程进行结算，并支付相应合同价款。① 而在甩项协议中除明确甩项的验收时间、价款结算等事项外，还应当注意对工程的竣工日期进行描述，尤其是在因承包人的原因导致工期延误，或者逾期竣工不可避免的情况下的甩项竣工，更应当写清楚承包人通过甩项竣工之日是否能构成整体工程的实际竣工日期，还是说该日

---

① 参见13版施工合同第14.3条。

期仅作为通过验收部分的竣工日期，整体工程的最终竣工日期还需要等到甩项完工后。而在协商过程中，承发包双方也应当收集、保存好相关的往来函件、会议纪要，留有相关的验收记录等，这样，即使双方最终没有就甩项竣工达成一致协议，也可以将此作为解决日后有关竣工日期争议的证据资料。

五、工程进度计划[①]

工程进度计划是工程项目管理，尤其是工期管理的重要文件，同时也是关系到承发包双方的权利和义务的重要法律文件。编制合理、可行的工程进度计划并严格执行是管理和控制施工进度的重要手段，并贯穿于投标、施工、竣工、结算的全过程。

1. 工程进度计划的含义和作用

1.1 工程进度计划的含义

工程进度计划是施工组织设计的重要组成内容。施工组织设计是承包人制订的与工程建设周期密切相关的人员、机械、材料等需求和调配的总体安排，它涉及施工现场劳动力、机械、材料、设备、成品、半成品的需求量和调配，以及各类施工活动在时间和空间上的布局。而工程进度计划则是承包人制订的专门针对工程合同约定的施工工期，实施工程项目的各个组成部分所需要的总工期、分阶段工作内容及其起止时间、相互关系所进行的描述。进度计划的作用在于确定各个建筑产品及其主要工种、分部（子分部）分项工程的准备工作和关乎全工地性的工程的施工期限、开工、竣工的日期和各个期限之间的逻辑关系。

由于工程进度计划的编排与工程的总工期安排密切关联，而工程总工期能否按照预定的目标完成，又将牵涉到施工中的人、财、物的安排，施工场地布置，现场临时设施、机械设备、临时用水用电、交通运输的安排和投入使用情况。因此，在整个施工组织设计中，进度计划的编排及其实施对工程

[①] 本节原文出自笔者的《工程进度计划的法律分析及合同管理》，载《法律观察》2009年第2期，此处略有修改。

的实际进展至关重要,从这个层面上来看,进度计划在施工组织中占据的份额尽管不是很多,但是其分量却不容小觑。

1.2 工程进度计划的作用

工程进度计划的作用在于确定各个建筑产品及其主要工种、分部（子分部）分项工程的准备工作和关乎全工地性的工程的施工期限、开工、竣工的日期和各个期限之间的逻辑关系,以及施工场地布置、现场临时设施、机械设备、临时用水用电、交通运输的安排和投入使用情况。制定施工组织设计的目的在于确保发包人和承包人双方对工程项目的建设过程实行有效的监控,并随时根据计划和实际施工状况的差异和变化而调整、修改计划。实际上,进度计划在施工组织设计中的确也占有非常重要的地位：

首先,工程进度计划是作为反映工程工期目标的文件出现的,是对承发包双方针对工程工期约定的补充和具体化,承发包双方都应当遵照执行。

其次,按照这个进度计划,承包人将合理地安排施工人、财、物的投入和使用,因此在一定程度上也映衬了承包人的经济实力和管理能力。

2. 工程进度计划的分类和关系

2.1 工程进度计划的分类

根据工程进度计划所处的项目建设阶段以及作用等的不同,笔者认为可以将其分为投标进度计划和标后进度计划两类。也可以说,投标进度计划和标后进度计划的划分是以工程进度计划与工程招标投标的关系为标准的：

2.1.1 投标进度计划

投标进度计划是指在招标投标阶段,由投标人（通常由投标人的经营管理部门）编制,并提交给发包人的用于投标的资料,该进度计划是作为投标文件的技术标部分提交给招标人的,其目的是确保中标和签署施工合同。

2.1.2 标后进度计划

标后进度计划则是在投标人中标之后,在承发包双方已经签订了施工合同的情况下,由承包人根据合同约定并结合自身的人员、资源以及发包人提供的设计资料和图纸情况、现场的施工条件等编制的文件,一般情况下是在进入现场施工之前提交给发包人,其目的在于对场地、资源等统一安排,确保工程按照预期目标顺利进行。通常它是在投标进度计划的基础上再作修改或调整。

由于承包人编制施工组织设计和进度计划需要考虑的因素除了自身所有的和可以支配材料、机械、设备等硬件，以及人力资源、管理体制等软性资源，对发包人工程进度（预付）款的支付情况，设计变更（修改）的频度和幅度，共同参与工程建设的其他各分包商、设计单位的工作进展等也需要列入考察的范围之内。更何况，这些因素通常又都是不确定的，故而对承包人而言，就有编制标后施工组织设计的必要。再加之工程建设和施工管理是个动态的过程，很多在编制进度计划时考虑的因素可能会在施工阶段发生变化，这使得承包人编制的标后施工组织设计和进度计划必然会在具体实施过程中因工程进展的不同而有所改动，就发包人而言，为了使进度计划与实际施工状态保持协调一致，满足发包人的各项预期目标，并提高项目建设管理的可预见性，也需要承包人提供标后施工组织设计作为相关决策的依据。

2.2 投标进度计划和标后进度计划的关系

理论上，投标进度计划和标后进度计划应当保持一致，然而，由于建设项目的特殊性，两者在大多数情况下则又是存在差异的，原因即在于投标时的项目情况与承包人进场时的实际状态相比可能发生了变化。比如，投标时的一些不确定因素到了这个阶段可能会变得明朗，对承包人来讲，此类情况或者变得对施工更为有利，或者加大了施工的难度。所以，从这个方面来看，根据不同的情况和需要，对投标进度计划进行适当修正以适应实际情况则是明智的。这也正是大多数工程合同中约定承包人应在施工进场前再次提交施工组织和进度计划的原因。这当然也为承包人重新考虑施工安排创造了条件。

但也不可否认，如果严格从法律上考量，对于经过招标投标的工程建设项目，标后进度计划不应在实质上背离投标进度计划。也就是说，标后进度计划只能是在投标进度计划的基础上进行适当的调整、修正、补充，否则，如果对投标进度计划进行大幅度的更改，则可能涉及其他施工方案和计划的实施，进而对工程造价产生影响。因此，如果没有正当理由而允许随意更改进度计划，对其他投标人而言则是不公平的，也是违反招标投标法的行为。但这也正是法律与工程管理之间有关标前标后进度计划的冲突和差异性，或许不能"一刀切"来统一，而需要根据案件背景具体问题具体分析。

3. 工程进度计划的法律性质

3.1 法律定性

如前所述，工程进度计划可以划分为投标进度计划和标后进度计划，之所以区分两者，笔者认为：其一是因为此两者在法律上具有不同的性质，故而在工程合同的成立和履行阶段具有不同的功用，投标是在招标投标项目中，需要分别关注；其二也正是因为承包人和发包人对进度计划的法律性质的认识稍有欠缺，认为进度计划仅仅是技术文件，还没有认识到其法律意义，没有完全意识到进度计划在建设工程法律实务中的作用，故有必要在此重述。

按照我国招标投标法以及合同法的相关理论观点，招标文件属于要约邀请，投标人的投标在法律上属于要约，招标人签发中标通知书则属于承诺，承诺生效则合同即告成立。我国《合同法》第21条规定，承诺是受要约人同意要约的意思表示。同时，《合同法》第30条也规定，承诺的内容应当与要约的内容一致。

在招标投标阶段，进度计划作为施工组织设计的组成部分，它和投标文件的商务报价、技术规范及其他内容一并构成了要约，其内容一旦被招标人接受，即构成施工合同的组成部分，成为约束发包人和承包人双方行为的法律文件。这也正好验证了众多工程合同关于合同文件组成中将投标书及其附件描述为施工合同的组成文件的原因。由此可知，从法律上讲，投标进度计划属于构成要约的法律文件。

另如前所述，依照法律的规定，招标人发出中标通知书后，即意味着其接受了要约，即承诺，承诺生效则合同即告成立。此时，招标人和投标人之间的法律关系变成了发包人和承包人的关系，双方即成立了合同法律关系。而此时承包人在投标文件中编制的进度计划就成了建设工程施工合同的组成部分，双方都应当遵守和执行。也就是说，投标工程进度计划的法律性质在投标人中标后发生了变化，其变成了工程合同文件的组成部分。

在此之后，承包人再向发包人提交的标后进度计划，以及后续施工过程中对标后进度计划的修改、更新，或者在工程建造阶段，发包人要求对施工进度计划进行修改、变更等,其法律行为在本质上都是对原工程合同内容的变更,属于合同履行过程中的变更。对于此类变更,按照合同法的规定,应当遵循合同法关于变更的程序规定,即取得双方的一致同意方为有效。

3.2 工程合同中对进度计划的规定

鉴于工程进度计划对工程项目建设和管理的重要性,因此,工程合同必不可少的要对其作出相应的规定和安排。比如,11 版总承包合同规定,经监理人批准的进度计划称合同进度计划,是控制合同工程进度的依据;承包人还应根据合同进度计划,编制更为详细的分阶段或分项进度计划,报监理人批准。[①] 07 版标准合同也规定,承包人应当按照合同条款约定的内容和期限,编制详细的施工进度计划和施工方案说明报送监理人;监理人收到后应在约定的期限内批复或提出修改意见,否则该进度计划视为已得到批准,经监理人批准的施工进度计划称合同进度计划,是控制合同工程进度的依据;承包人还应根据合同进度计划,编制更为详细的分阶段或分项进度计划,报监理人审批。[②]

从另一方面来讲,进度计划也不仅仅是计划而已,承包人编制进度计划除了影响其自身的工作安排之外,还会对业主产生影响,尤其是在 PPP 等融资项目中,贷款等款项的安排都与工程的进度计划息息相关,因此,12 版设计施工合同除了要求承包人应按合同约定的工作内容和进度要求,编制设计、施工的组织和实施计划之外,还要求其对所有设计、施工作业和施工方法,以及全部工程的完备性和安全可靠性负责。[③]

4. 工程进度计划的修改

工程项目建设过程中,各种情况变化万千,因此在工程实践中,发包人(工程师)还会要求承包人提交年度进度计划、季度进度计划、月度进度计划甚至是每周的工作计划,以便更好地了解工程状况。其他如广东省建设工程施工合同范本也要求,除专用条款另有约定外,承包人应编制月施工进度报

---

① 参见 11 版总承包合同第 4.12 条。
② 参见 07 版标准合同第 10.1 条。
③ 参见 12 版设计施工合同第 4.1.4 条。

告和每季对进度计划修订一次,并在每月或季结束后的7天内提交一式两份给监理工程师。12版设计施工合同也规定,不论何种原因造成工程的实际进度与合同进度计划不符时,承包人可以在合同条款约定的期限内向监理人提交修订合同进度计划的申请报告,并附有关措施和相关资料,报监理人批准;监理人也可以直接向承包人做出修订合同进度计划的指示,承包人应按该指示修订合同进度计划,报监理人批准。[①]

正如前所述,在发包人送达中标通知书之后,合同即告成立。除非双方明确约定排除适用,承包人在投标文件中的施工组织设计(包括进度计划)就构成了建设工程施工合同的组成部分,双方都应当遵守和执行。工程建造阶段,承包人或者发包人若要对施工组织设计和施工进度进行修改、变更,其本质就是对合同内容的变更,故应当遵循合同法关于变更的程序规定,取得双方的一致同意方为有效。而在这项工作中,业主和监理的及时审批和回复就显得尤为重要,适当的程序规定将有助于规范管理和保障各方的权益。

还需要引起注意的是,在实践中,针对承包人提交的施工组织设计和进度计划,有两种常见的做法,一种是发包人予以批准后作为成本控制和进度管理的依据;另一种则是发包人要求承包人将计划上报发包人备案,而不对上述两份文件予以审核、确认。这两种做法都可以事先在合同专用条款中描述,前者的做法比较规范,也符合本条约定内容的精神;后者的做法则有逃避合同义务之嫌,不符合施工惯例,对发包人来讲也存在着风险,故不值得提倡。

但是,如果合同仅约定发包人只对承包人的进度计划和施工方案进行备案而不确认时该如何解决相关事务,笔者认为:结合前文对施工组织设计和进度计划的法律性质的分析,如果发包人不对进度计划进行确认,那么发包人的后续行为就失去了合同依据,就无权根据合同的约定对承包人的实际施工进度与计划进度是否一致进行监督和检查,也无权要求承包人采取改正措施。当然,对于此类事项的处理,还需要结合具体情况谨慎对待。

[①] 参见12版设计施工合同第4.12.2条。

5. 加强工程进度计划的规划和管理

考虑到工程进度计划的重要性，承包人有必要运用多种手段，从法律层面、技术层面、经济层面进行工程进度的控制和风险防范。笔者认为，承包人可以通过以下几个方面来提高进度管理水平，解决进度施工中存在的问题：

（1）网络图的编制和运用。横道图和网络图是进度计划常用的两种基本工具。相比较于横道图，网络图能够科学规范地将各施工工序的逻辑关系反映出来，因此，在工程进度管理和风险控制中能够发挥超乎横道图的作用。利用网络图，可以作为工期索赔计算的重要依据；通过网络计划的调整，优化工期，寻找出制约和影响施工进度的关键工序和关键环节，从而进一步有针对性地采取进度控制措施，实现进度的目标管理。而编制合理可行的网络图需要综合考虑项目特征、现场条件，以及人力、物资和财务等资源配置因素。

（2）PDCA循环理论思路的借鉴及运用。PDCA循环理论被广泛地应用于质量管理领域，不过，该理论Plan（计划）、Do（执行）、Check（检查）和Action（处理）的四阶段思路仍然可以为工程进度管理和风险控制所借鉴、使用。在工程进度管理中，如果能够将进度的计划、执行、检查和处理切实结合起来，同样能够取得很好的成效。

（3）充分运用赢得值理论。赢得值（EV）是一种能够全面、科学地衡量工程进度、费用状况的分析方法。利用项目进度差异计算公式 $SV = BCWP - BCWS$ 的 SV 取值，可以很直观地检查工程进度是否延误，并进而比较实际进度与计划进度之间的差距，分析产生此类差距的原因，因而是一种较为有效的工程进度监控指标和方法。

但在实践中，鲜有承包人利用赢得值分析法，究其原因，一是觉得这是理论化的东西，跟实际不符；二是嫌其运用麻烦。从本质上来讲还是因为承包人自身的管理能力与现代工程管理的要求之间存在差距。笔者认为，如果要想真正做好进度控制和管理，承包方还是有必要加强这方面知识的学习和运用。

（4）计算机数据信息化处理技术的使用。利用计算机系统辅助编制进度计划，对工程进度的实施进行实时监控不失为好办法。目前的项目管理软件和其他计算机数据信息化工具为实施工程进度管理提供了极大的方便，为了实现进度管理目标，承包人不妨考虑引进这些技术，以及能够运用这些技术的人员。

从长远的角度来看，培养人才，充分利用这项现代化技术，将有助于提高承包人的管理水平，增强承包人的竞争能力。

（5）增强法律意识，努力提高合同管理水平。尽管有前述这些先进的理论和科技手段来帮助承包人实现施工进度的目标管理和具体实施，但是，不可否认，增强企业人员的法律意识仍然是合同管理的关键。事实也证明了，如果没有提高员工的法律意识，将这些理论和技术运用起来，再好的规划和决策也只能成为摆设，根本无法从本质上解决工程进度风险控制和合同管理所面临的问题。

所以，针对前文所述关于进度计划管理存在的问题，承包人完全有必要对其施工人员定期、不定期地进行法律培训和业务培训，提高其法律意识，提高其合同管理水平，尤其是履约过程管理，加强进度计划的实施，以防范工程进度的法律风险，实现预期的经济目标。

六、工期延误和顺延

工期延误和工期顺延是处理工程合同的工期争议时必然面对的问题。延误和顺延两者既相关相连又有区别。笔者认为，工期延误是指工程实施过程中任何一项、多项工作或者整个工程项目的实际完工日期迟于合同约定或发包人批准的完工日期；而工期顺延则是指经发包人和承包人协商一致，将合同约定的竣工日期推延至另一时间。

关于工程项目中的工期顺延，《合同法》中有着相对明确的规定，即发包人未按照约定的时间和要求提供原材料、设备、场地、资金、技术资料的，承包人可以顺延工程日期，并有权要求赔偿停工、窝工等损失。[①]

---

① 参见《合同法》第283条。

1. 延误情形

工程实践中，工期延误的情形和起因复杂多样，如何区分和认定合同各方的责任关乎后续工期顺延、费用补偿等一系列的问题。因此，工程合同中需要对可以延误的情形，以及责任认定等进行明确的确定，以避免发生争议。

1.1 因业主原因造成的延误

因业主原因造成的工期延误是影响因素之一，而且实务中还需要注意的是，对于工程师等业主代理人的过失行为，其产生的有关责任也需要由业主来承担。

工程实践中较为常见的情形包括下列几种：（1）未能提供符合合同约定的图纸、提供图纸等文件的延误、未能按照合同要求的期限对承包人的进度计划等进行审查等；（2）业主未按照合同的约定及时、足额地支付预付款、进度款；（3）未能按合同约定提供施工现场、施工条件、基础资料、许可、批准等开工条件的；（4）施工中提出的变更，这里的变更包括设计变更和非设计变更，比如，增加合同工作内容，改变合同中任何一项工作的质量要求或其他特性，导致延误；（5）监理人未按合同约定发出指示、批准文件等导致暂停和延误。

1.2 因承包人的原因造成的延误

承包人对于工期的管理和控制比业主更为直接和有效，因此，其避免工期延误的责任和义务也更重。因此，除了发包人的原因，包括其聘请的设计师、工程师，以及客观情形造成的工期延误，其他大多数情况都属于承包人的工期风险。

实践中，常见的承包人原因引起的工期延误包括以下几种：（1）承包人使用的设备、材料不符合约定，因更换引起的延误；（2）承包人为工程合理施工和安全保障所必需的暂停施工；（3）因承包人原因造成工程质量达不到合同约定验收标准而返工引起的延误；（4）承包人无故拖延和拒绝复工的；等等。

此外，对于发包人的指定分包商或者指定供应商引起的延误，也是引起争议的主要问题之一，实践中尤其需要重视。

1.3 非合同双方原因造成的延误

除了上述发包人和承包人原因造成的延误外，还有一些则是非双方原因造成的延误。比如现场的地下不利条件、恶劣气候条件、不可抗力的影响[①]等。

1.3.1 异常恶劣的气候条件

对于恶劣气候天气的处理，一直有着不同的理解。有观点认为，异常恶劣的气候条件是指在施工过程中遇到的，有经验的承包人在签订合同时不可预见的，对合同履行造成实质性影响的，但尚未构成不可抗力事件的恶劣气候条件。[②] 然而，事实上，解决恶劣气候条件争议的难点也正是在于恶劣气候和不可抗力的区别和归类，比如台风、飓风、高温、冰冻、暴风雨、雷电等气候情况，很难认定是否构成不可抗力，而对其定性不同，相应的法律后果也各不相同。

至于遭遇恶劣气候条件后导致工期延误的处理，按照13版施工合同、12版设计施工合同和07版标准合同的规定，承包人应采取措施防止损害的发生和扩大，并有权要求发包人延长工期[③]，主张相应的费用[④]，包括采取合理措施的费用[⑤]。如果合同中没有约定，比如11版总承包合同，笔者认为，根据通行的惯例和规则，以及上述工程合同的相应规定，发包人应当给予工期顺延和费用补偿。至于说是否需要继续不停地施工，则需要结合具体的情况分析确定。

1.3.2 不利物质条件

不利的物质条件也是常见的工期影响因素，它是指有经验的承包人在施工现场遇到的不可预见的自然物质条件、非自然的物质障碍和污染物，包括地表以下物质条件和水文条件以及合同约定的其他情形，但通常不包括气候条件。[⑥] 尽管在工程项目前期安排了地质勘察等工作，但是实践中仍然存在遗

---

① 关于不可抗力，本书在工程风险、担保和保险一章中详述。
② 参见13版施工合同第7.7条。
③ 参见07版标准合同第11.4条。
④ 参见12版设计施工合同第11.4条。
⑤ 参见13版施工合同第7.7条。
⑥ 参见13版施工合同第7.6条。

漏或者错误的可能，导致施工中的困境。

在遭遇不利物质条件时，一般由承包人采取合理措施以保障工程的继续施工，并应当及时通知监理人，由监理人发出工作指示，并按照变更程序执行；如果监理人没有发出指示，承包人因采取合理措施而增加的费用和（或）工期延误，由发包人承担。[①]

2. 工期计划技术的运用

工期计划技术在工程项目中的进度管理、工期延误分析、工期索赔计算、证据使用等方面都具有举足轻重的作用，故其在工程项目的进度计划管理中运用较多，并多由计划工程师执行。但是，在国内工程的诉讼和仲裁实践中，因为工期延误分析的复杂性和专业性，则较少采用，绝大多数案件都是采用粗放型的工期延误估算，且无统一的标准，这也是实践中一个普遍存在的客观问题，并未能有效地解决工期争议。运用工期技术辅助工期延误分析也能够在一定程度上辅助解决工期延误争议，但最终也有赖于司法机构的理解和支持。

2.1 工期延误分析方法的具体类型

建设项目的工期进度计划管理中，经常运用的方法主要包括非关键路线法和关键路线法（CPM），比如，计划工期与实际工期的对比分析（As planned v. As built）就主要适用于非关键路线法，它的优点是简单、低成本，而缺点则是难以分析同期延误、赶工等复杂问题。而基于关键路线的延误分析方法则较多，比如 As-planned impacted、Time impacted analysis 和 Collapse as-built 等。除了上述几种之外，还有窗口分析、同期分析、Watershed analysis 等较为特殊的分析方法。当然，这些方法各有其适用的环境和优缺点，需要综合考虑。

但是，不论采用何种方式分析工期延误，如果严格从技术的角度来看，在分析方法都能正确到位的情况下，那么最终得出的延误结果应当是一样的。另外，延误分析一般都是以承包人提交的工期进度计划为基础和依据，反映

[①] 参见07版标准合同第4.11.2条。

了承包人在项目进度安排上的意图和想法,因此,这也从侧面体现了承包人编制工程进度计划以及发包人、工程师审核进度计划的重要性。同时,延误分析时也还需要结合工程合同条件、延误事件的关联性、进度计划的编制数据、工程记录等信息资料和软件技术的运用等。

2.2 法院在司法实践中的做法

在英国法下,法院对于延误分析方法有着鲜明的观点和态度,并能够结合专家证人制度很好地解决工期争议。比如,在 John Barker Construction v. London Portman Hotel[①] 一案中,法院在考虑了原被告双方聘请的专家证人对于工期延误的分析后认为,使用 Impacted as-planned programme 分析法除了技术上分析外,还需要结合案件中的具体事件和事实来认定。在 Great Eastern Hotel v. John Laing Construction[②] 一案中,Wilcox 法官对此也有类似阐述:

"the impacted as-planned analysis delay takes no account of actual events which occurred on the Project and gives rise to an hypothetical answer when the timing of design release is compared against the original construction programme. Thus it would take no account of the fact that the design team would have been able to prioritise design and construction to fit this."

不过,值得注意的是,2012 年,伦敦 TCC 法庭在 Walter Lilly v. Giles Patrick Mackay[③] 一案中,对工程领域的工期延误争议作出了具有创新意义的判决。其中,就专家技术分析和事实、证据的认定方面,主审法官 Akenhead 认为:

"Whilst the Architect prior to the actual Practical Completion can grant prospective EOT, which is effectively a best assessment of what the likely future delay will be an result of the Relevant Events in question, a court or arbitrator has the advantage when reviewing what extensions were due of knowing what actually happened. The Court or arbitrator must decide on a balance of probability

---

① John Barker Construction Ltd. v. London Portman Hotel Ltd. [1996] 83 BLR 31.
② Great Eastern Hotel Ltd. v. John Laing Construction Ltd. [2005] EWHC 181 (TCC).
③ Walter Lilly v. Giles Patrick Mackay [2012] EWHC 1773 (TCC).

what delay has actually been caused by such Relevant Events as have been found to exist…How the court or arbitrator makes that decision must be based on the evidence, both actual and expert."

2.3 国内工程实践中的问题

国内工程合同对于工期的相关规定有所差异。11版总承包合同规定，双方协商签订延期付款协议书的，发包人应按延期付款协议书中约定的期数、时间、金额和利息付款；当双方未能达成延期付款协议，导致工程无法实施，承包人可停止部分或全部工程，发包人应承担违约责任，导致工程关键路径延误时，竣工日期顺延。① 笔者认为，关键路径只是工期进度计划的一种表现方式，是否采用应属于当事人双方合意的结果，11版总承包合同在通用条款中将它作为工期延误分析的方法，作为技术手段，在合同中明确规定有助于双方在发生争议时作为重要的依据，但是，由于其没有在专用条款中赋予当事人采用其他分析方法的权利，从法律的角度看似有不足之处。另外，对于关键路径法的使用与工期延误赔偿等有关系但也并非是绝对的因素，不属于关键路径延误并不一定不会导致索赔事件。目前，在12版设计施工合同、07版标准合同和13版施工合同中均没有再援引关键路径延误的表述，具体可由双方约定。

与之相反，目前中国法律和司法实践对于工期技术的使用和采信尚无明显的改进，笔者认为，如果要客观、科学地解决有关工期延误方面的争议，一方面，法院和仲裁员，尤其是仲裁员本身也需要提高相关的专业知识和技能，不宜使用简单的加减乘除、按比例分配的方式决定工期延误中各方的责任；另一方面，可以考虑专家证人制度的健全和完善。目前在司法实践中，关于质量和造价方面的争议，多数会聘请专业机构进行鉴定，其技术相对较为专业和完善，而对于工期争议的鉴定则较为笼统，更需要专业的工期分析专家和计划工程师等专业人士提供意见。

---

① 参见11版总承包合同第14.9.2条。

3. 工期顺延

在工程项目出现延误事件时，从项目管理的角度出发，首先需要针对延误事件采取补救措施，防止因事件而扩大损害。其后，则需要根据延误事件的原因、性质、责任认定结果来确定工期是否予以顺延以及顺延的具体期限。

3.1 开工日期的顺延

工程合同中一般都会规定工程开工的日期，但是，多数情况下，工程招标投标时确定的开工日期属于预估的时间，工程实际开工的日期往往与合同约定不一致。正如前文所述，导致开工日期延后的主要原因是开工条件不具备，比如业主未申领施工许可证，未按照约定的时间和要求提供原材料、设备、施工场地、资金、技术资料的，致使承包人无法进场施工，而这些开工条件即是业主应该完成的重要工作，也是承包人开始工作的基础。因此，基于上述原因导致无法依约开工的，承包人有权获得相应的工期顺延。

另外，由于自然灾害、恶劣气候、流行性疾病，或者由于发包人与周边群众发生纠纷导致阻挠等情形，都有可能导致承包人无法按时开工，这些因素也属于不可归责于承包人的原因，承包人有权顺延开工日期而不构成违约。[1]

3.2 法律变化引起的工期顺延

法律法规是工程项目执行的重要依据，按照工程合同的规定，承包人在履行合同过程中应当遵守法律，并保证发包人免于承担因承包人违反法律而引起的任何责任。[2] 在中国法律环境下，工程合同的签署、履行等都会同时涉及行政法律关系和民事法律关系，因此，业主和承包人都需要关注法律法规的变化，及其变化对工期产生的影响。

对此，11版标准合同规定，如果因法律变化导致关键路径工期延误的，应合理延长工期。[3] 13版施工合同也同样规定，基准日期后，因法律变化造

---

[1] 参见江苏省高级人民法院《建设工程施工合同案件审理指南（2010）》。
[2] 参见12版设计施工合同第4.1.1条。
[3] 参见11版标准合同第1.4条。

成工期延误时，工期应当予以顺延。①

3.3 其他顺延工期的情形

工期能否予以顺延，其首要的前提是影响和导致工期延误、暂停的原因在于非承包人的过错，否则承包人应当采取赶工措施避免延误，或者承担误期损害赔偿责任。在工程实施过程中，影响施工而应当顺延工期的情况主要包括以下几种：

（1）隐蔽工程在隐蔽以前，承包人应当通知发包人检查，发包人没有及时检查的，承包人可以顺延工程日期②；（2）发包人未按照约定的时间和要求提供原材料、设备、场地、资金、技术资料的，承包人可以顺延工程日期③；（3）建设工程竣工前，当事人对工程质量发生争议，工程质量经鉴定合格的，鉴定期间为顺延工期期间④；（4）发包人在履行合同过程中变更设计，造成承包人停工、缓建、返工、改建，或者因发包人的要求而增加工程量；（5）建设工程勘察、设计合同中，发包人未按照约定的时间和要求提供有关基础资料、文件；（6）发包未按约定支付工程预付款、进度款等。

在工程实务中，由于业主进行工程变更、拖欠工程款等影响工期的重要原因，也是承包人可以主张工期顺延的重要依据。

在小田公司与深圳建安公司建设工程施工合同纠纷上诉案⑤中，经邀请招投标，小田公司与深圳建安公司于2004年3月8日签订工程施工合同，约定的开工时间2004年3月1日为工期起算时间，约定工期180天。深圳建安公司于2004年3月27日正式开工，后因工程款支付争议，工程一度停工，双方经2004年8月24日会议纪要重新调整工程完工日期为2004年10月30日。2005年3月29日，深圳建安公司向小田公司送交竣工验收报告，4月4日，工程竣工验收合格。深圳建安公司超过调整后的完工日期2004年10月30日逾期完工211天。由于双方未能就工程款结算事宜达成一致，小田公司向法

---

① 参见13版施工合同第11.2条。
② 参见《合同法》第278条。
③ 参见《合同法》第283条。
④ 参见最高人民法院《关于审理建设工程施工合同纠纷案件适用法律问题的解释》第15条。
⑤ 小田（中山）实业有限公司与深圳市建安（集团）股份有限公司建设工程施工合同纠纷上诉案，广东省高级人民法院（2009）粤高法民一终字第223号民事判决书。

院起诉要求深圳建安公司支付工期延误赔偿。

结合案件事实，针对双方争议的逾期完工的原因及责任，法院经审理后认为：

（1）小田公司未依约支付预付款，深圳建安公司可以顺延工期。首先，双方在工程施工合同中约定，开工后7天，发包人向承包人支付合同价款30%的预付款，即1 020万元，但直至工程竣工，小田公司仅支付工程预付款500万元。其次，工程施工合同约定，在发包人支付合同价款30%的预付款给承包人后，由承包人向发包人出具等额的银行保函。小田公司应支付30%的预付款在先，深圳建安公司开具等额银行保函在后。故小田公司认为深圳建安公司没有出具相应的银行保函导致其未付齐工程预付款的理由不成立。再次，按照工程施工合同的约定，"实行工程预付款的，发包人不按约定预付，承包人在约定预付期间7天后向发包人发出要求预付的通知，发包人在收到通知后仍不能按要求预付，承包人可在发出通知后7天停止施工，发包人从约定应付之日起向承包人支付应付款的利息，并承担违约责任"。另外，工程施工合同还约定，"发包人应从约定支付之日起向承包人支付应付款的同期银行贷款利息，赔偿承包人的一切损失，顺延延误的工期"。根据上述约定，小田公司未依约支付工程预付款，应当承担违约责任，深圳建安公司可以顺延工期。

（2）小田公司未依约支付工程进度款，深圳建安公司可以顺延工期。本案工程施工合同中对进度款的支付做了详细的安排，根据工程实施情况，2004年3月至8月，业主应付工程进度款为1 848.5万元，实付工程进度款1 231.4万元，每月进度款都存在少付的情形，累计少付工程进度款617.1万元。2004年8月20日，工程例会确定，"承包商按进度计划提交资金计划，业主按节点进度情况支付工程款"。依照工程施工合同补充条款约定的节点，在工程竣工日前，小田公司应付合同价款3 400万元的90%为3 040万元。但直到工程于2005年3月29日竣工至今，小田公司支付款项（包括已付进度款250万元在内）共计2 831.4万元，离竣工节点应付工程款尚差208.6万元。由于小田公司付款严重滞后，深圳建安公司于2006年6月22日向小田公司发出《停工报告》，监理公司于2004年7月6日在监理工作小结和建议中亦确认工期严重滞后的原因"主要是资金困难",建议"业主高度重视,尽快提供承包商所必需的进度款,以便正常进行施工"。上述事实足以认定小田公司未依照合同约定支付工程进度款,应当承担相应的违约责任。同时,根据工程施工合同"发包人未按约定支付工程预付款、进度款,致使施工不能正常进行造成工期延误,经工程师确认,工期相应顺延"的约定,由于小田公司严重滞后支付工程进度款,致使施工不能正常进行,深圳建安公司依约可以顺延工期。

(3) 小田公司多次变更图纸和增加工程,深圳建安公司可以依约顺延工期。双方签署的工程施工合同约定:"承包人按变更通知及有关要求进行下列所需要的变更:(1) 更改工程有关部分的标高、基线、位置和尺寸;(2) 增减合同中约定的工程量;(3) 改变有关工程的施工时间和顺序;(4) 其他有关工程变更需要的附加工作。""因变更导致合同价款的增减及造成承包人的损失,由发包人承担,延误的工期相应顺延。"如前所述,小田公司在深圳建安公司施工过程中多次变更图纸,并增加了大量工程。因此,深圳建安公司可以依此约定顺延工期。

综上,由于小田公司支付预付款及进度款严重滞后,变更设计图纸和增加分项工程,深圳建安公司依约可顺延工期。直至工程竣工,小田公司仍拖欠工程竣工前应付的预付款及进度款,深圳建安公司无须对逾期完工承担违约责任。故小田公司上诉主张其有权迟延支付预付款、进度款,深圳建安公司应当承担逾期完工的违约责任,本院予以驳回。

4. 误期损害赔偿

误期损害赔偿,或称工期延误赔偿,它是指在工程合同中预先约定的,承包人在延误工期时应向发包人支付的一定数量的金额,其英文表述为 Liquidated Damages (LDs),这是工程合同中比较具有特色的专业术语。前文中有关工期延误和顺延的阐述,最终都直接与工程合同中的误期损害赔偿密切相关。

4.1 误期损害赔偿的适用和例外

原则上,如果是因为承包人的原因导致未能在合同约定的竣工日期完成工程，那么其即应当承担误期损害赔偿责任。但是，正如前文所述，在工程实践中，导致工期延误的情形是复杂多样的，因此，需要具体分析和确定误期损害赔偿的适用和例外情形。

比如，在英国法环境下，如果出现误期损害赔偿金被认定具有惩罚性质、合同中对于误期损害赔偿金的描述不清、发包人没有遵循合同规定的程序条件、发包人终止工程合同等情形，也都能成为承包人免于承担误期赔偿的责任。而在中国法律环境下，并没有关于工期延误损害赔偿的特殊规则，其适用的法律基础则是《合同法》中有关违约责任的一般原则，即当事人可以在合同中约定一方违约时应当根据违约情况向对方支付一定数额的违约金，也可以约定因违约产生的损失赔偿额的计算方法。[①]

4.2 误期损害赔偿的限额

从前文分析可以看出，在英国工程法中，工期条款的一个重要争议焦点即在于误期赔偿条款的合法性，其中就包括对误期赔偿的估算和限额。比如，在 Arnhold & Co. Ltd. v. The Attorney of Hong Kong[②] 一案中，由于合同双方并没有约定计算损害赔偿的最低额和最高额的原则，导致合同中确定的损害赔偿金最终被法院否决。

而中国《合同法》则对违约金条款的适用规定了不同的原则，原则上，工程合同双方可以自由约定违约金的数额，但是，如果工期延误的实际损害低于给发包人造成的损失的，当事人可以请求法院或者仲裁庭予以增加；反之，则可以请求法院或者仲裁庭予以适当的减少。[③] 此外，工程合同中，比如11版总承包合同也规定，因承包人原因，造成工程竣工日期延误的，由承包人承担误期损害赔偿责任；每日延误的赔偿金额及累计的最高赔偿金额在专用条款中约定。[④]

结合上述英国法和中国法的规则，笔者认为，为了避免工期延误违约金的不确定性和无限责任，发包人和承包人可以在工程合同中规定赔偿的上限，

---

① 参见《合同法》第114条。
② Arnhold & Co. Ltd. v. The Attorney of Hong Kong (1985) 29 BLR 73.
③ 参见《合同法》第114条。
④ 参见11版总承包合同第4.5条。

对于承包人出现的工期延误,也应提前采取相应的救济措施,而不是到了工程项目的最后阶段才通过误期损害赔偿的方式解决。

七、工程暂停施工

正常情况下,工程项目的建设周期和程序应当是连续不间断的,这样既可以保证建设质量,也有助于发包人和承包人做好现场管理,同时,连续施工也能提高各方投资回报效益。但是,由于工程项目的建设周期长,受外部条件如地质、气候的影响较大,以及付款、施工质量、安全等各方面的因素影响,都有可能导致暂停施工。

由于暂停施工对工程项目的建设和管理,以及合同双方的权利、义务和责任都有着重大的影响,因此,尤其需要关注涉及暂停施工和复工方面的程序、责任和处理的相关约定。在工程法律实务中,承发包双方对停工的责任认定以及责任承担方面经常会发生原则性的争议,所以,笔者认为,工程合同的双方当事人需要对下列几个问题予以关注,以避免或减少发生争议,或在发生争议后能够有效地解决争议。

1. 工程暂停的情形和事由

在工程合同中明确约定暂停施工的条件、事由和责任是必要的,当然也是可行的,只有这样才能有效地约束各方,避免或减少不必要的争议。不过,这种约定最好能够公平地体现合同各方应当承担的风险,任何一方都不应利用自身的优势地位排除对方的合法权益。

1.1 关于导致停工的情形

关于暂停施工,根据不同的标准有不同的分类,如果从引起暂停施工的原因来看,主要可以分为三类:(1)因发包人引起的停工;(2)因承包人自身原因导致的停工;(3)由于不可归责于承发包双方当事人的客观因素致使停工。

1.1.1 承包人引起的停工

工程实务中,由于承包人的原因导致的停工又可以细分为不同的情形,具体可包括以下几种：(1) 由于承包人的违约行为引起的暂停施工；(2) 为工程的合理施工和保证质量、安全所必需的暂停施工；(3) 未得到监理人许可的承包人擅自停工；(4) 其他如由于承包人的技术方案不到位需要进一步论证原因引起的暂停施工等。

1.1.2 发包人引起的停工

因发包人的原因引起的暂停施工是工期争议的主要原因，对于这类属于发包人责任的停工，承包人可以获得相应的工期延长，以及相应的费用补偿。

具体来看，由于发包人违约引起的暂停施工是比较常见的情形，比如违约未支付或者逾期支付工程款导致的停工[1]，发包人未及时检查导致隐蔽工程的暂停等[2]。还有重大设计变更、不利地质条件等引起的暂停施工，虽然不属于发包人的违约行为，但是也应归入发包人的责任，而应给予承包人工期损失的补偿。

1.1.3 非合同双方引起的停工

如果工程合同仅规定上述停工情形及其处理方式，那将难以满足实际施工的需要。因为，除了上述基于工程合同的双方当事人的原因导致停工之外，实践中，还有可能由于不可归责于发包人和承包人的情形导致暂停施工，比如：(1) 由于现场异常恶劣气候条件引起的暂停施工；(2) 由于不可抗力的自然或社会因素引起的暂停施工。

1.2 紧急停工

在工程施工过程中，有可能会因为突发事件的发生而导致暂停施工。对此类紧急停工事件，工程合同中都有相应的程序内容。比如，12版设计施工合同规定，由于发包人的原因发生暂停施工的紧急情况，且监理人未及时下达暂停工作指示时，(1) 承包人可先暂停施工，并及时向监理人提出暂停工作的书面请求；(2) 监理人应在收到书面请求后的24小时内予以答复，逾期未答复的，视为同意承包人的暂停工作请求。[3] 13版施工合同也规定了同样的内容，并进一步规定，如果监理人不同意承包人暂停施工的，应说明理由，

---

[1] 参见《合同法》第283条。
[2] 参见《合同法》第278条。
[3] 参见12版设计施工合同第12.2.2条。

承包人对监理人的答复有异议，则可按照争议解决的约定处理。① 11 版总承包合同同样也赋予发包人在紧急情况下，有权向承包人发出紧急指令，如承包人未能按发包人的指令执行造成的事故责任、人身伤害和工程损害，由承包人承担，同时，也要求发包人在发出口头指令后 12 小时内，将该口头指令再以书面形式送达承包人的项目经理。②

至于紧急停工的支付、补偿等问题，则与普通的暂停施工类似，需要结合具体的原因、事件的影响等综合分析。

2. 签发停工令的主体及其权限

工程合同中有了发布停工令的约定，还不能忽视停工令的送达和签收。通常，承包人的项目经理是负责履行施工合同的代表，监理工程师的指令交由项目经理签字后即为送达，但是考虑到项目经理未必时时刻刻在现场，故在合同中约定一个固定的签收人员是比较可靠的做法，这一做法同样也适用于发包人和监理人，并且统一签收也有利于提高各方的工作效率，促进管理制度的完善。

2.1 监理工程师的停工通知

虽然暂停施工的决定大多数情况是由业主做出的，但是，按照工程合同和工程惯例，最终签署停工通知的则是工程师。当然，监理工程师也可以依据其职权发出暂停施工通知。对此，需具备三个条件：

（1）暂停施工确有必要，这是停工令的实体要件。由于暂停施工会涉及工程的质量、工期的延长、项目投资额度的增加等，无论是对承包人而言还是对发包人而言，都会造成不同程度的影响，因此，如果没有确切的理由，或暂停施工不是"确有必要"，就不应发布停工令，否则，工程师因发布停工指令造成承包人损失的，可能会导致发包人承担不必要的赔偿责任。

（2）停工令应当以书面形式发出，这是停工令的形式要件。之所以要求工程师的停工令应当以书面形式提出，主要是因为停工令将是今后发包人和

---

① 参见 13 版施工合同第 7.8.4 条。
② 参见 11 版总承包合同第 10.1.1 条。

承包人就停工事件发生争议时的重要证据材料，防止"口说无凭"，事后扯皮分不清责任。而且，我国《民事诉讼法》将书证列为证据之首，在司法实践中，也特别注重书面证据的证明效力，书面文件作为证据使用的重要性可见一斑。将停工理由和决定等事项以书面形式固定下来，有助于保护双方的权利。

（3）工程师有职责在提出要求后48小时内提出书面处理意见。工程师发出停工令后并非意味着其工作的结束，相反，按照本条约定，工程师有义务对暂停施工以及后续工作提出意见，以便承包人依指令行事。如果工程未能在发出停工令后48小时内提出处理意见，则承包人有权选择等待工程师的进一步指令，也可以依约自行复工，并可以相应顺延工期，要求发包人承担由此发生的费用。

2.2 工程师口头停工通知的处理

工程实务中，有些特殊情形下，工程师会发出口头的停工指令。工程师发布停工指令行为有两种表现形式：（1）不应发布停工令而发布停工令；（2）应当发布停工令而没有发布或延误发布停工令。

前者是工程师滥用停工权的行为，如果承包人认为该指令不合理，应当在收到指令后的24小时内向工程师提出修改指令的书面报告。工程师决定仍继续执行原停工指令的，承包人应当予以执行。如果由于监理工程师发布错误停工指令给承包人造成损失的，发包人应当承担赔偿责任。

后者多数是由于发包人的原因需要暂停施工，此时如果工程师没有及时下达暂停施工的指令，承包人可向其提出暂停施工的书面请求，以启动停工程序。

3. 承包人的停工权

正如前文所述，实务中暂停施工的起因是多种多样的，比如，由于发包人造成的停工原因可以是：（1）发包人未能依约支付工程预付款、进度款，或者拖延、拒绝批准付款申请和支付证书，导致付款延误；（2）发包人聘请的设计单位未及时出图、审图或耽误修改、变更；（3）依约由发包人供应的设备、材料不及时或有质量问题，需要承包人停工、待工；（4）发包人未履行协助义务影响承包人正常施工等。

对于前述由于发包人的原因需要承包人暂停施工的情形，承包人的停工可以是主动的，也可以是被动的。比如，12版设计施工合同就规定，由于发包人的原因发生暂停施工的紧急情况，且监理人未及时下达暂停工作指示的，承包人可先暂停施工，并及时向监理人提出暂停工作的书面请求；监理人应在收到书面请求后的24小时内予以答复，逾期未答复的，则视为同意承包人的暂停请求。[①] 而在合同没有约定的情况下，如果工程师没有发布停工通知，承包人也仍然可以提出停工请求，并且在特殊情形下，承包人还可以依法直接行使停工权。

4. 暂停施工后的处理

暂停施工可能是暂时（临时停工）的，但也有可能是一个漫长的过程（长期停工），导致工程的中断，由于暂停施工事关重大，因此，承发包双方事先在工程合同中对超过一定期限状态下的暂停施工事项进行安排有助于减少争议，维护双方的权益，推进项目的顺利进行。

4.1 停工后对现场的管理

笔者认为，停工后首要的工作应当是对工程现场和已完工程做好相应的保护和管理，避免因停工对工程造成损坏。因此，承包人接到停工令，即应当按工程师要求停止施工，并有义务妥善保护已完工程。

一方面，在工程建设过程中，工程师的指令是承包人工作的依据，即便指令有误，如果工程师坚持该项指令的，承包人也应当遵照执行。至于因其错误造成承包人返工、窝工或有其他损失的，承包人有权依法、依约向发包人提出索赔。

另一方面，保护已完工程、实施安全保障是承包人负有的一项重要的合同义务，在工程竣工后，承包人向发包人交付和转移占有的应是可使用的、完整的、符合约定的建筑产品。如果该产品有瑕疵或缺陷，则承包人应负责返修或保修；如果在暂停施工状态下，承包人未尽妥善保管义务，一旦出现质量、安全等事故，则承包人仍需承担一定的法律后果。

---

① 参见12版设计施工合同第12.2.2条。

对发包人来讲，按照《合同法》减损规则的要求，同样也负有采取必要措施保护工程质量和安全的义务，以防止因为工程暂停而导致损失的扩大。[①]

4.2 工程暂停后的支付

工程暂停后的支付是发包人和承包人不可回避的问题，这其中主要是已完工程款的支付以及因停工而产生的其他费用的支付。对于已完工程的款项，笔者认为，不论是何种原因导致工程停工，承包人仍然享有已完工程项下的款项请求权，发包人不得因为工程暂停而拒绝或者拖延支付工程款项。至于因工程暂停引起的其他费用的分担，则应当在复工后根据停工责任的认定，从应当支付给承包人的后续工程款中支付或者由合同双方另行约定支付安排。两者法律关系和权利基础不同，不能混淆使用。

对此，11版总承包合同[②]规定，因发包人原因而停工的，在复工后，（1）如果暂停未影响到整个工程实施时，双方应依据商定因该暂停给承包人所增加的合理费用，承包人应将其款项纳入当期的付款申请，由发包人审查支付；（2）如果暂停影响到部分工程实施时，且承包人要求调减部分工程并经发包人批准，发包人应从合同价格中调减该部分款项，双方还应商定承包人因该暂停所增加的合理费用，承包人应将其增减的款项纳入当期付款申请，由发包人审查支付。

4.3 停工引起的法律后果的归属和承担

正如前文所述，停工的原因和情形复杂多样，因此在确定暂停施工引起的法律后果的归属和承担时也需要具体问题具体分析。原则上，谁的原因造成停工，由此发生的工期延误责任和损失就应由谁来承担，即发包人应当对由其引起的停工责任负责，承包人应当对由其自身原因造成的停工责任负责，这也是民事责任承担的基本原则的体现。

基于不可归责于双方的客观原因和事件而停工时，如何处理相关的工期和费用问题，是实践中常见的事项，也是比较容易发生争议的事项，因此，发包人和承包人都需要在签署合同和履行合同时综合考虑，事件发生后则应

[①] 参见13版施工合同第7.8.8条。
[②] 参见11版总承包合同第4.6.7条。

对类似问题充分协商，以便妥善解决纠纷。

此外，监理工程师在工程项目中具有比较特殊的地位，其对暂停施工的影响和责任归属也是一个比较有争议的问题。通常情况下，监理是作为业主的代理人来行使职权，但是，不可否认，监理人也有其独立的地位和工作职责，如果监理人根据工程项目的实际情况做出暂停施工的决定，那么暂停施工后的工期延长、费用补偿等如何处理则可能是会引发争议的重要因素。

不论是发包人的原因停工，抑或是因承包人的原因而停工，一旦决定暂停施工，依照合同法"减损规则"的规定，发包人和承包人都应当采取有效措施积极消除停工因素的影响，减少因停工可能造成的损失，否则，任何一方都无权就扩大损失部分要求违约方赔偿。而且，因一方违约导致停工时，其赔偿损失的范围也会被限制在违约一方能够预见到或者应当预见到的因停工可能造成的损失范围之内。

4.4 工程停工证据的收集和保留

工程停工引起的工期延误、费用增加等都与停工的原因、各方责任认定密切相关，如同其他争议，不论是通过裁决、仲裁或者诉讼，还是以协商的方式解决上述工期、费用争议，关键还是要看相关证明资料的情况。

由此可见，停工前后，发包人和承包人需要收集相关的数据资料、往来函件，整理会议纪要，为此后可能发生的索赔等事项的处理准备证据，并且，在停工事件结束后，还应该严格按照工程合同中有关索赔的约定及时提出赔偿请求，避免时效等程序上的瑕疵。

5. 停工后的复工和终止

工程停工仅是工程项目中的一种特殊情况，除非复工成为不可能而导致项目终止，待停工情形消失或处理后，工程仍将继续进行。

5.1 暂停施工后的复工

工程暂停施工后，监理人应当与发包人和承包人协商，采取有效措施积极消除暂停施工的影响。[①] 当工程具备复工条件时，则应按照合同的约定复

[①] 参见 13 版施工合同第 7.8.5 条。

工，至于复工申请的提出者，则可能是发包人，也可能是承包人。比如，11版总承包合同就分别针对由于承包人的原因和由于发包人的原因导致工程暂停后的复工作了规定。

5.1.1 承包人的复工要求

如果工程暂停系根据发包人的通知做出的，则承包人有权在暂停45日后向发包人发出要求复工的通知。如果不能复工时，承包人有权根据合同中关于调减部分工程的约定，以变更方式调减受暂停影响的部分工程。[①] 承包人实施监理工程师做出的停工处理意见后，可以书面形式提出复工要求，工程师应当在约定期限内给予答复。倘若工程师逾期没有提出答复意见或者逾期答复的，则承包人有权选择：（1）当暂时停工仅影响工程中的部分项目时，可将此项停工项目视作可以取消的工程，其他部分继续施工，并通知发包人；（2）当暂时停工影响整个工程时，可视为发包人违约，工期予以延长，并由发包人承担给承包人造成的损失。

对承包人而言，暂停施工后的复工，以完成工程师的工作指令为前提，并且复工申请也应当以书面形式向工程师提出；对发包人和监理工程师而言，接到承包人的书面复工申请之后，如有继续停工的事由，则应当及时回复，避免因错过约定的答复时限而影响进一步的工作，承担不必要的损失。

5.1.2 发包人的复工

发包人有权暂停施工，也有权决定复工。如果是发包人发出复工通知的，则其有权组织监理工程师、承包人对受暂停影响的工程、工程物资进行检查，承包人应将检查结果及需要恢复、修复的内容和估算通知发包人，经发包人确认后，所发生的恢复、修复价款由发包人承担；因恢复、修复造成工程关键路径延误的，竣工日期相应延长。[②]

这里需要注意的是，复工决定如果是由发包人做出的，那么还需要考虑复工令应当由发包人直接发给承包人还是应当由监理工程师发给承包人。有些工程合同中规定，一旦工程具备复工条件时，监理人也可以向承包人发出

---

① 参见11版总承包合同第46.4条。
② 参见11版总承包合同第46.5条。

复工通知；承包人在收到复工通知后，应在监理人指定的期限内复工。① 对于此处的复工令签发主体，实务中也有不同的理解，笔者认为，原则上停复工的通知应当由发包人通过监理工程师发给承包人，但是，在监理工程师拒绝或者迟延履行该职责时，发包人也有权直接通知承包人复工，并可要求监理人承担违约责任。

5.2 持续停工后的复工

对于工程连续停工的情况，其复工程序则较为复杂。一般情况下，持续停工超过56天甚至更长时间时，即属于非常情况，合同双方需要对工程的保护、后续处理做出特别的安排。

比如，13版施工合同规定，监理人发出暂停施工指示后56天内未向承包人发出复工通知，除该项停工属于承包人原因引起的暂停施工及不可抗力情形外，承包人可向发包人提交书面通知，要求发包人在收到书面通知后28天内准许已暂停施工的部分或全部工程继续施工；发包人逾期不予批准的，则承包人可以通知发包人，将工程受影响的部分作为取消工程处理。② 对于因承包人责任引起的暂停施工，如承包人在收到监理人暂停施工指示后56天内不认真采取有效的复工措施，造成工期延误，可视为承包人违约③，由此增加的费用和工期延误则由承包人承担。④

如果暂停施工持续84天以上不复工且又不属于承包人原因引起的暂停施工，或者属于不可抗力情形的，且暂停影响到整个工程以及合同目的实现的，承包人有权提出价格调整要求，或者作为发包人违约而解除合同。⑤ 与此类似，07版标准合同和12版设计施工合同也都作了相应的规定。⑥

不过11版工程总承包合同则不同，其规定发包人的暂停超过45日且暂停影响到整个工程，或者发包人的暂停超过180日，承包人即有权向发包人

---

① 参见07版标准合同第12.4.1条。
② 参见13版施工合同第7.8.6条。
③ 参见07版标准合同第12.5.2条。
④ 参见12版设计施工合同第12.4.2条。
⑤ 参见13版施工合同第7.8.6条。
⑥ 参见07版标准合同第12.5条、12版设计施工合同第12.5条。

发出解除合同的通知。① 如因发包人原因的暂停，致使合同无法履行时，且承包人发出解除合同的通知后，双方还应当依约办理结算和付款。②

5.3 工程复工的救济

工程项目的暂停和复工具有特殊性，会同时涉及民事法律关系和行政监管两方面的事宜。

5.3.1 民事权利义务的救济

从民事合同的角度来看，复工涉及工程合同双方的权利义务的重新安排和相关的救济措施的实施。因此，从避免和减少争议的角度来讲，复工之前，需要双方特别是承包人做好准备工作。复工不仅需要遵循合同约定的程序规定，同时，业主和承包人还应当签署相关的协议，对停工涉及的工期、费用等问题进行协商和确定，比如，在工程复工前，由监理工程师会同发包人和承包人双方确定停工责任、确定因暂停施工造成的损失、确定工程复工条件。③

对于满足复工条件而承包人无故拖延和拒绝复工的，由此增加的费用和工期延误由承包人承担；因发包人原因无法按时复工的，承包人有权要求发包人延长工期和（或）增加费用，并支付合理利润。④

5.3.2 复工的行政审批

对于需要复工的工程项目，除了承包人依照约定的程序申请复工外，发包人还应当依照建筑法律法规的规定申报施工许可延期等复工手续。住房和城乡建设部在2014年的新《建筑工程施工许可管理办法》中规定，在建的建筑工程因故中止施工的，建设单位应当自中止施工之日起一个月内向发证机关报告，报告内容包括中止施工的时间、原因、在施部位、维修管理措施等，并按照规定做好建筑工程的维护管理工作；建筑工程恢复施工时，应当向发证机关报告；中止施工满一年的工程恢复施工前，建设单位应当报发证机关核验施工许可证。⑤ 发包人应当办理上述手续而未办理的，则将承担相应的行政责任。⑥

---

① 参见11版总承包合同第4.6.4条。
② 参见11版总承包合同第4.6.7条。
③ 参见13版施工合同第7.8.5条。
④ 参见12版设计施工合同第12.4.2条。
⑤ 参见《建筑工程施工许可管理办法》第9条。
⑥ 参见《建筑工程施工许可管理办法》第12条。

第八章　工程变更与索赔

一、概述

工程变更和工程索赔是工程项目合同管理工作中不可或缺的重要组成部分，也是工程项目建设中无法避免，并且需要工程合同的各方参与者正视和解决的议题。工程变更和工程索赔既有联系，又有区别。工程变更的原因是多方面的，可能源自于发包人的主观需求变化，可能是由于设计的变化，也可能是出于现场客观情况，如地质条件的影响，区分工程变更的原因并做好相关的变更管理有助于工程索赔工作的顺利进行。同样，作为工程法律理论研究和实务操作的难点和重点，工程索赔及其管理的成功与否将直接影响到工程项目的工期和最终成本。

做好工程变更和索赔的日常管理工作，可以有效地减少和避免合同争议，有利于保护发包人、承包人双方的权利以及项目建设的顺利进行。同时，学习和运用国际工程中有关变更和索赔的通行做法，也有利于中国企业顺利地部署和实现走出去战略，对投资和参与国际工程项目的建设都有着极为重要的现实意义。

二、工程变更

在工程法律实务和项目管理中，工程变更可以说是牵一发而动全身，任何一项工程变更，都可能引起一系列的施工安排的变化、工期的延长和费用的增加。

上述这些施工安排、工期和费用的处理，与合同约定的变更、索赔、价款的确定等内容密切相关，虽然有些内容在法律法规中也有明确的规定，或者有合同的明确约定，但是在合同执行和实务操作中则可能又会是另一种做法，即可能偏离了立法或合同的本意，或者说，如果在招标投标过程或者签订合同时未对相关内容考虑周全，则很有可能造成一系列的纠纷，影响工程的顺利进展，导致工程建设的失控。

因此，为了处理因工程变更引起的工期、质量、造价等方面的变化，除了在合同协议书的工程承包范围条款以及工程量清单或图纸中应有详细描述外，在合同专用条款的适当位置对合同变更做出具体的约定是减少纠纷的重要保障手段之一。

1. 关于工程变更的合同法理论

工程变更和合同变更既有联系，又有区别；在某些场合，合同变更可以包括工程变更，在某些场合，则是将合同变更和工程变更作为两个独立的专业术语使用。

从工程合同变更涉及的范围来看，它包括广义和狭义两种。广义的合同变更包括合同主体、合同标的、合同权利义务内容等各方面的变化。狭义的合同变更主要是涉及工程合同实施过程中的工作内容、工作范围等方面的变化，其中最主要和最常见的就是设计变更以及与之有关的变更。

1.1 合同变更的法律基础

依据《合同法》的规定，当事人经过协商一致后，可以变更合同。[①] 关于工程变更或者工程合同变更，在实务中存在很多的理解误区，尤其是对于经过招标投标的工程建设项目，很多人认为一旦签订了合同就不能变更，即使是合同履行过程中出现客观情况也不能更改工期、价款等内容，否则就违反了《招标投标法》第46条关于"招标人和中标人应当自中标通知书发出之日起三十日内，按照招标文件和中标人的投标文件订立书面合同。招标人和中标人不得再行订立背离合同实质性内容的其他协议"的规定，属于违法行为，就是"阴阳合同"或"黑白合同"。然而，事实上，合同变更是合同意

---

① 参见《合同法》第77条。

思自治的重要体现，也就是说，合同主体不仅有签署合同和确定合同内容的自由，也有变更甚至是终止合同的自由。而且，从立法的本意、目前的工程实务和司法实践来看，《招标投标法》第46条所限制和禁止的是以规避招标投标为目的的变更合同的行为，但并不禁止合同履行过程中进行合理和正常的变更。

在工程合同法律实务中，还需要关注两个容易被忽略的问题：

（1）合同主体的变更。一般来讲，根据合同意思自治原则，经各方当事人协商一致，合同的主体可以发生变化。然而工程合同具有其特殊性，由于严格的行政监管制度，比如招标投标、市场准入等，发包人、承包人的主体资格具有限定性，因此，并非各方协商一致就能够进行合同主体的变更。

（2）合同变更的登记、注册、备案。《合同法》第77条规定，法律、行政法规规定变更合同应当办理批准、登记等手续的，依照其规定。《合同法》第270条则规定，建设工程合同应当采用书面形式。但是并没有进一步规定工程合同应当办理批准和登记手续，由此可见，严格来讲，法律法规并没有规定工程合同的变更需要进行变更和登记。但是，在实践中，为避免对变更内容的效力发生争议，对于经招标投标的工程合同的变更，双方则有必要考虑结合项目的实际需要以及项目所在地的有关行政管理规定，报经招标投标主管部门备案。

1.2 合同变更与权利义务的转移

从法律上讲，权利义务的转移可以分为三种不同的情况，债权的转让、债务的转移以及权利义务的概括转让，这三种情形都可能涉及工程合同的变更。

在工程实务中，工程转包属于典型的权利义务全部转移转让的行为，同时也与合同主体的变更具有重合性。而工程分包一般也同时涉及部分权利义务的处置，从本质上说，属于对总承包合同项下的部分权利义务的概括转移。对于发包人而言，不论是通过招标投标程序，还是议标，发包人认可的是总承包人的实力和经验，因此，依据法律的规定和商业交易的原则，如果涉及工程范围内的工作内容和权利、义务的转移，则应当征得发包人的同意，而工程转包则违反了法律的强制性规定，属于严格禁止的行为。

1.2.1 权利义务转移的条件

根据《合同法》的规定，债权人可以将合同的权利全部或者部分转让给第三人，但是，对于权利义务的转移又有一定的限制，具体包括：(1) 根据合同性质不得转让；(2) 按照当事人约定不得转让；(3) 依照法律规定不得转让。① 同时，如果债务人将合同的义务全部或者部分转移给第三人的，应当经债权人同意。②

由此可见，工程分包需要征得业主的同意，以及不得非法转包等不仅有《建筑法》《建设工程管理条例》等法律法规从行政管理角度进行的监管，即使从平等主体的民事活动的角度来看，也有明确的《合同法》依据。当然，不仅是分包行为，对于工程中一般的债权债务的转移、转让也同样受该条规定的约束。

在西岳山庄与建发公司、中建三公司建设工程施工合同纠纷案③中，西岳山庄（甲方）就其所属的华山假日酒店工程，于 2001 年 11 月 30 日与中建三公司（乙方）签订工程施工合同，约定合同价款以最终结算价为准。2002 年 9 月 20 日，西岳山庄与中建三公司签订《会议纪要》，对付款节点和金额等做了详细的约定。2002 年 7 月至 2003 年 4 月间，中建三公司数次向西岳山庄催要工程进度款。2004 年 4 月 14 日，中建三公司向西岳山庄发出债权转移通知书称，"贵方与公司于 2002 年签订了建设工程施工合同，现在我公司因改制重组的需要，欲将我公司对贵方所享有的上述债权转让给武汉中建三局建发实业发展公司"，西岳山庄予以签收。2004 年 9 月 29 日，西岳山庄与江苏环建建设投资有限公司签订《建设工程施工合同》（关于给水、排水、强弱电、暖通工程）；2004 年 10 月 1 日，西岳山庄与华阴市永泰建筑公司签订《建设工程施工合同》（关于华山假日酒店未完的土建工程）。2005 年 10 月 10 日，中建三公司向西岳山庄发出《关于解除合同的通知》。建发公司认为西岳山庄违反合同约定，拖欠工程款并造成窝工损失，遂向法院提起诉讼。

---

① 参见《合同法》第 79 条。
② 参见《合同法》第 84 条。
③ 陕西西岳山庄有限公司与中建三局建发工程有限公司、中建三局第三建设工程有限责任公司建设工程施工合同纠纷案，最高人民法院（2007）民一终字第 10 号民事判决书。

最高人民法院经二审审理后认为，西岳山庄与中建三公司签订的《施工合同》和2002年9月20日签订的《会议纪要》，是双方当事人的真实意思表示，该合同与纪要的内容不违反法律、法规的强制性规定，应认定合法有效，双方对此均负有履行义务。本案中，中建三公司履行了部分合同义务，取得了向西岳山庄请求支付相应工程款的权利。转让行为发生时，中建三公司的此项债权已经形成，债权数额后被本案鉴定结论所确认。西岳山庄接到中建三公司的《债权转移通知书》后，并未对此提出异议，法律、法规亦不禁止建设工程施工合同项下的债权转让，债权转让无须征得债务人同意。根据《合同法》第79条的规定，法律、法规并不禁止建设工程施工合同项下的债权转让，只要建设工程施工合同的当事人没有约定合同项下的债权不得转让，债权人向第三人转让债权并通知债务人的，债权转让合法有效，债权人无须就债权转让事项征得债务人同意。因此，法院确认涉案债权转让合法有效，建发公司因此受让中建三公司对西岳山庄的债权及从权利。西岳山庄虽然主张涉案债权依法不得转让，但并未提供相关法律依据，故对西岳山庄关于中建三公司转让债权的行为无效的主张，法院不予支持。建发公司基于受让中建三公司的债权取得本案诉讼主体资格。

1.2.2 权利义务转移的通知

基于合同的相对性原则，工程合同的权利义务的享有和承担仅限于发包人和承包人之间，除此之外参与工程项目的第三人，或者是作为发包人的代表，如监理人，或者作为承包人的代表，如工程分包人，在主体上与发包人和承包人可以视为一体。但是，即使如此，对于其中涉及的权利的转让和义务的转移，也仍需要遵守相应的程序。

根据《合同法》的规定，如果债权人转让权利的，应当通知债务人；未经通知，该转让对债务人不发生效力。[①] 据此规定，如果承包人提出将其享有的工程价款支付给其认可的第三人，比如，常见的工程分包人和材料供应商，只需要书面通知业主付款即可。

但是，如果是业主或者承包人将合同中的义务全部或者部分转移给第三

---

① 参见《合同法》第80条。

人的,则应当经过债权人的同意。同样道理,如果是将合同中的权利和义务一并概括转移给第三人,比如保修义务以及保修金的返还,也需要征得合同对方的同意。①

1.2.3 通知的法律效果

如前所述,按照《合同法》的规定,债权人转让权利的,应当通知债务人;未经通知的,该转让行为对债务人不发生效力。由此可见,根据上述规定,如果仅涉及权利的转让,债权人只需通知债务人即有法律约束力,通知是债权发生转让的前置程序和条件。与之对应,如果是债务人转移义务或者是将合同的权利义务进行概括转移的,则都应该与对方达成一致的书面意见。

当然,在实践中需要注意的是债权人进行通知的程序和形式问题,比如以书面形式而非口头通知,避免由此造成权利义务移转的瑕疵,从而对通知的效力产生障碍,导致通知的不生效或者无效。

1.3 合同变更和涉他合同

在《合同法》理论和实务中,合同变更还与涉他合同有着较为密切的关联性。根据《合同法》的规定,当事人约定由债务人向合同主体外的第三人履行义务的,债务人未向第三人履行债务或者履行债务不符合约定,应当向债权人承担违约责任。② 即如果工程合同约定由业主直接向指定分包人或者供应商支付款项,如果业主违反该约定的,则业主仍将承担逾期付款的后果。与此对应的,如果当事人约定由第三人向债权人履行债务的,第三人不履行债务或者履行不符合约定,债务人应当向债权人承担违约责任。③对此,实践中需注意第三人代为履行债务时,应以债务人和债权人在合同中明确约定为前提。④

从上述规定可以看出,涉他合同包括债务的加入,即通过第三人与债权人、债务人达成三方协议或第三人与债权人达成双方协议或第三人向债权人单方面承诺的方式,由第三人履行债务人的债务,但同时不免除债务人履行

---

① 参见《合同法》第88条。
② 参见《合同法》第64条。
③ 参见《合同法》第65条。
④ 某汽车公司与机械公司等欠款纠纷案,最高人民法院(2011)民提字第47号民事判决书。

义务的债务承担方式。①

但是，对于涉他合同因债务加入，债务人和第三人是否应当承担连带责任现有法律并无规定。对此，实践中存在不同的观点：（1）第三人未履行债务的，仍由原债务人承担；（2）第三人与原债务人共同承担；（3）第三人与原债务人承担连带责任。②

民法学认为有效的债务加入应具备如下条件：（1）原债务有效存在；（2）第三人与债务人承担同一内容的债务；（3）第三人与原债务人共同承担责任；（4）第三人享有原债务人所享有的对债权人的抗辩权，但第三人不得以其与债务人之间的关系为理由（债务承担的原因）对抗债权人。由此可见，对于债务加入，如果各方没有相反约定，那么第三人就可能与债务人一起承担连带责任。③

2. 工程变更的范围和类型

关于工程变更范围和类型可以有多种理解。正如前文所述，工程变更一般可以分为广义和狭义两种。广义上来看，合同变更可以包括合同主体、合同内容等方面的变化，狭义上来看，合同变更可以是关于设计要求、工作范围和内容等方面的变化。

2.1 工程变更的法律依据

除了《合同法》关于合同变更的一般规定之外，工程项目建设涉及的工程变更还有其特殊的规定。根据《合同法》的规定，定作人中途变更承揽工作的要求，造成承揽人损失的，应当赔偿损失。④ 虽然这条明文的规定出现在承揽合同一章中，但是，《合同法》第287条又明文规定："本章（指建设工程合同）没有规定的，适用承揽合同的有关规定。"因此，笔者认为《合同法》第258条关于承揽合同的规定同样适用于建设工程合同，即发包人中途

---

① 参见江苏省高级人民法院《关于适用〈中华人民共和国合同法〉若干问题的讨论纪要（一）》第17条。
② 参见朱树英：《法院审理建设工程案件观点集成》，法制出版社2015年版，第71—72页。
③ 贵州鸿福实业开发有限总公司与贵州省建筑工程联合公司建设工程施工合同纠纷案，最高人民法院（2000）民终字第23号民事判决书。
④ 参见《合同法》第258条。

变更工作的要求，造成承包人损失的，应当赔偿损失。承包人可以要求赔偿工期、费用损失。另一方面，从民法公平合理、诚实信用的原则来看，既然是由于发包人（包括设计单位）的原因导致对原设计进行变更，发包人就应当对自己的行为负责，故应当承担包括因变更造成各项费用的增加以及给承包人造成的损失。

2.2 工程变更的限制性规定

《招标投标法》第46条规定"招标人和中标人不得再行订立背离合同实质性内容的其他协议"，但是，何为工程合同的实质性变更，法律本身并没有给出明确的界定，由此造成理解上的分歧，并给工程实务操作带来了不确定性。尤其是强制招标投标的工程项目，由于对《招标投标法》第46条规定的不同理解，造成了争议和纠纷。不过可以肯定的是，对于经过招标投标的工程，根据合同履行的实际情况调整材料价格和人工费，不应构成"黑白合同"的情形。

为了统一司法实践，最高人民法院在《全国民事审判工作会议纪要（2011年）》第23条中规定："招标人和中标人另行签订的改变工期、工程价款、工程项目性质等中标结果的约定，应当认定为变更中标合同实质性内容；中标人作出的明显高于市场价格购买承建房产、无偿建设住房配套设施、让利、向建设方捐款等承诺，亦应认定为变更中标合同的实质性内容。"同时，进一步指出"建设工程开工后，发包方与承包方因设计变更、建设工程规划指标调整等原因，通过补充协议、会谈纪要、往来函件、签证等形式变更工期、工程价款、工程项目性质的，不应认定为变更中标合同的实质性内容"。

另外，还需要注意的是，在某些地区，不论是强制还是自愿招投标的项目，只要当事人将工程合同送到政府主管部门备案，其内容就会被监管并有可能被要求修改，以符合政府审查的需要。在这种情况下，政府对工程合同的形式审查变成了实质审查，并进而对合同双方的实际权利义务发生影响，因此，合同双方当事人也有必要提前了解项目所在地对于工程合同的监管的程度。

2.3 工程变更的分类

工程变更根据不同的标准有不同的分类，而不同的分类对于承发包双方理解工程变更的构成、程序等会有一定程度的帮助，并可减少双方在理解上的误区和分歧，避免和降低争议发生的概率，以求尽可能合理地解决变更争议，促进项目的正常顺利推进。

不论是在法律上还是在工程管理的实务中，对于工程变更的定义及其范畴的界定都有不同的理解，而如何准确界定工程变更也会影响到实际操作层面的权利义务的执行。11 版总承包合同规定，变更指在不改变工程功能和规模的情况下，发包人书面通知或书面批准的，对工程所作的任何更改。[①] 12 版设计施工合同规定，变更是指根据第 15 条的约定，经指示或批准对发包人要求或工程所做的改变。[②] 笔者认为，上述关于变更的定义过于简单，没有完全揭示变更的本质，在实际使用时容易发生分歧和争议。

在工程实践中，常见的工程变更分类之一就是设计变更和设计变更以外的工程变更，设计变更和设计外变更也是工程建设过程中常见的现象之一。实务上有时候是较难区分某项变更属于设计变更还是属于设计外变更。一般理解，工程设计变更是指发包人在法律允许的范围内，并遵照相应的程序对已经审查批准的原设计文件、技术规范等进行修改、增加、删减的行为。比如，民用建筑工程的设计文件一般应分为方案设计、初步设计和施工图设计三个阶段，工程设计变更则是针对施工图设计文件（含勘察文件）的变更。《公路工程设计变更管理办法》也明确规定设计变更，是指自公路工程初步设计批准之日起至通过竣工验收正式交付使用之日止，对已批准的初步设计文件、技术设计文件或施工图设计文件所进行的修改、完善等活动[③]；并将公路工程的设计变更分为重大设计变更[④]、较大设计变更[⑤]和一

[①] 参见 11 版标准合同第 1.1.24 条。
[②] 参见 12 版设计施工合同第 1.1.6.3 条。
[③] 参见《公路工程设计变更管理办法》第 2 条。
[④] 此分类是根据《公路工程设计变更管理办法》第 5 条的规定作出的。重大设计变更是指：（1）连续长度 10 公里以上的路线方案调整的；（2）特大桥的数量或结构型式发生变化的；（3）特长隧道的数量或通风方案发生变化的；（4）互通式立交的数量发生变化的；（5）收费方式及站点位置、规模发生变化的；（6）超过初步设计批准概算的。
[⑤] 较大设计变更：（1）连续长度 2 公里以上的路线方案调整的；（2）连接线的标准和规模发生变化的；（3）特殊不良地质路段处置方案发生变化的；（4）路面结构类型、宽度和厚度发生变化的；（5）大中桥的数量或结构型式发生变化的；（6）隧道的数量或方案发生变化的；（7）互通式立交的位置或方案发生变化的；（8）分离式立交的数量发生变化的；（9）监控、通讯系统总体方案发生变化的；（10）管理、养护和服务设施的数量和规模发生变化的；（11）其他单项工程费用变化超过 500 万元的；（12）超过施工图设计批准预算的。

般设计变更①。非设计变更，是与设计变更相对应的变更。按其字面理解自然就是因设计变更之外的原因引起的变更，其所涉的范围也更广。

不过，笔者认为，事实和本质上，是否属于设计变更或设计外变更也都不是问题的关键，因变更引起的造价、工期、质量的变化才是发包人和承包人真正关心的，是双方利益争夺的焦点。比如，在工程范围的变更中，对于合同内的附加工程或合同额外工程的界定和处理，以及对承包范围内的工程项目的删减处理等都是工程实务中很常见的现象，同时也是实务中存在众多争议的源头之一。

所以，一方面，为确保工程建设项目的顺利进行，发包人和承包人有必要在合同的专用条款部分对变更的内容、程序，影响工程造价、质量、安全、工期的事项提前做出安排，合理分配双方的权利义务；另一方面，实务中业主若能对变更严格限制和控制，也将有助于确保工程质量，提高工程经济效益，避免和减少纠纷。

2.4 工程变更的原因和构成条件

2.4.1 工程变更的原因

引起工程变更的原因具有多样性的特点，可能是由于发包人的需求变更，也可能是由于施工中遇到的地质条件和施工技术的问题，还有可能是设计本身存在瑕疵。

具体来说，工程变更的原因包括：（1）业主原因引起的变更；（2）设计原因引起的变更；（3）施工原因引起的变更；（4）施工现场情况引起的变更。

就工程变更的具体表现形式，在单纯的施工类工程合同中，变更的范围相对较窄。比如，13版施工合同规定②的变更范围主要是指在合同履行过程中发生的下列情形：（1）增加或减少合同中任何工作，或追加额外的工作；（2）取消合同中任何工作，但转由他人实施的工作除外；（3）改变合同中任何工作的质量标准或其他特性；（4）改变工程的基线、标高、位置和尺寸；

---

① 一般设计变更是指除重大设计变更和较大设计变更以外的其他设计变更。
② 参见13版施工合同第10.1条。

(5)改变工程的时间安排或实施顺序。

与纯施工的工程合同不同,在设计—施工和设计—施工—采购一体化的工程合同中,变更所涉及的范围则更为广泛。如 11 版总承包合同,就将工程变更分为设计变更、采购变更和施工变更三大类,其中设计变更包括:(1)对生产工艺流程的调整,但未扩大或缩小初步设计批准的生产路线和规模,或未扩大或缩小合同约定的生产路线和规模;(2)对平面布置、竖面布置、局部使用功能的调整,但未扩大初步设计批准的建筑规模,未改变初步设计批准的使用功能,或未扩大合同约定的建筑规模,未改变合同约定的使用功能;(3)对配套工程系统的工艺调整、使用功能调整;(4)对区域内基准控制点、基准标高和基准线的调整;(5)对设备、材料、部件的性能、规格和数量的调整;(6)因执行基准日期之后新颁布的法律、标准、规范引起的变更;(7)其他超出合同约定的设计事项;(8)上述变更所需的附加工作。[①]

2.4.2 工程变更的构成要件

并非所有的变更都属于工程变更,也不是所有的变更都涉及费用和工期的处理,通常来讲,构成一项工程变更需要在形式和实质上具备一定的条件。由于是否构成一项工程变更,对于工程合同价款和工期都有或多或少的影响,因此,在工程法律实务中,需要对工程变更的构成要件进行准确的界定。

形式上,一般情况下,工程变更需要有业主或工程师的变更指令为载体,同时也要遵循合同约定的变更时间等程序条件。承包人在具体实施变更之前,应当取得有效的变更指令,以明确变更的实施系出自于业主和工程师的要求。同时,这也是处理后续的变更费用和工期的重要依据之一。比如 11 版总承包合同即规定了变更指令以书面形式发出。[②] 但是,也不意味着没有变更指令,承包人就不能获得相应的补偿。

不过需要注意的是,变更指令构成的工程变更并不必然意味着承包人有权获得相应的费用和工期补偿,最为典型的就是业主和工程师发出的修补工程缺陷和瑕疵的指令、要求承包人纠正不合规的工作的指令等,对于此类特

---

① 参见 11 版总承包合同第 13.2.1 条。
② 参见 11 版总承包合同第 13.1.1 条。

别情形下的变更指令,承包人则有义务自担费用和风险。11 版总承包合同就明确规定"承包人对自身的设计、采购、施工、竣工试验、竣工后试验存在的缺陷,应自费修正、调整和完善,不属于变更"。①

2.4.3 变更、索赔、签证

变更、索赔、签证是工程实务中经常使用的术语,三者的关系也是在实务当中比较容易发生混淆的问题。

有观点认为签证不成功时才会有工程索赔,但笔者认为,变更不一定会演变成索赔,因为有些变更只是技术性的争议,不会引发费用和工期的争议。而工程索赔也并不一定是基于变更,它是一方提出的要求对方给予工期、费用补偿的请求权,如果双方对索赔达成一致,则可以通过签证、书面协议等方式进行规定;如果不能达成一致,则按照合同的约定进入争议解决程序。

从形式和程序上看,三者的区别还在于工程变更主要是业主的单方权利,工程索赔则主要是承包人提出的权利主张,而签证则是对变更和索赔事件的证据固定,是双方对变更和索赔所达成的一致意见。

3. 工程变更权

工程变更权的重点在于确定谁有权进行变更。理论上和实践中,普遍认可的原则就是工程变更权限于业主本身,承包人无权对工程进行变更。承包人关于变更的主张和建议只能通过业主委托的设计单位认可后方可实施。至于工程师是否享有变更权则视业主的授权以及具体项目不同而有所差别,并有不同的处理方式。

3.1 发包人的变更权

依据《合同法》的规定,定作人中途变更承揽工作的要求,造成承揽人损失的,应当赔偿损失。② 据此可以理解为法律允许发包人进行工程变更,但是,对于业主提出的变更要求,应该赔偿或补偿承包人因变更造成的损失。

13 版施工合同对变更权进行了规定,即发包人和监理人均可以提出变更,

---

① 11 版总承包合同第 13.1.2 条。
② 参见《合同法》第 258 条。

如果涉及设计变更的，应由设计人提供变更后的图纸和说明；如果变更超过原设计标准或批准的建设规模时，发包人应及时办理规划、设计变更等审批手续。[①]而 11 版总承包合同也规定，发包人拥有批准变更的权限。自合同生效后至工程竣工验收前的任何时间内，发包人有权依据监理人的建议、承包人的建议，及约定的变更范围，下达变更指令。[②]

3.2 业主变更权的限制

按照合同法的理论，工程合同签署之后，发包人和承包人双方都应当严格履行合同约定，承包人有义务，同样也有权利按照既定的时间、质量标准完成全部工作内容并获得对应的全部报酬。

尽管《合同法》和工程合同的具体条款中均规定了发包人的变更权，作为发包人的业主也有权单方面对工作内容和范围做出相应的变更。但是，业主的变更权也不是无所限制的，这其中首要的一点就是应当就工程变更给予承包人补偿。

其次，业主的变更权包括工程消项，这也是常见的引发工程索赔和争议问题的导火索之一。需要注意的是，通常情况下，按照工程惯例，如果业主取消所涉工作并转由业主自己或者委托第三人完成则属于违约行为，应当予以禁止，并且应当向承包人承担赔偿责任，包括合理的预期利润。对此，笔者也认为有必要在工程合同中加以明确。

最后，业主的变更权应当合法合规地实施。工程实施的合法性，对于业主和承包人都有强制的约束力，因此，如果业主的变更指令违反了法规规范的要求，而承包人予以遵照执行，那么承包人就将承担相应的法律责任和后果。在这种情况下，继续要求承包人执行变更指令显然不符合公平合理的法律原则和精神，因而应当赋予承包人拒绝变更的权利而不应视为违约，也无需承担任何赔偿责任。

3.3 变更程序

从工程管理的角度来看，工程变更应当遵照工程合同既定的时间和程序

---

① 参见 13 版施工合同第 10.2 条。
② 参见 11 版总承包合同第 13.1.1 条。

进行。13 版施工合同原则上规定，变更指示均通过监理人发出，监理人发出变更指示前应征得发包人同意；承包人收到经发包人签认的变更指示后，方可实施变更。①

此外，07 版标准合同也对工程变更程序作了详尽的规定②：

（1）在合同履行过程中，可能发生变更情形的，监理人可向承包人发出变更意向书。变更意向书应说明变更的具体内容和发包人对变更的时间要求，并附必要的图纸和相关资料。变更意向书应要求承包人提交包括拟实施变更工作的计划、措施和竣工时间等内容的实施方案。发包人同意承包人根据变更意向书要求提交的变更实施方案的，由监理人发出变更指示。

（2）在合同履行过程中，发生变更情形的，监理人应当向承包人发出变更指示。

（3）承包人收到监理人按合同约定发出的图纸和文件，经检查认为其中存在变更情形的，可向监理人提出书面变更建议。变更建议应阐明要求变更的依据，并附必要的图纸和说明。监理人收到承包人书面建议后，应与发包人共同研究，确认存在变更的，应在收到承包人书面建议后的 14 天内做出变更指示。经研究后不同意作为变更的，应由监理人书面答复承包人。

（4）若承包人收到监理人的变更意向书后认为难以实施此项变更，应立即通知监理人，说明原因并附详细依据。监理人与承包人和发包人协商后确定撤销、改变或不改变原变更意向书。

对于上述变更程序，在实务中应当严格遵守，否则有可能导致权利的丧失。比如承包人未提交增加费用的估算及竣工日期延长，视为该项变更不涉及合同价格调整和竣工日期延长，发包人不再承担此项变更的任何费用及竣工日期延长的责任。③

3.4　工程量变更的确定

因变更引起的工程量确认是工程建设领域最常见的纠纷之一。根据《合同法》的相关规定，合同双方协议一致可以变更合同，当事人对合同变更的

---

① 参见 13 版施工合同第 10.2 条。
② 参见 07 版标准合同第 15.3 条。
③ 参见 11 版总承包合同第 13.3.2 条。

内容约定不明确的，推定为未变更。① 但是，笔者认为，在推定合同未变更前，还可以先按照合同有关条款或者交易习惯确定。②

此外，最高人民法院在《关于审理建设工程施工合同纠纷案件适用法律问题的解释》中也规定："当事人对工程量有争议的，按照施工过程中形成的签证等书面文件确认。承包人能够证明发包人同意其施工，但未能提供签证文件证明工程量发生的，可以按照当事人提供的其他证据确认实际发生的工程量。"③ 同样的，根据北京市高级人民法院《关于审理建设工程施工合同纠纷案件若干疑难问题的解答》的规定，当事人就已完工程的工程量存在争议的，应当根据双方在撤场交接时签订的会议纪要、交接记录以及监理材料、后续施工资料等文件予以确定；不能确定的，应根据工程撤场时未能办理交接及工程未能完工的原因等因素合理分配举证责任。④

因此，为了避免出现类似的工程变更争议，在日常的工程管理过程中，承包人应当注意做好签证和变更管理，及时补正相关的资料，做好资料统计和管理，对于涉及工程价款和工期的变更，则还必须严格按照合同约定的期限向发包人提出变更价款和顺延工期的申请。

在河北建材公司与华盛天涯公司建设工程施工合同纠纷案⑤中，承发包双方因发生争议而诉至法院。最高人民法院经再审审理后认为：双方签订的施工合同中约定承包人在工期顺延情况发生后14天内，就延误的工期以书面形式向工程师提出报告。工程师在收到报告后14天内予以确认，逾期不予确认也不提出修改意见，视为同意顺延工期。合同对于工期延误情形及工期顺延程序均有约定，即对于因符合合同约定原因造成工程延期，应当由河北建材公司提出书面报告，由昌江华盛公司的工程师进行确认，才能作为顺延工期的依据。

在建设工程施工过程中，经双方签字确认的工程签证是证明施工中发生

---

① 参见《合同法》第78条。
② 参见《合同法》对61条。
③ 最高人民法院《关于审理建设工程施工合同纠纷案件适用法律问题的解释》第19条。
④ 参见北京市高级人民法院《关于审理建设工程施工合同纠纷案件若干疑难问题的解答》第13条。
⑤ 河北省建材建设有限公司与昌江华盛天涯水泥有限公司建设工程施工合同纠纷案，最高人民法院（2013）民提字第182号民事判决书。

工程量变更、工期应顺延等情况的重要依据。而本案中河北建材公司虽申请再审主张工期应予顺延，但并未提供经其与昌江华盛公司双方签字确认的工期顺延签证，亦未提供因符合合同约定顺延工期条件其曾向昌江华盛公司申请工期顺延的报告，所以，二审法院认为河北建材公司未能提供按合同约定提交申请确认工期延误的报告及工程签证等证据，河北建材公司主张工期顺延不能成立并无不当。河北建材公司该项再审主张依据不足，本院不予支持。

4. 变更估价

发包人中途变更工作的要求，造成承包人损失的，应当赔偿损失。承包人可以要求赔偿工期、费用损失。并且，从民法"公平合理""诚实信用"的角度来看，既然是由于发包人（包括设计单位）的原因导致对原设计进行变更，发包人就应当对自己的行为负责，故应当承担包括因变更造成各项费用的增加以及给承包人造成的损失。

至于变更价款的支付，实务中有不同的做法，主要取决于双方主体之间的协商结果以及工程合同中的约定。一般来讲，变更价款都应计入当月已完工程中，对于经过确认增（减）的工程变更价款作为追加（减）合同价款与工程进度款同期支付。

4.1 变更估计的原则

原建设部和财政部《建设工程价款结算暂行办法》对工程设计变更价款调整的原则作了非常详细的规定，即：

（1）施工中发生工程变更，承包人按照经发包人认可的变更设计文件，进行变更施工，其中，政府投资项目重大变更，需按基本建设程序报批后方可施工。

（2）在工程设计变更确定后14天内，设计变更涉及工程价款调整的，由承包人向发包人提出，经发包人审核同意后调整合同价款。变更合同价款按下列方法进行：① 合同中已有适用于变更工程的价格，按合同已有的价格变更合同价款；② 合同中只有类似于变更工程的价格，可以参照类似价格变更合同价款；③ 合同中没有适用或类似于变更工程的价格，由承包人或发包人提出适当的变更价格，经对方确认后执行。如双方不能达成一致的，双方可提请工程所在地工程造价管理机构进行咨询或按合同约定的争议或纠纷解决程序办理。①

这一原则在工程合同中也多有体现。13版施工合同规定②：（1）已标价工程量清单或预算书有相同项目的，按照相同项目单价认定；（2）已标价工程量清单或预算书中无相同项目，但有类似项目的，参照类似项目的单价认定；（3）变更导致实际完成的变更工程量与已标价工程量清单或预算书中列明的该项目工程量的变化幅度超过15%的，或已标价工程量清单或预算书中无相同项目及类似项目单价的，按照合理的成本与利润构成的原则，由合同当事人按照工程师的决定确定变更工作的单价。

11版总承包合同则规定的更为详细，其变更价款的方法为：（1）合同中已有相应人工、机具、工程量等单价（含取费）的，按合同中已有的相应人工、机具、工程量等单价（含取费）确定变更价款；（2）合同中无相应人工、机具、工程量等单价（含取费）的，按类似于变更工程的价格确定变更价款；（3）合同中无相应人工、机具、工程量等单价（含取费），亦无类似于变更工程的价格的，双方通过协商确定变更价款。③

07版标准合同则规定，因变更引起的价格调整的原则为：（1）已标价工程量清单中有适用于变更工作的子目的，采用该子目的单价。（2）已标价工程量清单中无适用于变更工作的子目，但有类似子目的，可在合理范围内参照类似子目的单价，由监理人商定或确定变更工作的单价。（3）已标价工程量清单中无适用或类似子目的单价，可按照成本加利润的原则，由监理人商定或确定变更工作的单价。④

据此，笔者认为，对于合同没有规定的变更内容的计价，应当按照法律规范规定的计价规则进行。如果没有相关的法规规范的规定，则可以参考《合同法》规定，即按照订立合同时履行地的市场价格履行；依法应当执行政

---

① 参见《建设工程价款结算暂行办法》第10条。
② 参见13版施工合同第10.4.1条。
③ 参见11版总承包合同第13.5条。
④ 参见07版标准合同第15.4条。

府定价或者政府指导价的,则按照政府价履行。①

4.2 变更估价的程序

工程变更估价的程序要求也是变更中不可忽视的重点问题,其不仅是工程管理实务应关注的问题,也涉及法律对程序瑕疵引发的后果的态度。

原则上,工程设计变更确定后14天内,如承包人未提出变更工程价款报告,则发包人可根据所掌握的资料决定是否调整合同价款和调整的具体金额。对于重大工程变更涉及工程价款变更报告和确认的时限则由业主和承包人双方协商确定。收到变更工程价款报告一方,应在收到之日起14天内予以确认或提出协商意见,自变更工程价款报告送达之日起14天内,对方未确认也未提出协商意见时,视为变更工程价款报告已被确认。②

与之相对应,13版施工合同也明确规定,承包人应在收到变更指示后14天内,向监理人提交变更估价申请。监理人应在收到承包人提交的变更估价申请后7天内审查完毕并报送发包人,监理人对变更估价申请有异议,通知承包人修改后重新提交;发包人应在承包人提交变更估价申请后14天内审批完毕。发包人逾期未完成审批或未提出异议的,视为认可承包人提交的变更估价申请。③

对于估价程序中"逾期回复视为认可"的规定,笔者认为,从程序设置的原则和目的来看,是为了促进双方合作解决问题,避免因一方怠于履行回复义务导致争议的发生。因此,合同双方应当严格遵守。而同样的,对于逾期提出变更请求视为弃权的约定也应当严格执行。但是,也不可否认,这样的规定在法律上或许会有不同的观点,其实际的效果可能还有待司法实践的进一步论证。

4.3 变更估计的争议处理

工程法律实务中,除非双方在合同中对变更估价涉及的问题事先详细约定,或者能够按照合同约定的程序达成一致意见,否则双方就会出现争议。

---

① 参见《合同法》第62条。
② 参见《建设工程价款结算暂行办法》第10条。
③ 参见13版施工合同第10.4.2条。

从程序上,如果双方不能达成一致,则可以通过工程师、测量师等第三方对价格进行确定。倘若仍然无法达成一致意见,而工程合同又约定了争议替代解决程序,比如 DAB、DRB、Ajudication 等制度,则可以根据这些程序处理。如果仍无结果,则可以提请仲裁或提起诉讼解决。

实体上,最高人民法院《关于审理建设工程施工合同纠纷案件适用法律问题的解释》规定,当事人对建设工程的计价标准或者计价方法有约定的,按照约定结算工程价款;因设计变更导致建设工程的工程量或者质量标准发生变化,当事人对该部分工程价款不能协商一致的,可以参照签订建设工程施工合同时当地建设行政主管部门发布的计价方法或者计价标准结算工程价款。[1]

北京市高级人民法院在其《关于审理建设工程施工合同纠纷案件若干疑难问题的解答》中也指出,建设工程施工合同约定工程价款实行固定总价结算,在实际履行过程中,因工程发生设计变更等原因导致实际工程量增减,当事人要求对工程价款予以调整的,应当严格掌握,合同对工程价款调整有约定的,依照其约定;没有约定或约定不明的,可以参照合同约定标准对工程量增减部分予以单独结算,无法参照约定标准结算的,可以参照施工地建设行政主管部门发布的计价方法或者计价标准结算;主张工程价款调整的当事人应当对合同约定施工的具体范围、实际工程量增减的原因、数量等事实承担举证责任。[2]

此外,笔者认为,对于合同中没有约定,并且双方无法达成一致的变更估价,也可以依据"合理价格"(Quatum Meruit)原则给予承包人合理的成本和利润补偿。

5. 工程变更和价值工程

一个有经验的承包人,可能会根据以往工程项目建设的实践经验和自身管理的特点,针对项目需求、设计的局限性、现场条件和施工中的具体情形

---

[1] 参见最高人民法院《关于审理建设工程施工合同纠纷案件适用法律问题的解释》第16条。
[2] 参见北京市高级人民法院《关于审理建设工程施工合同纠纷案件若干疑难问题的解答》第11条。

等因素向业主和工程师提出工程变更以及其他一些合理化的建议。这些建议可能会极大地节省成本、加快施工进度，从而为发包人带来很好的经济效益和社会效益，同时也能不断促进承包人提高管理水平，增加收入。因而，发包人和承包人有必要在合同中对合理化建议做出合理的约定，提倡承包人提出合理化建议并给予一定的经济奖励，这也有利于创造发包人和承包人双赢的局面。

5.1 承包人的变更建议权

如前文所述，在工程领域，工程变更权仅限于业主或由业主授权工程师行使，而承包人对于工程的实施没有进行变更的权利。

但是，承包人可以对工程建设提出合理化建议，如果该合理化建议涉及设计图纸或施工组织设计的更改，以及对建设材料、设备的换用，则必须事先征得业主和工程师的同意。之所以对涉及设计图纸或施工组织设计的更改以及对建设材料、设备的换用的合理化建议的实施应当事先征得同意，主要是因为设计图纸、施工组织设计、原定设备材料是承包人据以施工的根据，对这些施工依据的变更可能会对工程的造价、质量、进度、安全等方面产生影响，因此，是否实施该建议的决策权应当交给发包人行使，由发包人自行考量利弊。

在11版总承包合同中，就规定了承包人有义务随时向发包人提交书面变更建议，包括缩短工期，降低发包人的工程、施工、维护、营运的费用，提高竣工工程的效率或价值，给发包人带来的长远利益和其他利益。发包人接到此类建议后，应发出不采纳、采纳或补充进一步资料的书面通知。[①] 但是，对于承包人的上述建议，最终决定是否采用的权利在于业主。这也从另一方面说明，如果没有监理人的变更指示，承包人无权进行变更。[②] 对于未经许可擅自对工程的任何部分进行变更的行为，承包人应当承担相应的法律责任。

但是，笔者也注意到，承包人不得擅自变更是一项原则规定，原则之外自然还有例外。比如，按照《建设工程质量管理条例》的规定，施工单位在

---

① 参见11版总承包合同第13.1.3条。
② 参见07版标准合同第15.2条。

施工过程中发现设计文件和图纸有差错的,应当及时提出意见和建议。① 此时承包人的变更不仅是义务,也是权利之一。对于此类由于设计缺陷或瑕疵造成的应当予以变更的情形,尤其是违反强制性设计规范时,承包人即使没有获得业主或者工程师的指令,也应当进行变更,对此发生的费用应当由业主承担。

5.2 价值工程和激励机制②

值得一提的是,承包人的合理化建议是有效节约工程造价、实现工程效能的手段之一。合理化建议在工程管理学上又被称为价值工程。我国自1978年起开始推广价值工程,并于1987年制定国家标准《价值工程基本术语和一般工作程序》,对价值工程的运用作了详细的规定。

对于业主和工程师同意采用的合理化建议,根据风险共担、利益共享的原则,应当由发包人和承包人自行约定分担或分项比例。如前所述,合理化建议涉及的项目对整个工程的建设的影响是对发包人有利,抑或是不利,在工程建设完成之前都是无法预料的,尽管发包人保留是否采取合理化建议的权利,但是,发包人和工程师的决定还有赖承包人的经验。

通常情况下,承包人之所以做出该合理化建议,也往往是基于以往成功的工程经验,那么在本项目中若提出合理化建议,则发包人有理由相信该合理化建议也是可行的,如果实践证明该建议的确为发包人节省了成本,则根据公平合理的原则,承包人应当分享由此带来的利益。但在现实生活中,尤其是在一些中小型项目或者是一些技术相对成熟的建设领域中,很少有涉及本条款的约定,要么就是照抄工程合同通用条款的表述,要么就是干脆取消该项条款,避而不谈,要么干脆直接将合理化建议所得的利益统归发包人所有。剔除项目本身特点的因素和考虑,实践中的这些问题和做法一方面是因为合同各方对于价值工程的忽视,另一方面也是因为承包人受限于自身的管理水平和专业能力,在价值工程理论的掌握和运用上还有待于进一步的提高。

笔者认为,一份好的工程合同应当是公平合理、奖罚有据的合同,如果

---

① 参见《建设工程质量管理条例》第28条。
② 根据笔者合著的《建设工程施工合同(示范文本)法律详解及案例》的"工程变更"相关内容改编。

承包人能够提高工作效率，缩减工程的工期和成本，发包人应当给予适度的奖励；反之，如果承包人延误工期，浪费资源，就应当承担相应的违约责任。但就目前的工程实践来看，要求承担违约责任的项目比比皆是，而能够在合同中约定给予奖励的情况却少之又少。虽然，奖罚属于双方自行协商的条款和内容，但是，对于如何设立有效的奖罚机制，提升合作机制，促进承包人有意识地提高工作效率，仍是一个不能忽略的议题。尤其是在当前政府大力推广PPP模式的大背景下，建立合理有效的奖励机制也有助于提高项目效益，减少争议。

三、工程索赔

关于索赔的内涵和外延具有不同的表述，并没有统一的规定，法律界和工程界对什么是索赔、什么是工程索赔也有不同的理解。笔者认为，从法律的角度来看，索赔和工程索赔在本质上具有一致性，只是在具体使用时，两者实际上所覆盖的范围和解决的问题略有不同，因此，法律界和工程界对索赔的理解也并不矛盾和冲突，法律界和工程界对索赔的不同理解源自于观察的角度和分析论证的角度不同，从解决争议的目的来看，两者应该是殊途同归。

1. 工程索赔的性质

简单来讲，索赔是指在工程项目中，一方当事人因对方的过错，或者对方虽无过错，但由于无法避免的客观因素致使本方利益受到损害时，要求对方给予赔偿或补偿的权利和主张。

按照工程惯例，索赔通常是指承包人向业主提出的权利主张，而业主向承包人提出的主张则被称为反索赔。索赔和反索赔都属于独立的权利主张，如果是合同一方针对另一方的索赔或者反索赔提出的反驳，则应当属于抗辩，或者属于债务抵销的范畴。实践中也有观点认为索赔和反索赔是相对的概念，不管是业主还是承包人，只要向对方提出权利主张的都属于索赔，而反索赔则是另一方针对索赔提出的反驳和抗辩。[①] 当然,在工程实务中,尤其是施工过程中的争议解决,则较少对两者进行区别。笔者认为,上述区别更多的是从法律的角度所做的思考和区分,其法律意义在于确定当事人权利主张的基础和依据,特别是在工程仲裁和工程诉讼中,其法律后果会有较大的差异。

1.1 工程索赔的性质

工程索赔在法律性质上具有损失、损害的补偿性和赔偿性,但不应当具有惩罚性,它是工程合同双方当事人履行合同的正当权利要求。导致索赔的事件和起因,可能是一方当事人或者双方共同的行为造成,也可能是不可抗力事件引起,或者是任何第三方的行为所导致。由此可见,享有索赔权和提出索赔主张的一方当事人所受到的损害,与另一方当事人的行为之间并不一定存在必然的关系。

不过,在工程实践中,基于不同的索赔事件和起因,与之对应的工期、费用等补偿的定性和定量分析会有较大的区别,这将在本章后文中详细阐述。

1.2 工程索赔的类型

根据不同的标准,工程索赔可以分为不同的类型,最基本的工程索赔可以分为工期索赔、费用索赔。从工程索赔的依据和基础来看,常见的索赔还可以分为三大类:(1)合同项下的索赔;(2)基于违反合同约定的索赔;(3)合同外的索赔。

在国际工程中,还有一种比较特殊的索赔,即道义索赔(ex gratia claim),由于此类索赔不是基于合同的约定,或者法律上的规定,而是将业主置于一个通情达理的地位,在承包人为了完成某项困难的施工而承受了额外的费用、损失时,出于善良意愿,给予承包人适当的经济补偿[②],因此,有时候也被称为基于同情心的索赔(sympathetic claim)。严格来讲,道义索赔也属于合同外的索赔,其补偿很难找到合同的依据,更多的是从公平、诚信等法律原则和精神出发来论证,除非承包人的行为给业主带来切实的利益,一般

[①] 为行文方便,如无特别指明,笔者将以索赔、工程索赔来概括表述承包人向业主提出的索赔以及业主向承包人提出的反索赔。

[②] 参见梁鑑:《国际工程索赔(第二版)》,中国建筑工业出版社2002年版,第20页。

都无法获得补偿。但是即便如此，最后能否获得补偿，更多的还是取决于业主的意愿。并且，客观事实上，如果工程合同的双方没有合作互信的机制，承包人很难以道义索赔的方式获得补偿。

同样道理，在国内工程中适用道义索赔更有难度，尤其是政府投资项目，由于工程项目预算都有明确的限额，项目决算也是需要多层审计审核，如果没有合同或者法律依据，承包人单凭"道义"或者"同情心"来主张补偿，将很难获得支持。基于此，承包人有必要在工程合同的前期做好充分的论证和预防措施，在施工过程中更应做好相应的应对工作，及时合理地提出有效索赔。而从业主的角度，笔者认为，建立激励机制、强化合作互信的履约机制有助于解决工程索赔和相应的争议。

2. 工程索赔的程序性规定

工程索赔是工程领域最具特色的议题，也是焦点和难点最为集中的课题之一，同时，工程索赔最大的一个特点就是合同的双方都被要求严格遵循程序性的规定。

2.1 承包人的索赔程序

承包人的索赔是启动工程索赔的主要方式。国内现行的四份工程合同对于承包人提起的工程索赔，都有比较详细的规定。比如07版标准合同[1]、12版设计施工合同[2]和13版施工合同[3]都规定，如果承包人认为有权根据合同的约定得到追加付款和（或）延长工期的，应按以下程序向发包人提出索赔：

（1）承包人应在知道或应当知道索赔事件发生后28天内，向监理人递交索赔意向通知书，并说明发生索赔事件的事由；

（2）承包人应在发出索赔意向通知书后28天内，向监理人正式递交索赔通知书，并应详细说明索赔理由以及要求追加的付款金额和（或）延长的工期，并附必要的记录和证明材料；

（3）如果索赔事件具有连续影响的，承包人应按合理时间间隔继续递交

---

[1] 参见07版标准合同第23.1条。
[2] 参见12版设计施工合同第23.1条。
[3] 参见13版施工合同第19.1条。

延续索赔通知,说明连续影响的实际情况和记录,列出累计的追加付款金额和(或)工期延长天数;

(4)在索赔事件影响结束后的28天内,承包人应向监理人递交最终索赔通知书,说明最终要求索赔的追加付款金额和延长的工期,并附必要的记录和证明材料。

与上述工程合同类似,11版总承包合同基本也遵循了相同的程序规定,但其主要区别在于有关索赔的时限不同。11版总承包合同[①]规定承包人向发包人提交索赔通知和提交说明索赔事件的正当理由、条款根据、有效的可证实的证据和索赔估算资料的报告的时间为索赔事件发生后的30日,而上述三份07版标准合同、12版设计施工合同和13版施工合同规定的承包人提出索赔的时限则是28日。

2.2 发包人的索赔程序

如前所述,索赔不仅仅是承包人的权利,在工程合同实务中,索赔是对等的,也就是说承包人可以向发包人索赔,发包人也可以向承包人(反)索赔。比如11版总承包合同规定,发包人认为承包人未能履行合同约定的职责、责任、义务,且根据本合同约定、与本合同有关的文件、资料的相关情况与事项,承包人应承担损失、损害赔偿责任,但承包人未能按合同约定履行其赔偿责任时,发包人有权向承包人提出索赔。[②]

至于发包人的索赔程序,则与承包人提出的索赔类似。按照12版设计施工合同[③]和07版标准合同[④]的规定,发包人应在知道或应当知道索赔事件发生后28天内,向承包人发出索赔通知,并说明发包人有权扣减的付款和(或)延长缺陷责任期的细节和依据。而13版施工合同[⑤]也对此作了规定,即:

(1)发包人认为有权得到赔付金额和(或)延长缺陷责任期的,监理人应向承包人发出通知并附有详细的证明;

(2)发包人应在知道或应当知道索赔事件发生后28天内,通过监理人向

---

① 参见11版总承包合同第16.2.2条。
② 参见11版总承包合同第16.2.1条。
③ 参见12版设计施工合同第23.4条。
④ 参见07版标准合同第23.4条。
⑤ 参见13版施工合同第19.3条。

承包人提出索赔意向通知书;

(3) 发包人应在发出索赔意向通知书后 28 天内,通过监理人向承包人正式递交索赔报告。

2.3 对工程索赔的处理程序

基于承包人和发包人提出的索赔的处理,工程合同中也规定了相应的程序。并且,需要注意的是,不仅是提出索赔意向和正式的索赔通知具有时限上的规定,对于处理索赔也同样需要遵循相应的时限规定。

2.3.1 对承包人索赔的处理

按照 13 版施工合同[①]的规定,业主处理承包人提出的索赔时应当遵循如下的程序:

(1) 监理人应在收到索赔报告后 14 天内完成审查并报送发包人。监理人对索赔报告存在异议的,有权要求承包人提交全部原始记录副本;

(2) 发包人应在监理人收到索赔报告或有关索赔的进一步证明材料后的 28 天内,由监理人向承包人出具经发包人签认的索赔处理结果;

(3) 承包人接受索赔处理结果的,索赔款项在当期进度款中进行支付;承包人不接受索赔处理结果的,按照合同约定的争议解决方式处理。

12 版设计施工合同[②]和 07 版标准合同[③]规定的对承包人索赔处理程序与 13 版施工合同类似,但在监理人处理索赔的时间上要相对较长,即监理人在按照商定或确定追加的付款和(或)延长的工期,并在收到上述索赔通知书或有关索赔的进一步证明材料后的 42 天内,将索赔处理结果答复承包人;监理人在收到索赔通知书或有关索赔的进一步证明材料后的 42 天内不予答复的,视为认可索赔。

而对于索赔的处理结果,如果承包人接受,发包人应在做出索赔处理结果答复后 28 天内完成赔付;如果承包人不接受,则进入争议解决程序。

2.3.2 对发包人索赔的处理

与处理承包人的索赔不同,对于由发包人提起(反)索赔的处理,并没

---

① 参见 13 版施工合同第 19.2 条。
② 参见 12 版设计施工合同第 23.2 条。
③ 参见 07 版标准合同第 23.2 条。

有监理人进行先行处理的程序,通常,即由承包人自行负责解决。比如,13版施工合同①对发包人索赔的处理作了如下规定:

(1) 承包人收到发包人提交的索赔报告后,应及时审查索赔报告的内容、查验发包人证明材料;

(2) 承包人应在收到索赔报告或有关索赔的进一步证明材料后28天内,将索赔处理结果答复发包人;

(3) 承包人接受索赔处理结果的,发包人可从应支付给承包人的合同价款中扣除赔付的金额或延长缺陷责任期;发包人不接受索赔处理结果的,按争议解决的相关约定处理。

不过,值得注意的是,除了13版施工合同,其他几份工程合同都没有关于处理发包人索赔的详细规定。笔者认为,对于工程合同中没有相关规定的,按照权利义务平等的原则,可以按照各自合同中规定的处理承包人索赔的程序进行。

3. 索赔时限和逾期失权

法律上有句名言叫做"法律不保护躺在权利上睡觉的人"。因此,不论是发包人,还是承包人,甚至是分包人,在出现可索赔事件时,都有权并且也应当按照法定或约定的程序和时限提出相应的要求和证明资料。否则,其权利就有可能不被保护。

3.1 工程合同逾期失权的双向规定

原则上,工程索赔的时限规定是双向互动的,与之对应的法律后果对发包人和承包人双方也是一样的,包括提出索赔意向和正式索赔,以及处理对方的索赔,合同双方都应当遵循相应的时限规定。

3.1.1 提出索赔的时限及后果

以现行的工程合同为例,11版总承包合同②规定,发包人未能在索赔事件发生后的30日内发出索赔通知,承包人不再承担任何责任;承包人未能在

---

① 参见13版施工合同第19.4条。
② 参见11版总承包合同第16.2.1条。

索赔事件发生后的30日内发出索赔通知，发包人不再承担任何责任。13版施工合同①和12版设计施工合同②的规定则明确了承包人未在前述28天内发出索赔意向通知书的，丧失要求追加付款和（或）延长工期的权利③；同样的，如果发包人未在28天内发出索赔意向通知书的，也丧失要求赔付金额和（或）延长缺陷责任期的权利。

然而，07版标准合同④的规定则略有不同，其仅规定了承包人未在知道或应当知道索赔事件后28天内发出索赔意向通知书的，丧失要求追加付款和（或）延长工期的权利，却没有明确规定发包人逾期提出索赔的后果，而只是规定发包人提出索赔的期限和要求与第23.3条的约定相同，延长缺陷责任期的通知应在缺陷责任期届满前发出⑤，这也有可能引发合同各方对该表述的不同理解，导致实践中对于发包人逾期法律后果的争议。

此外，对于发包人有关延长缺陷责任的索赔，还需要注意特别规定，比如07版标准合同规定，发生索赔事件后，监理人应及时书面通知承包人，详细说明发包人有权得到的延长缺陷责任期的细节和依据；发包人应遵循合同约定的索赔的期限和要求，延长缺陷责任期的通知应在缺陷责任期届满前发出。⑥

3.1.2 处理索赔的时限及后果

除了上述提出索赔意向和正式索赔的时限规定之外，工程合同对于发包人和承包人处理索赔的时限也作了相应的规定。

比如，11版总承包合同除了规定逾期失权外，还特别规定逾期回复索赔意见的后果，即承包人在收到发包人送交的索赔资料后30日内未与发包人协商、未予答复、未向发包人提出进一步要求，视为该项索赔已被承包人认可⑦；与此对应，发包人未在上述30天期限内完成约定的工作，则视为认可

---

① 参见13版施工合同第19.3条。
② 参见12版设计施工合同第23.4.1条。
③ 参见13版施工合同第19.1条。
④ 参见07版标准合同第23.1条、第23.4条。
⑤ 参见07版标准合同第23.4.1条。
⑥ 参见07版标准合同第23.4.1条。
⑦ 参见11版总承包合同第16.2.1条。

承包人的索赔。① 13版施工合同同样也规定了发包人在收到索赔报告或索赔资料后28日内逾期未作答复的，则视为认可承包人的索赔要求②；承包人未在上述期限内做出答复的，则视为对发包人索赔要求的认可③。

相比较而言，12版设计施工合同中关于限期回复承包人的索赔的责任则是落到了监理人的身上，如果监理人在收到索赔通知书或有关索赔的进一步证明材料后的42天内不予答复的，则承包人的索赔将被视为获得认可。④ 然而，需要特别注意的是，07版标准合同仅规定了处理索赔的时限，却没有规定逾期处理索赔的相应后果。因此，从实务角度来看，合同双方选择不同的标准化工程合同，则意味着将采用不同的索赔处理程序，相应的，也将接受基于不同的处理方式而产生的不同法律效果。

3.2 逾期失权和默示条款

默示条款与明示条款相对应，即合同中隐含的意义，其隐含的意义可以来源于法律法规的规定，也可以根据合同条款的相互印证和解释得出。默示条款包括了作为和不作为两种方式，并具有不同的法律构成要件。在工程实践中，常见的且产生较多争议的默示条款即包括工程合同中关于工程结算价款的审核规定和工程索赔的逾期失权的规定。对于工程结算送审价的时限问题，最高人民法院在《关于发包人收到承包人竣工结算文件后，在约定期限内不予答复，是否视为认可竣工结算文件的复函》中已有明确的规定，但是，对于工程索赔的逾期失权仍有不同的观点。⑤

另外，最高人民法院在《关于贯彻执行〈中华人民共和国民法通则〉若干问题的意见（试行）》中规定，一方当事人向对方当事人提出民事权利的要

---

① 参见11版总承包合同第16.2.2条。
② 参见13版施工合同第19.3条。
③ 参见13版施工合同第19.4条。
④ 参见12版设计施工合同第23.2条。
⑤ 原建设部和工商总局颁布的《建设工程施工合同（示范文本）》（GF-0201-1999）规定了发包人回复承包人索赔的时限，以及逾期不回复的法律后果；而在规定承包人应当提交工期顺延报告的时限的同时，却未明确承包人逾期申报的法律后果。因而，如果出现可以顺延工期的情形，承包人又没有遵守该时限内容的要求，而是在超过14天期限后再提出顺延请求的情况下，是否还有权利得到工期顺延，以及如果发包人不对此进行回复，是否同样意味着"视为同意顺延工期"，这在实务中存在着争议。

求，对方未用语言或者文字明确表示意见，但其行为表明已接受的，可以认定为默示；但是，不作为的默示只有在法律有规定或者当事人双方有约定的情况下，才可以视为意思表示。① 根据该司法解释的规定，关于发包人或者承包人逾期提出索赔请求，从而导致相关权利丧失的约定，以及逾期回复对方索赔请求视为认可的约定，必须事先在工程合同中予以明确，否则对当事人并不具有法律约束力。

然而，应当注意的是，《民法通则》规定当事人向法院请求保护民事权利的诉讼时效期间为 2 年②，因此，如果发包人或者承包人认为对方的行为损害其权益的，可以在 2 年的诉讼时效内提请法院解决。最高人民法院在《关于审理民事案件适用诉讼时效制度若干问题的规定》中也进一步明确，当事人违反法律规定约定延长或者缩短诉讼时效期间、预先放弃诉讼时效利益的，法院不予认可。③ 因此，发包人和承包人即使是在工程合同中规定了逾期失权制度，不论是 28 天还是 30 天，也都不能不考虑该约定的法律效果与诉讼时效之间的冲突。

3.3 索赔时限的法律性质

3.3.1 关于索赔时限法律属性的不同观点

结合前文阐述，在目前现行的四份工程合同中，都有关于索赔时限的规定，对于该时限的法律性质及其后果，理论界和实务界历来争议不断。而争议的焦点就在于如何理解合同条款中关于 28 天或者 30 天的索赔时限的法律性质。

目前，有关工程索赔时限的法律属性及其法律后果主要有以下几种观点：（1）时效说，此观点认为工程合同中的索赔时限即是民法通则中的时效；（2）除斥期间说，此观点认为工程合同中约定的索赔期限属于民法理论上的除斥期间④；（3）违约说，该观点认为索赔时限属于一方违反合同约定应承

---

① 参见最高人民法院《关于贯彻执行〈中华人民共和国民法通则〉若干问题的意见（试行）》第 66 条。
② 参见《民法通则》第 135 条。
③ 参见最高人民法院《关于审理民事案件适用诉讼时效制度若干问题的规定》第 2 条。
④ 参见王永起：《建设工程施工合同纠纷法律适用指南》，法律出版社 2014 年版，第 222 页。

担的违约责任①。

笔者认为,上述工程合同中的索赔时限并非民法上的时效期间,也非除斥期间,而违约说也仅是从行为后果的角度对索赔时限的分析,并没有解决时限法律属性这一本质问题。就法律和实践来看,工程索赔时限应属于发包人和承包人双方自行约定的权利行使时间,并为其设置了一项逾期失权的法律效果,其主要理由如下:

第一,民法所称的时效是指一定的事实状态的存在持续地经过法定时间而依法发生一定的民事法律效果的法律事实。时效的构成要件包括:(1)一定的事实状态的存在;(2)须事实状态持续地经过法定的期间。在民法理论上,时效有取得时效和消灭时效(即诉讼时效)两种,我国的时效制度只规定了诉讼时效。诉讼时效是由法律规定的,当事人不能对时效进行约定,也不能放弃时效,否则该约定是无效的。我国民法通则规定了向法院请求保护民事权利的诉讼时效期间为2年,但身体受到伤害要求赔偿、出售质量不合格的商品未声明的、延付或者拒付租金的、寄存财物被丢失或者毁损的,诉讼时效期间为1年。按照工程合同的规定,承包人和发包人提出索赔的期限则是28天或30天,其表述的期限显然不是民法所规定的1年或2年,因此不属于法律规定的时效。

第二,工程索赔时限也不是法律规定的除斥期间。除斥期间是指法律规定某种权利预定存在的期间,权利人在此期间不行使权利,预定期间届满,便发生该权利消灭的法律后果,故还可以称为预定期间。在民法上,除斥期间一般只适用于诸如追认权、同意权、撤销权、解除权、抵销权等形成权,形成权属于法定权利,其特点在于权利人可以依据自己单方的行为使民事法律关系发生变化。而工程合同中约定的承包人或者发包人提出索赔的权利在性质上属于债权请求权而非形成权,两者的法律基础不同,因此,工程索赔期限自然就不属于除斥期间的范畴。

基于上述分析,笔者认为,既然法律并没有对索赔时限的性质以及相应的法律后果作出规定,那么按照《合同法》的"意思自治"原则,只能交由

---

① 转引林鲁海:《〈建设工程施工合同司法解释〉操作指南:建筑商之孙子兵法》,法律出版社2005年版,第36页。

合同双方具体约定，其在性质上只能属于合同双方对权利义务的分配和处分的约定。而根据《合同法》的规定，如果工程合同中对发包人和承包人逾期索赔的法律后果没有约定或者约定不明，还可以按照有关条款和交易习惯确定。[①] 但是，正如前文所述，工程合同中的约定也并非没有章法，适用交易习惯解决合同未约定事宜的做法也不应与法律规定和法律原则相违背。

3.3.2 工程合同索赔时限的沿革

我国境内关于工程合同中索赔时限的相关内容最早出现在原建设部和工商行政管理总局联合颁布的《建设工程施工合同（示范文本）》（GF-0201-1999）（以下简称 99 版施工合同）中。在 99 版施工合同第 13.2 条的工期顺延条款中规定："承包人在顺延情况发生后 14 天内，就延误的工期以书面形式向工程师提出报告；工程师在收到报告后 14 天内予以确认，逾期不予确认也不提出修改意见，视为同意顺延工期。"

众所周知，99 版施工合同的起草主要参考和借鉴了 1999 版 FIDIC 合同条款的相关内容。但是，99 版施工合同的该条款仅单方面约定了发包人逾期不回复的法律后果，而没有明确承包人逾期未申报的法律后果，这样做的原因并不是由于忽略或遗漏，而是考虑到当时承包人在自身管理能力和制度上的欠缺，以及文化因素的影响，绝大部分建筑施工企业都无法按照这个时限要求向发包人提出索赔意向和索赔报告，如果直接在第 13.2 条中确定承包人逾期提出索赔即丧失获得补偿的权利，对绝大部分承包人而言是一个极大的挑战和考验，将导致实践中承包人须承担的诸如逾期竣工违约金等很可能要远远超过其能够获得的补偿，进而引发更多更为严重的工程争议。

从另一角度来看，99 版施工合同的制定者如果想要同时严格约束承办人和发包人的履约行为，其肯定会在承包人申报的程序后加上逾期申报的法律后果，而不会出现只记载发包人的责任而没有承包人的责任，这在逻辑上也是讲不通的。很显然，99 版施工合同的起草者其实是在这里开了一个口子，为承包人的行为提供了另一层面的保护和方便，并且将该条最终的实施效果交由工程实践和司法实践来检验。此外，在起草第 13.2 条时，实际上也是因

[①] 参见《合同法》第 66 条。

为考虑到该条规定与诉讼时效的冲突。

在 07 版标准合同的起草中也沿用了这一思路,因而没有在合同中直接规定逾期失权的内容。但是,在随后颁发的 11 版总承包合同、12 版设计施工合同和 13 版施工合同中,都没有再考虑这些因素,而是直接、明确地规定了逾期失权的后果。这是因为根据最新的工程实践和理念,更提倡承包人依法、依约地主张其享有的权利,而不是通过和依赖行政职能部门的权力来保护承包人的权益。因此,对于发包人和承包人而言,结合上述工程合同的相关规定,做好日常的工程管理工作,及时行使合同赋予的权利,将变得更为重要。

4. 工程索赔的特殊规则

除了上述工程索赔程序性要求和时限的规定外,关于工程索赔还有两个实践中经常遇到的情形和规则,需要引起发包人和承包人的注意。

4.1 工程证书与索赔

沿袭英国和国际工程的实践和做法,目前现行的四份工程合同中对工程证书制度也都做了明确的约定,即发包人或者监理人将根据需要签发各类工程证书。在实务中,工程证书与工程索赔也密切相关,索赔能否成功,在很多情况下需要通过工程证书来验证和支持。这其中,工程付款证书是其中的一个主要载体,对于经过商议、确定的索赔费用和工期,一般可以反映在进度付款证书中,按工程进度支付。

此外,除了前文所述的索赔时限对索赔权的影响,工程证书也与索赔权的终结相关。比如,07 版标准合同[1]和 12 版设计施工合同[2]都规定,承包人按照约定提交的最终结清申请单中,只限于提出工程接收证书颁发后发生的索赔;提出索赔的期限自接受最终结清证书时终止。并且,还进一步规定,如果承包人按照合同约定接受了竣工付款证书,则被认为已无权再提出在合同工程接收证书颁发前所发生的任何索赔。[3] 13 版施工合同也同样规定承包人按竣工结算审核条款的约定接收竣工付款证书后,应被视为已无权再提出

---

[1] 参见 07 版标准合同第 23.3.2 条。
[2] 参见 12 版设计施工合同第 23.3.2 条。
[3] 参见 07 版标准合同第 23.3.1 条、12 版设计施工合同第 23.3.1 条。

在工程接收证书颁发前所发生的任何索赔。① 由此可见,是否提出结清申请或者接受竣工付款证书也有可能成为双刃剑,因而提出申请和接受发包人、监理人的证书的时机也非常关键,但是就承包人而言,认真核实工程索赔相关的事实和数据有助于维护其自身的合法权益。

综上而言,工程证书的签发对于处理工程索赔有着积极的意义,至少从工程领域相关争议的证据资料的收集和整理而言,能够起到一定的作用,但是,不可否认的是,由于工程证书制度、索赔的处理机制都是借鉴了国外的惯例,有些内容与中国现行的法律规范并不符合,甚至是相冲突的,有些则与中国的工程惯例和实践做法也不一致,而且,工程证书制度本身在中国工程领域的实践处于起步阶段,实务中对于这些制度的理解,对于证书签发人的公正性都是考验和挑战,至于实践中可能出现的诸如没有工程证书时的权利补救、证书签发人没有公正合理处理相关事宜、工程证书错误对结算的影响等都还有待理论上的探讨和司法实践的论证。

4.2 有经验的承包商规则

工程项目法律实务中,在处理工程风险的承担以及工程索赔争议时,经常会使用到"有经验的承包商"规则,用以评判承包人对相应风险的识别能力和风险本身的可预见性,以及相应的风险分配和承担,因此,这一规则也是处理工程索赔的重要前提条件之一。

在国际工程合同中,最早使用"有经验的承包商"这一表述的是第一版的 ICE 合同条件,它在第 12 条中即规定承包人在遇到 "physical conditions or artificial obstructions which could not reasonably have been foreseen by an experienced contractor" 时,有权获得相应的补偿。在其后的 ICE 合同条件第六版中则更为详细地作了相应的规定:

> "if...the Engineer shall issue instructions or directions which involve the contractor in delay or disrupt his arrangements or methods of construction so as to cause him to incur cost beyond that reasonably to have been foreseen by an experienced contractor at the time of tender then the Engineer shall take such

---

① 参见 13 版施工合同第 19.5 条。

delay into account in determining any extension of time... and the contractor shall... be paid... the amount of such cost as may be reasonable."①

目前,在国内现行的四份工程合同中,13版施工合同在规定不利物质条件的处理时使用了"有经验的承包人"的表述。

然而,上述工程合同中都没有具体界定"有经验的承包商"的内涵和外延,并且事实上也很难对此做出精确的定义,因此,一方面使得这一规则的评判和适用更带主观性和不确定性的特点,容易引发争议;另一方面,在工程实践中,"有经验的承包商"这一表述也经常被随意扩大和误用,导致承包人承担了过度的风险和责任。笔者认为,"有经验的承包商"规则应当是一个客观的标准,一方面需要根据通常的承包人所能达到的预见水准并借助于其自身以往的类似工程项目的经验和能力;另一方面也有赖于其在投标之时发包人所提供的信息,并且发包人不应提供错误的信息或者隐藏影响承包人对风险进行识别的信息。当然,对于具体的工程索赔事项,适用"有经验的承包商"规则还需要从公平合理的角度出发,并结合工程项目的特点、合同双方在签约的地位等因素综合考虑和确定。

4.3 英国法对索赔程序的规定

在英国法以及相应的工程合同中,程序性的规定在索赔和相关争议的处理方面也占有很重要的地位,这其中就涉及索赔时限和索赔的前置条件两个问题。

4.3.1 索赔时限

索赔时限的重要性在于如果时限被认定为无效,那么在缺少工期顺延的情况下,工程将处于自由工期状态。对于索赔的时限,因工程合同的不同而有不同的规定,有些有明确的时间,有些则是规定"as soon as quick"或者"合理的期限",在London Borough of Merton v. Stanley Hugh Leach案中,法院判决:

"〔The Contractor〕must make his application within a reasonable time: It

---

① Clause 13 of ICE contract 6th edition.

must not be made so late that, for instance, the architect can no longer form a competent opinion or satisfy himself that the contractor has suffered the loss or expense claimed. But in considering whether the contractor has acted reasonably and with reasonable expedition it must be borne in mind that the architect is not a stranger to the work and may in some cases have a very detailed knowledge of the progress of the work and the contractor's planning."[1]

4.3.2 索赔前置条件

在处理工程索赔时,还有一个需要关注的问题,那就是作为工程索赔前置条件的索赔通知。按照工程合同的规定,承包人在提出索赔前,应当及时以书面形式通知工程师和业主,这里的通知可以是简短的陈述有关索赔的事由和索赔的意向,而不需要详细的说明和证明,但在索赔事件结束之后,承包人则应当严格按照工程合同中规定的期限提出正式的索赔报告,并附详细证明资料。Salmon 法官在 Bremer Handelsgesellschaft GmbH v. Vanden Avenne Izegem PVBA[2] 案中指出:

"a notice provision should be construed as a condition precedent,
(a) it states the precise time within which the notice is to be served; and
(b) it makes plain by express language that unless the notice is served within that time the party making the claim will lose its rights under the clause."

由此可见,关于通知是否构成索赔的前置程序并成为承包人正式索赔的阻碍,更多的还需要取决于合同中的相应规定。但是,笔者认为,不能忽视的是,从索赔通知条款的设立本意来看,尽管通知可以是索赔的前置条件,但是其目的并不在于阻碍承包人的索赔权,不是作为业主和工程师不合理地拒绝承包人索赔的借口,而在于合同双方的谨慎合作,警示业主和工程师在进行变更以及其他类似行为时对工程费用和时间的影响,以便业主和工程师能够有机会提前就索赔事件采取相应的预防和变通措施,并在实际发生工期

---

[1] London Borough of Merton v. Stanley Hugh Leach (1985) 32 BLR 51.
[2] Bremer Handelsgesellschaft GmbH. v. Vanden Avenne Izegem PVBA [1978] 2 Lloyd's Rep. 113.

和费用时妥善处理，避免和减少争议。

四、工程索赔的起因

在工程实践中，引起索赔的因素具有复杂多样的特点，正如前文所述，有些索赔是基于合同中的相关约定产生的，有些是因为一方的违约造成的，还有一些则是非合同双方当事人的原因造成的。因此，严格来讲，索赔并非单纯出于一方的违约或过错，其强调的是一方对特定事件享有的权利主张和补偿请求权。

1. 工程索赔的原因

如前文所述，根据不同的起因和分类标准，工程索赔可以分为多种类型，其中最基本的索赔可以分为工期和费用索赔。从工程索赔实务中可以看出，在某些情况下，费用和工期的争议是各自独立的，而在某些情况下则是相伴而生，可能同时涉及费用和工期。

而引起工程索赔的原因则更是复杂多样，即使是同样的索赔请求，也可以基于不同的原因。比如关于支付方面的索赔，就包括：（1）因物价上涨引起的索赔；（2）因货币贬值导致的索赔；（3）因业主拖延支付工程款的索赔。

1.1 常见的工程索赔因素

工程索赔的多样性和复杂性具体到某一类型的索赔情形，又可区分不同的原因和处理结果。

1.1.1 基于工程合同的索赔

在工程索赔实践中，基于合同的索赔是最基础的索赔形式，同时，合同也是最重要的索赔依据。

1.1.1.1 合同文件描述不清引起的索赔

工程合同由于其庞杂的体系和内容，其文件描述的清晰与否事关合同双方当事人的权利的享有以及义务和责任的承担。因此，如果合同文件描述不清楚、有歧义或者有疏漏，那么在实际的合同履行过程中就极易引起索赔和相关的争议。

从法律的角度，对于合同描述不清的地方则还需要依据合同解释的相关理论和原则进行处理，以求解决合同中的不清楚之处，解决争议。

1.1.1.2　因变更引起的索赔

因工程变更引起的索赔也是常见的索赔原因之一，这其中既有设计变更，也有非设计变更。对于不同的变更，工程合同有不同的处理程序，而变更引起的索赔也可能同时会涉及工期和费用的争议。

相比较而言，对于变更相对应的费用争议，可以按照合同中已经约定的计价原则和变更程序处理，而对于与变更相关的工期由于涉及众多的影响因素，需要技术支持，故争议也更为复杂，也是最容易引发争议的内容。

1.2　额外工作引起的索赔

额外工作与合同内工作遵循不同的处理原则。合同内的工作（包括相应的变更）一般都适用合同约定的价格标准。而额外工作其本质上是合同外的工作，属于承发包双方的新合同法律关系，原合同所确定的价格、工期、质量标准并不必然适用于额外工程。

因此，对于某项工作是否属于合同内的工程内容则是实践中处理额外工作争议的先决问题。而对于额外工作的价格则需要由业主和承包人双方另行协商确定。如果双方无法达成一致意见，业主可以另外委托第三人实施，承包人也有权拒绝实施。如果承包人接受额外工作，则还需要考虑该工作的合理工期要求以及对原工作内容和范围可能产生的影响。

1.3　风险分配不当引起的索赔

风险合理分配是维护业主和承包人权益的基础，也是工程项目得以顺利进行的保障。工程风险分配不当也是引发工程索赔和争议的高发原因。就项目情况而言，不论是发包人还是承包人，对于工程风险的偏好各不相同，实际上也并无统一的标准和规则。即使是同一个发包人或者承包人，在不同的建设项目中对风险的偏好也各不相同。

在工程实践中，业主和承包人都有可能利用各种的优势地位影响工程风险的分配。因此，笔者认为，虽然不能完全避免工程索赔和工程争议，但是事先在工程合同相对合理、公平地进行风险分配能够在一定程度上解决工程施工过程中产生的索赔争议。如果在招标投标阶段和合同签署阶段一方利用自身的优势条件迫使对方接受不合理的风险分配方式，那么一旦在工程实施过程中出现情况逆转时，那么相对方也必然会利用对其有利的形势迫使一方接受有可能是相对苛刻的条件。

由此可见，工程合同对风险分配的不当是工程实践中出现"低价中标、高价索赔"的影响因素之一。同时，风险分配不当也不利于业主和承包人之间的合作关系，尤其是在大力推广PPP的项目中，不合理的工程风险分配方式也将阻碍"双赢合作"关系的建立和发展。

2. 现场条件引起的索赔

2.1 不利地下条件

与房建工程相比较而言，大型的土木工程、港口码头工程、海洋工程等更容易、更有可能遇到不可预见的不利地下和水下条件。并且，即使同样是大型的土木工程，港口码头、地下轨道交通、海洋工程所遇到的地下条件也是千差万别。

2.1.1 不利地下条件的界定

对于不利地下条件的索赔往往是比较复杂的，此类索赔通常也有诸多限制。一方面，它要受限于工程合同对于不利地下条件的定义，如果合同对于不利地下条件有特殊的界定和处理方式，则首先应受其约束。

另一方面，不利地下条件的索赔还需要结合有经验的承包商规则和可预见规则进行合理的评估。比如，ICE合同条件认为不利地下条件的索赔应限于那些"conditions or obstructions could not reasonably have been foreseen by an experienced contractor"。[①]

至于何谓"合理预见"，则是"仁者见仁，智者见智"，其本身就是一个难题：

"expresses the view that determining whether a condition could 'reasonably' have been foreseen habitually gives rise to the greatest difficulty of inter-

---

① Clause 12 of ICE Conditions of Contract 6th.

pretation in civil engineering arbitration. The words... seem to defy precise analysis and it is thought that little is to be gained from analysing the words in terms of probability."①

2.1.2 不利地下条件的处理

通常情况下,在工程合同中,承包人会预留一笔风险费或不可预见费以便应对不可预见的风险,而是否预留风险费以及预留金额也从侧面反映了承包人对工程风险的预见程度和接受程度,因此,合同双方即应当按照约定处理不利地下条件,正如 Rimmer 所说的:

"the respective rights of the parties should be of such a nature that they might be fairly enforced whatever contingencies arise and that, if such conditions were adopted, it should be understood by all parties that in the event of dispute arising every clause would be enforced without question."②

对此,中国的现行工程合同也作了类似的规定。07 版标准合同规定了承包人遇到不利物质条件时,应采取适应不利物质条件的合理措施继续施工,并及时通知监理人;监理人应当及时发出指示,指示构成变更的,则按约定的变更办理;若监理人没有发出指示的,承包人因采取合理措施而增加的费用和(或)工期延误,由发包人承担。③ 13 版施工合同也规定,承包人遇到不利物质条件时,应采取克服不利物质条件的合理措施继续施工,并及时通知发包人和监理人。通知应载明不利物质条件的内容以及承包人认为不可预见的理由;监理人经发包人同意后应当及时发出指示,指示构成变更的,按变更约定执行;承包人因采取合理措施而增加的费用和(或)延误的工期由发包人承担。④

针对不可预见的物质条件的处理,12 版设计施工合同则提供了两种可选方案⑤,(1)承包人遇到不可预见的物质条件时,应采取适应不利物质条件

---

① Dr. John Uff, Keating on Construction Contracts, 8th ed, Sweet & Maxwell, 2006, at para. 20-074.
② Rimmer EJ, The conditions of Engineering contracts, ICE Journal (1939) V11.
③ 参见 07 版标准合同第 4.11.2 条。
④ 参见 13 版施工合同第 7.6 条。
⑤ 参见 12 版设计施工合同第 4.11 条。

的合理措施继续设计和（或）施工，并及时通知监理人，通知应载明不利物质条件的内容以及承包人认为不可预见的理由。监理人应当及时发出指示，指示构成变更的，按变更程序执行；监理人没有发出指示的，承包人因采取合理措施而增加的费用和（或）工期延误，由发包人承担；（2）除合同另有约定外，承包人应视为已取得工程有关风险、意外事件和其他情况的全部必要资料，并预见工程所有困难和费用。承包人遇到不可预见的困难和费用时，合同价格不予调整。

此外，对于施工过程中遇到的文物、化石、地下构筑物等地下障碍，12版设计施工合同[①]、13版施工合同[②]也都规定，在施工场地发掘的所有文物、古迹以及具有地质研究或考古价值的其他遗迹、化石、钱币或物品属于国家所有。一旦发现上述文物，承包人应采取有效合理的保护措施，防止任何人员移动或损坏上述物品，并立即报告当地文物行政部门，同时通知监理人和发包人；发包人、监理人和承包人应按文物行政部门要求采取妥善保护措施，由此导致费用增加和（或）工期延误由发包人承担。

2.2 基础资料的风险

关于工程实施过程中遇到的不利地下条件或者文物、化石、地下管线等障碍是承包人提出工程索赔的重要原因之一，同时也可能是业主提出反索赔的重要原因，比如承包人不当施工损坏地下管线。而上述这些现场条件很大程度上取决于所提供的基础资料的准确性。

在绝大多数工程建设项目中，基础资料通常由业主提供，而且，承包人作为非专业人员并不能对地质基础资料的准确进行复核，因此，严格来讲，业主应当对其提供的基础资料的准确性负责。如果地质报告深度不够，或者不够详尽，没有完全揭示地下条件的全貌，导致承包人的施工障碍，那么承包人应当有权提出索赔要求。

对于基础资料的提供，还需注意一点的是，承包人的价格和提供方案的依据是投标报价时的基础资料。因此，虽然业主提供的基础地质资料是准确

---

① 参见12版设计施工合同第1.10.1条。
② 参见13版施工合同第1.9条。

的,但是如果在施工期间地质条件发生了变化,比如港口和海洋工程,洋底地貌和水下环境会因为季节的变化而变化,而这些条件的变化又是有经验的承包人无法预见到的,那么承包人也仍然有权提出工程索赔。

在海擎重工与江苏中兴建设、建设银行泰兴支行建设工程施工合同纠纷案[1]中,海擎公司就重型钢结构厂房基础工程发出招标邀请,其招标文件载明,本次报价只对钢结构厂房桩基及基础的施工进行报价(图纸内所有项目);投标方根据招标方提供的厂房基础设计图纸要求及招标文件要求,根据材料市场自主报价,一次包死风险自负。海擎重工并提供了桩位布置图说明。中兴公司进场后致函提出:因现场地质条件复杂,原自然土为水中所泡淤泥等,现土方量大大超出合同工程量范围,并需解决降水,建议提高室内+0.00标高及场区标高至合理位置,请示设计院增加桩长提高承台(并修改承台),解决排水问题。但业主未及时回复和处理,其后出现工程质量。

最高人民法院经再审审理后认为,从事建设工程活动,必须严格执行基本建设程序,坚持先勘查、后设计、再施工的原则;建设单位应当将施工图设计文件报县级以上人民政府建设行政主管部门或者其他有关部门审查。施工图设计文件未经审查批准的,不得使用。本案中,工程质量问题产生原因很大程度是基于当地特殊地质。根据《建设工程质量管理条例》要求,在基本建设的规定程序中,与工程质量的形成关系密切的是勘察、设计、施工三个阶段。勘察工作为设计提供地质、水文等情况,给出地基承载力。勘察成果文件是设计工作的基础资料,设计单位据此确定选用的结构形式,进行地基基础设计,向施工单位提供施工图,施工单位按图施工。本案中,海擎公司作为业主在招投标过程中并未提供岩土工程详细勘查报告,而是在签订合同的次日才提交,给工程质量事故的发生造成隐患,应当对此承担责任。

2.3 异常恶劣的气候条件

工程项目建设的特点之一是与气候条件紧密联系,气候的好坏直接影响到工人的工序、工艺和技能的使用,影响工期的安排,从而导致成本和费用

---

[1] 海擎重工机械有限公司与江苏中兴建设有限公司、中国建设银行股份有限公司泰兴支行建设工程施工合同纠纷案,最高人民法院(2012)民提字第20号民事判决书。

的增加。

异常恶劣的气候条件与不可抗力中的恶劣天气不同，不可抗力下的气候条件是合同双方都无法预见、无法避免和无法克服的，比如台风、飓风、暴风雨，而异常恶劣的气候条件是不能归入不可抗力的气候情况，比如高温、低温、大风、强降雨、下雪等。异常恶劣的气候条件也与施工中遇到的不利地质条件有所区别。比如07版标准合同第4.11.1条和13版施工合同第7.6条都非常明确地将气候条件排除在不利物质条件之外。

对于异常恶劣天气的处理，工程合同也有相应的规定。比如，按照12版设计施工合同规定，由于出现专用合同条款规定的异常恶劣气候的条件导致工期延误的，承包人有权要求发包人延长工期和（或）增加费用。[①]07版标准合同也规定了由于出现合同规定的异常恶劣气候的条件导致工期延误的，承包人有权要求发包人延长工期。[②]

对于异常恶劣的气候条件引起的工期延长和费用增加，都属于可索赔的项目，同时，除了上述规定外，气候条件的异常也是导致施工降效的原因之一，也可作为降效索赔的依据。

3. 赶工索赔

赶工（acceleration）是工程实务中常见的情形，也是与工期密切相关的主要索赔争议事项之一。赶工与前文所述的提前竣工具有一定的联系，又有区别，赶工可以促成提前竣工，但是赶工之后并不一定会产生提前竣工的后果，而提前竣工也不一定需要赶工。

在工程项目建设过程中，引发承包人赶工的起因各有不同。实务中直接指令提前竣工的方式相对较少，更多的则是相对隐蔽和间接的方式引起的赶工，比如，业主或者工程师指令变更工序、增加额外的相应工作，而不对工期进行延长等。在Norair Eng'g Corp. v. United States[③]一案中，法院确立了审核赶工索赔的五个基本因素和步骤。如果承包人的赶工索赔满足上述基本因

---

① 参见12版设计施工合同第11.4条。
② 参见07版标准合同第11.4条。
③ Norair Eng'g Corp. v. United States, 666 F. 2D 546 (Ct. Cl. 1981).

素，那么就能够获得相应的赶工费用补偿。

经过实践可以明确对于赶工索赔的责任分担，如果是承包人自身原因造成工期延误，为了避免误期损害赔偿而采取赶工，则无法获得费用的补偿。

而对于非承包人原因造成的赶工，按照任何人不得将自己的利益建立在别人的损失之上的基本原则①，承包人因赶工而发生了费用，而发包人因此获得了利益，所以，发包人应当给予承包人相应的补偿。② 比如，按照11版工程总承包合同的规定，合同实施过程中发包人书面提出加快设计、采购、施工、竣工试验的赶工要求，被承包人接受时，承包人应提交赶工方案，采取赶工措施；因赶工引起的费用增加，按变更执行③，即给予承包人费用补偿。此外，11版工程总承包合同还规定，承包人接受了发包人的书面指示，以发包人认为必要的方式加快设计、施工或其他任何部分的进度时，承包人为实施该赶工指令需对项目进度计划进行调整，并对所增加的措施和资源提出估算，经发包人批准后，作为一项变更；发包人未能批准此项变更的，承包人有权按合同约定的相关阶段的进度计划执行。④

由于赶工索赔的复杂性，较为妥善和理想的做法就是由发包人和承包人事先就赶工事宜以及相应费用补偿问题等达成一致，然后再实施赶工措施，这样有助于避免和减少相关的争议。

4. 工期延误相关的索赔

由于建筑工程的建设周期长和不可预见因素多，所以工期延误不可避免地成为工程建设过程中最常见的现象之一。建设工程出现工期延误会带来严重的后果：发包人将无法按照预期的时间使用项目，从而给发包人造成重大的经济损失；承包人则可能为继续完成工程建设而不得不支付更多的人员、机械台班等费用。因此，除非有特殊目的，不论发包人还是承包人都不会希望出现工期延误。

---

① Alghussein Establishment v. Eton College (1988) 1 WLR 587.
② 参见11版工程总承包合同第13.2.4条。
③ 参见11版工程总承包合同第4.1.4条。
④ 参见11版工程总承包合同第13.2.4条。

就工期索赔的原因、各方责任来区分,工期相关的索赔的范围相当广泛,包括了工期顺延索赔、工期延长后相关的费用索赔,也包括赶工索赔、施工降效索赔、工程中断或暂停索赔、针对工期延误提出的误期损害索赔等不同的种类。工程实务中,尤其需要注意的是,一方面,其中的索赔既有时间,也有费用,有时候则是兼而有之;另一方面,在这些索赔事项中,工程索赔的权利主体也并不仅限于承包人,业主也同样有权依据合同约定和事实提出相应的权利主张和要求。

4.1 同期延误索赔

就工期延误情形来看,其既可能是单一原因引起的,也可能是共同延误引发的。对于单一事件引起的工期延误,根据谁的过错谁负责的基本原则,相对比较容易识别和处理。而同期延误则不同,它也是工期延误分析中的焦点和难点问题之一。

4.1.1 同期延误的成因

同期延误是指 "a period of project overrun which is caused by two or more effective causes of delay which are of approximately equal causative potency"。[①] 同期延误,就其本质来看就是多因一果,即因为多个工期影响因素导致同一个延误事件的发生。而在这些多个影响因素中,既有业主的原因,也有承包人的原因。

既然同期延误中,业主和承包人对工期的延误都负有责任,那么就要确定谁将最终为工期延误承担责任。然而,考虑到发包人和承包人的利益出发点不同,双方在工程合同条款的理解上必然会有差异,有时甚至是对抗性的,因此在如何理解同期延误上,双方也会有较大的争议。此外,笔者也认为,在认定干扰事件是否实质上导致了工期的延误,除合同约定外,还有必要结合建设工程施工管理的实践。

4.1.2 同期延误的处理原则

正是由于同期延误的原因具有复杂多样的特点,使得同期延误的处理也变得复杂和专业。在工程实践中争议较多的问题中首先还在于如何确定某一

---

① John Martin, Concurrent Delay, (2002) 18 Cons. LJ No. 6.

延误是否属于同期延误。对此，有几种常见的处理方式可供参考：（1）The Devlin Approach；（2）The Dominant Cause Approach；（3）The Burden of Proof Approach①；（4）the Malmaison Approach②；（5）the Apportionment Approach。③

根据 the Malmaison Approach，即使是在同期延误的情况下，承包人也仍然有权获得相应的补偿，但是，由于 Malmaison 一案中，双方以 JCT 合同条件为基础，因此该原则是否具有普遍的适用性，法院并没有给出明确的答案。

4.1.3 英国司法实践的最新发展

工程争议实务中，由于涉及工期延误的分析和评估更多的需要借助于计划工程师等专业人士的技术支持。然而，如同前文所述，关于工期延误的技术分析方法也并不是单一和固定的，不同的技术方法也各有利弊，这也实际上造成了工期争议解决的困境。

为此，在 Walter Lilly v. Giles Patrick Mackay 案④中，Akenhead 法官在判决书中进一步对同期延误做了阐述，指出：

> "In any event… where there is an extension of time clause… and where delay is caused by two or more effective causes, one of which entitles the Contractor to an extension of time as being a Relevant Event, the Contractor is entitled to a full extension of time. Part of the logic of this is that many of the Relevant Events would otherwise amount to acts of prevention and that it would be wrong in principle to construe… that the Contractor should be denied a full extension of time in those circumstances. More importantly however… the Relevant Events can be shown to have delayed the Works, the Contractor is entitled to an extension of time for the whole period of delay caused by the Relevant Events in question… The fact that the Architect has to award a 'fair and reasonable' extension does not imply that there should be some apportionment in the case of concurrent delays."

---

① Rgoer Gibson, Construction Delays, Taylor & Francis, 2008, at 133-134.
② Henry Boot Construction Ltd. v. Malnaision Hotel Ltd. (1999) 70 Con. LR 32.
③ City Inn v. Shepherd Construction Ltd. [2003] Scot. CS 146.
④ Walter Lilly v. Giles Patrick Mackay [2012] EWHC 1773 (TCC).

相比较而言,目前国内工程纠纷中涉及工期延误多采用过错责任,部分案件也采用按比例分配责任的方式区分和处理相关的争议,严格来讲,处理方法较为粗放和单一。比如在二十二冶公司与新广厦公司建设工程施工合同纠纷案①中,最高人民法院经审理后认为,在合同履行过程中,二十二冶公司存在开工准备不足、前期施工能力不够、工程管理存在缺陷、擅自撤场等履约瑕疵;新广厦公司存在混凝土供给不及时、支付工程进度款不足、未经竣工验收擅自使用等履约瑕疵;还存在着承发包双方沟通、协调、配合等方面缺陷。以上综合原因,或先后或交叉或共同作用下导致工期延误,主合同约定的工期已经施工现场洽商记录、补充协议等几次修订,二十二冶公司擅自撤场后业主已安排案外人续建,涉案工程完工后未依法办理竣工验收而又转卖他人。在此情形下,已无法确定工期延误时间,难以区分承发包双方各自应当承担的工期延误违约责任大小以及因此遭受的损失数额。发包人不能证明自己无违约行为、工程逾期未交工与其无关的情形下,一审法院未支持其关于工期逾期违约金的请求,并无不当。

4.2 工期延误的因果链

在工期延误索赔中,无论是单一延误事件还是同期延误,因果关系分析始终是其中最为关键和基本的环节。正如本书前章所述,工期延误有多种分析方法,对工期索赔有重要的借鉴作用,然而不论采用何种方法,其最重要的还是因果链的论证和分析。笔者认为,同期延误的因果链或许可以参考 Lord Macfadyen 所述的标准,即:

"Ordinary, in order to make a relevant claim for contractual loss and expense under a construction contract (or a common law claim for damages) the pursuer must aver

(a) the occurrence of an event for which the defender bears legal responsibility,

(b) that he has suffered loss or incurred expense, and

---

① 中国二十二冶集团有限公司与盘锦新广厦房地产开发有限公司建设工程施工合同纠纷案,最高人民法院(2013)民一终字第111号民事判决书。

(c) that the loss or expense was caused by the event."[1]

五、索赔项目和估算

工程实务中承包人所提出的工程索赔主要是工期索赔和费用索赔。不论是工期索赔，还是费用索赔，归结到最后都会与工程的价款和支付相挂钩。但是，工期索赔并不必然导致费用索赔，费用索赔也并不一定导致工期索赔，当然，这两者也并非是完全独立、分割的，在很多时候，工期索赔和费用索赔也常常交织在一起。

1. 费用索赔

费用索赔都是以补偿实际损失为原则，实际损失包括直接损失和间接损失两个方面，其中要注意的一点是索赔只是对已有损失的补偿，不具有任何惩罚性质。基于索赔提出的费用补偿通常包括人工费用的增加、材料费用的增加、设备费用的增加、工程措施费用的增加等，除此之外，还有一些特别的费用需要注意。

1.1 企业管理费

不同的费用性质对于处理索赔具有重要的意义。企业管理费的范围相对较为宽泛，一般来讲，企业管理费包括了总部管理费和现场管理费，此外，也有一些不属于上述任何一种的企业管理费，比如原材料费中的检验试验费。

1.2 其他费用

除上述费用外，还有一些其他相关的费用也需要在处理索赔和争议时注意：

（1）总包管理费。总包管理费不属于企业管理费的范围，但也属于常见的索赔项目，尤其是在工期延长的情况下，总承包人需要额外承担对分包人、分包工程以及甲供材料等的照管和保护义务，对此，业主应当给予补偿。

---

[1] John Doyle Construction Ltd. v. Laing Management (Scotland) Ltd. [2012] BLR 393.

（2）利润。对于因业主引起的工期延误，由于承包人失去了利用现场工人、材料、设备进行再生产的可能性，因此，除了上述成本和费用的补偿外，承包人还有权获得相应的合理利润。

2. 工期延长索赔

在工程施工中，常常会发生一些未能预见的干扰事件使预定的施工不能顺利进行，或使原先预定的施工计划受到干扰，造成工期延长，这样，对合同双方都会造成损失。承包人提出工期索赔的目的通常有两个：一是免去或推卸自己对已产生的工期迟延的合同责任，使自己不支付或尽可能不支付工期迟延的罚款；二是为工期延长所造成的费用损失的索赔。如果工期延缓责任不是由承包人造成的，而发包人已认可承包人的工期索赔，则承包人还可以提出因采取加速措施而增加的费用索赔。

2.1 工期延长的时间估算

对于工期延长的时间评估，工程师发挥着主导的地位和作用，一方面，业主不能进行干预；另一方面，工程师本身需要给予公平和合理的估算。在 John Barker Construction v. London Portman Hotel 案[①]中，法院认为对工期延长进行估算时，应当考虑以下三点：

"（a）apply any relevant provisions of the contract;

（b）make a logical and methodical analysis of the effect any relevant events had or were likely to have on the programme; and

（c）conduct a calculation of the relevant critical delay, rather than simply make an impressionistic general assessment of the same."

由此可见，实践中对于承包人有权获得的工期延长取决于相关的事实认定和技术上的分析，而更重要的一点就是工程师的公平和公正行事。如果工程师不能给予公平合理的工期补偿，那么承包人就有权主张自由工期，而业主也将失去要求承包人支付误期损害赔偿金的权利。

---

① John Barker Construction Ltd. v. London Portman Hotel Ltd. (1996) 83 BLR 31.

2.2 工期延长的费用估算

由于工期延长引起的索赔往往是时间和费用并存,一是向发包人要求延长合同工期,二是承包人要求偿付由于工程延误而造成的损失。根据《合同法》的规定,发包人未按照约定的时间和要求提供原材料、设备、场地、资金、技术资料的,承包人可以顺延工程日期,并有权要求赔偿停工、窝工等损失。① 此外,我国《合同法》还规定了如因发包人的原因致使工程中途停建、缓建的,发包人应当采取措施弥补或者减少损失,赔偿承包人因此造成的停工、窝工、倒运、机械设备调迁、材料和构件积压等损失和实际费用。② 这些规定为承包人的索赔权提供了法律依据。

此外,北京市高级人民法院也规定,因一方当事人原因导致工期延误或建筑材料供应时间延误的,在此期间的建材差价部分工程款,由过错方予以承担。③ 同样的,对于因工期延长发生的企业管理费和总包管理费、措施费和相应的利润也应当一并列入费用估算的范围。

2.3 工期索赔的证据

关于工期顺延的争议中,对于双方在合同履行过程中的管理要求尤为重要。国际工程界中一直强调工程记录的重要性,这一点也值得合同双方,尤其是承包人借鉴。

北京市高级人民法院也规定,因发包人拖欠工程预付款、进度款、迟延提供施工图纸、场地及原材料、变更设计等行为导致工程延误,合同明确约定顺延工期应当经发包人签证确认,经法院审查承包人虽未取得工期顺延的签证确认,但其举证证明在合同约定的办理期限内向发包人主张过工期顺延,或者发包人的上述行为确实严重影响施工进度的,对承包人顺延相应工期的主张,可予以支持。④

---

① 参见《合同法》第283条。
② 参见《合同法》第284条。
③ 参见北京市高级人民法院《关于审理建设工程施工合同纠纷案件若干疑难问题的解答》第12条。
④ 参见北京市高级人民法院《关于审理建设工程施工合同纠纷案件若干疑难问题的解答》第26条。

在牡丹江建工集团与泓辰公司建设工程施工合同纠纷上诉案[①]中,争议双方当事人签订木糖醇车间二期工程《建设工程施工合同》,合同约定开工日期为 2007 年 7 月 10 日,竣工日期为 2007 年 10 月 30 日。之后,建工集团开始进行施工,但在未全部完成二期工程的情况下撤出工地,建工集团要求解除双方签订的二期施工合同,泓辰公司表示同意解除。双方就工程价款结算和支付未能达成一致,遂诉至法院。

经审理,法院在木糖醇车间一、二期工程违约金问题上认为,泓辰公司于 2008 年 5 月 19 日接收木糖醇车间一期工程,双方合同约定的竣工日期为 2007 年 7 月 23 日。建工集团主张泓辰公司工程量增加、设计变更及大型设备入场导致工期延误,其上诉举示的细化表、说明等证据未被采信,但原审举示了相关设计变更的图纸和临时签证。泓辰公司虽对变更图纸及签证上其工作人员签字的真实性予以否认,但未举示证据反驳。设计变更的图纸和临时签证证明了截止 2008 年 3 月 5 日(最后一张设计变更图纸的日期)泓辰公司仍在对工程设计进行变更,存在泓辰公司对工程不断进行设计变更影响工期的事实。故 2007 年 7 月 23 日至 2008 年 3 月 5 日应为工期的合理顺延。2008 年 3 月 6 日起至 2008 年 5 月 19 日止应为建工集团的误工时间。建工集团由此承担违约金金额为 753 001.97 元(误工天数 75 天 × 合同约定违约金比率 1‰ × 一期工程总造价 10 040 026.28 元)。对于泓辰公司要求建工集团给付二期工程违约金问题,因泓辰公司在二期工程施工过程中未拨付过工程款,导致建工集团无法按照施工进度施工,致使合同目的无法实现,故泓辰公司主张二期违约金不能得到支持,原审法院对泓辰公司要求建工集团给付二期工程违约金主张不予支持正确。

3. 一揽子索赔

一揽子索赔(Global claim)也是工程索赔中常见的情形。严格来讲,一揽子索赔并不是一个法律术语,而是一种比较特殊的索赔方式。它的特点在于不区分具体的单一事件和原因对承包人的损失所造成的影响,而是将若干

[①] 牡丹江建工集团有限公司与七台河市泓辰木糖醇有限责任公司建设工程施工合同纠纷上诉案,黑龙江省高级人民法院(2012)黑民终字第 95 号民事判决书。

个索赔事件综合放在同一索赔中处理。Lloyd 法官认为一揽子索赔是"antithesis of a claim where the causal nexus between the wrongful act or omission of the defendant and the loss of the claimant has been clearly and intelligibly pleaded"[①]。

从英国法院过往几十年的案例和实践来看,一揽子索赔的缺点在于其通常仅是简单地比较和说明实际的成本与预计成本的差异,而缺少针对索赔事件和损失的系统分析。比如,英国枢密院在 Wharf Properties v. Eric Cumine Associates 案[②]中,就认为一揽子索赔缺少合理的因果链从而否决了承包人的索赔请求。因此,英国 SCL 在其工期延误和干扰草案中也表示不建议承包人采用一揽子索赔的方式。不过,例外的是,在 John Doyle v. Laing Management 案[③]中,承包人提出损失和费用索赔,但无法证明业主责任与特定损失之间的单一因果关系,苏格兰高等法院最终从一揽子索赔的角度进行判决,并支持了承包人的索赔请求。

因此,笔者建议,为保障索赔的有效性,承发包双方应当尽可能对索赔事件分别处理,并充分收集和整理相关的证明资料。

4. 索赔款项的支付

如本书前文所述,现金流对于承包商来说至关重要,因此,工程实务中,在确定了索赔款项后,如何安排支付也是一个需要关注的环节。

对此,工程合同也有明确的规定,比如 11 版总承包合同作了非常详细和明确的规定:(1)发包人应得的索赔款项,可从应支付给承包人的当月工程进度款或当期付款计划表的付款中扣减该索赔款项;当支付给承包人的各期工程进度款不足以抵扣发包人的索赔款项时,承包人应当另行支付;承包人未能支付,可协商支付协议,仍未支付时,发包人可从履约保函(如有)中抵扣;如履约保函不足以抵扣时,承包人须另行支付该索赔款项,或在双方协商一致的支付协议的期限支付。(2)对于承包人应得的索赔款项,承包人可在当月工程进度款或当期付款计划表的付款申请中单列该索赔款项,发包

---

① Bernhard's Rugby Landscapes Ltd. v. Stockley Park Consortium Ltd. (1997) 82 BLR 39.
② Wharf Properties Ltd. v. Eric Cumine Associates (1991) 52 BLR 1.
③ John Doyle Construction Ltd. v. Laing Management (Scotland) Ltd. (2002) B. L. R. 393.

人应在当期付款中支付该索赔款项；如果发包人未能支付该索赔款项时，承包人有权从发包人提交的支付保函（如有）中抵扣；如未约定支付保函时，发包人须另行支付该索赔款项。①

与此相类似，13版施工合同也规定了承包人应当将增加和扣减的索赔金额编制到进度付款申请单中②；对于已经确定的发包人的索赔，发包人可从应支付给承包人的合同价款中扣除赔付的金额或延长缺陷责任期。③

另外，07版标准合同④和12版设计施工合同⑤也都规定：（1）承包人在提交进度付款申请单时，应当包括增加和扣减的索赔金额，以及截至当期期末累计索赔金额⑥，即索赔款项应当在月进度款中支付；（2）承包人应付给发包人的金额可从拟支付给承包人的合同价款中扣除，或由承包人以其他方式支付给发包人。

六、变更和索赔管理

工程变更和索赔是工程项目建设中不可缺少，也是最容易产生争议的环节，从项目管理的角度来看，合约管理是其中的重点，而变更和索赔管理则又是合约管理的重点，因此，对于发包人和承包人而言，都有必要加强变更和索赔管理，以避免和减少争议。而要做到这一点，一方面有赖于前期工作，包括业主需求的确定性和稳定性，以及工程设计的深度尽可能到位；另一方面也有赖于项目实施过程中的有效管理和控制，这其中最不能缺少的就是做好变更和索赔的程序化管理以及相关的文件、资料管理。

1. 变更和索赔的程序化管理

工程变更和索赔的一个重要特征就是程序化，工程合同管理和司法实践

---

① 参见11版总承包合同第14.11条。
② 参见13版施工合同第12.4.2条。
③ 参见13版施工合同第19.4条。
④ 参见07版标准合同第23.4.1条。
⑤ 参见12版设计施工合同第23.4.2条。
⑥ 参见12版设计施工合同第17.3.3条。

都证明，没有遵守合同约定的程序要求，有可能导致相关权利的丧失，因此，做好变更和索赔管理的第一步就是加强程序化管理。

按照工程合同的规定，一方面，程序化管理要求承包人应当按照工程合同中规定的时间、内容提出变更和索赔主张；另一方面，变更和索赔也不仅仅只是承包人的工作，业主同样需要做好相关的管理，因此，这就意味着业主也应当按照合同的规定及时合理地处理变更和索赔主张。当然，业主对变更和索赔的管理除了对自身的要求之外，也包括对其委托的监理工程师的管理，特别是关于监理工程师的授权和履行相关职责的规定和管理。

2. 资料管理与证据收集[①]

众所周知，"打官司就是打证据"，在工程建设过程中出现的客观事实，在争议解决阶段可能已经变得错综复杂，面目全非了，而仲裁机构和法院也不是工程合同的当事人或参与人，并不了解事件发生之时的真实情况，因此，如何重现当时的客观事实变得尤为重要。在这当中，能够还原事实的唯有证据，也就是工程管理过程中的相关文件资料。而证据的来源则在于日常的履约管理，由此可见，做好履约管理，或许就能做到"不战而屈人之兵"，即使是在谈判和协商过程中，充分的证明资料准备，也能为己方提供有利的条件和筹码。

为此，承发包双方都有必要尽量详细、合理地在合同中将各种违约情形以及违约责任加以约定，以利于日后纠纷的解决，并且在合同履行过程中，也应及时收集和整理与违约相关的证据资料，为以后的争议解决创造条件。

[①] 此节选编自笔者合著的《建设工程施工合同（示范文本）法律详解及案例》，略有修改。

第九章　工程质量、安全与环保

一、概述

工程质量与安全是施工过程中极其关键的影响因素，既是工程建设项目管理的核心内容，也是发包人和承包人在实务当中容易被忽略和极有可能发生争议的焦点问题之一。能否保证工程质量与安全直接关系到整个工程的工期、造价。因此，质量与安全、工期、造价一向被视为是工程建设的铁三角。

近几年，由于环境问题的突出，工程施工涉及的环保问题也得到了极大的关注，这种关注涵盖了从项目的立项到工程的实施阶段。同时，立法、司法方面的推进为工程领域的环境保护提供了较大范围和程度的法律保障。

二、工程质量

关于工程质量的法律风险防控贯穿于项目建设的全过程，它可以从项目前期的可行性研究阶段开始，一直延续到工程建造阶段以及质量保修阶段，尤其是在建造阶段，各分部分项工程的检验、专业工程之间的衔接、材料设备的检测和检验、隐蔽工程和中间验收、竣工验收等都是质量控制的关键点。同样，工程质量管理和控制的主体也呈现出多样性的特点，除了发包人和承包人以外，还涉及设计单位、勘察单位、监理单位、材料设备的供应商等一系列工程建设参与者。

在工程法律和管理实务中，常见的引起质量纠纷的原因主要有以下几种：

（1）承包人没有按照设计图纸和施工技术标准施工；

（2）承包人疏于对工程设备、材料的检验；

（3）承包人使用不符合标准的材料、设备、构配件；

（4）发包人提供的设计存在缺陷、瑕疵；

（5）因发包人指定分包引起的质量问题；

（6）因发包人指定采购的设备、材料不符合质量标准；

（7）监理人疏于质量检验、检测引起的质量问题。

1. 工程质量的承担者

工程项目的建设主体包括发包人、承包人、设计人、监理工程师以及材料货物的供应商，因此，工程质量与上述主体又有密切的关系。根据《建设工程质量管理条例》的规定，建设单位、勘察单位、设计单位、施工单位、工程监理单位应当依法对建设工程质量负责。[①] 由此可见，在工程建设中，发包人、承包人、监理人都负有保障工程质量的义务和责任。

1.1 承包人的质量责任

原则上，承包人是负责工程项目建设的具体执行人，因此，除非是不可抗力或者是发包人的原因，包括发包人提供的设计或材料设备等造成的质量缺陷或瑕疵，承包人应当作为第一责任人。

1.1.1 承包人的连带责任

《建筑法》明确规定，建筑工程实行总承包的，工程质量由工程总承包单位负责，总承包单位将建筑工程分包给其他单位的，应当对分包工程的质量与分包单位承担连带责任；分包单位应当接受总承包单位的质量管理。[②] 由此可知，作为工程施工的主体，承包人对工程质量承担首要的责任，同时还要对其分包的工程承担连带责任。另外，《建筑法》第 27 条还规定，两个以上的承包单位联合共同承包的建筑工程，共同承包的各方对承包合同的履行承担连带责任。也就是说，在被确定承担连带责任后，总承包人或者联合承包人应当首先向发包人承担全部质量责任。当然，承担赔偿责任的总承包人有权向分包人追偿，承担全部责任的联合承包人也有权向其他承包人追偿。因

---

① 参见《建设工程质量管理条例》第 3 条。
② 参见《建筑法》第 55 条。

此，承包人在签署工程合同时，有必要分析此类条款的风险，并确定相应的保障措施。

在中天公司与越华公司建设工程合同纠纷上诉案①中，中天公司安徽分公司与越华公司于2008年6月9日签订了一份《彩铝门窗施工承包协议书》，约定中天公司将其承包的建设项目中的彩铝门窗工程分包给越华公司施工，并约定工程质量（用材、制作、安装）必须符合现行有关设计及规范标准要求，质量等级达到现行规范合格以上，并提供符合工程所在地的检测机构的"三性"合格报告及其他必需的技术资料。越华公司于12月28日完工，该项目整体工程于2009年10月6日完成竣工验收备案，中天公司作为施工单位在《竣工验收备案表》上签署了"自评合格"的意见。后双方发生争议诉至法院。法院经查明认为涉案工程存在质量问题，中天公司承建了整体工程，系施工总承包人。其将工程中的门窗工程分包给越华公司，应当就整体工程质量对发包方承担责任。越华公司负有接受中天公司质量管理的义务。中天公司应当就越华公司施工的部分，和越华公司对发包方承担连带责任，中天公司与越华公司之间就质量问题属于连带责任的追偿关系，如中天公司因涉案工程对发包人承担了赔偿责任，中天公司仍可依法行使追偿的权利。

除上述原则规定外，《合同法》第281条也明确规定了承包人就质量责任应承担的具体民事责任形式，即因施工人的原因致使建设工程质量不符合约定的，发包人有权要求施工人在合理期限内无偿修理或者返工、改建。据此，13版施工合同②和07版标准合同③都规定了如果是由于承包人的原因造成工程质量达不到合同约定的验收标准，发包人/监理人有权要求承包人返工直至符合合同要求为止，由此造成的费用增加和（或）工期延误由承包人承担。

1.1.2 承包人的过错

从工程合同关系看，依据最高人民法院《关于审理建设工程施工合同纠纷案件适用法律问题的解释》第11条的规定，因承包人的过错造成建设工程

---

① 中天公司与越华公司建设工程合同纠纷上诉案，安徽省高级人民法院（2012）皖民四终字第00081号民事判决书。
② 参见13版施工合同第5.1.3条。
③ 参见07版标准合同第13.1.2条。

质量不符合约定，承包人拒绝修理、返工或者改建，发包人请求减少支付工程价款的，应予支持。

对于如何理解最高人民法院的此条规定，也存在不同的看法。福建省高级人民法院在其司法指导文件中也指出承包人如果具有以下情形的，则应当认定有过错：

（1）承包人明知发包人提供的工程设计有问题或者在施工中发现设计文件和图纸有差错，而没有及时提出意见和建议，并继续进行施工的；

（2）对发包人提供的建筑材料、建筑构配件、设备等未按规定进行检验或者检验不合格仍予以使用的；

（3）对发包人提出的违反法律、行政法规和建筑工程质量、安全标准，降低工程质量的要求，未拒绝而进行施工的。

笔者认为，福建省高级人民法院的上述规定，实际上是加重了承包人的责任。相比较而言，对于基于上述三种情形发生的质量纠纷，以个案分别处理代替原则性的统一规定更为合适。

1.2 发包人的质量责任

发包人的质量义务主要体现为不得以任何理由要求承包人在施工作业中，违反法律、行政法规和建筑工程质量、安全标准，降低工程质量[1]，也不得明示或者暗示承包人违反工程建设强制性标准，降低建设工程质量[2]，否则，承包人依法有权拒绝实施。除了上述法律赋予的拒绝权外，同时，工程合同也可以约定承包人拒绝实施发包人和监理人违反法律规定和合同约定的错误指示。[3]

如果因发包人的原因造成工程质量未达到合同约定标准的，发包人应当承担由此增加的费用、延误的工期，并支付承包人合理的利润。[4] 甚至，在12版设计施工合同第1.13条中还明确规定，如果是因为发包人要求中的诸如错误的原始数据和资料或功能要求等导致承包人增加的费用和（或）延误的

---

[1] 参见《建筑法》第54条。
[2] 参见《建设工程质量管理条例》第10条。
[3] 参见13版施工合同第5.2.2条、12版设计施工合同第1.4条。
[4] 参见13版施工合同第5.1.2条、07版标准合同第13.1.3条。

工期，发包人除承担责任费用和工期责任外，还应向承包人支付合理利润。

1.3 监理人的质量责任

《建设工程质量管理条例》第36条规定，工程监理单位应当依照法律、法规以及有关技术标准、设计文件和建设工程承包合同，代表建设单位对施工质量实施监理，并对施工质量承担监理责任。

除了上述法定的工程质量监督责任外，鉴于监理人作为发包人委托人的地位，其疏于质量监管造成的民事后果，也在一定程度上由发包人承受。因此，在实践中，监理人的质量义务也不容小觑。

比如，笔者曾处理过一个质量纠纷案件，承包人在建设单位经过招投标程序选定某承包人为某专业分包工程的中标人，双方于2007年10月25日签署工程合同。2008年3月2日开始，承包人提供的材料设备陆续进场报验并经监理确认。双方于2009年1月7日办理工程交接手续，2009年4月工程通过验收。工程进入保修期后，陆续发现存在质量问题，经排查，发现进场验收单记载的材料品牌与实际使用的材料品牌不一致，而实际使用的材料质量存在瑕疵，发包人和承包人双方遂就该材料的质量和保修责任发生争议。在该案中，除了双方对使用材料的约定不明之外，笔者认为更主要的是由于发包人和监理人疏于过程中的管理，尤其是监理人有失于勤勉义务，最终导致不合格材料被用于工程中。

2. 图纸和标准

提供图纸和工程技术标准是发包人的权利，也是发包人的义务，同时也是承包人承担施工的基准和依据，以及监理工程师进行监理的规尺。

2.1 按图施工

《建筑法》第58条规定，建筑施工企业必须按照工程设计图纸和施工技术标准施工。同时，《建设工程质量管理条例》第28条也规定，施工单位必须按照工程设计图纸和施工技术标准施工，不得擅自修改工程设计，不得偷工减料。在工程实践中，根据施工图纸的深度的不同，通常可以分为三个阶段：方案设计、初步设计（基础设计）、施工图设计（详细设计）。

同时，根据现行《建筑工程设计文件编制深度规定》的规定，各阶段设计文件编制深度应按以下原则进行：

（1）方案设计文件，应满足编制初步设计文件的需要，方案设计文件用于办理工程建设的有关手续。

（2）初步设计文件，应满足编制施工图设计文件的需要，初步设计文件用于审批（包括政府主管部门和/或建设单位对初步设计文件的审批）。

（3）施工图设计文件，应满足设备材料采购、非标准设备制作和施工的需要。对于涉及设计分包或者分包工作分别交由几个设计单位实施的项目，设计文件相互关联处的设计深度应当满足各设计承包单位和设计分包的需求。

由于目前中国实行施工图设计审查制度，承发包双方均不得将未经审查合格的设计图纸用于工程施工。按照住房和城乡建设部颁布的《房屋建筑和市政基础设施工程施工图设计文件审查管理办法》的规定，从事房屋建筑工程、市政基础设施工程施工，以及实施对房屋建筑和市政基础设施工程质量安全监督管理，应当以审查合格的施工图为依据。施工图未经审查合格的，不得使用。①

当然，施工图审查的重点在于其是否符合工程建设的强制性标准、地基基础和主体结构的安全性，是否符合民用建筑节能强制性标准以及是否符合绿色建筑标准。

2.2 质量标准

《标准化法实施条例》第2条第（四）、（五）项规定需要统一的技术要求的建设工程的勘察、设计、施工、验收的技术要求和方法，以及有关工程建设的技术术语、符号、代号、制图方法、互换配合要求，应当制定标准。

施工标准可分为强制性标准和推荐性标准，其表现形式具体包括：（1）标准，这是为了在一定范围内获得最佳效果，针对活动过程、结果制定的共同的、可以重复使用的规定；（2）规范，是在工程建设中，对施工、制造、检验、验收等技术事项所作的一系列规定；（3）规程，则是对作业、安装、鉴定、安全、管理等技术要求和实施程序所作的统一规定。

按照《建筑工程施工质量验收统一标准》（GB50300-2013）的规定，建

---

① 参见《房屋建筑和市政基础设施工程施工图设计文件审查管理办法》第3条。

设工程质量验收分为合格和不合格,不再使用合格和优良等级。但是,工程质量标准必须符合现行国家有关工程施工质量验收规范和标准的要求,承包人的施工技术方法应符合有关操作规程、安全规程及质量标准。①

至于工程质量的特殊标准或者要求,或对工程的技术标准、功能要求高于或严于现行国家、行业或地方标准的,以及相关的费用承担,则允许合同主体双方另行约定。② 无论如何,当事人约定的标准都不得低于工程建设强制性标准,否则,依据《全国民事审判工作会议纪要(2011年)》第24条的规定,此类约定应属于无效的条款。

在实务中,还需要注意的是如果质量标准、规范等在合同履行过程中发生变化的,如何处理由此引起的工期和费用的调整,比如依据2008工程量清单计价规范签署的工程合同,在履行过程由于2013年工程量清单计价规范的实施,就会遇到类似的问题。

3. 检验和验收

检验和验收是发包人,或通过监理人,对承包人的工作成果进行衡量和评定的过程。发包人有权利,也有义务进行检验和验收。《合同法》第277条规定,发包人在不妨碍承包人正常作业的情况下,可以随时对作业进度、质量进行检查。作为工程项目的具体实施者,承包人也有义务履行检验、检测、自检等工作。

3.1 检验和检测

除了隐蔽工程验收和竣工验收外,施工过程中的检验和检测也是不可或缺的工作,其检验检测的内容包括了工程本身以及工程使用的材料、设备。《建设工程质量管理条例》第29条规定:施工单位必须按照工程设计要求、施工技术标准和合同约定,对建筑材料、建筑构配件、设备和商品混凝土进行检验,检验应当有书面记录和专人签字;未经检验或者检验不合格的,不得使用。

---

① 参见11版总承包合同第7.3条。
② 参见13版施工合同第1.4.3条、第5.1.1条。

施工过程中的质量管理，实际上需要分解到每一个细小的环节，忽视细节的质量管理，有可能给后续的整体工程质量带来不利的影响，甚至引发争议。

相比较《合同法》，现行的四份工程合同对工程建设过程中的检验、检测的规定更为详细。比如，07版标准合同第5.1.3条规定，对承包人提供的材料和工程设备，承包人应会同监理人进行检验和交货验收，查验材料合格证明和产品合格证书，并按合同约定和监理人指示，进行材料的抽样检验和工程设备的检验测试，检验和测试结果应提交监理人，所需费用由承包人承担。13版施工合同第5.2.2条规定，承包人应按照法律规定和发包人的要求，对材料、工程设备以及工程的所有部位及其施工工艺进行全过程的质量检查和检验，并作详细记录，编制工程质量报表，报送监理人审查。第9.3.1条规定：承包人应按合同约定进行材料、工程设备和工程的试验和检验，并为监理人对上述材料、工程设备和工程的质量检查提供必要的试验资料和原始记录。11版总承包合同第6.2.1条也规定：（1）承包人应遵守相关法律规定，负责第6.1.2条约定的工程物资的强制性检查、检验、监测和试验，并向发包人提供相关报告；（2）承包人邀请发包人参检时，应在进行相关加工制造阶段的检查、检验、监测和试验之前，以书面形式通知发包人参检的内容、地点和时间。

实务中需要注意的是，这里的检验、检测通常应当理解为承包人的自检、监理人的检验以及材料设备供应商提供的检验和检测，至于第三方提供的专业检验、检测则需要合同各方主体更明确的约定。

3.2 隐蔽工程验收

《合同法》第278条规定，隐蔽工程在隐蔽以前，承包人应当通知发包人检查。发包人没有及时检查的，承包人可以顺延工程日期，并有权要求赔偿停工、窝工等损失。按照该条规定，在发包人，包括监理人未及时进行检验的，承包人有权暂停工作，因工作暂停发生的不利后果由发包人承担。

但是《合同法》也仅仅规定了承包人的停工权，但没有具体规定发包人和承包人在隐蔽工程验收环节的权利义务。就此，现行的四份工程合同做了相应的补充。

3.2.1 自检和报检程序

承包人对隐蔽工程自检自验合格的，应当以书面形式通知监理人进行验收。比如，11版总承包合同规定应当提前48小时通知监理①，而07版标准合同②和13版施工合同则允许双方协商确定时间，但若是双方没有约定，则承包人应当提前48小时书面通知监理③。

3.2.2 未通知检验和怠于检验

如果承包人未通知监理人验收擅自覆盖并进行后一道工序，则发包人、监理人有权要求承包人，监理人有权指示承包人钻孔探测或揭开检查，由此发生的工期延误、费用增加则由承包人承担，而不论结果。④ 值得注意的是，11版总承包合同并未单独就此作出规定。

如果是监理人怠于验收，则承包人可自行完成覆盖工作，并作相应记录报送监理人，监理人应签字确认。⑤ 对此，《合同法》也作出了同样的规定。⑥

3.2.3 重新检验

尽管有上述约定，监理人和发包人仍然有权要求对已经覆盖的工作进行重新检验，而不论已经覆盖部分是否通过监理人的验收。比如，13版施工合同第5.3.2条和11版总承包合同第7.6.4条都规定：如果隐蔽工程经重新检验不合格时，由此发生的费用由承包人承担，竣工日期不予延长；经检验合格的，承包人因此增加的费用由发包人承担，造成工期延误的，竣工日期相应顺延。而07版标准合同第13.5.3条和12版设计施工合同第13.4.3条则更是给予承包人就此请求支付合理利润的权利。

3.3 竣工验收

《合同法》第279条规定，建设工程竣工后，发包人应当根据施工图纸及说明书、国家颁发的施工验收规范和质量检验标准及时进行验收。

---

① 参见11版总承包合同第7.6.2条。
② 参见07版标准合同第13.5.1条。
③ 参见13版施工合同第5.3.2条。
④ 参见12版设计施工合同第13.4.4条、13版施工合同第5.3.4条、07版标准合同第13.5.4条。
⑤ 参见07版标准合同第13.5.2条、12版设计施工合同第13.4.2条、13版施工合同第5.3.2条、11版总承包合同第7.6.3条。
⑥ 参见《合同法》第278条。

3.3.1 竣工预验收

竣工预验收是《建筑工程施工质量验收统一标准》（GB50300-2013）新增加的内容。其中第6.0.5条规定：单位工程完工后，施工单位应组织有关人员进行自检。总监理工程师应组织各专业监理工程师对工程质量进行竣工预验收。存在施工质量问题时，应由施工单位及时整改。整改完毕后，由施工单位向建设单位提交工程竣工报告，申请工程竣工验收。

竣工预验收是在承包人自检合格之后，发包人组织四方验收之前的验收工作，其实际的效果如何尚有待实践的进一步验证，当然，其中的详细工作也需要合同各方进一步的安排。

3.3.2 竣工验收的条件

3.3.2.1 房建和市政工程的竣工验收

按照住房和城乡建设部《房屋建筑和市政基础设施工程竣工验收规定》第5条的规定，工程符合下列要求方可进行竣工验收：

（1）完成工程设计和合同约定的各项内容。

（2）施工单位在工程完工后对工程质量进行了检查，确认工程质量符合有关法律、法规和工程建设强制性标准，符合设计文件及合同要求，并提出工程竣工报告。工程竣工报告应经项目经理和施工单位有关负责人审核签字。

（3）对于委托监理的工程项目，监理单位对工程进行了质量评估，具有完整的监理资料，并提出工程质量评估报告。工程质量评估报告应经总监理工程师和监理单位有关负责人审核签字。

（4）勘察、设计单位对勘察、设计文件及施工过程中由设计单位签署的设计变更通知书进行了检查，并提出质量检查报告。质量检查报告应经该项目勘察、设计负责人和勘察、设计单位有关负责人审核签字。

（5）有完整的技术档案和施工管理资料。

（6）有工程使用的主要建筑材料、建筑构配件和设备的进场试验报告，以及工程质量检测和功能性试验资料。

（7）建设单位已按合同约定支付工程款。

（8）有施工单位签署的工程质量保修书。

（9）对于住宅工程，进行分户验收并验收合格，建设单位按户出具《住宅工程质量分户验收表》。

（10）建设主管部门及工程质量监督机构责令整改的问题全部整改完毕。

（11）法律、法规规定的其他条件。

而一些地方政府颁布的规定则更为具体，比如《北京市房屋建筑和市政基础设施工程竣工验收管理办法》还将建设单位按照合同约定支付工程款、工程无障碍设施专项验收合格、市政公用基础设施和公共服务设施验收合格、附属绿化工程是否符合设计方案验收合格等内容也作为竣工验收的条件之一。[①]

3.3.2.2 公路工程的竣工验收

需要注意的是，在公路工程中，工程验收分为交工验收和竣工验收两个阶段。按照《公路工程竣（交）工验收办法》的规定，交工验收通常由项目公司组织，而竣工验收则由交通行政主管部门进行。与此对应的交工验收应当具备以下条件方可进行：

（1）合同约定的各项内容已完成；

（2）施工单位按交通部制定的《公路工程质量检验评定标准》及相关规定的要求对工程质量自检合格；

（3）监理工程师对工程质量的评定合格；

（4）质量监督机构按交通部规定的公路工程质量鉴定办法对工程质量进行检测（必要时可委托有相应资质的检测机构承担检测任务），并出具检测意见；

（5）竣工文件已按交通部规定的内容编制完成；

（6）施工单位、监理单位已完成本合同段的工作总结。

而竣工验收则是在交工验收之后的2年通车试运行期满之后进行，并且还需要满足以下几个条件：

（1）交工验收提出的工程质量缺陷等遗留问题已处理完毕，并经项目法人验收合格；

（2）工程决算已按交通部规定的办法编制完成，竣工决算已经审计，并

---

① 参见《北京市房屋建筑和市政基础设施工程竣工验收管理办法》第4条。

经交通主管部门或其授权单位认定；

（3）竣工文件已按交通部规定的内容完成；

（4）对需进行档案、环保等单项验收的项目，已经有关部门验收合格；

（5）各参建单位已按交通部规定的内容完成各自的工作报告；

（6）质量监督机构已按交通部规定的公路工程质量鉴定办法对工程质量检测鉴定合格，并形成工程质量鉴定报告。

公路工程的缺陷责任期限通常也从交工验收之日起算。

3.3.3 竣工验收程序

关于验收程序，笔者认为依据合同意思自治的基本原则，更多的应当以合同双方主体之间的约定为准。只有在工程合同没有约定的情形下，才有必要参考相应的规章的规定。

当然，验收过程中最重要的还是关于验收情况的记录、各验收项目的合格与否、需要整改和返工的内容、是否存在甩项等，都是其中需要关注的地方，并需要记录在案。

3.3.4 竣工验收的法律效果

工程通过竣工验收，则意味着工程符合质量标准和合同约定。《合同法》第279条第2款规定：建设工程竣工经验收合格后，方可交付使用；未经验收或者验收不合格的，不得交付使用。与此对应，工程通过竣工验收，则工程即进入保修期和缺陷责任期，承包人开始承担缺陷责任和履行保修义务。

不仅如此，对于无效的工程合同价款争议，最高人民法院在《关于审理建设工程施工合同纠纷案件适用法律问题的解释》第2条和第3条中明文规定，如果建设工程施工合同无效，但建设工程经竣工验收合格，承包人请求参照合同约定支付工程价款的，应予以支持；如果不合格的工程经修复仍然不能通过竣工验收的，则承包人无权请求支付工程价款。可见，竣工验收合格与否将直接影响到承包人是否享有工程价款的支付请求权。

3.3.5 交付和接收

一般情况下，工程通过竣工验收后即应办理接收手续并交付给发包人占有和管理。工程的交接则关乎发包人和承包人对工程的保管责任的转移、工程损毁风险的分担以及物权的转移。笔者曾处理过一个关于质量纠纷的案件，在诉争的工程合同中，双方在合同中分别约定了验收和交付的条件，而实际上两者之间间隔了将近1年的时间，其争议的焦点就集中在由谁来负责通过验收之后与工程实际交付之间出现的质量问题。

国内现行的四份工程合同都借鉴了FIDIC合同系列的工程接收证书制度。比如，12版设计施工合同第18.8条规定：工程接收证书颁发后的56天内，除了经监理人同意需在缺陷责任期内继续工作和使用的人员、施工设备和临时工程外，其余的人员、施工设备和临时工程均应撤离施工场地或拆除。

3.3.6 竣工备案

《房屋建筑和市政基础设施工程竣工验收备案管理办法》第4条规定：建设单位应当自工程竣工验收合格之日起15日内，依照本办法规定，向工程所在地的县级以上地方人民政府建设主管部门备案。

该办法实施初期，很多工程合同都在合同中约定以通过竣工备案作为结算、竣工验收、质保期起算的时间节点，由于备案只是行政管理的手段，并且其所需的时间也较长，这些约定在一定程度上影响了工程合同权利义务的履行，实际上并不可取。

4. 质量缺陷责任

工程建设项目与一般的产品生产制造不同，在一定程度上依赖于人力，并且由于技术上的因素，不可能确保施工中的任何一项工艺都完美无缺，由此，工程项目或多或少会存在质量问题，因此工程质量实行缺陷修补和质量保修也成为必需。

4.1 缺陷责任的本质

国内工程领域现行使用的四份工程合同中涉及的缺陷责任都借鉴了FIDIC红皮书中的相关描述，但是FIDIC红皮书本身并没有对什么是"缺陷"进行定义。这造成了实践中理解和应用缺陷责任制度的困难。

《产品质量法》第46条将产品缺陷界定为产品存在危及人身、他人财产安全的不合理的危险；产品有保障人体健康和人身、财产安全的国家标准、行业标准的，是指不符合该标准。但是，由于《产品质量法》第2条明确规定建设工程不属于产品，因而上述关于产品缺陷的定义并不适用于建设工程，在这种情况下，如何确定建设工程的缺陷实际上并无法律明确规定。

有鉴于此，《房屋建筑工程质量保修办法》（原建设部 2000 年颁布）和《建设工程质量保证金管理暂行办法》（原建设部和财政部 2005 年颁布）对建设工程的缺陷作了规定，即将缺陷定义为工程项目不符合工程建设强制性标准、设计文件，以及工程合同的约定。

值得借鉴的是，不同于中国法的规定，在英国的工程法和合同实践中，缺陷（defective work）被定义为：

"… this will mean work which does not conform to express descriptions or requirements, including any drawings or specifications, together with any implied terms as to its quality, workmanship, performance or design."[①]

在英国 Latent Damage 法案中，defect 更是被分为两种：明显的瑕疵（patent defect）和潜在的缺陷（latent defect），前者指根据通常该有的警觉性就能被发现的瑕疵，而后者则是指根据通常合理的检查仍不能被轻易发现的缺陷。

笔者认为，建设工程的缺陷或许可以借鉴《产品质量法》的规定，将其界定为不符合工程建设强制性标准、规范的要求，而将不符合合同的约定、不符合非强制标准的工作视为工程质量瑕疵的衡量标准，这样有助于区别质量缺陷责任和质量保修责任，避免在实践中出现对缺陷责任和保修责任的混淆，但是这种区分并不影响承包人对缺陷和瑕疵应当承担的修复义务和责任。

4.2 缺陷责任期

按照《建设工程质量保证金管理暂行办法》的规定，工程合同的当事人可以自行约定适用 6 个月、12 个月或 24 个月的缺陷责任期。

缺陷责任期的起算时间可以分为三种情况：

（1）从工程通过竣（交）工验收之日起计；

（2）由于承包人原因导致工程无法按规定期限进行竣（交）工验收的，缺陷责任期从实际通过竣（交）工验收之日起计；

（3）由于发包人原因导致工程无法按规定期限进行竣（交）工验收的，

---

① Hudson's building and engineering contracts, 12th, Sweet & Maxwell, p.717.

在承包人提交竣（交）工验收报告90天后，工程自动进入缺陷责任期。

实务中，国内现行的四份工程合同对缺陷责任期的起算也有具体的描述，在一定程度上也有类似的规定。比如，13版施工合同中第15.2.1条规定，单位工程先于全部工程进行验收，经验收合格并交付使用的，该单位工程缺陷责任期自单位工程验收合格之日起算。因发包人原因导致工程无法按合同约定期限进行竣工验收的，缺陷责任期自承包人提交竣工验收申请报告之日起开始计算；发包人未经竣工验收擅自使用工程的，缺陷责任期自工程转移占有之日起开始计算。相比较，其他版本的规定略显简单，如12版设计施工合同第19.1条规定在全部工程竣工验收前，已经发包人提前验收的区段工程或进入施工期运行的工程，其缺陷责任期的起算日期提前到相应工程竣工日。07版标准合同第19.1条也规定在全部工程竣工验收前，已经发包人提前验收的单位工程，其缺陷责任期的起算日期相应提前。

因此，在工程法律和管理实务工作中，发包人和承包人有必要对相关的缺陷责任期起算等予以进一步明确。

4.3 缺陷责任期的延长

在实践中，关于缺陷责任期常见的争议问题之一是缺陷责任是否可以基于法定或约定或因事实的发生而延长。目前尚无明确的法律规定，13版施工合同第15.2.2条规定，工程竣工验收合格后，因承包人原因导致的缺陷或损坏致使工程、单位工程或某项主要设备不能按原定目的使用的，则发包人有权要求承包人延长缺陷责任期，并应在原缺陷责任期届满前发出延长通知，但缺陷责任期最长不能超过24个月。07版标准合同第19.3条规定由于承包人原因造成某项缺陷或损坏使某项工程或工程设备不能按原定目标使用而需要再次检查、检验和修复的，发包人有权要求承包人相应延长缺陷责任期，但缺陷责任期最长不超过2年。12版设计施工合同第19.3条规定，由于承包人原因造成某项缺陷或损坏使某项工程或工程设备不能按原定目标使用而需要再次检查、检验和修复的，发包人有权要求承包人相应延长缺陷责任期，但缺陷责任期最长不超过2年。11版总承包合同第1.1.48条也规定，缺陷责任期指承包人按合同约定承担缺陷保修责任的期间，一般应为12个月。因缺陷责任的延长，最长不超过24个月。

4.4 缺陷责任期内的工作

按照《建设工程质量保证金管理暂行办法》第8条的规定，在质量缺陷责任期内，由于承包人原因造成的缺陷，承包人应负责维修，并承担鉴定及维修费用。但是，该缺陷若是由于其他原因造成的，如发包人委托的设计、发包人采购的材料设备、发包人分包的工程造成的，则应由发包人负责组织维修，承包人不承担费用。对于承包人自身原因造成的质量缺陷，如承包人不维修也不承担费用，发包人可按合同约定扣除保证金，并由承包人承担违约责任。

而在这些工作中，笔者认为，承包人的主要工作是承担自身原因造成的质量缺陷的修复，对于除此之外的缺陷，可以作为承包人的保修工作的范围，由发包人承担费用，做这样的界面划分，有助于区别缺陷责任和保修责任。

以12版设计施工合同为例，在缺陷责任期内，发包人对已接收使用的工程负责日常维护工作。发包人在使用过程中，发现已接收的工程存在新的缺陷或已修复的缺陷部位或部件又遭损坏的，承包人应负责修复，直至检验合格为止①；监理人和承包人应共同查清缺陷和（或）损坏的原因。经查明属承包人原因造成的，应由承包人承担修复和查验的费用。经查验属发包人原因造成的，发包人应承担修复和查验的费用，并支付承包人合理利润。② 承包人不能在合理时间内修复缺陷的，发包人可自行修复或委托其他人修复，所需费用和利润的承担，按第19.2.3条约定执行。③

4.5 使用FIDIC合同应注意的地方

在中国境内的涉外工程中，也有很多使用FIDIC彩虹系列合同的情况。应该注意到的是，FIDIC彩虹系列合同关于缺陷责任的条款中使用的是"缺陷通知期"（Defects Notification Period）一词，这一术语与目前国内相关法规规章规定的术语"缺陷责任期"并不一致，能否将"缺陷通知期"等同于"缺陷责任期"在实践中也有不同的观点，而且，FIDIC本身对缺陷通知期的概念

---

① 参见12版设计施工合同第19.2.2条。
② 参见12版设计施工合同第19.2.3条。
③ 参见12版设计施工合同第19.2.4条。

表述也并不清晰。因此，在中国法环境下使用 FIDIC 合同时，合同双方在签署文件时还需要考虑"缺陷通知期"和"缺陷责任期"的不同之处。

4.6 工程质量缺陷侵权

工程质量缺陷侵权有多种可能性，一般的缺陷并不会发生侵权的行为后果，但是在特殊情况下，比如因质量缺陷造成建筑物、构筑物或者其他设施倒塌从而导致第三方的人身、财产损害，在这种情况下，建设单位与施工单位应当向受害方承担连带责任。建设单位、施工单位赔偿后，有其他责任人的，有权向其他责任人追偿。[①]

在质量缺陷侵权中，第一责任人首先是业主和承包人，并且受害方可以选择将业主或者承包人作为被告，或者将业主和承包人作为共同被告起诉。在建筑物等设施倒塌致害的案件处理中，适用无过错责任原则，建设单位和施工单位不能通过证明自己无过错而免责，就应承担法定连带责任。[②]

5. 工程质量保修

5.1 保修范围

5.1.1 承包人的保修范围

严格来讲，承包人承担的保修范围也就是其承担的合同范围内的工作内容，超出合同约定的范围，发包人如果要求承包人完成保修工作，此类工作应属于额外工作的范畴，由双方另行协商确定工作期限、质量和价款。《建筑法》规定，房屋建筑实行工程质量保修制度；建筑工程的保修范围包括地基和基础工程、主体结构工程、屋面防水工程和其他土建工程，以及电气管线、上下水管线的安装工程，供热、供冷系统工程等项目；保修的期限应当按照保证建筑物合理寿命年限内正常使用，维护使用者合法权益的原则确定。[③]

5.1.2 承包人的内部分包人的保修

同样，承包人的保修范围自然还应当包括其内部分包项下的工作范围和内容，发包人有权选择要求承包人履行保修义务，也可以要求承包人的分包

[①] 参见《侵权责任法》第86条。
[②] 参见江苏省高级人民法院民事审判第一庭：《侵权损害赔偿案件审理指南（2011年）》。
[③] 参见《建筑法》第62条。

人履行保修义务。但是由于发包人和承包人的内部分包人之间并没有合同法律关系，并且，从合同相对性原则和总承包合同管理的角度来看，实践中发包人一般都直接指令承包人履行保修义务。至于实际实施保修义务的主体，则是承包人内部管理的事项，并不在发包人的考虑范围之内。

5.1.3 发包人指定分包人的保修义务

至于发包人指定分包项下工作内容的保修工作，则需区分不同的情况，尤其是需要结合合同关系来处理。在业主、承包人、分包人三方合同情况下，通常是将分包工作纳入总承包合同的范围之内，分包人对分包工作负责，总包对总包合同范围内的工作及分包工作承担连带责任。在这种情况下，如果发生保修事项，通常也是由发包人直接向总承包人发出维修通知，并由总承包人转发通知分包人完成保修工作。当然，实际上，尽管有这样的合同安排，鉴于分包人系由发包人直接指定，总承包人对分包合同项下的保修工作是否必然承担连带保修义务，仍需根据具体情况具体分析。而在业主和指定分包人的双方合同中，指定分包合同项下的保修工作只能由发包人直接指令分包人完成，发包人没有权利，总承包人也没有义务完成该分包合同项下的保修工作。如果总承包人接受发包人的委托实施保修工作，则总承包人有权获得相应的费用补偿。

5.2 质量保修期

5.2.1 工程保修期限

按照《建设工程质量管理条例》第40条的规定，在正常使用条件下，建设工程的最低质量保修期为：

（1）基础设施工程、房屋建筑的地基基础工程和主体结构工程，为设计文件规定的该工程的合理使用年限；

（2）屋面防水工程、有防水要求的卫生间、房间和外墙面的防渗漏，为5年；

（3）供热与供冷系统，为2个采暖期、供冷期；

（4）电气管线、给排水管道、设备安装和装修工程，为2年。

另外，原建设部的《房屋建筑工程质量保修办法》又在质量管理条例的基础上增加了一项"装修工程的质量保修期为2年"。

但是需要注意的是，从法律效力层级的角度来看，《建设工程质量管理条例》属于行政法规，其规定的内容对承发包双方当事人具有当然的法律约束力，该条使用的是"禁止性规范"的表述方式，因此发包人和承包人必须遵守。根据《合同法》第52条和最高人民法院《关于适用〈中华人民共和国合同法〉若干问题的解释（二）》第14条的规定，如果承发包双方在施工合同或者质量保修书中约定的质量保修期低于上述最低期限，那么此类约定依法应当属于无效，工程质量保修期限仍然要按照质量管理条例的规定执行。比如浙江省高级人民法院在《关于审理建设工程施工合同纠纷案件若干疑难问题的解答》中即规定如此。[①] 而《房屋建筑工程质量保修办法》的规定属于部门规章，其关于最低保修期的内容并不直接构成影响合同主体双方的权利义务的因素，违反其规定的内容并不会影响合同效力。

根据上述分析，有人就会认为，既然建设部或住建部的部门规章不会导致合同无效，那就没有必要去遵守。但是笔者认为，尽管原建设部的规章不会成为导致合同无效的因素，但是依据现行的法律规范的规定，承发包双方仍应当遵照其规定执行，否则会承担行政责任和相应的民事责任，这一点不仅体现在工程质量保修上，在工程领域的其他方面也有所反映。

5.2.2 保修期限的计算

通常情况下，保修期从通过竣工验收之日起计算（《建设工程质量管理条例》第40条）。需要注意的一点是，该条所说的竣工验收合格通常是指整体工程的竣工验收合格，因此，如果建设项目存在单位工程的竣工交付和甩项工程竣工验收的情形，此时若一味地以整体工程竣工验收合格来计算保修期的起算时间，对承包方而言，就会增加其所应承担的义务和责任。所以，作为有经验的承包商，应当对此类情况进行合理分析，做出风险评估和判断，以便降低在工程质量保修方面的风险。

此外，现行的四份工程合同文件原则上保持了从工程通过竣工验收之日起算保修期的规定。但是，在具体的内容表述上，保修期的计算仍然略有差异。比如13版施工合同规定的保修期从工程竣工验收合格之日起计算。[②] 按

[①] 浙江省高级人民法院《关于审理建设工程施工合同纠纷案件若干疑难问题的解答》第4条。
[②] 参见13版施工合同第1.1.4.5条。

照 07 版标准合同的规定,保修期自实际竣工日期起计算;在全部工程竣工验收前,已经发包人提前验收的单位工程,其保修期的起算日期相应提前。① 12 版设计施工合同也规定,保修期自实际竣工日期起计算;在全部工程竣工验收前,已经发包人提前验收的区段工程,其保修期的起算日期相应提前。② 而按照 11 版总承包合同,则规定以接收证书中写明的单项工程和(或)工程的接收日期,或单项工程和(或)工程视为被接收的日期,是承包人保修责任开始的日期,也是缺陷责任期的开始日期。③

从上述描述来看,发包人和承包人不仅需要关注具体适用的工程合同的文件,并且还应当注意各个合同之间关于保修期计算的细微差别。

5.3 与工程相关的材料、设备的质量保证

在工程实践中比较容易混淆的是建筑材料、设备的产品质量问题和因施工工艺的瑕疵、缺陷引起的工程质量问题,特别是在当建筑材料、设备的供应和安装分属两个不同的单位时,区分两者的性质对于质量责任的承担则尤为重要。

这两个质量问题看似简单,但其中涉及的法律问题却不完全相同。从工程建设的角度来讲,两者都属于质量问题,但是从我国现行的法律规定的角度来看,两者所适用的法律规定却是不同的。我国《产品质量法》规定,建设工程不适用本法规定;但是,建设工程使用的建筑材料、建筑构配件和设备,属于经过加工、制作,用于销售的产品范围的,适用本法规定。《建筑法》规定,建筑工程实行质量保修制度。《建设工程质量管理条例》也规定施工单位应当对保修范围和保修期限内发生质量问题的建设工程承担保修责任。根据上述法律、行政法规可以知道,建筑材料、设备、构配件的质量问题由《产品质量法》调整,而建设工程本身的质量问题则由《建筑法》和《建设工程质量管理条例》来调整和规范。另外,两者的质量保证期并不相同,有些设备、材料的质量保证期(缺陷责任)比通常的 2 年工程质量保修期要长得多。

---

① 参见 07 版标准合同第 19.7 条。
② 参见 12 版设计施工合同第 19.7 条。
③ 参见 11 版总承包合同第 11.1.1 条。

之所以要区分调整建筑材料、设备、构配件的产品质量问题和因施工工艺的瑕疵、缺陷引起的工程质量问题的法律规范，是考虑到在工程建设过程中会存在建筑材料、设备、构配件的供应和安装分属两个不同的单位的情形，而且即使是建筑材料、设备和构配件也还有甲供、乙供以及甲指乙供等多种情况，正是因为会有这些复杂情况的存在，所以也更有必要对产品质量和施工工艺质量进行区别，这既可以明确建设工程出现的质量问题到底是属于供应商或者是发包人应该负责的质量原因，还是施工方应承担相应的质量责任；也有助于更有效地解决质量争议，不论对发包人，还是承包人，抑或是供应商，都是大有好处的。当然，如何区别两者的责任方也是一项颇费周折的工作，这就要求发包人、承包人、供应商、监理工程师做好日常的质量检验工作，做好相关记录，以便日后发生争议时备查。

5.4 质量保修金

质量保修金是指工程施工合同双方当事人约定的，为了保证承包人在缺陷责任期内履行质量保修义务，由承包人支付的保证金。从本质上看，质量保修金属于保证金的范畴。只不过其表现形式是从发包人应付工程款中预留或暂扣。当然，实践中，质量保修金的形式不仅限于预留的保修资金，还可以是质量保函，以满足承包人对现金流的需求，减少现金流损失。目前，工程领域也有在探讨其他类型的质量保修担保，比如第三方履行保证等。

5.4.1 质量保修金的法律属性

从法律关系上来看，一旦工程竣工结算完毕，发包人就应当向承包人支付全部工程款；而在双方签订质量保修书的时候，承包人应当向发包人提交约定比例的质量保修金，即工程款和质量保修金分属两个不同的法律关系，而且从财务角度看，这两笔资金也是相互独立的，应分属于不同的会计科目。但是，考虑到同一笔资金在发包人和承包人之间来回转账并没有实际的必要，相反还会增加合同双方的交易成本，因此由双方约定在应付的工程款中预留一部分作为保修金，从而简化相关的支付手续。

在上海美科阀门有限公司与上海通兴建筑安装工程总公司质量保修金返

还再审案件[①]中，争议双方约定工程质量保修金为施工合同价款的3%，阀门公司在质量保修期满后14天内，将剩余保修金和利息返还建安公司等。关于质量保修金的性质，再审法院认为，双方签订的《工程质量保修书》《补充合同》约定的保修金，实质是为建安公司在竣工后一年内承担保修责任的担保。而工程款是指具体的建筑安装工程施工竣工的资金，即工程建造费用。因此，保修金和工程款的含义并不相同。

笔者亦赞同法院的观点：尽管质量保修金是从应付的工程款中预留的，但是保修金具有保证工程质量的"押金"或"预付款"的特点，在性质上独立于工程款；而工程款则是因承包人承揽工程所获得的对价和报酬，两者的法律性质不同。由此，如果合同双方对质量保修金的返还没有做出特别约定，工程合同中有关逾期支付工程款的违约责任和损害赔偿条款并不必然适用于保修金的逾期支付。

5.4.2 质量保修金的比例和提取

在工程惯例中，质量保修金的比例通常为工程结算价款的5%。质量保修金的提取方式也一般在支付工程进度款的同时，同比例扣留。但是，实际上，目前行业惯例都只是支付了80%~90%，以高达10%~20%的比例提留质量保修金，在一定程度上加大了承包人的资金压力，如何有效解决，尚有待进一步的研究和探讨。

另外，大部分的工程合同约定以工程结算价为质量保修金的计算基数，在工程已经竣工，但是结算尚未完成的阶段，如果质量保修金不是随工程进度款同期扣取，就会出现工程已经进入缺陷责任期和保修期，甚至是缺陷责任期满，而质量保修金尚未确定的情况。

5.4.3 质量保修金的返还

按照《建设工程质量保证金管理暂行办法》的规定，发包人在接到承包人返还保证金申请后，应于14日内会同承包人按照合同约定的内容进行核实。如无异议，发包人应当在核实后14日内将保证金返还给承包人，逾期支付的，从逾期之日起，按照同期银行贷款利率计付利息，并承担违约责任。

---

① 上海美科阀门有限公司与上海通兴建筑安装工程总公司质量保修金返还再审案，上海市第二中级人民法院（2004）沪二中民二（民）再终字第5号民事判决书。

发包人在接到承包人返还保证金申请后14日内不予答复，经催告后14日内仍不予答复，视同认可承包人的返还保证金申请。①

但是，需要注意的是，《建设工程质量保证金管理暂行办法》并不能直接在合同主体之间设定权利义务，只能作为参考。在合同另有约定的情况下，仍然应当以合同约定为准。

质量保修金的返还主要分为两种方式，一是在缺陷责任期满后的一定期限内一次性返还；一是在缺陷期满一年后返还质量保修金的一半，另外的一半则在缺陷责任期满后返还。而在工程实务中，分期分笔返还也相对更为公平合理。

纵观现行的07版标准合同、11版总承包合同、12版设计施工合同以及13版施工合同的相关内容，均没有关于返还质量保修金的具体规定，而是代之以质量保证金。

比如，07版标准合同和12版设计施工合同第17.4.2条都规定，缺陷责任期满时，承包人向发包人申请到期应返还承包人剩余的质量保证金，发包人应在14天内会同承包人按照合同约定的内容核实承包人是否完成缺陷责任。如无异议，发包人应当在核实后将剩余质量保证金返还承包人。

在阿尔山市政府与中铁九局一公司建设工程施工合同纠纷案②中，针对原被告双方争议的案涉工程质保金635 678元应否返还的问题，最高人民法院经审理后认为，建设工程质量保证金是指发包人与承包人在建设工程承包合同中约定，从应付的工程款中预留，用以保证承包人在缺陷责任期内对建设工程出现的缺陷进行维修的资金。在《公路建设工程施工合同》第4.4条中约定："工程质量保证金按结算价款的3%预留，初验并在乙方将初验中所发现的质量问题处理后15日内返还给乙方50%，余50%在竣工验收一年后15日内返还……"该工程交付使用时间及通车时间为2009年10月25日。按照施工合同约定，从2009年10月25日起，一年后15日内应返还质保金。双方在《补充协议》中约定：工程缺陷责任期为2年，保修期为5年，质保金为合同

---

① 参见《建设工程质量保证金管理暂行办法》第10条。
② 阿尔山市人民政府与中铁九局集团第一工程有限公司建设工程施工合同纠纷申请再审案，最高人民法院（2014）民申字第259号民事裁定书。

价款的 5%。因此，635 678 元质保金应按照《补充协议》的约定于 2 年工程缺陷责任期届满后返还，不能按约返还应支付相应的利息损失。故二审法院根据双方在《补充协议》中的约定，判决阿尔山市政府返还质保金 635 678 元并无不当。

5.4.4　使用 FIDIC 合同时应注意的地方

按照现行的 FIDIC 彩虹系列合同，其使用的并非是"质量保修金"或"质量保证金"的概念，而是使用"保留金"一词。FIDIC 合同对保留金（retention money）的定义本身并没有采用大陆法系所习惯的方式，这给中国的使用者带来不便。而且，保留金一词是从英文翻译过来的术语，姑且不论将 retention money 翻译成"保留金"而不是"质量保修（保证）金"的原因，但是，这两个不同术语的使用，的确给工程合同实践带来了困扰。尽管 FIDIC 合同中关于保留金的相关内容，与国内工程有关质量保修（保证）金的相关规定接近，但是，在没有相关的合同约定的情形下，直接将两者等同于一个意思，恐怕还有不少的争议。

5.5　质量保修书

质量保修书是工程通过竣工验收合格并交付给业主之后，用于约束承包人履行工程本身瑕疵和内在缺陷的法律文件。

5.5.1　质量保修书的性质

签署质量保修书是提请工程竣工验收的条件之一。而工程一旦通过竣工验收，意味着工程质量满足合同的约定以及设计、图纸、标准的要求。而质量保修书的作用在于明确承包人在工程竣工验收后应承担的保修责任。对发包人而言，质量保修书则是工程竣工验收后出现质量缺陷时要求承包人承担保修责任的权利证书。实践中，质量保修书有的在签署承包合同的同时一并签署，尤其是公开招标投标的工程项目，有的则是在竣工验收前签署，相比较而言，后者更能反映客观现状及工作界面，也更能明确双方各自的权利义务。

5.5.2　质量保修书的内容

工程质量保修书的内容一般包括以下几个方面：

（1）质量保修项目内容及范围；

(2) 质量保修期；

(3) 质量保修义务的履行；

(4) 未履行保修义务的补救和后果；

(5) 质量保修金的支付方法。

但是，仅仅规定这些是不够的，为避免就保修责任的承担和保修金返还发生争议，签署质量保修书应当注意的事项：承发包双方还应当具体约定保修金的预留、返还方式，预留比例、起算时间和期限，是否计付利息以及利息的计算方式，保修金预留、返还及工程维修质量、费用、是否有甩项工程及其处理、逾期不履行保修义务或履行不到位的补救措施、争议解决等内容。

5.5.3 不提交质量保修书的后果

质量保修书的重要性在于其约定了工程竣工后到缺陷责任期满前发包人和承包人的权利义务。因此，如果承包人未能提交质量保修责任书、无正当理由不与发包人签订质量保修责任书，发包人可不与承包人办理竣工结算，不承担尚未支付的竣工结算款项的相应利息，即使合同已约定延期支付利息。如因发包人原因未能及时签署质量保修责任书，发包人应从接到该责任书的第11日起承担竣工结算款项延期支付的利息。[①]

5.6 保修义务的履行

质量保修既是承包人的义务，同时也是承包人的权利，是承包人对不符合质量要求的工作进行自助救济的一种方式。工程质量保修和工程施工过程中的返修不同，两者的合同依据不同，前者依据的是工程施工合同，后者依据的是质量保修书。通常情况下，如果是在工程施工中出现质量问题或者是竣工验收不合格的建设工程，承包人承担的是返修义务，而一旦建设工程经竣工验收合格后发现或出现的质量问题，承包人承担的则是保修义务。

5.6.1 保修义务的履行

《合同法》第112条规定，当事人一方不履行合同义务或者履行合同义务不符合约定的，在履行义务或者采取补救措施后，对方还有其他损失的，应当赔偿损失。第281条也规定，因施工人的原因致使建设工程质量不符合约

---

① 参见11版总承包合同第11.1.2条。

定的，发包人有权要求施工人在合理期限内无偿修理或者返工、改建。经过修理或者返工、改建后，造成逾期交付的，施工人应当承担违约责任。上述是处理保修义务争议的基本法律依据。

比如，在上海市高级人民法院审结的中成公司与德威公司施工合同纠纷案[①]中，中成公司与德威公司于2006年10月8日签订一份施工合同，约定由中成公司承接德威公司的新建厂房，项目于2008年5月16日通过竣工验收备案。后合同双方就工程质量发生争议，二审法院认为："系争工程虽经竣工验收合格并交付使用，但根据合同约定，中成公司对厂房主体工程保修期为3年，屋面防渗漏保修期为5年，结合双方提供的证据，德威公司在保修期内发现房屋存在裂缝及渗漏问题，并多次发函要求中成公司保修，中成公司虽然进行了保修，德威公司也在保修记录上签字，但根据检测机构的检测意见，房屋仍存在开裂、渗水情况，原因在于温度和混凝土收缩等引起墙体裂缝、变形，并已构成房屋质量问题，故可以认定中成公司未完全尽到保修义务。原审法院考虑到中成公司进行保修但未能完成修复义务的情况，判令由中成公司承担相应的修复费用，由德威公司自行委托维修，亦无不可，故予以认同。"

除此之外，最高人民法院结合审判实践，在《关于审理建设工程施工合同纠纷适用法律问题的解释》中还规定，因保修人未及时履行保修义务，导致建筑物毁损或者造成人身、财产损害时，应承担赔偿责任。原建设部的《房屋建筑工程质量保修办法》也有类似的规定。

另外，在现行工程合同中也有关于履行保修义务的详细规定。比如，按照13版施工合同第15.4.4条的规定，如果因为承包人的原因造成工程的缺陷或损坏，承包人拒绝维修或未能在合理期限内修复缺陷或损坏，且经发包人书面催告后仍未修复的，发包人有权自行修复或委托第三方修复，所需费用由承包人承担；但修复范围超出缺陷或损坏范围的，超出范围部分的修复费用由发包人承担。

关于缺陷责任期内出现需要修复的项目时，发包人同样也应当遵守一定

---

① 浙江中成建工集团有限公司与上海德威五金制品有限公司建设工程施工合同纠纷案，上海市高级人民法院（2012）沪高民一（民）终字第16号民事判决书。

的告知程序，这也是合同法关于协助义务的具体体现。如 07 版标准合同第 19.2 条规定监理人和承包人应共同查清缺陷和（或）损坏的原因。经查明属承包人原因造成的，应由承包人承担修复和查验的费用。经查验属发包人原因造成的，发包人应承担修复和查验的费用，并支付承包人合理利润。如承包人不能在合理时间内修复缺陷的，发包人可自行修复或委托其他人修复，所需费用和利润由责任人承担。

工程法律实务中，如果发生工程争议，最常见的问题是发包人要求承包人承担修复费用或损害赔偿的主张，缺少程序上的保障和证据上的支持。一般来讲，在出现工程保修/缺陷事项时，发包人应当通知承包人限期履行保修义务，给予承包人改正的机会，并告知逾期的后果，比如自行修复或者委托第三人修复。但是，一旦缺少这一程序和证据支持，发包人往往会变主动为被动。

5.6.2 承包人保修义务的免除

如前所述，并非所有的保修或缺陷修复工作都应当由总承包人承担。根据最高人民法院《关于审理建设工程施工合同纠纷案件适用法律问题的解释》的规定，如果发包人具有下列情形之一，造成建设工程质量缺陷，应当承担过错责任：（1）提供的设计有缺陷；（2）提供或者指定购买的建筑材料、建筑构配件、设备不符合强制性标准；（3）直接指定分包人分包专业工程。因此，如果出现上述几种情形的，承包人就可免于承担质量保修责任；如果发包人要求承包人进行维修，则应当向承包人支付由此发生的费用。

6. 提前使用工程引起的质量纠纷

工程法律实务中，由于发包人提前接收和使用工程导致发生质量纠纷的情况也时常发生。这里的"提前使用"通常是指工程项目未经竣工验收而被发包人使用。

最高人民法院《关于审理建设工程施工合同纠纷案件适用法律问题的解释》第 13 条规定，建设工程未经竣工验收，发包人擅自使用后，又以使用部分质量不符合约定为由主张权利的，不予支持；但是承包人应当在建设工程的合理使用寿命内对地基基础工程和主体结构质量承担民事责任。司法解释虽然指出发包人擅自使用工程后，法院不再支持发包人的质量抗辩，但并没有明确此处发包人丧失的权利内容。按照该条款的字面表述理解，发包人如果提前使用未经竣工验收的工程项目，即丧失包括要求承包人承担质量保修责任在内的权利。

在甲公司与乙公司建设工程施工合同纠纷上诉案[①]中，争议双方于2009年7月25日签订一份《防腐工程施工合同》。工程完工后，乙公司将工程交付给甲公司，甲公司接收后移交给了工程的总包方，并由总包方将工程移交给业主单位，涉案工程也已于2010年2月8日正式通车。因甲乙双方就工程款发生争议，甲公司遂提起诉讼。法院经审理认为：根据最高人民法院《关于审理建设工程施工合同纠纷案件适用法律问题的解释》第13条的规定，案涉工程虽未经竣工验收，但在甲公司接受了该工程，转交给总包方，并经由总包方交付业主方实际使用建设工程的情况下，甲公司关于案涉工程质量不符合约定的主张于法无据，不予支持。因此在甲公司未能提交有效证据证明案涉工程存在质量问题的前提下，根据《民事诉讼法》第64条第1款、最高人民法院《关于民事诉讼证据的若干规定》第2条的规定，甲公司应承担举证不能的不利后果。故甲公司以案涉工程存在质量问题而暂不付款的主张不能成立。

据此，笔者建议在工程项目尚未经过竣工验收的情况下，发包人不应提前使用，避免由此引发工程质量风险。考虑到在某些实际情况下，如不提前使用工程项目，发包人将遭受更为重大的损失时，则应当就提前使用的工程部分与承包人协商达成一致的处理意见。

三、安全生产

安全施工的重要性不言而喻。一直以来，安全生产都是政府以及工程合同的各个参与主体比较关切的事项。《建筑法》第47条明确规定，建筑施工企业和作业人员在施工过程中，应当遵守有关安全生产的法律、法规和建筑

---

① 甲公司与乙公司建设工程施工合同纠纷案，浙江省杭州市中级人民法院（2011）浙杭民终字第2260号民事判决书。

行业安全规章、规程，不得违章指挥或者违章作业。《建筑法》第45条也规定，施工现场安全由建筑施工企业负责，实行施工总承包的，由总承包单位负责。此外，《建设工程安全生产管理条例》也规定，总承包单位和分包单位对分包工程的安全生产承担连带责任。分包单位应当服从总承包单位的安全生产管理，分包单位不服从管理导致生产安全事故的，由分包单位承担主要责任。①

由此可见，在工程施工过程中，承包人是安全施工的第一责任人。承包人须遵守工程建设安全生产的有关管理规定，严格按安全标准组织施工，在施工现场采取维护安全、防范危险、预防火灾等安全防护措施，消除事故隐患，确保施工现场内人身和财产安全。

另外，由于我国实行的工程建设安全专项监督检查制度，依据《建筑法》《建设工程安全生产管理条例》《建筑安全生产监督管理规定》等规定，建设行政主管部门安全监管人员应对在建建设工程进行现场监督检查，为了配合此项制度的实施，接受行业安全检查人员依法实施的监督检查也成为承包人的义务。

同样，发包人在建设工程中起到非常重要的作用，如选派驻场代表、工程师、项目管理人员等进入施工现场，参与建设施工中的某些活动，所以，发包人要对其进入施工现场的工作人员的安全负责，对其进行安全教育、办理保险等。在某些情况下，有些发包人还会在现场对承包方的工作人员及施工工作进行指挥，为了安全施工的需要，发包人应当注意不得要求承包人违反安全管理的规定进行施工，比如《建设工程安全生产管理条例》就明确要求，发包人不得明示或者暗示承包人购买、租赁、使用不符合安全施工要求的安全防护用具、机械设备、施工机具及配件、消防设施和器材。②

如果是因为发包人的原因造成安全事故，发包人应当承担相应的责任及发生的费用。这里的责任包括民事责任、行政责任及刑事责任，费用即给对方及施工造成的损失，如停工费用等。这也是民法中之"过错责任原则"在工程合同中的体现。

---

① 参见《建设工程安全生产管理条例》第24条。
② 参见《建设工程安全生产管理条例》第9条。

1. 安全保护措施

由于承包人是建设工程现场的主要安全负责人,因此,承包人有义务采取安全保护措施,以避免安全事故的发生。比如,《建筑法》第 38 条、第 39 条规定,建筑施工企业在编制施工组织设计时,应当根据建筑工程的特点制定相应的安全技术措施;对专业性较强的工程项目,应当编制专项安全施工组织设计,并采取安全技术措施。建筑施工企业应当在施工现场采取维护安全、防范危险、预防火灾等措施;有条件的,应当对施工现场实行封闭管理。施工现场对毗邻的建筑物、构筑物和特殊作业环境可能造成损害的,建筑施工企业应当采取安全防护措施。

此外,《安全生产许可证条例》《建设工程安全生产管理条例》等相关法律法规对安全保护措施也做了进一步明确,比如规定承包人在工程实施过程中应当履行以下职责:

(1) 必须取得安全生产许可证方可施工;

(2) 在施工中严格执行安全生产责任制度、建立健全安全生产教育培训制度、制定安全生产规章制度和操作规程、对建设工程进行定期和专项安全检查、配备专职安全生产管理人员;

(3) 在施工现场采取维护安全、防范危险、预防火灾等措施;

(4) 为从事危险作业的职工办理意外伤害保险,支付保险费;

(5) 保证垂直运输机械作业人员、安装拆卸工、爆破作业人员、起重信号工、登高架设作业人员等特种作业人员持特种作业操作资格证上岗;

(6) 在施工组织设计中编制安全技术措施和施工现场临时用电方案,对达到一定规模的危险性较大的分部分项工程编制专项施工方案;

(7) 在施工现场入口处、施工起重机械、临时用电设施、脚手架、出入通道口、楼梯口、电梯井口、孔洞口、桥梁口、隧道口、基坑边沿、爆破物及有害危险气体和液体存放处等危险部位,设置明显的符合国家标准的安全警示标志;

(8) 将施工现场的办公、生活区与作业区分开设置,并保持安全距离;

(9) 建立消防安全责任制度,各项消防安全管理制度和操作规程,设置消防通道、消防水源，配备消防设施和灭火器材；

（10）对因建设工程施工可能造成损害的毗邻建筑物、构筑物和地下管线等采取专项防护措施等。

同时，安全施工措施还是建设行政主管部门审核发放施工许可证的重要条件之一，按照《建设工程安全生产管理条例》的规定，对没有安全施工措施的建设项目，不得颁发施工许可证。[①]

2. 安全生产费用

安全保护费用是按照国家现行的安全施工、工程现场环境与卫生标准和有关规定，购置、配备和更新安全防护用品、用具、设施，以及为改善安全生产条件和工作环境所需要的费用。

2.1 费用承担

安全生产费用是项目建设必须要考虑的费用，发包人在编制工程概预算时，应当根据工程所在地工程造价管理机构测定的相应费率，以及工程的实际施工情况，如周期、难度，合理确定工程安全防护、文明施工措施费。如果是发包人争创"文明工地"或者诸如"白玉兰奖""长城杯"等奖项时，则需要增加这部分的预算费用。

承包人在编制报价时，也应当综合考虑现行有效的标准规范，结合工程特点、工期、作业环境等对工程施工的要求，以及自身的管理水平、技术水平等做出合理的报价。比如，12版设计施工合同第10.2.7条和07版标准合同第9.2.5条都规定，合同约定的安全作业环境及安全施工措施所需费用应遵守有关规定，并包括在相关工作的合同价格中。因采取合同未约定的安全作业环境及安全施工措施增加的费用，由监理人商定或确定。但是，最终的费用承担却是悬而未决的事件，取决于监理人的判断。

值得注意的是，13版施工合同在合同协议书中将安全文明施工费单列作为合同签约价的组成部分，并且特别针对安全文明施工费用进行了详细的描述，这是其他三份工程合同所没有的内容。比如在其第6.1.6条规定，安全

---

① 参见《建设工程安全生产管理条例》第42条。

文明施工费由发包人承担，发包人不得以任何形式扣减该部分费用。因基准日期后合同所适用的法律或政府有关规定发生变化，增加的安全文明施工费由发包人承担。

与 12 版设计施工合同和 07 版标准合同不同，13 版施工合同更是直接规定了承包人经发包人同意采取合同约定以外的安全措施所产生的费用，由发包人承担。未经发包人同意的，如果该措施避免了发包人的损失，则发包人在避免损失的额度内承担该措施费；如果该措施避免了承包人的损失，由承包人承担该措施费。这一条内容可以视为民法上的无因管理在工程领域的体现。

在实践中，为了落实安全生产，杜绝安全隐患，发包人可以要求承包人在提交投标报价时，单独列明可能发生的安全生产费用，以便评标时使用。但是，如果是采取综合单价报价时，发包人可能会要求承包人的综合单价中包括措施费用，而承包人为了强化价格优势，争取中标，也往往会扣除这笔安全措施费用。对此，笔者认为，发包人可以在招标文件中明示，要求承包人将安全防护措施费用单独列项，计入投标报价的总价中。如果承包人没有单独列明，或者此项报价为零，则可以作为废标处理，从而在源头上遏制安全事故。

当然，从发包人的角度来看，也不应当忽视安全生产费用在工程建安费用中单独列支的必要性和重要性。尤其值得注意的是，在 13 版施工合同中，已经将安全生产费用单列在协议书正文并提升其在工程合同中的地位。

2.2 费用构成

根据目前现行的建安费用组成来看，安全生产费用主要由安全防护、文明施工费和其他费用构成，安全防护、文明施工费又分为安全施工费用、文明施工费用、临时设施费用和环境保护费用。其中安全施工费的项目包括临边、洞口、垂直交叉、高处作业安全防护费，危险性较大工程安全措施费及其他费用；危险性较大工程安全措施费根据工程所在地确定；临时设施费包括现场办公生活设施费和现场临时用电设施费；文明施工费包括安全警示标志、现场围挡、企业标志和五板一图等费用；环境保护费则包括场容场貌、材料堆放、现场防火（笔者认为此项作为安全施工费用更为合适）、垃圾清运等费用。

此外，建安工程费用项目组成中，笔者认为夜间施工增加费、冬雨季施工增加费、已完工程及设备保护费、脚手架工程费，以及企业管理费中的诸如劳动保险和职工福利费、职工教育经费、劳动保护费、工会经费，作为组成规费部分的工伤保险费、医疗保险费等都可以归入安全生产费用的范围。

区分上述不同的费用项目构成，有助于分析和解决与变更有关的费用处理，以及因工期延误、停工、窝工引起的索赔事件相关的费用定性等争议，不同的费用性质将直接影响承包人可以索赔的项目和金额。

2.3 费用支付

原建设部发布的《建筑工程安全防护、文明施工措施费用及使用管理规定》第7条规定：建设单位与施工单位应当在施工合同中明确安全防护、文明施工措施项目总费用，以及费用预付、支付计划，使用要求、调整方式等条款。如果工程合同中没有约定或约定不明的，合同工期在一年以内的，建设单位预付安全防护、文明施工措施项目费用不得低于该费用总额的50%；合同工期在一年以上的（含一年），预付安全防护、文明施工措施费用不得低于该费用总额的30%，其余费用应当按照施工进度支付。

尽管建设部的上述规章，不具有必然的强制适用性，当事人自然可以在工程合同中另行约定。这里姑且不论其一年期内支付安全防护、文明施工措施项目费用的50%，一年期以上支付30%的比例的理由，以及是否合理，实务中，如果在工程合同没有约定的情况下，参照上述支付比例并不是不可能。比如，使用11版总承包合同、07版标准合同以及12版设计施工合同作为合同条件的工程项目。

在使用13版施工合同的情况下，如果双方没有特别约定，发包人应在开工后28天内预付安全文明施工费总额的50%，其余部分与进度款同期支付。发包人逾期支付安全文明施工费超过7天的，承包人有权向发包人发出要求预付的催告通知，发包人收到通知后7天内仍未支付的，承包人有权暂停施工，并按发包人违约的情形执行。①

---

① 参见13版施工合同第6.1.6条。

此外,在实行工程总承包的建设项目中,总承包单位与分包单位也有必要在分包合同中明确安全防护、文明施工措施费用由总承包单位统一管理。安全防护、文明施工措施由分包单位实施的,由分包单位提出专项安全防护措施及施工方案,经总承包单位批准后及时支付所需费用。

2.4 专款专用

对于安全生产费用,承包人应当履行专款专用的法定和约定义务。按照《建设工程安全生产管理条例》第22条规定,施工单位对列入建设工程概算的安全作业环境及安全施工措施所需费用,应当用于施工安全防护用具及设施的采购和更新、安全施工措施的落实、安全生产条件的改善,不得挪作他用。

《建筑工程安全防护、文明施工措施费用及使用管理规定》第11条规定,施工单位应当确保安全防护、文明施工措施费专款专用,在财务管理中单独列出安全防护、文明施工措施项目费用清单备查。施工单位安全生产管理机构和专职安全生产管理人员负责对建筑工程安全防护、文明施工措施的组织实施进行现场监督检查,并有权向建设主管部门反映情况。

对于实行总承包管理的项目,工程总承包人还需要对建筑工程安全防护、文明施工措施费用的使用负总责,应当及时向各分包单位支付安全防护、文明施工措施费用。否则,造成分包单位不能及时落实安全防护措施导致发生事故的,由总承包人负主要责任。

13版施工合同则要求承包人对安全文明施工费应专款专用,承包人应在财务账目中单独列项备查,不得挪作他用,否则发包人有权责令其限期改正;逾期未改正的,可以责令其暂停施工,由此增加的费用和(或)延误的工期由承包人承担。[①]

从发包人的角度来看,可以要求承包人对安全防护措施实行专款专用,设立专门的账户,随时对承包人使用安全生产费用的情况进行监督。如果承包人没有合理使用,或者擅自挪用该笔费用的,则可以考虑从应付工程款或其他类似款项中予以扣除,并直接作为采取安全防护措施的费用。从承包人

---

① 参见13版施工合同第6.1.6条。

的角度来看，建立、健全施工现场的安全管理制度，并且采取事先预防、事中控制、事后补救的安全措施，不仅有助于减少安全事故，也可以减少因发生安全事故而造成的损失。

另外，实际上，为了保证发包人能够按时发放安全防护、文明施工措施费，各地方也采取了相应的保障措施，比如要求在领取施工许可证、安全生产许可证等批准文件时提供已经支付相关安全措施费用的证明，在目前这种国情下，有必要将这些做法推广适用，并建立完善的监督机制。而作为施工合同的签约和履行主体，不论是发包人，还是承包人都可以在合同中明确此项费用，以及费用的支付计划、使用要求、调整方式等情况，以约束对方的行为。再者，如果承包人是工程的总承包单位，还应对与分包单位之间的安全防护、文明施工费用的支付、使用进行约定，以确保分包单位能够顺利拿到并合理地使用上述费用。但是，在推广相应的保障措施的同时，也应当注意各方当事人规避相关规定的做法，避免使保障措施流于形式。

3. 安全应急预案

安全应急预案，是指工程合同的参与人为依法、迅速、科学、有序应对安全事件，最大程度减少安全事故及其造成的损害而预先制订的工作方案。

按照《建设工程安全生产管理条例》第49条的规定，施工单位应当根据建设工程施工的特点、范围，对施工现场易发生重大事故的部位、环节进行监控，制定施工现场生产安全事故应急救援预案。实行施工总承包的，由总承包单位统一组织编制建设工程生产安全事故应急救援预案，工程总承包单位和分包单位按照应急救援预案，各自建立应急救援组织或者配备应急救援人员，配备救援器材、设备，并定期组织演练。

2014年3月，由住房和城乡建设部制定的《城市轨道交通建设工程质量安全事故应急预案管理办法》正式实施。该办法规定建设单位应当编制本单位综合应急预案，并按照影响工程周边环境事故类别编制工程项目应急预案；施工单位应当编制所承担工程项目的综合应急预案，并按工程事故、影响周边环境事故类别编制工程项目应急预案,同时制订事故现场处置方案。① 同时,为确保应急预案的实际实施效果,该办法还规定建设单位、施工单位应当制订应急预案演练计划,定期组织预案演练,建设单位、施工单位每年至少组织一次,并可视情况可加大演练频次。②

作为商业活动的主体,承包人和发包人对应急预案制定的费用承担和具体实施的义务的不同观点,有可能引发新的争议,因此,这些规定的实施,不仅需要落实到具体的工程管理中,也有必要写入工程合同中。

4. 工程安全事故及处理

建设工程安全事故是指在工程建设过程中由于过失造成工程倒塌或报废、机械设备毁坏和安全设施失当等原因造成人身伤亡或者/和经济损失的事故。及时、妥善地处理安全事故,分清因果关系、明确各方责任不仅关系到工程合同承发包双方的切身利益,也涉及广大企业职工的人身和财产安全,以及社会的安定和团结。

4.1 安全事故的等级

以造成的人员伤亡或者直接经济损失的程度,工程安全事故可以分为以下等级③:

(1) 特别重大事故,即造成30人以上死亡,或者100人以上重伤(包括急性工业中毒,下同),或者1亿元以上直接经济损失的事故;

(2) 重大事故,即造成10人以上30人以下死亡,或者50人以上100人以下重伤,或者5 000万元以上1亿元以下直接经济损失的事故;

(3) 较大事故,即造成3人以上10人以下死亡,或者10人以上50人以下重伤,或者1 000万元以上5 000万元以下直接经济损失的事故;

(4) 一般事故,即造成3人以下死亡,或者10人以下重伤,或者1 000万元以下直接经济损失的事故。

---

① 参见《城市轨道交通建设工程质量安全事故应急预案管理办法》第5条。
② 参见《城市轨道交通建设工程质量安全事故应急预案管理办法》第19条。
③ 参见《生产安全事故报告和调查处理条例》第3条。

4.2 安全事故报告

按照《建筑法》的规定,施工中发生事故时,建筑施工企业应当采取紧急措施减少人员伤亡和事故损失,并按照国家有关规定及时向有关部门报告。[①] 同时,《建设工程安全生产管理条例》第50条也同样规定,施工单位发生生产安全事故,应当按照国家有关伤亡事故报告和调查处理的规定,及时、如实地向负责安全生产监督管理的部门、建设行政主管部门或者其他有关部门报告;特种设备发生事故的,还应当同时向特种设备安全监督管理部门报告。接到报告的部门应当按照国家有关规定,如实上报。实行施工总承包的建设工程,由总承包单位负责上报事故。

4.3 安全事故现场保护

在发生生产安全事故后,施工单位应当按照《建设工程安全生产管理条例》的规定采取措施防止事故扩大,保护事故现场;需要移动现场物品时,应当做出标记和书面记录,妥善保管有关证物。[②] 由此可见,发生安全事故后,不论责任人是谁,承包人作为施工现场第一负责人,应当及时采取保护措施,避免损失的扩大。

4.4 安全事故责任的认定

安全事故不仅涉及行政处罚,如罚款、停工、停业整顿等后果的最终承担者,而且对企业的资质评级、建设项目的奖项评选等都会产生不利的影响,甚至还会对发包人、承包人的企业整体形象带来负面的效应。因此,认定事故原因、分清责任就显得尤为重要。

依据《生产安全事故报告和调查处理条例》的规定,安全事故报告应当包括下列内容:

(1) 事故发生单位概况;

(2) 事故发生的时间、地点以及事故现场情况;

(3) 事故的简要经过;

(4) 事故已经造成或者可能造成的伤亡人数(包括下落不明的人数)和

---

① 参见《建筑法》第51条。
② 参见《建设工程安全生产管理条例》第51条。

初步估计的直接经济损失；

（5）已经采取的措施；

（6）其他应当报告的情况。①

上述报告内容是政府主管机关判定事故责任的重要依据，承包人是现场第一负责人，最了解事故发生时的情形，因此，由承包人填写上述报告内容显得较为合理。

在这里值得一提的是，按照法律法规的规定，发生安全事故后，由政府主管部门来认定事故责任方。但是，如果发包人和承包人双方或一方对认定结果有异议，或者发包人和承包人之间因安全事故责任认定引起的民事责任的承担发生争议时，如何对责任认定结果进行准确定性则是需要探讨的问题。

此外，如果承发包双方不服行政主管部门做出的安全事故处罚决定，如罚款、责令停工、停业整顿、吊销证照等，则可以依据《安全生产行政复议规定》《行政复议法实施条例》《行政复议法》的规定，通过行政复议的手段来救济。

除非法律明文规定了行政复议为最终处理结果的，根据"司法终局"的法治原则，如果发包人、承包人对复议结果仍有异议的，则可以依据《行政诉讼法》的规定，依法向人民法院提起行政诉讼。

在前文已提到，安全事故责任的认定会直接涉及行政处罚结果的承受，并可能由此引发一系列的民事法律权利义务的产生、变更、消灭。由此，笔者认为：如果承发包双方对由于安全事故引起的民事责任的承担发生争议的，则属于民事法律关系，由民事法律进行调整。如果双方在工程合同中对争议解决方式有约定的，从其约定；如果没有约定的，则应当依照民事诉讼法及相关法律规定的方式解决。

4.5 工程安全侵权事故处理

由于承包人原因在施工场地内及其毗邻地带造成的发包人、监理人以及第三者人员伤亡和财产损失，由承包人负责赔偿。

4.5.1 工程侵权类型

《民法通则》规定了在公共场所、道旁或者通道上挖坑、修缮安装地下设

---

① 参见《生产安全事故报告和调查处理条例》第12条。

施等，没有设置明显标志和采取安全措施造成他人损害的，施工人应当承担民事责任。[①] 建筑物或者其他设施以及建筑物上的搁置物、悬挂物发生倒塌、脱落、坠落造成他人损害的，它的所有人或者管理人应当承担民事责任，但能够证明自己没有过错的除外。[②]

最高人民法院在《关于贯彻执行〈民法通则〉若干问题的意见（试行）》中指出，承包人从事高度危险作业，没有按有关规定采取必要的安全防护措施，严重威胁他人人身、财产安全的，人民法院应当根据他人的要求，责令作业人消除危险。这属于法律上的排除妨碍、消除危险请求权。在此种情形下，不仅相关的行政主管部门和发包人可以要求承包人履行防护义务，其他第三人，如在建工程周边的企业、居民等，也可以直接要求承包人或通过向法院提起诉讼的方式要求承包人采取防护措施，以免遭受侵害。并且，发包人也可能被列为共同被告参加到诉讼中。

还有一个需要引起关注的是，除了常见的建筑物高空坠物损害、相邻建筑物施工损害等纠纷外，随着社会的进步，以及人们对居住环境的要求也越来越高，建筑施工产生的噪音污染、光污染等纠纷也日益增多，而且，此类案件多数为集团诉讼，当事人的人数众多，社会影响也更大，因此，合同双方对这些新型的案件的认知和预防将有利于发包人和承包人提高各自的管理工作，避免和减少类似纠纷。

据此，笔者认为，不论是发包人，还是承包人，都要提高安全生产的重视程度，积极有效地采取安全防护，于双方都是一项有百利而无一害的工作。

4.5.2 工程侵权举证责任

关于民事诉讼证据规则规定的举证责任分配的性质，有人认为属于无过错责任，即只要造成第三人人身或财产损害，承包人就应当负责赔偿。

笔者认为，根据《民法通则》和民事诉讼证据规则的上述规定，承包人承担的应是过错推定责任，即一旦有侵权事件发生，造成第三人人身、财产损失，先假定承包人存在过错；承包人如想免责，就必须提供证据资料证明自己没有过错，否则就应赔偿损失。

---

① 参见《民法通则》第125条。
② 参见《民法通则》第126条。

如果将本条的举证责任定性为无过错责任，那么，承包人除非能够证明该损害是由于受害人存在故意而造成的，否则就要负责赔偿损失。在此种情形下，对承包人是极其不利的，承包人所要承担的举证责任非常之重，而承包人能够证明受害人的主观故意的能力接近于零，仅靠其加强日常管理无法从根本上解决问题。而推定过错责任就不同，承包人只要对自己没有过错尽到举证责任就能够成功免责，相对而言，承包人的举证能力就比较轻。举证责任采用无过错归责原则还是推定过错归责原则，看似纯理论的问题，但是与承包人的利益却是非常密切，在推定过错归责原则下，承包人能够证明其无过错的证明资料可以通过其日常的资料整理、施工场地布置、现场安全人员的监控等管理工作来收集和整理。以上是发生对外侵权事件时，承包人需要重视的事项。

5. 工程合同主体的安全责任

作为工程合同的主体，发包人和承包人负有主要的安全责任，不论是《建筑法》《建设工程安全生产管理条例》等法律法规的规定，还是工程合同的约定，都突出了合同各方应当履行的安全义务以及相应的安全责任。

5.1 发包人的安全责任

5.1.1 发包人的安全责任范围

按照《建筑法》《建设工程安全生产管理条例》以及其他法律法规的规定，由于发包人的原因造成下列安全事故，由发包人承担责任：

（1）对承包人提出不符合建设工程安全生产法律、法规和强制性标准规定的要求，压缩合同约定的工期，造成安全事故的；

（2）要求承包人违反建筑工程质量、安全标准，降低工程质量，造成安全事故的；

（3）发包人的主要负责人、项目负责人未履行安全生产管理职责的，造成重大安全事故、重大伤亡事故或者其他严重后果的。

此外，《建设工程安全生产管理条例》第135条也规定，安全生产设施或者安全生产条件不符合国家规定，因而发生重大伤亡事故或者造成其他严重后果的，对直接负责的主管人员和其他直接责任人员，处3年以下有期徒刑或者拘役；情节特别恶劣的，处3年以上7年以下有期徒刑。

而07版标准合同规定的更为详尽，具体范围包括：发包人的安全责任包括授权监理人对安全工作进行监督、检查承包人安全工作的实施，组织承包人和有关单位进行安全检查；负责自身雇用人员的工伤赔偿。

5.1.2 安全责任的赔偿范围

在没有合同约定时，安全事故发生后的赔偿范围取决于实际遭受的损失情况。比如，13版施工合同第6.1.9.1条规定的发包人应负责的赔偿损失即包括：

（1）工程或工程的任何部分对土地的占用所造成的第三者财产损失；

（2）由于发包人原因在施工场地及其毗邻地带造成的第三者人身伤亡和财产损失；

（3）由于发包人原因对承包人、监理人造成的人员人身伤亡和财产损失；

（4）由于发包人原因造成的发包人自身人员的人身伤害以及财产损失。

5.2 承包人的安全责任

5.2.1 承包人的安全责任范围

在整个工程施工中，承包人始终担负着比较重要的安全义务，如果承包人未能按照《建筑法》《建设工程安全生产管理条例》等法律法规的规定履行安全保障措施，那么承包人将要承担相应的安全责任，比如：

（1）承包人对建筑安全事故隐患不采取措施予以消除的[①]；

（2）承包人的管理人员违章指挥、强令职工冒险作业，因而发生重大伤亡事故或者造成其他严重后果的[②]；

（3）未设立安全生产管理机构、配备专职安全生产管理人员或者分部分项工程施工时无专职安全生产管理人员现场监督的[③]；

（4）未在施工现场的危险部位设置明显的安全警示标志，或者未按照国家有关规定在施工现场设置消防通道、消防水源、配备消防设施和灭火器

---

① 参见《建筑法》第71条。
② 参见《建筑法》第71条。
③ 参见《建设工程安全生产管理条例》第62条。

材的①；

（5）未对因建设工程施工可能造成损害的毗邻建筑物、构筑物和地下管线等采取专项防护措施的②。

现行的几份国内工程合同都有比较详细的规定，比如，07版标准合同规定③：

（1）执行监理人有关安全工作的指示，并按合同约定的时间和内容编制施工安全措施计划报送监理人审批；并要加强施工作业安全管理，特别应加强危险物品和危险作业的管理。

（2）制定应对灾害的紧急预案，报送监理人审批；按照预案做好安全检查，配置必要的救助物资和器材。

（3）承担自身雇用的全部人员，包括分包人人员的工伤事故责任。

（4）由于承包人原因在施工场地内及其毗邻地带造成的第三者人员伤亡和财产损失，由承包人负责赔偿。

（5）承包人应加强施工作业安全管理，特别应加强易燃、易爆材料、火工器材、有毒与腐蚀性材料和其他危险品的管理，以及对爆破作业和地下工程施工等危险作业的管理。

5.2.2 安全责任的赔偿

承包人的安全责任的赔偿范围与发包人相似，也涉及对发包人或第三人的人身、财产的赔偿，以及自身的财产和人员的赔偿。

5.3 刑事责任

最后，作为最严厉的制裁手段，2006年9月全国人大常委会颁布《刑法修正案（六）》，对因安全事故责任构成犯罪的行为进行定罪量刑。《刑法修正案（六）》将第134条修改为："在生产、作业中违反有关安全管理的规定，因而发生重大伤亡事故或者造成其他严重后果的，处三年以下有期徒刑或者拘役；情节特别恶劣的，处三年以上七年以下有期徒刑。强令他人违章冒险作业，因而发生重大伤亡事故或者造成其他严重后果的，处五年以下有期徒

---

① 参见《建设工程安全生产管理条例》第62条。
② 参见《建设工程安全生产管理条例》第64条。
③ 参见07版标准合同第9.2条。

刑或者拘役；情节特别恶劣的，处五年以上有期徒刑。"

四、环境保护

工程建设项目的环境保护，实际上可以追溯到项目的立项阶段，比如环境影响评估，随着国家对环境保护的重视，环评已经占据非常重要的地位。当然，由于建设项目所处的阶段不同，环境保护的侧重点也有所差异。此外，就目前的环保立法，也是更多地关注立项、评估、审批、可研阶段的监督，以及事后的处罚，过程中的管理则更集中在项目管理层面。

1. 法定的义务

《民法通则》第124条和《环境保护法》第41条对环境保护作了原则性的规定，即合同各方应当遵守国家保护环境防止污染的规定，造成环境污染危害的，有责任排除危害，并对直接受到损害的单位或个人赔偿损失。

在工程实践中，与工程施工相关的环保责任和环境污染行为涉及噪音、光污染、污水、大气环境影响等多方面，对此，相关的法律法规都有明确的规定。比如，《环境噪声污染防治法》规定，在城市市区范围内向周围生活环境排放建筑施工噪声的，应当符合国家规定的建筑施工场界环境噪声排放标准。[①]

从项目现场管理的角度，《建设工程安全生产管理条例》还规定：施工单位应当遵守有关环境保护法律、法规的规定，在施工现场采取措施，防止或者减少粉尘、废气、废水、固体废物、噪声、振动和施工照明对人和环境的危害和污染。[②]《建设工程施工现场环境与卫生标准》（JGJ 146-2013）也详细规定了工程合同各方在工程环境和保护方面应当履行的法定义务。具体来说，包括在施工组织设计或编制专项方案中纳入环境与卫生管理的内容，并明确环境与卫生管理的目标和措施；施工现场应对强光作业和照明灯具采取遮挡措施，减少对周边居民和环境的影响等。

---

① 参见《环境噪声污染防治法》第28条。
② 参见《建设工程安全生产管理条例》第30条第2款。

从上述规定来看，违反环境保护规定引发的更多的是侵权责任，为此《侵权责任法》特别规定，因污染环境造成损害的，污染者应当承担侵权责任。①

另外，对于环境污染引起的侵权，其举证责任往往采用严格或者过错推定原则，一些大型的化工、能源项目，由于其对环境的影响较大，一旦构成侵权，除非能证明不是业主或者承包人的故意，否则都要承担责任。比如，《侵权责任法》明确规定民用核设施发生核事故造成他人损害的，民用核设施的经营者应当承担侵权责任，但能够证明损害是因战争等情形或者受害人故意造成的，不承担责任。②

2. 环保与工程价款

工程建设项目的环保费用一般都计入措施项目中的安全文明施工费等费用，而这部分费用通常会要求包干使用，不予调整。因此，在投标报价和现场勘查阶段，承包人都有必要进行实地的调查、论证和分析，并结合规范性文件的规定进行核算，如施工现场道路硬地坪处理、对裸露的场地和堆放的土方应采取覆盖、固化或绿化等措施、施工现场生活区宿舍、休息室必须设置可开启式外窗，床铺不得超过 2 层，不得使用通铺等规定，都是承包人强制性的、必须要完成的工作内容，故应当考虑其所需的费用，避免因错误理解相关的规定而出现错漏的现象。同样，发包人也应当在招标文件和合同文件中明示环保方面的特殊要求，便于承包人合理报价，避免出现需求变更而导致索赔的发生。

3. 工程合同中的相关内容

在现行的四份工程合同中，有关环境保护的内容相对较少。如 13 版施工合同仅有第 6.3 条规定，承包人应在施工组织设计中列明环境保护的具体措施，并在合同履行期间，采取合理措施保护施工现场环境，对施工作业过程中可能引起的大气、水、噪音以及固体废物污染采取具体可行的防范措施。

---

① 参见《侵权责任法》第 65 条。
② 参见《侵权责任法》第 70 条。

12版设计施工合同也规定,承包人在履行合同过程中,应遵守有关环境保护的法律,履行合同约定的环境保护义务,并应按合同约定的环保工作内容,编制环保措施计划,报送监理人批准,以确保施工过程中产生的气体排放物、粉尘、噪声、地面排水及排污等,符合法律规定和发包人要求。[1] 11版总承包合同也在现场的环境保护管理条款中特别强调:(1)承包人应采取措施,并负责控制和(或)处理现场的粉尘、废气、废水、固体废物和噪声对环境的污染和危害;(2)承包人及时或定期将施工现场残留、废弃的垃圾运到发包人或当地有关行政部门指定的地点,防止对周围环境的污染及对作业的影响。[2]

由于上述工程合同对环保的规定较为简单,因此,在具体的工程建设项目中,双方当事人也可以在工程合同中另行约定有关设计和施工的环保标准,以及在施工中应当履行和承担的环保义务和责任。

4. 环境保护的民事责任

鉴于环境保护的重要性,如果工程合同的当事人违反法律、法规的规定,或者违反了合同的约定,则应承担相应的法律后果。也就是说,承包人在实施工程项目过程中,可能涉及侵权和违约两种不同的法律责任。

从合同法的角度来看,结合上述工程合同中的规定,如果承包人违反合同约定,未能履行环境保护工作导致当地行政部门的罚款、赔偿等增加的费用,由承包人承担。[3] 对于因违反法律和合同约定义务所造成的环境破坏、人身伤害和财产损失,承包人应当承担由此引起的环境污染侵权损害赔偿责任,因上述环境污染引起纠纷而导致暂停施工的,由此增加的费用、延误的工期也由承包人承担。[4]

而从侵权法的角度来看,按照法律规定,如果承包人施工过程中污染环境造成损害的,并且无法证明其具有法定的不承担责任或者减轻责任的情形,

---

[1] 参见12版设计施工合同第10.4条。
[2] 参见11版总承包合同第7.8.4条。
[3] 参见11版总承包合同第7.8.4条。
[4] 参见13版施工合同第6.3条。

及其行为与损害之间不存在因果关系的①，则应当承担侵权责任。② 最高人民法院在《关于审理环境侵权责任纠纷案件适用法律若干问题的解释》更进一步规定，因污染环境造成损害，不论污染者有无过错，污染者应当承担侵权责任，污染者以排污符合国家或者地方污染物排放标准为由主张不承担责任的，人民法院不予支持。③ 对此，承包人尤其应当注意，避免因处理施工污染物等行为导致环境污染而引发第三人的索赔。

---

① 参见《侵权责任法》第66条。
② 参见《侵权责任法》第65条。
③ 参见最高人民法院《关于审理环境侵权责任纠纷案件适用法律若干问题的解释》第1条。

第十章　工程风险、担保和保险

一、概述

风险是工程建设不可避免的客观存在，如前文所述，不论是按照价格形式为基础对工程合同进行的分类，还是从发包人的采购目标的角度对工程合同进行的分类，归根到底都是合同风险在发包人和承包人之间的承担和分配。事实上，要想完全避免风险的发生，从工程历史经验来看，几乎是不可能的。而且，在理论和实务中需要注意的是，风险是双向的，业主和承包人都会存在不同的风险。从这个意义上，不论是从发包人的角度还是从承包人的角度，正视风险，并进行识别和合理分配才是解决工程风险的唯一有效手段。

与之相对应，工程保险和担保则是工程风险的有效保护措施和手段。对于工程价款的支付，担保能够起到积极的作用，但是实务中也有很多误区，比如担保主体、担保期限、独立保函等，需要引起各方的关注。同样，对于办理工程保险，也应有意识和观念上的突破，不应将保险视为可有可无的风险防范措施，不论是业主还是承包人都有必要重新考虑工程保险对于工程风险防范和减损方面的作用和意义。

二、工程风险

正因为工程风险是伴随着工程项目而产生和发展的，因此，认识工程风险的来源，识别各种不同的风险并对之妥善处理，通过在工程合同当事人之间的合理分配和转移，做好风险管理以避免和减少因此引起的争议，则是工程风险管理中的重点议题之一。

1. 风险来源和类别

1.1 风险的界定

关于风险的描述和界定，历来众说纷纭，国际、国内对风险也无统一的标准和说法。一般理解，风险被认为是"the combined effect of the probability, or frequency, of occurrence of a defined hazard and the magnitude of the consequences of the occurrence"。[1]而对于"hazard"的理解，其进一步指出："hazard means a situation that could occur during the lifetime of a product, system or plant that has the potential for human injury, damage to property, damage to the environment, or economic loss."

工程实务界对风险的界定也有着其独特的观点和看法。比如，有观点更进一步对"risk"和"hazard"做了界定和区分，认为"risk is the combination of the chances of occurrence of an accident and hazard is a set of preconditions to the initiation of an accident sequence"[2]。

虽然对于如何界定"风险"并无统一的观点，但是笔者认为，可以确定的是，在工程合同中尽可能对风险的范围进行准确的界定和描述，则是预防以及在出现"风险"争议时，解决各方关切点的重要前提之一。

1.2 工程风险来源和类型

1.2.1 来源于客观因素的风险

工程风险的来源可以说是多种类的，其范围涵盖了商业风险、法律风险、物理风险（环境、地质等）、技术风险（设计、施工等），甚至是政治风险，而且这些风险又可能相互制约，彼此影响。

具体到工程实践，除了上述工程项目共同的风险之外，工程项目本身的固有特点也是区分不同风险源的重要考量因素，不同的项目属性决定了其风险也是各不相同。比如水利水电、港口码头、地下轨道等工程项目的风险与铁路、隧道和桥梁等项目的风险就有着显著的差异性，而核电项目建设的风

---

[1] British Standard NO. 4778, 1991.
[2] John Uff & Odams, Risk, Management and Procurement in Construction, CLDR, 1995 at 232.

险与普通的工业生产线项目的风险也有很大的区别，即使是普通的建造项目，房屋建造和船舶建造也有各自关注的风险点。因此，对于发包人和承包人来说，针对上述不同的风险源，进行科学的分析和定位有助于后续的风险识别和分配以及风险管理工作的顺利开展。

1.2.2 来源于合同文件的风险

前述工程风险更多的是来源于客观的影响因素，但是在工程实践中还有一个容易忽视但也是至关重要的影响因素，那就是工程合同文件本身的不清晰和不确定所产生的风险。而这种风险可能来源于选择了不合适的合同模式和合同架构，也可能来源于合同起草者、使用者对某些标准工程合同条款的不恰当的修改，还有的则是在合同履行过程中，各方主体因关注的利益的不同而对合同文件做出的不同理解。正如笔者在本书第一章中所述，对于前两种情形引起的风险，可以通过选择合适的合同模式，保持标准化合同的原则和精神来避免和减少；对于后一种情形引起的风险，虽然并不能避免，但是如果可以秉承诚信、合作的态度，或许可以减少相关的争议。

2. 工程风险分配

工程风险的分配在工程合同中无处不在，而能否公平合理地分配风险也是工程项目成功与否的关键因素。从根源上来看，业主在确定不同的项目管理模式和合同架构时就应该考虑到对工程风险的认知以及分配的方法。不可否认的是，相对而言，承包人对于工程合同中的风险分配处于消极应对的境地，尤其是在采用强制招标投标的工程建设项目中，因此，承包人更是应该积极、有效地进行风险识别并采取预防和转移风险的措施。

2.1 风险分配的基本原则

工程风险的分配是商业交易各方对自身利益的关切点，但是不可否认的一点就是，更大程度上来讲，关于风险的分配并不单纯是法律问题或商业问题，而是一个哲学问题，或是人性使然。针对工程风险的分配理论，亚伯拉罕·森教授曾提出：

"A risk should be placed on insures or other professional gamblers where practicable; otherwise it should be placed on whoever gains the main economic

> benefit of running it; that is, unless the risk should be moved elsewhere for efficiency or safety, on to one who carelessly or willfully creates it, or can best control the events that may lead to it occurring or best manage it when it does occur. If it is not known how to move a risk effectively, without excess trouble or alternative risks (including risk of abuse), leave it where it falls."①

在著名的 Grove 报告中除对风险标准做了论述外，还进一步指出了风险分配的终极目标是：

> "… promote project implementation on time and on budget without sacrifice in quality… to obtain the greatest value for money. The goal for a repeat employer should be to minimize the total cost of risk on a project, not necessarily the cost of either party."②

由此可见，风险分配的理论和实践也不仅仅是为了实现风险在工程合同当事人的平衡分配或有效分配，更多的还是关注通过风险分配原则减少因风险带来的损害。

2.2 常见的风险分配方式

根据风险分配理论以及项目本身风险和收益共存的特性，John Uff 教授认为在进行工程风险的具体分配时还需要考虑三个基础性的问题：

> "(a) the risks must be readily identifiable and the question of who bears that risk easily and directly ascertainable.
>
> (b) there should be a proper reason for transferring the risk, such as the party assuming the risk being better able to control it.
>
> (c) the purpose of transfer should be to alleviate unreasonable loss, not to generate additional profit."③

因此，根据前文所述风险分配的基本原理、原则和精神，衍生出了工程

---

① Uff & Capper, Construction Contract Policy, King's College Press, London, 1989, at 21.
② Nael G. Bunni, The FIDIC Form of Contract, Blackwell Publishing, 2005, at 101.
③ John Uff & Odams, Risk, Management and Procurement in Construction, CLDR, 1995, at 65.

界和法律界普遍认可和接受的工程风险承担方式，主要包括：

（1）由最适宜于阻止和控制风险的一方承担；

（2）由最有能力管理风险的一方承担；

（3）由因过错引起风险的一方承担；

（4）由受益于工程风险的一方承担。

2.3　国内工程合同的风险规则

我国工程法律对于风险的分配等并无明确的统一规定，根据《合同法》的规定，当事人应当遵循公平原则确定各方的权利和义务。[①]风险分配的公平原则要求合同双方当事人之间的权利义务应当公平合理，合同上的负担和风险的合理分配应大体平衡，并强调一方给付与对方给付之间的等值性。具体表现在：第一，在订立合同时，要根据公平原则确定双方的权利和义务；第二，根据公平原则确定风险的合理分配；第三，根据公平原则确定违约责任。

基于这些基本原则，现行的工程合同对于风险的分配也作了相应的规定，比如，对于法律法规的变化、物价波动引起的价款调整，异常恶劣的气候条件、不利的物质条件的处理等。另外，还有一些风险，诸如设计引起的风险、施工技术引起的风险、延误风险、质量风险等也通过法律法规或者在合同中进行适当的约定。

一般来说，施工风险和管理风险应由承包人承担；法律法规等变化引起的风险、税金和规费调整、不可预见的地下条件风险等则由发包人承担；而对于商业和市场风险，如材料价格、非法律变化引起的人工费用等风险则由发包人承担为主，承包人按照约定分担部分风险。

3. 工程风险的合理预见规则

在工程合同的法律实务中，合理预见规则主要运用在两个方面，一个是关于工程风险的识别，另一个则是确定违约损害的赔偿范围。设立风险的合理预见规则的理由在于只有在交易时，合同双方当事人可以预测未来的风险

---

① 参见《合同法》第5条。

和责任,才能计算其费用和利润①,并对之采取合同的风险防控措施而不至于交易处于无序和无法控制的状态。

英国法中,自从 Hadley 原则确立起,合理预见规则在合同领域以及工程实践中便得到了普遍的适用。不过,在实践中,对于何谓"合理预见"并没有统一的评判标准,一般来讲,是否"合理预见"应当采用客观的标准,并考虑当时的情形和行为人的处境。

4. 工程风险转移与工程项目的移交

在工程实践中,工程风险的转移还与工程项目的保管和移交也密切相关。《合同法》规定,除非法律另有规定或者双方另有约定,货物买卖合同的标的物毁损、灭失的风险,在标的物交付之前由出卖人承担,交付之后由买受人承担。②但是,《合同法》的该条规定针对的是货物买卖合同中的标的物,对于工程合同项下的建筑物、工程设施设备等是否适用,法律并不明确。

按照工程惯例,工程竣工移交之前,承包人对已完成工程项目、运抵现场的材料设备、成品等都负有保管义务,这一义务通常在竣工验收合格后,工程移交给发包人后才能免除,与此对应的工程风险也以工程移交作为转移的界限。例外的情况是,如果工程项目未经竣工验收,发包人擅自使用,那么由此引起的质量、毁损、灭失等风险则都可能转由发包人承担。③对此,发包人应当予以足够的重视。

5. 工程风险管理

从工程实践来看,风险管理也是工程项目能否取得成功的关键因素,因此,风险管理一向被视作项目管理的重点,当然也是难点之一。

5.1 工程风险管理的内容

工程风险管理是一个系统的管理过程,同时也是一个动态的管理过程,而不能简单地认为签完合同就一切结束。事实上,风险在整个工程项目的推

---

① 参见陈小君:《合同法学》,高等教育出版社 2003 年版,第 262 页。
② 参见《合同法》第 142 条。
③ 参见最高人民法院《关于审理建设工程施工合同纠纷案件适用法律问题的解释》第 13 条。

进以及合同的履行过程中，会发生变化，会产生新的风险，并可能需要对风险进行重新分配。因此，有人将风险管理的过程视作是"the art and science of identifying, analyzing and responding to risk factors throughout the life of a project and in the best interest of its objective"[①]。

具体来说，工程风险管理主要包括以下六个方面的内容：

"（1）identifying preventive measures to avoid a risk or to reduce its effects;

（2）proceeding with a project stage-by-stage, initiating further investigation to reduce uncertainty through better information;

（3）considering risk transfer in contract strategy, with attention to the motivational effects and the control of risk allocation;

（4）considering risk transfer to insures;

（5）setting and managing risk allowances in cost estimates, programmes and specifications;

（6）establishing contingency plans to deal with risks if they occur."[②]

从上述六个方面的内容可以看出来，工程风险管理实际上涵盖了三层涵义，即风险识别、风险分析以及相应的风险处理，如发包人承担、分配给承包人和保险转移等。

5.2 工程风险管理的目的

工程风险无处不在，对风险进行识别、分析，做好风险管理，能够有效地预防和减少因各种风险给合同双方以及工程项目本身带来的损害，系统化的动态管理方式"allows early detection of risks and encourages the major project stakeholders to identify, analyse, quantify and respond to the risks, as well as to implement risk mitigation policies"[③]。

---

① Widenman, Risk Manament, Project Management Journal Sep. 1986, at 20-26.
② John Uff & Odams, Risk, Management and Procurement in Construction, King's College London, 1995, at 11.
③ Daniel W. M. Chan, Exploring the key risks and risk mitigation measures for guaranteed maximum price and target cost contracts in construction, 2010, Const. L. J. 364.

但是，同时也必须注意到，风险管理的最终目的并不是消除所有的风险，而是"ensure that risks are managed most efficiently. The client and his project manager must recognize that certain risks will remain to be carried by the client. This 'residual risk' must be allowed for in the client's estimate of time and cost"[①]。而且，尽管有合理有效的风险管理手段，发包人也需要意识到风险管理的有限性，不应当将其视为一劳永逸的手段。

5.3 风险管理与合同管理

工程项目管理是多维度的系统工作，风险管理和合同管理既有区别又有联系，同时又是相辅相成，两者都是工程项目顺利进展，以及保障合同双方权益的重要措施。

首先，如前文所述，风险管理是一个系统工程，需要从项目的根本上考虑和解决。因此，在项目前期的合同规划时，就需要综合考虑，选择一个与项目需求和特征匹配的合同模式和合同架构可以作为强化风险管理的重要工具；其次，从工程合同管理的角度出发，做好风险管理也要求必须夯实合同管理的基础工作，比如细化合同文件，在合同文件中对各种风险进行安排，而合同的风险分配和管理机制的设立也有助于合同的顺利执行；最后，严格执行合同的约定，做好合同管理，尤其是过程管理，也有助于减少和避免可能发生的争议，有助于实现风险管理的终极目标。

三、工程风险费用的法律问题

如前文所述，风险与收益并存，工程风险的分配和管理与合同模式和合同价格的规划息息相关，因此，在工程造价实务中就有必要对可能发生的各种风险费用进行合理的估算并通过合同文件进行确定和安排。

1. 风险费用的界定

工程风险费用是承包人根据招标文件的要求，对工程实施过程中可能发

[①] Thompson & Perry, Engineering Construction Risks, Thomas Telford, London, 1992, at 9.

生的风险预提的一笔费用。有观点将风险费和不可预见费混为一题，笔者认为，风险费是可以预先估计的费用，但是只能涵盖可预见风险范围内的一定比例的费用，而不是全部费用；至于不可预见费用，则是由于不可预见的风险导致的损失和发生的费用，并且，由于该风险的不可预见性，自然无法事先约定和估算，而只能在事后计算出费用。

风险能够被评估也是工程风险分担的一个重要条件，常用的估算公式为：

"RISK = Probability, or frequency, of a defined event × Consequences of that event."[①]

实务中，风险费可以计入单价中，也可在总价中体现，或者单列。一般情况下，招标文件（包括合同条件）也可能会要求承包人在报价内列出工程风险费，以便在出现可预见和不可预见风险时作为补偿和核算的依据。

2. 风险费用的范围

根据财政部《建设工程价款结算暂行办法》的规定，工程合同中应当约定承担风险的范围和幅度，以及超出约定范围和幅度的调整办法[②]；双方在合同中约定综合单价包含的风险范围和风险费用的计算方法，在约定的风险范围内综合单价不再调整；风险范围外的综合单价调整方法，在合同中另行约定。[③]此外，13版施工合同也规定，当事人应当在合同中约定综合单价包含的风险范围和风险费用的计算方法，并约定风险范围以外的合同价格的调整方法。[④]

由此可见，不论是从法律法规层面，还是合同约定层面，对于工程风险的承担都是有限的，双方当事人应当约定风险的承担范围。

就目前的工程实践来看，关于风险费用的争议大多集中在人工、材料的涨价风险上，一般来说，如果合同中约定可调材料、工程设备价格变化的范围或幅度，按照约定执行；如果合同没有约定的，可以根据价格系数调整法

---

① Nael G Bunni, The Four Criteria of Risk Allocation in Construction Contracts, ICLR, 2009.
② 《建设工程价款结算暂行办法》第7条。
③ 《建设工程价款结算暂行办法》第8条。
④ 13版施工合同第12.1条。

或价格差额调整法计算应当调整的材料设备费和施工机械费。① 为此，各地的造价主管部门也都出台过相关的管理文件，对风险承担的范围和幅度等进行规范，合同双方可以约定以此为据或者在处理相关争议时作为参考。

3. 全风险条款的法律效力

正如前文所述，即使是对于可预见的风险，承包人承担的也是有限风险，并反映在风险费用中。实务中比较有争议的是关于工程合同中常见的全风险费用条款，也就是说在合同中约定，"不论任何因素引起的费用调整都不进行调整"或类似的表述，对于此类条款的法律效力及处理，尤其值得工程合同的各方参与主体以及法院和仲裁庭关注。

2013年工程量清单中规定，建筑工程施工发承包，应当在招标文件、合同中明确计价中的风险内容及其范围、幅度，不得采用无限风险、所有风险或类似语句规定计价中的风险内容及其范围、幅度。②

英国法院在Moorcock案中也确立了同样的原则，"a contract shall not operate so as to not to impose on one side all the perils of the transaction or to emancipate one side from all chance of failure, but to make each party promise in law as much, at all event, as it must have been in the contemplation of both parties that he should be responsible for in respect of those perils or chances"③。

但是，根据中国法，合同条款的有效性取决于是否违反法律和行政法规的强制性规定，因而严格来讲，前述工程合同中的全风险条款并不属于《合同法》第52条规定的无效情形。笔者认为，全风险条款虽然未必无效，却违背了公平交易的商业规则，并且最高人民法院《关于贯彻执行〈中华人民共和国民法通则〉若干问题的意见（试行）》第72条也规定了"一方当事人利用优势或者利用对方没有经验，致使双方的权利与义务明显违反公平、等价有偿原则的，可以认定为显失公平"。在工程领域，尤其是通过公开招投标的项目，发包人和承包人之间没有商量的余地，法律法规不允许对合同条件进

---

① 参见《建设工程工程量清单计价规范》（GB50500-2013）第3.2.3条。
② 参见《建设工程工程量清单计价规范》（GB50500-2013）第9.7.3条。
③ The Moorcock (1889) 14 PD 64.

行谈判，招标文件也明确写明不允许对合同价格等条件提出任何偏离，在这样的前提和背景下，要求承包人承担全风险条款，发包人实际上是利用了公开招标这一优势条件，使得承包人处于一种要么接受交易要么失去交易的两难境地，因此，此类条款可以认定为显失公平，法院和仲裁庭应当给予矫正，从长远来看，这也有助于建立和维护公平的商业环境和法律环境。

四、工程特殊风险及处理

1. 不可抗力风险

不可抗力（Force Majeure）的影响因素在工程项目建设中虽然不是经常遇到，但却是工程法律理论和实务中都不可忽视的议题。在工程法律实践中，不可抗力是工程风险的一种形式。不可抗力条款的约定直接关乎工程合同双方权利义务的分享和分担，甚至关系到工程合同能否继续履行。

1.1 不可抗力的界定

按照我国《民法通则》第 153 条及《合同法》第 117 条第 2 款的规定，不可抗力是指不能预见、不能避免和不能克服的客观情况。从上述法律规定的字面表达来看比较容易，但实际上法律本身对不可抗力的描述相对比较抽象，这也使得实务界和理论界对不可抗力的内涵和外延都存在不同的理解和看法。

1.1.1 不可抗力的构成要件

1.1.1.1 不能预见

不能预见要件的特征在于当事人订立工程合同时当事人无法预见相应的风险。这是确定不可抗力构成的时间要件和判定标准。对于不可预见性，实践中需要注意两个问题：

首先，不可预见是从人的主观认知能力的角度来对不可抗力加以界定，即不可抗力事件是否发生是无法预见的。这一要件同时具有主观和客观的评定标准。对此要件的理解和适用需要注意的是，主观上，"预见能力存在个体差异，对同一现象，有的人可以预见，有的人不能预见，因此，需要以社会一般人的预见能力而不是当事人的预见能力为标准,对某种现象是否可以预见加以判断"①。更确切地说,可预见标准原则上应遵循"普通人标准";如果合同一方属于专业机构或人员,则应按"专业人员"标准判定行为人应否预见,而不能适用"普通人标准"。②

其次,从时间上来看,必须是在订立合同之时不能预见,且在合同订立之后发生。如果按照前述的预见标准能够在合同签订之时预见事件的发生,则不构成法定的不可抗力。

1.1.1.2　不能避免和不能克服

不能避免和不能克服说明了不可抗力的客观性与必然性。不能避免是指对于不可抗力事件的发生,当事人虽然尽了合理的注意,仍不能阻止这一事件的发生;不能克服则指当事人对于不可抗力事件虽已尽了最大努力,仍不能克服之,并因此而致合同不能履行。③ 简言之就是,对于构成不可抗力的客观现象,从一个客观的理性的第三人的角度出发,即使其尽到了最大的努力和采取一切可以采取的措施,仍然不能避免某种现象的出现并克服该现象所造成的损害后果。④

1.1.2　不可抗力的范围

除了上述不能预见、不能避免、不能克服的构成要件之外,关于何谓不可抗力中的"客观情况",现行法律法规并没有更进一步的规定,因此,也是理论和实务中比较有争议的问题,在司法实践中也较难掌握,具体的认定还取决于法院的自由裁量权。

从原则上来讲,属于不可抗力的客观情况必须来自于行为人的外部的社会公认的,凭借人类经验确定其存在的客观事件。⑤ 常见的属于不可抗力的客观情况主要有三类:一类是自然事件,如地震、洪灾、台风、火灾等;另一类是社会事件,如战争、动乱、暴乱、武装冲突、罢工等;最后一类则是政府行为,比如法律法规的变化、具体行政行为等。

---

① 赵勇山等编:《损害赔偿法律精要与依据指引》,人民出版社 2005 年版。
② 参见叶林:《论不可抗力制度》,载《北方法学》2007 年第 5 期。
③ 参见刘凯湘:《论不可抗力》,载《民法责任与民法典体系》,法律出版社 2002 年版。
④ 参见赵勇山等编:《损害赔偿法律精要与依据指引》,人民出版社 2005 年版。
⑤ 参见叶林:《论不可抗力制度》,载《北方法学》2007 年第 5 期。

当然，在没有合同约定的情况下，上述分类并不一定完全符合不可抗力的标准，或者说还有其他未被列入的客观情况。

比如，关于流行性疾病是否属于不可抗力一直是个难题。最高人民法院在《关于在防治传染性非典型肺炎期间依法做好人民法院相关审判、执行工作的通知》[①] 中明确指出，因政府及有关部门为防治"非典"疫情而采取行政措施直接导致合同不能履行，或者由于"非典"疫情的影响致使合同当事人根本不能履行而引起的纠纷，按照《合同法》第117条（即不可抗力条款）和第118条的规定妥善处理。

1.1.3 工程合同中对不可抗力的界定

由于法律法规并没有统一的关于不可抗力的客观情况的具体规定，因此，遵循合同法关于当事人意思自治的原则，工程合同的当事人可以自行约定和认可作为不可抗力的事件和客观情形。

在国内现行的工程合同中，13版施工合同第17.1条、12版设计施工合同第21.1.1条和07版标准合同第21.1.1条都对不可抗力作了明确规定，即指合同当事人在签订合同时不可预见，在合同履行过程中不可避免且不能克服的自然灾害和社会性突发事件，如地震、海啸、瘟疫、骚乱、戒严、暴动、战争和专用合同条款中约定的其他情形。

与上述三份合同不同，11版总承包合同关于不可抗力及其范围的相关规定和内容，赋予合同双方自行约定不可抗力的现象范围。[②]

1.1.4 不可抗力的法律适用

工程法律实践中，在适用不可抗力原则上，工程合同的各方主体还有必要考虑和注意以下几个问题[③]：

（1）不论工程合同中是否约定了不可抗力条款，都不影响一方主体直接援用法律法规的相关规定。以11版总承包合同为例，尽管其没有规定不可抗力，但也不影响不可抗力原则的具体适用。

---

① 参见最高人民法院《关于在防治传染性非典型肺炎期间依法做好人民法院相关审判、执行工作的通知》（法〔2003〕72号）。

② 参见11版总承包合同第1.1.51条。

③ 参考资料来源：http：//baike.baidu.com/link？url＝DNL9z5Vh8LCi87fnWzQqjR196_Ymp73tukb_phtkYRGxyLj0yrUrbqrvS1CtIMNuGMhLXvd-tUrfDv9S_9uhNAhqdY-7reekt6N5cCCkHT3。

（2）不可抗力条款是法定的免责条款，因此，第一，当事人双方不得约定排除适用，如果工程合同中约定在不可抗力情况下一方当事人仍需要承担相应的责任的，该约定将被认定为无效条款。第二，双方在合同中约定的不可抗力的范围如果小于法定的范围，当事人仍可援用法律规定主张免责；如果约定的范围大于法定范围，超出部分应视为双方达成一致作为额外的免责条款。

1.2 不可抗力的风险分担

1.2.1 法律规定的不可抗力风险分担

不可抗力属于合同双方不能预见且不能避免、不能克服的客观情形，其本质上属于不可归责于工程合同的任何一方主体的原因，因此，原则上各方无需向对方承担责任和不利的法律后果，各方自行负责和处理因不可抗力遭受的损害。《合同法》第117条也明确规定，除非法律另有规定，因不可抗力不能履行合同的，根据不可抗力的影响，部分或者全部免除责任。

1.2.2 工程合同中的不可抗力风险分担

需要合同各方主体引起注意的是，上述《合同法》中关于不可抗力的内容更多的是从责任免除的角度出发进行的规定，除关于不可抗力的风险分担的原则性规定之外，对于合同各方在出现不可抗力之后应该承担的工作、履行的义务等均没有涉及，因此，在工程合同的相关条款中需要进一步明确。

07版标准合同第21.3条、11版总承包合同第17.2条、12版设计施工合同第21.3条以及13版施工合同第17.3条均针对不可抗力导致的人员伤亡、财产损失、费用增加和（或）工期延误等后果，详细规定了责任和后果的分担：

（1）永久工程，包括已运至施工场地的材料和工程设备的损害，以及因工程损害造成的第三者人员伤亡和财产损失由发包人承担；

（2）承包人设备的损坏由承包人承担；

（3）发包人和承包人各自承担其人员伤亡和其他财产损失及其相关费用；

（4）承包人的停工损失由承包人承担，但停工期间应监理人要求照管工程和清理、修复工程的金额由发包人承担。

当然，除了上述相同的原则性规定之外，工程合同的细节内容和具体表述之处还存在一定的差异，需要合同各方在决定采用不同的合同条件时引起注意和重视。比如11版总承包合同还规定了：（1）不可抗力事件发生后，因一方迟延履行合同约定的保护义务导致的延续损失、损害，由迟延履行义务的一方承担相应责任及其损失；（2）发包人通知恢复建设时，承包人应在接到通知后的20日内或双方根据具体情况约定的时间内，提交清理、修复的方案及其估算，以及进度计划安排的资料和报告，经发包人确认后，所需的清理、修复费用由发包人承担。恢复建设的竣工日期合理顺延。

1.3 不可抗力的处理和救济

工程合同履行过程中发生不可抗力，直接影响到工程项目的进展，轻者导致工程合同履行的暂停或中止，重者直接导致合同的解除和终结。因此，在应对不可抗力的后续处理问题方面，工程合同的各方主体需要予以足够的重视，从预防和解决两个层面都做好适当的方案。

1.3.1 不可抗力发生时的通知

1.3.1.1 通知义务

当事人一方因不可抗力不能履行合同的，应当及时通知对方，以减轻可能给对方造成的损失，并应当在合理期限内提供证明。①

实务中有必要引起注意的是，发生不可抗力后的及时通知义务，不仅是法定的义务，同时也是约定的义务。因此，任何一方发现不可抗力事件，都应本着诚信合作的态度通知合同另一方。

07版标准合同②、12版设计施工合同③、13版施工合同④中规定，合同一方当事人遇到不可抗力事件，使其履行合同义务受到阻碍时，应当立即通知合同另一方当事人和监理人，书面说明不可抗力和受阻碍的详细情况，并提供必要的证明。

而11版总承包合同的规定则更为严苛，即要求觉察或发现不可抗力事件发生的一方，有义务立即通知另一方。⑤

---

① 参见《合同法》第118条。
② 参见07版标准合同第21.2.1条。
③ 参见12版设计施工合同第21.2.1条。
④ 参见13版施工合同第17.2条。
⑤ 参见11版总承包合同第17.1条。

1.3.1.2 不可抗力持续时的报告

现实中,有些不可抗力事件发生后很快就结束了,而有些则会延续一段时间。因此,在不可抗力事件持续发生的情况下,合同当事人则有必要周期性地进行报告。对于其中周期性报告的时间,以及最终报告的时间,则可以由各方自行约定,一般情况下前者为 7 天,后者为 28 天。比如 11 版总承包合同规定,当不可抗力事件持续发生时,承包人每周应向发包人和工程总监报告受害情况。① 合同双方当事人也可以根据项目的实际情况以及各自的项目管理制度对报告周期另有约定。

1.3.1.3 不可抗力结束后的报告

如前所述,不可抗力事件的时间有长有短,与之相对应,合同一方就不可抗力事件结束后的报告也有不同的规定。11 版总承包合同规定,工程现场发生不可抗力时,在不可抗力事件结束后的 48 小时内,承包人(如为工程现场的照管方)须向发包人通报受害和损失情况。② 而对于持续发生的不可抗力,07 版标准合同、12 版设计施工合同和 13 版施工合同都规定应当于不可抗力事件结束后 28 天内提交最终报告及有关资料。

关于上述报告和提供相关证明资料的期限,在有合同明确规定的情况下,各方主体都应严格遵循,避免因为程序上的瑕疵导致后续相关的权益的受损。

1.3.2 避免和减少损失义务

在不可抗力的情形下,结合《合同法》第 118 条③的规定,避免和减少损失应当属于各方自己的义务和工作,对合同相对方并无避免和减少损失的义务。同时,《合同法》第 119 条也规定,当事人一方违约后,对方应当采取适当措施防止损失的扩大;没有采取适当措施致使损失扩大的,不得就扩大的损失要求赔偿。当事人因防止损失扩大而支出的合理费用,由违约方承担。

但是,由于《合同法》第 119 条规定的是一方违约的情形,对于不可抗力情形,避免和减少损失规则是否同样适用则存在不同的理解和看法。

---

① 参见 11 版总承包合同第 17.1.2 条。
② 参见 11 版总承包合同第 17.1.2 条。
③ 《合同法》第 118 条规定:"当事人一方因不可抗力不能履行合同的,应当及时通知对方,以减轻可能给对方造成的损失,并应当在合理期限内提供证明。"

可以注意到，在现行的07版标准合同①、12版设计施工合同②、13版施工合同③中，都规定了不可抗力发生后，发包人和承包人均应采取措施尽量避免和减少损失的扩大，任何一方没有采取有效措施导致损失扩大的，应对扩大的损失承担责任。但是，值得注意的是，对于上述规定和表述所指的"扩大损失"仅指己方还是合同对方并不明确，一方当事人对于另一方当事人是否也同样负有避免损失扩大的义务也不得而知。

相比较而言，11版总承包合同的规定略有区别，其第17.1条规定根据本合同约定，工程现场照管的责任方，在不可抗力事件发生时，应在力所能及的条件下迅速采取措施，尽力减少损失；另一方全力协助并采取措施；需暂停实施的施工或工作，立即停止。

通过比较分析，不难发现，通常情况下，在工程交付业主之前，承包人对已完工程、现场、存放于现场的设备材料负有保管义务，因此，11版总承包合同中相关条款的规定实际上是在《合同法》减损规则的基础上增加了合同双方的责任，尤其是承包人的义务，扩大了《合同法》有关减损规则适用法律后果的规定。

1.3.3 因不可抗力而解除合同的权利救济

工程项目受不可抗力的影响具有不确定性，有些影响较小，比如短暂的停工，有些则影响巨大，后果严重，比如工程中断，甚至是导致工程的毁损、合同的解除。而在由于不可抗力因素导致工程合同解除的情况下，如何减少损失、保障已完工程，从而进一步地保护合同各方的权益则也是需要密切关注的要素，需要从法律和工程管理两个维度同时加以考虑。

1.3.3.1 因不可抗力解除合同的条件

如前所述，不可抗力事件的影响或大或小，因此，并非发生不可抗力就必然导致工程合同的终止，实际上，是否解除合同仍然需要遵循合同当事人意思自治原则以及是否符合约定的解除条件。比如，07版标准合同第21.3.4条、12版设计施工合同第21.3.4条规定，合同一方当事人因不可抗力不能履

---

① 参见07版标准合同第21.3.3条。
② 参见12版设计施工合同第21.3.3条。
③ 参见13版施工合同第17.3条。

行合同的,应当及时通知对方解除合同。又比如,13版施工合同第17.4条规定,因不可抗力导致合同无法履行连续超过84天或累计超过140天的,发包人和承包人均有权解除合同。这也是对工程合同当事人解除合同权利的限制和制约,避免任何一方随意解除合同。

在适用工程合同的上述条款时,笔者认为,因不可抗力因素的发生导致的后果因个案而有所不同,实际上按照《合同法》第69条的规定,不可抗力发生后,业主和承包人都有权首先选择中止合同的履行,而且中止履行也是法定的一个义务和程序。也就是说,首先,需要对因不可抗力的影响进行评估、确定合同的履行是否成为不可能,以便寻求各种可能的解决方案;其次,如果进行分析论证后不能履行合同成为必然或者已然,则再决定解除合同。

1.3.3.2 因不可抗力解除的通知

因不可抗力解除合同,与基于其他因素解除合同一样,都需要遵循《合同法》关于合同解除的一般规定和程序要求,其中主要的是履行《合同法》第69条规定的通知义务。[①]

同样,《合同法》的上述规定也体现在工程合同的相关条款当中。比如,07版标准合同第21.3.4条、12版设计施工合同第21.3.4条都规定,合同一方当事人因不可抗力不能履行合同的,应当及时通知对方解除合同。

至于何谓"及时",法律法规并无统一的规定,在没有具体约定的情况下,则需要结合具体案件事实,由法院和仲裁机构确定合同一方是否"及时"履行通知义务。但是,无论如何,及时通知并避免和合同当事人因不可抗力造成或增加损失的初衷和原则是不变的,也是《合同法》关于诚实信用的履行合同原则在工程合同具体内容上的体现。

1.3.3.3 不可抗力解除合同后的处理和费用承担

因不可抗力导致最终解除工程合同不仅涉及诸多纷繁复杂的法律问题,同样涉及已完工程现状的保护、后续处理、价款支付等工程管理方面的问题。

除了前文中所述的工程合同中关于不可抗力风险分担的规定外,在2013

[①] 《合同法》第69条规定:"当事人依照本法第六十八条(即不可抗力)的规定中止履行的,应当及时通知对方。对方提供适当担保时,应当恢复履行。中止履行后,对方在合理期限内未恢复履行能力并且未提供适当担保的,中止履行的一方可以解除合同。"

版工程量清单计价规范中对相关的费用方面的承担,其第9.11条规定,因不可抗力事件导致的费用,发、承包双方应按以下原则分别承担并调整工程价款:

(1) 工程本身的损害、因工程损害导致第三方人员伤亡和财产损失以及运至施工场地用于施工的材料和待安装的设备的损害,由发包人承担;

(2) 发包人、承包人人员伤亡由其所在单位负责,并承担相应费用;

(3) 承包人的施工机械设备损坏及停工损失,由承包人承担;

(4) 停工期间,承包人应发包人要求留在施工场地的必要的管理人员及保卫人员的费用由发包人承担;

(5) 工程所需清理、修复费用,由发包人承担。

与此类似,在07版标准合同第21.3.4条、12版设计施工合同第21.3.4条中,也都规定了因不可抗力解除合同后,承包人应按照合同的约定撤离施工场地;对于已经订货的材料、设备由订货方负责退货或解除订货合同,不能退还的货款和因退货、解除订货合同发生的费用,由发包人承担,因未及时退货造成的损失由责任方承担。07版标准合同还明确规定,在颁发工程接收证书前,由于不可抗力或其他原因解除合同时,预付款尚未扣清的,尚未扣清的预付款余额应作为承包人的到期应付款。[①]

相比较而言,13版施工合同对不可抗力解除合同的情况则作了更为详尽的规定。同时,13版施工合同第17.4条还规定,因不可抗力解除合同后,由双方当事人商定或确定发包人应支付的款项,发包人也应在商定或确定上述款项后28天内完成上述款项的支付。

1.3.4 不可抗力免责的例外

如前所述,由于不可抗力的原因导致一方不能履行合同,甚至是解除合同,该方可以依据不可抗力原则,免除承担违约和赔偿责任。但是,需要注意在可预见标准方面,认定某种现象是否为不可抗力,应考虑当事人对该事件或现象的发生负有何种程度的注意义务,还要考虑当事人是否已尽到注意义务,从而决定是否应予免责。[②] 此外,《合同法》第117条同时也规定,当

---

① 参见07版标准合同第17.2.3条。
② 参见叶林:《论不可抗力制度》,载《北方法学》2007年第5期。

事人迟延履行后发生不可抗力的,不能免除责任。也就是说,如果不可抗力事件发生在一方违约之后,或者发生在一方的持续违约行为期间,那么违约方仍需要承担违约责任。11版总承包合同第17.2条中也重申了该法律原则。同样,13版施工合同①、12版设计施工合同②、07版标准合同③也作了类似的规定。

鉴于此,不论是发包人还是承包人,能否及时通知对方不可抗力事件,并提供相应的证明资料,将直接关系到能否适用不可抗力作为免除责任的条件。如果一方怠于履行通知义务,则有可能因此承受不利的法律后果。

2. 工程侵权风险

与工程合同的违约引起的风险或者不可抗力风险等相比较,工程侵权是工程领域比较容易被忽视的风险,但却是实实在在的存在和经常发生的风险。除了本书前文所述的有关质量、安全和环境的侵权外,工程领域中的侵权行为所涉及的范围还包括工程设计、施工行为等各方面。侵权行为人既可能是业主,也可能是施工承包人、工程设计人。正确认识工程侵权风险,有助于发包人和承包人做好相应的预防措施,并在发生侵权事件后妥善解决相关争议。

2.1 工程侵权的类型

工程领域的侵权有一个显著的特征就是与工程合同义务的履行有着密切的关系。按照现行法律法规和工程实践来看,工程领域涉及的侵权主要包括了下列几种类型。

2.1.1 建筑物高空坠物侵权

在工程项目建设中,高空作业是比较常见的工种,尤其是在高层和超高层的房建项目中。而由于缺少防护或者施工作业人员的疏忽、过失等引起的高空坠物也时常发生。为此,《民法通则》和《侵权责任法》都规定,从事

---

① 参见13版施工合同第17.3条。
② 参见12版设计施工合同第21.3.2条。
③ 参见07版标准合同第21.3.2条。

高空活动造成他人损害的，经营者应当承担侵权责任。①《侵权责任法》还特别规定，从建筑物中抛掷物品或者从建筑物上坠落的物品造成他人损害，难以确定具体侵权人的，除能够证明自己不是侵权人的外，由可能加害的建筑物使用人给予补偿。②此外，如果是因为建筑物、构筑物或者其他设施及其搁置物、悬挂物发生脱落、坠落造成他人损害的，所有人、管理人或者使用人也都可能承担侵权责任。③

因此，作为承包人，尤其是专业分包人和劳务分包人，应当做好安全防护措施，对其工作人员做好相应的培训和安全教育，避免和减少类似事件的发生。

2.1.2 工程施工相邻关系侵权

《民法通则》第83条规定，不动产的相邻各方，应当正确处理截水、排水、通行、通风、采光等方面的相邻关系，给相邻方造成妨碍或者损失的，应当停止侵害，排除妨碍，赔偿损失。这是处理工程施工过程中涉及的相邻关系侵权的主要法律依据。

在一些城市的商务中心地带，同时施工的工程项目由于所处位置较近引起的地基沉降、地下工程施工引起的管线破坏等属于施工中常见的纠纷。对于此类争议和纠纷，牵涉到的不仅是承包人、分包人，作为项目业主的发包人也可能成为此类侵权纠纷的被告，因此，工程合同的各方主体在施工之前，特别是在项目立项和规划阶段就要做好预防措施。

2.1.3 施工防护不到位引起的侵权

施工过程中做好相应的防护措施是必不可少的要求。承包人在编制施工方案时，应当对施工防护进行考虑，在投标报价时也应综合工程项目的现场条件、工程项目的特点等在相关的措施项目中考虑费用的构成，比如施工照明、安全扶手、安全网、洞口防护等。

如果承包人在公共场所或者道路上挖坑、修缮安装地下设施等，没有设置明显标志或者疏于采取安全防护措施造成他人损害的，那么按照《侵权责

---

① 参见《民法通则》第123条、《侵权责任法》第73条。
② 参见《侵权责任法》第87条。
③ 参见《侵权责任法》第85条。

任法》的规定，施工人应当承担侵权责任。① 在道路地面施工时，如果由于没有采取保护措施，以致窨井等地下设施造成他人损害，施工承包人也应当承担侵权责任。②

2.1.4 工程设计相关的侵权

2.1.4.1 工程设计知识产权侵权

《民法通则》规定，公民、法人的著作权（版权）等权利受到剽窃、篡改、假冒等侵害的，有权要求停止侵害，消除影响，赔偿损失。③ 在工程领域，建筑外观设计、施工图设计、建筑小品的布局、室内装饰工艺等设计都可归入相应的知识产权保护范畴。但是在实践中，对于此类知识产权的保护相对来说还有待更进一步的加强。

在涉及上述知识产权侵权案件中，如果根据司法裁判，设计图纸等被认定为侵权作品，那么设计人和发包人都有可能成为被告并对此侵权行为承担相应的侵权责任，而停工或者赔偿等后果将是不可避免的风险。随之而来的，也必将对发包人、设计人、承包人继续履行工程合同产生严重的不利影响。对于设计人在工程设计是侵犯他人的知识产权而产生的责任由设计人承担，而由于发包人提供的基础资料导致侵权的，则由发包人承担责任。④

除了上述关于设计人的设计不得侵犯第三人的知识产权之外，设计人与发包人之间也同样需要遵守知识产权的相关约定。比如，设计人未经发包人同意，不得为了合同以外的目的复制、使用发包人提供的资料或者提供给第三人。

2.1.4.2 工程设计缺陷侵权

工程设计必须严格按照设计标准和规范进行，特别是强制性的建筑标准，设计人在进行设计时必须严格遵守，不得擅自变更。而承包人的施工都是依据工程设计进行，因此，如果工程设计存在缺陷，就可能导致工程质量的瑕疵和缺陷。根据《侵权责任法》的规定，建筑物、构筑物或者其他设施倒塌

---

① 参见《侵权责任法》第91条。
② 同上注。
③ 参见《民法通则》第118条。
④ 参见15版专业工程设计合同第13.3条。

造成他人损害的,由建设单位与施工单位承担连带责任;建设单位、施工单位赔偿后,有其他责任人的,有权向其他责任人追偿。① 而在这里的其他责任人当中,就包括了工程设计人。

2.2 工程侵权风险的承担和转移

与工程合同违约风险略有不同的是,工程侵权的风险承担有着特殊的规制。按照《侵权责任法》的规定,包括了过错责任、过错推定责任等不同的方式。② 同样道理,如果是受害人的过错③或故意④造成的损害,则行为人可以减轻或免于承担责任。

对于前文所述的各类工程侵权风险,在实践中,多数可以通过保险的方式予以规避和转移,因此,笔者认为,虽然有些保险属于商业保险的范畴而非法定的强制的保险,但是,从避免和减少工程侵权造成的损害的角度出发,工程合同的各方主体也有必要考虑投保相应的保险险种。

五、工程担保

工程担保作为风险防范,尤其是承包人履行合同、业主支付价款的一种有效保障措施,被运用到大部分的工程建设项目。原建设部也曾专门发布文件,要求在建设工程市场推广履约担保、支付担保,如2004年的《关于在房地产开发项目中推行工程建设合同担保的若干规定(试行)》。实践中,有些省市对工程担保的执行的监督力度较大,因此实施的效果相对较好,但也会有一些变相的规避手段。有些省市对工程担保的监督采取相对比较宽松的态度,因而实践中基本上没有实施担保制度,尤其是发包人的支付担保。

---

① 参见《侵权责任法》第86条。
② 参见《侵权责任法》第6条。
③ 参见《侵权责任法》第26条。
④ 参见《侵权责任法》第27条。

13版施工合同对履约担保和支付担保作了较为详细的规定①，以合同约定的形式，强化了履约担保和支付担保的对等性。在一定程度上能够起到缓解这一对担保的冲突，但是，具体的实践操作过程中，双方能否有效实施，仍然取决于双方的约定。司法机关的支持、行政机关的监管能否为履约担保和支付担保的实施提供有力的后台保障，仍需拭目以待。

1. 工程担保基本原理

担保是为了确保债权的实现，由债务人本人或者第三人提供的履约保障措施。根据《担保法》的规定，在借贷、买卖、货物运输、加工承揽等经济活动中，债权人需要以担保方式保障其债权实现的，可以设定担保。②《物权法》也规定债权人在借贷、买卖等民事活动中，为保障实现其债权，需要担保的，可以依照本法和其他法律的规定设立担保物权。③ 当然，实践中能够设立担保的不仅仅限于借贷、运输、买卖等经济活动。

工程担保的主要特点和基本原则是担保合同附属于主合同，其目的和功能在于保障主合同债务的实现。根据《物权法》的规定，担保合同是主债权债务合同的从合同。主债权债务合同无效，担保合同无效，但法律另有规定的除外。④

1.1 担保法律关系

在设立担保法律关系的交易架构中，主要涉及两种基本的合同法律关系。一种即业主和承包人之间的工程合同法律关系，另一个则是基于工程合同建立的担保合同，通常在担保人与被担保人之间设立。此外，按照《物权法》的规定，第三人向债权人提供担保的，也可以同时要求债务人提供反担保。⑤

---

① 参见13版施工合同第2.5条规定："除专用合同条款另有约定外，发包人应在收到承包人要求提供资金来源证明的书面通知后28天内，向承包人提供能够按照合同约定支付合同价款的相应资金来源证明。除专用合同条款另有约定外，发包人要求承包人提供履约担保的，发包人应当向承包人提供支付担保。支付担保可以采用银行保函或担保公司担保等形式，具体由合同当事人在专用合同条款中约定。"

② 参见《担保法》第2条。

③ 参见《物权法》第171条。

④ 参见《物权法》第172条。

⑤ 参见《物权法》第171条。

由此，在主担保法律关系之外，还形成了担保人和债务人之间的反担保法律关系。

至于反担保人，《担保法》并无明确的规定，而最高人民法院对此给予了明确回复。根据最高人民法院在《关于适用〈中华人民共和国担保法〉若干问题的解释》中的规定，反担保人既可以是债务人，也可以是债务人之外的其他人；反担保的方式既可以是债务人提供的抵押或者质押，也可以是其他人提供的保证、抵押或者质押。[①]

在工程实践中需注意的是，不论是业主还是承包人都可能成为被担保人。比如，在履约担保中，承包人为被担保人，由第三方向业主担保债务履行，而在支付担保中，则由业主作为被担保人，由第三人向承包人担保债务履行。

就担保关系的设立形式来看，也并没有特殊的限定。根据《担保法》的规定，担保可以是当事人之间的书面合同，包括当事人之间的具有担保性质的信函、传真等，同时也可以是主合同中的担保条款。[②]

1.2 法定的担保形式

担保的方式，从基本属性上来讲，可以分为人保和物保两大类。按照《担保法》的规定，实践中常用的担保方式主要包括保证、抵押、质押、留置和定金。

1.2.1 保证

保证即由保证人向债权人承诺的，在被保证人，即债务人，未履行义务或者履行义务不符合要求的情况，代为履行相关义务的担保方式。[③] 与其他几种担保方式不同，保证是较为典型的人保，是以被保证人的信用为基础的担保。

1.2.1.1 保证的方式

保证在法律上可以分为一般保证、连带保证和最高额保证三种：

（1）一般保证是指当事人在保证合同中约定保证人仅对债务人不能履行债务时，承担补充责任的保证。其特点在于，主合同债务未经法院或者仲裁

---

① 参见最高人民法院《关于适用〈中华人民共和国担保法〉若干问题的解释》第2条。
② 参见《担保法》第93条。
③ 参见《担保法》第6条。

机构确定前，并就债务人财产依法强制执行仍不能履行债务前，保证人对债权人可以拒绝承担保证责任。① 但是，需要注意的是，一般保证必须在保证合同中明示，如果合同中没有约定或约定不明确的，则只能推定为承担连带责任保证。

（2）连带保证则是指在主合同中约定的债务人没有履行债务或者履行义务不符合要求时，债权人有权要求债务人履行债务，也可以要求保证人承担保证责任的担保方式。其主要特点在于对于主债务的履行，债务人和保证人没有履行先后之分，债权人对主债务的履行人享有选择权。

（3）最高额保证是保证人按照约定的最高限额，对债务人在一定期限内发生的债务提供的保证。其特点在于保证人承担履行的债务具有连续性，并且是否能够最终达到承诺担保的最高额却是不一定的。

在风神轮胎公司与中信银行天津分行、河北宝硕公司借款担保合同纠纷案②中，2004年6月18日，风神公司与宝硕公司签订《互保合同》，约定互相为对方的银行贷款提供信用担保，担保数额为单笔本金不超过人民币7 000万元整，担保总额不得高于人民币2亿元整。2005年5月至2005年10月间，中信银行与宝硕公司之间发生四笔融资业务。2005年5月中信银行与风神公司签署了《最高额保证合同》，风神公司向中信银行承诺，为宝硕公司自2005年5月16日至2006年5月16日期间发生的最高额度为人民币7 000万元的授信提供担保，保证方式为连带责任担保。后因宝硕公司和风神公司未能履行还款及担保责任，中信银行要求风神公司对上述债务承担连带保证责任未果，中信银行遂起诉至法院。

最高人民法院经审理后认定，《担保法》第14条规定："保证人与债权人可以就单个主合同分别订立保证合同，也可以协议在最高债权额限度内就一定期间连续发生的借款合同或者某项商品交易合同订立一个保证合同。"上述规定中的最高额保证，通常是为将来一定期间连续发生的债务提供保证，其中某一笔交易的效力并不影响最高额保证合同的效力，而普通保证则因主合

---

① 参见《担保法》第19条。
② 风神轮胎股份有限公司与中信银行股份有限公司天津分行、河北宝硕股份有限公司借款担保合同纠纷案，最高人民法院（2007）民二终字第36号民事判决书。

同无效而无效。因此,最高额保证较之普通保证最大的区别,即在于最高额保证与主债务的关系具有更强的独立性。最高额保证人的责任是在订立合同时确立的,通过最高额保证期间和最高限额限定保证责任,即只要是发生在最高额保证期间内、不超过最高限额的债务余额,最高额保证人均应承担保证责任。在最高额保证的情形下,即使主债务无效,基于主债务无效而确定的债务额也要作为最高额保证计算债务余额的基数。

1.2.1.2 连带保证的特殊规定

在实践中,保证涉及的主体有时候并不是单一的。债务人可以是多个的,债权人可以是多个的,甚至保证人也可以是多个的,由此构建的法律关系更为错综复杂。

《担保法》规定同一债务有两个以上保证人的,保证人应当按照保证合同约定的保证份额,承担保证责任;没有约定保证份额的,保证人承担连带责任,债权人可以要求任何一个保证人承担全部保证责任,保证人都负有担保全部债权实现的义务。①《民法通则》也规定企业之间或者企业、事业单位之间联营,共同经营、不具备法人条件的,由联营各方按照出资比例或者协议的约定,以各自所有的或者经营管理的财产承担民事责任。依照法律的规定或者协议的约定负连带责任的,承担连带责任。② 如果保证人之间没有就保证份额进行约定的,则视为连带共同保证。③

在工程实务中,常见的多主体保证包括承包人联合体对业主的连带保证、工程总分包对业主承担的连带保证等形式。这两种类型的连带保证属于法定的连带保证,工程合同的主体并不能通过合同免除,但是,就连带保证中的各方责任,则可以通过合同约定各自应当承担的比例和份额。并且,已经承担保证责任的保证人,有权向债务人追偿,或者要求承担连带责任的其他保证人清偿其应当承担的份额。④

---

① 参见《担保法》第12条。
② 参见《民法通则》第52条。
③ 参见最高人民法院《关于适用〈中华人民共和国担保法〉若干问题的解释》第19条。
④ 参见《担保法》第12条。

1.2.1.3 保证人的限制

虽然《担保法》规定具有代为清偿债务能力的法人、其他组织或者公民，可以作保证人。①但是，司法实践中能够担当保证人的主体仍然受到限制，其中主要表现在：

（1）国家机关不得为保证人，但经国务院批准为使用外国政府或者国际经济组织贷款进行转贷的除外。

在当前大力推行的政府和社会资本合作模式中，由于政府机关的特殊地位和作用，实践中社会资本合作方会希望政府对项目合同的履行或者对政府付费项目提供一定的承诺和保证，在这种情况，投资人则尤其需要关注政府提供的保证的方式，避免出现违反《担保法》关于政府不得作为保证人的禁止性规定从而导致保证无效。

（2）学校、幼儿园、医院等以公益为目的的事业单位、社会团体不得为保证人。但是在司法实践中，还需要区别保证人的身份，进而再判断保证的法律效力。如果没有其他导致保证合同无效的情形，从事经营活动的事业单位、社会团体签署的保证合同应当认定为有效。②

在长乐自来水公司与工行五四支行借款担保纠纷案③中，2003年8月29日，和顺公司与工行五四支行签订一份《流动资金借款合同》。同日，自来水公司与工行五四支行签订一份《最高额保证合同》，由自来水公司为和顺公司的贷款提供连带保证担保。9月5日，工行五四支行向和顺公司发放2 800万元贷款，自2003年9月20日起和顺公司至起诉之日未支付利息。自来水公司辩称是公益性质的国有单位，不具备保证人的资格，担保系受政府强迫所为，担保无效。

法院经审理后认为，保证人领取企业法人执照，属于以营利为目的的企业法人，即使其经营活动具有一定的公共服务性质，亦不属于以公益为目的的事业单位；保证人作为具有完全民事行为能力的法人，应依法对其所从事

---

① 参见《担保法》第7条。
② 参见最高人民法院《关于适用〈中华人民共和国担保法〉若干问题的解释》第16条。
③ 长乐自来水公司与工行五四支行借款担保纠纷案，最高人民法院（2004）民二终字第262号民事判决书。

民事法律行为独立承担民事责任,其所作保证是否受合同以外第三人影响的问题不涉及合同当事人之间的权利义务关系,亦不影响保证合同的效力。

(3)企业法人的分支机构、职能部门不得为保证人;但是,企业法人的分支机构有法人书面授权的,可以在授权范围内提供保证。如果企业的分支机构、职能部门未经授权而提供保证,该企业本身则可能承担保证责任。最高人民法院也指出,企业法人的职能部门提供保证的,保证合同无效。[1]

1.2.2 抵押

抵押担保的特点在于债权人可以通过不转移占有的方式,以债务人或者第三人的抵押物作为债权的担保,并在债务人不履行债务时,以该抵押物折价或者以拍卖、变卖的价款获得优先于普通债务的受偿权。

1.2.2.1 抵押物及其限制

可以作为抵押物的财产包括动产和不动产,法律对于财产的类型和形式也没有特殊的规定,比如,《物权法》规定,企业、个体工商户、农业生产经营者可以将现有的以及将有的生产设备、原材料、半成品、产品进行抵押。[2]

但是,法律也明确规定了下列财产不得抵押[3]:(1)土地所有权;(2)耕地、宅基地、自留地、自留山等集体所有的土地使用权,但另有规定的除外;(3)学校、幼儿园、医院等以公益为目的的事业单位、社会团体的教育设施、医疗卫生设施和其他社会公益设施;(4)所有权、使用权不明或者有争议的财产;(5)依法被查封、扣押、监管的财产;(6)法律和行政法规规定不得抵押的其他财产。

1.2.2.2 与土地相关的抵押

在工程实务中,经常会遇到涉及土地使用权的抵押,对于此类特殊的抵押物则还需要注意:(1)以依法取得的国有土地上的房屋抵押的,该房屋占用范围内的国有土地使用权同时抵押;(2)以出让方式取得的国有土地使用权抵押的,应当将抵押时该国有土地上的房屋同时抵押;(3)乡(镇)、村企业的土地使用权不得单独抵押,以乡(镇)、村企业的厂房等建筑物抵押

---

[1] 参见最高人民法院《关于适用〈中华人民共和国担保法〉若干问题的解释》第18条。
[2] 参见《物权法》第184条。
[3] 参见《担保法》第37条、《物权法》第184条。

的，其占用范围内的土地使用权同时抵押。①

另外，土地与其上的房屋等建筑物、构筑物具有天然的联系。在做抵押担保时，还应当同时关注土地和房屋的抵押。按照"房随地走、地随房走"的双向统一原则，房屋所有权和土地使用权应当保持一致，因此，《物权法》也明确规定，建设用地使用权转让、互换、出资或者赠与的，附着于该土地上的建筑物、构筑物及其附属设施一并处分。② 建筑物、构筑物及其附属设施转让、互换、出资或者赠与的，该建筑物、构筑物及其附属设施占用范围内的建设用地使用权一并处分。③ 按照上述原则，如果涉及建筑物的抵押，那么该建筑物占用范围内的土地使用权也需一并抵押；若以土地使用权抵押的，那么该土地上的建筑物也应当一并抵押。但是，需注意的是，对于建设用地使用权抵押后该土地上新增的建筑物则不属于抵押财产，在实现抵押权时，该新增的建筑物与建设用地使用权一并处分，抵押权对新增建筑物所得的价款不具有优先受偿权。④

1.2.2.3 抵押的登记

抵押担保的另一特点是登记对抗主义，虽然登记采用强制登记和自愿登记相结合的原则，但是，抵押只有经过登记才能对抗善意第三人的权利主张。

针对抵押担保中涉及的登记和"善意第三人"的问题，最高人民法院曾在《关于担保法司法解释第五十九条中的"第三人"范围问题的答复》中指出，根据《担保法》第 41 条、第 43 条第 2 款规定，应当办理抵押物登记而未经登记的，抵押权不成立；自愿办理抵押物登记而未办理的，抵押权不得对抗第三人。因登记部门的原因致使当事人无法办理抵押物登记是抵押未登记的特殊情形，如果抵押人向债权人交付了权利凭证，人民法院可以基于抵押当事人的真实意思认定该抵押合同对抵押权人和抵押人有效，但此种抵押对抵押当事人之外的第三人不具有法律效力。

---

① 参见《担保法》第 36 条。
② 参见《物权法》第 146 条。
③ 参见《物权法》第 147 条。
④ 参见《物权法》第 200 条。

1.2.2.4 关于抵押权的特殊规定

就抵押权的设定还需要注意的是重复抵押的处理。《担保法》明确规定抵押物的价值应当至少与债权相当，抵押人所担保的债权不得超出其抵押物的价值，财产抵押后，该财产的价值大于所担保债权的余额部分，可以再次抵押，但不得超出其余额部分①，抵押人所担保的债权超出其抵押物价值的，超出的部分不具有优先受偿的效力。②

另外，根据法律规定，债务人不履行债务时，抵押权的实现方式主要是通过折价或者以拍卖、变卖抵押财产获得的价款优先受偿③，并且法律也明令禁止"流押"，即抵押权人在债务履行期届满前，不得与抵押人约定债务人不履行到期债务时抵押财产归债权人所有。④ 否则，此类约定不具有法律约束力，禁止流押的立法目的主要在于防止损害抵押人的利益，以免造成对抵押人实质上的不公平。

实践中需要区分的是当事人之间的约定是否属于法律禁止的"流押"的范畴。在朱俊芳与嘉和泰公司商品房买卖合同纠纷案⑤中，2007年1月26日，朱俊芳与嘉和泰公司签订一份《借款协议》，主要约定：嘉和泰公司向朱俊芳借款1100万元，嘉和泰公司自愿将其开发的当地百桐园小区十号楼商铺抵押给朱俊芳，抵押的方式为和朱俊芳签订商品房买卖合同，并办理备案手续，开具发票；如嘉和泰公司偿还借款，朱俊芳将抵押手续（合同、发票、收据）退回，如到期不能偿还，嘉和泰公司将以抵押物抵顶借款，双方互不支付对方任何款项等。该合同签订后，朱俊芳向嘉和泰公司发放了1100万元借款，但嘉和泰公司未能偿还该借款。

最高人民法院就涉案《借款协议》中"如到期不能偿还，或已无力偿还，乙方（嘉和泰公司）将用以上抵押物来抵顶借款，双方互不再支付对方任何款项"的约定进行审理后认为，首先，《借款协议》上述条款并非约定嘉和泰

---

① 参见《担保法》第35条。
② 参见最高人民法院《关于适用〈中华人民共和国担保法〉若干问题的解释》第51条。
③ 参见《担保法》第33条。
④ 参见《物权法》第186条。
⑤ 朱俊芳与山西嘉和泰房地产开发有限公司商品房买卖合同纠纷案，最高人民法院（2011）民提字第344号民事判决书。

公司到期不能偿还借款,《借款协议》所称抵押物所有权转移为朱俊芳所有。在嘉和泰公司到期未偿还借款时,朱俊芳并不能直接按上述约定取得《借款协议》所称的"抵押物"所有权。朱俊芳要想取得《借款协议》所称的"抵押物"即14套商铺所有权,只能通过履行案涉14份《商品房买卖合同》实现。其次,双方当事人在《借款协议》中约定以签订商品房买卖合同的形式为《借款协议》提供担保,并为此在《借款协议》中为案涉14份《商品房买卖合同》附设了解除条件,该约定并不违反法律、行政法规的强制性规定。实际上,双方当事人对于是履行14份《商品房买卖合同》,还是履行《借款协议》具有选择性,即商品房买卖合同的解除条件成就,就履行《借款协议》;商品房买卖合同的解除条件未成就,就履行14份《商品房买卖合同》。因此,本案《借款协议》中的约定并非法律上禁止的"流押"条款。

1.2.3 质押

与抵押有所区别,抵押物可以是动产或不动产,而质押在法律上可以是动产质押和权利质押两种不同的形式,并且以担保物的转移占有为特点。前者是债务人或者第三人将其动产移交债权人占有,将该动产作为债权担保的形式,后者的特点在于以权利的占有作为债务履行的担保,因此也被称为"权利质"。

在项目融资和工程款支付担保的实务中,以公司股权进行质押的情形也时常出现。比如在以BT方式承包工程的项目建设实践中,部分平台公司有可能会担当担保人的角色并以公司股权作为质押。对于此类以公司股权进行质押的项目,承包人需要考虑《公司法》有关对外担保的相关规定,以避免出现担保效力的瑕疵。

根据《公司法》的规定,公司向其他企业投资或者为他人提供担保,依照公司章程的规定,由董事会或者股东会、股东大会决议;公司章程对投资或者担保的总额及单项投资或者担保的数额有限额规定的,不得超过规定的限额;公司为公司股东或者实际控制人提供担保的,必须经股东会或者股东大会决议。①

---

① 参见《公司法》第16条。

对此，最高人民法院也在《关于适用〈中华人民共和国担保法〉若干问题的解释》中予以明确规定，董事、经理违反《公司法》的规定，以公司资产为本公司的股东或者其他个人债务提供担保的，担保合同无效。除债权人知道或者应当知道的外，债务人、担保人应当对债权人的损失承担连带赔偿责任。①

1.2.4 留置

留置，是指债权人按照合同约定占有债务人的动产，债务人不按照合同约定的期限履行债务的，债权人有权依照本法规定留置该财产，以该财产折价或者以拍卖、变卖该财产的价款优先受偿。②

1.2.4.1 行使留置权的限制

对于因履行保管合同、运输合同、加工承揽合同发生的债权，如果债务人不履行债务的，债权人依法享有留置权。③ 但是，对于留置权的行使，也有所限制：（1）当事人在合同中约定排除留置权④；（2）债权人行使留置权与其承担的义务或者合同的特殊约定相抵触的⑤；（3）如果债权人的债权未届清偿期，其交付占有标的物的义务已届履行期的，也不能行使留置权；但是，债权人能够证明债务人无支付能力的除外⑥。

在陈肴诉江门市五洲船运有限公司船舶修理合同案⑦中，原告与被告签订修船合同，约定被告委托由原告修理"五洲油5"轮，被告分两次支付修理费用，第一次在该轮全部修理项目完工后试航前支付，第二次在该轮出厂后3个月内支付。但被告未如约支付费用。2005年8月19日，因劳务报酬纠纷，停泊在江门市江海区五邑船厂的"五洲油5"轮被裁定扣押。据10月9日出具的《"五洲油5"轮状况勘验报告》载明，该轮经修理后完全具备继续维持使用的条件。

---

① 参见最高人民法院《关于适用〈中华人民共和国担保法〉若干问题的解释》第4条。
② 参见《担保法》第82条。
③ 参见《担保法》第84条。
④ 参见最高人民法院《关于适用〈中华人民共和国担保法〉若干问题的解释》107条。
⑤ 参见最高人民法院《关于适用〈中华人民共和国担保法〉若干问题的解释》第111条。
⑥ 参见最高人民法院《关于适用〈中华人民共和国担保法〉若干问题的解释》第112条。
⑦ 陈肴诉江门市五洲船运有限公司船舶修理合同案，广州海事法院（2005）广海法终字第187号判决书。

法院经审理后认为，原告可以基于被告应在交船前支付第一期修理费的约定，依法留置船舶。按照合同约定，被告应在船舶出厂后 3 个月付清第二期修理费，原告为该修理费行使留置权原本与其交船出厂的合同义务相抵触，其该修理费债权未届清偿期，而其交付船舶的义务已届履行期，原告本无权为该修理费债权而留置船舶。但是，被告不履行支付修理费的合同义务，在本院裁定扣押"五洲油 5"轮后不提供担保，以致该轮被强制拍卖，这表明被告对原告无支付能力，原告依法有权就两期修理费及其上述利息，行使船舶留置权，并有权按照法律规定的船舶留置权的受偿序位，从本院拍卖"五洲油 5"轮的价款中优先受偿。

1.2.4.2 行使留置权的宽限期

从诚实信用的角度来看，相互协作，给予违约行为人一定的改正机会有助于合同的履行和争议的解决，比如通知、协助、给予宽限期等，这一规则也同样适用于留置权的行使。而且需要强调的一点是，"留置权实现的结果是债务人丧失对留置物的相应权利，而债务人在其财产被债权人留置之前可能并不一定清楚认识到了这一点，本人可能并不愿意丧失对留置物的所有权，债务人的权利同样应当得到尊重。因此，法律要求债权人处分留置物，应当持慎重态度，给债务人留有充分的偿还债务或者提供担保的期限"①。

也正因为如此，债权人在留置债务人的财产之后，还应当通知并给予债务人履行债务预留一定的宽限期。因此，可以说债权已届清偿期并留置财产只是债权人行使留置权的前提条件，只有经过宽限期，债权人才可以通过折价、拍卖、变卖等方式处置留置物。

对于具体的宽限期，《担保法》也作出了明确规定，即债权人留置财产后，债务人应当在不少于两个月的期限内履行债务；如果合同中未约定期限的，债权人留置债务人财产后，应当确定两个月以上的期限，通知债务人在该期限内履行债务。②如果债权人未按《担保法》规定的期限通知债务人履行义务，直接变价处分留置物的，应当对此造成的损失承担赔偿责任。而如果债权人与债务人在合同中约定宽限期的，一旦宽限期届满，债权人就可以不

---

① 孙鹏：《担保法精要与依据指引》（增订版），北京大学出版社 2011 年版，第 548 页。
② 参见《担保法》第 87 条。

再经过通知而直接行使留置权。

1.2.4.3 工程合同中的留置权

如本书前文所述，建设工程合同在本质上具有承揽合同的特点，因此，《合同法》关于承揽合同的相关规定也同样适用于建设工程合同。[①] 而《合同法》第 264 条也明确规定，定作人未向承揽人支付报酬或者材料费等价款的，承揽人对完成的工作成果享有留置权，但当事人另有约定的除外。就此规定，承包人作为工程项目的承建方，依法有权行使留置权。虽然理论上对承包人的留置权存在不同的看法，在工程实践中，由于占有房屋、设备设施等工程项目本身存在一定的不可行性和难度，而且留置权的行使对象一般不包括不动产，因此，竣工图纸、资料、房屋钥匙等经常被用作留置权的行使对象。值得注意的是，司法实践中对于承包人能否留置工程项目有着不同的观点。

在吉明通信公司与新疆建工二建施工合同纠纷案[②]中，吉明通信公司与建工二建于 2003 年 7 月 2 日签订一份《建筑工程施工合同》，合同签订后，建工二建如约进行了施工并完成了五方验证。工程竣工后，双方因结算问题发生争执。2005 年 4 月 12 日，双方在自治区建设厅招标（执法）办的协调下达成《协议书》约定："从 2005 年 4 月 12 日起，建工二建将工程竣工资料原件全部交建设厅执法办保管，必须由建工二建出具证明才能取回。从 2005 年 4 月 12 日到 2005 年 5 月 27 日双方配合在 30 天至 45 天内完成结算。从 2005 年 5 月 27 日至 2005 年 12 月 30 日，分三次给付工程款，至 2005 年 12 月 30 日，给付工程款须达到工程总价款的 95%，在此期间办公楼由建工二建占有保管，给付工程款未达到 95% 之前，不得将涉案标的物作任何处理或挪作他用，若超过 2005 年 12 月 30 日工程款未付至 95%，建工二建有权出租涉案标的物，出租款用以折抵工程款，直至工程款折抵完为止。如结算结果双方认可，签字盖章，吉明公司工程款也已支付到合同约定的比例，可将办公楼交于吉明公司使用。"协议签订后，吉明公司未按约付款，建工二建一直占用涉案标的物至今，其后并出租给第三方使用。

[①] 根据《合同法》第 287 条规定，建设工程合同一章没有规定的，适用承揽合同的有关规定。

[②] 新疆吉明通信技术股份有限公司与新疆建工集团第二建筑工程有限责任公司建设工程施工合同纠纷案，新疆维吾尔自治区高级人民法院（2012）新民一终字第 187 号民事判决书。

二审法院经审理后认为：2005年4月12日《协议书》明确约定"若超过2005年12月30日工程款未付至95%，建工二建有权出租涉案标的物，出租款用以折抵工程款，直至工程款折抵完为止"。因此，建工二建占有并出租涉案办公楼的合同依据是扎实的、合法的，并不构成吉明公司主张的侵权。吉明公司提出应适用最高人民法院《关于审理建设工程合同纠纷案件的暂行意见》第30条[①]规定，要求建工二建从2005年4月起（竣工验收合格之日）赔偿办公楼的租金损失5 621 000元的问题。法院认为，该暂行意见并不适用于本案纠纷的处理，而应当按照建工二建实际收取租金数额折抵工程款，具体判决理由如下：

第一，暂行意见第30条规定与本案当事人约定不符。该规定认为"建筑工程竣工验收合格后，承包人有先将工程及相关的资料交付给对方的义务"，但是此项承包人交付义务的确认明显与本案《建设工程施工合同》通用条款第33.2、33.5条约定的承包人交付工程前提条件不同。因此，《合同法》始终贯彻尊重当事人意思自治的原则，故当事人约定除非违背现行法律、行政法规的强制性规定，应当尊重当事人的约定。

第二，暂行意见第30条规定与合同法规定不符。本案双方当事人之间形成的是建设工程施工合同法律关系，应当依照合同法第十六章（建设工程合同）相关规定进行审理。鉴于建设工程合同是承揽合同的一种，故《合同法》第287条规定"本章没有规定的，适用承揽合同的有关规定"。合同法第十五章（承揽合同）第264条规定："定作人未向承揽人支付报酬或者材料费等价款的，承揽人对完成的工作成果享有留置权，但当事人另有约定的除外。"因此，暂行意见第30条规定忽视了承包人留置权这一法定权利的存在，本着上位法优先于下位法的法律适用原则，本案应当适用合同法的相关规定进行审理。在吉明公司清偿工程欠款前，建工二建对涉案办公楼享有留置权，故一审判决第二项适用法律不当，本院予以撤销。

[①] 最高人民法院《关于审理建设工程合同纠纷案件的暂行意见》第30条："建筑工程竣工验收合格后，承包人有先将工程及相关的资料交付给对方的义务。承包人因发包人未按约定支付工程款而拒绝交付工程、致使发包人无法对竣工的工程行使占有、使用和处分权利而发生的损失，由承包人承担。"

第三，涉案办公楼于2003年11月30日完成五方验证，但是双方当事人由于工程价款结算问题一直争执不休，直至诉至一审法院。建工二建基于《合同法》第264条之规定，一直占有涉案办公楼是行使法定留置权的表现，应当受到法律保护。但是，法定留置权的行使方式仅限于占有，不得通过使用收益或者不当减损被留置物的价值，故建工二建在行使法定留置权的情形下不得出租涉案办公楼受益。本案的争议焦点一查明，吉明公司已付工程款为438万元，工程款支付比例为64.49%（4 380 000÷6 791 378.92），故《协议书》中"若超过2005年12月30日工程款未付至95%，建工二建有权出租涉案标的物，出租款用以折抵工程款，直至工程款折抵完为止"的生效条件已经成就，建工二建有权依约出租涉案办公楼，并用出租收益折抵工程款，直至工程款折抵完为止。

1.2.5 定金

定金也属于典型的物保形式，依照《担保法》的规定，当事人可以约定一方向对方给付定金作为债权的担保，债务人履行债务后，定金应当抵作价款或者收回。①

1.2.5.1 定金的法律性质

理论上对于定金的法律性质有着不同的看法，但一般认为，目前《担保法》和《民法通则》规定的定金兼有违约定金和证约定金的效力。

对于前一种形式，合同双方可以通过约定，在合同成立生效之后，将定金转为违约金的形式，或者保留定金的形式，在一方出现违约行为时，适用有关定金罚则的规定。对于后一种形式，按照法律规定，当事人约定以交付定金作为订立主合同担保的，给付定金的一方拒绝订立主合同的，无权要求返还定金；收受定金的一方拒绝订立合同的，应当双倍返还定金。②然而例外的情况也并非没有，对于实践中当事人约定以交付定金作为主合同成立或者生效要件的，给付定金的一方未支付定金，而主合同已经履行或者已经履行主要部分的，则不影响主合同的成立或者生效。③

---

① 参见《合同法》第115条。
② 参见最高人民法院《关于适用〈中华人民共和国担保法〉若干问题的解释》第115条。
③ 参见最高人民法院《关于适用〈中华人民共和国担保法〉若干问题的解释》第116条。

1.2.5.2 定金罚则

定金作为担保方式，与其他担保比较重要的一点区别就是其定金罚则，按照前述证约定金和违约定金的内容，定金罚则是指给付定金的一方不履行约定的债务的，无权要求返还定金；收受定金的一方不履行约定的债务的，应当双倍返还定金。[①]

定金合同作为实践性合同，必须交付才能产生法律上的效力。但是，并非所有交付的金钱都作为定金处理，如果当事人交付留置金、担保金、保证金、订约金、押金或者订金等，但没有约定定金性质的，当事人主张定金权利的，人民法院不予支持。[②]因此，工程合同的双方当事人需要在合同中明确所交付的金钱为"定金"，并尽可能重述定金罚则的内容，以免发生争议。

1.2.5.3 定金与违约金

定金条款和违约金条款经常在合同中使用，但是，按照《合同法》的规定，当事人既约定违约金，又约定定金的，一方违约时，对方可以选择适用违约金或定金条款。[③]也就是说，在同时约定定金和违约金的情况下，只能选择其一适用，而不能同时适用违约金和定金条款。而依照法律规定，定金的上限是合同金额的20%。至于违约金，法律则赋予当事人可以根据实际造成的损失程度，请求人民法院或者仲裁机构予以增加或者适当减少的权利。[④]这是定金和违约金的重要区别。

从上述规定可以看出，虽然当事人可以在合同中同时约定违约金和定金，但是在具体作为权利救济时，对方当事人享有选择的权利，而不同的选择结果也会有不同的法律效果。

1.2.5.4 定金与赔偿金

如前所述，我国《合同法》明确规定了定金与违约金不能同时适用，但是，对于定金与损害赔偿金能否并用却没有明确的规定，因而在司法实践和理论界中存在一定争议。就定金和赔偿金是否可以并处的问题，目前主要有

[①] 参见《合同法》第115条。
[②] 参见最高人民法院《关于适用〈中华人民共和国担保法〉若干问题的解释》第118条。
[③] 参见《合同法》第116条。
[④] 参见《合同法》第114条。

两种不同的观点：第一种观点认为，赔偿责任不能代替定金责任，但同时适用后者，二者总值不得高于实际损害额，其理论基础是损益相抵原则。第二种观点认为，如果一方不履行合同给对方造成损失，除应负赔偿责任外，还应当适用定金罚则，即必须在承担定金责任的基础上，承担全部损害赔偿金。①

笔者认为，定金能否与损害赔偿金并用，还需要结合定金的法律属性来加以区别。对于证约定金，其目的在于保证合同的成立，如果一方违约导致合同不成立，那么可以适用定金罚则；如果是违约定金，那么定金具有违约金的功能，此时或可以考虑适用处理违约金和损害赔偿金并存问题的原则来解决定金和损害赔偿金的并存问题。

1.2.5.5 工程合同中的定金

在工程领域中，工程合同主要可以分为工程施工合同和工程设计合同。就实践来看，施工类工程合同使用定金的情况并不多见，而在工程设计合同中则会比较多的使用有关定金的约定。在2015年版的《房屋建筑工程设计合同》（以下简称15版房建工程设计合同）和《专业建设工程设计合同》中都遵循了《担保法》有关定金的规定，对于交付定金的比例也限定在合同总价款的20%之内②；在合同生效后，如果是非因设计人原因，发包人要求终止或解除合同，设计人未开始设计工作的，有权不退还已经收取的定金。③

除此之外，房屋建筑工程设计合同和专业建设工程设计合同中的定金还是设计人履行合同义务的前提条件之一和履行抗辩的依据。比如，上述设计合同中都明确规定，设计人应当在收到发包人提供的工程设计资料及定金后，开始设计工作④；如果发包人逾期支付定金的，设计人有权向发包人催告，发包人收到催告通知后7天内仍未支付的，设计人有权不开始设计工作或暂停设计工作。⑤

---

① 参见蒋杂云：《定金与赔偿损失的法律适用》，来源自北大法律信息网。
② 参见15版房建工程设计合同和15版专业工程设计合同第10.3.1条。
③ 参见15版房建工程设计合同第14.1.1条。
④ 参见15版专业工程设计合同第6.2条、《建设工程设计合同示范文本（房屋建筑工程）》第6.2条。
⑤ 参见15版专业工程设计合同第10.3条、《建设工程设计合同示范文本（房屋建筑工程）》第10.3条。

与定金的法律效果相比较，需要注意的是在工程招标投标中经常使用的保证金的功能，保证金等虽然具有保证的作用，但从本质上看，更接近于违约赔偿金，因而不属于《担保法》所规定的定金，也不适用定金罚则。

1.3 担保权利的实现

担保权利设置的目的是给予债权人到期债务无法实现时的优先保障，结合《物权法》和《担保法》的相关规定，除非双方当事人另有约定，在担保法律关系下，债权人在担保权利项下的担保范围一般包括主债权及其利息、违约金、损害赔偿金、保管担保财产以及实现担保权利的费用。[①] 如果没有特别约定，担保人应当对全部债务承担责任。

而债权人实现担保权利的方式则既可以是通过与债务人协商以折价、拍卖或者变卖获得的价款优先受偿，也可以通过向法院起诉来实现债权。

2. 工程担保方式

2.1 常见的工程担保类型

在工程法律实务中，与法定的担保比较，工程担保的方式具有其特殊性，在工程实践中，根据法律法规的相关规定和合同的规定，经常使用的工程担保主要包括以下几种类型。

2.1.1 投标担保

投标担保的目的在于确保投标人按照招标文件的规定投标，并在中标后按照招标文件的要求签署合同。如果是以联合体方式投标的，则一般需要由联合体共同提供担保。

2.1.2 预付款担保

实务中，发包人大多在未开工之前就向承包人支付一定比例的预付款，而预付款担保对应的就是发包人支付的预付款，其保障的是预付款的安全。比如07版标准合同规定，除非另有约定，承包人应在收到预付款的同时向发包人提交预付款保函，预付款保函的担保金额应与预付款金额相同；保函的

[①] 参见《物权法》第173条。

担保金额可根据预付款扣回的金额相应递减。① 其他工程合同也都有类似的规定。

2.1.3 履约担保

履约担保用于担保承包人按工程合同的约定履行义务。《招标投标法》即规定招标文件要求中标人提交履约保证金的，中标人应当提交。②

一般情况下，履约担保的有效期截止到工程竣工验收合格之日。工程合同也有类似的规定，比如07版标准合同规定，承包人应保证其履约担保在发包人颁发工程接收证书前一直有效，发包人应在工程接收证书颁发后28天内把履约担保退还给承包人。③

2.1.4 支付担保

依据《工程建设项目施工招标投标办法》的规定，招标人要求中标人提供履约保证金或其他形式履约担保的，招标人应当同时向中标人提供工程款支付担保。④ 原建设部在《关于在建设工程项目中进一步推行工程担保制度的意见》中也规定了支付担保和履约担保的对等性，但是实践中一直没有严格执行，有些合同的双方当事人仅规定承包人提供履约担保，而不要求发包人提供支付担保。直到13版施工合同的版本，才第一次在合同条款中明确规定发包人要求承包人提供履约担保的，发包人应当向承包人提供支付担保。⑤ 也即所说的双向担保制度。双方担保制度的本质其实是反担保。

对于支付担保，实践中各地执行的尺度各不相同。有些地方规定如果业主要求承包人提供履约担保的必须提供支付担保，否则不予备案，如北京。而有些地方则没有类似的规定。因此，对于支付担保制度的实际落实和执行情况仍然存在不少问题。

2.1.5 质量保证担保

质量保证金是工程合同常见的担保条款。质量保证担保是确保工程竣工后约束承包人积极履行保修义务和承担缺陷责任的重要保障手段。在工程实

---

① 参见07版标准合同第17.2.2条。
② 参见《招标投标法》第64条。
③ 参见07版标准合同第4.2条。
④ 参见《工程建设项目施工招标投标办法》第62条。
⑤ 参见13版施工合同第2.5条。

务中，质量保证的担保方式通常分为两种，即质量保函和质量保证金。

理论上，以质量保函替代质量保证金可以缓解承包人的现金流压力，但是实践中，银行等担保机构往往需要承包人提供与保函等额的存款或押金，因此，质量保函并不能达到预期的目的，因而在实际中的运用变得越来越少。

2.2 工程合同中的特殊担保

除了上述质量、支付等方面的担保，工程实践还有新型的担保，以及比较特殊的联合体间的连带保证和总分包之间的连带保证。

2.2.1 第三方履行担保

第三方履行担保是比较新型的担保，即在承包人无法履行或者履行不符合要求时，由提供担保的第三方继续履行合同义务的担保方式。第三方履行担保早在十年之前就有人提出并进行过专题讨论，作为承包人破产、清算以及其他无力继续履行施工合同义务时的应对方案。但是，限于法律法规等对于主体资格、权利义务内容的特定性限制，以及实际操作的难度，这一担保方式的可行性仍有待商讨。

2.2.2 联合体之间的连带保证

在以联合体方式承包的工程项目中，虽然联合体成员之间有着明确的分工，但是联合体之间对发包人承担连带保证，《招标投标法》对此作了明确的规定，联合体各方应当共同与招标人签订合同，就中标项目向招标人承担连带责任。[①]《建筑法》也同样规定共同承包的各方对承包合同的履行承担连带责任。[②] 因此，联合体成员之间的连带责任具有法定的连带保证的属性。

2.2.3 总分包之间的连带责任

工程项目设计、施工等工作采取总分包建设和管理是最为常见的承发包模式。不论是从行政监管的角度出发，还是从民事法律关系的角度出发，对于总分包关系的处理始终都是各方主体比较关注的议题。

《建筑法》规定总承包人和分包人就分包工程向业主承担连带责任。[③]《合同法》也规定，将自己承包的部分工作交由第三人完成，但是第三人应当

---

① 参见《招标投标法》第31条。
② 参见《建筑法》第27条。
③ 参见《建筑法》第29条。

就其完成的工作成果与承包人向发包人承担连带责任。①根据上述规定可以看出，同联合体一样，承包人与其内部分包人、供应商之间向发包人承担法定的连带保证责任，但是，对于指定分包人、指定供应商的工作，承包人则无需承担连带保证责任。

2.3 工程担保的具体形式

担保的形式包括现金、银行保函和担保公司保函等，在工程实务中，投标担保、质量担保一般采用现金、支票等方式，而使用最多的预付款担保、履约担保和支付担保则是以保函形式提供。

2.3.1 保函的类型

实践中，能够提供保函的主要是银行和担保公司。银行是主要的保函担保主体，融资担保公司是提供保函的第二大主体，根据《融资性担保公司管理暂行办法》的规定，融资担保公司可以提供投标担保、预付款担保、工程履约担保、尾付款如约偿付担保等履约担保业务。②传统上来看，由于银行保函提供担保的信用等级高于担保公司的保函，因而银行保函使用的范围更为广泛，但是相对于银行保函的高门槛，融资担保公司的保函则更为灵活，为中小企业的担保提供了便利。

2.3.2 保函的期限

保函的有效期限也就是银行等担保人提供保证责任的期限，《担保法》规定，除另有约定外，保证期间为6个月，其中一般保证的保证期间自主债务履行期届满之日起算③；连带保证的最低期限则是从债权人有权自主债务履行期届满之日起算。④

以保函方式提供的担保，由于类型不同，其担保的期限也有所差别。对于预付款保函，一般到预付款扣回之日，而且在过程中通常会随着预付款扣回的比例而降低担保的额度；对于支付担保和履约担保则一般需要涵盖整个施工期。

---

① 参见《合同法》第272条。
② 参见《融资性担保公司管理暂行办法》第19条。
③ 参见《担保法》第25条。
④ 参见《担保法》第26条。

2.3.3 保函项下权利的实现

在工程领域，预付款保函、支付保函、履约保函以及质量保函等都有一个共同的特点，那就是这些保函普遍会被要求是无条件的见索即付。国际商会在《见索即付保函统一规则》（URDG758）中规定，见索即付保函是指由银行、保险公司或其他组织或个人以书面形式出具的，表示只要凭付款要求声明或符合担保文件规定就可以从他那里获得付款的保证、担保或其他付款承诺。[①]

在见索即付保函项下，权利人，特别是发包人只需要向银行或者担保公司通知承包人违约即可行使保函项下的权利。这一机制的优势在于权利实现的快捷和便利，避免因违约事实和证据方面的争议而影响到保函的实效功能，其弊端就在于一旦出现恶意索赔的情况，那么债务人和担保人承担的风险则将大大的增加。

2.3.4 信用担保

银行保函由于其信用度的保证，在实务中被普遍的采用，有些项目并且在招标文件中明确写明只接受银行保函，而不接受担保公司的担保。但是，银行保函的缺点在于大部分银行要求被担保人提供等额的存款等保证，这一要求实际上对于大部分企业，尤其是中小型企业来说，增加了其交易成本，因此，推广信用担保则可能是解决上述问题的有效措施之一。目前部分省市也在工程建设领域推广信用担保制度，笔者认为，推广信用担保应该无差别、不歧视，对于大型企业和中小企业、国有企业和私营企业应当一视同仁，只要是具有良好信誉的企业，都可以获得相应的信用支持，避免信用担保制度形同虚设。而作为发包人，尤其是在PPP等大型基础设施建设中，作为业主和发包人的政府，也需要更新理念，接受信用担保和融资担保公司提供的担保。

3. 工程担保的特殊法律问题

3.1 在建工程抵押担保

在建工程抵押，是指抵押人为取得在建工程继续建造资金的贷款，以其

---

① 参见《见索即付保函统一规则》（URDG758）第2条。

合法方式取得的土地使用权连同在建工程的投入资产,以不转移占有的方式抵押给贷款银行作为偿还贷款履行担保的行为。① 对此,最高人民法院也明确规定以依法获准尚未建造的或者正在建造中的房屋或者其他建筑物抵押的,当事人办理了抵押物登记,人民法院可以认定抵押有效。②

在建工程办理抵押是项目业主向银行机构进行融资的重要渠道,在实践中,大多数情况下,包括业主和承包人对在建工程的抵押权人的认识也仅限于银行等金融机构,而不包括承包人或者非银行投资人等主体。

3.2 独立担保的法律问题

如前文所述,担保合同作为工程合同的从合同,其法律效力取决于主合同。但是,实践中,基于特殊的需求,债权人要求担保人和债务人提供独立担保的情况也时常发生。独立担保,包括独立保函,通常会有类似于"见索即付""无条件、不可撤销""独立于主合同""不因主合同的无效而无效"等表述。由于对担保独立性的不同认识和理解,工程合同的各方主体在实务操作中产生了一定的误解和难题。

3.2.1 独立保函的法律属性

适用独立保函是实践发展的客观需要。国际商会早在1992年就公布了《见索即付担保统一规则》对独立保函作了规定。③ 结合该规则的规定和实践,独立保函源自于主合同的约定,但原则上又独立于主合同和基础交易行为,不会因主合同的无效而无效;独立担保的权利人行使索赔权等权利时既不依据主合同和基础合同的内容,也不以主合同和基础合同是否真实存在违约为前提和条件。④ 只要是在保函的有效期内,权利人可以随时提交符合保函条件的书面要求,以及保函规定的任何其他单据(有时候则不需要),担保人即应无条件地将款项赔付给权利人。

但是,按照中国《担保法》的规定,保函作为担保的具体表现形式,具

---

① 参见《城市房地产抵押管理办法》第3条。
② 参见最高人民法院《关于适用〈中华人民共和国担保法〉若干问题的解释》第47条。
③ 见索即付保函是否等同于独立保函,笔者认为还有待商榷。
④ 参见韩如波:《建设工程领域独立保函的法律分析》,载 http://www.acla.org.cn/lvshiwushi/13570.jhtml。

有保证的法律属性①，并且只具有从合同的性质，主合同或者基础合同的成立、生效、无效等情况都会对保函的效力产生实质的影响。因此，严格来说，在我国工程领域中要求承包人和银行提供的独立保函原则上不具有独立性。

3.2.2 独立担保的适用范围

依据现有《担保法》的规定，独立保函与中国法下的担保制度存在直接的冲突，所以存在无效的风险。同时，按照《民法通则》的规定，《见索即付担保统一规则》作为国际惯例事实上对我们的民商事活动，尤其是涉外的商事行为都产生了一定的影响，因而，在实践中如何妥善处理独立保函给司法审判带来了困扰。

虽然目前尚无具体的法律法规和司法解释特别规范独立保函②，但是，总体上来看，最高人民法院的指导意见是"独立的、非从属性的担保合同只能适用于涉外经济、贸易、金融等国际经济活动中，而不能适用于国内经济活动"③。最高人民法院法官也对独立保函的司法应用提出了类似的观点，认为"为了避免严重影响或动摇我国担保法律制度体系的基础，目前独立担保只能在国际商事交易中使用……在主合同有效的前提下，若当事人在非国际商事交易领域约定独立保证或独立担保物权，应当否定担保的独立性，并将其转换为有效的从属性连带保证或担保物权……"④ 部分法院在司法实践中也有类似的判决。⑤

综上，就独立保函的适用问题，实务中基本确定了内外有别的司法指导

---

① 中国建设银行股份有限公司宜昌葛洲坝支行与天门市天仙一级公路建设开发公司建设工程施工合同纠纷案，湖北省汉江中级人民法院〔2007〕汉民二终字第10号民事判决书。
② 最高人民法院起草的《关于审理独立保函纠纷案件若干问题的规定（征求意见稿）》对独立保函的效力分别作了不同的规定。
③ 最高人民法院《关于适用〈中华人民共和国担保法〉若干问题的解释理解与适用》。
④ 奚晓明在全国民商事审判工作会议上《充分发挥民商事审判职能作用为构建社会主义和谐社会提供司法保障》（2007年5月20日）的讲话："考虑到独立担保责任的异常严厉性，以及使用该制度可能产生欺诈和滥用权利的弊端，尤其是为了避免严重影响或动摇我国担保法律制度体系的基础，目前独立担保只能在国际商事交易中使用。物权法第一百七十二条第一款关于'但法律另有规定的除外'之规定，进一步表明当事人不能约定独立性担保物权的立场。因此，对于独立担保的处理，应当坚持维护担保制度的从属性规则，在主合同有效的前提下，若当事人在非国际商事交易领域约定独立保证或独立担保物权，应当否定担保的独立性，并将其转换为有效的从属性连带保证或担保物权。"
⑤ 马来西亚KUB电力公司诉中国光大银行股份有限公司沈阳分行履行独立保函承诺案，辽宁省沈阳市中级人民法院〔2004〕沈中民（4）外初字第12号民事判决书。

精神，即涉外商事交易中承认保函的独立性，国内经济活动则不承认保函的独立性。① 而对于国内商事活动中因独立保函无效的责任认定和权利救济则是后续需要进一步研究和讨论的议题之一。

3.3 无效担保及处理

在处理担保事务时，一个重要的议题就是避免无效担保，并需要对无效担保的处理提供预先的风险防范措施。

3.3.1 担保无效的情形

依据《担保法》和《物权法》的规定，除非法律另有规定，主债务合同无效，那么担保合同也无效。② 这一原则在工程合同法律关系中也一样。担保合同作为工程合同项下的债务的担保，如果工程合同被认定为无效，那么担保合同也同样归于无效。

除此之外，对于担保法律关系的成立，法律也有其特殊的要件构成的规定，如果欠缺法定的构成要件，所设立的担保也属于无效。具体来说包括：

(1) 国家机关和以公益为目的的事业单位、社会团体违反法律规定提供担保；

(2) 董事、经理违反《公司法》的规定，以公司资产为本公司的股东或者其他个人债务提供担保的③；

(3) 以法律、法规禁止流通的财产或者不可转让的财产设定担保的。通常情况下，现金因为不具有特定性，很难作为担保物，但是，最高人民法院也曾提出，以银行存款作贷款担保的行为，不违反《担保法》的规定，为有效的担保行为。④ 同样，对于提供贷款或其他信用产生的债权也可以作为担保

---

① 原最高人民法院民四庭庭长刘贵祥在《独立保函纠纷法律适用刍议》中也指出：尽管就立法层面而言，尚缺乏对独立保函全面系统的规定，但司法实践中，已经出现了不少有关独立保函的案件。其做法可以归结为：独立保函只适用于涉外商事海事活动，而不能适用于国内保证。湖南机械进出口公司、海南国际租赁公司与宁波东方投资公司代理进口合同纠纷案，最高人民法院（1998）经终字第184号民事判决书。

② 参见《物权法》第172条。

③ 参见最高人民法院《关于适用〈中华人民共和国担保法〉若干问题的解释》第4条。

④ 中国人民银行《关于企业以存款作贷款担保是否符合〈中华人民共和国担保法〉的复函》（银条法〔1998〕69号，1998年11月27日）。

权利的标的物。①

3.3.2 担保无效的后果和处理

担保无效包括主合同无效导致的担保合同无效以及主合同有效而担保合同无效两种不同的情形。依据《担保法》的规定，担保合同被确认无效后，债务人、担保人、债权人有过错的，应当根据其过错各自承担相应的民事责任。②由此可见，法律对于无效担保的法律后果采用过错责任的归责原则。

六、工程保险

保险，是指投保人根据合同约定，向保险人支付保险费，保险人对于合同约定的可能发生的事故因其发生所造成的财产损失承担赔偿保险金责任，或者当被保险人死亡、伤残、疾病或者达到合同约定的年龄、期限等条件时承担给付保险金责任的商业保险行为。工程领域，采用保险方式分配和转移风险是常用的措施。

1. 保险法基本原理

1.1 保险主体

在保险法律关系，常见的保险主体除了作为保险人的保险公司外，还有投保人、被保险人和收益人三个主体。

1.1.1 投保人

投保人是依照保险合同的约定支付保险费的人。工程实践中，发包人和承包人都可能成为工程保险的投保人。13版施工合同规定，发包人应当投保建筑工程一切险或安装工程一切险；发包人委托承包人投保的，因投保产生的保险费和其他相关费用由发包人承担。③ 12版设计施工合同则规定承包人按照约定向双方同意的保险人投保建设工程设计责任险、建筑工程一切险或

---

① 参见《应收账款质押登记办法》第4条。
② 参见《担保法》第5条。
③ 参见13版施工合同第18.1条。

安装工程一切险等保险。① 在某些项目中，也有业主和承包人作为共同投保人的情况。

本质上，工程保险费用与建安工程费用都属于工程项目建设成本，虽然投保人因合同条件的不同而不同，但是不论单独投保或者共同投保，项目最终的所有者和受益者都是业主，因而保险费用也应当由业主承担。

1.1.2 被保险人

保险的最终目的是降低因工程风险造成的对工程财产的损失和项目上的人员的人身损害。在财产险和责任险中，业主、设计人和承包人是具体执行工程合同、实施工程项目最主要的主体，因此通常是工程保险的被保险人。另外11版总承包合同也规定，对于建筑工程一切险、安装工程一切险和第三者责任险，无论投保人是任何一方，其在投保时均应将本合同的另一方、本合同项下分包商、供货商、服务商同时列为保险合同项下的被保险人。② 当然，在投保人和被保险人不一致的情况下，业主是否同时享有保险金的追偿权，则需要根据个案具体分析。而在人身保险中，显然，所有参与项目的人员都应当是被保险人。

1.1.3 受益人

受益人也称保险金领取人。通常情况下，受益人与被保险人为同一人，尤其是自然人，而在受益人与被保险人不一致的情况下，指定受益人必须经过被保险人的同意。

与一般的商业保险相比，工程保险的受益人更为复杂多样。在由业主投保的人身保险中，受益人可以是业主也可以是业主的雇用人员，同样，承包人投保的人身保险的收益人也可以是承包人及其雇用人员。实务中的问题在于，如果受益人并非雇员本身，而是业主或承包人，那么在出现保险事故后，业主和承包人仍然需要向雇员承担赔付义务。

1.2 保险利益

投保人或者被保险人对保险标的具有的法律上承认的利益即为保险利

---

① 参见12版设计施工合同第20.1.1条。
② 参见11版总承包合同第15.2条。

益①，又称可保利益，换句话说，当保险事故发生导致保险标的不完全而受到损害或者因保险事故的不发生而免受损害所具有的利害关系。没有保险利益的保险合同依法无效。

在财产保险中，具有保险利益的人包括：（1）所有权人对其所有的财产；（2）没有财产所有权，但有合法的占有、使用、收益、处分权中的一项或几项权利的人；（3）他物权人对依法享有他物权的财产，如承租人对其承租的房屋等；（4）公民法人对其因侵权行为或合同而可能承担的民事赔偿责任；（5）保险人对保险标的的保险责任；（6）债权人对现有的或期待的债权等。而在人身保险中，投保人对与其建立劳动关系的雇用人员存在保险利益。②

在工程项目中，被保险人的保险利益来源于工程合同，设计、施工过程中涉及的发包人、设计人、承包人、监理人等对工程项目本身以及工程设备、材料等均具有法律上认可的保险利益。

保险利益的一个重要体现形式就是对保险赔偿金的请求权。因此，最终能否获得保险金以及赔付的金额的多少就是保险合同的关键问题。尤其是在财产保险中，需要特别注意保险金额不得超过保险价值，否则超出部分依法属于无效保险。③ 因而，工程项目的造价估算、概算等对于工程保险的投保费用、保险金额等有着直接的关系，比如工程一切险多以工程项目完成后的总值作为保险金额，这也从另一个方面要求在进行工程项目的投资概预算中尽可能地准确，至少不能有重大的错误和缺漏，并且也要适当地预估项目建设过程中可能发生的费用增加情况。

2. 工程保险的类别

在工程实践中，常见的保险类型包括财产险、责任险和人身险，而这些投保的保险类别中，有些属于法定的强制保险，而有些则属于商业保险，对不同的保险，法律关系不同，各参与主体能够获得的保障也各有差异。有些保险之间存在重合之处，因而，业主和承包人在投保时也需要进行专门的规

---

① 参见《保险法》第12条。
② 参见《保险法》第31条。
③ 参见《保险法》第55条。

划，投保合适的险种，既能减少工程风险，也能避免因重复投保导致超额无效的情形，节约成本。

2.1 工程财产险

工程财产保险的标的物主要包括工程本身、与工程项目建设有关的设备、材料，以及承包人为了工程施工所需的设备、机具等。常见的险种有建安一切险（all risk insurance），包括建筑一切险和安装一切险两个险种，以及施工机具险等。

2.1.1 建筑工程一切险

建筑工程一切险的承保范围是由于自然灾害和意外事件对在建工程项目造成的损害。自然灾害一般指地震、海啸、雷电、飓风、台风、龙卷风、风暴、暴雨、洪水、水灾、冻灾、冰雹、地崩、山崩、雪崩、火山爆发；而意外事件多是指不可预料的以及被保险人无法控制并造成物质损失或人身伤亡的突发性事件，包括火灾和爆炸。[①]

但是，并非所有的风险都在建筑工程一切险的保险范围内，有一些不属于商业保险的承保项目，比如，因工程材料缺陷或施工工艺不善引起的工程本身的损失、战争、武装冲突、恐怖活动等引起的损失，还有一些则需要通过其他保险产品才能覆盖的风险和损失，比如设计错误引起的损失和费用，施工用机具、设备、机械装置失灵造成的本身损失。

2.1.2 安装工程一切险

安装工程一切险的投保范围和保险责任与建筑工程一切险基本一致，只是由于项目特征不同使得各自投保的侧重点不同。安装工程一切险投保的是工程安装完成后的总价值，包括安装费用、安装设备材料费用及其运输费和保险费、进口设备关税，以及由业主提供的原材料和设备的费用。在投保安装工程一切险时，也需要关注其保险责任范围和免责范围的具体内容。

2.1.3 其他财产保险

工程项目建设中还有需要承包人自行承担保险费用和风险的施工机具险，即对承包人的自有施工机具在工程的使用或停放过程中，因自然灾害或意外

---

① 具体则需要根据各保险公司的保险条款界定。

事故造成的损失提供的保险险种。12版设计施工合同就规定,承包人应为其施工设备、进场的材料和工程设备等办理保险。① 13版施工合同也规定承包人应为其施工设备投保。②

虽然保险的目的都是为了降低因风险造成的损失,但是有一些财产保险属于工程项目的建设成本,不论投标人是谁,最终的费用都由业主承担,有些保险则不是,因此,承发包双方在核算和投保时需要加以区分。

2.3 责任保险

责任保险是以被保险人应承担的民事侵权损害赔偿为保险标的的险种。工程实践中,较为常用的责任保险包括设计责任险、雇主责任险、第三者责任险等。

2.3.1 工程设计责任保险

工程设计责任险是工程项目中比较重要的责任险,它是针对由于设计人的疏忽或者过失造成工程设计缺陷、工程质量事故时,由保险人对工程项目本身的损害以及对第三人的人身、财产损害承担保险责任的险种。早在2003年,原建设部就颁布了《关于积极推进工程设计责任保险工作的指导意见》,旨在推动工程设计责任的发展。随着工程项目建设的发展,设计责任险已经成为较为常用的保险险种之一。

2.3.1.1 被保险人

设计责任险的被保险人自然是承担工程设计任务的设计人员。在传统的设计和施工分离的模式中,被保险人多为设计人,如15版设计合同规定设计人应具有发包人认可的、履行本合同所需要的工程设计责任保险并使其于合同责任期内保持有效。③ 而在设计—施工一体化或者EPC合同中,由于承包人还需要承担设计工作,因此,投保设计责任险也是规避和降低其设计风险和责任的有效手段。

2.3.1.2 保险责任

保险责任也即保险人承担赔付义务的保险范围,工程设计责任险的基本

---

① 参见12版设计施工合同第20.4条。
② 参见13版施工合同第18.3条。
③ 参见15版房建工程设计合同第12.2条。

责任范围是建设工程本身的损失、对第三者的人身财产损失、减少事故损失发生的费用以及保险事故发生后，被保险人被起诉、被申请仲裁发生的费用等。

此外，根据保险合同的不同，保险人承保的责任范围也有所差异，比如，对于设计生产能力未能达到合同约定标准，未到达国家设计防范等级标准导致事故的损失，不超过国家建筑设计防范等级的火灾、爆炸、地震、雷击、暴雨、洪水等，有些保险人将其作为承保范围内的保险责任，有些保险人则将其排除在外，或者作为附加的扩展责任范围。

2.3.1.3　免责事项

与其他保险险种一样，设计责任险的责任范围也有较多的例外，具体可以分为以下三类主要的免责事项：

（1）基于主体的免责事项。设计与施工一样，都需要专业的资质，因此专业资质对于设计责任险也有重要的影响。如果被保险人包括设计人员不具有相应的设计资质、超越资质等级进行设计、被保险人转让和转委托设计任务、与被保险人没有劳动关系的人员进行的设计工作、被保险人私自承接的工程设计等都不在保险人的保险责任范围内。而且，需注意的是，有些保险人还会把由于委托人提供的工程设计基础技术的错误和瑕疵造成的事故也排除在保险范围之外。

（2）基于事件的免责。一般的商业保险中，对于战争、武装冲突、暴乱、政变、恐怖活动、政府国有化和征收行为、核爆炸等都不属于保险范围。对于一些火灾和普通的爆炸事件，有些保险人将之作为除外责任，而有些则是有限度有条件地接受为保险责任范围内，因此，设计人在投保时需要注意此类区别。

（3）基于损害的免责。就保险事故造成的损害而言，一般情况下以直接损失为限。对于诸如因设计错误造成停产减产的间接经济损失、被保险人延误交付设计文件导致的后果、因勘察引起的后果损失等，保险人不进行赔付。

2.3.2　雇主责任保险

雇主责任险是以雇员的人身安全为保险标的的险种，严格来讲应当属于人身保险的一种。与意外伤害保险、工伤保险具有一定的重叠性。区别在于雇主险的被保险人可以涵盖由业主雇用的所有参与工程项目的人员，包括业主方的人员，以及工程咨询机构人员、监理人员等。与财产保险不同，人身保险不存在是否超值投保的情形，因此，同时投保雇主责任险与其他人身保险并不冲突，不会导致保险合同的无效。

2.3.3 第三者责任险

第三者责任险承保与工程直接相关的意外事故引起工地内及邻近区域的第三者人身伤亡、疾病或财产损失。第三者责任险与承包人的施工行为直接相关，因此有时候也会作为建安一切险的附加险形式投保。12版设计施工合同规定承包人应当投保第三者责任险并持续到颁发缺陷责任期终止证书之时。①

2.3.4 责任险的赔付

责任险的保险赔付和追偿权是实务当中特别需要注意的问题。原则上，责任险的赔付以被保险人已经或者确定赔偿为基础，比如，北京市高级人民法院在《审理民商事案件若干问题的解答之五（试行）》规定，除另有规定外，责任保险的第三者对保险人不享有直接赔偿请求权。② 如果被保险人对第三者尚未实际赔偿，而被保险人的赔偿责任已为法院生效裁判文书所确认，或已为保险人、被保险人和第三者之间的协议所约定的，即使尚未实际付出，被保险人亦可起诉保险人，获得保险赔偿；但是若被保险人的赔偿责任未被法院生效裁判文书所认定，或未被保险人、被保险人和第三者之间的协议所约定的，被保险人起诉保险人要求保险赔偿的，法院不予支持。③

2.4 人身保险

在工程实践中，人身保险，包括人身意外伤害保险和工伤保险的被保险人一般是发包人、承包人各自的雇用人员。

2.4.1 人身意外伤害保险

人身意外伤害保险的对象通常是发包人和承包人各自派驻工程现场的雇员，有时也包括监理人、工程咨询人员、分包人，它与雇主责任具有一定的

---

① 参见12版设计施工合同第20.1.2条。
② 参见北京市高级人民法院《审理民商事案件若干问题的解答之五（试行）》第35条。
③ 参见北京市高级人民法院《审理民商事案件若干问题的解答之五（试行）》第36条。

联系和区别。

这一点在《建筑法》中也有反映，如规定承包人必须为从事危险作业的职工办理意外伤害保险并支付保险费。[1]在现行工程合同，比如07版标准合同和12版设计施工合同也都规定：（1）发包人应在整个施工期间为其现场机构雇用的全部人员投保人身意外伤害险，缴纳保险费，并要求其监理人也进行此项保险；（2）承包人应在整个施工期间为其现场机构雇用的全部人员投保人身意外伤害险，缴纳保险费，并要求其分包人也进行此项保险。[2] 13版施工合同也规定，发包人和承包人可以为其施工现场的全部人员办理意外伤害保险并支付保险费，包括其员工及为履行合同聘请的第三方的人员。[3]

2.4.2 工伤保险

工伤保险属于法定的强制社会保险险种。按照《劳动法》《工伤保险条例》等法律法规的规定，用人单位应当为劳动者办理工伤保险。13版施工合同规定，发包人和承包人应当依照法律规定参加工伤保险，并为在施工现场的全部员工办理工伤保险，缴纳工伤保险费，并要求监理人及由发包人为履行合同聘请的第三方依法参加工伤保险。[4]

2.4.3 人身伤害保险与工伤保险的区别

在承包人的内部人员的意外伤害或者工伤问题上，我国现行的法律体系区分承包人与其雇用人员的关系分别作了不同的规定，即如果承包人与其雇用人员建立的是劳动法律关系，适用《工伤保险条例》规定的保险待遇，依照劳动法的规定，交由劳动仲裁部门解决，承包人对工伤事故承担无过错赔偿责任；如果承包人与其雇用人员建立的是劳务法律关系，则适用最高人民法院《关于审理人身损害赔偿案件适用法律若干问题的解释》的规定，交由人民法院审理。另一方面，工程法律实践中往往混淆意外伤害和工伤的区别。笔者认为，工伤属于社会保险的范畴，如果承包人的员工发生工伤，其有权依法享受工伤保险待遇，而且由于承包人承担无过错责任，所以只要员工不

---

[1] 参见《建筑法》第48条。
[2] 参见07版标准合同第20.3条、12版设计施工合同第20.3条。
[3] 参见13版施工合同第18.3条。
[4] 参见13版施工合同第18.2.1条、第18.2.2条。

是出于故意自伤自残行为造成的，哪怕是由于违章作业也不能成为承包人免除赔偿的责任。而意外伤害应归入商业保险的范畴，由承包人自行衡量其中的风险，并在投标报价时综合考虑。

但是，由于实践中并没有对意外伤害保险和工伤保险进行准确定性并做必要的区分，使得目前个别地方政府、劳动保障部门制定的一些涉及施工人员保险的规定缺少法律的依据，而且又有重复或冲突之嫌，这也给发包人和承包人带来诸多不便，比如导致承包人重复缴纳保险费用，最终也增加了发包人的成本。而承包人如果不能正确区分上述两者的区别，则一旦发生上述保险事件，则可能会在费用的索赔方面产生不同的效果。

但是，不管怎么说，承包人都有必要加强管理，建立岗前培训、及时纠错、事后总结的制度，重视人员的选用以及技能、安全的教育。同时，应当按照国家法律法规的规定，为企业职工办理工伤保险或意外伤害保险等，以转移风险，减少损失。

另外，对于实行施工总承包的工程建设项目，按照《建筑法》和《建设工程安全生产管理条例》等法律法规的规定，总承包人对施工现场的安全生产负总责。发生安全事故，由总承包人负责上报事故。所以，如果承包人是工程项目的总承包人，还应注意对分包单位的安全监督、管理，并要求分包人为其参加工程施工的人员办理人身保险。

2.5 信用保险

与上述几种常见的工程保险不同，还有一种较为特殊的信用保险，信用保险一般以买方应收账款为保险标的物，通过赔偿权的转让来实现权益保障。目前在海外工程项目中通常会采用出口信用保险，其保险的范围则是政治风险和商业风险等普通商业保险无法覆盖的险种，比如项目所在国发生的国有化、战争、暴乱、债务人拖欠付款、无力偿付债务、破产等情形，甚至是因工期延误导致的预期收益的损失。

以中信保为例，其可以提供的出口信用就包括两大类，一是短期出口信用保险，提供综合保险、特定买方保险、特定合同保险、买方违约保险等；二是中长期出口信用保险，提供出口买方信贷保险、出口卖方信贷保险以及再融资保险。① 通常情况下，信用保险与融资密切相关，承包人投保信用保险的费用需要计入融资成本考虑。同时，信用保险又与工程项目所在地国家的国家主权信用、政治环境和法律环境等密切相关，因此，是否承保信用保险，则还需要提前对项目所在地国家的信用风险进行评级。

3. 工程合同中关于保险的特殊规定

3.1 未投保时的补救

与劳动者的工伤保险等人身保险不同，工程财产险和责任险属于商业保险而非社会保险的范畴，因此，如果发包人或承包人没有投保财产险和责任险，那么在出现可以理赔的保险事件时，承包人和发包人就有可能为此承担不必要的损失。鉴于此，业主和承包人有必要在工程合同中对未投保的情形和补救做出相应的约定。

13 版施工合同规定了强制代为投保制度，即发包人未按合同约定办理保险则承包人可代为办理，所需费用由发包人承担；发包人未按合同约定办理保险，导致未能得到足额赔偿的，由发包人负责补足。② 承包人未按合同约定办理保险，则发包人可代为办理，所需费用由承包人承担。承包人未按合同约定办理保险，导致未能得到足额赔偿的，由承包人负责补足。③ 07 版标准合同和 12 版设计施工合同也都对此做了类似的约定，并都进一步明确了如果是因为负有投保义务的一方当事人未按合同约定办理某项保险，导致受益人未能得到保险人的赔偿，那么原本可以得到的保险金应由负有投保义务的一方当事人支付④，作为违约和损害的赔偿。

3.2 保险的延续性

保险合同一般都附有明确的保险期间，并规定了保险责任开始时间，而工程项目的周期通常都较长，为了在整个工程建设周期内都能发挥保险的分

---

① 中信保保险业务简介请见下列网址：http：//www.sinosure.com.cn/sinosure/ywjs/dqckxybx/dqckxybxjj/index.html.
② 参见 13 版施工合同第 18.6.1 条。
③ 参见 13 版施工合同第 18.6.2 条。
④ 参见 07 版标准合同第 20.6.5 条、12 版设计施工合同第 20.5.5 条。

散和转移风险的功能,持续地保持保险的有效性就显得尤为重要。

07版标准合同、12版设计施工合同和13版施工合同都规定了承包人应当与保险人保持联系,使保险人能够随时了解工程实施中的变动,并确保按保险合同条款要求持续保险。[①] 13版施工合同同时还规定,发包人未能使保险持续有效[②]或者承包人未能使保险持续有效[③],导致未能得到足额赔偿的,则由责任方承担补足赔偿。

4. 工程保险对工程造价的影响

工程保险和工程担保都是工程项目建设必不可少的保障措施,因而业主和承包人都需要考虑其费用支出,但是,上述两项费用的具体组成和承担则有不同的方式。在原建设部和财政部联合颁布的《建筑安装工程费用项目组成》中,意外伤害保险费用被归入规费,而工伤保险则属于企业管理费用,虽然同属间接费,但两者的组价方式却有很大不同。而在2013年,住房和城乡建设部和财政部又颁布了新的《建筑安装工程费用项目组成》,其中,取消了意外伤害保险,而将职工死亡丧葬补助费、抚恤费、工伤保险费、生育保险费等都列入规费的范围,将担保费用、保险费等列入企业管理费中,作为财务费用列支。

总的来说,从上述《建筑安装工程费用项目组成》的规定来看,工程保险费用与工程担保费用等都与工程造价密切相关,属于工程造价中不可或缺的组成部分。但是,由于各自的费用性质不同,有些费用属于不可竞争费,比如规费和税金,而有些则可以由投标人酌情考虑报价,作为让利,因此,结合工程项目的具体实际,上述有关费用具体组成的变化也对工程造价、合同管理等产生了不同程度的影响。

---

① 参见07版标准合同第20.6.3条、12版设计施工合同第20.5.4条、13版施工合同第18.4条。
② 参见13版施工合同第18.6.1条。
③ 参见13版施工合同第18.6.2条。

第十一章 违约和解除合同

一、概述

有约必守是商业活动的基本法则,也是商业社会契约精神的集中体现。《民法通则》规定民事法律行为从成立时起具有法律约束力。[①]《合同法》也规定了当事人应当按照约定全面履行自己的义务。[②] 因此,工程合同的任何一方主体凡是没有遵守合同的约定履行自己的义务,都属于违约行为,应当承担相应的违约责任。当然,在工程实务中,项目业主、承包人都可能发生违约行为,同样,作为工程项目的重要参与主体,监理工程师、设计人也会因其不当行为向业主或者承包人承担违约责任,以及导致业主向承包人承担违约责任。

合同的解除是合同履行的非正常终结,合同的解除可以基于当事人的约定和法律的规定,在工程法律实务中需要注意的是违约不一定导致合同解除,而合同的解除也并不一定意味着合同当事人的违约,在处理违约和解除的争议上,需要具体案件具体分析,针对不同的原因划分责任,确定是否应当承担违约责任和损害赔偿责任。

二、工程合同违约的构成

违约及违约责任条款在任何合同中都是非常关键的条款,工程合同也不

[①] 参见《民法通则》第57条。
[②] 参见《合同法》第60条。

例外。当发包人、承包人因履行工程合同出现纠纷时，首先应当适用的就是合同中的违约条款。在借助法律途径保护自身权益时，确定违约情形和违约责任的依据也首先是合同中的相应条款。因此，发包人、承包人应当在专用条款中将各自的违约情形及违约责任约定得尽量详细，以利于日后纠纷的解决。当然，工程合同的任何一方当事人或者其他相关的参与人是否应当就其违约行为承担相应的责任则又另当别论。

1. 违约及其责任的构成

1.1 违约责任及特点

违约，简言之也就是违反工程合同约定的行为。换句话说，工程合同成立后，除非有可以免责的事由，任何一方当事人不履行约定义务，或者履行合同义务不符合约定的，都属于违约行为，应当承担违约责任，即当事人一方应当承担违反合同的不利法律后果。通常来讲，违约责任有两个比较显著的特点：

（1）承担违约责任的一个先决条件是合同依据，即"有合同才有违约"，因此，违约责任以有效合同的存在为前提。违约责任的这一特点也是区别缔约过失责任的显著标志之一。从责任构成的时间要件上来看，违约责任和缔约过失责任的一个区分标志是看合同是否已经成立，合同成立之前为缔约过失责任，合同成立之后为违约责任。

（2）违约责任可以由当事人在工程合同中约定，因此，从属性上来看，违约责任更倾向于约定责任而非法定责任。

1.2 违约责任的构成要件

违约责任的构成要件，是指违约当事人应具备哪些条件才应承担违约责任。违约责任的构成要件可分为一般构成要件和特殊构成要件。一般构成要件，是指违约当事人承担任何违约责任形式都必须具备的要件。通常来说，也就是合同一方承担违约责任必须要有违约行为和过错才能构成违约责任。[①]但是，违约责任的承担也并不一定以损害的发生为前提，也可以不按行为人

[①] 参见王利明、崔建远：《合同法新论》，中国政法大学出版社2000年版，第576—583页。

是否存在主观过错作为其认定原则。

而特殊构成要件，是指各种具体的违约责任形式所要求的责任构成要件。例如，赔偿损失责任构成要件包括损害事实、违约行为、违约行为与损害事实之间的因果关系、过错；违约金责任的构成要件是过错和损害行为。对于各种不同的责任形式，其责任构成要件也各不相同。

1.3 违约责任的方式和范围

违约责任的类型和承担方式更多的是基于合同双方当事人的约定，遵循的是当事人约定主义。这一点与缔约过失的法定责任不同。如本书前文所述，工程实践中对于中标通知书的送达是否意味着工程合同成立之所以争执不下，也是因为合同成立与否涉及缔约过失责任和违约责任两者的区分，界定违约责任和缔约过失责任的构成要件和区别，其主要在于明确两者的责任范围，同时也与各方当事人能够获得的权利救济有着密切的关系。相比较而言，按照现行的法律法规的规定来看，违约责任的救济方式比缔约过失责任多，赔偿的范围也比缔约过失责任广。

违约责任的形态、范围以及责任的承担方式既有法律的规定，也可以由合同的双方当事人自行约定。按照《合同法》的规定，违约责任主要包括赔偿损失、支付违约金、继续履行、采取补救措施、解除合同等。其中，在工程合同中较为典型的、比较常用的违约责任承担方式就是在合同中约定违约方向对方支付一定数额的违约金，或是约定因违约产生的损失赔偿额的计算方法。[①]而对于工程合同双方可以约定的违约责任的承担方式，则更为多样和特殊，除了上述继续履行、违约金等，还有顺延工期、经济补偿、限期返修、更换承包人项目经理等方式。

在工程法律实务中，容易发生的争议问题多集中在约定违约金的比例、如何确定损失赔偿的金额、有关工期延误的责任方以及可以顺延的期限、质量缺陷的成因和责任方等。这些问题都将在本书中分别阐述。

---

① 参见《合同法》第114条。

2. 有关违约责任承担的举证

我国《民事诉讼法》规定了"谁主张，谁举证"的原则①，最高人民法院也在《关于民事诉讼证据的若干规定》中也明确了当事人对自己提出的诉讼请求所依据的事实，反驳对方诉讼请求所依据的事实，都有责任提供证据加以证明。②

对于缔约过失责任，当事人一方需要就缔约过失人存在过错，以及信赖利益等进行举证证明，相对来说，也就增加了该方举证的难度。而对于违约责任，当事人主张权利可以依据合同的约定，这对举证一方来说，举证责任相对较轻。尤其是在约定违约金的情形下，工程合同中一般都会一一对应地约定违约行为和违约金的承担，合同各方需要做的就是证明对方没有按照合同的约定履行特定的义务。

而对于损害赔偿的承担，特别是一些涉及工期延误、质量缺陷等方面的违约赔偿，由于争议的专业性、技术性较强的特点，不论是在责任和赔偿范围的定性方面，还是赔偿金额的定量方面，对发包人和承包人都提出了更高的要求。从工程实践来看，这方面也正是合同双方比较薄弱的环节，尤其是承包人，由于缺少专业的支持以及相关证据的有力辅助，在发生争议时，容易出现因为没有充足的证据支持而错失有利的索赔，进而失去保护自身合法权益的机会。正如最高人民法院规定的，主张法律关系变更、消灭或者权利受到妨害的当事人，应当对该法律关系变更、消灭或者权利受到妨害的基本事实承担举证证明责任。③因此，工程合同的发包人和承包人都有必要了解各自在相应的违约事件中应当承担的举证责任以及需要的证据，为后续可能发生的争议提供有力的保障。

在中山丰将机电公司与弘裕公司建设工程施工合同纠纷上诉案④中，双方签订施工合同，约定由丰将公司承建施工。2008年8月29日，丰将公司向弘

---

① 参见《民事诉讼法》第64条。
② 参见最高人民法院在《关于民事诉讼证据的若干规定》第2条。
③ 参见最高人民法院《关于适用〈中华人民共和国民事诉讼法〉的解释》第91条。
④ 中山市丰将机电工程有限公司与弘裕纺织（浙江）有限公司建设工程施工合同纠纷上诉案，浙江省高级人民法院（2009）浙民终字第131号民事判决书。

裕公司提交了工程竣工资料，弘裕公司于同日签收。本案工程至今未进行竣工验收。新建厂房工程的土建部分，于 2008 年 12 月 17 日竣工验收合格。后发生争议，丰将公司起诉要求弘裕公司支付工程款 7 658 316 元，及计算至起诉日的滞纳金 3 088 843 元；弘裕公司提起反诉，要求丰将公司赔偿工期延误损失 6 950 083 元。

法院经审理认为，合同约定"工程进度款为总价的 60%，工程款支付分为七期，以 1 个月为一期，每期金额按实际工程进度或进场材料，经弘裕公司确认后，请领工程款或材料货款，若丰将公司工程停滞或工程进度落后，弘裕公司有权暂停付款，待丰将公司进度赶上后再行付款"，"丰将公司应于收到弘裕公司款项后 7 日内向弘裕公司提供等额发票，丰将公司未按约履行的，次月之应付款弘裕公司有权做相应顺延"；《补充协议》约定"进度款 60% 计 900 万元（按实际进度或进场材料每月申领一次，送电款 30% 计 450 万元送完电即付）"。因此，丰将公司请领每期工程进度款，应按实际工程进度或进场材料，经弘裕公司确认，且在收到款项后 7 日内提供相应发票，送电款在送完电后支付。根据付款清单所载明的内容，虽然弘裕公司未按丰将公司请领的金额支付工程进度款，但根据"谁主张，谁举证"的诉讼原则，丰将公司应当对弘裕公司审核确认工程进度或进场材料存在错误、未支付请领的全部工程进度款存在违约承担举证责任。丰将公司未提供证据证明已完成了其请领工程款的实际工程进度和相应的材料款，应承担举证不能的责任。另外，丰将公司也未提供有效证据证明其主张的 2008 年 3 月 10 日工程已全部送电完毕，其主张弘裕公司应按约支付相应的送电款，亦缺乏事实依据。至于丰将公司是否按约开具发票的问题，丰将公司未开具弘裕公司支付工程进度款的全部发票，也未提供证据证明未开具发票的责任在于弘裕公司。因此，丰将公司要求弘裕公司承担逾期支付工程进度款的违约责任缺乏依据，不予支持。

3. 违约责任的公平分担

正如本书前文所述，契约自由是合同法的基本准则，而公平和诚实信用原则也是合同法的基本准则，两者需要平衡，而这种平衡的要求同样也体现在违约责任的分担上。工程合同中有关违约责任的分配和补救，也是风险分配的表现形式，"没有无权利的义务，也没有无义务的权利"，笔者认为，合同双方对于违约责任的分担也同样需要遵循诚实信用和公平的原则，体现权利义务相对应的原则。

工程实务中，在合同中约定违约责任的不公平分担、约定排除一方因违约行为造成的责任、约定违约方承担高额的违约金和赔偿金等条款的现象也并非不常见。对此，笔者认为或许可以依据法律有关显失公平的规定予以矫正。

但是，不可否认，对于何谓"公平"、何谓"显失公平"，不论是理论还是实践，每个人也都有不同的理解和观点。而且，即使是最高人民法院已经明确规定了一方当事人利用优势或者利用对方没有经验，致使双方的权利义务明显违反公平、等价有偿原则的，可以认定为显失公平。① 但是，也并不能就此认为法律上对于公平和显失公平已经有了统一的标准。实际上该条规定本身对于显失公平的适用有着严格的限制，而且也没有具体的客观评定标准，因而就显失公平条款的实际运用，仍存在不确定性。

关于衡量显失公平的具体标准，或可以借鉴外国法的规定，比如，美国法②和司法实践中的关于实质性显失公平的评定标准③，法国法④和德国法⑤的

---

① 参见最高人民法院《关于贯彻执行〈中华人民共和国民法通则〉若干问题的意见》第72条。

② 《美国统一商法典》第2-302条规定："（1）如果法院从法律上认定，合同或合同条款在订立之时已极不合理，法院可以拒绝该合同强制履行，或者可以使该合同中其余不是极不合理的条款强制履行，或者可以限制极不合理条款的适用以避免任何不合理的后果。（2）在对可能极不合理的合同或合同条款提出索赔或者诉诸法院时，应给予当事人适当的机会，以便提出有关合同或合同条款的商业背景、目的和作用等证据，从而帮助法院作出裁决。"美国法区分程序性显失公平和实质性显失公平。

③ 对于实质性显失公平大致有5个不同的评定标准：（1）卖方所得的利润过大；（2）卖方取得的差价过大；（3）合同价过分高于市价。所谓过大、过高是指超出正常价、正常利润、正常差价的一倍以上；（4）约定的违约责任过苛刻；（5）过于失当的违约责任是卖方在合同中明确排除自己的违约责任，特别是排除产品质量保障的责任。参见徐炳：《买卖法》，经济日报出版社1991年版，第194—195页。

④ 《法国民法典》第1118条规定："因显失公平，致使一方当事人遭受损失之事实，如同本编第五章第七节所规定，仅对某些契约或者仅对某些人，始构成取消契约的原因。"第1674条规定："如出卖人因买卖显失公平，价格过低，因此受到的损失超过不动产价金十二分之七时，有取消该不动产买卖的请求权，即使其在合同中明文表示抛弃此项请求权以及公开声明其赠与超过部分的价值，亦同。"选自《法国民法典》，罗结珍译，法律出版社1999年版。

⑤ 德国民法典第138条规定："法律行为系乘他人之窘境，无经验，缺乏判断力或行政管理的意志薄弱，使其为对自己或第三人的给付做财产上的利益的约定或担保，而此种财产上的利益比之于给付，显然为不相称者，该法律行为无效。"选自《德国民法典》，郑冲、贾红梅译，法律出版社2001年版。

相关规定。尽管如此，不得不承认，在工程合同争议解决过程中，对于违约责任的分担是否公平也仍然取决于法官和仲裁员的理解及其自由裁量权。

三、工程合同的违约情形

工程合同的违约情形从不同的角度来看，可以有多种分类方法，但是，从根本上来讲，凡是一方当事人没有履行合同约定或者履行合同不符合约定的行为，包括作为或者不作为，都属于违约行为。当然，具体的行为是否构成违约，最重要的则在于业主和承包人双方在合同中的约定以及如何安排和分配工作、义务，以及相应的履行行为的约定。从工程法律和实务的角度出发，对违约情形加以区分的主要目的在于分析其行为后果是否需要承担违约责任或是否导致合同的解除，以便提供相应的风险防范措施和应对方案，尽可能地全面履行合同义务。

1. 按违约主体分类

如本书前文所述，在工程合同中，主要的合同双方主体是业主和承包人，因此，合同中更多涉及的违约情形也主要是基于业主和承包人的原因。

但是，不可否认，工程合同的参与主体除了业主和承包人之外，还会有工程师、设计师、分包人、供应商等，而这些参与主体也会存在一些违反合同约定的作为和不作为的情况。虽然，工程合同没有以列举式的方法对合同参与各方的义务和责任进行集中归类，但是在合同条件的各个部分都有不同的体现，因此，是否构成违约以及对违约后果的认定和责任承担，则需要结合具体的合同规定进行评估和衡量。

1.1 发包人的违约情形

如本书在前文中所述，工程合同法律实务中，业主的主要义务是支付和提供工程项目建设所需的场地、基础资料和政府审批等配合和协助性的工作，比如13版施工合同协议书即开宗明义地规定，发包人承诺按照法律规定履行项目审批手续、筹集工程建设资金并按照合同约定的期限和方式支付合同价款。① 与之相对应，业主的违约情形则主要体现在各类工程款项的支付行为和相关的协助义务的履行方面。

以目前国内现行的四份工程合同为例，07版标准合同第22.2.1条以及12版设计施工合同第22.2.1条都专门列举了业主作为发包人不履行相关的义务从而构成违约的情形，具体包括：

（1）未能按合同约定支付预付款或合同价款，或拖延、拒绝批准付款申请和支付凭证，导致付款延误的；

（2）因发包人原因造成停工的；

（3）监理人无正当理由没有在约定期限内发出复工指示，导致承包人无法复工的；

（4）发包人无法继续履行或明确表示不履行或实质上已停止履行合同的。

而根据11版总承包合同第16.1.1条的规定，业主的违约行为主要包括两大类，即：

（1）发包人未能按时提供真实、准确、齐全的工艺技术和（或）建筑设计方案、项目基础资料和现场障碍资料；

（2）发包人未能按约定调整合同价格，未能按违反有关预付款、工程进度款、竣工结算约定的款项类别、金额、承包人指定的账户和时间支付相应款项。

在13版施工合同中，也有类似的规定，其中第16.1.1条详细规定了构成发包人违约的情形，主要集中在：

（1）因发包人原因未能在计划开工日期前7天内下达开工通知的；

（2）因发包人原因未能按合同约定支付合同价款的；

（3）发包人违反第10.1条〔变更的范围〕第（2）项约定，自行实施被取消的工作或转由他人实施的；

（4）发包人提供的材料、工程设备的规格、数量或质量不符合合同约定，或因发包人原因导致交货日期延误或交货地点变更等情况的；

（5）因发包人违反合同约定造成暂停施工的；

---

① 参见13版施工合同协议书第7条。

（6）发包人无正当理由没有在约定期限内发出复工指示，导致承包人无法复工的；

（7）发包人明确表示或者以其行为表明不履行合同主要义务的。

在上述的违约情形中，有些行为实际上在《合同法》等法律法规中就有规定和反映，属于法定的违约行为，因此，工程合同中如果遗漏类似的内容，也并不影响业主对此类行为应当承担的义务。除了上述列举式的规定外，工程合同中还规定了"发包人未能按照合同约定履行其他义务的"也属于违约行为，借此，合同双方当事人可以另外再行约定具体的违约情形。比如，实践中常用的约定承包人项目经理应当满足驻场要求的内容，违反这一约定即构成违约行为。当然，发包人的违约行为也散见于工程合同其他条款当中。

同时，发包人违反相关的法律法规的行为也可能构成违约而承担相应的责任，比如，发包人没有依法取得施工许可证[①]、工程规划许可证等导致工程延期开工，或者工程合同被依法认定为无效合同，都应当承担相应的违约和赔偿责任。

1.2 承包人的违约情形

工程实务当中，相比较而言，承包人可能发生的违约行为和情形远比业主多，这主要是因为在工程项目建设中，承包人是主要的实施者，不论从质量、安全、工期还是管理角度都承担着不同的工作内容和对应的义务，因而责任也更大。

同时，基于合同法律关系的不同，承包人法律地位及其相应的责任和义务也会有所变化。比如，在主承包合同关系项下，承包人对应的是业主，承包人的工作自然是实施工程并获得相应的报酬。而在总分包合同法律关系中，承包人还承担着部分作为发包人的义务和责任，其中最主要的是履行支付义务。因此，理解不同的合同关系下的地位和角色，处理和安排好相关的义务和工作，应当是承包人重点关注的议题。

[①] 《建筑法》第7条规定，建筑工程开工前，建设单位应当按照国家有关规定向工程所在地县级以上人民政府建设行政主管部门申请领取施工许可证。

目前现行的法律法规和规章中也有部分内容涉及承包人的义务和责任，并在工程合同的相应条款中也有不同的体现。比如，根据07版标准合同第22.1.1条、12版设计施工合同第22.1.1条和13版施工合同除了第16.2.1条的约定，承包人的违约情形主要包括：

（1）承包人私自将合同的全部或部分权利转让给其他人，或私自将合同的全部或部分义务转移给其他人；

（2）承包人未经监理人批准，私自将已按合同约定进入施工场地的施工设备、临时设施或材料撤离施工场地；

（3）承包人使用了不合格材料或工程设备，工程质量达不到标准要求，又拒绝清除不合格工程；

（4）承包人未能按合同进度计划及时完成合同约定的工作，已造成或预期造成工期延误；

（5）承包人在缺陷责任期内，未能对工程接收证书所列的缺陷清单的内容或缺陷责任期内发生的缺陷进行修复，而又拒绝按监理人指示再进行修补；

（6）承包人无法继续履行或明确表示不履行或实质上已停止履行合同；

（7）承包人不按合同约定履行义务的其他情况。

在11版总承包合同第16.1.2条中也规定有承包人违约的情形，具体表现在以下几个方面的行为：

（1）承包人未能履行对其提供的工程物资进行检验的约定；

（2）承包人未能履行施工质量与检验的约定，未能修复缺陷；

（3）承包人经三次试验仍未能通过竣工试验或经三次试验仍未能通过竣工后试验，导致的工程任何主要部分或整个工程丧失了使用价值、生产价值、使用利益；

（4）承包人未经发包人同意、或未经必要的许可、或适用法律不允许分包的，将工程分包给他人。

另外，与发包人的违约情形一样，除了上述列举的几种承包人违约情形外，工程合同的正文中也还会有明示或者隐含的义务。因此，在执行合同中还应当严格遵守。比如，12版设计施工合同第4.6.5条规定的承包人擅自更换项目经理或主要施工管理人员，或未经监理人许可擅自离开施工现场连续超过 3 天的行为，也将构成违约。

2. 按违约形态

按照工程合同的主体所违反的合同义务的类型区分，工程项目的违约形态主要集中在支付、质量、进度以及工程过程中涉及相互配合的事项方面。

2.1 工程款支付违约

履行支付义务应当是发包人的主要义务，按照《合同法》的规定，当事人一方未支付价款或者报酬的，对方可以要求其支付价款或者报酬。① 在 12 版设计施工合同以及 13 版施工合同中，也都特别地以承诺的方式明确和强调了业主的支付义务，即发包人承诺按照法律规定筹集工程建设资金并按照合同约定的期限和方式支付合同价款。②

在工程实务中，按照通常的付款方式，发包人的支付主要分为预付款、进度款（中期付款）、最终付款以及最后的保留金（质量保修金）。

2.1.1 预付款支付违约

在本书前面章节中已经提到，预付款主要用于材料、工程设计、施工设备的采购及修建临时工程、组织施工队伍进场等前期工作。因此，从工程惯例上来看，一般都会在合同中约定相应的支付比例和时间，这在财政部和原建设部发布的《建设工程价款结算暂行办法》中也有详细的规定。③ 但在实践中，也并不排除业主不提供预付款的特例，比如，在某些全垫资的或者按

---

① 参见《合同法》第 109 条。
② 参见 13 版施工合同协议书第 7 条规定，发包人承诺按照法律规定履行项目审批手续、筹集工程建设资金并按照合同约定的期限和方式支付合同价款。
③ 参见财政部和原建设部发布的《建设工程价款结算暂行办法》第 12 条规定："工程预付款结算应符合下列规定：（1）包工包料工程的预付款按合同约定拨付，原则上预付比例不低于合同金额的 10%，不高于合同金额的 30%，对重大工程项目，按年度工程计划逐年预付。计价执行《建设工程工程量清单计价规范》（GB50500—2003）的工程，实体性消耗和非实体消耗部分应在合同中分别约定预付款比例。（2）在具备施工条件的前提下，发包人应在双方签订合同后的一个月内或不迟于约定的开工日期前的 7 天内预付工程款，发包人不按约定预付，承包人应在预付时间到期后 10 天内向发包人发出要求预付的通知，发包人收到通知后仍不按要求预付，承包人可在发出通知 14 天后停止施工，发包人应从约定应付之日起向承包人支付应付款的利息（利率按同期银行贷款利率计），并承担违约责任。（3）预付的工程款必须在合同中约定抵扣方式，并在工程进度款中进行抵扣。（4）凡是没有签订合同或不具备施工条件的工程，发包人不得预付工程款，不得以预付款为名转移资金。"

照形象进度的项目中，在没有预付款支付的情况下，自然不存在预付款违约的问题，但对于承包人而言，没有工程预付款则意味着前期需要垫付大量的资金，因此，在考虑资金成本和收益的时候有必要加以关注和衡量。

关于预付款及相应的违约责任的规定，在工程合同中也多有表述。比如13版施工合同规定，发包人逾期支付预付款超过7天的，承包人有权向发包人发出要求预付的催告通知，发包人收到通知后7天内仍未支付的，承包人有权暂停施工，并按发包人违约的情形执行。[①] 而12版设计施工合同则规定在履行合同过程中，由于发包人未按合同约定及时支付预付款造成工期延误的，承包人有权要求发包人延长工期和（或）增加费用，并支付合理利润。[②] 07版标准合同也规定，发包人未能按合同约定支付预付款导致付款延误的，承包人可向发包人发出通知，要求发包人采取有效措施纠正违约行为；发包人收到承包人通知后的28天内仍不履行合同义务，承包人有权暂停施工，并通知监理人，发包人应承担由此增加的费用和（或）工期延误，并支付承包人合理利润。[③]

另外，在具体的工程实务中，还应当注意合同中是否约定了预付款支付的条件。比如，11版总承包合同规定，合同约定了预付款保函时，发包人应在合同生效及收到承包人提交的预付款保函后10日内，根据约定的预付款金额，一次支付给承包人；未约定预付款保函时，发包人应在合同生效后10日内，根据约定的预付款金额，一次支付给承包人。[④] 对于有明确的作为支付前提和条件的事务和工作，承包人也有必要提前做好相应的准备。

2.1.2 进度款（中期付款）支付违约

与预付款相比，工程进度款或中期付款的及时、足额支付更是直接关系到承发包双方的权益的实现和保护，并进而影响到工程项目建设的顺利进展。《建筑法》规定，发包单位应当按照合同的约定，及时拨付工程款项。[⑤]可以理解，这里的工程款项自然而且更应当是指进度款项的支付。从工程建设顺

---

① 参见13版施工合同第12.2条。
② 参见12版设计施工合同第11.3条。
③ 参见07版标准合同第22.2.2条。
④ 参见11版总承包合同第14.3.2条。
⑤ 参见《建筑法》第18条。

利进行的角度来看，不论是总价合同还是单价合同，进度款支付对应的现金流对承包人来讲至关重要，承包人对工程分包人的支付、对供应商的支付也都依赖于业主的支付。因此，工程合同中对进度款的支付比例和时间的约定必不可少。

比如，07 版标准合同第 17.3.3 条规定，发包人应在监理人收到进度付款申请单后的 28 天内，将进度应付款支付给承包人。发包人不按期支付的，应当支付逾期付款违约金。11 版总承包合同第 14.9.1 条规定，因发包人的原因未能按约定的时间向承包人支付工程进度款的，应从发包人收到付款申请报告后的第 26 日开始，以中国人民银行颁布的同期同类贷款利率向承包人支付延期付款的利息，作为延期付款的违约金额。12 版设计施工合同第 17.3.4 条规定，发包人最迟应在监理人收到进度付款申请单后的 28 天内，将进度应付款支付给承包人。发包人未能在前述时间内完成审批或不予答复的，视为发包人同意进度付款申请。发包人不按期支付的，按专用合同条款的约定支付逾期付款违约金。13 版施工合同第 12.4.4 条规定，发包人应在进度款支付证书或临时进度款支付证书签发后 14 天内完成支付，发包人逾期支付进度款的，应按照中国人民银行发布的同期同类贷款基准利率支付违约金。

从上述合同内容来看，业主因逾期支付工程进度款所承担的责任是不同的。当然，除了上述规定的支付逾期付款利息之外，并不影响承包人按照法律规定或者合同约定所享有的其他权利救济。

2.1.3 最终付款（结算款）支付违约

12 版设计施工合同和 07 版施工合同同时都规定，发包人应在监理人出具竣工付款证书后的 14 天内，将应支付款支付给承包人。发包人不按期支付的，应当按照专用条款的约定将逾期付款违约金支付给承包人。[①] 也就是说，关于逾期付款违约金交由双方另行协商确定，但是需要注意的一点是，此类表述很难通过专用条款予以明确，尤其是在公开招标投标的项目中。

相比较而言，11 版总承包合同的规定则相对可行，其第 14.12 条明确规定，发包人应在收到承包人提交的最终竣工结算资料的 30 日内，结清竣工结

---

① 参见 12 版设计施工合同和 07 版施工合同第 17.5.2 条。

算的款项；发包人未能按约定结清应付给承包人的竣工结算的款项余额的，承包人有权：（1）从发包人提交的支付保函中扣减该款项的余额；（2）合同未约定发包人提交支付保函或支付保函不足以抵偿应向承包人支付的竣工结算款项时，发包人从承包人提交最终结算资料后的第31日起，支付拖欠的竣工结算款项的余额，并按中国人民银行同期同类贷款利率支付相应利息；（3）发包人未能在约定的30日内对竣工结算资料提出修改意见和答复，也未能向承包人支付竣工结算款项的余额的，应从承包人提交该报告后的第31日起，支付拖欠的竣工结算款项的余额，并按中国人民银行同期同类贷款利率支付相应利息。

而在13版施工合同中则更进一步强化了业主逾期付款的违约责任，其第14.2条明确规定：（1）发包人应在签发竣工付款证书后的14天内，完成对承包人的竣工付款。发包人逾期支付的，按照中国人民银行发布的同期同类贷款基准利率支付违约金；逾期支付超过56天的，按照中国人民银行发布的同期同类贷款基准利率的两倍支付违约金。（2）发包人应在颁发最终结清证书后7天内完成支付。发包人逾期支付的，按照中国人民银行发布的同期同类贷款基准利率支付违约金；逾期支付超过56天的，按照中国人民银行发布的同期同类贷款基准利率的两倍支付违约金。

2.2 误期违约

按期完工是承包人的主要合同义务之一。在工程实践中，由于工程项目的实际情况，包括主观的和客观的因素，如地质条件、设计变更等，绝大多数的工程项目都无法避免的会出现延期竣工的现象，与此相对应，工期延误也成为承包人面临的常见的主要的风险。就误期违约而言，通常情况下，承包人的主要责任在于继续履行合同以及向发包人承担违约金、赔偿金等责任。

比如，07版标准合同规定，由于承包人原因造成工期延误，承包人应支付逾期竣工违约金；承包人支付逾期竣工违约金，不免除承包人完成工程及修补缺陷的义务。[①] 13版施工合同则规定，承包人未能按照施工进度计划及时完成合同约定的工作，造成工期延误的，应承担因违约行为而增加的费用

---

① 参见07版标准合同第11.5条。

和（或）延误的工期。① 12 版设计施工合同也规定由于承包人原因，未能按合同进度计划完成工作，或监理人认为承包人工作进度不能满足合同工期要求的，承包人应采取措施加快进度，并承担加快进度所增加的费用；由于承包人原因造成工期延误，承包人应支付逾期竣工违约金。② 11 版总承包合同规定，因承包人原因，造成工程竣工日期延误的，由承包人承担误期损害赔偿责任。③

同样道理，对于由于发包人或者工程师的原因造成的工期延误，承包人不仅可以豁免误期损害赔偿责任，而且可以获得顺延工期的权利，并可以视具体情况获得相应的费用、利润的补偿。比如 12 版设计施工合同就对此作了规定，即明确了由于发包人要求错误导致承包人工期延误的，发包人应承担由此增加的费用、工期延误，并向承包人支付合理利润。④

2.3 质量违约

根据《合同法》的规定，质量不符合约定的，应当按照当事人的约定承担违约责任。对违约责任没有约定或者约定不明确，依照本法第 61 条的约定仍不能确定的，受损害方根据标的的性质以及损失的大小，可以合理选择要求对方承担修理、更换、重作、退货、减少价款或者报酬等违约责任。⑤ 由此可知，对于承包人的工程质量违约，发包人有权要求承包人进行修理、重作，并承担费用，或者减少相应的工程价款。

比如，12 版设计施工合同规定，因承包人原因造成工程质量不符合法律的规定和合同约定的，监理人有权要求承包人返工直至符合合同要求为止，由此造成的费用增加和（或）工期延误由承包人承担。⑥ 13 版施工合同也有类似的规定，即因承包人原因造成工程质量未达到合同约定标准的，发包人有权要求承包人返工直至工程质量达到合同约定的标准为止，并由承包人承

---

① 参见 13 版施工合同第 16.2 条。
② 参见 12 版设计施工合同第 11.5 条。
③ 参见 11 版总承包合同第 4.5 条。
④ 参见 12 版设计施工合同第 1.13.2 条。
⑤ 参见《合同法》第 111 条。
⑥ 参见 12 版设计施工合同第 13.1.2 条。

担由此增加的费用和（或）延误的工期。① 11 版总承包合同也规定，承包人的施工应符合合同约定的质量标准。施工质量评定以合同中约定的质量检验评定标准为依据。对不符合质量标准的施工部位，承包人应自费修复、返工、更换等。②

在工程实践中，处理工程质量违约争议时，需要注意的是：

（1）质量不仅仅局限于最终竣工的工程质量的缺陷或者瑕疵，对于整个施工过程中存在的质量问题，也仍然可能构成违约。

（2）发包人也可能存在工程质量违约行为，如 13 版施工合同规定，因发包人原因造成工程质量未达到合同约定标准的，由发包人承担由此增加的费用和（或）延误的工期，并支付承包人合理的利润。③

（3）工程质量与工程造价和工期有着密切的关系，因此质量问题造成的后果也往往不是单一责任的问题。大多数情况下，对于承担质量违约的一方当事人，往往还需要承担工期延期责任并承担相应的费用。比如 11 版总承包合同规定，由于承包人的原因引起质量问题，并因此造成竣工日期延误的，由承包人负责。④

2.4 其他违约情形

如前所述，工程合同的违约情形更多地取决于合同双方的约定，除了上述几种基本的违约情形之外，由于工程项目建设的特殊性，实践当中还有许多构成违约的行为。这其中主要涉及合同中约定的业主和承包人应当完成的其他义务，包括办理施工许可、提供施工场地、提供设计图纸、及时组织验收等的一些协助、配合施工的合同义务。

2.4.1 附随义务的界定

附随义务的基本依据源于合同双方的诚实信用原则。根据《合同法》的规定，合同当事人应当遵循诚实信用原则，根据合同的性质、目的和交易习惯履行通知、协助、保密等义务。⑤具体来说，工程领域中业主和承包人的常

---

① 参见 13 版施工合同第 5.1.3 条。
② 参见 11 版总承包合同第 7.5.2 条。
③ 参见 13 版施工合同第 5.1.2 条。
④ 参见 11 版总承包合同第 7.5.2 条。
⑤ 参见《合同法》第 60 条。

见的法定附随义务具体可以包括:(1)业主依约提供甲供料,承包人对甲供料应当及时检验,经检验发现不符合约定时,应当及时通知定作人更换、补齐或者采取其他补救措施。[①](2)承包人发现业主提供的图纸或者技术要求不合理的,应当及时通知业主;因业主怠于答复等原因造成承包人损失的,应当赔偿损失。[②](3)隐蔽工程在隐蔽以前,承包人应当通知发包人检查;发包人没有及时检查的,承包人可以顺延工程日期,并有权要求赔偿停工、窝工等损失。[③](4)承包人应当妥善保管业主提供的材料以及完成的工作成果,因保管不善造成毁损、灭失的,应当承担损害赔偿责任。[④](5)承包人应当保守秘密,未经业主许可,不得留存复制品或者技术资料。[⑤]同样,业主也应保守相关的商业秘密。

除了上述《合同法》规定的附随义务之外,工程合同中还有大量的涉及附随义务的内容,本书已有相关的阐述,在此不再赘述。

2.4.2 违反附随义务的法律后果

与一般商业行为和合同不同,由于工程项目的建设及合同履行更多地依赖于合同各方主体,甚至是合同主体之外的第三人的协同合作,因此,附随义务在工程合同的履行中显得尤为重要。如前所述,业主和承包人的附随义务既有法律的明确规定,也有工程合同的约定。而如果违反了附随义务,与违反了合同中的其他诸如支付、工期、质量等义务一样,都应当承担相应的法律后果。对此,《合同法》有明确的规定,即"承揽工作需要定作人协助的,定作人有协助的义务。如果定作人不履行协助义务致使承揽工作不能完成的,承揽人可以催告定作人在合理期限内履行义务,并可以顺延履行期限;定作人逾期不履行的,承揽人可以解除合同"[⑥]。而且,最高人民法院在《关于审理建设工程施工合同纠纷案件适用法律问题的解释》中规定,发包人不履行合同约定的协助义务,致使承包人无法正常施工的,并且在催告的合理

---

① 参见《合同法》第256条。
② 参见《合同法》第257条。
③ 参见《合同法》第278条。
④ 参见《合同法》第265条。
⑤ 参见《合同法》第266条。
⑥ 《合同法》第259条。

期限内仍未履行相应义务，承包人可以请求解除合同。① 根据上述规定，对于发包人不履行附随义务的行为，承包人有权获得相应的工期顺延，并可依据具体情形解除合同。

理论上和实践中也认为对于违反附随义务应承担损害赔偿责任时，其赔偿的范围应以履行利益，即合同当事人依合同履行本可实现的利益为限。主要理由在于"附随义务的不履行使当事人依合同可实现的某些利益（如防止自身秘密泄露、履行的协助、某些事项的通知）落空，造成损害，相对方所受到的损失与义务人义务的不履行之间存在因果关系。虽然有些附随义务可以用强制履行来救济，但是对于已经发生的损害仍然无法弥补。所以，受害人可以以履行利益为限，请求对方当事人赔偿其因未履行附随义务造成的损失"②。

具体到工程领域，按照工程合同对附随义务的相关规定，有关违反附随义务的法律后果和救济途径更为明确，比如，监理工程师的检查和检验不应影响施工正常进行；监理工程师的检查和检验影响施工正常进行的，且经检查检验不合格的，影响正常施工的费用由承包人承担，工期不予顺延；经检查检验合格的，由此增加的费用和（或）延误的工期由发包人承担。③ 因国家有关部门审批迟延造成费用增加和（或）工期延误的，由发包人承担。④ 发包人没有及时检查隐蔽工程的，承包人可以顺延工程日期，并有权要求赔偿停工、窝工等损失。⑤ 以上仅是对部分内容作了规定，发包人和承包人还可以更为详细地对双方应当履行的协助、合作等义务进行约定，并约定相应的违约后果。

3. 预期违约行为

预期违约，又称为先期违约，是合同违约的情形之一。它是指当事人一方明确表示或者以自己的行为表明不履行合同义务的，在这种情况下，对方

---

① 参见最高人民法院《关于审理建设工程施工合同纠纷案件适用法律问题的解释》第9条。
② 苟亿强：《论合同中的附随义务》，首载《北大法律信息网》，2009年。
③ 参见13版施工合同第5.2.3条。
④ 参见12版设计施工合同第11.7条。
⑤ 参见《合同法》278条。

可以在履行期限届满之前要求其承担违约责任。

3.1 预期违约的界定

预期违约通常发生于合同履行期限届满之前，形式上它包括明示毁约和默示毁约两种情形。当事人在合同履行期到来之前无正当理由明确表示将不履行合同，或者以自己的行为表明将不履行合同，即构成预期违约。

在工程合同中，对于预期违约也有类似的表述，而且预期违约对发包人和承包人同样适用。比如13版施工合同就规定了发包人或者承包人明确表示或者以其行为表明不履行合同主要义务的情形，即构成违约。①同样，07版标准合同第22.1.1条和第22.2.1条、12版设计施工合同第12.2.1条、11版总承包合同第18.1.2条也都有此类规定。

在工程实务中，预期违约的表现形式有很多种。但是，通常情况下，多是以一方消极不履行合同相关义务的形式来体现。比如，在工程保修阶段，承包人明确拒绝履行保修义务或者不按照质量保修书的约定履行保修义务，就可能构成预期违约。当然，合同各方应当事先在工程合同中对于相关义务的履行情况做出明确和具体的安排，以免发生争议。

3.2 预期违约的法律后果

预期违约侵害的是将来的期待的债权。②依照《合同法》的规定，在预期违约的情形下，守约方可以在履行期之前要求违约方承担违约责任。③按照诚信的原则和通常的情况，由于合同一方的违约行为，另一方应当履行相应的通知义务，并给予对方相应的时间予以改正。比如，承包人可向发包人发出通知，要求发包人采取有效措施予以纠正；发包人收到承包人通知后的28天内仍不履行合同义务，承包人有权暂停施工，并由发包人承担由此增加的费用和（或）工期延误责任以及支付承包人合理利润。④

但是，如果是因为出现了预期违约行为，由于该违约行为使得双方丧失了继续履行合同的基础，一般都无需经过改正程序，守约方可以直接解除合

---

① 参见13版施工合同第16.1.1条和16.2.1条。
② 参见王利明、崔建远：《合同法新论》，中国政法大学出版社2000年版，第357页。
③ 参见《合同法》第108条。
④ 参见12版设计施工合同第12.2.1条。

同。比如，13版施工合同规定，如果是因为发包人的原因发生预期违约行为，承包人有权解除合同，发包人应承担由此增加的费用，并支付承包人合理的利润①；同样道理，如果是承包人的原因，发包人也可以通知承包人立即解除合同。②

在苏州华铁公司与太仓市翁江公司建设工程施工合同纠纷上诉案③中，原被告双方于2012年2月15日签署一份建设工程施工合同，约定翁江公司将其新建营业用房、办公楼工程发包给华铁公司施工。2013年8月6日，双方签订《补充合同》一份，双方对工程款进行了结算并对翁江公司欠付工程款的付款计划进行了明确。2013年8月13日工程通过竣工验收。但截至起诉之时，翁江公司仅向华铁公司支付了740 000元且为逾期支付，后续多笔到期款项均未按照上述补充合同约定的付款日期按时支付。二审期间，华铁公司向法院提交了如下资料：（1）翁江公司在太仓市工商局的工商档案，昆山市人民法院民事回证，苏州市姑苏区人民法院民事裁定书、协助执行通知书，上述材料证明翁江公司两大股东的股权连续遭到上述两家法院的查封（期限分别是2012年12月2日至2013年11月1日、2013年3月20日至2015年3月19日），从侧面反映翁江公司业绩不佳，经营不善，致使股东缺乏可分配利润，不能偿还个人欠款。（2）2011、2012年度翁江公司的年检报告，证明2011年度翁江公司负债达到10 827 400元，而资产总额仅仅为13 327 400元，净利润为0，经营状况及财务状况极差，2012年度翁江公司负债达到35 654 300元，资产仅37 605 200元，当年亏损549 100元，财务状况进一步恶化，向华铁公司履行支付工程款义务的能力进一步恶化。（3）全国法院被执行人信息网页查询截图，证明翁江公司作为被执行人，至少被四家法院强制执行：其一，（2013）珠香法香执字第02344号，立案时间2013年6月13日，执行标的400 000元，执行中；其二，（2013）姑苏执字第02749号，立案时间2013年8月23日，执行标的2 252 800元，已结案；其三，（2014）园

---

① 参见13版施工合同第16.1.3条。
② 参见13版施工合同第16.2.3条。
③ 苏州华铁建设有限公司与太仓市翁江实业有限公司建设工程施工合同纠纷上诉案，江苏省苏州市中级人民法院（2014）苏中民终字第02769号民事判决书。

执字第 01415 号，立案时间 2014 年 5 月 27 日，执行标的 19 551 848 元；其四，（2014）杨执字第 02289 号，立案时间 2014 年 6 月 4 日，执行标的 745 800 元。其中，仅苏州工业园区法院一案执行标的接近 20 000 000 元，足以导致翁江公司资不抵债。上述执行情况也说明翁江公司经常不履行付款义务，连法院判决也未认真执行，信用严重缺失，结合其对华铁公司多次延迟付款且补充合同约定款项（工程质量保证金 40 万）于 2014 年 8 月 13 日到期但仍未付款的情形，华铁公司据此主张翁江公司对余下款项也不会按期付款。

法院经审理后认为，根据《合同法》第 108 条规定，当事人一方明确表示或者以自己的行为表明不履行合同义务的，对方可以在履行期限届满之前要求其承担违约责任。在翁江公司一、二审经合法传唤均未到庭的情况下，结合本案诉讼后翁江公司的付款情况及华铁公司二审中提交的翁江公司年检情况、被执行情况，翁江公司的上述行为足以表明其不履行付款义务，华铁公司在履行期限届满之前要求翁江公司承担还款义务及违约责任，并无不当，应予以支持。

4. 根本违约

根本违约是指当事人一方迟延履行债务或者有其他违约行为致使不能实现合同目的的行为。根据《合同法》的规定，一方当事人根本违约，另外一方当事人有权不经过催告而直接解除合同。①

现行的工程合同没有特别区分预期违约和根本违约两种情形，除了前述有关预期违约的情形，现行工程合同中也仅有 13 版施工合同作了类似的规定。依据 13 版施工合同的规定，因承包人违约，监理人发出整改通知后，承包人在指定的合理期限内仍不纠正违约行为并致使合同目的不能实现的，发包人有权解除合同。② 因发包人违约，承包人暂停施工满 28 天后，发包人仍不纠正其违约行为并致使合同目的不能实现的，承包人有权解除合同。③ 虽然根本违约属于一方迟延履行义务的行为，但是，并非所有的迟延履行都属于

---

① 参见《合同法》第 94 条。
② 参见 13 版施工合同第 16.2.3 条。
③ 参见 13 版施工合同第 16.1.3 条。

根本违约的情形，一般来说只有违约行为影响到合同目的的实现时，才构成根本违约。

在上诉人中交二公司与被上诉人鑫海公司码头建造合同纠纷上诉案[①]中，合同双方于 2007 年 7 月 12 日在福州签订《福州港松下港区 18#、19#泊位水工工程建筑施工合同》一份，约定发包人负责"开通公共通道与施工场地的道路……并保证施工期间畅通……协助解决对承包人施工有干扰的外部条件"。2008 年 5 月 7 日，发生疏港公路施工人员与村民的群体冲突事件。7 月 7 日，上诉人发函要求被上诉人在 7 月 14 日前开通公共通道与施工场地间的道路，否则将在 7 月 15 日解除双方的《施工合同》。7 月 10 日和 7 月 15 日，被上诉人回函告知道路已经疏通。8 月 1 日，上诉人发出《解除合同通知函》。法院审理期间，经现场勘察和拍照，施工通道上有一些大石头、深坑和深沟，施工车辆无法通行。

二审法院经审理后认为，首先，根据合同约定，被上诉人负有开通公共通道与施工场地间的道路，并保证施工期间畅通的义务，施工期间发生了道路不畅通的状况并且持续了数月，应认定被上诉人违反了该保证义务，构成了债务的迟延履行。对于上诉人提出的被上诉人迟延履行的是合同的主要债务，根据《合同法》第 94 条第（三）项的规定主张解除《施工合同》，法院指出：首先，根据《合同法》第 269 条的规定，建设工程合同是承包人进行工程建设，发包人支付价款的合同，故应认定发包人支付价款是合同的主要债务。因此，《施工合同》中保持道路畅通并不属于发包方的主要债务，因而上诉人无权依据《合同法》第 94 条第（三）项的规定解除合同。其次，被上诉人的迟延履行也没有达到"致使不能实现合同目的"，不构成《合同法》第 94 条第（四）项规定的上诉人可以解除合同的情形。从上诉人的施工机械设备、建筑材料和部分工程技术人员进场进行施工前的部分准备工作的事实，可证明疏港公路原已具备通行条件，后因村民的阻挠导致不畅通。原审期间，疏港公路已恢复通行。况且，《施工合同通用条款》第 9 条明确规定了施工期延长的情形，可见，疏港公路暂时被堵并不必然导致不能实现合同目的。故，

---

① 中交一航局第二工程有限公司与福建鑫海冶金散装码头有限公司码头建造合同纠纷上诉案，福建省高级人民法院（2010）闽民终字第 449 号民事判决书。

上诉人无权据此解除《施工合同》。

四、合同违约的抗辩和免责

合同履行过程中由于一方违约给合同另一方造成损失的，应当承担违约和赔偿责任。但是，如果违约方的违约行为系由于对方的行为，或者其他不应归责于违约方的客观事件，或者是可免责的原因造成时，则违约方可减轻或者无需承担相应的违约责任。

1. 同时履行抗辩权

按照合同履行的一般原则，当事人互负债务，没有先后履行顺序的，应当同时履行，一方在对方履行之前有权拒绝其履行要求。不过，依据意思自治原则，以及工程合同本身的特点，当事人也可以在合同中约定履行义务的先后顺序。

同时履行抗辩权，也就是说在双务合同中应当同时履行的一方当事人有证据证明另一方当事人在同时履行的时间不能履行或者不能适当履行，到履行期时其享有不履行或者部分履行的权利。而按照《合同法》的规定，享有同时履行抗辩权的一方在对方履行债务不符合约定时，有权拒绝其相应的履行要求。[1] 由此可见，同时履行抗辩权能够起到阻止对方的履行义务的请求权，并使自己免于承担迟延履行或者不当履行的法律后果。[2]

在工程领域，发包人的义务与承包人的义务需要同时履行还是先后履行并无严格的区分，但对于合同相关的价款支付、工期、质量等义务一般都有先后。有观点认为在工程出现质量瑕疵或者缺陷时，发包人可以行使同时履行抗辩权，延迟或者拒绝支付工程款。但是，按照工程惯例和合同的约定，一般情况下，发包人支付预付款后，承包人才履行施工义务，而进度款则是承包人在完成一定的工程量之后，发包人才需要履行付款义务，从程序上看

---

[1] 参见《合同法》第66条。
[2] 参见张俊浩：《民法学原理》（修订第三版，下册），中国政法大学出版社2000年版，第769页。

有着明显的逻辑先后。因此，依据《合同法》的规定，发包人并不符合行使同时履行抗辩权拒付或者延迟支付工程款的条件。在出现工期延误时也一样，不到最后的工程竣工，工期是否延误实际上都是不确定的，发包人要以工期延误为由并依据同时履行抗辩权拒付进度款缺少相应的法律依据。当然，这并不意味着如果出现质量问题或者工期延误，发包人仍可以依据先履行抗辩权等规定，维护自身的合法权益。

2. 先履行抗辩权

先履行抗辩权是指，当事人互负合同义务，并且有先后履行顺序，一方应当先履行而未履行的，后履行一方有权拒绝其履行要求。先履行一方履行债务不符合约定的，后履行一方有权拒绝其相应的履行要求。[①]

与前述同时履行抗辩权相比，先履行抗辩权的特点在于工程合同双方的履行义务存在先后的顺序。比如，实践中经常遇到的在工程价款支付中涉及的承包人申请付款时，应当先行向发包人提出付款申请以及提交发票；工程结算以工程竣工验收合格并由承包人提交竣工资料和竣工结算报告为条件等约定。

在小田公司与深圳建安公司建设工程施工合同纠纷上诉案[②]中，小田公司与深圳建安公司于2004年3月8日签订《建设工程施工合同》，2004年3月27日正式开工。2005年3月29日，深圳建安公司向小田公司送交竣工验收报告。2005年4月4日，小田公司组织深圳建安公司、勘察单位、设计单位、监理单位以及监督单位中山市质检站小榄分所等单位进行竣工验收，验收结论为合格。同日，相关各方召开竣工验收会议，确认工程质量为合格，但提出承包商尚需完成有关工程质量缺陷的整修工作。参加验收人员确认本工程自2005年4月5日起进入工程质量保修期。当日下午，深圳建安公司与小田公司办理正式移交手续。2005年8月17日、25日，深圳建安公司先后两次书面致函小田公司，要求结算和支付工程款。小田公司未予答复并于9月14日

[①] 参见《合同法》第67条。
[②] 小田（中山）实业有限公司与深圳市建安（集团）股份有限公司建设工程施工合同纠纷上诉案，广东省高级人民法院（2009）粤高法民一终字第223号民事判决书。

向原审法院提起诉讼。11月28日，深圳建安公司提起反诉，要求支付工程款。

案件经二审法院审理认为：《合同法》第279条规定："建设工程竣工后，发包人应当根据施工图纸及说明书、国家颁发的施工验收标准进行验收。验收合格，发包人应当按照约定支付价款，并接收该建设工程。建设工程竣工经验收合格后，方可交付使用；未经验收或者验收不合格的，不得交付使用。"涉案工程经验收合格并交付小田公司使用，深圳建安公司已履行了施工及交付合同工程的主要义务，小田公司建筑和使用合同工程的合同目的已经实现。至于深圳建安公司应承担的保修义务，与小田公司依照合同支付工程款没有关系。《合同法》第6条规定："当事人行使权利、履行义务应当遵循诚实信用原则。"小田公司在深圳建安公司已经履行主要义务且其合同目的已经实现的情况下，以深圳建安公司尚未履行工程保修及协助提供验收资料等附随义务为由，拒绝履行其支付工程款的主要义务，有违诚实信用原则。原审判决小田公司先向深圳建安公司付清尚欠工程款，深圳建安公司再对存在质量瑕疵的工程项目予以维修或者返修，并无不当。小田公司上诉主张其在深圳建安公司实际消除涉案工程尚存的质量瑕疵之前有权拒绝支付工程款，于法无据，法院最终不予支持。

3. 不安抗辩权

不安抗辩权是指负有先履行义务的一方当事人如果有确切的证据证明对方有丧失或者可能丧失履行合同的能力时，那么该方当事人有权中止履行自己的义务。[1]

《合同法》对于不安抗辩权有着明确的规定，即合同约定应当先履行债务的当事人，有确切证据证明对方有下列情形之一的，可以中止履行：（1）经营状况严重恶化；（2）转移财产、抽逃资金，以逃避债务；（3）丧失商业信誉；（4）有丧失或者可能丧失履行债务能力的其他情形。[2]

当事人行使不安抗辩权，应当及时通知对方。如果对方提供适当担保时，

---

[1] 参见翼城：《合同法：归责与原理》，北京大学出版社2013年版，第187页。
[2] 参见《合同法》第68条。

那么负有先履行义务的一方当事人应当恢复履行；如果在中止履行后，对方没有在合理期限内恢复履行能力并且也没有提供适当担保的，中止履行的一方可以解除合同。相对应的，为了保护对方当事人的合法权益，如果当事人不正当地行使不安抗辩权，则应当承担违约责任。

对此，最高人民法院也曾提出要合理适用不安抗辩权规则，对于一方当事人已经履行全部交付义务，虽然约定的价款期限尚未到期，但其诉请付款方支付未到期价款的，如果有确切证据证明付款方明确表示不履行给付价款义务，或者付款方被吊销营业执照、被注销、被有关部门撤销、处于歇业状态，或者付款方转移财产、抽逃资金以逃避债务，或者付款方丧失商业信誉，以及付款方以自己的行为表明不履行给付价款义务的其他情形的，除非付款方已经提供适当的担保，人民法院可以根据《合同法》第68条第1款、第69条、第94条第（二）项、第108条、第167条等规定精神，判令付款期限已到期或者加速到期。①

4. 过错责任抗辩

除了上述几种履行抗辩之外，过错责任在违约责任的定性和定量方面也具有举足轻重的地位和作用。换句话说，对于违约事由，需要追究其发生的原因，由责任方承担相应的法律后果。而这其中，首要的一点就是界定归责原则，并依据归责原则确定违约方应当承担的责任。

理论上讲，违约责任的归责原则分为过错责任和过错推定责任两种。前者是指在一方违反合同，不履行或者履行不符合约定要求时，应当以其主观过错作为确定责任成立与否，以及确定责任大小范围的标准和依据，无过错即无责任，而后者则是指在发生违约行为之后，法律直接推定违约方在主观上存在过错，因而对其违约行为承担相应的责任，违约人只有在证明自己没有过错时才可免责。在法律实务中，过错责任和过错推定责任的区别主要在于举证责任的分配和承担不同，前者依照"谁主张，谁举证"的原则，而后者则是采用了举证倒置的方式。

---

① 参见最高人民法院印发《关于当前形势下审理民商事合同纠纷案件若干问题的指导意见》的通知（法发〔2009〕40号）。

就工程合同履行中的违约责任，其抗辩一般采用过错责任方式，比如北京市高级人民法院在《关于审理建设工程施工合同纠纷案件若干疑难问题的解答》中明确指出，承包人具有下列情形之一的，应当认定其对建设工程质量缺陷存在过错[①]：

（1）承包人明知发包人提供的设计图纸、指令存在问题或者在施工过程中发现问题，而没有及时提出意见和建议并继续施工的；

（2）承包人对发包人提供或指定购买的建筑材料、建筑构配件、设备等没有进行必要的检验或经检验不合格仍然使用的；

（3）对发包人提出的违反法律法规和建筑工程质量、安全标准，降低工程质量的要求，承包人不予拒绝而进行施工的。

此外，工程合同中也有相类似的规定，比如12版设计施工合同规定，发包人要求中的错误导致承包人增加费用和（或）工期延误的，发包人应承担由此增加的费用和（或）工期延误，并向承包人支付合理利润。[②]

但具体到工程项目建设的实际中，需要注意的是，除了业主的支付违约外，工期、质量等原因往往是既有发包人的过错，也有承包人的过错，很难区分单一的责任，因此，对工程合同的双方来说，注意平时的证据积累和整理，将有助于分清责任，为后续的争议解决提供依据。

五、合同违约的法律救济

针对违约行为的一般救济原则，《合同法》第107条明确规定，当事人一方不履行合同义务或者履行合同义务不符合约定的，应当承担继续履行、采取补救措施或者赔偿损失等违约责任。

实践中需要注意区分金钱支付违约和非金钱支付违约的不同处理方式。按照《合同法》的规定，对于当事人一方未支付价款或者报酬的，对方可以

[①] 参见北京市高级人民法院《关于审理建设工程施工合同纠纷案件若干疑难问题的解答》第26条。

[②] 参见12版设计施工合同第1.13.2条。

要求其支付价款或者报酬。① 当事人一方不履行非金钱债务或者履行非金钱债务不符合约定的，对方可以要求履行。② 当然，除了《合同法》等法律规定的权利救济方式外，合同双方也可以根据工程实际约定其他可行的救济方式。

1. 法定的违约救济

按照现行《合同法》的相关规定，法定的违约救济方式主要包括违约金、继续履行义务、承担赔偿责任等几种。

1.1 违约金

违约金是最主要的法定违约责任形式，也是工程合同中最常见和最通用的违约责任形式。《合同法》就明确规定，当事人双方可以约定一方违约时应当根据违约情况向对方支付一定数额的违约金。③

1.1.1 法定和约定违约金

违约金主要分为法定违约金和约定违约金两种形式。多数情况下，违约金的适用以双方约定为主，如果合同中缺少相应的违约金条款，则由法定违约金进行规范。

法定违约金在司法实践中并不少见。最高人民法院曾明确规定，对于合同当事人没有约定逾期付款违约金标准的，人民法院可以参照中国人民银行规定的金融机构计收逾期贷款利息的标准计算逾期付款违约金。中国人民银行调整金融机构计收逾期贷款利息的标准时，人民法院可以相应调整计算逾期付款违约金的计算标准。④ 司法实践一般把按中国人民银行公布的同期逾期

---

① 参见《合同法》第109条。
② 参见《合同法》第110条。例外的情况包括：（1）法律上或者事实上不能履行；（2）债务的标的不适于强制履行或者履行费用过高；（3）债权人在合理期限内未要求履行。
③ 参见《合同法》第114条。
④ 参见最高人民法院《关于修改〈最高人民法院关于逾期付款违约金应当按照何种标准计算问题的批复〉的批复》（法释〔2000〕34号）和最高人民法院《关于逾期付款违约金应当按照何种标准计算问题的批复》（法释〔1999〕8号）。

付款利率标准计算的利息即罚息认定为法定违约金①;但是,司法实践中也同时认为该种违约金仅适用于付款(给付货币)逾期场合,且应当是当事人在合同中约定了违约金,但在未约定违约金的计算标准的情况下,才有逾期付款违约金适用的余地。②

除了上述有关法定违约金的规定,法律也允许合同双方约定违约金的具体比例或者具体的违约金金额。在工程合同实务中,经常使用的违约金多数是以合同金额的固定比例来确定,有些工程合同的违约金则是以固定金额的方式确定。而当涉及发包人逾期支付工程款的违约金也有不同的做法,比如,实务中就有按照发包人应付未付款项的一定比例作为逾期付款的违约金的情况。

1.1.2 违约金比例

在采用固定比例的工程合同中,从万分之几到百分之几都有,并无统一的规定和做法。但是,实际上有些违约金的比例设置的相当高,有些直接约定按照合同金额的20%作为违约金,对于一个几千万、上亿的项目而言,如此高的违约金对于任何一方都是难以承受的,违背了公平的原则,同时,这些约定的实际可操作性也是有待商榷的。

为此,最高人民法院《关于适用〈中华人民共和国合同法〉若干问题的解释(二)》就违约金的处理确定了一系列的规则,包括:(1)当事人通过反诉或者抗辩的方式,请求人民法院调整违约金的,人民法院应予以支持。③(2)当事人请求人民法院增加违约金的,增加后的违约金数额以不超过实际损失额为限。增加违约金以后,当事人又请求对方赔偿损失的,人民法院不予支持。④(3)当事人主张约定的违约金过高请求予以适当减少的,人民法

---

① 参见北京市高级人民法院民二庭《关于2007年北京市法院商事审判二审发回重审、改裁和改判案件的调研报告》中对"未约定违约金标准的处理"规定,合同当事人没有约定逾期付款违约金标准的,法院可以参照中国人民银行于2003年12月10日发布的银发(2003)251号《中国人民银行关于人民币贷款利率有关问题的通知》,在确定的利息水平基础上加收30%~50%,确定逾期付款违约金。中国人民银行有新规定的,参照新规定。

② 参见北京市高级人民法院《审理民商事案件若干问题的解答(之三)》[京高法发(2002)51号]第28条。

③ 参见最高人民法院《关于适用〈中华人民共和国合同法〉若干问题的解释(二)》第27条。

④ 参见最高人民法院《关于适用〈中华人民共和国合同法〉若干问题的解释(二)》第28条。

院应当以实际损失为基础，兼顾合同的履行情况、当事人的过错程度以及预期利益等综合因素，根据公平原则和诚实信用原则予以衡量，并作出裁决；如果当事人约定的违约金超过造成损失的百分之三十的，一般可以认定为"过分高于造成的损失"。①

不仅如此，为了合理调整违约金数额，公平解决违约责任，最高人民法院在《关于当前形势下审理民商事合同纠纷案件若干问题的指导意见》中也强调，对于双方当事人在合同中所约定的过分高于违约造成损失的违约金或者极具惩罚性的违约金条款，人民法院应根据合同法及其解释（二）的规定，对于违约金数额过分高于违约造成损失的，应当根据合同法规定的诚实信用原则、公平原则，坚持以补偿性为主、以惩罚性为辅的违约金性质，合理调整裁量幅度，防止以意思自治为由而完全放任当事人约定过高的违约金；在调整违约金时，也应当根据案件的具体情形，以违约造成的损失为基准，综合衡量合同履行程度、当事人的过错、预期利益、当事人缔约地位强弱、是否适用格式合同或条款等多项因素，根据公平原则和诚实信用原则予以综合权衡，避免简单地采用固定比例等"一刀切"的做法，防止机械司法而可能造成的实质不公平；同时，为减轻当事人诉累，妥当解决违约金纠纷，违约方以合同不成立、合同未生效、合同无效或者不构成违约进行免责抗辩而未提出违约金调整请求的，人民法院可以就当事人是否需要主张违约金过高问题进行释明。在涉及违约责任的举证方面，最高人民法院同时也指出，法院要正确确定举证责任，违约方对于违约金约定过高的主张承担举证责任，非违约方主张违约金约定合理的，亦应提供相应的证据；合同解除后，当事人主张违约金条款继续有效的，人民法院可以根据合同法的规定进行处理。

与之相呼应，地方法院也确定了类似的规则。比如，广东省高级人民法院在《关于民商事审判实践中有关疑难法律问题的解答意见》中提出，根据合同自由原则和权利处分原则，在当事人未提出调整请求的情况下，法院不宜直接予以调整。但基于我国目前的社会状况，部分当事人可能对于法律的了解还很欠缺，如果违约金数额明显过高或过低，而享有违约金调整请求权

---

① 最高人民法院《关于适用〈中华人民共和国合同法〉若干问题的解释（二）》第29条。

的一方当事人经济水平低下,却又缺乏法律知识,没有提出调整请求的,为取得良好的社会效果,真正实现公平正义,法院可以考虑对其享有的违约金调整请求权予以释明。广东省高级人民法院并进一步明确,违约金条款属于"合同中的结算和清理条款",合同的权利义务终止,不影响合同中结算和清理条款的效力,其效力在合同解除后仍存续;合同被解除后,仍然可以根据违约金条款判处违约金。

1.1.3 违约金的法律属性

违约金的法律属性一直是在理论和司法实践中颇有争议的议题,而争议的焦点主要集中在违约金到底是惩罚性还是补偿性,还是兼而有之。赔偿性违约金是当事人双方预先估计的损害赔偿总额,又叫做损害赔偿额的预定;惩罚性违约金,又称为固有意义上的违约金,是当事人对于违约所约定的一种"私"的制裁,故又称为违约罚。[1] 通常来讲,区分惩罚性违约金与赔偿性违约金的目的在于可采取的救济手段不同即如果是赔偿性违约金,则债权人只能请求违约金,而不得再请求履行主债务或额外请求损害赔偿;反之,如果是惩罚性违约金,则债权人除请求违约金外,还有权请求履行主债务或请求损害赔偿。[2]

在司法实践中,最高人民法院曾就违约金的处理指出,对于双方当事人在合同中所约定的过分高于违约造成损失的违约金或者极具惩罚性的违约金条款,人民法院应根据《合同法》第114条第2款和最高人民法院《关于适用〈中华人民共和国合同法〉若干问题的解释(二)》第29条等关于调整过高违约金的规定内容和精神,合理调整违约金数额,公平解决违约责任问题。对于违约金数额过分高于违约造成损失的,应当根据合同法规定的诚实信用原则、公平原则,坚持以补偿性为主、以惩罚性为辅的违约金性质,合理调整裁量幅度,切实防止以意思自治为由而完全放任当事人约定过高的违约金。[3]

由此可见,最高人民法院对违约金的定性应当是兼有补偿和惩罚的双重

---

[1] 参见孙瑞玺:《论违约金的性质》,载《法学杂志》2012年第4期。
[2] 参见梁慧星:《论合同责任》,载《学习与探索》1982年第1期。
[3] 参见最高人民法院《关于当前形势下审理民商事合同纠纷案件若干问题的指导意见》。

属性，并且，在理解和运用违约金条款时也认为"以补偿性为主、以惩罚性为辅的双重性质说更符合《合同法》第 114 条规定的违约金的性质"①。因此，在工程合同争议的实践处理中，并不排除双方当事人在合同中约定惩罚性的违约金。但是，对于惩罚性违约金的使用也要受到一定的规制，比如首先要检查该条款是否有效；其次，可以类推适用《担保法》关于定金合同的规定，即不得超过主合同标的额的 20%，惩罚性违约金在一定程度上与定金相似。②

1.1.4　合同无效的违约金

如本书前文所述，按照《合同法》的相关规定，合同无效，则自始都不具有法律的约束力。因此，在工程合同无效的情况下，除了清算和争议解决条款相对独立之外，合同中约定的有关主体双方的权利义务、违约责任、赔偿等内容也都应当归于无效。

在湛江建工三公司与湛江市质监局及陈妃赤建设工程施工合同纠纷申请再审案③中，最高人民法院经审理认为，虽然涉案《建设工程施工合同》由湛江建工三公司与湛江技监局签订，但湛江建工三公司已经自认，涉案工程均由陈妃赤负责带资承建并缴纳管理费、税费等，陈妃赤借用湛江建工三公司的名义挂靠承揽建筑工程，违反了《建筑法》关于建筑工程施工资质的禁止性规定，双方所签建设工程施工合同无效，无效合同不适用违约金的约定。因此，湛江建工三公司申请再审要求按照合同约定由湛江技监局承担欠付工程款部分每月 1.2% 的违约金，不能成立。

1.1.5　违约金和利息

在工程实践中，合同义务的履行是双向的，对于发包人来讲，主要是工程款项的支付义务以及其他诸如提供施工条件等义务，而对于承包人来讲，其承担违约责任的原因多数是由工期、质量、安全等非金钱给付义务引起。因此，从实务的角度来看，工程合同的违约金需要分别针对金钱债务履行和

---

① 沈德咏、奚晓明主编、最高人民法院研究室编著：《最高人民法院关于合同法司法解释（二）理解与适用》，人民法院出版社 2009 年版，第 209 页。
② 参见韩世远，《违约金的理论争议与实践问题》，载《北京仲裁》2009 年第 1 期。
③ 湛江市建筑工程集团公司三公司与广东省湛江市质量技术监督局及陈妃赤建设工程施工合同纠纷再审案，最高人民法院（2012）民申字第 1375 号民事裁定书。

非金钱的债务履行做出不同的约定。而利息则不同，其通常仅是针对金钱债务的逾期或不当履行，其责任方也往往是发包人。

按照既定的规则，当事人对欠付工程价款利息计付标准有约定的，一般按照约定处理；如果当事人对欠付工程价款利息计付标准没有约定的，则可以按照中国人民银行发布的同期同类贷款利率计息①，以该利息作为违约金。但是，在实务中也会同时出现约定违约金和利息的情形，在这种情形下，需要考虑此类约定是否能够得到司法支持，尤其是在涉及发包人违约逾期履行金钱给付义务的情况。

在广东川惠公司、川惠大酒店、惠林房地产公司川惠大酒店与王胖子置业公司建设工程施工合同纠纷申请再审案②中，最高人民法院经审理后认为，广东川惠公司与王胖子置业公司于2007年9月26日签订的《还（付）款协议》中约定，广东川惠公司若不按约定向王胖子公司支付工程款，"除赔偿乙方每天壹万元损失（不超过30天该损失不计）外，并按银行同期贷款利率的贰倍承担利率"。该约定中"赔偿乙方每天壹万元损失"和"按银行同期贷款利率的贰倍承担利率"的表述，形式上都属于《合同法》第114条第1款规定的"损失赔偿额的计算方法"，但"赔偿乙方每天壹万元损失"应为违约金条款，而"按银行同期贷款利率的贰倍承担利率"为欠付工程价款利息计付标准的约定。

涉案工程系王胖子公司全资垫付完成，广东川惠公司长期拖欠工程款不还，客观上造成王胖子公司的巨大经济损失。为督促广东川惠公司履行合同义务，双方协商约定的违约责任，具有明显的损失弥补和处罚性，广东川惠公司对此亦予以认可，双方并为此办理公证。因此，二审关于广东川惠公司向王胖子公司支付600万元违约金的判决具有法律依据，也符合本案当事人履行合同的客观情况。最高人民法院《关于适用〈中华人民共和国合同法〉若干问题的解释（二）》第29条第1款明确规定："当事人主张约定的违约金

---

① 参见最高人民法院《关于审理建设工程施工合同纠纷适用法律问题的解释》第17条。
② 广东川惠科技开发集团有限公司、襄阳川惠大酒店有限公司、攀枝花惠林房地产开发有限公司川惠大酒店与湖北王胖子置业集团有限公司建设工程施工合同纠纷申请再审案，最高人民法院（2013）民申第241号民事判决书。

过高请求予以适当减少的，人民法院应当以实际损失为基础，兼顾合同的履行情况、当事人的过错程度以及预期利益等综合因素，根据公平原则和诚实信用原则予以衡量，并作出裁决。"虽然王胖子公司依《还（付）款协议》约定主张3 009万元违约金明显超过其损失，但广东川惠公司无论是履行其与王胖子公司签订的建设工程施工合同还是《还（付）款协议》均存在过错，不仅客观上给王胖子公司造成了经济损失，而且其在签订《还（付）款协议》时明知其应当承担的违约责任。广东川惠公司、襄阳川惠公司和攀枝花川惠公司以《还（付）款协议》有关违约责任的约定违反了公平正义价值为由申请再审，违背了诚实信用的原则，故不予支持其再审申请。

1.2 继续履行

继续履行是合同违约救济的另一个主要方式。合同签署后对合同双方都具有约束力，从保障合同签署目的的实现的角度出发，即使是一方违约，除非合同终止或不能继续履行，另一方当事人仍然应当继续履行。可见，继续履行与违约金、赔偿责任等内容具有很好的兼容性。

1.2.1 继续履行的类型

一般来讲，继续履行作为违约救济方式需要区分不同的债权债务性质而有所区别，其表现形式存在不同之处。根据《合同法》的规定，对于金钱债务的违约责任，当事人一方未支付价款或者报酬的，对方可以要求其支付价款或者报酬。[①] 而对于非金钱债务违约的继续履行，《合同法》也作出了明确的规定，即当事人一方不履行非金钱债务或者履行非金钱债务不符合约定的，对方可以要求履行。[②]

根据上述规定可以看出，对于金钱债务的给付违约，继续履行也就意味着违约方仍需要继续支付相应的金钱，具体来说，当事人一方未支付价款或者报酬的，对方当事人可以请求其履行支付价款或者报酬义务，并可以请求其承担其他适当的违约责任；当事人一方迟延支付价款或者报酬的，除已支付价款或者报酬的外，还应当承担其他违约责任，如支付违约金、赔偿逾期

---

① 参见《合同法》第109条。
② 参见《合同法》第110条。

利息。

而对于非金钱债务，继续履行则表示违约方应当继续履行作为或者不作为的义务。具体来说，一方可以根据合理选择要求对方承担修理、更换、重作、退货、减少价款或者报酬等违约责任。① 比如，11版总承包合同规定，在发包人违约的情况下，发包人应采取补救措施，并赔偿因上述违约行为给承包人造成的损失；发包人承担违约责任，并不能减轻或免除合同中约定的应由发包人继续履行的其他责任和义务。② 13版施工合同规定了因承包人原因造成工程不合格的，发包人有权要求承包人采取补救措施，直至达到合同要求的质量标准，并由承包人承担工期和费用。③

1.2.2 继续履行的例外

继续履行可以普遍的作为合同违约的补救措施，并且不影响违约金的给付义务，按照《合同法》的规定，当事人就迟延履行约定违约金的，违约方支付违约金后，还应当履行债务。④ 但继续履行义务的适用性也有例外的情况。一般来说，金钱债务不会出现不能继续履行的情况，而对于非金钱债务，《合同法》明确规定了这些例外情形，即：

（1）法律上或者事实上不能履行；
（2）债务的标的不适于强制履行或者履行费用过高；
（3）债权人在合理期限内未要求履行。

而在工程合同的实务中，是否由违约方继续履行则还可能要结合双方的意愿和项目的实际需要而定，也不排除停止履行或者替代履行的情形。

1.3 违约损害赔偿

损害赔偿是工程合同违约情况下的重要救济方式。在实务中，需要引起工程合同各方主体注意的是损害赔偿的举证责任分配、损害赔偿的因果联系、损害赔偿的计算、损害赔偿与其他违约救济方式的共存性等问题，而这些通常也是争议较为集中的问题。

---

① 参见《合同法》第111条。
② 参见11版总承包合同第16.1.1条。
③ 参见13版施工合同第5.4.1条。
④ 参见《合同法》第114条第3款。

1.3.1 违约行为与损害的因果联系

理论上和实践中，对于违约损害赔偿的补偿性和惩罚性也存在不同的理解。不过，通说认为，违约损害赔偿的目的在于法律施加给违约方的金钱给付义务，以弥补受损害一方所遭受的损失，因而具有补偿性质，而非惩罚性。① 为了补偿因违约造成的损失，按照损害赔偿责任的构成要件理论，违约行为必须与损害存在因果关系，否则，受损害一方将难以获得赔偿。可见，在违约责任的处理中，因果关系是责任归结的重要前提，也是在出现混合过错时划分各自责任的依据。

至于说违约行为与损害后果之间能否建立因果关系，则一方面需要借助于事实的认定，另一方面也需要法庭或者仲裁庭的裁量。英国 Evans 法官所述或许可以作为确定因果链的借鉴：

> "The reference to common sense must be accompanied by a reminder that this is not a subjective test, which would be an unreliable guide. It implies full knowledge of the material facts and that the question is answered in accordance with the thinking processes of a normal person. The reference to 'material facts' means that some mental process of selection is required. It is not enough … to specify common sense standards without identifying the reasoning involved."②

1.3.2 损害赔偿的范围

如前所述，损害赔偿的目的在于填补损失，因此，如果没有损失，就没有赔偿。同样道理，严格来讲，如果当事人一方因违约给对方造成损失的，其损失赔偿额也应当相当于因违约所造成的损失③，而不能任意扩大化。

按照《合同法》的上述规定，可以理解为损害赔偿遵循的是完全赔偿的原则，其损失范围既包括直接损失，也包括间接损失。直接损失是因违约而直接受到的损失，比如工程暂停造成的停工、窝工损失。而相比较而言，间

---

① 参见陈小君：《合同法学》，高等教育出版社 2003 年版，第 260 页；王利明、崔建远：《合同法新论（修订版）》，中国政法大学出版社 2000 年版，第 642 页。
② Humber Oil Terminals Ltd. v. The Owners of the Ship Sivand [1998] 2 Lloyd's Rep. 97 at 102.
③ 参见《合同法》第 113 条。

接损失的界定则更为复杂，理论上有不同的观点和理解。① 之所以需要区分直接损失和间接损失，其目的在于确定可赔偿的范围，换一句话说，对于前者必须赔偿，而对于后者，则需要根据不同的情况具体问题具体分析。

1.3.3 可得利益的赔偿

在商业活动和交易行为中，一方违约通常还会导致另一方的可得利益损失。对于因违约而产生的可得利益的赔偿，《合同法》已经给予了明确的规定，也即一方不履行合同义务或者履行合同义务不符合约定，给对方造成损失的，损失赔偿额应当相当于因违约所造成的损失，一方因违约给对方所造成的损失包括了合同履行后可以获得的利益。② 不过，对于可得利益赔偿的论证则是理论和实务中较难掌握的问题。

1.3.3.1 可得利益的类型

最高人民法院指出，要区分可得利益损失类型，妥善认定可得利益损失，而根据交易的性质、合同的目的等因素，可得利益损失主要分为生产利润损失、经营利润损失和转售利润损失等三种类型。其中：

（1）生产设备和原材料等买卖合同违约中，因出卖人违约而造成买受人的可得利益损失通常属于生产利润损失；

（2）承包经营、租赁经营合同以及提供服务或劳务的合同中，因一方违约造成的可得利益损失通常属于经营利润损失；

（3）先后系列买卖合同中，因原合同出卖方违约而造成其后的转售合同出售方的可得利益损失通常属于转售利润损失。③

对于不同的可得利益的界定和区分，有助于客观和实效地解决有关损失的争议。

1.3.3.2 可得利益的认定

按照最高人民法院的意见④，法院在计算和认定可得利益损失时，应当综合运用可预见规则、减损规则、损益相抵规则以及过失相抵规则等，从非违

---

① 参见王利明、崔建远：《合同法新论（修订版）》，中国政法大学出版社 2000 年版，第 658 页。
② 参见《合同法》第 113 条。
③ 参见最高人民法院《关于当前形势下审理民商事合同纠纷案件若干问题的指导意见》。
④ 同上注。

约方主张的可得利益赔偿总额中扣除违约方不可预见的损失、非违约方不当扩大的损失、非违约方因违约获得的利益、非违约方亦有过失所造成的损失以及必要的交易成本。但是，如果存在欺诈经营①、当事人约定损害赔偿的计算方法②以及因违约导致人身伤亡、精神损害等情形的，则不宜适用可得利益损失赔偿规则。

1.3.3.3 可得利益损失的证明

同其他违约和损害赔偿一样，在认定可得利益损失时，法院也需要合理分配举证责任。一般情况下，违约方应当承担非违约方没有采取合理减损措施而导致损失扩大、非违约方因违约而获得利益以及非违约方亦有过失的举证责任；非违约方应当承担其遭受的可得利益损失总额、必要的交易成本的举证责任。对于可以预见的损失，既可以由非违约方举证，也可以由人民法院根据具体情况予以裁量。③

1.3.4 损害赔偿与其他救济方式的并存

1.3.4.1 损害赔偿金和违约金

现行《合同法》在规定违约金的同时，也规定了合同双方当事人可以约定因违约产生的损失赔偿额的计算方法。④但是，《合同法》的该条规定并没有明确损害赔偿和违约金能否共存的问题。因此，在实践中产生了不同的理解。

结合前文所述，对于违约金的法律定性的不同，其相应的法律后果和救济手段就有不同的处理。现行的《合同法》以及相关的司法实践也明确了违约金的补偿为主、惩罚为辅的双重属性。基于上述对违约金的界定，工程合同中同时约定违约金条款和赔偿金条款就变得于法有据。

11版总承包合同规定承包人违约的，应采取补救措施，并赔偿因上述违约行为给发包人造成的损失。承包人承担违约责任，并不能减轻或免除合同中约定的由承包人继续履行的其他责任和义务⑤；发包人违约的，应采取补救

---

① 参见《合同法》第113条第2款。
② 参见《合同法》第114条第1款。
③ 参见最高人民法院《关于当前形势下审理民商事合同纠纷案件若干问题的指导意见》。
④ 参见《合同法》第114条。
⑤ 参见11版总承包合同第16.1.2条。

措施，并赔偿因上述违约行为给承包人造成的损失；发包人承担违约责任，并不能减轻或免除合同中约定的应由发包人继续履行的其他责任和义务。[①]

但是，工程合同的双方主体仍然需要注意的是，在同时约定违约金和损害赔偿条款的情况下，损害赔偿应属于补充性质，即如果违约金低于实际损失的，才可能适用损害赔偿条款加以调节，反之，则可能无需额外承担赔偿金。

1.3.4.2 继续履行与赔偿损失

与前述损害赔偿与违约金的并存类似，实践中对于继续履行与赔偿损失是否并存也有不同的理解。有观点认为，既然违约一方承担了损害赔偿责任，那就意味着其合同义务的释放，违约方即可以不再受合同的约束，可以不再继续履行合同。也有观点对此持相反的态度，认为两者作为违约救济措施，可以并存。

按照《合同法》的规定，当事人一方不履行合同义务或者履行合同义务不符合约定的，在履行义务或者采取补救措施后，对方还有其他损失的，应当赔偿损失。[②] 从上述规定可见，继续履行和赔偿损失并不冲突，两种救济方式可以共存。

2. 工程合同违约的特殊救济

除了上述法定的支付违约金、损害赔偿和继续履行等救济方式外，工程合同中也规定了相应的救济措施，而这些特殊的救济方式有些是对法定的救济方式的类型化和具体化，还有一些则是工程合同独有、特殊的违约救济方式。比如，因发包人引起的违约行为不仅仅涉及工程价款，还可能对工程质量、工期、安全等造成不利的影响，因此，发包人需要承担的违约责任，除了支付逾期付款违约金外，针对不同的违约行为，承包人可获得的补偿项还通常包括工期顺延和费用补偿等救济方式。同时，也需要注意的是，对于各种违约责任的承担方式也不是相互排斥，更多情况下则是相互并存适用。

[①] 参见11版总承包合同第16.1.1条。
[②] 参见《合同法》第112条。

2.1 延期付款的违约责任

如前所述,发包人的主要义务之一是按照合同的约定按时足额地支付工程款项。对于逾期付款的违约责任,则由双方在工程合同中约定,通常来讲是支付一定比例的逾期付款违约金或者利息。而一旦当事人没有对欠付工程价款利息做出约定时,则按照中国人民银行发布的同期同类贷款利率计算利息[1]当做违约金,可见这是法定违约金在工程合同中的体现。

至于逾期付款利息的起算时间,按照最高人民法院的规定[2],则是从应付工程价款之日起计算,如果当事人对付款时间没有约定或者约定不明的,则下列时间视为应付款时间:

(1) 建设工程已实际交付的,为交付之日;

(2) 建设工程没有交付的,为提交竣工结算文件之日;

(3) 建设工程未交付,工程价款也未结算的,为当事人起诉之日。

此外,工程合同中也有具体的规定,比如12版设计施工合同规定,由于发包人未按合同约定及时支付预付款,造成工期延误的,承包人有权要求发包人延长工期和(或)增加费用,并支付合理利润。[3] 11版总承包合同也规定,因发包人未能按约定的预付款金额和支付时间支付预付款,造成设计的开工日期延误的,设计开工日期和工程竣工日期相应顺延。[4]

2.2 暂缓工程的设计、施工

在工程项目实施过程中,如果由于有些特殊情形的出现,承包人有权主张暂停施工、顺延工期,这也是工程合同中较为特殊的违约救济方式。

比如,隐蔽工程在隐蔽以前,承包人通知发包人进行检查而发包人没有及时检查的,承包人可以暂停施工,并相应顺延工期,要求赔偿停工、窝工等损失。[5]发包人无法继续履行或明确表示不履行或实质上已停止履行合同的,承包人可向发包人发出通知,要求发包人采取有效措施纠正违约行为。发包

---

[1] 参见最高人民法院《关于审理建设工程施工合同纠纷案件适用法律问题的解释》第17条。
[2] 参见最高人民法院《关于审理建设工程施工合同纠纷案件适用法律问题的解释》第18条。
[3] 参见12版设计施工合同第11.3条。
[4] 参见11版总承包合同第4.2.3条。
[5] 参见《合同法》第278条。

人收到承包人通知后的 28 天内仍不履行合同义务，承包人有权暂停施工，并通知监理人，发包人应承担由此增加的费用和（或）工期延误，并支付承包人合理利润。[1] 发包人未按照约定的时间和要求提供原材料、设备、场地、资金、技术资料的，承包人可以顺延工程日期，并有权要求赔偿停工、窝工等损失[2]。发包人逾期支付安全文明施工费超过 7 天的，承包人有权向发包人发出要求预付的催告通知，发包人收到通知后 7 天内仍未支付的，承包人有权暂停施工。[3]

2.3 其他救济方式

除上述违约责任的承担方式之外，工程合同的双方当事人还可以约定采用其他合适的救济措施，包括混合适用诸如费用补偿、工期顺延等方式。比如 13 版施工合同规定，因发包人原因未能按合同约定及时向承包人提供施工现场、施工条件、基础资料的，由发包人承担由此增加的费用和（或）延误的工期。[4]因发包人原因未能及时办理完毕前述许可、批准或备案，由发包人承担由此增加的费用和（或）延误的工期，并支付承包人合理的利润。[5] 由于发包人提供的材料或工程设备不合格造成的工程不合格，需要承包人采取措施补救的，发包人应承担由此增加的费用和（或）工期延误，并支付承包人合理利润。[6]如果是承包人使用不合格材料、工程设备，或采用不适当的施工工艺，或施工不当，造成工程不合格的，监理人可以随时发出指示，要求承包人立即采取措施进行补救，直至达到合同要求的质量标准，由此增加的费用和（或）工期延误由承包人承担。[7]

六、工程合同的解除

根据《合同法》第 8 条的规定，依法成立的合同，对当事人具有法律约

---

[1] 参见 07 版标准合同第 22.2.2 条。
[2] 参见《合同法》第 283 条。
[3] 参见 13 版施工合同第 6.1.6 条。
[4] 参见 13 版施工合同第 2.4.4 条。
[5] 参见 13 版施工合同第 2.1 条。
[6] 参见 13 版施工合同第 13.6.2 条。
[7] 参见 13 版施工合同第 13.6.1 条。

束力。因此，合同任何一方当事人都应当按照约定履行自己的义务，而不得擅自变更或者解除合同。

需要注意的是，合同的解除并不完全等同于合同的终止。按照《合同法》的规定，合同的终止包括履行完毕、合同解除、债务抵销、债权债务的同归等情形。[①] 由此可见，合同解除是终止的一种形式，除了因工程合同履行完毕而终止外，解除是工程合同履行中的非正常终止。

1. 工程合同的解除条件

工程合同的解除包括法定的解除和约定的解除。前者显然基于法律的明文规定，而后者自然就是当事人自行约定的结果。对于约定解除，同样也可以是约定具体的解除事项、解除时间，或者是约定特定的合同解除条件，又或者是在特殊情形下的协商一致解除。

1.1 法定解除条件

按照《合同法》第 94 条的规定，如果出现下列情形之一的，当事人可以解除合同：

（1）因不可抗力致使不能实现合同目的。

（2）因一方违约而解除合同，具体包括：① 在履行期限届满之前，当事人一方明确表示或者以自己的行为表明不履行主要债务；② 当事人一方迟延履行主要债务，经催告后在合理期限内仍未履行；③ 当事人一方迟延履行债务或者有其他违约行为致使不能实现合同目的。

（3）法律规定的其他情形。

除了上述《合同法》关于合同解除的原则规定之外，工程领域中还有其他需要工程合同的双方当事人加以关注的法定解除情形。

1.1.1 因承包人的违约而解除

最高人民法院在《关于审理建设工程施工合同纠纷案件适用法律问题的解释》中规定，承包人具有下列情形之一，发包人有权请求解除建设工程施工合同：

---

① 参见《合同法》第 91 条。

(1) 明确表示或者以行为表明不履行合同主要义务的；

(2) 在合同约定的期限内没有完工，且在发包人催告的合理期限内仍未完工的；

(3) 已经完成的建设工程质量不合格，并拒绝修复的；

(4) 将承包的建设工程非法转包、违法分包的。①

上述规定中，承包人明确表示或者以行为表明不履行合同主要义务的，以及将承包的建设工程非法转包、违法分包的情况相对比较好理解。而对于在合同约定的期限内没有完工，且在发包人催告的合理期限内仍未完工的，已经完成的建设工程质量不合格，并拒绝修复时的合同解除，则需要结合个案具体分析。实践中造成上述情形的起因各不相同，并不能简单按照该规定的字面来理解，否则，草率地解除合同，不仅对工程合同双方的权益造成不利的影响，同时也会造成社会资源的浪费。

1.1.2 因业主方的违约而解除合同

《合同法》规定，发包人不履行协助义务致使承揽工作不能完成的，承包人、设计人可以催告发包人在合理期限内履行义务，并可以顺延履行期限，发包人逾期不履行的，承包人、设计人可以解除合同。②

最高人民法院在《关于审理建设工程施工合同纠纷案件适用法律问题的解释》中也规定，发包人具有下列情形之一，致使承包人无法施工，且在催告的合理期限内仍未履行相应义务，承包人请求解除建设工程施工合同的，应予以支持：

(1) 未按约定支付工程价款的；

(2) 提供的主要建筑材料、建筑构配件和设备不符合强制性标准的；

(3) 不履行合同约定的协助义务的。③

1.1.2.1 因支付违约而解除

业主的支付义务是最基本的义务，如果业主没有按照工程合同的约定支付工程价款，包括预付款、进度款或者其他款项，都可能构成根本违约而导

---

① 参见最高人民法院《关于审理建设工程施工合同纠纷案件适用法律问题的解释》第8条。
② 参见《合同法》第259条。
③ 参见最高人民法院《关于审理建设工程施工合同纠纷案件适用法律问题的解释》第9条。

致合同解除。实践当中，对于政府机构或者国有企业作为发包人的工程项目，在支付环节尤其需要结合内部审批流程、财务管理程序等进行考虑，避免出现可能的逾期支付的情形。

1.1.2.2　材料设备引起的解除

常规来看，按照现行的法律规定和工程惯例，业主提供的设备材料的质量检测应当由监理工程师完成，如果发现有不合格的材料设备，监理工程师应当做出拒绝入场或者清退出场的决定。但在工程实践中，即使是业主提供的设备材料，承包人可能也会被要求承担检查义务，从而使得承包人对于材料设备的合格承担巨大的风险和责任。因此，如果业主提供不符合强制性标准的材料设备，承包人发现后应当予以拒绝，否则，承包人可能承担相应的民事甚至是行政方面的不利后果。

1.1.2.3　因协助义务引起的解除

此外，根据《合同法》及其司法解释的规定，并结合工程实践可以看出，在工程合同的履行过程中，业主作为发包人所需提供的协助工作对承包人的合同履行和工程实施具有非常重要的作用。如果没有发包人提供的协助义务，比如施工许可等相关政府审批，将使得承包人处于非法施工的状态，从承包人的合规性角度来看，会对承包人的施工造成实质影响，或直接造成无法施工，因而，在此种情况下，承包人也可以主张解除合同。

1.1.3　因不可抗力而解除

合同签署后，因不可抗力造成合同无法履行，或者继续履行无法实现合同目的时，则工程合同的任何一方都有权解除合同。有关不可抗力的相关内容，本书其他章节中已有阐述，故在此不再赘述。

实践中需要注意的是，由于不可抗力而解除合同的，如果是在当事人迟延履行后发生不可抗力的，则该当事人并不能免除责任。[①]

1.2　约定解除条件

除了上述法定解除的情形外，工程合同的当事人经协商一致，也可以解

---

① 参见《合同法》第117条。

除合同①；双方当事人也可以在工程合同中具体约定可以解除合同的情形②。约定解除合同是法定解除的补充，也是尊重当事人意思自治的体现。

关于工程合同约定解除的条件和情形，并无统一的内容，大多是散见于工程合同的各个条款之中。当然，其中引起合同解除的事项既可以是发包人的原因，也包括承包人的原因。

1.2.1 承包人的解除权

工程项目的特点在于承包人按照发包人的要求完成工作内容。因此，允许承包人享有合同解除权，可以为其合法权益的保障提供补救措施。比如，如果发包人向承包人提出的要求违反了法律规定③，因发包人原因导致工程项目未能依约开工④，暂停工作超过56天影响到整个工程的⑤，如果发包人延误付款达到60日以上，并影响到整个工程实施的⑥。对于这些情况，承包人都有权解除合同。

1.2.2 发包人的解除权

同样，对于发包人而言，其最终的目的是按时获得质量合格的工程项目，如果承包人无法满足上述需求，发包人也需要享有合同解除权，以维护自身的合法权益。比如，如果承包人无法继续履行或明确表示不履行或实质上已停止履行合同⑦，因承包人违约，监理人发出整改通知28天后，承包人仍不纠正违约行为的，发包人可向承包人发出解除合同通知⑧，工程质量有严重缺陷，承包人无正当理由使修复开始日期拖延达30日以上⑨。

1.3 因一方的便利而解除

因业主方便利而解除合同是工程实践中的一种较为特殊的解除方式，本质上属于单方解除权的条款，其请求权的行使依据或可援引《合同法》中的

---

① 参见《合同法》第93条。
② 同上注。
③ 参见12版设计施工合同第1.14条。
④ 参见12版设计施工合同第11.1条。
⑤ 参见12版设计施工合同第12.5条。
⑥ 参见07版标准合同第14.9.3条。
⑦ 参见12版设计施工合同第22.1.1条第（8）项。
⑧ 参见07版标准合同第22.1.3条。
⑨ 参见11版总承包合同第18.1.2条。

相关规定,即发包人可以随时解除承揽合同,但因解除合同造成承包人损失的,应当赔偿损失。①

但是,需要注意的是,首先,对于业主因便利而解除合同源自于英国法和 FIDIC 的相关规定,在中国法律环境下其适用性还有待商榷;其次,业主的该项请求权的依据是否就是《合同法》的上述规定,也并无司法实践的证明,该项权利是法定权利还是约定权利也有待考究;再次,因业主便利而解除工程合同时,属于业主的违约行为,应当向承包人承担赔偿责任,对于这种责任,不能通过合同的约定作为免责条款使用;最后,按照《合同法》的上述规定,承包人所能获得的救济方式似乎只能是赔偿损失,而且是因发包人的解除合同而导致损失的发生,因此,可以看出,该条规定对承包人是有条件的保护,实践中有必要对这种单方解除权加以限制,以维护正常和诚信的商业交易行为,尊重契约精神。

反过来,《合同法》以及工程合同并没有对承包人是否也可以因便利而解除合同作出规定,按照工程惯例,承包人是没有这种权利的。特殊的情况是承包人出现破产、清算时,承包人或可以提出解除合同的要求,但是,是否可以认为是"因承包人的便利而解除合同"也无确切的说法,或许也只能属于发包人解除合同的理由之一。② 如果承包人从自身角度考虑决定要解除合同,则只能是作为单方解除合同处理,并需为此承担相应的违约责任。

1.4 对合同解除权的约束

尽管有上述诸多可以解除合同的法定或者约定情形,工程合同双方在实际行使解除权时,仍然应当对是否满足解除合同的实体条件予以足够的重视。如果不符合实体条件,则任何一方不得解除合同,否则解除不发生法律效力。对此,最高人民法院曾明确指出,当事人根据《合同法》第 96 条的规定通知对方要求解除合同的,必须具备《合同法》第 93 条关于约定解除的条件或者第 94 条规定的法定解除条件,才能发生解除合同的法律效力;当事人没有在合同中约定解除合同的异议期间的,一方当事人在最高人民法院《关于适用

---

① 参见《合同法》第 268 条。
② 参见 11 版总承包合同第 18.1.2 条。

〈中华人民共和国合同法〉若干问题的解释（二）》施行前已依法通知对方当事人解除合同，对方当事人在最高人民法院《关于适用〈中华人民共和国合同法〉若干问题的解释（二）》施行之日起3个月以后才起诉的，人民法院不予支持。[①]

2. 工程合同的解除程序

除了上述关于解除合同的实体条件外，解除合同还应当遵循特定的程序要求。解除权的行使也有其自身的特点，并不是一方想解除就能解除的。为了避免合同当事人任意解除合同，除了实体方面对解除情形作出规定外，提出解除合同要求的一方当事人还应当遵守法定或者约定的程序要求，《合同法》和工程合同也都对此作出了相应的规定，这其中既包括了解除权的行使期限和解除通知等内容。

2.1 解除权的行使期限

按照《合同法》第95条的规定，法律规定或者当事人约定了合同解除权的行使期限，如果期限届满当事人不行使的，该权利消灭；如果法律没有规定或者当事人没有约定解除权的行使期限，对方可以催告，经催告后在合理期限内仍不行使的，解除权消灭。上述合同解除权的行使期限属于除斥期间，一旦确定就不得变更。

就工程合同而言，现有的《合同法》并没有规定解除权的行使期限，因而可以由双方当事人自行约定期限。而从现有的工程合同条件来看，也并没有明确的解除权行使期限的约定，因此，发包人和承包人在行使合同解除权时应当需要特别留意。

2.2 合同解除的通知

2.2.1 通知改正

从鼓励交易和尊重合同的角度出发，即使出现法定和约定的合同解除条件，一方主体也应当给予对方改正的机会。比如，11版总承包合同规定，承

[①] 参见最高人民法院研究室《对〈关于适用〈中华人民共和国合同法〉若干问题的解释（二）〉第24条理解与适用的请示的答复》（2013年6月4日，法研［2013］79号）。

包人未能按合同履行其职责、责任和义务，发包人可通知承包人，在合理的时间内纠正并补救其违约行为。① 如果逾期仍未改正的，则发包人可以解除合同。

2.2.2 催告程序

催告程序与前述通知改正程序略有区别，通知改正并非法定的合同解除程序，而是源自于双方当事人的约定。而催告程序不同，按照《合同法》第94条的规定，催告应当作为解除前的必经程序，只有在当事人一方迟延履行债务或者有其他违约行为致使严重影响订立合同所期望的经济利益的，对方才可以不经催告解除合同。②

换一个角度，前述通知改正也可以与催告程序合二为一，作为催告程序的替代方式，给予违约一方改正和补救的机会。

2.2.3 解除通知及效力

《合同法》第96条规定，当事人一方主张解除合同的，应当通知对方；合同自通知到达对方时解除。除了前述通知改正和催告等要求外，合同双方需要注意的是，解除通知应当采用书面形式。一方面，解除合同事关重大，以书面形式提出更为正式和合适；另一方面，书面的合同解除通知也可以作为证据使用，有助于减轻解除争议发生时的举证责任。

2.3 解除异议权

作为合同履行的非正常终止方式，合同解除及其带来的影响是重大而深远的，一方当事人解除合同后，必然会给对方当事人造成不同程度的影响，因而给予对方解除异议权有助于维护其自身的合法权益，也有助于制约解除合同的任意性。

然而，由于合同自解除通知到达对方时即告解除，并不存在宽限期或者类似的缓冲期限，因此，收到解除通知的一方对解除合同有异议的，也只能通过人民法院或者仲裁机构来请求确认解除合同的效力。③

---

① 参见11版总承包合同第18.1.1条。
② 参见《合同法》第94条。
③ 参见《合同法》第96条。

3. 合同解除后的法律后果

对于工程合同解除后的法律后果,《合同法》给出了明确的原则规定,即尚未履行的,终止履行;已经履行的,根据履行情况和合同性质,当事人可以要求恢复原状,采取其他补救措施,并有权要求赔偿损失。① 合同的权利义务因合同解除而终止,但是,不应影响合同中结算和清理条款的效力。② 一般来讲,对于工程建设项目,特别是已经进入实质施工阶段的项目,解除合同后再恢复原状基本不具有实际可操作性,因此,对于已完工程进行核算并支付相应工程价款则是较为常用的解决方案。

3.1 合同解除后的付款

如前所述,合同权利义务终止后,原则上不影响合同中结算和清理条款的效力。而合同的解除属于合同终止的一种方式,因此,工程合同解除后,合同中的结算和清理条款仍然对合同双方具有约束力。据此,建设工程施工合同解除后,如果已经完成的建设工程项目质量合格的,发包人应当按照约定支付相应的工程价款。③合同解除之后,解除合同的结算及结算后的付款约定仍然有效,直至解除合同的结算工作结清。④如果解除合同时,预付款尚未扣清的,尚未扣清的预付款余额应作为承包人的到期应付款。⑤

此外,具体到工程合同,除遵循前述原则外,合同解除之后的付款也需要结合解除的原因做不同的分析。比如,07版标准合同就对由于承包人的原因导致解除合同后的估价、付款和结清等作出了明确的规定⑥:(1)监理人商定或确定承包人实际完成工作的价值,以及承包人已提供的材料、施工设备、工程设备和临时工程等的价值;(2)发包人应暂停对承包人的一切付款,查清各项付款和已扣款金额,包括承包人应支付的违约金;(3)合同双方确认上述往来款项后,出具最终结清付款证书,结清全部合同款项。

---

① 参见《合同法》第97条。
② 参见《合同法》第98条。
③ 参见最高人民法院《关于审理建设工程施工合同纠纷案件适用法律问题的解释》第10条。
④ 参见11版总承包合同第18.3.1条。
⑤ 参见12版设计施工合同第17.2.3条。
⑥ 参见07版标准合同第22.1.4条。

而对于因不可抗力而解除合同时，13版施工合同规定[①]，由双方当事人商定或确定发包人应支付的款项，该款项包括：（1）合同解除前承包人已完成工作的价款；（2）承包人为工程订购的并已交付给承包人，或承包人有责任接受交付的材料、工程设备和其他物品的价款；（3）发包人要求承包人退货或解除订货合同而产生的费用，或因不能退货或解除合同而产生的损失；（4）承包人撤离施工现场以及遣散承包人人员的费用；（5）按照合同约定在合同解除前应支付给承包人的其他款项；（6）扣减承包人按照合同约定应向发包人支付的款项；（7）双方商定或确定的其他款项。

3.2 合同解除与赔偿责任

合同解除之后，还有一个需要解决的问题就是对合同解除责任方或者违约一方的违约责任和赔偿责任的处理。原则上来讲，工程合同的解除，并不影响当事人要求赔偿损失的权利。[②]如果是因为一方当事人的违约行为导致工程合同解除的，则违约方还应当赔偿因此而给对方造成的损失。[③]

对此，现行的工程合同中也有相应的规定，比如，07版标准合同规定，合同解除后，发包人应按约定向承包人索赔由于解除合同给发包人造成的损失[④]；12版设计施工合同也规定，发包人发出解除合同通知后，发包人有权向承包人索赔由于解除合同给发包人造成的损失。[⑤]

至于合同解除后的赔偿范围，现有的法律法规并无明文的规定。不过，可以相对确定的是，合同解除可能是由于不可抗力或者一方当事人的违约造成的，或者是合同双方对合同的解除都有责任，因此，司法实践中需要针对不同的合同条件、解除原因和责任归属确定不同的赔偿范围。比如，07版标准合同规定的赔偿范围即包括了承包人为该工程施工订购并已付款的材料、工程设备和其他物品的金额，承包人撤离施工场地以及遣散承包人人员的金额，由于解除合同应赔偿的承包人损失。[⑥]

---

① 参见13版施工合同第17.4条。
② 参见《民法通则》第115条。
③ 参见最高人民法院《关于建设工程施工合同纠纷案件适用法律问题的解释》第10条。
④ 参见07版标准合同第22.1.4条。
⑤ 参见12版设计施工合同第22.1.4条。
⑥ 参见07版标准合同第22.2.4条。

4. 合同解除后的后续处理

在实践中，工程合同终止或解除后，并不意味着合同各参与主体的义务和工作的完全终结。实际上，工程合同的权利义务终止后，当事人还应当遵循诚实信用原则，根据交易习惯履行通知、协助、保密等义务[1]，具体来说，工程合同解除后，除了前文涉及的价款结算、赔偿责任的处理之外，还会涉及已完工程和材料的保管、工程项目的移交、资料交接和场地清理等一系列事项的处理和解决，这些工作通常被称为后合同义务，并且多数情况下，这些后合同义务和工作也都需要由合同双方主体配合完成。

4.1 合同解除后的材料设备的处理

按照诚实信用原则，工程合同解除后，承包人仍然应当保管好工程和相关设备材料，为清场、撤离和移交等工作提供条件。对此，07版标准合同和12版设计施工合同都明确规定，因发包人违约而解除合同后，承包人应妥善做好已竣工工程和已购材料、设备的保护和移交工作，发包人应为承包人撤出提供必要条件。[2]除非得到发包人同意，在解除合同的结算尚未结清之前，承包人不得将其机具、设备、设施、周转材料、措施材料撤离现场和（或）拆除。[3] 合同解除后，因继续完成工程的需要，发包人有权使用承包人在施工现场的材料、设备、临时工程、承包人文件和由承包人或以其名义编制的其他文件，并可以约定相应费用的承担方式。[4]

不过，对于材料、设备的处理还需要考虑一点，那就是如果业主已经支付了上述材料、设备的对应价款的，除非另有约定，那么这些材料、设备的所有权应当归业主；但是，如果业主尚未付款或者材料、设备供应商保留所有权的，则应另当别论。

4.2 合同解除后的清场、撤离

工程合同一旦解除，除非业主另有要求或另有约定，承包人即失去了继

---

[1] 参见《合同法》第92条。
[2] 参见07版标准合同第22.2.5条、12版设计施工合同第22.2.4条。
[3] 参见11版总承包合同第18.1.3条。
[4] 参见13版施工合同第16.2.3条。

续占用工程现场的权利，因此，在合同解除之后，承包人的一项重要义务和工作就是清场和撤离现场。比如，按照11版总承包合同的规定，承包人的收到解除合同通知后的具体工作包括：（1）除了为保护生命、财产或工程安全、清理和必须执行的工作外，停止执行所有被通知解除的工作，将未被因抵偿扣留的机具、设备、设施等自行撤离现场，并承担撤离和拆除临时设施的费用。（2）移交已完成的永久性工程及负责已运抵现场的工程物资；在移交前，妥善做好已完工程和已运抵现场的工程物资的保管、维护和保养。（3）向发包人提交全部分包合同及执行情况说明，包括承包人提供的在现场保管的、已经订货的、正在加工的、运输途中的、运抵现场尚未交接的各类物资，发包人承担解除合同通知之日之前发生的、合同约定的此类款项；承包人有义务协助并配合处理与其有合同关系的分包人的关系。（4）经发包人批准，承包人应将其与被解除合同或被解除合同中的部分工作相关的和正在执行的分包合同及相关的责任和义务转让至发包人和（或）发包人指定方的名下，包括永久性工程及工程物资，以及相关工作。（5）承包人应按照合同约定，继续履行其未被解除的合同部分工作。① 按发包人要求将设备和人员撤出施工场地。② 同时，发包人也要为承包人的撤离提供必要条件。

4.3 工程资料的移交

工程资料的移交也是不可忽视的工作内容。就发包人提供的有关工程项目的工程技术资料、图纸等文件，承包人应当按照要求将发包人提供的所有信息及承包人为本工程编制的设计文件、技术资料及其他文件移交给发包人；在承包人留有的资料文件中，销毁与发包人提供的所有信息相关的数据及资料的备份；移交相应实施阶段已经付款的并已完成的和尚待完成的设计文件、图纸、资料、操作维修手册、施工组织设计、质检资料、竣工资料等。③不论工程合同解除后是否会有其他第三人继续实施工程项目，这些都是重要的数据信息资料，因此，承包人应当按照约定移交给业主。

---

① 参见11版总承包合同第18.1.3条。
② 参见07版标准合同第22.2.5条、12版设计施工合同第22.2.4条。
③ 参见11版总承包合同第18.2.2条。

七、与违约和解除相关的法律问题

在工程实务当中,对于处理合同违约和合同解除的相关争议,还需要特别关注与此相关的几个法律问题。

1. 与违约赔偿相关的规则

减损规则、损益相抵规则以及可预见规则是处理有关违约、赔偿争议时常见的规则,在实务中,不论是违约方还是非违约方都要对此予以足够的重视。

1.1 减损规则

按照诚实信用的基本原则,如果一方当事人违约而致使守约方遭受或者可能遭受损失时,守约方应当采取合理的措施以便减少损失,而不能放任损失的发生和扩大。这在《合同法》中也有明确的规定,即当事人一方违约后,对方应当采取适当措施防止损失的扩大;没有采取适当措施致使损失扩大的,不得就扩大的损失要求赔偿;当事人因防止损失扩大而支出的合理费用,由违约方承担。[①] 该规则的核心目的则是"衡量守约方为防止损失扩大而采取的减损措施的合理性问题,减损措施应当是守约方根据当时的情境可以做到且成本不能过高的措施"[②],实践中,对于当事人虽已采取措施,但措施不当,因此扩大损失的,当事人能否就扩大部分的损失请求赔偿存在不同的观点。

另外,需要注意的是,这里承担减损义务的应当是非违约方而不是违约方。而针对不可抗力事件发生的损失时,按照07版标准合同、12版设计施工合同和13版施工合同的规定,发包人和承包人均应采取措施尽量避免和减少损失的扩大,任何一方没有采取有效措施导致损失扩大的,应对扩大的损失承担责任。[③]

[①] 参见《合同法》第119条。
[②] 原告北京聚医阁公司与被告中国医药中心公司、第三人北京源生素源公司技术开发委托合同纠纷案,北京市昌平区人民法院(2010)昌民初字第80号民事判决书。
[③] 参见07版标准合同第21.3.3条、13版施工合同第17.3条、12版设计施工合同第21.3.3条。

1.2 损益相抵规则

损益相抵又称为损益同销,它是指工程合同的一方当事人基于损害发生的同一赔偿原因获得利益时,应将所受利益由所受损害中扣除以确定损害赔偿范围的规则①,它用以衡量如何公平地分配由损害事件所带来的"利益",也就是说用来判定"利益"与"损害事实"之间是否具有因果关系②。确立损益相抵规则的目的在于使守约方恢复到损害发生前的同一状态③,因此,守约一方主体不能因为一方违约而获得双重利益,而只能就对方违约而遭受的净损失获得赔偿。④

由于理论上和司法实践对损益相抵规则的不同理解,工程合同领域对于损益相抵规则的适用也有不同的处理方式,因此,有待进一步的探讨和实践的论证。

1.3 可预见规则

可预见性规则也是确定违约赔偿范围的重要衡量标准。《合同法》明确规定,当事人一方因给对方造成损失的,损失赔偿不得超过违反合同一方订立合同时预见到或者应当预见到的因违反合同可能造成的损失。⑤

可预见规则的另一种表现方式则是避免无限责任,反过来讲,也就是确定违约赔偿责任的限额。设定违约金和赔偿责任限额也是国际工程的惯例。这也是工程合同实践中需要尤其关注的一点。比如,13版施工合同就规定双方还可以约定逾期竣工违约金的计算方式和逾期竣工违约金的上限。⑥而在工程设计合同实务中,也通常会对设计人设计文件不合格的损失赔偿金的上限和逾期交付工程设计文件的违约金的上限作出规定。至于有可能发生的高额赔偿事件,一般多是通过保险方式进行风险转移。

---

① 参见韩世远:《合同法总论》,法律出版社2004年版,第759页。
② 参见赵刚:《损益相抵论》,载《清华法学》2009年第6期。
③ 参见冀诚:《合同法:规则与原理》,北京大学出版社2013年版,第213页。
④ 原告北京聚医阁公司与被告中国医药中心公司、第三人北京源生源公司技术开发委托合同纠纷案,北京市昌平区人民法院(2010)昌民初字第80号民事判决书。
⑤ 参见《合同法》第113条。
⑥ 参见13版施工合同第7.5.2条。

2. 工程合同的撤销

除了上述工程合同的违约及其抗辩、违约赔偿限制、合同解除等诸多问题外，工程合同还可能涉及特殊情况下的撤销。

2.1 工程合同撤销的情形

根据《合同法》第54条的规定，合同出现下列情形时，当事人一方有权请求人民法院或者仲裁机构予以撤销：（1）因重大误解订立的；（2）在订立合同时显失公平的。另外，如果合同的一方当事人以欺诈、胁迫的手段或者乘人之危，使对方在违背真实意思的情况下订立合同，受损害方有权请求人民法院或者仲裁机构作出撤销裁决。

由于合同的撤销直接涉及合同双方当事人的实体权利义务，并且其依据的是法院和仲裁机构的职权，因此，必须严格遵循当事人意思自治的原则，也就是说，对于符合法定情形的工程合同的变更或撤销，当事人具有选择权。如果当事人只是请求法院予以变更合同的，那么法院或者仲裁机构只能依请求进行变更而不得撤销合同。

2.2 撤销权的行使和消灭

结合上述《合同法》的规定，合同撤销权的行使主体并没有限定，也就是说，任何一方当事人都可以依法提出变更或撤销合同的要求。但是，毕竟撤销合同并不是基于合同双方的协商一致，按照《合同法》的规定，如果工程合同出现下列情形之一的，当事人的撤销权消灭[①]：（1）具有撤销权的当事人自知道或者应当知道撤销事由之日起一年内没有行使撤销权；（2）具有撤销权的当事人知道撤销事由后明确表示或者以自己的行为放弃撤销权。

需注意的是，当事人行使合同撤销权的一年期限属于除斥期间，不发生中断、中止等情形，一旦超过上述期限，就丧失了撤销权。而允许权利人放弃撤销权的规定，则是体现了法律对当事人意思自治的尊重。

[①] 参见《合同法》第55条。

3. 工程违约和侵权的竞合

工程违约是实践中经常遇到也是最为常见的问题。工程合同的双方当事人自然都会通过合同条款的形式对相关的违约情形、违约责任等做出安排，但是，对于工程侵权，由于其不可约定性，故在工程实务中相对较少被关注。相比较而言，侵权行为的法律后果、权利救济方式与违约赔偿都存在明显的不同。

按照《合同法》第122条的规定，因当事人一方的违约行为，侵害对方人身、财产权益的，受损害方有权选择依照本法要求其承担违约责任或者依照其他法律要求其承担侵权责任。依此规定，受损害方可以选择违约赔偿或者侵权赔偿中的一种作为其权利请求的基础和依据。不过，不能忽略的一点是，按照《仲裁法》的规定和中国仲裁理论，侵权行为及其损害赔偿不具有可仲裁性，因此，在违约和侵权竞合的情况下，当事人在行使请求权时，也还需要考虑诉讼和仲裁两种权利救济方式的选择。

第十二章 争议解决方式

一、概述

预防和解决争议是工程领域永恒的话题之一。尽管对发包人和承包人来说，避免争议是双方的重要目标之一，也是最好的争议解决方法，但事实上，因工程发生的争议仍然是不可避免的。工程领域的法律事务包括争议解决和非争议解决。广义的争议解决并不限于诉讼、仲裁等活动，也包括了过程中的协调、谈判等，而在实务中，多层级、多类型的争议解决方式在工程合同中也非常普遍。因此，发生争议的合同主体双方有必要留意工程合同中约定的争议解决方式，按照约定的程序穷尽可行的方式。

目前，工程合同中通常约定的是和解/调解先行，仲裁或诉讼择一最终解决的方式。当然，由于争议评审制度在国内的起步以及逐步运用和推广，使得工程合同争议的解决方式更趋于多样化，争议双方当事人还应注意有关工程争议评审制度的运用。

二、和解/调解

不论是从法律的角度还是从商业的角度考虑，如果能够以和解或调解的方式解决相关的工程合同争议，对合同主体也是相对比较稳妥和有效的方式。即使是从全球市场的角度来看，以和解和调解方式解决争议也仍然是最为主要的方式。① 调解解决争议并非中国的专利，在国际工程中，作为一种与争议

---

① 参阅英国克力思公司的《2013年全球建设工程争议报告》。

评审、仲裁、诉讼并行的独立的争议解决方式，调解使用的频率和效果也非常突出。

1. 和解和调解的形式

1.1 和解

和解是争议双方当事人之间的自行协商解决。不可否认的是，对于和解这种基本上纯粹依靠当事人自行协商的方式，双方的经济地位、谈判技能、争议解决的态度等因素对最后所能达成的解决方案的影响力是至关重要的。

1.2 调解

至于调解，主要是在第三人的参与下，协调处理争议，其形式具有多样性的特点，它既可以是独立的一种争议解决方式，如2010年颁布实施的《人民调解法》确立了人民调解委员会调解制度，即由人民调解委员会促使当事人在平等协商基础上自愿达成调解协议，解决民间纠纷的活动；也可以作为仲裁、诉讼等的辅助手段，比如，《民事诉讼法》第93条规定：人民法院审理民事案件，根据当事人自愿的原则，在事实清楚的基础上，分清是非，进行调解。《仲裁法》第51条也规定：仲裁庭在作出裁决前，可以先行调解。

2. 和解和调解的效力

通常来说，当事人和解、调解达成的一致，对双方当事人并不具有当然的法律约束力。甚至在诉讼中，当事人为达成调解协议或者和解的目的作出妥协所涉及的对案件事实的认可，也不得在其后的诉讼中作为对其不利的证据（最高人民法院《关于民事诉讼证据的若干规定》第67条）。

但是，经过人民法院或仲裁庭调解达成协议的，人民法院和仲裁庭通常会依据调解协议制作调解书，调解书经双方当事人签收后，即具有法律效力（《民事诉讼法》第97条，《仲裁法》第52条）。

3. 人民调解委员会的调解

根据《人民调解法》第31条的规定，经人民调解委员会调解达成的调解协议，具有法律约束力，当事人应当按照调解协议的约定履行。对于经人民调解委员会调解后达成的调解协议，当事人之间就调解协议的内容或者履行发生争议的，一方当事人可以向人民法院提起诉讼。

双方当事人也可以自调解协议生效之日起 30 日内共同向人民法院申请对调解协议进行司法确认。调解协议经法院依法确认有效的，一方当事人拒绝履行或者未全部履行的，对方当事人可以向人民法院申请强制执行；调解协议经法院依法确认为无效的，当事人可以通过人民调解方式变更原调解协议或者达成新的调解协议，也可以向人民法院提起诉讼。

4. 工程调解

4.1 法定的调解

在工程领域，调解通常也是一种辅助的争议解决手段。在《人民调解法》实施后，北京市建筑业联合会曾颁布了《建设工程施工合同纠纷人民调解委员会调解工作实施细则（试行）》，率先在工程领域推行人民调解制度。按照该实施细则的规定，人民调解实行不公开进行的原则，受理的工程合同纠纷也仅限于在北京市住建委办理备案手续的工程。调解的期限为 20 个工作日。调解达成一致，或者当事人达成和解，由调解庭制作调解书。

至于调解书的法律效力，虽然实施细则写明自双方当事人签收后发生法律效力，但是具体的实施和实际效果则尚有待司法实践的验证。

4.2 约定的调解

除了上述法律规定，或者在仲裁、诉讼过程中运用的调解方式外，工程合同本身也可以为争议解决设置调解程序，而且，在某些情况下，调解更是诉讼和仲裁的前置程序，没有经过调解的争议，将无法提交仲裁机构或法院解决。

如 13 版施工合同第 20.2 条规定：合同当事人可以就争议请求建设行政主管部门、行业协会或其他第三方进行调解，调解达成协议的，经双方签字并盖章后作为合同补充文件，双方均应遵照执行。

而在 11 版总承包合同中，争议解决程序的设置更为详细，其第 16.3.1 条即规定：根据本合同或与本合同相关的事项所发生的任何索赔争议，合同双方首先应通过友好协商解决……在上述书面通知发出之日起的 30 日内，经友好协商后仍存争议时，合同双方可提请双方一致同意的工程所在地有关单位或权威机构对此项争议进行调解;在争议提交调解之日起30日内,双方仍存争议时,或合同任何一方不同意调解的,按专用条款的约定通过仲裁或诉讼方式解决争议事项。

三、工程争议评审

我国目前的工程争议评审尚处于起步和试验阶段,北京仲裁委员会是国内第一个制定工程争议评审规则的机构,并且据报道,北京仲裁委员会已率先开始在工程建设项目中实施这一争议解决制度。[①] 此外,中国国际经济贸易仲裁委员会也制定了工程争议评审规则、武汉仲裁委员会还特地成立了建设工程争议评审中心。但是,目前中国的法律尚没有针对工程争议评审制度的性质、效力的统一标准和规定,对其定性并无明确的规定。并且,现行工程合同中使用的"争议评审制度"属于DAB还是DRB还是DB也没有明确的定性,而在国际工程实践中,三者的法律效果有着明显的不同。因此,工程争议评审制度在国内的具体实施效果仍有待立法、司法的实践证明。

本节主要以英国法中规定的工程争议评审制度(Adjudication)为例,结合国内现行的工程合同中的相关内容进行阐述。

1. 工程争议评审制度沿革

工程争议评审制度起源于英国。英国最早使用工程争议评审一词是在1970年代的JCT合同中。自1994年莱斯姆勋爵(Sir Lantham)在其编制的报告"Construction the Team"中提出建立法定的工程争议评审制度的设想,到落实制度的设计,再到具体的实践,以及立法的保障和司法的支持,也已经历了近20年的时间,并且取得了非常好的实效。英国上议院更是在1996年颁布了《住宅保障、建设和重建法》,首次以立法形式确定了工程争议评审机制。2011年10月,上议院通过的《地方民主、经济发展和建设法》正式实施,新法案修改了原法案中的部分内容,成为指导工程争议评审制度的新

[①] 2013年11月27日,"中国航信北京顺义高科产业园区项目争议评审机制"在北京仲裁委员会启动,参见《法制日报》2013年11月28日报道。

依据。

根据相关报告和数据统计,自1999年至2010年十年间,英国建筑和技术法庭(TCC)、英国上诉法庭以及枢密院(现为英国最高法院)受理的针对争议评审的案件每年都不超过50件,绝对多数的工程争议经评审后即解决。其中1999年为13例,2000年到2003年较多,每年都在40件左右,而2004年到2008年期间,法院受理的针对争议评审纠纷的案件起伏较大,不过基本都维持在20例到35例之间。到了2009年,由于受经济形势的影响,工程纠纷经争议评审后,当事人又提起诉讼的案件达到了48例之多。其后,新的《地方民主、经济发展和建设法》再次重申和肯定了工程争议评审机制,并对之前若干实践操作中歧义或不合法的实务问题作了进一步的明确规定和细化。根据2009年英国专业机构的统计显示,目前在英国,有超过90%的工程合同纠纷是通过争议评审方式获得最终解决的。

2. 工程争议评审的性质和效力

在中国现有的法律体系下,笔者认为,工程争议评审决定本身更接近机构调解制度,不具有法律上的强制效力。就目前的情况看,中国的争议评审规则主要是在仲裁机构的主导下进行的,与仲裁机构既有联系又有区别。可以说,如果工程合同的双方当事人决定采用争议评审制度解决纠纷,其可选择的评审员只能是现有的仲裁机构的成员,这对确保争议评审决定的独立性和公正性具有一定的制约性。因此,如何将仲裁机构主导的争议评审和仲裁有机地结合起来,以及如何发挥仲裁架构外的专业机构和人员的作用,参与和推广工程争议评审制度,可能是将来需要进一步研究和探讨的问题。

英国高等法院的Dyson法官在Macob Civil Engineering v. Morrison Construction一案中就指出:工程争议评审机制的目的在于提供快速解决争议的途径,这就使得评审员所做出的决定应该对双方当事人都有约束力,除非该争议最终被仲裁、诉讼或双方的协议所改变。[①] 按照莱斯姆爵士最初的设想,争议评审决定做出后,争议双方应当立即执行,任何针对争议评审的异议而提起的

---

① Macob Civil Engineering Ltd. v. Morrison Construction Ltd. [1999] B. L. R. 93.

诉讼或仲裁都应当在实质竣工之后。这主要是因为工程争议评审制度的建立在于快速高效地解决争议，避免工程建设的停顿。

而在中国，对于工程争议评审员所做的决定，由于缺少相应的法律规定和支持，在具体的实施和执行上将会存在不确定性。一般来讲，双方可以通过公证机构制作债权证书或者通过争议双方事后达成的仲裁协议交由仲裁机构处理。另外，《民事诉讼法》也专门规定了司法确认制度，即当事人可以申请对调解协议进行司法确认，一旦经确认，即可以依据《民事诉讼法》第195条的规定申请人民法院予以执行。但是，2012年修订的《民事诉讼法》只规定了调解协议的司法确认，新的司法确认制度是否也能用于工程争议评审决定，则还需要时间和实践的检验。

此外，在实践中还需要注意的是，如果工程合同被认定为无效，那么合同中约定的争议评审条款是否也将归于无效？笔者认为，《合同法》中关于争议解决方式的独立性条款，仅适用于诉讼和仲裁，而不包括争议评审。工程合同的主体之间约定的调解程序或工程争议评审方式仍属于当事人约定的合同条款的范畴之内，是合同主体之间有关处理相关争议的条款，而非法定、强制、独立存在的有关争议解决方式的条款。[①] 无效的工程合同不具有法律约束力应当包括合同中的全部条款，因而除非法律另有规定，合同主体约定的非法定的争议解决方式，自然会因为合同无效而导致不具有法律约束效力。

3. 工程争议评审制度的特点

目前，英国法给予工程争议评审制度较为广泛的适用范围，除了一方主体为个人住房所有者的工程合同和具有融资性质的PFI项目合同外，工程争议评审制度被广泛地应用于英国的工程合同争议解决领域。

按照英国立法的规定以及法院的司法实践，工程争议评审制度的最核心的特点是"pay now, argue later"，其最初设立这一制度的目的之一就是尽快地解决工程建设过程中的中期付款而暂时搁置其中存在的质量、延误等争议，避免因承包商现金流出现问题而影响合同的履行，而最终的目的则是确保工

---

① 参见陈小君：《合同法》，高等教育出版社2003年版，第103页。

程的顺利完成。因此，快速高效地处理争议成为工程争议评审的一个重要特点。

与此对应，事实上，与工程仲裁不同的是，按照现行的英国法，工程争议评审的处理通常是"一事一议"，即提交工程争议评审的是一个争议，而不是多个争议。在 Witney Town Council v. Beam Construction 案[1]中，法官更是进一步指出，如果一个案件存在两个以上可分开的争议和有差异的争议，那么只有一个争议可以提交给争议评审员处理，除非双方达成一致意见，否则，该评审员无权在一个案件中同时处理两个争议。但是，这个争议可以是合同双方之间的任何未达成一致的事项，比如质量、工期问题而不仅限于合同价款的支付，同样，也可以是侵权、合同终止、损害赔偿等事宜。

4. 工程争议评审程序的相关规定

4.1 争议的存在和发生

启动工程争议评审制度，其前提必须是存在争议。法院对案件是否存在争议的判定也历经波折。一开始，在 Nuttal v. Carter 案[2]中，法院认为只有在进入到既定的程序后才会产生争议，但随后，法院又通过 Halki v. Sopex[3] 一案改变了之前对"争议"的界定，判决认为，"争议"一词应当符合通常的理解，即"common sense approach"。最后，直到 2004 年，才由 Jackson 法官在 Amec v. Secretary of State for Transport 案[4]中确定了判断双方当事人之间是否存在"争议"的七个标准，才最终得以解决"争议"标准之难题。

关于"争议"标准之争，对国内的争议评审制度也有所借鉴，实践中，一方当事人提起争议评审，还是提起仲裁或诉讼，应当首先要注意是否已经穷尽相应的救济途径，是否符合约定的程序要求，尤其是在当前日趋复杂的多层级争议解决方式合同安排的情况下。

---

[1] Witney Town Council v. Beam Construction [2011] EWHC 2332.
[2] Edmund Nuttall Ltd. v. R. G. Carter Ltd. [2002] EWHC 400 (TCC).
[3] Halki Shipping Corp. v. Sopex Oils Ltd. [1997] All ER (D) 130.
[4] Amec Civil Engineering v. Secretary of State for Transport [2004] EWHC 2339 (TCC).

4.2 争议评审程序的启动

根据《地方民主、经济发展和建设法》的规定，任何一方都有权在任何时候提出工程争议评审请求，以启动争议评审程序，但是该请求应当以书面的形式进行。而启动争议评审程序的依据则是法定的争议评审制度，同时也可以是合同条款中的争议评审约定，按照《地方民主、经济发展和建设法》及其实施细则的规定，合同条款不得约定排除任何一方提起争议评审程序的权利，如果合同没有类似的条款，那么评审制度将适用于该工程合同。

通常情况下，合同双方可以事先在工程合同中约定一名争议评审员或一个能够提供争议评审员的指定机构，这些机构包括皇家特许仲裁员学会、皇家特许建筑师学会、皇家特许测量师学会、皇家特许工程师学会等。当申请人向这些专业机构提出评审申请后，专业机构会在5天内指定一名合格的评审员，并给予评审员2天的时间考虑是否接受指定。

争议评审员一旦接受指定，则必须在28天内做出决定，在特殊情况下，如果征得双方的同意，则最长可以再延长14天。

4.3 争议评审员的权责

4.3.1 争议评审员的管辖权

在工程仲裁案件中，按照1996年英国仲裁法的规定，仲裁庭享有"仲裁自裁权"（competence-competence），即仲裁庭有权决定其是否对仲裁案件具有管辖权。而在工程争议评审中，如果没有特别的约定，评审员并无权对其自身是否享有管辖权做出最终的具有强制力的决定，因为从本质上讲，争议评审不具有准司法的权力，而且仲裁员和法官可以对评审决定的内容重新进行裁判，尤其是在涉及法律问题时。但是，实践中，对争议评审员的管辖权的质疑并非不可能，如何处理此类问题将直接影响后续的评审程序能否正常进行。

4.3.2 争议评审员的公正性

作为一名工程争议评审员，其最基本的权责是能够凭借其专业知识解决工程合同双方的争议。这其中，最基本的原则和要求就是争议评审员必须公正地处理争议。一旦缺乏公正性，因争议评审决定而承担不利后果的一方往往以此为由拒绝和挑战争议评审决定。

公正性中最基本的要求就是自然正义（natural justice），具体包括公正行事和公平地听取双方的意见。公正行事（act impartial）也就是要求正义评审员处理案件时不能有偏见，不能先入为主地对案件下结论。公平听取双方意见（fairness hearing）要求任何一方当事人都有合理的机会阐述各自对案件的意见和观点。

4.3.3 对事实和法律的主动权

在处理争议评审案件时，争议评审员有权按照《地方民主、经济发展和建设法》的规定，主动地对案件的事实认定和法律适用进行甄别和判定。

而且，只要争议评审员遵循了管辖权和公平正义原则，即使在评审决定中就事实和法律给出错误的答案，考虑到争议评审员所做出的并不是终局的确定争议双方权利义务的决定，争议双方仍然应当遵守和执行该决定。

比如，在 Sherwood v. McKenzie 案[①]中，法官就指出，由于争议评审要求快速，因此错误是在所难免的，法院应当保障评审员在管辖权内做出的错误决定的有效性。不过，这个也只是原则性的规定，当评审员的这种错误将影响或者导致其丧失管辖权时，那么如同 Joinery Plus Ltd. v. Laing Ltd. 案[②]中法官判决的一样，评审决定也将会被法院认定为无效。

5. 工程争议评审决定的执行

5.1 挑战评审决定的理由

根据《地方民主、经济发展和建设法》的规定以及英国法院的判例法，争议评审决定对双方当事人具有非终局的强制力，如果双方对评审决定的内容有异议，则可以通过最后的仲裁或诉讼程序予以补正，或者由争议双方另行签署合同解决。因此，通常情况下，法院会支持争议评审员的决定。

在现有的判决和法律规定下，工程合同的争议双方能够据以拒绝履行争议评审决定的理由主要集中在两个方面：

首先，是争议评审员没有相应的管辖权。从实践来看，根据具体案件可分为多种不同的情形。

---

① Sherwood v. McKenzie (2000) CILL1577.
② Joinery Plus Ltd. v. Laing Ltd. [2003] BLR 184.

其次，最有可能被挑战的拒绝履行争议评审决定的是评审程序严重不当（serious irregularity）。比如在 Quartzlec v. Honeywell 案①中，法官认为评审员拒绝考虑一方当事人提出的抗辩意见违背了自然正义原则而不予执行评审决定。相反，在另一案件 Kier Regional v. City & General②中，法官则认为评审员决定不考虑两份相关的专家意见并不会导致其评审决定无效。从上述两个案件可以看出，实践中关于"严重程序不当"的标准也不是统一的，更多地取决于法官对事实的认定及其自由裁量权的运用。

另外，法院还会认定其他一些可以作为拒绝履行争议评审决定的理由，比如，争议评审员的行为违反了自然正义的原则、不诚信行为（bad faith）、评审员对一方当事人有偏见和歧视，在这些情况下，争议评审决定也将可能被搁置不予执行。

5.2 法院的支持和监督

就《住宅保障、建设和重建法》和《地方民主、经济发展和建设法》而言，上述两份法案本身并没有就法院对争议评审制度的支持、监督、执行等作出具体的规定，关于争议评审制度的内容，更多的是根据普通法惯例在审理案件过程中的"法官造法"。

5.2.1 法院对争议评审制度的态度

英国首次涉及工程争议评审决定的是 1990 年的 Cameron v. Mowlem 案③，在该案判决书中，英国上诉法院认为工程争议评审员的决定不具有类似于仲裁裁决的强制执行性，而应属于双方之间就争议事项达成的协议。

尽管 1996 年《住宅保障、建设和重建法》确立了工程争议评审机制，但是法案并没有就评审员决定的法律效力提供明确的规定。在《住宅保障、建设和重建法》实施后的 1999 年，英国高等法院 TCC 法庭④受理了第一个关于工程争议评审决定的执行力问题的案件。在 Macob Civil Engineering Ltd. v.

---

① Quartzlec v. Honeywell [2009] EWHC 3315.
② Kier Regional v. City & General [2006] BLR 315 (TCC).
③ Cameron v. Mowlem (1990) 52 BLR 24.
④ 全称为"Technology and Construction Court"，国内多将其翻译为"科技和建筑法庭"，专门处理英国的科技类和建筑类工程合同纠纷。

Morrison Construction Ltd. 案[①]中，Dyson 法官指出工程争议评审机制的目的在于提供快速解决争议的途径，这就使得评审员所做出的决定应该对双方当事人都有约束力，除非该争议最终被仲裁、诉讼或双方的协议所改变。此后，工程争议评审决定的法律效力才被司法界所认可，并在上诉法院后续审理的一系列案件中被引用。

从程序上，现行《地方民主、经济发展和建设法》并没有强制规定争议评审制度作为诉讼的前置，因此，在争议评审过程中，对当事人一方是否可以另行提起诉讼并无禁止性的规定和先例，法院也没有权力因为诉讼程序的进行而要求暂停或者搁置争议评审程序。

5.2.2 法院对争议评审决定的监督

在程序上，法院并不主动监督争议评审程序的进行，只有在极端的情况下，法院才会以违反自然公正为由宣告（declaration）其程序的不合法。相反，对于这种情形，法院更倾向于在评审决定的执行阶段进行审查和监督。

如果仅仅是认为争议评审员对事实认定有错误，或者适用法律错误，并不能构成争议双方拒绝履行评审决定的理由。但是，如果争议评审员的决定解决的不是争议双方所提出的争议，那么，争议评审决定就会因为缺少管辖权而得不到法院的支持。

5.2.3 申请法院执行评审决定

由于评审决定具有类似合同约定的性质，因此，其履行更多的是依赖于争议双方的自觉履行。但是，如果对方当事人不履行评审决定时，则一方当事人也可以依据民事诉讼法的规定向法院申请强制执行。

6. 国内现行工程合同中的争议评审

目前，国内现行的四份工程合同中，除了11版总承包合同外，都对争议评审制度作了规定，以推广运用该制度。

6.1 争议评审小组的组成

关于争议评审小组的组成时间，工程合同本身并没有统一的规定，比如

[①] Macob Civil Engineering Ltd. v. Morrison Construction Ltd. [1999] B. L. R. 93.

13版施工合同第20.3.1条规定,合同当事人应当自合同签订后28天内,或者争议发生后14天内,选定争议评审员。12版设计施工合同[1]和07版标准施工合同[2]也都规定,如果采用争议评审的,发包人和承包人应在开工日后的28天内或在争议发生后,协商成立争议评审组。具体时间则可能需要根据实际情况确定。

争议评审小组的成员则主要是有合同管理和工程实践经验的专家。这一点与英国法中的类似,英国的评审员也主要是从仲裁员、律师、建筑师、测量师、工程师等领域的专业人士中选任。由于评审员本身的专业能力对案件的审理具有十分重要的影响和作用,其对某一具体案件的处理结果,不仅影响案件本身争议双方的权利义务,在得到法院的认可后,甚至还可能对行业产生影响,因此,在英国,评审员的培训、后续教育、考核都遵循非常严格的要求。国内推广实施争议评审制度后,可以借鉴英国的实践经验。

6.2 提交争议评审的时间

按照英国《地方民主、经济发展和建设法》的规定,工程合同双方可以在任何时候将争议提交争议评审小组决定。这一规定在13版施工合同第20.3.2条得到了体现,即合同当事人可在任何时间将与合同有关的任何争议共同提请争议评审小组进行评审。

但是,其他几份工程合同没有此类表述。笔者认为,07版标准合同和12版设计施工合同关于组建评审小组的时间规定应当也同样适用于提交评审的时间。因为,在没有具体约定时限的情况下,不应该排除合同双方随时提交评审的权利。

6.3 争议评审的处理时限

争议评审制度的最大特点就是快速解决争议,因此要求争议评审员在合理的时限内尽快和节约地处理争议。

以英国的《地方民主、经济发展和建设法》为例,一旦合同一方提起争议评审,则应当在7天内指定评审员。评审员应当在28天内做出决定,特殊

---

[1] 参见12版设计施工合同第24.3.1条。
[2] 参见07版标准合同第24.3.1条。

情况下，可以最多延长14天。相比较而言，目前国内工程合同规定的评审时间较短，即在经过14天的调查后，应当在14天内做出评审决定。①

6.4 争议评审小组决定的效力

按照英国法的制度设计，工程争议评审决定不是对争议的最终解决，双方对评审员的决定有异议的，仍然可以提出仲裁或诉讼解决。但是在仲裁或诉讼改变评审决定之前，则应当按照评审决定执行。

13版施工合同第20.3.3条也明确了争议评审小组做出的书面决定经合同当事人签字确认后，对双方具有约束力，双方应遵照执行。任何一方当事人不接受争议评审小组决定或不履行争议评审小组决定的，双方可选择采用其他争议解决方式。

从上述工程合同表述来看，争议评审决定也不是终局的决定，任何一方对评审决定有异议的，仍可以按照合同的约定提交法院或仲裁机构进行终局处理。

四、工程仲裁

根据《仲裁法》的相关规定，平等主体之间的公民、法人和其他组织之间发生的合同纠纷和其他财产权益纠纷，可以仲裁。作为平等民事主体之间签署的工程合同也同样可以采用仲裁方式解决争议。事实上，仲裁是近几年在国内外工程领域采用比较多的争议解决方式，本着节约成本、高效快速解决纠纷的目的，工程仲裁有着更进一步发展的趋势。根据2013年全球建设工程纠纷报告，仲裁的使用率仅次于争议双方的协商和调解，占据第三的重要位置。②

1. 仲裁协议/仲裁条款

仲裁程序的提起源于合同主体的自主选择，而这种选择则体现在仲裁协

---

① 参见13版施工合同第20.3.2条、07版标准合同第24.3.4条、12版设计施工合同第24.3.5条。

② 参阅英国克力思公司的《2013年全球建设工程争议报告》。

议或者仲裁条款之中。没有仲裁协议或者仲裁条款,仲裁庭就没有仲裁管辖权,其裁决将得不到法院的执行。

1.1 仲裁协议的形式要件

《仲裁法》明确规定:当事人采用仲裁方式解决纠纷,应当双方自愿,达成仲裁协议。没有仲裁协议,一方申请仲裁的,仲裁委员会不予受理。当然,这里的仲裁协议应当做广义的解释,既可以是包括在合同中的仲裁条款,也可以是双方当事人在争议发生前或者发生后单独签署的书面仲裁协议。

实践中,还有双方通过电子数据,包括电报、电传、传真、电子数据交换和电子邮件,或者书面往来函件的形式达成的仲裁协议。无论如何,原则上,按照现行法律规范的规定,仲裁协议以"书面"为形式要件。

1.2 仲裁协议的内容要件

一份有效的仲裁协议,除了应当符合一般的《合同法》所要求的行为能力等要件之外,还必须具备如下内容:

(1) 有请求仲裁的意思表示

按照"或裁或审"原则,对于仲裁或诉讼争议解决方式,当事人只能择其一。当事人约定争议可以向仲裁机构申请仲裁也可以向人民法院起诉的,仲裁协议无效。

尤其需要注意的是在使用现行的四份工程合同时,采用的是通用条款和专用条款并用的形式,在合同通用条款中都约定了"本合同在履行过程中发生的争议,由双方当事人协商解决,协商不成的,按下列方式解决:a. 提交双方当事人所在地仲裁委员会仲裁;b. 依法向人民法院起诉"。在这种情况下,如果合同双方没有在专用条款中进一步明确仲裁机构的,则仲裁协议将会被认定为无效,合同双方发生的争议应由法院主管解决。

结合目前使用的工程合同,可以发现其多采用专用条款和通用条款并用的形式,如 07 版标准合同通用条款第 24.1 条规定:发包人和承包人在履行合同中发生争议的,可以友好协商解决或者提请争议评审组评审。合同当事人友好协商解决不成、不愿提请争议评审或者不接受争议评审组意见的,可在专用合同条款中约定下列一种方式解决:(1) 向约定的仲裁委员会申请仲裁;(2) 向有管辖权的人民法院提起诉讼。类似的表述也出现在 13 版施工合同第20.4条仲裁或诉讼、12版设计施工合同第24.1条争议解决方式中。同时，上述几份工程合同的专用条款部分都采用填空方式由合同双方自行选择具体的仲裁或诉讼方式。

但是在工程实践中，比较容易忽视和混淆的是工程合同的通用条款与专用条款之间的有效衔接。通用条款一般会写明，如果双方当事人不能就纠纷达成一致的，则可以"在专用合同条款中约定下列一种方式解决：（1）向约定的仲裁委员会申请仲裁；（2）向有管辖权的人民法院提起诉讼"[1]。如果合同双方没有在专用条款中具体选择或写明争议解决方式，则有可能会被认定为双方没有约定仲裁，不具备将争议提交仲裁的意思表示。虽然，所有的工程争议最终都可以得到解决，但是，如果没有在专用条款中对争议解决方式作出明确的选择，那么最终采用诉讼解决时，其效果就可能与仲裁存在一定的差异。此外，北京市高级人民法院在《国内商事仲裁裁决司法审查工作要点》指出，当事人在解决合同争议方式及解决争议的仲裁机构选择上采用填空形式的，当事人仅在解决争议的仲裁机构的空格中以手写或打印方式填写了具体仲裁机构名称而其他空格未填，应当认定当事人选择了明确的仲裁机构，仲裁协议有效，但当事人同时选择了向法院起诉的除外。

在义乌市医疗投资有限公司与浙江省二建建设集团有限公司建设工程施工合同纠纷上诉案[2]中，最高人民法院也对此作出明确的规定。上诉人义乌医疗公司与被上诉人浙江省二建于2000年6月30日签订《建设工程施工合同》约定，省二建公司承建医疗投资公司浙江省义乌市中心医院医技病房楼土建工程。合同第三部分第10条第37.1款约定："双方约定，在履行合同过程中产生争议时：（1）请当地仲裁委员会调解；（2）采取第____种方式解决，并约定向_____仲裁委员会提请仲裁或_____人民法院提起诉讼。"但空白之处未填写。此前，在该工程的《施工招标文件》第三章第12条附则3述明："本合同发生争议，双方有权向有关部门申请调解。调解不成向商定的仲裁机构申请仲裁。"但双方没有约定具体明确的仲裁机构。此后双方发生争

---

[1] 12版设计施工合同第24.1条。
[2] 义乌市医疗投资有限公司与浙江省二建建设集团有限公司建设工程施工合同纠纷上诉案，最高人民法院指导案例。

议。最高人民法院经审理后认为：双方当事人之间发生纠纷后是否应通过仲裁方式解决，取决于当事人是否有明确的仲裁协议或仲裁条款。本案中，双方关于仲裁条款的约定属于空白事项，故不能认定双方当事人约定排除人民法院对纠纷的管辖。在双方未能达成新的仲裁协议的情况下，法院对本案具有管辖权。

（2）有明确的仲裁事项

当事人选择仲裁解决争议，必须有明确的可仲裁的事项。根据最高人民法院《关于适用〈中华人民共和国仲裁法〉若干问题的解释》第2条的规定，当事人概括约定仲裁事项为合同争议的，基于合同成立、效力、变更、转让、履行、违约责任、解释、解除等产生的纠纷都可以认定为仲裁事项。

最高人民法院在《关于撤销中国国际经济贸易仲裁委员会（2010）中国贸仲京裁字第0159号裁决案的请示的复函》中指出，涉案合同中约定了"凡因执行本合同所发生的或与本合同有关的一切争议，双方应通过友好协商解决。如协商不能解决，应提交中国国际经济贸易仲裁委员会，根据该会的仲裁程序暂行规则进行仲裁。其后，争议双方对合资合同进行了修改，但《修改协议书》未另行约定争议解决方式"。因此，根据《关于适用〈中华人民共和国仲裁法〉若干问题的解释》第2条的规定，涉案合同所称的"因执行本合同所发生的或与本合同有关的一切争议"属于概括约定仲裁事项，仲裁庭对争议作出裁决具有法律依据。

（3）有选定的仲裁委员会

实践中，因为仲裁机构选择不明导致仲裁协议无效的案件比较普遍。仲裁协议对仲裁事项或者仲裁委员会没有约定或者约定不明确的，当事人可以补充协议；达不成补充协议的，仲裁协议无效。当然，如何认定是否明确选定仲裁机构，司法实践中也有不同的做法，比如，四川省高级人民法院就认为，仲裁条款中同时选择了两个或者两个以上具体的仲裁委员会，当事人以仲裁委员会不明确为由请求人民法院确认仲裁协议无效的，人民法院不予支持，其纠纷应当提交仲裁委员会解决。[①]

---

① 参见四川省高级人民法院《关于贯彻执行〈中华人民共和国仲裁法〉若干问题意见的通知》（川高法〔2002〕53号）第4条。

在北京紫光公司与武汉建安公司建设工程合同纠纷上诉案①中，争议双方在合同中约定"本合同在履行过程中发生纠纷时，甲、乙双方可以通过协商或者调解解决。协商、调解不成时，甲、乙双方同意当地仲裁委员会仲裁"。在审理过程中，北京紫光公司提出，本案双方当事人在各自独立的两份合同中均作了提交仲裁委员会仲裁的约定，虽未指明仲裁机构名称，但明确约定了由当地仲裁委员会仲裁，故应当认定当事人明确选择了以仲裁方式解决双方争议。因涉案工程分别位于四川省阿坝县和四川省松潘县，故上述约定的"当地"应为合同履行地，即四川省。经紫光泰和通公司核查，四川省阿坝县和松潘县及该二县所属的阿坝自治州均未设立仲裁委员会，故本案应当由四川省省会成都市所设成都仲裁委员会进行仲裁。法院经查明认为，合同中虽约定了提交仲裁解决的意思表示，但由于该仲裁条款未选定明确的仲裁机构，故应属无效。

与此案不同的是，在江珠高速公路某段有限公司与某国际建设股份有限公司申请确认仲裁协议效力纠纷案②中，双方在合同中约定的仲裁机构为"江门市仲裁委员会"，经法院审理查明，江门市只有"江门仲裁委员会"一家仲裁机构，双方协议的仲裁机构应为"江门仲裁委员会"。法院认为，虽然合同条款文字表述上存在瑕疵，但双方关于选定仲裁机构的意思表示是明确无误的，并不致造成歧义。根据最高人民法院《关于适用〈中华人民共和国仲裁法〉若干问题的解释》第3条"仲裁协议约定的仲裁机构名称不准确，但能够确定具体的仲裁机构的，应当认定选定了仲裁机构"的规定，申请人称双方约定的仲裁机构不明确，理由不能成立，争议双方在合同中约定的仲裁条款有效。

另外，在出现仲裁机构不明的情况下，还可以根据仲裁机构的仲裁规则来确定当事人是否将其作为仲裁解决争议的机构。

上述内容是一份有效的仲裁协议所必须具备的基本要件。在实务中，工

---

① 北京紫光泰和通环保技术有限公司与武汉建工安装工程有限公司建设工程合同纠纷上诉案，北京市第三中级人民法院（2014）三中民终字第01166号民事判决书。
② 江珠高速公路某段有限公司与某国际建设股份有限公司申请确认仲裁协议效力纠纷案，广东省江门市中级人民法院（2012）江中法民四仲字第1号民事判决书。

程合同的当事人会认为仲裁协议或者条款中应写入"仲裁是终局的,对双方当事人都具有法律约束力"或类似的表述。笔者认为,仲裁的终局性和仲裁裁决的效力是法律赋予的,此类表述仅作为宣示和提醒各方当事人注意的作用,但是否明确写明并不会影响仲裁协议和仲裁条款的效力和实际的法律效果。

1.3 导致仲裁协议无效的其他情形

另外,除缺少上述形式和实质要件外,依据《仲裁法》的规定,如果仲裁协议存在下列情形,也可以被认定为无效:

(1) 约定的仲裁事项超出法律规定的仲裁范围的。根据《仲裁法》的规定,平等主体的公民、法人和其他组织之间发生的合同纠纷和其他财产权益纠纷,可以仲裁。

而婚姻、收养、监护、扶养、继承纠纷,以及依法应当由行政机关处理的行政争议,不得以仲裁解决。否则这种超出法律规定范围的仲裁裁决不仅可以被申请撤销,也可以被拒绝承认和执行。

对于仲裁事项的限定和保留,也是国际通行的做法。我国在加入《纽约公约》时,也对商事仲裁做了保留。根据商事保留声明,我国仅对按照我国法律属于契约性和非契约性的商事法律关系所引起的争议适用该公约,所谓的"契约性和非契约性商事法律关系",具体是指由合同、侵权或者有关法律规定而产生的经济上的权利义务关系。因此,对于工程合同纠纷和工程侵权,都可以纳入仲裁解决的事项范围。

(2) 无民事行为能力人或者限制民事行为能力人订立的仲裁协议。

(3) 一方采取胁迫手段,迫使对方订立仲裁协议的。以此种方式订立的仲裁协议违背了当事人的真实意思,违背了仲裁意思自治的基本原则,因此,依法应属于无效。

1.4 仲裁协议的效力和管辖

1.4.1 国内工程仲裁

在仲裁协议效力的认定方面,《仲裁法》也明确规定,当事人对仲裁协议的效力有异议的,可以请求仲裁委员会作出决定或者请求人民法院作出裁定。一方请求仲裁委员会作出决定,另一方请求人民法院作出裁定的,由人民法院裁定。当事人对仲裁协议的效力有异议，应当在仲裁庭首次开庭前提出。否则，即视为放弃仲裁管辖的异议。

同样道理，当事人达成仲裁协议，一方向法院起诉未声明有仲裁协议，法院受理后，另一方在首次开庭前提交仲裁协议的，法院应当驳回起诉，但仲裁协议无效的除外；另一方在首次开庭前未对法院受理该案提出异议的，视为放弃仲裁协议，法院应当继续审理。

但是，需要注意的是，《仲裁法》只规定了"首次开庭前"提出声明，对于如何认定"首次开庭前"并没有进一步的规定。根据最高人民法院《关于适用〈中华人民共和国仲裁法〉若干问题的解释》第14条的规定："仲裁法第二十六条规定的'首次开庭'是指答辩期满后人民法院组织的第一次开庭审理，不包括审前程序中的各项活动。"实践中，有当事人在第一次开庭时对法院受理案件提出异议，最终被法院驳回异议。因此，笔者建议，对于法院受理有仲裁协议的争议案件，合同主体应当在收到案件受理通知书后尽早以书面形式提出，避免因超过时限而导致权利主张得不到保护。

此外，最高人民法院在《关于如何确认仲裁机构名称约定不明确的仲裁协议的效力的请示的复函》中提出："一方当事人认为仲裁协议中约定的仲裁机构不明确，未申请确认仲裁协议的效力，直接向人民法院起诉解决实体纠纷的，人民法院经审查，认为能够确定仲裁机构的，应当裁定不予受理，告知当事人申请仲裁；认为仲裁协议约定的仲裁机构不明确，仲裁协议无效的，应当依法受理。受理后，被告认为约定的仲裁机构明确，提出管辖权异议的，受诉人民法院应就管辖权异议作出裁定。"

1.4.2 涉外工程仲裁

在涉外工程仲裁案件中，关于仲裁协议的效力审查，最高人民法院曾在2006年的《关于确认仲裁协议效力请示的复函》中指出"根据多年的司法实践以及本院《第二次全国涉外商事海事审判工作会议纪要》所确定的原则，当事人在合同中约定的适用于解决合同争议的准据法，不能用来确定涉外仲裁条款的效力。当事人在合同中明确约定了仲裁条款效力的准据法的，应当适用当事人明确约定的法律；未约定仲裁条款效力的准据法但约定了仲裁地的，应当适用仲裁地国家或者地区的法律。只有在当事人未约定仲裁条款效力的准据法亦未约定仲裁地或者仲裁地约定不明的情况下，才能适用法院地法即我国法律作为确认仲裁条款效力的准据法。"此后，在最高人民法院《关于适用〈中华人民共和国仲裁法〉若干问题的解释》第 16 条也作了类似规定，即首先应当适用当事人约定的法律；当事人没有约定适用法律，但约定了仲裁地的，则适用仲裁地法律；如果没有约定适用的法律也没有约定仲裁地或者仲裁地约定不明的，则适用法院地法律。

在恒基伟业、北大青鸟与广晟投资、香港青鸟借款担保合同纠纷案①中，2002 年 12 月 25 日，广晟公司、恒基公司、香港青鸟公司和东英亚洲有限公司签订了《可转换债发行协议》。该协议第 10 条约定："四方应妥善解决履行中发生的争议，协商解决不成的，提交仲裁解决。本协议适用中华人民共和国香港特别行政区法律。"2002 年 12 月 25 日，北京青鸟公司向广晟公司出具《担保函》，主要内容是承认其全资子公司香港青鸟公司签订的《可转换债发行协议》，并声明对香港青鸟公司在《可转换债发行协议》的担保义务承担连带责任。该《担保函》没有约定仲裁条款。

最高人民法院经审理后认为：本案中《可转换债发行协议》约定有仲裁条款，并约定，"本协议适用中华人民共和国香港特别行政区法律"，故对仲裁条款效力审查所要适用的准据法就成为本案首先要考量的问题。最高人民法院《关于适用〈中华人民共和国仲裁法〉若干问题的解释》第 16 条规定："对涉外仲裁协议的效力审查，适用当事人约定的法律；当事人没有约定适用的法律但约定了仲裁地的，适用仲裁地法律；没有约定适用的法律也没有约定仲裁地或者仲裁地约定不明的，适用法院地法律。"据此，在涉外合同纠纷案件中，当事人在合同中约定有仲裁条款的，可以同时对确定该仲裁条款效力的准据法做出明确约定。因仲裁条款的独立性，故合同中约定的适用于解决合同争议的准据法，不能用以判定该仲裁条款的效力。如果当事人在合同中没有约定确定仲裁条款效力的准据法，也没有约定仲裁地或者对仲裁地约定不明，应当适用法院地法律审查仲裁协议的效力。

---

① 中国恒基伟业集团有限公司、北大青鸟与广晟投资发展有限公司、香港青鸟科技公司借款担保合同纠纷案，最高人民法院（2006）民四终字第 28 号民事判决书。

1.5 仲裁条款的特殊适用

在工程实务当中,还有很多特殊的情形与仲裁协议的效力、处理相关。比如,如果工程合同本身有明确的仲裁条款,但是,相关的从合同或者附属合同没有约定仲裁条款时,因从合同或者附属合同发生争议时,根据最高人民法院《关于适用〈中华人民共和国仲裁法〉若干问题的解释》第11条的规定,合同约定解决争议适用其他合同、文件中的有效仲裁条款的,发生合同争议时,当事人应当按照该仲裁条款提请仲裁。相反,如果相关的从合同或者附属合同没有约定仲裁条款,也没有约定适用主合同的仲裁条款时,如何处理相关的争议则是双方当事人需要注意的。

1.5.1 工程合同补充协议的仲裁适用

工程实践中,合同双方就合同履行过程中发生的新情况签署补充协议并不鲜见。如果双方在工程合同的补充协议中约定了仲裁条款,或者援引工程合同关于仲裁的相应条款,那么双方应当按照约定处理。但是,如果双方在工程合同的补充协议中既没有约定仲裁条款,也没有援引工程合同中的仲裁条款,首先应当查阅工程合同是否有明确的仲裁条款,如果有仲裁条款,按照上述最高人民法院的司法解释,补充协议的争议应当适用工程合同中约定的仲裁条款;如果工程合同也没有相应的仲裁约定,双方也不能就仲裁达成一致,那么双方只能将争议交由法院审理。

但是,如果工程合同的补充协议涉及第三人时,在未经第三人同意的情况下,原工程合同的仲裁条款是否就自然适用于补充协议?笔者认为,除非得到第三人的追认,否则按照仲裁条款有效性的基本法理和原则,以及尊重当事人意思自治的精神,补充协议的争议并不能直接适用主合同的仲裁条款。

1.5.2 质量保修书的仲裁适用

质量保修书与工程合同既有联系,又有区别,从一定意义上来看,保修义务并不完全是基于质量保修书,或是工程合同的约定,而是基于法律、行政法规的强制性规定。质量保修书和工程合同两者确定的权利义务可以分别归属于不同的法律关系,因此,质量保修书具有一定的独立性。

在这种情况下,如何确定质量保修责任引起的争议解决方式仍值得商榷。笔者认为,质量保修书的仲裁适用性与工程合同补充协议类似,可以按照工程合同补充协议的处理原则确定争议解决方式。但是，两者不同的是，如果工程合同约定了仲裁条款，而质量保修书没有约定仲裁条款，也没有援引工程合同中的仲裁条款，是否可以直接按照工程合同约定的仲裁条款处理争议，笔者认为，需要根据不同的情况进行区分，而不是一概地直接推定双方已经有了明确的提交仲裁的意思表示。

1.5.3 工程担保的仲裁适用

工程实务中，设立工程担保是比较普遍的做法，而采用保函方式或者第三方担保又是其中十分常见的保障措施。根据《担保法》的规定，担保合同是主合同的从合同，从合同的主从属性来说，如果工程担保中没有仲裁条款或援引主合同的仲裁条款时，那么工程担保可以沿用工程主合同中的仲裁条款。但是，问题在于，工程主合同的主体是发包人和承包人，而工程担保的主体通常是承包人和担保人，这一点与工程合同的补充协议、质量保修书不一样，后两者的签署主体是一致的，即发包人和承包人。根据仲裁制度尊重当事人意思表示的基本原则，工程担保如果没有明确约定仲裁条款，也就表示承包人和担保人没有做出仲裁的意思表示，而不能默认为担保人同意工程主合同中的仲裁条款。

在惠州纬通房产有限公司与惠州市人民政府履约担保纠纷案[①]中，纬通公司与嘉城公司签订了一份《港澳广场总承包工程合同》，约定：纬通公司将港澳广场发包给嘉城公司承建，该合同约定合同争议交由仲裁机构解决。同日，纬通公司又与惠州市政府签订《履约确认书》，明确"惠州市政府借此向发包方确认，在任何时候，嘉城公司将会按时履行、遵守及维护在工程合同内所订明的限期、承诺、条款及责任。如嘉城公司未能履行、遵守或维护上述的限期、承诺、条款及责任，惠州市政府将赔偿一切因嘉城公司未能履行工程合同而受影响之人士或方面向发包方所追讨之赔偿。发包方因上述原因而付出的多种或任何费用，概由惠州市政府负责"。此后，承发包双方发生纠纷，承包人向法院提起诉讼，要求惠州市政府承担连带责任。最高人民法院经审理认为：债权人纬通公司与保证人惠州市政府在双方签订的《履约确认书》

---

① 惠州纬通房产有限公司与惠州市人民政府履约担保纠纷案，最高人民法院（2001）民二终字第177号民事判决书。

中并未约定仲裁条款。纬通公司起诉惠州市政府的履约担保纠纷，与纬通公司和嘉城公司之间的承包工程合同纠纷系两个不同的民事关系，纬通公司与惠州市政府之间形成的履约担保民事关系不受纬通公司与嘉城公司承包合同中约定的仲裁条款的约束，双方当事人在所签订的《履约确认书》中并未选择仲裁方式解决纠纷。

此外，最高人民法院在《关于玉林市中级人民法院报请对东迅投资有限公司涉外仲裁一案不予执行的请示的复函》中也提出，涉案合作合同中明确约定合作双方为恒通公司和东迅公司。玉林市政府作为恒通公司的主管部门，路劲公司作为东迅公司的主管部门，尽管亦在该合作合同上签署，但是合作合同第二章明确约定合作公司的合作双方为恒通公司和东迅公司。因此，玉林市政府和路劲公司均不是合作合同的当事人，合作合同中的仲裁条款不能约束玉林市政府。玉林市政府提供的担保函中没有约定仲裁条款，玉林市政府与东迅公司之间亦未就他们之间的担保纠纷的解决达成仲裁协议。仲裁庭依据合作合同中的仲裁条款受理本案，就涉及玉林市政府的担保纠纷而言，仲裁裁决已经超出了仲裁协议的范围。

结合目前普遍接受的通识和实务操作，国内工程担保和涉外工程担保具有不同的法律属性，前者不具有独立性，而后者具有独立性，如前文所述，国内工程担保的争议解决可以独立于工程主合同约定的仲裁条款，因此，对于具有法律独立性的涉外工程担保，理应也可以独立于工程主合同进行处理，而不拘泥于主合同约定的仲裁争议解决方式，也就是说，如果没有明确的仲裁条款，因工程担保发生的争议则理应交由法院解决。

1.6 仲裁条款的独立性

1.6.1 仲裁条款独立性的适用情形

《合同法》第57条规定，合同无效、被撤销或者终止的，不影响合同中独立存在的有关解决争议方法的条款的效力。《仲裁法》第19条也规定，仲裁协议独立存在，合同的变更、解除、终止或者无效，不影响仲裁协议的效力。但是，在工程实务中，如何适用该条仍有不同的观点和争议。

如在阳江某工程公司与广东省工程局建设工程合同纠纷上诉案[①]中，合同双方于2009年12月17日协商解除《工程合作协议书》，并签订了《退场协议书》及补充协议引起的损失补偿问题。事后，双方因《退场协议书》及其补充协议的履行发生争议。阳江某工程公司认为其起诉系因《工程合作协议书》解除后，双方的权利义务是基于《退场协议书》及补充协议，认为前后签订的两份协议各自独立，不应再受《工程合作协议书》仲裁条款的约束。法院经审查后认为：双方当事人没有分歧的事实是，阳江某工程公司在本案主张窝工索赔事件的发生时间在《工程合作协议书》签订之后《退场协议书》签订之前，据此足以认定双方当事人涉案纠纷的基础原因是《工程合作协议书》未得到实际履行，直接原因是《退场协议书》约定解除《工程合作协议书》后，双方当事人仍未能有效、全面履行合同导致纠纷，两者诉因均为合同的履行问题。《工程合作协议书》是签订《退场协议书》的前提和基础，《退场协议书》是《工程合作协议书》的延续，两者之间的关联性不可分割，因为《工程合作协议书》履行不能导致合同解除、终止履行，该终止履行行为也属于合同履行的范畴。由于本案双方当事人只有《工程合作协议书》第15条才有"争议的解决"的管辖约定，在此后的解除合同协议、补充协议再无变更争议管辖机构的约定。由于该约定属于概括性约定，根据最高人民法院《关于适用〈中华人民共和国仲裁法〉若干问题的解释》第2条规定"当事人概括约定仲裁事项为合同争议的，基于合同成立、效力、变更、转让、履行、违约责任、解释、解除等产生的纠纷都可以认定为仲裁事项"的规定，足以认定双方当事人在本案中的纠纷属于《工程合作协议书》第15条所约定的仲裁事项。据此，本案双方当事人之间的纠纷应当由有权的仲裁机构依法裁决。

1.6.2 合同未生效时的仲裁条款独立性

根据《合同法》和《仲裁法》的规定，仲裁条款的独立性适用于合同的无效、被撤销、被终止、变更、解除等情形。但是，上述两部法律均没有规定合同未生效时，仲裁条款是否也具有独立性的特点。

[①] 阳江某工程公司与广东省工程局建设工程合同纠纷上诉案，广东省江门市中级人民法院（2013）江中法立民终字第208号民事判决书。

工程实践中，对于合同已经成立实践中还有一种情况是，如果是工程合同未生效时，双方发生争议，仲裁条款是否也具有独立性。笔者认为，合同成立但未生效时，已经约定的仲裁条款应当作为解决争议的依据，其原因在于尽管合同没有生效，但是合同双方对于解决争议的方式的选择是明确的，体现了双方的意思表示。既然一份因违法被认定为无效或被撤销的工程合同中约定的仲裁条款尚能对双方产生法律约束力，对于一份经双方合意的已经合法成立的合同，更没有理由不承认其约定的仲裁条款。参考上海国际仲裁中心的仲裁规则的规定："合同的变更、解除、终止、转让、失效、无效、未生效、被撤销以及成立与否，均不影响仲裁条款或仲裁协议的效力。"

最高人民法院也在《关于适用〈中华人民共和国仲裁法〉若干问题的解释》中明确规定，当事人在订立合同时就争议达成仲裁协议的，合同未成立不影响仲裁协议的效力。因此，在工程合同未生效的情况下，争议双方也可以依据合同约定的仲裁条款向仲裁机构申请仲裁解决。

2. 工程仲裁的地点

通常情况下，国内的工程仲裁地的选择不像涉外或者海外工程仲裁那样复杂，但是，应该注意到的是，仲裁地点的选择也不是没有规则可循，也不是说对工程合同的争议双方没有实践的指导意义。相反，不同地区的仲裁机构和仲裁员对同一事件的观点和处理方法可能会存在差异性，并且，工程项目所在地的司法机关对争议的处理原则和指导意见也在一定程度上影响了仲裁结果，因此，合同双方在签署仲裁协议选择仲裁地点之前，仍然有必要聘请专业律师进行事前的分析和评估。另外，涉及工程纠纷解决的费用方面也是选择仲裁地点需要考虑的因素之一。

当然，在涉外工程和海外工程案件中，对仲裁地点的选择则显得更为重要。比如，以申请执行仲裁裁决为例，如果仲裁地在中国，那么按照中国的《仲裁法》的规定以及司法实践，对于申请执行的仲裁裁决，一方当事人不得就仲裁裁决已经认定的事实和法律适用向法院提起诉讼，法院也不得对仲裁裁决的事实认定和法律适用进行审查。但是，如果当事人选择的仲裁地点在英国，那么根据英国1996年《仲裁法》第69条的规定，当事人有权就仲裁案件中涉及的法律问题向法院提起上诉，由法院对其作出终局的裁决。在适用英国 1979 年仲裁法审理的 The Nema 案①中，Diplock 大法官指出，任何一方当事人针对法律问题提出上诉，应当满足两个条件：（1）仲裁庭的裁决在法律问题上的错误是显而易见的；（2）案件所涉及的法律问题非常重要并且裁决被严重质疑。在这种情况下，尽管争议双方当事人约定了仲裁解决方式，但是由法院对涉及的法律问题进行裁断更为合理，并符合正义的法律精神和原则。

由此可见，仲裁地点的选择有可能直接关系到司法审查，进而影响仲裁裁决能否被法院承认和执行，涉外工程合同的主体双方应当予以足够的重视。

3. 法律适用和仲裁规则

3.1 法律适用

仲裁的法律适用分为实体法和程序法。在国际工程仲裁中，对于处理合同争议的实体法律，可以由合同双方约定，如果没有约定的，通常来讲可以适用与合同有最密切联系的国家的法律。至于仲裁所使用的程序法，通常按照仲裁机构所在地的国家的仲裁法进行。

在国内工程仲裁案件中，则首先应当遵守《仲裁法》的规定。《中国国际经济贸易仲裁委员会仲裁规则》第 49 条规定，仲裁庭应当根据事实和合同约定，依照法律规定，参考国际惯例，公平合理、独立公正地作出裁决；当事人对于案件实体适用法有约定的，从其约定。当事人没有约定或其约定与法律强制性规定相抵触的，由仲裁庭决定案件实体的法律适用。

3.2 仲裁规则的适用

仲裁规则的适用原则是默认为双方选定的仲裁机构的仲裁规则。特别需要合同各方注意的是，在涉外工程中，合同双方除了可以约定中国的仲裁机构外，还可以约定境外或国外的仲裁机构。合同双方还可以约定在中国的仲裁机构处理争议，并适用境外或者国外仲裁机构的仲裁规则。

众所周知，工程仲裁区别于工程诉讼的最大特点在于当事人的合意，因

---

① The Nema [1981] 2 ALL E. R. 1030.

此,选用已选定的仲裁机构的仲裁规则或者适用其他仲裁规则应完全由当事人自行确定,法律不应过于干涉。这一原则在国际工程仲裁中已经得到普遍认可和适用。中国境内的仲裁机构也有类似的规定,如《北京仲裁委员会仲裁规则》规定,当事人协议将争议提交本会仲裁的,适用本规则;当事人约定适用本规则但未约定仲裁机构的,视为当事人同意将争议提交本会仲裁。

《中国国际经济贸易仲裁委员会仲裁规则》(2015年修订)第4条关于规则的适用也明确规定,当事人约定将争议提交仲裁委员会仲裁但对本规则有关内容进行变更或约定适用其他仲裁规则的,从其约定,但其约定无法实施或与仲裁程序适用法强制性规定相抵触者除外。当事人约定适用其他仲裁规则的,由仲裁委员会履行相应的管理职责。

2014年3月27日,在由浙江省宁波市中级人民法院审理终结的 INVISTA Technologies S. à. r. l. 申请执行仲裁裁决案[①]中,仲裁机构(中国国际经济贸易仲裁委员会)根据合同双方约定适用的联合国国际贸易法委员会仲裁规则(UNCITRAL 规则)进行仲裁,对方当事人以 UNCITRAL 规则系为临时仲裁所设计、当事人在仲裁协议中约定"arbitration shall take place at CIETAC"(即"在贸仲委仲裁")系关于仲裁地点的约定,而非关于仲裁机构的约定为由,向浙江省宁波市中级人民法院申请确认仲裁协议无效。该案件经过宁波市中级人民法院和浙江省高级人民法院两次听证后,法院最终裁定驳回对方当事人关于确认仲裁协议无效的申请,对于双方当事人在合同中约定的仲裁规则的选择予以认可。

由此案可以预见,不论是国内工程仲裁案件还是涉外工程仲裁案件,将来采用类似的仲裁机构和仲裁规则的混合模式有可能成为新趋势,也可能因此成为摆在工程合同主体双方之间新的难题。

4. 仲裁庭的职权和责任

4.1 仲裁庭的地位

专业性、公正性、独立性是仲裁庭和仲裁员必须遵守的基本原则,也是

[①] 案件信息来源于 http://www.zhonglun.com/cn/WebPageDetail_4_15_2200.aspx。

仲裁制度的基础。公正性是指仲裁庭在处理争议时，应当平等、公允地对待双方当事人，客观地处理纠纷，不以个人的喜好偏袒一方，或个人的偏见而作出不利于一方的裁决，同时，也要求仲裁庭不应对案件争议带有倾向性的观点。公正性是国际公认的基本要求。独立性是指仲裁庭应当独立地审理案件并作出裁决。一方面，仲裁庭与任何一方当事人都没有利益关系或关联；另一方面，仲裁庭也不应当受到任何外界的压力而影响作出裁决的判断，这也反映在《仲裁法》第8条关于"仲裁依法独立进行，不受行政机关、社会团体和个人的干涉"的规定中。不论是作为当事人选定的仲裁员，还是非当事人选定的仲裁员，都应当公正和独立地对案件进行审理和作出裁决，避免使人产生不公或偏袒的印象。仲裁的公正和独立原则应当贯穿于仲裁的整个过程，从仲裁员的选定、仲裁程序的进行直到仲裁裁决的作出。

在中国法下，《仲裁法》关于仲裁员的地位和职权的内容相对较少，更多的是理论上的研究、探讨，以及在仲裁机构的仲裁规则中的体现和反映。比如，中国国际经济贸易仲裁委员会在其仲裁规则（2015年修订）中规定，仲裁员不代表任何一方当事人，应独立于各方当事人，平等地对待各方当事人。上海国际仲裁中心也在其仲裁规则规定，仲裁员不代表任何一方当事人，应当独立于各方当事人且平等地对待各方当事人。

4.2 仲裁庭的职权

在工程仲裁案件中，仲裁庭对具体案件的处理，以仲裁请求和反请求为准，不能超出仲裁协议的范围以及仲裁请求和反请求没有提到的争议，否则，仲裁庭无权管辖。

4.2.1 仲裁自裁管辖权

仲裁自裁管辖权（competence-competence）是仲裁制度的主要原则之一。它是指仲裁庭有权决定自己对特定案件是否具有管辖权。

根据《仲裁法》的规定，当事人对仲裁协议的效力有异议的，可以请求仲裁委员会作出决定或者请求人民法院作出裁定。一方请求仲裁委员会作出决定，另一方请求人民法院作出裁定的，由人民法院裁定。[①] 由此可知，依据

---

① 参见《仲裁法》第20条。

现行的中国法律，仲裁庭对自身是否具有管辖权并没有最终的决定权，这显然与国际商事仲裁的原则不一样。

北京仲裁委员会在其2014年仲裁规则第6条中规定，本会或者本会授权的仲裁庭有权就仲裁案件的管辖权作出决定。该条的规定确定了仲裁庭的管辖权，但是，需要注意的是，在没有法律明确规定的情况下，仲裁机构的仲裁规则关于仲裁自裁管辖权的规定是否必然有效约束双方当事人以及裁决执行涉及的司法审查，则仍有待司法实践的证明。

4.2.2 对事实和法律的认定

仲裁具有准司法的性质，因此，为了解决工程合同双方的争议，仲裁庭有权对争议涉及的事实进行认定，对相关的法律进行适用。

相应的，从目前中国的法律规范来看，司法机关对仲裁裁决所认定的事实和法律适用也不应进行司法审查。比如，北京市高级人民法院就明确规定，法院不得以仲裁裁决实体错误作为撤销理由，不得针对仲裁裁决关于举证责任分配、证据的认定、事实的认定等实体处理内容进行审查。

4.2.3 临时措施或中间措施

4.2.3.1 临时措施的定义和范围

仲裁中的临时措施（interim measures），或称中间措施，是为了确保仲裁裁决能够在未来得以实现而采取的保障手段之一。《仲裁法》第28条规定，一方当事人因另一方当事人的行为或者其他原因，可能使裁决不能执行或者难以执行的，可以申请财产保全。《仲裁法》第46条规定，在证据可能灭失或者以后难以取得的情况下，当事人可以申请证据保全。根据《仲裁法》的上述规定可以看出，仲裁庭的临时措施主要是财产保全和证据保全。

中国国际经济贸易仲裁委员会和上海国际仲裁中心的仲裁规则也对保全及临时措施作了相似的规定：

（1）当事人依据中国法律规定申请保全的，仲裁委员会秘书局应当依法将当事人的保全申请转交当事人指明的有管辖权的法院。

（2）经一方当事人请求，仲裁庭依据所适用的法律可以决定采取其认为必要或适当的临时措施，并有权决定请求临时措施的一方提供适当的担保。仲裁庭采取临时措施的决定，可以程序令或中间裁决的方式作出。

（3）经一方当事人请求，仲裁庭依据所适用的法律或当事人的约定可以决定采取其认为必要或适当的临时措施，并有权决定由请求临时措施的一方当事人提供适当的担保。

另外，《中国国际经济贸易仲裁委员会仲裁规则》第 23 条还特别规定紧急性临时措施，即根据所适用的法律或当事人的约定，当事人可以向仲裁委员会仲裁院申请紧急性临时救济。紧急仲裁员可以决定采取必要或适当的紧急性临时救济措施。紧急仲裁员的决定对双方当事人具有约束力。

4.2.3.2 临时措施的执行

根据现行的法律，仲裁庭对临时措施或者中间措施只有决定权，但是没有强制执行权，更多的是需要法院的司法支持。

因此，《仲裁法》规定，当事人申请财产保全、证据保全的，仲裁委员会应当将当事人的申请提交证据所在地的基层人民法院。

如果是涉外工程案件，当事人申请保全的，则应当提交被申请人住所地或者财产所在地的中级人民法院裁定。

4.2.3.3 临时措施的补救

对于保全等临时措施的决定，法院是否应当进行实质审查，法律并无明确的规定，但在实践中，申请保全都需要申请人提供相应的证据以及担保，以防止申请人恶意利用程序的不当行为。如果当事人申请财产保全有错误的，则应当向被申请人承担赔偿责任。

4.2.4 对仲裁程序的决定权

尽管仲裁机构规定了仲裁程序，但是不可否认，基于个案的特点，需要仲裁庭做出例外的处理或者更为详尽的指引，这也为仲裁庭对仲裁程序推进的决定权提供了现实的依据。

比如，仲裁庭有权根据仲裁规则的规定，决定仲裁审理的形式，尤其是在采用开庭审理的案件中，可以根据案情的需要决定开庭的次数。不同于诉讼，在双方辩论终结之后，仲裁庭可以根据案件审理的需要再次进行事实调查，以求有效地解决争议。仲裁庭还有权决定是否采取临时措施。仲裁庭可以根据需要对证据的交换和质证程序采取较为灵活的方式，比如《北京仲裁委员会仲裁规则》规定，对于当事人当庭或者开庭后提交的证据材料，仲裁庭决定接受但不再开庭审理的,可以要求当事人在一定期限内提交书面质证意见。并且,《仲裁法》第43条还赋予仲裁庭自行收集证据的权力。

4.3 仲裁庭的责任

仲裁的特点在于其公正性、独立性和专业性。这一特点同样也是仲裁庭和仲裁员的责任的反映。因此,仲裁庭的首要责任是必须保证其公正性、独立性和专业性,以确保当事人的信任不会被亵渎和滥用。

除此之外,仲裁庭还负有以节省的方式及时处理和解决争议的责任,而这两点也恰恰应该是仲裁区别于诉讼的主要特性和优势所在。

4.3.1 仲裁中的自然正义

4.3.1.1 自然正义的理解

仲裁应当遵循自然正义(natural justice)这一基本原则被国际仲裁视为圭臬,是仲裁庭和仲裁员必须坚守的基本准则。但是,什么是"自然正义"并无明文的规定,它的具体表述方式也可能存在差异。比如英国1996年《仲裁法》第33条没有出现"nature justice"的字样,而是将其表述为"[the tribunal shall] act fairly and impartially as between the parties"。另外,需要注意的是,在国际工程仲裁中,关于仲裁庭的独立性也并无统一的规定,具体还需要结合仲裁地的法律分别对待。

中国的仲裁法以及其他法律,没有关于自然正义这一概念,但是,《仲裁法》第7条规定,仲裁应当根据事实,符合法律规定,公平合理地解决纠纷。笔者认为,这里的"公平合理"与自然正义具有同样的内涵。

同时,《仲裁法》又规定仲裁活动必须要符合法律规定。那么,如果现行的法律规定并不符合公平合理的原则和精神,或者对于法律中的授权性和任意性的规定,仲裁庭是否可以在法律之外进行自由裁量呢?尽管自然法学派认为"恶法非法",但是在实践中,仲裁庭的裁决仍然应当主要依据法律规定进行,对此,英国1996年仲裁法也规定,仲裁庭必须依据实体法的规定解决当事人直接的争议,除非当事人另有约定的除外。[1] 而在中国法律环境下,虽然对法律的理解和适用是仲裁庭的自由裁量权,但遵守现行法律仍然是仲裁

---

[1] 参见英国1996年《仲裁法》第46条。

活动的基本准则之一。

4.3.1.2 程序正义和实体正义

英国法认为正义包括两个方面的含义，一是指法官、仲裁员必须与案件无利害关系和无偏见，公正断案；二是争议中的每一方当事人都必须享有公平的机会去阐述自己的案情，反驳对方的意见，这个基本原则同样适用于工程仲裁中。从上述关于自然正义的内容来看，更多的是侧重于程序上的内容。

至于实体正义则是另一个值得探讨的议题。"实体正义往往有具体明显的道德属性，我们总是习惯于用内心、良心道德的评价标准来衡量一个案件的判决结果是否正义，如果这个案件的判决已经最大限度地发现了事实真相，还当事人以公道，那么这个案件是真、善、美的，否则，这种案件的判决就是假、恶、丑。"① 可见，实体正义通常指法律实体权利义务分配上的正义，包含着法律对社会生活权益与责任的分享，它强调结果的正当性、合理性及道德性。

工程仲裁的一个特点是仲裁员大多是工程领域的专家，因此，仲裁员毫无疑问需要凭借其自身的专业知识、能力、经验和对案件的理解作出最终的裁决。不过，仲裁员与法官又不一样，法官可以"造法"，仲裁员只能在现有法律的框架下进行审理和裁决。但是，如果按照现有的法律作出的裁决将有悖实体正义之嫌时，仲裁员是否能够抛开法律的硬性规定作出裁决，不论是理论界还是实务界都是值得进一步研究和探讨的问题。

4.3.2 高效和节省

工程仲裁的特点之一是一裁终局。这一制度的好处在于能够减少和避免类似诉讼的二审的繁琐程序，简化争议解决的程序性内容，从而达到快速解决争议、节省费用的目的。法谚有云"迟到的正义不是正义"，如果当事人提交仲裁的工程纠纷被无端延迟，显然不符合当事人选择仲裁作为争议解决方式的初衷。

以节省费用的方式解决仲裁事项也是国际工程仲裁的原则之一，这一点也体现在英国1996年《仲裁法》中，该法第33条（1）（b）规定："［the

---

① 张喻忻、周开松、覃志军：《对程序正义与实体正义的法理学思考》，载《江西社会科学》2004年第11期。

tribunal shall] adopt procedures suitable to the circumstances of the particular case, avoiding unnecessary delay or expense, so as to provide a fair means for the resolution of the matters falling to be determined."相比较而言，中国的《仲裁法》和仲裁机构的仲裁规则并没有将该原则加以明文规定，实际上更多地取决于仲裁庭和仲裁员的做法。

4.3.3 对利息的裁决

4.3.3.1 利息的法律属性

根据《物权法》[①]的规定，孳息包括天然孳息和法定孳息，其中天然孳息，由所有权人取得；既有所有权人又有用益物权人的，由用益物权人取得。当事人另有约定的，按照约定。而法定孳息，当事人有约定的，按照约定取得；没有约定或者约定不明确的，按照交易习惯取得。

4.3.3.2 仲裁庭对利息的处理

仲裁庭关于利息的处理不仅是经济上的考虑，更重要的是还会涉及仲裁庭的权限等纯粹的法律问题。实务中，比较有争议的是仲裁庭是否有权针对双方争议的工程价款、费用等相关的利息作出裁决。如果是在仲裁请求中明确提出利息主张的，一般认为，仲裁庭有权对利息进行裁决；但是，如果仲裁请求没有主张利息，仲裁庭是否有权直接裁定利息则存在不同的理解。

通常的理论和实践认为，仲裁裁决的内容限于当事人的申请，对于仲裁申请中没有提出的主张，仲裁庭不应作出裁决。据此推断出，即使是关于利息的请求也必须是在仲裁申请中明确提出，并提供计算的依据，否则就属于超裁。对此，笔者认为，如果工程合同中对利息已有约定，则即使一方在申请仲裁之时没有提出相应的主张，仲裁庭也仍然有权对是否支付利息作出裁决。

4.3.3.3 逾期支付的双倍利息

根据《民事诉讼法》的规定，如果被执行人未按判决、裁定和其他法律文书指定的期间履行给付金钱义务的，应当加倍支付迟延履行期间的债务利息。被执行人未按判决、裁定和其他法律文书指定的期间履行其他义务的，

---

① 参见《物权法》第116条。

应当支付迟延履行金。①

关于这一条在仲裁裁决中的适用,实务中有不同的理解,一种认为裁决书中应当明示被执行人的上述法律后果,以此作为申请强制执行的依据。另一种则认为,裁决书即使不写也不影响该条款的适用。笔者认为第二种意见更为合理。首先,《民事诉讼法》第253条规定的双倍迟延利息是法定的迟延履行义务的后果,不论仲裁裁决是否写明这一后果,都不应影响一方依据法律规定享有的相应权利;其次,民事诉讼法的该条规定是法院司法裁量权的体现,仲裁机构和仲裁庭在仲裁裁决中不能越俎代庖替法院作出决定。

5. 仲裁裁决的承认和执行

由于仲裁机构不具有强制执行的权力,因此,除非工程合同的争议双方自行履行仲裁裁决内容,否则,任何一方都可以向法院申请强制执行。

5.1 国内仲裁裁决的撤销和不予执行

5.1.1 裁决撤销和不予执行的理由

按照《仲裁法》第58条的规定,当事人有证据证明仲裁裁决具有下列情形之一的,可以向仲裁机构所在地的中级人民法院申请撤销裁决:

(1) 没有仲裁协议的;
(2) 裁决的事项不属于仲裁协议的范围或者仲裁委员会无权仲裁的;
(3) 仲裁庭的组成或者仲裁的程序违反法定程序的;
(4) 裁决所根据的证据是伪造的;
(5) 对方当事人隐瞒了足以影响公正裁决的证据的;
(6) 仲裁员在仲裁该案时有索贿受贿,徇私舞弊,枉法裁决行为的。

这里所称的"没有仲裁协议",司法实践中主要是指:合同一方当事人将载有仲裁条款的合同部分转让,受让方未书面明示同意接受原合同中的仲裁条款;仲裁庭将合同当事人之外的第三人纳入仲裁程序,第三人与仲裁双方当事人均无仲裁协议。

但是,当事人如果申请撤销仲裁裁决,则应当自收到裁决书之日起6个

---

① 参见《民事诉讼法》第253条。

月内提出。而人民法院受理撤销裁决的申请后，认为可以由仲裁庭重新仲裁的，通知仲裁庭在一定期限内重新仲裁，并裁定中止撤销程序。仲裁庭拒绝重新仲裁的，人民法院应当裁定恢复撤销程序。

此外，仲裁裁决生效后，如果一方当事人申请法院执行仲裁裁决，而另一方当事人申请撤销裁决的，那么，法院应当先裁定中止执行仲裁裁决。经审查认为仲裁裁决具有上述情形之一的，法院可以依据《民事诉讼法》第237条的规定，裁定不予执行仲裁裁决。

对于不予执行的仲裁裁决，双方当事人可以根据达成的书面仲裁协议申请重新仲裁，也可以向法院起诉。如果仲裁裁决所根据的证据是伪造的或者对方当事人隐瞒了足以影响公正裁决的证据的，当事人申请撤销国内仲裁裁决后，人民法院经查明后可以通知仲裁庭在一定期限内重新仲裁。

5.1.2 裁决撤销和不予执行并存的问题

如前所述，对于具有上述法定情形的仲裁裁决，《仲裁法》规定了撤销裁决，而《民事诉讼法》则规定了不予执行。从理论上，这两者在法律效果上具有一定的差异性，但具体仍有待法律加以明确，或借助于司法的实践做出进一步的区分。

5.2 涉外仲裁裁决的执行

除国内工程仲裁外，中国境内的仲裁机构也越来越多的受理涉外工程争议案件。根据《民事诉讼法》第274条规定：对中华人民共和国涉外仲裁机构作出的裁决，被申请人提出证据证明仲裁裁决有下列情形之一的，经人民法院组成合议庭审查核实，裁定不予执行：

（1）当事人在合同中没有订有仲裁条款或者事后没有达成书面仲裁协议的。

（2）被申请人没有得到指定仲裁员或者进行仲裁程序的通知，或者由于其他不属于被申请人负责的原因未能陈述意见的。

"陈述意见"是当事人在仲裁程序的各个阶段依据《仲裁法》和仲裁规则享有的程序权利，法律作此规定是为了保护当事人的权利，包括提出管辖异议的权利、答辩的权利、选定仲裁员的权利、质证的权利、对鉴定结论提出意见的权利等，有证据证明由于不属于当事人负责的原因剥夺了当事人的法定权利，即可以撤销仲裁裁决。

（3）仲裁庭的组成或者仲裁的程序与仲裁规则不符的。

如在《关于四川华航建设有限公司申请撤销仲裁纠纷一案的请示的复函》中，最高人民法院指出，在仲裁案件的申请人主张的法律关系的性质和民事行为的效力与仲裁庭的认定不一致时，仲裁庭未按照仲裁规则的规定告知当事人可以变更仲裁请求，而是直接自行代替当事人变更了请求并作出裁决，且未给被申请人重新指定举证期限，因此可以认定仲裁庭的仲裁程序与仲裁规则不符。因此，属于可予以撤销仲裁裁决的情形。

（4）裁决的事项不属于仲裁协议的范围或者仲裁机构无权仲裁的。

仲裁裁决被人民法院裁定不予执行的，当事人可以根据双方达成的书面仲裁协议重新申请仲裁，也可以向人民法院起诉。这里需要注意的是对"双方达成的书面仲裁协议"的理解，北京市高级人民法院曾提出此处应当是指重新达成的仲裁协议，而不是原有的仲裁协议，也就是说，当事人双方能够重新达成仲裁协议的，可以向仲裁机构申请仲裁；达不成仲裁协议的，可以向人民法院提起诉讼，解决他们之间的争议。

但是，笔者认为，理论上来讲，《仲裁法》和《民事诉讼法》并没有明确规定重新仲裁所依据的是原有仲裁协议还是新达成的仲裁协议，因此，按照原有的仲裁协议提起一个新的仲裁程序并不违反法律的规定；其次，纵观被裁定撤销或不予执行的仲裁裁决的原因，有部分是因为没有仲裁协议，或者仲裁协议无效，或者申请事项不具有可仲裁性，另外更多的是因为仲裁庭自身的程序错误或瑕疵导致的，在这种情况下，简单地否定原工程合同中约定的仲裁条款，在一定程度上违背了当事人意思自治的精神，尚有待商榷。

5.3　国外仲裁机构裁决的承认和执行

1958年6月10日在纽约召开的联合国国际商业仲裁会议通过了《承认及执行外国仲裁裁决公约》（即《纽约公约》，the New York Convention on the Recognition and Enforcement of Foreign Arbitral Awards）。该公约是目前处理外国仲裁裁决的承认和执行的主要依据之一。中国于1986年加入《纽约公约》，并于1987年4月22日起生效。因此，与中国一样加入《纽约公约》的签约国的仲裁机构所作出的仲裁裁决可以依据《纽约公约》和中国《民事诉讼法》的规定向中国法院申请承认和执行。

关于仲裁裁决的承认和执行的条件,《纽约公约》作了比较明确的阐述,其第5条第1款规定,裁决唯有于受裁决援用之一造向声请承认及执行地之主管机关提具证据证明有下列情形之一时,始得依该造之请求,拒予承认及执行:

(甲)第二条所称协定之当事人依对其适用之法律有某种无行为能力情形者,或该项协定依当事人作为协定准据之法律系属无效,或未指明以何法律为准时,依裁决地所在国法律系属无效者;

(乙)受裁决援用之一造未接获关于指派仲裁员或仲裁程序之适当通知,或因他故,致未能申辩者;

(丙)裁决所处理之争议非为交付仲裁之标的或不在其条款之列,或裁决载有关于交付仲裁范围以外事项之决定者,但交付仲裁事项之决定可与未交付仲裁之事项划分时,裁决中关于交付仲裁事项之决定部分得予承认及执行;

(丁)仲裁机关之组成或仲裁程序与各造间之协议不符,或无协议而与仲裁地所在国法律不符者;

(戊)裁决对各造尚无拘束力,或业经裁决地所在国或裁决所依据法律之国家之主管机关撤销或停止执行者。

此外,第2款还规定,倘声请承认及执行地所在国之主管机关认定有下列情形之一,亦得拒不承认及执行仲裁裁决:

(甲)依该国法律,争议事项系不能以仲裁解决者;

(乙)承认或执行裁决有违该国公共政策者。

应当注意的是,中国在加入该公约时作了互惠保留和商事保留声明。也就是说,中国只承认和执行来自缔约国且所解决的争议依中国法律属于商事关系的仲裁裁决。按照最高人民法院1987年4月10日发布的《关于执行我国加入的〈承认及执行外国仲裁裁决公约〉的通知》,所谓"契约性和非契约性商事法律关系",具体是指由于合同、侵权或者根据有关法律规定而产生的经济上的权利义务关系,例如货物买卖、财产租赁、工程承包、加工承揽、技术转让、合资经营、合作经营、勘探开发自然资源、保险、信贷、劳务、代理、咨询服务和海上、民用航空、铁路、公路的客货运输以及产品责任、环境污染、海上事故和所有权争议等，但不包括外国投资者与东道国政府之间的争端。由此可见，国外机构所作的关于工程合同纠纷、工程侵权纠纷的仲裁裁决都可以申请在中国承认和执行。

5.4 涉外仲裁和国外仲裁的司法审查

对涉外仲裁裁决的司法审查，按照《民事诉讼法》和《仲裁法》的规定，只进行程序性审查，而不做实体审查。但是，考虑到各地法院的做法，乃至各地仲裁委员会的仲裁规则的规定，对仲裁裁决的司法审查仍存在不一致的地方。

5.4.1 逐级上报制度

根据最高人民法院发布的《关于人民法院处理与涉外仲裁及外国仲裁事项有关问题的通知》，我国对涉外商事仲裁实行司法审查和报告制度。

这种报告制度包括两个方面，一是对仲裁协议的审查报告。如果当事人在合同中订有仲裁条款或者事后达成仲裁协议，人民法院认为该仲裁条款或者仲裁协议无效、失效或者内容不明确无法执行的，在决定受理一方当事人起诉之前，必须报请本辖区所属高级人民法院进行审查；如果高级人民法院同意受理，应将其审查意见报最高人民法院。在最高人民法院未作答复前，可暂不予受理。

二是仲裁裁决的审查报告。人民法院认定仲裁协议无效、失效或内容不明确无法执行的，或者人民法院认为不应承认或执行涉外仲裁裁决的，应当事先报所在区域的高级人民法院审查，如果高级人民法院同意下级法院的意见，则应将审查意见报最高人民法院审查，待最高人民法院做出答复后，再按照该答复意见处理。

最高人民法院在发布的《关于人民法院撤销涉外仲裁裁决有关事项的通知》的规定中重申了涉外仲裁裁决撤销的逐级上报制度，即凡一方当事人申请撤销我国涉外仲裁裁决，如果人民法院在裁定撤销裁决或通知仲裁庭重新仲裁之前，须报请本辖区所属高级人民法院进行审查。如果高级人民法院同意撤销裁决或通知仲裁庭重新仲裁，应将其审查意见报最高人民法院。待最高人民法院答复后，方可裁定撤销裁决或通知仲裁庭重新仲裁。

5.4.2 审查时限制度

《关于人民法院撤销涉外仲裁裁决有关事项的通知》还规定，人民法院受理申请撤销涉外仲裁裁决的，如认为应予撤销裁决或通知仲裁庭重新仲裁的，应在受理申请后 30 日内报其所属的高级人民法院，该高级人民法院如同意撤销裁决或通知仲裁庭重新仲裁的，应在 15 日内报最高人民法院，以严格执行《仲裁法》第 60 条的规定。

5.5 公共政策

公共政策（Public policy），从一般定义上来讲，它是指一国奉行的基本制度、政策、原则以及与社会公共利益有关的法律秩序和道德秩序。但是，各国对公共政策本身的界定也是千差万别，实际上并没有统一的标准。因此，在实务中公共政策一直以来都是焦点和难点。

5.5.1 涉外工程案件适用法律的保留

按照现行法律的规定，涉外合同的当事人可以选择处理合同争议所适用的法律①，因此，在涉外工程合同中约定适用外国法律或者国际惯例也不足为奇。但是，法律同时也规定，适用外国法律或者国际惯例的，不得违背中华人民共和国的社会公共利益。②

这里所说的社会公共利益与公共政策在本质和内涵上具有一致性。在出现外国法律或者国际惯例与公共政策相抵触时，则排除其适用，转由本国法律强制适用。

5.5.2 承认和执行外国仲裁机构裁决的保留

仲裁裁决的公共政策保留也就是说如果某一仲裁裁决与一国的公共政策相冲突，则可以不予承认和执行。它是国际商事仲裁中的重要制度之一，也是承认和执行外国仲裁机构裁决的前置条件之一。在《纽约公约》中就明确规定了 "Recognition and enforcement of an arbitral award may also be refused if the competent authority in the country where recognition and enforcement is sought finds that… (b) the recognition or enforcement of the award would be contrary to the

---

① 参见《民法通则》第 142 条。
② 参见《民法通则》第 150 条。

public policy of that country"①。

在中国境内申请承认和执行外国仲裁裁决，按照《民事诉讼法》的规定，如果人民法院认定执行该仲裁裁决违背社会公共利益的，则可以裁定不予执行。②

6. 关于工程仲裁的特殊问题

6.1 多主体/多合同的工程仲裁

多主体或者多合同的工程仲裁，通常发生在同一个合同中的主体超过两个，或是由于具有相互联系的合同的影响，有多个主体牵涉到一个争议中。前者如在依据联合体承包签署的工程合同中，联合体的成员往往是两个以上的主体，在发生争议时，即可产生多主体仲裁的情形；后者则是常见的总承包人和分包人、供应商的关系，在由分包人或者供应商引发的争议时，往往牵涉到总承包人，甚至可能是业主，从而出现多合同的仲裁。

6.1.1 多主体或多合同仲裁的困境

工程建设项目的复杂性决定了其参与主体的多样性，除了工程发包人与承包人直接的法律关系之外，还有总承包人与分包人的合同关系，总承包人与材料、设备供应商之间的合同关系，这几者都会有直接交集的地方，因此，一旦发生争议，多主体的工程仲裁就在所难免。

考虑到工程仲裁的管辖权来自于当事人的合意，因此，在没有相关配套和衔接的仲裁条款或者仲裁协议安排的情况下，很难将多个合同的主体放在同一个案件中进行仲裁。在工程诉讼中，法院有权根据《民事诉讼法》的规定，主动依职权追加第三人参加诉讼，第三人也可以主动申请参加诉讼，解决多合同主体参与诉讼的特殊情况。

但是，在工程仲裁中却不同，如果第三人与参加仲裁的申请人和被申请人签署共同的仲裁协议，不能成为仲裁的一方当事人，仲裁庭也无权主动追加第三人为仲裁的一方当事人。这一难题或困境已经引起了仲裁界和实务界的重视，并试图寻找新的解决方案。

---

① 《纽约公约》第 5.2 条。
② 参见《民事诉讼法》第 274 条。

当然，在法律实务中的做法可以是通过合同权利义务的转移转让来实现。根据最高人民法院《关于适用〈中华人民共和国仲裁法〉若干问题的解释》第9条的规定，债权债务全部或者部分转让的，仲裁协议对受让人有效，但当事人另有约定、在受让债权债务时受让人明确反对或者不知有单独仲裁协议的除外。

6.1.2 ICC 新仲裁规则的内容及影响

2012 年，ICC 对其仲裁规则进行了修改，即规定了多合同的工程仲裁，按照新仲裁规则第9条的规定，如果索赔系源于多个合同或者与几个合同有关联，则可以在一个单独的仲裁案件中解决处理。以此为契机，国际和国内的仲裁机构也相应的对多合同和多主体的仲裁作了规定。

2015 年，中国国际经济贸易仲裁委员会颁布的新仲裁规则第14条也规定了多合同的仲裁，即申请人就多份合同项下的争议可在同一仲裁案件中合并提出仲裁申请，但应同时符合下列条件：（1）多份合同系主从合同关系；或多份合同所涉当事人相同且法律关系性质相同；（2）争议源于同一交易或同一系列交易；（3）多份合同中的仲裁协议内容相同或相容。同时，为了与合并仲裁相配套，还赋予了仲裁庭依据一方当事人的申请追加当事人的职权。

北京仲裁委员会2014年仲裁规则第14条也规定了多方当事人之间的仲裁请求，即案件有两个或者两个以上的申请人或被申请人，或者存在追加当事人的情况下，任何当事人均可以依据相同的仲裁协议针对其他当事人提出仲裁请求。

6.2 仲裁案件的合并审理

仲裁合并审理是指将多个主体或者对相关联的数个合同的仲裁案件进行合并审理。采用合并审理可以避免基于同一事实和法律规定作出相互冲突的裁决结果。① 在仲裁的发展历史上，对仲裁案件能否合并审理也经历了不同的过程。1996 年英国《仲裁法》对此就有明确的规定，即当事人可以自由同意此仲裁程序和彼仲裁程序的合并；除非当事人同意授予仲裁庭合并仲裁的权

---

① Redfern and Hunter on International Arbitration, 5th, Oxford University Press, 2009, pp. 149-150.

力，否则仲裁庭没有权力命令仲裁程序合并。①

但是，不合并审理也有其弊端。尤其是在工程建设项目中，发包人、总承包人和分包人三个主体的权利、义务环环相扣，息息相关，若不合并审理，则将难以有效的解决争议，并有可能出现同案不同裁决的情况。因此，目前的趋势是可以在一些特定案件中合并审理。2012年，ICC（The International Chamber of Commerce）在其颁布的新规则对合并审理的做法予以肯定②，同时还规定了当事人可以申请追加仲裁参与主体③。随后ICC新规则中的做法也被各仲裁机构引用和推广运用。

上海国际仲裁中心的仲裁规则中也规定了案件合并的条件，即：（1）仲裁标的为同一种类或者有关联的两个或者两个以上的案件，经一方当事人申请并征得其他当事人同意，仲裁庭可以决定合并审理。（2）除非当事人另有约定，合并的仲裁案件应当合并于最先开始仲裁程序的仲裁案件。除非当事人一致同意作出一份裁决书，仲裁庭应就合并的仲裁案件分别作出裁决书。（3）仲裁庭组成人员不同的两个或者两个以上的案件，不适用本条的规定。

《北京仲裁委员会仲裁规则》明确规定，仲裁庭可以合并审理的案件应同时满足以下三个条件：

（1）仲裁标的为同一种类或者有关联；

（2）经一方当事人申请并征得其他当事人同意；

（3）仲裁庭组成均相同。④

《中国国际经济贸易仲裁委员会仲裁规则》也规定，经一方当事人请求，仲裁委员会可以决定将根据本规则进行的两个或两个以上的仲裁案件合并为一个仲裁案件，进行审理。如果决定合并仲裁，仲裁委员会应考虑各方当事人的意见及相关仲裁案件之间的关联性等因素，包括不同案件的仲裁员的选定或指定情况。

而对于合并审理的条件，仲裁规则作了列举性的规定，具体主要包括：

---

① 参见英国1996年《仲裁法》第35条。
② Article 10 of the International Chamber of Commerce Rules of Arbitration (2012).
③ Article 7 of the International Chamber of Commerce Rules of Arbitration (2012).
④ 参见《北京仲裁委员会仲裁规则》第28条。

（1）各案仲裁请求依据同一个仲裁协议提出；

（2）各案仲裁请求依据多份仲裁协议提出，该多份仲裁协议内容相同或相容，且各案当事人相同、各争议所涉及的法律关系性质相同；

（3）各案仲裁请求依据多份仲裁协议提出，该多份仲裁协议内容相同或相容，且涉及的多份合同为主从合同关系；

（4）所有案件的当事人均同意合并仲裁。①

根据上述规定，依据案件当事人的申请，并获得所有当事人的同意仍然是能否合并审理的基础和决定因素。

6.3 工程侵权的可仲裁性

可仲裁性是指一项争议可以交由仲裁解决。争议事项依据适用法律具有可仲裁性，是仲裁合法的前提。《仲裁法》第2条和第3条对可仲裁性作了明确的规定，即平等主体的公民、法人和其他组织之间发生的合同纠纷和其他财产权益纠纷，可以仲裁。而婚姻、收养、监护、扶养、继承纠纷以及依法应当由行政机关处理的行政争议不能交由仲裁机构解决。

在我国，仲裁的范围仅限于"财产权益纠纷"，似乎将与财产权益无关的侵权纠纷排除在仲裁范围之外。但是，在承认和执行国外仲裁裁决时所作的保留来看，工程侵权似乎也可以是仲裁的管辖范围。由此可见，中国法院目前对国内外仲裁裁决的承认和执行具有不同的判定标准，这有待于法律的进一步厘清、提高和完善。

6.4 仲裁的高效性的现实状况

6.4.1 越来越多地依赖专家证人

从仲裁制度的起源来看，高效性的特点源于仲裁员的专业性。凭借仲裁员的专业判断能够快速高效地解决双方争议。这一点，在工程仲裁中也一样。但是，一方面，现代社会的工程项目变得越来越多，涉及的争议也越来越复杂，这使得仲裁员的精力和专业都受到了客观的限制和新的挑战，使得仲裁的进行和裁决不可避免地需要借助于专家证人的辅助，比如常见的工程造价鉴定结论和相关的专家证人。而问题在于仲裁庭未能确定委托鉴定的事实基

---

① 参见《中国国际经济贸易仲裁委员会仲裁规则》第19条。

础和依据，导致最终的仲裁裁决也是完全基于鉴定结论和专家证人意见，在这种情况下，笔者认为违背了仲裁的独立性和公正性原则，属于严重的程序不当，这种仲裁裁决应当被撤销或者裁定为不予执行。其次，没有进行必要的质证，全听全信或者偏听偏信鉴定结论和专家证人意见，缺少仲裁庭的独立性和专业判断，这些也都不符合仲裁正当程序的要求。

6.4.2 仲裁时限的不断延长

从程序上与工程诉讼相比，工程仲裁的特点之一就是一裁终局，这也就意味着争议解决的快速高效。但是，实务中，由于工程仲裁的复杂性，会导致各种法律关系的交错，而且对相关纠纷的责任及分配认定难度也会不断地增加，尤其在涉及质量纠纷、工期纠纷、造价纠纷等仲裁案件，还经常需要进行漫长的鉴定，短则1个月，长则1年以上，这些都实际上导致仲裁时限的延长，并在一定程度上削弱了仲裁快速高效的特点。

五、工程诉讼

诉讼解决工程争议是比较传统的方式，也是比较常用的争议解决方式，在工程仲裁普及运用之前，诉讼解决争议占据绝大多数的比重。工程诉讼的最大特点是纯粹的以公权力保障，二审终审的特点也给当事人更多的可能性的权利保护。但是，其缺点也非常明显，尤其是审理时间长和程序严谨的弊端，导致争议当事人对争议解决的期待值有所降低。

1. 法院主管和管辖

法院主管也就是法院能够审理的案件范围，以区别于行政管理。在工程合同争议中，除了双方约定交由仲裁机构解决的争议之外，都可以由法院进行审理。

1.1 法院主管

在工程合同争议中，根据或裁或审的原则，凡是具有合法有效的仲裁协议和仲裁条款的争议，只能由仲裁机构解决，法院不应受理。但是，《仲裁法》第26条同时也规定，争议的一方当事人向人民法院提起诉讼，另一方在首次开庭前未对人民法院受理该案提出异议的,则视为其放弃仲裁协议,由人民法院继续审理。

1.2 法院的法定管辖

法院的管辖制度解决的是各同级人民法院之间,以及上下级人民法院之间受理工程诉讼的权限。

1.2.1 国内工程合同管辖

根据2012年《民事诉讼法》的规定:对法人或者其他组织提起的民事诉讼,由被告住所地人民法院管辖;同一诉讼的几个被告住所地、经常居住地在两个以上人民法院辖区的,各该人民法院都有管辖权。[1] 因合同纠纷提起的诉讼,由被告住所地或者合同履行地人民法院管辖。[2]

此外,根据最高人民法院在《关于审理建设工程施工合同纠纷案件适用法律问题的解释》第24条的规定,建设工程施工合同纠纷以施工行为地为合同履行地。

但是,需要注意的是,在2015年2月4日开始施行的最高人民法院《关于适用〈中华人民共和国民事诉讼法〉的解释》第28条中则规定,建设工程施工合同纠纷按照不动产纠纷确定管辖。据此,工程施工合同将由工程项目所在地法院专属管辖处理,而不能再由双方当事人协议管辖。

1.2.2 涉外工程合同管辖

在涉外工程合同中,《民事诉讼法》第265条也规定,对在中国领域内没有住所的被告提起的诉讼,如果合同在中国领域内签订或者履行,或者诉讼标的物在中国领域内,或者被告在中国领域内有可供扣押的财产,或者被告在中国领域内设有代表机构,可以由合同签订地、合同履行地、诉讼标的物所在地、可供扣押财产所在地、侵权行为地或者代表机构住所地人民法院管辖。

对于上述法院均具有管辖权的工程诉讼案件,如果因管辖权发生争议,则依法应由最先立案受理的法院管辖。

---

[1] 参见《民事诉讼法》第21条。
[2] 参见《民事诉讼法》第23条。

1.3 协议管辖

如前所述，尽管有法律的明确规定，但是在实践中，仍然有不少的管辖争议，甚至是利用管辖权异议拖延争议解决的情况。因此，作为工程合同的双方主体，为了避免管辖争议，较为有效的做法就是直接在工程合同中约定具体的管辖法院。协议选择管辖法院也是意思自治原则在民事诉讼领域的延伸和体现。

1.3.1 国内工程合同的协议管辖

在国内工程合同纠纷中，除了施工合同外，根据《民事诉讼法》第34条的规定，当事人双方可以约定将争议交由原告住所地、被告住所地、合同签订地、标的物所在地、合同履行地的任何一个法院管辖审理。

1.3.2 涉外工程合同的协议管辖

2012年修订的《民事诉讼法》统一了关于国内合同纠纷和涉外合同纠纷的协议管辖的规定。也就是说，涉外合同或者涉外财产权益纠纷的当事人，可以用书面协议选择与争议有实际联系的地点的法院管辖。虽然，《民事诉讼法》没有明文规定哪些属于与争议有实际联系的地点，但是，结合《民事诉讼法》第265条的规定，与争议有实际联系的地方的法院可以包括合同签订地、合同履行地、诉讼标的物所在地、可供扣押财产所在地、侵权行为地或者代表机构住所地人民法院管辖。

另外，《民事诉讼法》也没有明文规定涉外工程合同纠纷是否可以约定由原告住所地或被告住所地法院管辖，但是，笔者认为，从《民事诉讼法》修改的精神出发，以及《民事诉讼法》第34条的规定，涉外工程合同纠纷与国内工程合同纠纷一样，当事人也可以将双方当事人所在地的法院作为可供选择的管辖法院之一。

1.4 协议管辖的限制

按照《民事诉讼法》的规定，协议管辖并非没有限制，相反，在工程合同的当事人选择协议管辖的法院应当在上述可供选择的法院范围内确定。此外，协议选择管辖法院还有诸多的条件。

首先，当事人能够协议选择的管辖法院的范围只能是被告住所地、合同履行地、合同签订地、原告住所地、标的物所在地等与争议有实际联系的地点的人民法院管辖。① 最高人民法院《关于适用〈中华人民共和国民事诉讼法〉的解释》第 30 条的规定，根据管辖协议，起诉时能够确定管辖法院的，从其约定；不能确定的，依照民事诉讼法的相关规定确定管辖。

其次，可选择的管辖法院只能是一审法院，而不能是二审法院，否则，此类约定无效。

再次，如果约定的管辖法院违反了关于级别管辖的标准，那么，此类约定也属于无效。比如，北京、上海两市高级人民法院的受案标准是 5 亿元人民币，中级人民法院的受案标准是 1 亿元。② 如果涉案工程合同纠纷在 1 亿元以下，而双方约定由高级人民法院管辖，那么，此类案件很有可能会被认定为无效约定。

最后，在工程诉讼和涉外工程合同诉讼中，选择中国法院管辖的，不得违反本法关于级别管辖和专属管辖的规定。

当然，还应当特别注意的是，按照最高人民法院的规定，建设工程施工合同纠纷按照不动产纠纷实行专属管辖，双方不能协议约定管辖法院。③

2. 工程争议的诉讼时效

诉讼时效是指当事人向人民法院请求保护民事权利的期间。工程合同争议的诉讼时效期间为 2 年。依据《民法通则》的规定，诉讼时效期间从知道或者应当知道权利被侵害时起计算；有特殊情况的，人民法院可以延长诉讼时效期间。④ 超过诉讼时效，工程合同的权利人的主张即丧失了胜诉权，但是当事人自愿履行的，不受诉讼时效限制。⑤

诉讼时效的特点在于其法定的强制适用性，按照最高人民法院《关于审理民事案件适用诉讼时效制度若干问题的规定》，当事人在工程合同中约定延长或者缩短诉讼时效，或者约定预先放弃诉讼时效权益的，此类约定无效。⑥

---

① 参见《民事诉讼法》第 34 条。
② 参见最高人民法院《关于调整高级人民法院和中级人民法院管辖第一审民商事案件标准的通知》。
③ 参见最高人民法院《关于适用〈中华人民共和国民事诉讼法〉的解释》第 28 条。
④ 参见《民法通则》第 135 条。
⑤ 参见《民法通则》第 138 条。
⑥ 参见最高人民法院《关于审理民事案件适用诉讼时效制度若干问题的规定》第 2 条。

2.1 诉讼时效的起算

如前所述，一般从权利人知道或应当知道权利被侵害之日起开始计算时效期间。在工程法律实务中，由于项目建设周期一般都较长，短则 3~4 年，长则 7~8 年，有些工程项目甚至长达 10 年之久，项目建设涉及的质量、工期和价款问题也往往是在施工过程中随时发生，或者伴随着其他问题而产生。比如，工程合同中约定了工程进度付款或按照形象进度付款，但发包人未依约支付，在这种情况下，如何确定时效的起算点则是关乎权利行使的关键点。

当然，除了价款纠纷之外，还有质量和工期纠纷。比如对于工期纠纷中的节点工期的误期损害赔偿，如何确定和计算诉讼时效也都会有不同的理解。

2.2 诉讼时效的中止和中断

根据《民法通则》第 139 条规定在诉讼时效期间的最后 6 个月内，因不可抗力或者其他障碍不能行使请求权的，诉讼时效中止。从中止时效的原因消除之日起，诉讼时效期间继续计算。《民法通则》第 140 条规定，诉讼时效因提起诉讼、当事人一方提出要求或者同意履行义务而中断；从中断时起，诉讼时效期间重新计算。

结合上述规定，在实践中这也是要求业主和承包人双方在工程建设过程中，及时做好相关的记录，并保持相关函件的正常交往的目的之一。一旦发现存在质量、工期和价款问题或争议，即应当及时出具书面文件，以固定事实，并可作为证据使用。

2.3 工程仲裁与时效制度

根据《仲裁法》第 74 条的规定，法律对仲裁时效有规定的，适用该规定。法律对仲裁时效没有规定的，适用诉讼时效的规定。就目前而言，法律对仲裁时效并无特别的规定，因此仲裁时效仍然遵循诉讼时效的规定。

时效是法律保护争议各方权益的有效期限。工程仲裁与工程诉讼的主要区别在于两者的法律基点不同，前者基于当事人的合意，而后者基于法律赋予法院的权力。从这个角度上讲，仲裁时效是否可以由当事人自行约定，换一种角度，仲裁的时效是否可以游离于诉讼时效的范畴之外，也值得探讨和研究。

2.4 工程合同的无效确认是否适用时效制度

如本书中提到的,在司法实践中,很多工程合同由于违反法律、行政法规的强制性规定而被认定为无效合同。那么,对于确认合同无效之诉是否也适用时效制度呢?

在广西北生集团有限责任公司与北海市威豪房地产开发公司、广西壮族自治区畜产进出口北海公司土地使用权转让合同纠纷案[①]中,北生集团与威豪公司签订《土地合作开发协议书》和《补充协议》,同日,北生集团将土地示意图正本交付给威豪公司。合同签订后,威豪公司先后支付了2 500万元给北生集团,北生集团开具了收款收据。但北生集团未依约办理蓝线图及转换合同,也未为威豪公司办理土地使用权证。致使北生集团未取得讼争土地的土地使用权,也未对讼争土地进行开发利用。双方当事人均当庭确认威豪公司在诉讼前一直未向北生集团主张过权利。由于北生集团未取得讼争土地的使用权即与威豪公司签订协议转让该土地的使用权,且既未对土地进行实际的投资开发,也未在一审审理期间补办有关土地使用权登记或变更登记手续,因此,双方当事人签订的《土地合作开发协议书》无效。

最高人民法院在判定协议无效的基础上,进一步指出,合同当事人不享有确认合同无效的法定权利,只有仲裁机构和人民法院有权确认合同是否有效。合同效力的认定,实质是国家公权力对民事行为进行的干预。合同无效系自始无效,单纯的时间经过不能改变无效合同的违法性。当事人请求确认合同无效,不应受诉讼时效期间的限制,而合同经确认无效后,当事人关于返还财产及赔偿损失的请求,则应当适用法律关于诉讼时效的规定。

由上述案件可以看出,对于主张工程合同无效的案件,不受诉讼时效的限制。应当注意的是,尽管主张合同无效不受诉讼时效的限制,但是,如果合同一方主体基于合同的无效而主张返还财产或赔偿的,则应当自合同被确认无效之日起两年内提出。

---

① 广西北生集团有限责任公司与北海市威豪房地产开发公司、广西壮族自治区畜产进出口北海公司土地使用权转让合同纠纷案,最高人民法院(2005)民一终字第104号。

3. 除斥期间

除斥期间是法律预先规定的某种权利于存续期间届满当然消灭的期间，此类期间不得约定延长或缩短，也不会中止或中断，比如，《合同法》第55条关于合同撤销权的期间。因此，工程合同的主体如果因重大误解、显失公平或认为存在欺诈、胁迫的情形而主张合同撤销权，则应当在知道或者应当知道撤销事由之日起的1年期限内提出，否则就丧失了权利。

此外，在工程合同中，有相当多的程序性规定涉及各类时限要求，包括变更、索赔、各种批准、同意等。理论界和实务界对于此类时限的法律属性也有不同的看法。笔者认为，工程合同中的时限本质属于当事人的自行约定，既不是诉讼时效的概念，也不是除斥期间的概念，其主要的目的在于项目管理的需要，不具有当然的法律强制力。对于违反此类时限规定的行为及其后果，也应当在合同中做出明确具体的约定才具有约束合同双方的法律效力。

六、证据规则

证据的作用不仅体现在工程诉讼和工程仲裁中，而且在非诉讼的谈判中也占有举足轻重的地位。工程争议，包括诉讼和仲裁，以及谈判，同样都遵循"谁主张，谁举证"的原则。

1. 证据种类

1.1 法定的证据种类

根据《民事诉讼法》的规定，从形式上来看，法定的证据主要包括下列几种：（1）当事人的陈述；（2）书证；（3）物证；（4）视听资料；（5）电子数据；（6）证人证言；（7）鉴定意见；（8）勘验笔录。但是，上述证据并非是自动的成为法院或仲裁机构审理和裁决的依据，换句话说，上述各项证据都只是证明案件事实的客观表现形式，对于其承载的内容，则必须经过查证属实后，才能作为认定案件事实的根据。①

西方工程法律实务中有一句话叫做"recording is everything"。笔者认为，这句话对于中国的工程实务也同样具有重要的借鉴和指导的意义。当然，这里的recording可以做广义的理解，也就是说，工程合同的双方主体在工程建设过程中都有必要制作规范的来往函件、工作日志、会议纪要，同时也要及时针对工程建设过程中出现的情况进行记录，包括以书面和电子录音录像等方式。

1.2 关于工程争议中的鉴定

考虑到工程合同争议的复杂性、专业性，因此，不论是在工程诉讼还是工程仲裁中，都会遇到相关的专业鉴定。依据《民事诉讼法》的规定，当事人可以就查明事实的专门性问题向人民法院申请鉴定。当事人申请鉴定的，由双方当事人协商确定具备资格的鉴定人；协商不成的，由人民法院指定。②

工程仲裁的特点是其专业性，主要体现在仲裁员的专业水准和能力上。那么，对于某些工程争议案件，仲裁庭还是否需要寻求其他专家的建议，如果可以，是否会影响仲裁庭的独立判断？对于前一个问题，可以明确的是，虽然仲裁员和法官具备专业水准，但是，工程领域的技术、经济、管理等方面发展的广度和深度使得聘请鉴定机构对相关争议涉及的问题进行专门分析成为必要。对于后一个问题，则更多地取决于仲裁庭和法庭如何认定和使用鉴定意见。

1.2.1 鉴定的类型和法律性质

司法鉴定是指在诉讼活动中鉴定人运用科学技术或者专门知识对诉讼涉及的专门性问题进行鉴别和判断并提供鉴定意见的活动。③ 在工程争议中，常见的司法鉴定有工程造价鉴定和工程质量鉴定。工程争议中涉及的这两类鉴定在本质上都属于鉴定意见。这与国际工程仲裁中的专家证人（Expert witness）类似但也略有区别。

从法律上看，经查证属实的鉴定意见可以作为案件证据使用。当事人可

---

① 参见《民事诉讼法》第63条。
② 参见《民事诉讼法》第76条。
③ 参见全国人民代表大会常务委员会《关于司法鉴定管理问题的决定》第1条。

以申请人民法院通知有专门知识的人出庭,就鉴定人做出的鉴定意见或者专业问题提出意见。①

1.2.2 鉴定机构的资质

工程争议中涉及的质量、造价等鉴定活动中,不论是当事人协商确定还是由法院指定的鉴定人都必须具有相应的司法鉴定资格。

1.2.3 鉴定结论的采信

依据法律规定,经过质证查明的鉴定意见应作为案件审理的依据。在诉讼和仲裁中,当事人对鉴定意见有异议的,经人民法院依法通知,鉴定人应当出庭作证。②经人民法院通知,鉴定人拒不出庭作证的,鉴定意见不得作为认定事实的根据;支付鉴定费用的当事人可以要求返还鉴定费用。③

在实务中,在处理这些专业鉴定意见和专家证人意见的时候,也存在许多弊端。比如,法院或者仲裁庭没有对可以作为定案依据的事实和材料进行质证,确定鉴定依据,或者没有就鉴定事项和范围给予必要的限定和指示,导致鉴定机构在一定程度上超越权限,成为争议案件的裁决人,自行决定是否采用双方提交的证据资料,偏离了其作为鉴定人的作用和地位。

2. 举证责任

举证责任是工程争议双方对各自主张的权利和请求承担的依法提供相关证明资料的义务,否则将承担不利的法律后果。2015年2月4日起开始施行的最高人民法院《关于适用〈中华人民共和国民事诉讼法〉的解释》规定,当事人对自己提出的诉讼请求所依据的事实或者反驳对方诉讼请求所依据的事实,应当提供证据加以证明,但法律另有规定的除外。④

2.1 原则规定和例外

"谁主张,谁举证"是民事诉讼、仲裁中关于证据的基本原则。《民事诉讼法》规定当事人对自己提出的主张应当及时提供证据。⑤《仲裁法》也规

---

① 参见《民事诉讼法》第79条。
② 参见全国人民代表大会常务委员会《关于司法鉴定管理问题的决定》第11条。
③ 参见《民事诉讼法》第78条。
④ 参见最高人民法院《关于适用〈中华人民共和国民事诉讼法〉的解释》第90条。
⑤ 参见《民事诉讼法》第65条。

定，当事人应当对自己的主张提供证据。仲裁庭认为有必要收集的证据，可以自行收集。①

当然，上述原则规定也有例外的情形，比如对于当事人及其诉讼代理人因客观原因不能自行收集的证据，或者人民法院认为审理案件需要的证据，人民法院应当调查收集。②

此外，对于诉讼和仲裁中涉及的下列事实，则当事人无需举证证明：

（1）众所周知的事实；

（2）自然规律及定理；

（3）根据法律规定或者已知事实和日常生活经验法则，能推定出的另一事实；

（4）已为人民法院发生法律效力的裁判所确认的事实；

（5）已为仲裁机构的生效裁决所确认的事实；

（6）已为有效公证文书所证明的事实。③

2.2 举证责任的法律效果

依据《民事诉讼法》第139条的规定，当事人在法庭上可以提出新的证据。最高人民法院《关于民事诉讼证据的若干规定》第2条进一步规定，当事人对自己提出的诉讼请求所依据的事实或者反驳对方诉讼请求所依据的事实有责任提供证据加以证明。没有证据或者证据不足以证明当事人的事实主张的，由负有举证责任的当事人承担不利后果。

2.3 证据上的自认

2.3.1 自认的界定

我国现行的《民事诉讼法》并没有专门规定自认制度，但最高人民法院先后在《关于适用〈中华人民共和国民事诉讼法〉若干问题的意见》《关于民事经济审判方式改革问题的若干规定》《关于民事诉讼证据的若干规定》等三个司法解释中对自认制度做出了确认并进一步将其制度化。最高人民法院

---

① 参见《仲裁法》第43条。
② 参见《民事诉讼法》第64条。
③ 参见最高人民法院《关于民事诉讼证据的若干规定》第9条。

《关于民事诉讼证据的若干规定》规定，诉讼过程中，一方当事人对另一方当事人陈述的案件事实明确表示承认的，另一方当事人无需举证。[①] 对一方当事人陈述的事实，另一方当事人既未表示承认也未否认，经审判人员充分说明并询问后，其仍不明确表示肯定或者否定的，视为对该项事实的承认。[②] 最高人民法院《关于民事诉讼证据的若干规定》第74条也规定，诉讼过程中，当事人在起诉状、答辩状、陈述及其委托代理人的代理词中承认的对己方不利的事实和认可的证据，人民法院应当予以确认。

2.3.2 自认的相反规定

但是，上述只是一般的规定，最高人民法院《关于民事诉讼证据的若干规定》第74条还规定了例外情况，即诉讼过程中，当事人在起诉状、答辩状、陈述及其委托代理人的代理词中承认的对己方不利的事实和认可的证据，当事人反悔并有相反证据足以推翻的除外。

此外，根据最高人民法院《关于民事诉讼证据的若干规定》第67条的规定，在诉讼中，当事人为达成调解协议或者和解目的做出妥协所涉及的对案件事实的认可，不得在其后的诉讼中作为对其不利的证据。

2.4 举证期限

《民事诉讼法》规定，当事人对自己提出的主张应当及时提供证据。[③] 最高人民法院在《关于民事诉讼证据的若干规定》中明确规定，由人民法院指定举证期限的，指定的期限不得少于30日，自当事人收到案件受理通知书和应诉通知书的次日起计算。[④]

在江西圳业房地产开发有限公司与江西省国利建筑工程有限公司建设工程施工合同纠纷案[⑤]中，最高人民法院指出，根据最高人民法院《关于民事诉讼证据的若干规定》第34条的规定，当事人应当在举证期限内向人民法院提交证据材料，当事人在举证期限内不提交的，视为放弃举证权利，人民法院

---

① 参见最高人民法院《关于民事诉讼证据的若干规定》第8条。
② 同上注。
③ 参见《民事诉讼法》第65条。
④ 参见最高人民法院《关于民事诉讼证据的若干规定》第33条。
⑤ 江西圳业房地产开发有限公司与江西省国利建筑工程有限公司建设工程施工合同纠纷案，最高人民法院（2006）民一终字第52号民事判决书。

可以根据对方当事人提供的证据认定案件事实。但是，被视为放弃举证权利的一方当事人依法仍享有抗辩权，人民法院对其抗辩应当依法审查，抗辩有理的应当予以采纳、支持。

在诉讼或者仲裁中，如果当事人提出管辖权异议，那么举证期限应停止计算，待案件管辖权确定后再继续计算举证期限。①

但是，值得关注的是，在最高人民法院 2015 年颁布实施的《关于适用〈中华人民共和国民事诉讼法〉的解释》第 90 条中规定，在作出判决前，当事人未能提供证据或者证据不足以证明其事实主张的，由负有举证证明责任的当事人承担不利的后果。

3. 工程仲裁证据

关于工程仲裁的证据规制并没有特别具体和明确的法律规范。实践中多数由仲裁机构或者当事人约定。如在国际仲裁中，可以依据国际律师协会（IBA）制定的《国际商事仲裁取证规则》为准。在国内工程仲裁中，仲裁机构大多是参考《民事诉讼法》以及最高人民法院《关于民事诉讼证据的若干规定》的相关规定。

比如，北京仲裁委员会在其 2014 年新仲裁规则中规定，仲裁庭在认定证据时，除依照相关法律、行政法规，参照司法解释外，还可以结合行业惯例、交易习惯等，综合案件整体情况进行认定。②当事人未能在规定的期限内提交证据，或者虽提交证据但不能证明其主张的，负有举证责任的当事人承担因此产生的不利后果。③

中国国际经济贸易仲裁委员会 2015 年 3 月 1 日起施行的《证据指引》则是参考了《民事诉讼法》中适合于仲裁的证据原则以及国际律师协会（IBA）制定的《国际商事仲裁取证规则》而制定，并进一步指出仲裁地位于中国内地、仲裁程序的准据法为中国《仲裁法》的仲裁案件可以适用《证据指引》。

另外，就《证据指引》的适用效力也赋予当事人更多的选择权，即当事

---

① 北京市高级人民法院《审理民商事案件若干问题的解答之五（试行）》第 12 条。
② 参见《北京仲裁委员会仲裁规则》第 37 条。
③ 参见《北京仲裁委员会仲裁规则》第 32 条。

人既可以约定适用指引，也可以约定不适用或者仅作为参考而不具有约束力。同时，当事人经协商一致，还可以决定在具体案件中部分地适用《证据指引》，或者变更《证据指引》中的某些规则。当《仲裁规则》的规定与当事人约定适用的《证据指引》不一致时，仲裁庭应适用《证据指引》；《仲裁规则》与《证据指引》均无规定、当事人亦无其他约定的事项，仲裁庭可按照其认为适当的方式处理。

后　记

约十年前，笔者机缘巧合在上海开始接触和从事工程法律业务，得以打下扎实的基础并由此对工程法律产生了浓厚的兴趣，此后便一直从事基础设施和工程建设领域的法律实务。其后，笔者又有幸赴英国专门学习国际项目融资、国际工程法、公司并购和争议解决方向的专业知识，而回国之后又得以继续从事与之相关的律师实务工作。

一直以来，笔者都想独立、自主地写一本与工程法律相关的专业书籍，阐述对工程法律的理解和看法，并将工程实务中遇到的法律和管理等问题，以及这些问题中蕴含的法律原理融汇在一起。同时，也希望借鉴西方，尤其是英国有关工程法律的理念、原理和实践，借此对中国的工程法律实务进行梳理，用于帮助合同各方顺理和提高在工程管理上的法律意识，减少工程领域的争端。这一想法在英国求学期间尤为强烈。

然而，笔者也深知写作之不易，而且，不论是英国还是中国，前辈们已对工程法律进行了非常深入的研究，经典的著作也不胜枚举，因而对于写作一事也颇为迟疑。所以，在此也要感谢北京大学出版社的垂青以及陆建华、陈晓洁两位编辑老师的支持和辛勤付出，使本书得以顺利出版。实际上，笔者从开始计划写作本书，到实际动笔构思框架，到最终完成写作，断断续续前后历经将近两年时间。而在真正着手写作的一年时间里，由于平日工作繁忙，也只能利用周末和节假日的时间完成本书。因此，笔者在此要感谢父母和长兄的理解、支持和帮助，同时也要特别感谢妻子在生活上无微不至的照顾以及精神上莫大的鼓励。

作为从事法律实务工作的律师，多年的实践让笔者相信法律人需要有法律信仰，要有敬仰法律、守护法律的精神和公平理念，这样才能够在一定程度上有效的帮助当事人预防和解决工程争议。同样,笔者也深感英国法中的公平理念在工程合同文件的设计、专业人士的执业规范、具体案件的处理等方面的体现和价值取向,相信这些都可以作为中国工程法律理论研究和实践的借鉴。最后,笔者想借用英国大法官考克伯恩的名言作为本书的结尾:"律师应像一位斗士那样使用自己手中掌握的武器,而不应像一个刺客,他应当知道如何调和委托人的利益同真理和正义的永久利益间的关系。"

林　立
2015年10月18日